委托代理诉讼适用手册

尹久信　主编

WUHAN UNIVERSITY PRESS
武汉大学出版社

图书在版编目(CIP)数据

委托代理诉讼适用手册/尹久信主编．—武汉:武汉大学出版社,2018.6
ISBN 978-7-307-20107-1

Ⅰ.委…　Ⅱ.尹…　Ⅲ.诉讼—代理(法律)—中国—手册
Ⅳ.D925-62

中国版本图书馆 CIP 数据核字(2018)第 063144 号

责任编辑:林　莉　沈继侠　　责任校对:汪欣怡　　版式设计:韩闻锦

出版发行:**武汉大学出版社**　(430072　武昌　珞珈山)
(电子邮件:cbs22@whu.edu.cn 网址:www.wdp.com.cn)
印刷:北京虎彩文化传播有限公司
开本:787×1092　1/16　印张:27.25　字数:627 千字　插页:2
版次:2018 年 6 月第 1 版　2018 年 6 月第 1 次印刷
ISBN 978-7-307-20107-1　定价:58.00 元

尹久信 1946年出生，男，四川宣汉人，1964年参军，中共党员，法学本科。曾任湖北省人民检察院正处级检察员，湖北省人民检察官学会、湖北省法学会会员，社科类研究员，二级高级检察官。1980—2005年，先后在《律师世界》《湖北日报》《湖北内参》湖北《政策》《湖北法制报》《楚天检察》《中南政法学院学报》《人民检察》《中央检察官管理学院学报》《检察日报》《中国检察论坛》《中国刑事法杂志》、最高人民检察院《反贪工作指导》等发表职务犯罪相关论文50余篇论文和报道；多数作品获优秀调研成果二、三等奖；撰写的大量调查报告、检察简报、情况反映、经验材料、领导讲话、办案经验、工作经验等材料，被省检察院、最高检院采用。1992年撰写并由武汉大学出版社出版的《人民检察院自侦案件概说》一书，得到最高人民检察院张思卿检察长和著名法学家马克昌教授的厚爱，张思卿检察长为本书题写了书名，马克昌教授为本书作序，1995年获湖北省第五次社会科学优秀成果奖。作为常务副主编的《新中国反贪污贿赂理论与实践》一书，1995年5月，由中国检察出版社作为重点书目出版，并献给第七届国际反贪大会，并获1999年全国检察机关首届精神文明建设“金鼎图书奖”“特别奖”。1995年参与撰写国家哲学社会科学“九五”重点科研项目《中国预防犯罪通鉴》一书，于1998年5月，由最高人民法院出版社出版。作为执行主编的《新中国预防职务犯罪理论与实践》一书，2002年9月由湖北人民出版社出版,被推荐到最高检院和司法部参评。2006年撰写的《职务犯罪办案手册》一书，2011年7月由法律出版社出版。2006年应湖北省法学会秘书长聘请，参与《首届中部崛起法治论坛论文集》编辑委员会成员，负责参与编辑、评审《首届中部崛起法治论坛论文集》一书，2008年由湖北人民出版社出版发行。

前　言

随着改革开放进入创新发展阶段，党的十八届四中、五中、六中全会推进全面进入依法治国，依法行政，依法履职，各个法律不断修改完善的阶段，特别是《刑法》自1997年修改后，又不断进行了多次修改。如《刑法修正案》(一)至(九)的修改，不断增添了许多新的内容和罪名。“两高”司法解释层出不穷。2017年10月18日召开的十九大，明确提出，全面推进依法治国。作者在湖北省求实法律服务所，经过近十年法律服务工作者的执业实践，认为公民、法人，或企业法人，对依法行事重视不够，或者学法需要什么内容，或者说出了问题到处咨询，或者找关系说情，找人代理打官司，不依法行事，往往走了许多弯路，本可以简单解决的事情，但却复杂化了。同时也感到每办一个案子，都要查找大量相关法律法规，很不方便，虽可以从网上查找，但仍觉很不方便。因此，作者根据实践需要，将实践中特别常用的，涉猎诸多的法律法规，且散存于各种书中或网上的常用的法律知识或词条，加以收集、整理、汇编成一本书，命名为《委托代理诉讼适用手册》。该手册简便快捷，方便查找。

什么是委托，是指受托人为委托人办理委托事务，委托人支付报酬的合同。委托既包括刑事，也包括民事、行政诉讼委托。

什么是诉讼，俗称打官司，是指司法机关和案件的当事人，在其他诉讼参与人的配合下，为处理案件所进行的全部活动。刑事、民事、经济、行政诉讼有三个基本阶段，即起诉、审判、执行。刑事诉讼还包括侦查。在诉讼过程中，司法机关处于主导地位，当事人则基于诉讼法所确定的权利和义务，在司法机关的主导下进行活动。诉讼是一种法定的司法程序，既包括刑事诉讼，也包括民事、行政诉讼。

什么是诉讼代理，是指代理人基于法律的规定，受法院或诉讼当事人及法定代理人的委托，以当事人的名义代为诉讼活动的一种形式。既包括刑事诉讼代理，也包括民事、行政诉讼代理。

该书是融刑法、刑事诉讼法、民法、民事诉讼法、国家行政法、行政诉讼法、婚姻法、继承法、劳动法、合同法、国家赔偿法、国家监察法、担保法、商标法、专利法、证据法、公司法、著作权法、监狱法、企业破产法、审计法、森林法、政府采购法、环境保护法、土地管理法以及相关司法解释等一些常用的法律知识内容为一体，使用起来更直观、更一目了然。

该书分五部分：第一部分，以最高人民法院、最高人民检察院关于执行《中华人民共和国刑法》确定罪名的规定为准，“两高”关于执行《中华人民共和国刑法》确定罪名的补充规定(二)、(三)、(四)、(五)，最高人民检察院、公安部《关于经济犯罪案件立案追诉标准的规定》《关于公安机关管辖的刑事案件追诉立案标准的规定》以及最高人民检察院《关于人民检察院直接受理立案侦查案件立案标准的规定》，最高人民检察院《关于渎职侵权犯罪案件立案标准的规定》、“两高”司法解释等为依据，将涉及公安机关管辖和检察机关管辖、军队管辖的几百个罪名，分别以序号、罪名、刑法条文、概念及立案标准，以及相关司法解释等顺序逐一叙述。罪名、刑法条文、罪名概念、立案标准、司法解释均准确无误。第二部分，收集了民事案件案由（以2011年最高人民法院关于印发修改后的《民事案件案由的规定》为准），分别以序号、案由、法律条文、概念、法律关系加纠纷为序来阐述。与第一部分体例基本相同。第三部分，是将刑法、刑事诉讼法等相关法律词条或条文，实践中常用的重要概念或疑难问题，采用一问一答的形式进行叙述，尽量用法律条文阐述。寻找相关诉讼问答，解疑析难，如民法、民事诉讼、行政法、行政诉讼法、婚姻法、继承法、合同法、国家赔偿法、仲裁法等，便于委托人、代理人和诉讼参与人简便、快捷、准确地查询、借鉴和适用，而不用查找各种书籍、资料和到网上查找。第四部分，将民法、民事诉讼法等法律的概念和疑难问题，采用一问一答的形式解疑惑难。第五部分，附录。是将刑诉法、民诉法和《刑法修正案（一）至（九）》常用法律作为附录，便于对照检索，便于委托人、代理人、诉讼参与人在诉讼活动中运用，了解什么是委托，如何委托；方便委托人、代理人、诉讼参与人检索、寻查代理、诉讼中的各种疑难问题。但对于律师来说，在具体案件中，如何认定案件性质和怎样书写法律文书，还是要根据案件的具体情况，查找相关法条和司法解释，结合案情来认定，达到准确无误。它不仅便于委托人、代理人、诉讼参与人在诉讼活动中查询、借鉴、运用，更是每个公民、法人、企业法人学法、懂法、守法，懂得什么行为能为、什么行为不能为，如何依法行为，如何依法保护自己的合法权利，如何依法履职、依法行政，不依法履职、不依法行政、不作为或乱作为、滥用职权，要受到法律追究等问题，从而达到依法行为、依法履职、依法行政。因此这是本每个公民、法人、企业法人和委托人、代理人、诉讼参与人学法、守法、执法等不可多得的好书，也是国家公职人员做到依法行为、依法履职、依法行政必备的好书。一本在手，各种疑难，尽收眼底。

目　　录

第一部分　刑事部分

第一章　危害国家安全罪……………………………………………………………… 1
1. 背叛国家罪 …………………………………………………………………… 1
2. 分裂国家罪 …………………………………………………………………… 1
3. 煽动分裂国家罪 ……………………………………………………………… 1
4. 武装叛乱、暴乱罪 …………………………………………………………… 2
5. 颠覆国家政权罪 ……………………………………………………………… 2
6. 煽动颠覆国家政权罪 ………………………………………………………… 2
7. 资助危害国家安全犯罪活动罪 ……………………………………………… 2
8. 投敌叛变罪 …………………………………………………………………… 3
9. 叛逃罪 ………………………………………………………………………… 3
10. 间谍罪………………………………………………………………………… 3
11. 为境外窃取、刺探、收买、非法提供国家秘密、情报罪………………… 3
12. 资敌罪………………………………………………………………………… 4

第二章　危害公共安全罪……………………………………………………………… 5
13. 放火罪………………………………………………………………………… 5
14. 决水罪………………………………………………………………………… 5
15. 爆炸罪………………………………………………………………………… 5
16. 投放危险物质罪……………………………………………………………… 5
17. 以危险方法危害公共安全罪………………………………………………… 5
18. 失火罪………………………………………………………………………… 5
19. 过失决水罪…………………………………………………………………… 6
20. 过失爆炸罪…………………………………………………………………… 6
21. 过失投放危险物质罪………………………………………………………… 6
22. 过失以危险方法危害公共安全罪…………………………………………… 6
23. 破坏交通工具罪……………………………………………………………… 6
24. 破坏交通设施罪……………………………………………………………… 7
25. 破坏电力设备罪……………………………………………………………… 7
26. 破坏易燃易爆设备罪………………………………………………………… 7

27. 过失损坏交通工具罪 …… 7
28. 过失损坏交通设施罪 …… 7
29. 过失损坏电力设备罪 …… 7
30. 过失损坏易燃易爆设备罪 …… 8
31. 组织、领导、参加恐怖组织罪 …… 8
32. 资助恐怖活动罪 …… 8
33. 劫持航空器罪 …… 8
34. 劫持船只、汽车罪 …… 8
35. 暴力危及飞行安全罪 …… 9
36. 破坏广播电视设施、公用电信设施罪 …… 9
37. 过失损坏广播电视设施、公用电信设施罪 …… 9
38. 非法制造、买卖、运输、邮寄、储存枪支、弹药、爆炸物罪 …… 9
39. 非法制造、买卖、运输、储存危险物质罪 …… 10
40. 违规制造、销售枪支罪 …… 10
41. 盗窃、抢夺枪支、弹药、爆炸物、危险物质罪 …… 10
42. 抢窃枪支、弹药、爆炸物、危险物质罪 …… 11
43. 非法持有、私藏枪支、弹药罪 …… 11
44. 非法出租、出借枪支罪 …… 11
45. 丢失枪支不报罪 …… 11
46. 非法携带枪支、弹药、管制刀具、危险物品危及公共安全罪 …… 12
47. 重大飞行事故罪 …… 12
48. 铁路运营安全事故罪 …… 12
49. 交通肇事罪 …… 13
50. 重大责任事故罪 …… 13
51. 强令违章冒险作业罪 …… 14
52. 重大劳动安全事故罪 …… 14
53. 大型群众性活动重大安全事故罪 …… 14
54. 危险物品肇事罪 …… 14
55. 工程重大安全事故罪 …… 15
56. 教育设施重大安全事故罪 …… 15
57. 消防责任事故罪 …… 15
58. 不报、谎报安全事故罪 …… 15

第三章　破坏社会主义市场经济罪 …… 16
第一节　生产、销售伪劣商品罪 …… 16
59. 生产、销售伪劣产品罪 …… 16
60. 生产、销售假药罪 …… 16
61. 生产、销售劣药罪 …… 17

62. 生产、销售不符合卫生标准的食品罪 …… 17
63. 生产、销售有毒、有害食品罪 …… 17
64. 生产、销售不符合标准的医用器材罪 …… 17
65. 生产、销售不符合安全标准的产品罪 …… 18
66. 生产、销售伪劣农药、兽药、化肥、种子罪 …… 18
67. 生产、销售不符合卫生标准的化妆品罪 …… 18
第二节　走私罪 …… 19
68. 走私武器、弹药罪 …… 19
69. 走私核材料罪 …… 19
70. 走私假币罪 …… 19
71. 走私文物罪 …… 19
72. 走私贵重金属罪 …… 19
73. 走私珍贵动物、珍贵动物制品罪 …… 19
74. 走私国家禁止进出口的货物、物品罪 …… 19
75. 走私淫秽物品罪 …… 19
76. 走私废物罪 …… 20
77. 走私普通货物、物品罪 …… 20
第三节　妨害对公司、企业的管理秩序罪 …… 20
78. 虚报注册资本罪 …… 20
79. 虚假出资、抽逃出资罪 …… 21
80. 欺诈发行股票、债券罪 …… 21
81. 违规披露、不披露重要信息罪 …… 21
82. 妨害清算罪 …… 22
83. 隐匿、故意销毁会计凭证、会计账簿、财务会计报告罪 …… 22
84. 虚假破产罪 …… 23
85. 非国家工作人员受贿罪 …… 23
86. 对外国公职人员、国际公共组织官员行贿罪 …… 23
87. 对非国家工作人员行贿罪 …… 23
88. 非法经营同类营业罪 …… 23
89. 为亲友非法牟利罪 …… 24
90. 签订、履行合同失职被骗罪 …… 24
91. 国有公司、企业、事业单位人员失职罪 …… 24
92. 国有公司、企业、事业单位人员滥用职权罪 …… 25
93. 徇私舞弊低价折股、出售国有资产罪 …… 25
94. 背信损害上市公司利益罪 …… 25
第四节　破坏金融管理秩序罪 …… 26
95. 伪造货币罪 …… 26
96. 出售、购买、运输假币罪 …… 26

97. 金融工作人员购买假币、以假币换取货币罪 …………………………………… 26
98. 持有、使用假币罪 ………………………………………………………………… 27
99. 变造货币罪 ………………………………………………………………………… 27
100. 擅自设立金融机构罪 …………………………………………………………… 27
101. 伪造、变造、转让金融机构经营许可证、批准文件罪 ……………………… 27
102. 高利转贷罪 ……………………………………………………………………… 28
103. 骗取贷款、票据承兑、金融票证罪 …………………………………………… 28
104. 非法吸收公众存款罪 …………………………………………………………… 28
105. 伪造、变造金融票证罪 ………………………………………………………… 29
106. 妨害信用卡管理罪 ……………………………………………………………… 29
107. 窃取、收买、非法提供信用卡信息罪 ………………………………………… 29
108. 伪造、变造国家有价证券罪 …………………………………………………… 30
109. 伪造、变造股票、公司、企业债券罪 ………………………………………… 30
110. 擅自发行股票、公司、企业债券罪 …………………………………………… 30
111. 内幕交易、泄露内幕信息罪 …………………………………………………… 30
112. 利用未公开信息交易罪 ………………………………………………………… 31
113. 编造并传播证券、期货交易虚假信息罪 ……………………………………… 31
114. 诱骗投资者买卖证券、期货合约罪 …………………………………………… 31
115. 操纵证券、期货市场罪 ………………………………………………………… 32
116. 骗购外汇罪 ……………………………………………………………………… 32
117. 背信运用受托财产罪 …………………………………………………………… 33
118. 违法运用资金罪 ………………………………………………………………… 33
119. 违法发放贷款罪 ………………………………………………………………… 34
120. 吸收客户资金不入账罪 ………………………………………………………… 34
121. 违规出具金融票证罪 …………………………………………………………… 34
122. 对违法票据承兑、付款、保证罪 ……………………………………………… 35
123. 逃汇罪 …………………………………………………………………………… 35
124. 洗钱罪 …………………………………………………………………………… 35
第五节　金融诈骗罪 ………………………………………………………………… 35
125. 集资诈骗罪 ……………………………………………………………………… 35
126. 贷款诈骗罪 ……………………………………………………………………… 36
127. 票据诈骗罪 ……………………………………………………………………… 36
128. 金融凭证诈骗罪 ………………………………………………………………… 36
129. 信用证诈骗罪 …………………………………………………………………… 36
130. 信用卡诈骗罪 …………………………………………………………………… 37
131. 有价证券诈骗罪 ………………………………………………………………… 37
132. 保险诈骗罪 ……………………………………………………………………… 37
第六节　危害税收征管罪 …………………………………………………………… 37

133. 逃税罪 …… 37
134. 抗税罪 …… 38
135. 逃避追缴欠税罪 …… 38
136. 骗取出口退税罪 …… 38
137. 虚开增值税专用发票、用于骗取出口退税、抵扣税款发票罪 …… 39
138. 虚开发票罪 …… 39
139. 伪造、出售伪造增值税专用发票罪 …… 39
140. 非法出售增值税专用发票罪 …… 39
141. 非法购买增值税专用发票、购买伪造的增值税专用发票罪 …… 39
142. 非法制造、出售非法制造的用于骗取出口退税、抵押税款发票罪 …… 40
143. 非法制造、出售非法制造的发票罪 …… 40
144. 非法出售用于骗取出口退税、抵扣税款发票罪 …… 40
145. 非法出售发票罪 …… 40
146. 持有伪造的发票罪 …… 40
第七节　侵犯知识产权罪 …… 41
147. 假冒注册商标罪 …… 41
148. 销售假冒注册商标的商品罪 …… 41
149. 非法制造、销售非法制造的注册商标标识罪 …… 41
150. 假冒专利罪 …… 42
151. 侵犯著作权罪 …… 42
152. 销售侵权复制品罪 …… 43
153. 侵犯商业秘密罪 …… 43
第八节　扰乱市场秩序罪 …… 44
154. 损害商业信誉、商品声誉罪 …… 44
155. 虚假广告罪 …… 44
156. 串通投标罪 …… 44
157. 合同诈骗罪 …… 45
158. 组织、领导传销活动罪 …… 45
159. 非法经营罪 …… 45
160. 强迫交易罪 …… 47
161. 伪造、倒卖伪造的有价票证罪 …… 47
162. 倒卖车票、船票罪 …… 47
163. 非法转让、倒卖土地使用权罪 …… 48
164. 提供虚假证明文件罪 …… 48
165. 出具证明文件重大失实罪 …… 49
166. 逃避商检罪 …… 49

第四章　侵犯公民人身权利、民主权利罪 …… 50
167. 故意杀人罪 …… 50
168. 过失致人死亡罪 …… 50
169. 故意伤害罪 …… 50
170. 组织出卖人体器官罪 …… 50
171. 过失致人重伤罪 …… 50
172. 强奸罪 …… 50
173. 强制猥亵、侮辱妇女罪 …… 50
174. 猥亵儿童罪 …… 51
175. 非法拘禁罪 …… 51
176. 绑架罪 …… 51
177. 拐卖妇女儿童罪 …… 51
178. 收买被拐卖的妇女、儿童罪 …… 51
179. 聚众阻碍解救被收买的妇女儿童罪 …… 51
180. 诬告陷害罪 …… 51
181. 强迫劳动罪 …… 52
182. 雇佣童工从事危重劳动罪 …… 52
183. 非法搜查罪 …… 52
184. 非法侵入住宅罪 …… 53
185. 侮辱罪 …… 53
186. 诽谤罪 …… 53
187. 煽动民族仇恨、民族歧视罪 …… 53
188. 刑讯逼供罪 …… 53
189. 暴力取证罪 …… 54
190. 虐待被监管人罪 …… 54
191. 出版歧视、侮辱少数民族作品罪 …… 54
192. 非法剥夺公民宗教信仰自由罪 …… 55
193. 侵犯少数民族风俗习惯罪 …… 55
194. 侵犯通信自由罪 …… 55
195. 私自开拆、隐匿、毁弃邮件、电报罪 …… 55
196. 出售、非法提供公民个人信息罪 …… 55
197. 报复陷害罪 …… 55
198. 打击报复会计、统计人员罪 …… 56
199. 破坏选举罪 …… 56
200. 暴力干涉婚姻自由罪 …… 56
201. 重婚罪 …… 56
202. 破坏军婚罪 …… 57
203. 虐待罪 …… 57

204. 遗弃罪 …… 57
205. 拐骗儿童罪 …… 57
206. 组织残疾人、儿童乞讨罪 …… 57
207. 组织未成年人进行违反治安管理活动罪 …… 57

第五章　侵犯财产罪 …… 58
208. 抢劫罪 …… 58
209. 盗窃罪 …… 58
210. 诈骗罪 …… 58
211. 抢夺罪 …… 58
212. 聚众哄抢罪 …… 58
213. 侵占罪 …… 59
214. 职务侵占罪 …… 59
215. 挪用资金罪 …… 59
216. 挪用特定款物罪 …… 59
217. 敲诈勒索罪 …… 60
218. 故意毁坏财物罪 …… 60
219. 破坏生产经营罪 …… 60
220. 拒不支付劳动报酬罪 …… 60

第六章　妨害社会管理秩序罪 …… 61
第一节　扰乱公共秩序罪 …… 61
221. 妨害公务罪 …… 61
222. 煽动暴力抗拒法律实施罪 …… 61
223. 招摇撞骗罪 …… 61
224. 伪造、变造、买卖国家机关公文、证件、印章罪 …… 61
225. 盗窃、抢夺、毁灭国家机关公文、证件、印章罪 …… 61
226. 伪造公司、企业、事业单位、人民团体印章罪 …… 62
227. 伪造、变造居民身份证罪 …… 62
228. 非法生产、买卖警用装备罪 …… 62
229. 非法获取国家秘密罪 …… 62
230. 非法持有国家绝密、机密文件、资料、物品罪 …… 62
231. 非法生产、销售间谍专用器材罪 …… 62
232. 非法使用窃听、窃照专用器材罪 …… 63
233. 非法侵入计算机信息系统罪 …… 63
234. 非法获取计算机信息系统数据、非法控制计算机信息系统罪 …… 63
235. 提供侵入、非法控制计算机信息系统程序、工具罪 …… 63
236. 破坏计算机信息系统罪 …… 63

237. 扰乱无线电讯管理秩序罪 …… 64
238. 聚众扰乱社会秩序罪 …… 64
239. 聚众冲击国家机关罪 …… 64
240. 聚众扰乱公共场所秩序、交通秩序罪 …… 64
241. 投放虚假危险物质罪 …… 64
242. 编造、故意传播虚假恐怖信息罪 …… 64
243. 聚众斗殴罪 …… 64
244. 寻衅滋事罪 …… 65
245. 组织、领导、参加黑社会性质组织罪 …… 65
246. 入境发展黑社会组织罪 …… 67
247. 包庇、纵容黑社会性质组织罪 …… 67
248. 传播犯罪方法罪 …… 69
249. 非法集会、游行、示威罪 …… 70
250. 非法携带武器、管制刀具、爆炸物参加集会、游行、示威罪 …… 70
251. 破坏集会、游行、示威罪 …… 70
252. 侮辱国旗、国徽罪 …… 70
253. 组织、利用会道门、邪教组织、利用迷信破坏法律实施罪 …… 71
254. 组织、利用会道门、邪教组织利用迷信致人死亡罪 …… 71
255. 聚众淫乱罪 …… 71
256. 引诱未成年人聚众淫乱罪 …… 71
257. 盗窃、侮辱尸体罪 …… 71
258. 赌博罪 …… 71
259. 开设赌场罪 …… 72
260. 故意延误投递邮件罪 …… 72
第二节 妨害司法罪 …… 72
261. 伪证罪 …… 72
262. 辩护人、诉讼代理人毁灭证据、伪造证据、妨害作证罪 …… 72
263. 妨害作证罪 …… 72
264. 帮助毁灭、伪造证据罪 …… 73
265. 打击报复证人罪 …… 73
266. 扰乱法庭秩序罪 …… 73
267. 窝藏、包庇罪 …… 73
268. 拒绝提供间谍犯罪证据罪 …… 73
269. 掩饰、隐瞒犯罪所得、犯罪所得收益罪 …… 73
270. 拒不执行判决、裁定罪 …… 73
271. 非法处置查封、扣押、冻结的财物罪 …… 74
272. 破坏监管秩序罪 …… 74
273. 脱逃罪 …… 74

274. 劫夺被押解人员罪 …… 74
275. 组织越狱罪 …… 74
276. 暴动越狱罪 …… 74
277. 聚众持械劫狱罪 …… 74
第三节　妨害国(边)境管理罪 …… 75
278. 组织他人偷越国(边)境罪 …… 75
279. 骗取出境证件罪 …… 75
280. 提供伪造、变造的出入境证件罪 …… 75
281. 出售出入境证件罪 …… 76
282. 运送他人偷越国(边)境罪 …… 76
283. 偷越国(边)境罪 …… 76
284. 破坏界碑、界桩罪 …… 77
285. 破坏永久性测量标志罪 …… 77
第四节　妨害文物管理罪 …… 77
286. 故意损毁文物罪 …… 77
287. 故意损毁名胜古迹罪 …… 77
288. 过失损毁文物罪 …… 78
289. 非法向外国人出售、赠送珍贵文物罪 …… 78
290. 倒卖文物罪 …… 78
291. 非法出售、私赠文物藏品罪 …… 78
292. 盗掘古文化遗址、古墓葬罪 …… 79
293. 盗掘古人类化石、古脊椎动物化石罪 …… 79
294. 抢夺、窃取国有档案罪 …… 79
295. 擅自出卖、转让国有档案罪 …… 79
第五节　危害公共卫生罪 …… 79
296. 妨害传染病防治罪 …… 79
297. 传染病菌种、毒种扩散罪 …… 80
298. 妨害国境卫生检疫罪 …… 80
299. 非法组织卖血罪 …… 80
300. 强迫卖血罪 …… 80
301. 非法采集、供应血液、制作、供应血液制品罪 …… 81
302. 采集、供应血液、制作、供应血液制品事故罪 …… 81
303. 医疗事故罪 …… 82
304. 非法行医罪 …… 83
305. 非法进行节育手术罪 …… 83
306. 妨害动植物防疫、检疫罪 …… 84
第六节　破坏环境资源保护罪 …… 84
307. 污染环境罪 …… 84

308. 非法处置进口的固体废物罪 …… 84
309. 擅自进口固体废物罪 …… 85
310. 非法捕捞水产品罪 …… 85
311. 非法猎捕、杀害珍贵、濒危野生动物罪 …… 85
312. 非法收购、运输、出售珍贵、濒危野生动物、珍贵、濒危野生动物制品罪 …… 86
313. 非法狩猎罪 …… 86
314. 非法占用农用地罪 …… 86
315. 非法采矿罪 …… 87
316. 破坏性采矿罪 …… 87
317. 非法采伐、毁坏国家重点保护植物罪 …… 87
318. 非法收购、运输、加工、出售国家重点保护植物、国家重点保护植物制品罪 …… 88
319. 盗伐林木罪 …… 88
320. 滥伐林木罪 …… 88
321. 非法收购、运输、盗伐、滥伐的林木罪 …… 89
第七节　走私、贩卖、运输、制造毒品罪 …… 89
322. 走私、贩卖、运输、制造毒品罪 …… 89
323. 非法持有毒品罪 …… 91
324. 包庇毒品犯罪分子罪 …… 92
325. 窝藏、转移、隐瞒毒品、毒赃罪 …… 92
326. 走私制毒物品罪 …… 92
327. 非法买卖制毒物品罪 …… 93
328. 非法种植毒品原植物罪 …… 94
329. 非法买卖、运输、携带、持有毒品原植物种子、幼苗罪 …… 95
330. 引诱、教唆、欺骗他人吸毒罪 …… 95
331. 强迫他人吸毒罪 …… 95
332. 容留他人吸毒罪 …… 96
333. 非法提供麻醉药品、精神药品罪 …… 96
第八节　组织、强迫、引诱、介绍卖淫罪 …… 97
334. 组织卖淫罪 …… 97
335. 强迫卖淫罪 …… 97
336. 协助组织卖淫罪 …… 97
337. 引诱、容留、介绍卖淫罪 …… 97
338. 引诱幼女卖淫罪 …… 98
339. 传播性病罪 …… 98
340. 嫖宿幼女罪 …… 98
第九节　制造、贩卖、传播淫秽物品罪 …… 98

341. 制作、复制、出版、贩卖、传播淫秽物品牟利罪 …… 98
342. 为他人提供书号出版淫秽书刊罪 …… 99
343. 传播淫秽物品罪 …… 99
344. 组织播放淫秽音像制品罪 …… 100
345. 组织淫秽表演罪 …… 100

第七章　危害国防利益罪 …… 101
346. 阻碍军人执行职务罪 …… 101
347. 阻碍军事行动罪 …… 101
348. 破坏武器装备、军事设施、军事通信罪 …… 101
349. 过失损坏武器装备、军事设施、军事通信罪 …… 101
350. 故意提供不合格武器装备、军事设施罪 …… 101
351. 过失提供不合格武器装备、军事设施罪 …… 101
352. 聚众冲击军事禁区罪 …… 102
353. 聚众扰乱军事管理区秩序罪 …… 102
354. 冒充军人招摇撞骗罪 …… 103
355. 煽动军人逃离部队罪 …… 103
356. 雇佣逃离部队军人罪 …… 103
357. 接送不合格兵员罪 …… 103
358. 伪造、变造、买卖武装部队公文、证件、印章罪 …… 104
359. 盗窃、抢夺武装部队公文、证件、印章罪 …… 104
360. 非法生产、买卖武装部队制式服装罪 …… 104
361. 伪造、盗窃、买卖、非法提供、非法使用武装部队专用标志罪 …… 104
362. 战时拒绝、逃避征召、军事训练罪 …… 105
363. 战时拒绝、逃避服役罪 …… 105
364. 战时故意提供虚假敌情罪 …… 105
365. 战时造谣扰乱军心罪 …… 105
366. 战时窝藏逃离部队军人罪 …… 106
367. 战时拒绝、故意延误军事订货罪 …… 106
368. 战时拒绝军事征用罪 …… 106

第八章　贪污贿赂罪 …… 107
369. 贪污罪 …… 107
370. 挪用公款罪 …… 107
371. 受贿罪 …… 108
372. 单位受贿罪 …… 109
373. 利用影响力受贿罪 …… 109
374. 离职的国家工作人员受贿罪 …… 109

375. 离职的国家工作人员的近亲属或者关系密切的人受贿罪 …… 109
376. 行贿罪 …… 109
377. 对单位行贿罪 …… 110
378. 介绍贿赂罪 …… 110
379. 单位行贿罪 …… 110
380. 巨额财产来源不明罪 …… 111
381. 隐瞒境外存款罪 …… 111
382. 私分国有资产罪 …… 111
383. 私分罚没财物罪 …… 111

第九章　渎职罪 …… 112
384. 滥用职权罪 …… 112
385. 玩忽职守罪 …… 112
386. 故意泄露国家秘密罪 …… 113
387. 过失泄露国家秘密罪 …… 113
388. 徇私枉法罪 …… 114
389. 民事、行政枉法裁判罪 …… 114
390. 执行判决、裁定失职罪 …… 115
391. 执行判决、裁定滥用职权罪 …… 115
392. 枉法仲裁罪 …… 116
393. 私放在押人员罪 …… 116
394. 失职致使在押人员脱逃罪 …… 116
395. 徇私舞弊减刑、假释、暂予监外执行罪 …… 116
396. 徇私舞弊不移交刑事案件罪 …… 117
397. 滥用管理公司、证券职权罪 …… 117
398. 徇私舞弊不征、少征税款罪 …… 118
399. 徇私舞弊发售发票、抵扣税款、出口退税罪 …… 118
400. 违法提供出口退税凭证罪 …… 118
401. 国家机关工作人员签订、履行合同失职被骗罪 …… 119
402. 违法发放林木采伐许可证罪 …… 119
403. 环境监管失职罪 …… 119
404. 食品监管渎职罪 …… 120
405. 传染病防治失职罪 …… 120
406. 非法批准征用、占用土地罪 …… 121
407. 非法低价出让国有土地使用权罪 …… 121
408. 放纵走私罪 …… 122
409. 商检徇私舞弊罪 …… 122
410. 商检失职罪 …… 122

411. 动植物检疫徇私舞弊罪 …… 123
412. 动植物检疫失职罪 …… 123
413. 放纵制售伪劣商品犯罪行为罪 …… 123
414. 办理偷越国(边)境人员出入境证件罪 …… 124
415. 放行偷越国(边)境人员罪 …… 124
416. 不解救被拐卖、绑架妇女、儿童罪 …… 124
417. 阻碍解救被拐卖、绑架妇女、儿童罪 …… 124
418. 帮助犯罪分子逃避处罚罪 …… 125
419. 招收公务员、学生徇私舞弊罪 …… 125
420. 失职造成珍贵文物损毁、流失罪 …… 126

第十章　军人违反职责罪 …… 127
421. 战时违抗命令罪 …… 127
422. 隐瞒、谎报军情罪 …… 127
423. 拒传、假传军令罪 …… 127
424. 投降罪 …… 127
425. 战时临阵脱逃罪 …… 128
426. 擅离、玩忽军事职守罪 …… 128
427. 阻碍执行军事职务罪 …… 128
428. 指使部属违反职责罪 …… 128
429. 违令作战消极罪 …… 129
430. 拒不救援友邻部队罪 …… 129
431. 军人叛逃罪 …… 129
432. 非法获取军事秘密罪 …… 130
433. 为境外窃取、刺探、收买、非法提供军事秘密罪 …… 130
434. 故意泄露军事秘密罪 …… 130
435. 过失泄露军事秘密罪 …… 130
436. 战时造谣惑众罪 …… 131
437. 战时自伤罪 …… 131
438. 逃离部队罪 …… 131
439. 武器装备肇事罪 …… 131
440. 擅自改变武器装备编配用途罪 …… 132
441. 盗窃、抢夺武器装备、军用物资罪 …… 132
442. 非法出卖、转让武器装备罪 …… 132
443. 遗弃武器装备罪 …… 132
444. 遗失武器装备罪 …… 133
445. 擅自出卖、转让军队房地产罪 …… 133
446. 虐待部属罪 …… 133

447. 遗弃伤病军人罪 …… 133
448. 战时拒不救治伤病军人罪 …… 134
449. 战时残害居民、掠夺居民财物罪 …… 134
450. 私放俘虏罪 …… 134
451. 虐待俘虏罪 …… 134

第二部分　民事案件案由部分

第十一章　人格权纠纷 …… 135
1. 生命权、健康权、身体权纠纷 …… 135
2. 姓名权纠纷 …… 135
3. 肖像权纠纷 …… 135
4. 名誉权纠纷 …… 135
5. 荣誉权纠纷 …… 135
6. 隐私权纠纷 …… 135
7. 婚姻自主权纠纷 …… 135
8. 人身自由权纠纷 …… 136
9. 一般人格权纠纷 …… 136

第十二章　婚姻家庭、继承纠纷 …… 137
一、婚姻家庭纠纷 …… 137
10. 婚约财产纠纷 …… 137
11. 离婚纠纷 …… 137
12. 离婚后财产纠纷 …… 137
13. 离婚后损害责任纠纷 …… 137
14. 婚姻无效纠纷 …… 138
15. 撤销婚姻纠纷 …… 138
16. 夫妻财产约定纠纷 …… 138
17. 同居关系纠纷 …… 138
18. 抚养纠纷 …… 138
19. 扶养纠纷 …… 138
20. 赡养纠纷 …… 139
21. 收养关系纠纷 …… 139
22. 监护权纠纷 …… 139
23. 探望权纠纷 …… 139
24. 分家析产纠纷 …… 139
二、继承纠纷 …… 139
25. 法定继承纠纷 …… 139
26. 遗嘱继承纠纷 …… 140

27. 被继承人债务清偿纠纷 …… 140
28. 遗赠纠纷 …… 140
29. 遗赠扶养协议纠纷 …… 140

第十三章　物权纠纷 …… 141
一、不动产登记纠纷 …… 141
30. 异议登记不当损害责任纠纷 …… 141
31. 虚假登记损害责任纠纷 …… 141
二、物权保护纠纷 …… 141
32. 物权确认纠纷 …… 141
33. 返还原物纠纷 …… 141
34. 排除妨害纠纷 …… 142
35. 消除危险纠纷 …… 142
36. 修理、重作、更换纠纷 …… 142
37. 恢复原状纠纷 …… 142
38. 财产损害赔偿纠纷 …… 142
三、所有权纠纷 …… 142
39. 侵害集体经济组织成员权益纠纷 …… 142
40. 建筑物区分所有权纠纷 …… 142
41. 业主撤销权纠纷 …… 142
42. 业主知情权纠纷 …… 142
43. 遗失物返还纠纷 …… 143
44. 漂流物返还纠纷 …… 143
45. 埋藏物返还纠纷 …… 143
46. 隐藏物返还纠纷 …… 143
47. 相邻关系纠纷 …… 143
48. 共有纠纷 …… 143
四、用益物权纠纷 …… 144
49. 海域使用权纠纷 …… 144
50. 探矿权纠纷 …… 144
51. 采矿权纠纷 …… 144
52. 取水权纠纷 …… 144
53. 养殖权纠纷 …… 144
54. 捕捞权纠纷 …… 144
55. 土地承包经营权纠纷 …… 144
56. 建设用地使用权纠纷 …… 145
57. 宅基地使用权纠纷 …… 145
58. 地域权纠纷 …… 145

五、担保物权纠纷……145
59. 抵押权纠纷……145
60. 质权纠纷……146
61. 留置权纠纷……147
六、占有保护纠纷……147
62. 占有物返还纠纷……147
63. 占有排除妨害纠纷……147
64. 占有消除危险纠纷……147
65. 占有物损害赔偿纠纷……147

第十四章　合同、无因管理、不当得利纠纷……148
一、合同纠纷……148
66. 缔约过失责任纠纷……148
67. 确认合同效力纠纷……148
68. 债权人代位权纠纷……148
69. 债权人撤销权纠纷……148
70. 债权转让合同纠纷……148
71. 债务转移合同纠纷……148
72. 债权债务概括转移合同纠纷……148
73. 悬赏广告纠纷……148
74. 买卖合同纠纷……149
75. 招标投标买卖合同纠纷……149
76. 拍卖合同纠纷……149
77. 建设用地使用权合同纠纷……149
78. 临时用地合同纠纷……149
79. 探矿权转让合同纠纷……150
80. 采矿权转让合同纠纷……150
81. 房地产开发经营合同纠纷……150
82. 房屋买卖合同纠纷……150
83. 房屋拆迁安置补偿合同纠纷……151
84. 供用电合同纠纷……151
85. 供用水合同纠纷……151
86. 供用气合同纠纷……151
87. 供用热力合同纠纷……151
88. 赠与合同纠纷……151
89. 借款合同纠纷……151
90. 保证合同纠纷……152
91. 抵押合同纠纷……152

92. 质押合同纠纷 …… 152
93. 定金合同纠纷 …… 152
94. 进出口押汇纠纷 …… 152
95. 储蓄存款合同纠纷 …… 152
96. 银行卡纠纷 …… 152
97. 租赁合同纠纷 …… 153
98. 融资租赁合同纠纷 …… 153
99. 承揽合同纠纷 …… 153
100. 建设工程合同纠纷 …… 154
101. 运输合同纠纷 …… 154
102. 保管合同纠纷 …… 155
103. 仓储合同纠纷 …… 155
104. 委托合同纠纷 …… 155
105. 委托理财合同纠纷 …… 155
106. 行纪合同纠纷 …… 156
107. 居间合同纠纷 …… 156
108. 补偿贸易纠纷 …… 156
109. 借用合同纠纷 …… 156
110. 典当纠纷 …… 156
111. 合伙协议纠纷 …… 156
112. 种植、养殖回收合同纠纷 …… 156
113. 中外合作勘探开发自然资源合同纠纷 …… 156
114. 农业承包合同纠纷 …… 157
115. 林业承包合同纠纷 …… 157
116. 渔业承包合同纠纷 …… 157
117. 牧业承包合同纠纷 …… 157
118. 农村土地承包合同纠纷 …… 157
119. 服务合同纠纷 …… 157
120. 演出合同纠纷 …… 158
121. 劳务合同纠纷 …… 158
122. 离退休人员返聘合同纠纷 …… 158
123. 广告合同纠纷 …… 159
124. 展览合同纠纷 …… 159
125. 追偿权纠纷 …… 159
126. 请求确认人民调解协议效力 …… 159
二、不当得利纠纷 …… 159
127. 不当得利纠纷 …… 159
三、无因管理纠纷 …… 159

128. 无因管理纠纷 …………………………………………………………………… 159

第十五章　知识产权与竞争纠纷 …………………………………………………… 160
一、知识产权合同纠纷 ……………………………………………………………… 160
129. 著作权合同纠纷 ……………………………………………………………… 160
130. 商标合同纠纷 ………………………………………………………………… 161
131. 专利合同纠纷 ………………………………………………………………… 161
132. 植物新品种合同纠纷 ………………………………………………………… 162
133. 集成电路布图设计合同纠纷 ………………………………………………… 162
134. 商业秘密合同纠纷 …………………………………………………………… 162
135. 技术合同纠纷 ………………………………………………………………… 162
136. 特许经营合同纠纷 …………………………………………………………… 163
137. 企业名称(商号)合同纠纷 …………………………………………………… 163
138. 特殊标志合同纠纷 …………………………………………………………… 164
139. 网络域名合同纠纷 …………………………………………………………… 164
140. 知识产权质押合同纠纷 ……………………………………………………… 164
二、知识产权权属、侵权纠纷 ……………………………………………………… 164
141. 著作权权属、侵权纠纷 ……………………………………………………… 164
142. 商标权权属、侵权纠纷 ……………………………………………………… 166
143. 专利权权属、侵权纠纷 ……………………………………………………… 166
144. 植物新品种权权属、侵权纠纷 ……………………………………………… 166
145. 集成电路布图设计专有权权属、侵权纠纷 ………………………………… 167
146. 侵害企业名称(商号)权纠纷 ………………………………………………… 167
147. 侵害特殊标志专有权纠纷 …………………………………………………… 167
148. 网络域名权属、侵权纠纷 …………………………………………………… 167
149. 发明权纠纷 …………………………………………………………………… 167
150. 其他科技成果权纠纷 ………………………………………………………… 167
151. 确认不侵害知识产权纠纷 …………………………………………………… 167
152. 因申请知识产权临时措施损害责任纠纷 …………………………………… 168
153. 因恶意提起知识产权诉讼损害责任纠纷 …………………………………… 168
154. 专利权宣告无效后返还费用纠纷 …………………………………………… 168
三、不正当竞争纠纷 ………………………………………………………………… 168
155. 仿冒纠纷 ……………………………………………………………………… 168
156. 商业贿赂不正当竞争纠纷 …………………………………………………… 169
157. 虚假宣传纠纷 ………………………………………………………………… 169
158. 低价倾销不正当竞争纠纷 …………………………………………………… 169
159. 捆绑销售不正当竞争纠纷 …………………………………………………… 169
160. 有奖销售纠纷 ………………………………………………………………… 169

161. 商业诋毁纠纷 …… 169
162. 串通投标不正当竞争纠纷 …… 169
四、垄断纠纷…… 169
163. 垄断协议纠纷 …… 169
164. 滥用市场支配地位纠纷 …… 170
165. 经营者集中纠纷 …… 170

第十六章 劳动争议、人事争议…… 171
一、劳动争议…… 171
166. 劳动合同纠纷 …… 171
167. 社会保险纠纷 …… 171
168. 福利待遇纠纷 …… 172
二、人事争议…… 172
169. 人事争议 …… 172

第十七章 海事海商纠纷…… 173
170. 船舶碰撞损害责任纠纷 …… 173
171. 船舶触碰损害责任纠纷 …… 173
172. 船舶损坏空中设施、水下设施损害责任纠纷 …… 173
173. 船舶污染损害责任纠纷 …… 173
174. 海上、通海水域污染损害责任纠纷 …… 173
175. 海上、通海水域养殖损害责任纠纷 …… 173
176. 海上、通海水域财产损害责任纠纷 …… 173
177. 海上、通海水域人身损害责任纠纷 …… 173
178. 海上、通海水域货物运输合同纠纷 …… 173
179. 海上、通海水域旅客运输合同纠纷 …… 173
180. 海上、通海水域行李运输合同纠纷 …… 174
181. 船舶经营管理合同纠纷 …… 174
182. 船舶买卖合同纠纷 …… 174
183. 船舶建造合同纠纷 …… 174
184. 船舶修理合同纠纷 …… 174
185. 船舶改建合同纠纷 …… 174
186. 航次租船合同纠纷 …… 174
187. 船舶租用合同纠纷 …… 174
188. 非法留置船舶、船载货物、船用燃油、船用物料损害责任纠纷 …… 174
189. 海上、通海水域运输船舶承包合同纠纷 …… 175
190. 渔船承包合同纠纷 …… 175
191. 船舶属具租赁合同纠纷 …… 175

192. 船舶属具保管合同纠纷 …… 175
193. 海运集装箱租赁合同纠纷 …… 175
194. 海运集装箱保管合同纠纷 …… 175
195. 港口货物保管合同纠纷 …… 175
196. 船舶代理合同纠纷 …… 175
197. 海上、通海水域货运代理合同纠纷 …… 175
198. 理货合同纠纷 …… 175
199. 船舶物料和备品供应合同纠纷 …… 176
200. 船员劳务合同纠纷 …… 176
201. 海难救助合同纠纷 …… 176
202. 海上、通海水域打捞合同纠纷 …… 176
203. 海上、通海水域拖航合同纠纷 …… 176
204. 海上、通海水域保险合同纠纷 …… 176
205. 海上、通海水域保赔合同纠纷 …… 176
206. 海上、通海水域运输联营合同纠纷 …… 176
207. 船舶营运借款合同纠纷 …… 176
208. 海事担保合同纠纷 …… 177
209. 航道、港口疏浚合同纠纷 …… 177
210. 船坞、码头建造合同纠纷 …… 177
211. 船舶检验合同纠纷 …… 177
212. 海事请求担保纠纷 …… 177
213. 海上、通海水域运输重大责任事故责任纠纷 …… 177
214. 港口作业重大责任事故责任纠纷 …… 177
215. 港口作业纠纷 …… 177
216. 共同海损纠纷 …… 177
217. 海洋开发利用纠纷 …… 177
218. 船舶共有纠纷 …… 177
219. 船舶权属纠纷 …… 178
220. 海运欺诈纠纷 …… 178
221. 海事债权确权纠纷 …… 178

第十八章　与公司、证券、保险、票据等有关的民事纠纷 …… 179
一、与企业有关的纠纷 …… 179
222. 企业出资人权益确认纠纷 …… 179
223. 侵害企业出资人权益纠纷 …… 179
224. 企业公司制改造合同纠纷 …… 179
225. 企业股份合作制改造合同纠纷 …… 179
226. 企业债权转股权合同纠纷 …… 179

227. 企业分立合同纠纷 …… 179
228. 企业租赁经营合同纠纷 …… 179
229. 企业出售合同纠纷 …… 180
230. 挂靠经营合同纠纷 …… 180
231. 企业兼并合同纠纷 …… 180
232. 联营合同纠纷 …… 180
233. 企业承包经营合同纠纷 …… 180
234. 中外合资经营企业合同纠纷 …… 180
235. 中外合作经营企业合同纠纷 …… 181
二、与公司有关的纠纷 …… 181
236. 股东资格确认纠纷 …… 181
237. 股东名册记载纠纷 …… 181
238. 请求变更公司登记纠纷 …… 181
239. 股东出资纠纷 …… 181
240. 新增资本认购纠纷 …… 181
241. 股东知情权纠纷 …… 181
242. 公司决议纠纷 …… 181
243. 公司设立纠纷 …… 181
244. 公司证照返还纠纷 …… 181
245. 公司盈余分配纠纷 …… 182
246. 损害股东利益责任纠纷 …… 182
247. 损害公司利益责任纠纷 …… 182
248. 股东损害公司债权人利益责任纠纷 …… 182
249. 公司关联交易损害责任纠纷 …… 182
250. 公司合并纠纷 …… 182
251. 公司分立纠纷 …… 182
252. 公司减资纠纷 …… 182
253. 公司增资纠纷 …… 182
254. 公司解散纠纷 …… 182
255. 申请公司清算责任纠纷 …… 182
256. 上市公司收购纠纷 …… 182
三、合伙企业纠纷 …… 183
257. 入伙纠纷 …… 183
258. 退伙纠纷 …… 183
259. 合伙企业财产份额转让纠纷 …… 183
四、与破产有关的纠纷 …… 183
260. 请求撤销个别清偿行为纠纷 …… 183
261. 请求确认债务人行为无效纠纷 …… 183

262. 对外追收债权纠纷 …… 183
263. 追收未缴出资纠纷 …… 183
264. 追收抽逃出资纠纷 …… 183
265. 追收非正常收入纠纷 …… 183
266. 破产债权确认纠纷 …… 183
267. 取回权纠纷 …… 184
268. 别除权纠纷 …… 184
269. 破产撤销权纠纷 …… 184
270. 损害债务人利益赔偿纠纷 …… 184
271. 公共场所管理人责任纠纷 …… 184
五、证券纠纷 …… 184
272. 证券权利确认纠纷 …… 184
273. 证券交易合同纠纷 …… 185
274. 金融衍生品种交易纠纷 …… 185
275. 证券承销合同纠纷 …… 185
276. 证券投资咨询纠纷 …… 185
277. 证券资信评级服务合同纠纷 …… 185
278. 证券回购合同纠纷 …… 185
279. 证券上市合同纠纷 …… 186
280. 证券交易代理合同纠纷 …… 186
281. 证券上市保荐合同纠纷 …… 186
282. 证券发行纠纷 …… 186
283. 证券返还纠纷 …… 186
284. 证券欺诈责任纠纷 …… 186
285. 融资融券交易纠纷 …… 187
286. 客户交易结算资金纠纷 …… 187
六、期货交易纠纷 …… 187
287. 期货经纪合同纠纷 …… 187
288. 期货透支交易纠纷 …… 187
289. 期货强行平仓纠纷 …… 187
290. 期货实物交割纠纷 …… 187
291. 期货保证合约纠纷 …… 187
292. 期货交易代理合同纠纷 …… 187
293. 侵占期货交易保证金纠纷 …… 187
294. 期货欺诈责任纠纷 …… 188
295. 操纵期货交易市场责任纠纷 …… 188
296. 期货内幕交易责任纠纷 …… 188
297. 期货虚假信息责任纠纷 …… 188

七、信托纠纷……………………………………………………………… 188
298. 民事信托纠纷 …………………………………………………………… 188
299. 营业信托纠纷 …………………………………………………………… 188
300. 公益信托纠纷 …………………………………………………………… 188
八、保险纠纷……………………………………………………………… 189
301. 财产保险合同纠纷 ……………………………………………………… 189
302. 人身保险合同纠纷 ……………………………………………………… 189
303. 再保险合同纠纷 ………………………………………………………… 189
304. 保险经纪合同纠纷 ……………………………………………………… 189
305. 保险代理合同纠纷 ……………………………………………………… 189
306. 进出口信用保险合同纠纷 ……………………………………………… 189
九、票据纠纷……………………………………………………………… 190
307. 票据付款请求权纠纷 …………………………………………………… 190
308. 票据追索权纠纷 ………………………………………………………… 190
309. 票据交付请求权纠纷 …………………………………………………… 190
310. 票据返还请求权纠纷 …………………………………………………… 190
311. 票据损害责任纠纷 ……………………………………………………… 190
312. 票据利益返还请求权纠纷 ……………………………………………… 190
313. 汇票回单签发请求权纠纷 ……………………………………………… 190
314. 票据保证纠纷 …………………………………………………………… 190
315. 确认票据无效纠纷 ……………………………………………………… 190
316. 票据代理纠纷 …………………………………………………………… 191
317. 票据回购纠纷 …………………………………………………………… 191
十、信用证纠纷…………………………………………………………… 191
318. 委托开立信用证纠纷 …………………………………………………… 191
319. 信用证开证纠纷 ………………………………………………………… 191
320. 信用证议付纠纷 ………………………………………………………… 191
321. 信用证欺诈纠纷 ………………………………………………………… 191
322. 信用证融资纠纷 ………………………………………………………… 191
323. 信用证转让纠纷 ………………………………………………………… 191

第十九章　侵权责任纠纷………………………………………………… 192
324. 监护人责任纠纷 ………………………………………………………… 192
325. 用人单位责任纠纷 ……………………………………………………… 192
326. 劳务派遣工作人员侵权责任纠纷 ……………………………………… 192
327. 提供劳务者致害责任纠纷 ……………………………………………… 192
328. 提供劳务者受害责任纠纷 ……………………………………………… 192
329. 网络侵权责任纠纷 ……………………………………………………… 192

330. 违反安全保障义务责任纠纷 …… 192
331. 教育机构责任纠纷 …… 192
332. 产品责任纠纷 …… 193
333. 机动车交通事故责任纠纷 …… 193
334. 医疗损害责任纠纷 …… 193
335. 环境污染责任纠纷 …… 193
336. 高度危险责任纠纷 …… 194
337. 饲养动物损害责任纠纷 …… 194
338. 物件损害责任纠纷 …… 194
339. 触电人身损害责任纠纷 …… 195
340. 义务帮工人受害责任纠纷 …… 195
341. 见义勇为人受害责任纠纷 …… 195
342. 公证损害责任纠纷 …… 195
343. 防卫过当损害责任纠纷 …… 195
344. 紧急避险损害责任纠纷 …… 195
345. 驻香港、澳门特别行政区军人执行职务侵权责任纠纷 …… 195
346. 铁路运输损害责任纠纷 …… 196
347. 水上运输损害责任纠纷 …… 196
348. 航空运输损害责任纠纷 …… 196
349. 因申请诉前财产保全损害责任纠纷 …… 196
350. 因申请诉前证据保全损害责任纠纷 …… 196
351. 因申请诉中财产保全损害责任纠纷 …… 196
352. 因申请诉中证据保全损害责任纠纷 …… 196
353. 因申请先予执行损害责任纠纷 …… 197

第二十章　适用特殊程序案件案由 …… 198
一、选民资格案件 …… 198
354. 申请确定选民资格 …… 198
二、宣告失踪、死亡案件 …… 198
355. 申请宣告公民失踪 …… 198
356. 申请撤销宣告失踪 …… 198
357. 申请为失踪人财产指定、变更代管人 …… 198
358. 失踪人债务支付纠纷 …… 198
359. 申请宣告公民死亡 …… 199
360. 申请撤销宣告公民死亡 …… 199
361. 被撤销死亡宣告人请求返还财产纠纷 …… 199
三、认定公民无民事行为能力、限制民事行为能力案件 …… 199
362. 申请宣告公民无民事行为能力 …… 199

363. 申请宣告公民限制民事行为能力 …………………………………… 199
364. 申请宣告公民恢复限制民事行为能力 ………………………………… 199
365. 申请宣告公民恢复完全民事行为能力 ………………………………… 200
四、认定财产无主案件………………………………………………………… 200
366. 申请认定财产无主 ……………………………………………………… 200
367. 申请撤销认定财产无主 ………………………………………………… 200
五、监护权特别程序案件……………………………………………………… 200
368. 申请确定监护人 ………………………………………………………… 200
369. 申请变更监护人 ………………………………………………………… 200
370. 申请撤销监护人资格 …………………………………………………… 200
六、督促程序案件……………………………………………………………… 200
371. 申请支付令 ……………………………………………………………… 201
七、公示催告程序案件………………………………………………………… 201
372. 申请公示催告 …………………………………………………………… 201
八、申请诉前停止侵害知识产权案件………………………………………… 201
373. 申请诉前停止侵害专利权 ……………………………………………… 201
374. 申请诉前停止侵害注册商标专用权 …………………………………… 201
375. 申请诉前停止侵害著作权 ……………………………………………… 201
376. 申请诉前停止侵害植物新品种权 ……………………………………… 201
九、申请保全案件……………………………………………………………… 201
377. 申请诉前财产保全 ……………………………………………………… 201
378. 申请诉中财产保全 ……………………………………………………… 202
379. 申请诉前证据保全 ……………………………………………………… 202
380. 申请诉中证据保全 ……………………………………………………… 202
381. 仲裁程序中的财产保全 ………………………………………………… 202
382. 仲裁程序中的证据保全 ………………………………………………… 202
383. 申请中止支付信用证项下款项 ………………………………………… 202
384. 申请中止支付保函项下款项 …………………………………………… 202
十、仲裁程序案件……………………………………………………………… 202
385. 申请确认仲裁协议效力 ………………………………………………… 202
386. 申请撤销仲裁裁决 ……………………………………………………… 202
十一、海事诉讼特别程序案件………………………………………………… 203
387. 申请海事请求保全 ……………………………………………………… 203
388. 申请海事支付令 ………………………………………………………… 203
389. 申请海事强制令 ………………………………………………………… 203
390. 申请海事证据保全 ……………………………………………………… 203
391. 申请设立海事赔偿责任限制基金 ……………………………………… 203
392. 申请船舶优先权催告 …………………………………………………… 203

393. 申请海事债权登记与受偿 …………………………………………………… 204
十二、申请承认与执行法院判决、仲裁裁决案件…………………………………… 204
394. 申请执行海事仲裁裁决 …………………………………………………… 204
395. 申请执行知识产权仲裁裁决 ……………………………………………… 204
396. 申请执行涉外仲裁裁决 …………………………………………………… 204
397. 申请认可和执行香港特别行政区法院民事判决 ………………………… 204
398. 申请认可和执行香港特别行政区仲裁裁决 ……………………………… 204
399. 申请认可和执行澳门特别行政区法院民事判决 ………………………… 204
400. 申请认可和执行澳门特别行政区仲裁裁决 ……………………………… 204
401. 申请认可和执行台湾地区法院民事判决 ………………………………… 204
402. 申请认可和执行台湾地区仲裁裁决 ……………………………………… 204
403. 申请承认和执行外国法院民事判决、裁定 ……………………………… 204
404. 申请承认和执行外国仲裁裁决 …………………………………………… 205
十三、执行异议之诉……………………………………………………………… 205
405. 案外人执行异议之诉 ……………………………………………………… 205
406. 申请执行人执行异议之诉 ………………………………………………… 205
407. 执行分配方案异议之诉 …………………………………………………… 205

第三部分　刑法、刑事诉讼法等中涉及的相关概念释义

第二十一章　刑法…………………………………………………………………… 206
1. 什么是犯罪？ ……………………………………………………………… 206
2. 什么是故意犯罪？ ………………………………………………………… 206
3. 故意犯罪必须同时具备哪些条件？ ……………………………………… 206
4. 什么是过失犯罪？ ………………………………………………………… 206
5. 什么是正当防卫？ ………………………………………………………… 206
6. 什么是防卫过当及其特征、罪过形式、刑事责任？ …………………… 207
7. 什么是犯罪未遂？ ………………………………………………………… 207
8. 什么是犯罪中止？ ………………………………………………………… 207
9. 什么是共同犯罪？ ………………………………………………………… 208
10. 什么是主犯？……………………………………………………………… 208
11. 什么是从犯？……………………………………………………………… 208
12. 什么是单位犯罪？………………………………………………………… 208
13. 刑罚的种类有哪些？……………………………………………………… 208
14. 什么是累犯？……………………………………………………………… 208
15. 什么是数罪并罚？………………………………………………………… 208
16. 什么是假释？……………………………………………………………… 209

17. 什么是假释的程序？ …… 209
18. 什么情况下不得假释？ …… 209
19. 假释的法定程序是怎样的？ …… 209
20. 什么情况下应当撤销假释？ …… 210
21. 什么是时效？ …… 210
22. 追诉时效如何计算？ …… 210
23. 设立追诉时效制度的目的是什么？ …… 210
24. 什么是追诉时效的延长？ …… 210
25. 什么是追诉时效的中断？ …… 211
26. 什么是自首？ …… 211
27. 自首必须符合哪些条件？ …… 211
28. 以自首论的对象必须同时具备哪些条件？ …… 211
29. 什么是重大立功表现？ …… 212
30. 什么是减刑？ …… 212
31. 什么样的情形应当减刑？ …… 212
32. 什么是缓刑？ …… 212
33. 什么是重伤？ …… 213
34. 什么是公共财产？ …… 213
35. 什么是私有财产？ …… 213
36. 什么是国家工作人员？ …… 213
37. 什么是司法人员？ …… 213
38. 什么是危害公共安全罪？ …… 213
39. 什么是妨害司法罪？ …… 214
40. 什么是贪污贿赂犯罪？ …… 214
41. 贪污贿赂罪包括哪些内容？ …… 214
42. 什么是贪污罪？ …… 214
43. 什么是挪用公款罪？ …… 214
44. 什么是贿赂犯罪？ …… 214
45. 什么是巨额财产来源不明罪？ …… 215
46. 什么是隐瞒境外存款罪？ …… 215
47. 什么是私分国有资产罪？ …… 215
48. 什么是私分罚没财物罪？ …… 215
49. 什么是渎职侵权犯罪？ …… 215
50. 渎职侵权犯罪包括哪些犯罪？ …… 215
51. 渎职侵权犯罪有哪些显著特点？ …… 216

第二十二章　刑事诉讼法 …… 217
52. 什么是刑事诉讼法？刑事诉讼有哪些特点？ …… 217
53. 什么是刑事诉讼强制措施？ …… 217

54. 强制措施的种类有哪些？ …… 217
55. 刑事诉讼强制措施与民事诉讼强制措施有哪些区别？ …… 218
56. 什么是立案？ …… 218
57. 刑事案件的立案条件是什么？ …… 218
58. 什么是刑事侦查？ …… 218
59. 刑事侦查的任务有哪些？ …… 218
60. 什么是取保候审？ …… 218
61. 取保候审应具备哪些条件？ …… 218
62. 取保候审的具体程序是怎样的？ …… 219
63. 什么是保证人及保证人应履行的义务？ …… 219
64. 什么是监视居住？ …… 219
65. 监视居住的适用条件有哪些？ …… 220
66. 什么是拘留？ …… 220
67. 拘留有哪些特点？ …… 220
68. 拘留的适用条件是什么？ …… 220
69. 哪些犯罪可以先行拘留？ …… 221
70. 什么是逮捕？ …… 221
71. 逮捕应具备哪些条件？ …… 221
72. 什么是有逮捕必要？ …… 222
73. 什么是侦查终结？ …… 222
74. 侦查终结的条件是什么？ …… 222
75. 移送审查起诉的条件有哪些？ …… 223
76. 撤销案件的条件有哪些？ …… 223
77. 侦查终结的程序是怎样的？ …… 223
78. 什么是提起公诉？ …… 223
79. 提起公诉应具备哪些条件？ …… 224
80. 检察机关提起公诉的程序包括哪些活动？ …… 225
81. 什么是第一审程序？ …… 225
82. 什么是第二审程序？ …… 226
83. 什么是两审终审制？ …… 226
84. 哪些情形不追究刑事责任？ …… 226
85. 什么是刑事诉讼的再审程序？ …… 226
86. 刑事诉讼再审的条件是什么？ …… 226
87. 当事人的申请符合哪些情形，人民法院应当再审？ …… 227
88. 各级法院提起审判监督程序的条件是什么？ …… 227
89. 什么情况下可以延期审理？ …… 228
90. 哪些情形可以延期审理？ …… 228
91. 什么是中止诉讼？中止诉讼的条件是什么？ …… 228

92. 什么是缓刑？ …… 228
93. 宣告缓期执行的先决条件是什么？ …… 229
94. 什么是辩护人？ …… 229
95. 辩护人有哪些权利？ …… 229
96. 辩护人的责任是什么？ …… 230
97. 辩护人的责任具体包括哪些内容？ …… 230
98. 什么是刑事附带民事诉讼？ …… 231
99. 刑事附带民事诉讼必须具备哪些条件？ …… 231
100. 财产保全错误造成损失的如何赔偿？ …… 232
101. 哪些情况应发回原审人民法院审理？ …… 232
102. 什么是管辖？ …… 232
103. 什么是立案管辖？ …… 232
104. 军队保卫部负责侦查哪些案件？ …… 233
105. 军事检察院直接受理哪些案件？ …… 233
106. 军事法院直接受理哪些案件？ …… 234
107. 军事检察院按照案件管辖范围分工立案侦查的种类有哪些？ …… 235
108. 刑事再审案件提起的方式和条件有哪些？ …… 236
109. 人民法院依职权提起再审的情形有哪些？ …… 236
110. 人民检察院抗诉的条件及法律依据有哪些？ …… 236

第二十三章　监察法 …… 238
111. 制定《国家监察法》的指导思想和目的？ …… 238
112. 监察委员会的性质和职能是什么？ …… 238
113. 国家监察机关的职责有哪些？ …… 239
114. 监察委员会有哪些职能和措施？ …… 239
115. 监察工作的原则是什么？ …… 239
116. 监察法规定的监察对象有哪些？ …… 240
117. 监察法规定监察机关有哪些权限？ …… 240
118. 监察法中“留置”的概念是什么？ …… 241
119. 如何保障留置措施的启动、执行和解除程序合法？ …… 241
120. 留置措施的启动程序和条件有哪些？ …… 242
121. 留置措施的审批程序有哪些？ …… 242
122. 留置措施有哪些执行程序？ …… 242
123. 留置措施如何实施？ …… 242
124. 留置措施有哪些解除程序？ …… 242
125. 在哪些情形下，被调查人可以被留置在特定场所？ …… 242
126. 监察机关享有哪些特权处置应当留置的在逃被调查人？ …… 243
127. 在什么情形下涉嫌职务犯罪的被调查人主动认罪认罚可以在移送

人民检察院时提出从宽处罚的建议？ …… 243
128. 监察有哪些程序？ …… 243
129. 监察机关根据监督、调查结果，依法对违法的公职人员作出哪些处置？ …… 244
130. 监督对象对监察机关作出的涉及本人的处理决定不服的，如何申诉？ …… 245
131. 监察机关如何统筹协调与其他国家、地区、国际组织开展反腐败国际交流、合作？ …… 245
132. 怎样加强对监察机关和监察人员的监督？ …… 245
133. 监察人员在办理监察事项时，在哪些情形下应当回避？ …… 246
134. 监察机关及其工作人员有哪些行为，被调查人及其近亲属有权进行申诉？ …… 246
135. 监察机关在什么情形下可以采取技术调查措施？ …… 247
136. 监察机关及其工作人员出现哪些行为时，对负有责任的领导人员和直接责任人员依法给予处理？ …… 247
137. 对监察机关移送的案件，人民检察院应如何处理？ …… 247
138.《国家监察法》颁布施行后，有哪些法律内容需要修改？ …… 247

第四部分　民法、民事诉讼法、行政法、行政诉讼法等法中涉及的相关概念释义

第二十四章　民法 …… 249
1. 什么是民法？ …… 249
2. 什么是民事诉讼法？ …… 249
3. 什么是民事诉讼？ …… 249
4. 民事诉讼具有哪些特征？ …… 249
5. 什么是诉讼关系？ …… 249
6. 什么是诉讼时效？ …… 249
7. 什么是民事诉讼法律关系？ …… 250
8. 民事诉讼法律关系的主体有哪些？ …… 250
9. 什么是诉讼上的法律事实？ …… 250
10. 什么是诉讼行为？ …… 250
11. 什么是合议制度？ …… 250
12. 什么是公开审判？ …… 250
13. 哪些案件是不公开审判的？ …… 250

第二十五章　管辖 …… 251
14. 什么是民事诉讼中的管辖？ …… 251
15. 什么是级别管辖及分工？ …… 251

16. 什么是地域管辖及其原则？ …… 251
17. 什么是特殊地域管辖？ …… 252
18. 什么是专属管辖？ …… 252
19. 什么是共同管辖？ …… 252
20. 什么是合并管辖？ …… 252
21. 什么是裁定管辖？ …… 252
22. 什么是移送管辖？ …… 253
23. 什么是管辖权的转移？ …… 253
24. 什么是管辖权异议？ …… 253
25. 管辖权异议的提出须具备哪些条件？ …… 253

第二十六章　民事诉讼法 …… 254
26. 什么是债权人？ …… 254
27. 什么是债务人？ …… 254
28. 什么是民事责任？ …… 254
29. 承担民事责任的方式有哪些？ …… 254
30. 免除民事责任的情形有哪些？ …… 255
31. 什么是诉讼权利能力？ …… 255
32. 什么是诉讼行为能力？ …… 255
33. 什么是当事人的诉讼权利？ …… 255
34. 什么是反诉？ …… 255
35. 反诉必须符合哪些条件？ …… 255
36. 提出反诉具有哪些实质条件？ …… 256
37. 反诉有哪些程序要件？ …… 256
38. 反诉还须具备哪些其他条件？ …… 257
39. 不适用反诉的有哪几类案件？ …… 257
40. 什么是公民？ …… 258
41. 什么是法人？ …… 258
42. 什么是诉讼代理人？ …… 259
43. 什么是法定代理人？ …… 259
44. 什么是委托诉讼代理人？ …… 259
45. 委托诉讼代理人必须遵守哪些规定？ …… 259
46. 委托诉讼权限必须写明哪些内容？ …… 260
47. 委托诉讼代理人和律师有哪些区别？ …… 260
48. 什么是法定诉讼代理人？ …… 260
49. 法定诉讼代理人具有怎样的诉讼地位？ …… 260
50. 法定诉讼代理权是怎样取得和消灭的？ …… 261
51. 法定诉讼代理人的代理权限有哪些？ …… 261

52. 哪些人可以担任法定诉讼代理人？ …… 261
53. 诉讼代理人具有哪些特点？ …… 262
54. 什么是民事判决？ …… 262
55. 民事判决的种类有哪些？ …… 262
56. 什么是判决的效力？ …… 263
57. 什么是裁定？ …… 263
58. 什么是申请再审？ …… 263
59. 民事诉讼再审有哪些条件？ …… 264
60. 当事人申请再审的，应当提交哪些材料？ …… 264
61. 人民检察院在什么情况下可以提出抗诉？ …… 265
62. 在哪些情形下，当事人可以向人民检察院申请检察建议或者抗诉？ …… 265
63. 什么情形下，可以中止诉讼？ …… 266
64. 什么是终结民事诉讼？ …… 266
65. 判决书应包括哪些内容？ …… 266
66. 裁定适用哪些范围？ …… 266
67. 什么是民事判决？ …… 267
68. 判决的种类有哪些？ …… 267
69. 什么是诉讼案件判决？ …… 267
70. 什么是非讼案件判决？ …… 268
71. 什么是诉讼地位？ …… 268
72. 什么是委托合同？ …… 268
73. 什么是抗诉？ …… 268
74. 申请抗诉有哪些条件？ …… 268

第二十七章　行政法 …… 270
75. 什么是行政法？ …… 270
76. 什么是行政行为和行政裁决？ …… 270
77. 什么是复议？ …… 270
78. 什么是行政强制执行？ …… 270
79. 什么是行政复议？ …… 270
80. 什么是复议管辖？ …… 270

第二十八章　行政诉讼法 …… 271
81. 什么是行政诉讼法？ …… 271
82. 什么是行政诉讼？ …… 271
83. 人民法院受理公民、法人、其他组织提起的诉讼有哪些？ …… 271
84. 中级人民法院管辖哪些行政诉讼案件？ …… 272
85. 行政复议由哪个人民法院管辖？ …… 272

86. 有权提起行政诉讼的公民死亡，什么人可以提起诉讼？ …… 272
87. 经复议的案件，被告是谁？ …… 272
88. 什么案件人民法院不予受理 …… 272
89. 提起诉讼应当符合哪些条件？ …… 272
90. 人民法院既不立案也不裁定如何处理？ …… 272
91. 什么情形人民法院应当再审？ …… 273
92. 公民、法人或者其他组织可以依法提起行政诉讼的情形有哪些？ …… 273
93. 行政判决有哪些类型？ …… 273
94. 什么是财产保全？ …… 273
95. 什么是保全措施？ …… 273
96. 保全措施的种类有哪些？ …… 274
97. 人民法院接受诉前保全申请后，对情况紧急的应当如何处理？ …… 274
98. 财产保全的条件有哪些？ …… 274
99. 财产保全的范围是什么？ …… 274
100. 财产保全的程序有哪些？ …… 275
101. 什么是财产保全的解除？ …… 275

第二十九章 婚姻法 …… 276
102. 什么是行政强制执行？ …… 276
103. 什么是婚姻法？ …… 276
104. 什么是无效婚姻？ …… 276
105. 什么是婚前财产？ …… 276
106. 父母、子女各自的义务是什么？ …… 276
107. 什么是离婚？ …… 277
108. 什么情况下可以离婚？ …… 277
109. 什么是协议离婚？ …… 277
110. 什么是诉讼离婚？ …… 277
111. 什么情况下，离婚无过错方有权请求损害赔偿？ …… 277
112. 哪些情况，人民法院经调解无效的应准予离婚？ …… 277
113. 我国法律规定离婚的形式有哪几种？ …… 278
114. 我国法律有关军婚有哪些规定？ …… 278
115. 不予受理离婚诉讼的情况有哪些？ …… 278

第三十章 继承法 …… 279
116. 什么是继承法？ …… 279
117. 什么是继承？ …… 279
118. 什么是法定继承？ …… 279
119. 哪些情况适用法定继承？ …… 279

120. 民法中的继承是指什么？ …… 280
121. 遗产包括哪些内容？ …… 280
122. 哪些情况下丧失继承权？ …… 281
123. 什么是继承顺序？ …… 281
124. 什么是遗嘱继承和遗赠？ …… 281
125. 哪些情形应适用法定继承？ …… 281
126. 什么是继承人？ …… 281
127. 儿媳和女婿是否是公婆或岳父母的法定继承人？ …… 282
128. 办理继承公证需要提供哪些材料？ …… 282
129. 代位继承需要满足哪些条件？ …… 282
130. 代位继承的办理程序是什么？ …… 283
131. 什么是赠与合同及其特征？ …… 283
132. 房屋赠与应符合哪些条件？ …… 284
133. 房屋赠与需要办理什么手续？ …… 284
134. 什么是遗产？ …… 284
135. 遗产的范围有哪些？ …… 285
136. 遗产必须符合哪些特征？ …… 285
137. 遗产的处理方式有哪些？ …… 285
138. 什么是无人继承的遗产？ …… 286
139. 遗产包括哪些内容？ …… 286
140. 遗产的分配原则有哪些？ …… 286
141. 什么是遗嘱？ …… 286
142. 遗嘱有哪些特征？ …… 287
143. 遗嘱有哪些种类？ …… 287
144. 什么是遗赠扶养协议？ …… 288

第三十一章　合同法 …… 289
145. 什么是合同法？ …… 289
146. 合同具有哪些法律特征？ …… 289
147. 合同的形式有哪些？ …… 289
148. 合同的内容一般应包括哪些条款？ …… 289
149. 合同的内容没有约定或约定不明确的应适用哪些规定？ …… 290
150. 哪些情况下合同无效？ …… 290
151. 什么是租赁合同？ …… 290
152. 技术合同应包括哪些内容？ …… 290
153. 技术合同有哪些支付方式？ …… 291
154. 什么是买卖合同？ …… 291
155. 什么是合同的履行？ …… 291

156. 什么是借款合同？ …… 291
157. 借款合同有哪些特点？ …… 291
158. 什么是承揽合同？ …… 292
159. 承揽合同有哪些特点？ …… 292
160. 什么是建筑工程合同？建筑工程合同有哪些种类？ …… 293
161. 什么是运输合同？ …… 293
162. 运输合同有哪些特征？ …… 293
163. 什么是技术合同？ …… 295
164. 技术合同具有哪些特点？ …… 295
165. 什么是委托合同？委托合同有哪些特征？ …… 295

第三十二章　国家赔偿法 …… 296
166. 什么是国家赔偿？ …… 296
167. 有哪些侵犯人身权的情形，受害人有取得赔偿的权利？ …… 296
168. 国家赔偿的种类有哪些？ …… 296
169. 什么是行政赔偿？ …… 296
170. 有哪些侵犯财产权的情形，受害人有取得赔偿的权利？ …… 296
171. 受害公民死亡，哪些人有权提起诉讼？ …… 296
172. 什么是赔偿义务机关？ …… 296
173. 赔偿义务机关在什么情况下应当赔偿？ …… 296
174. 赔偿请求人应如何提起诉讼及提请诉讼的申请书应载明哪些事项？ …… 297
175. 要求赔偿递交的申请书应当载明哪些事项？ …… 297
176. 什么是刑事赔偿？ …… 297
177. 刑事赔偿的范围是什么？ …… 297
178. 什么是刑事赔偿请求人？ …… 298
179. 承担赔偿的机关及赔偿条件各是什么？ …… 298
180. 刑事赔偿的主体是谁？ …… 298
181. 赔偿义务机关在收到申请人的赔偿申请书后应当如何处理？ …… 298
182. 赔偿方式和计算标准是什么？ …… 299
183. 侵犯公民、法人和其他组织的财产权造成损害的，应怎样处理？ …… 299
184. 赔偿请求人凭什么样的法律文书申请支付赔偿金？ …… 300
185. 赔偿义务机关自收到支付赔偿金申请之日起多少时间内处理？ …… 300
186. 在哪些情形下，国家不承担赔偿责任？ …… 300
187. 在哪些情形下，人民法院在民事执行中对被执行人的财产不得查封、扣押、冻结？ …… 300

第三十三章　仲裁法 …… 301
188. 什么是仲裁？ …… 301

189. 申请仲裁应具备哪些条件？ …… 301
190. 撤销仲裁必须符合哪些条件？ …… 301
191. 仲裁申请书应载明哪些内容？ …… 301
192. 有效的仲裁协议需具备哪些条件？ …… 301
193. 什么样的仲裁协议是无效的？ …… 301

第三十四章　公证法 …… 303
194. 哪些情况可以办理公证？ …… 303
195. 如何办理婚前财产公证？ …… 303
196. 办理公证有哪些程序？ …… 304

第五部分　附　　录

1. 中华人民共和国刑事诉讼法 …… 306
2. 中华人民共和国民事诉讼法 …… 342
3.《刑法》修正案一至九 …… 373

参考文献 …… 396

第一部分　刑事部分

本部分按序号、罪名、刑法条文、概念、立案追诉标准等为序分别进行叙述。①

第一章　危害国家安全罪

1. 背叛国家罪

背叛国家罪(《刑法》第102条)，是指勾结外国或者与境外机构、组织、个人相勾结，危害中华人民共和国主权、领土完整和安全的行为。

本罪是行为犯，也是性质最为严重的犯罪，《刑法》对构成本罪没有过多情节方面的要求，并不要求已经造成危害国家主权、领土完整和安全的实际后果，只要行为人着手实施了勾结外国或者与境外机构、组织、个人相勾结，危害国家领土完整和安全的行为，不管是在密谋、策划阶段，还是已付诸实施，都应予立案追诉。

2. 分裂国家罪

分裂国家罪(《刑法》第103条)，是指组织、策划、实施分裂国家、破坏国家统一的行为。

本罪是行为犯，《刑法》对构成本罪没有规定情节方面的要求，并不要求已经造成分裂国家、破坏国家统一的实施后果，只要行为人已经着手组织、策划、实施了分裂国家，破坏国家统一的行为，不管是在密谋、策划阶段，还是已经付诸实施，都应予立案追诉。

根据《刑法》规定，对组织、策划、实施分裂国家、破坏国家统一的下列人员，应予立案追诉：

(1)首要分子或者罪行重大的；

(2)积极参加的；

(3)其他参加的。

3. 煽动分裂国家罪

煽动分裂国家罪(《刑法》第103条第2款)，是指为了分裂统一的多民族国家，割据一方，另立伪政权，对抗中央人民政府的统一领导而进行的宣传煽动行为。

本罪是行为犯，《刑法》对此没有规定情节方面的要求，并不要求已经造成分裂国家、破坏国家统一的实际后果，只要行为人实施了张贴标语、散发传单、编辑刊物、发

① 参见曾斌主编：《立案定罪量刑标准与适用》，法律出版社2003年版。

表演讲、播放图像、非法出版、宣传邪教等行为，都应予立案追诉。

4. 武装叛乱、暴乱罪

武装叛乱、暴乱罪(《刑法》第 104 条)，是指组织、策划实施武装叛乱或者武装暴乱，对抗人民民主专政的国家政权的行为。

本罪是行为犯，《刑法》对构成本罪没有规定情节方面的要求，并不要求已经造成实际的危害后果，只要行为人已经着手组织、策划、实施了武装叛乱或者武装暴乱的行为，不管是在密谋、策划阶段，还是已经付诸实施，都应予立案追诉。

根据《刑法》规定，对组织、策划实施武装叛乱或者武装暴乱，对抗人民民主专政的国家政权的下列人员，应予立案追诉：

(1)首要分子或者罪行重大的；

(2)积极参加的；

(3)其他参加的。

5. 颠覆国家政权罪

颠覆国家政权罪(《刑法》第 105 条第 1 款)，是指组织、策划、实施颠覆国家政权、推翻社会主义制度的行为。

本罪是行为犯，《刑法》对构成本罪没有规定情节方面的要求，并不要求实际已经造成国家政权被颠覆、社会主义制度被推翻的危害后果，只要行为人已经着手组织、策划、实施颠覆国家政权、推翻社会主义制度的行为，不管是在密谋、策划阶段，还是已经付诸实施，都应予立案追诉。

根据《刑法》规定，对组织、策划、实施颠覆国家政权、推翻社会主义制度的下列人员，应予立案追诉：

(1)首要分子或者罪行重大的；

(2)积极参加的；

(3)其他参加的。

6. 煽动颠覆国家政权罪

煽动颠覆国家政权罪(《刑法》第 105 条第 2 款)，是指以造谣、诽谤或者其他方式煽动颠覆国家政权、推翻社会主义制度的行为。

本罪是行为犯，《刑法》对构成本罪没有规定情节方面的要求，并不要求已经造成国家政权被颠覆、社会主义制度被推翻的实际后果，只要行为人资助实施了造谣、诽谤或者其他方式的煽动行为，就应予立案追诉。

7. 资助危害国家安全犯罪活动罪

资助危害国家安全犯罪活动罪(《刑法》第 107 条)，是指境内外机构、组织或者个人资助实施背叛祖国罪、分裂国家罪、武装叛乱、暴乱罪颠覆国家政权罪、煽动颠覆国家罪的行为。

本罪是行为犯，《刑法》对构成本罪没有规定情节方面的要求，并不要求已经造成实际的危害后果，只要境外机构、组织或者个人实施了资助行为，不论被资助人是否已经实施危害国家安全的行为，都应予立案追诉。只要境内外机构、组织或者个人资助实施背叛祖国罪、分裂国家罪、武装叛乱、暴乱罪颠覆国家政权罪、煽动颠覆国家罪的行为之一的，就应予立案追诉。

8. 投敌叛变罪

投敌叛变罪(《刑法》第108条)，是指投靠敌人，背叛国家，出卖民族利益，或者在被捕后、被俘后投降敌人，进行危害国家安全活动的行为。

本罪是行为犯，《刑法》对此没有规定情节方面的要求，并不要求已经造成实际的危害后果，只要中国公民出于危害国家安全的目的投敌叛变的，或者在被捕、被俘后投敌叛变的，就应予立案追诉。

9. 叛逃罪

叛逃罪(《刑法》第109条，《刑法修正案(八)》第21条)，是指国家机关工作人员或者掌握国家秘密的国家工作人员在履行公务期间，擅离岗位，叛逃境外或者在境外叛逃，危害中华人民共和国国家安全的行为。

本罪是行为犯，《刑法》对此没有规定情节方面的要求，并不要求已经造成实际的危害后果。所谓履行公务期间，是指国家机关工作人员正在履行国家赋予的职责的时期。擅离岗位，是指在执行公务时，未经批准，私自脱立岗位。叛逃有两种形式，一种是叛逃境外，如国家机关工作人员在境内工作期间，通过非法手段逃往境外；二是国家机关工作人员在境外工作或者访问期间私自出走。无论属于哪一种叛逃行为，都应予立案追诉。对掌握国家秘密的国家工作人员叛逃，必须从重处罚。

国有公司、企业、事业单位、人民团体中从事公务的人员和国家机关、国有公司、企业事业单位委派到非国有公司、企业、事业单位、社会团体从事公务的人员，以及其他依照法律从事公务的人员以国家工作人员论。因此，上述人员只要掌握了国家秘密，并在履行公务期间叛逃的，也应予立案追诉。

10. 间谍罪

间谍罪(《刑法》第110条规定)，是指参加间谍组织或者接受间谍组织及其代理人任务的，或者为敌人指示轰击目标的行为。

《刑法》第110条规定，有下列间谍行为之一，危害国家安全的，处10年以上有期徒刑或者无期徒刑；情节较轻的，处3年以上10年以下有期徒刑。本罪是行为犯，《刑法》对此没有规定情节方面的要求，并不要求已经造成实际的危害后果，只要行为人实施了以下间谍行为，情节较轻的，就构成犯罪，应予立案追诉：

(1)参加间谍组织或者接受间谍组织及其代理人的任务的；

(2)为敌人指示轰击目标的。

但是，情节显著轻微、危害不大，不构成犯罪的，不予立案追究。

11. 为境外窃取、刺探、收买、非法提供国家秘密、情报罪

为境外窃取、刺探、收买、非法提供国家秘密、情报罪(《刑法》第111条)，是指为境外的机构、组织、人员窃取、刺探、收买、非法提供国家秘密或者情报的行为。

本罪是行为犯，《刑法》对本罪没有规定情节方面的要求，只要行为人实施了为境外的机构、组织、人员窃取、刺探、收买、非法提供国家秘密或者情报的行为，无论是否造成危害后果，都应予立案追诉。

具有下列情形之一的，属于情节特别严重，处10年以上有期徒刑或者无期徒刑，可以并处没收财产：

（1）为境外窃取、刺探、收买、非法提供绝密级国家秘密的；

（2）为境外窃取、刺探、收买、非法提供三项以上机密级国家秘密的；

（3）为境外窃取、刺探、收买、非法提供国家秘密或者情报，对国家安全和利益造成其他特别严重损害的。实施前款行为，对国家和人民危害特别严重、情节特别恶劣的，可以判处死刑，并处没收财产。

具有下列情形之一的，处5年以上10年以下有期徒刑，可以并处没收财产：

（1）为境外窃取、刺探、收买、非法提供机密级国家秘密的；

（2）为境外窃取、刺探、收买、非法提供三项以上秘密级国家秘密的；

（3）为境外窃取、刺探、收买、非法提供国家秘密或者情报，对国家安全和利益造成其他严重损害的。

12. 资敌罪

资敌罪（《刑法》第112条），是指战时供给敌人武器装备，军用物资的行为。

本罪是行为犯，《刑法》对本罪未规定情节方面的要求，只要行为人在战时实施了供给人武器装备、军用物资资敌的行为，无论是否造成危害后果，都应予立案追诉。

《刑法》第56条规定，犯资敌罪，应当附加剥夺政治权利。

第二章　危害公共安全罪

13. 放火罪

放火罪(《刑法》第114、115条)，是指故意放火焚烧公私财物，危害公共安全的行为。本罪是危险犯，只要行为人实施了故意放火的行为，并且足以威胁不特定的多数人的人身和财产安全，不要求造成严重后果，就构成犯罪，应予立案追诉。

造成森林火灾，过火有林地面积2公顷以上为重大案件，过火有林面积10公顷以上，或者致人重伤、死亡的，为特别重大案件。

14. 决水罪

决水罪(《刑法》第114、115条)，是指故意决水，制造水患，危害公共安全的行为。

本罪是危险犯，只要行为人实施了故意决水行为，并且足以威胁不特定的多数人的人身和财产安全，不要求造成严重后果，就构成犯罪，应予立案追诉。

15. 爆炸罪

爆炸罪(《刑法》第114、115条)，是指故意用爆炸的方法，杀死杀伤不特定多人、毁坏重大公私财务，危害公共安全的行为。爆炸行为足以危害公共安全的，应予立案追诉。

本罪是危险犯，只要行为人实施了故意爆炸的行为，并且足以威胁不特定的多数人的人身和财产安全，不要求造成严重后果，就构成犯罪，应予立案追诉。

16. 投放危险物质罪

投放危险物质罪(《刑法》第114、115条，《刑法修正案(三)》第1、2条，投放危险物质罪，即取消投毒罪罪名)是指故意投放毒害性、放射性、传染性病原体等物质，足以危害公共安全的行为。

本罪原为投毒罪，为了适应打击恐怖活动的需要，《刑法修正案(三)》对本罪作了修正，修改后的法条不仅包括原投毒罪的行为，而且内容更加广泛。

本罪是危险犯，只要行为人实施了故意投放毒害性、放射性、传染性病原体等物质，并且足以威胁不特定的多数人的人身和财产安全，不要求造成严重危害后果，就构成犯罪，应予立案追诉。

17. 以危险方法危害公共安全罪

以危险方法危害公共安全罪(《刑法》第114、115条，《刑法修正案(三)》修正)，是指用放火、决水、爆炸、投放危险物质以外的危险方法，足以危害公共安全的行为。

本罪是危险犯，只要行为人故意实施了放火、决水、爆炸、投放危险物质以外的危险方法，并且足以威胁不特定的多数人的人身和财产安全，不要求造成严重后果，就构成犯罪，应予立案追诉。

18. 失火罪

失火罪(《刑法》第115条第2款，《刑法修正案(三)》第1、2条)，是指由于行为人的过失引起火灾，造成严重后果，危害公共安全的行为。

本罪是结果犯，行为人的过失行为必须致人重伤、死亡或者使公司财产遭受重大损失，才能立案追究。

根据《最高人民检察院、公安部关于公安机关管辖的刑事案件立案追诉标准的规定（一）》第 1 条的规定，过失引起火灾，涉嫌下列情形之一的，应予立案追诉：

(1)导致死亡 1 人以上，或者重伤 3 人以上的；

(2)造成公共财产或者他人财产直接经济损失 50 万元以上的；

(3)造成十户以上家庭的房屋以及其他基本生活资料烧毁的；

(4)造成森林火灾，过火有林地面积 2 公顷以上，或者过火疏林地、灌木林地、未成林地、苗圃地面积 4 公顷以上的；

(5)其他造成严重后果的情形。

本条和本规定第十五条规定的“有林地”、“疏林地”、“灌木林地”、“未成林地”、“苗圃地”，按照国家林业主管部门的有关规定确定。

19. 过失决水罪

过失决水罪，是指过失毁坏水利设施，造成水患，危害公共安全，致人重伤、死亡或者使公共财产遭受重大损失的行为。

20. 过失爆炸罪

过失爆炸罪，是指过失引起爆炸，致人重伤、死亡或者使公共财产遭受重大损失，危害公共安全的。

过失决水罪、过失爆炸罪，都是结果犯，行为人行为过失决水、爆炸行为必须致人重伤、死亡或者使公共财产遭受重大损失的才能立案追诉。否则，不予立案。

21. 过失投放危险物质罪

过失投放危险物质罪(《刑法》第 115 条，《刑法修正案(三)》第 1、2 条，即取消过失投毒罪罪名)，是指因过失投放毒害性、放射性、传染性病原体等物质，致人重伤、死亡或者使公私财产遭受重大损失的，危害公共安全的行为。

本罪是结果犯，根据《刑法修正案(三)》的规定，过失投放毒害性、放射性、传染性病原体等物质，致人重伤、死亡或者使公私财产遭受重大损失的，应予立案追诉。

22. 过失以危险方法危害公共安全罪

过失以危险方法危害公共安全罪(《刑法》第 114、115 条，《刑法修正案(三)》第 1、2 条)，是指行为人过失用放火、决水、爆炸、投放危险物质以外的危险方法，致人重伤、死亡或者使公私财产遭受重大损失，严重危害公共安全的行为。

本罪是结果犯，根据《刑法》第 114、115 条第 1 款和《刑法修正案(三)》的规定，过失用放火、决水、爆炸、投放危险物质以外的危险方法，致人重伤、死亡或者使公私财产遭受重大损失，严重危害公共安全的，应予立案追诉。

23. 破坏交通工具罪

破坏交通工具罪(《刑法》第 116 条)，是指破坏正在使用中的火车、汽车、电车、船只、航空器，足以使火车、汽车、电车、船只、航空器发生倾覆、毁坏危险的，应予立案追诉。

根据《刑法》第116、119条第1款的规定，破坏正在使用中的火车、汽车、电车、船只、航空器，足以使上述交通工具发生倾覆、毁坏危险的，应予立案追诉。本罪是行为犯，只要行为人破坏了正在使用中的交通工具，并且足以使交通工具发生倾覆、毁坏危险，就会威胁到不特定的大多数的人身和财产安全，不要求实际已经造成严重后果，就应予立案追诉。

24. 破坏交通设施罪

破坏交通设施罪(《刑法》第117、119条第1款)，是指故意破坏轨道、桥梁、隧道、公路、机场、航道、灯塔、标志或者进行其他破坏活动，足以使火车、汽车、电车、船只、航空器发生倾覆、毁坏危险，尚未造成严重后果或者严重后果已结造成严重后果的行为。

根据《刑法》规定，故意破坏轨道、桥梁、隧道、公路、机场、航道、灯塔、标志或者进行其他破坏活动，足以使火车、汽车、电车、船只、航空器发生倾覆、毁坏危险的，应予立案追诉。

25. 破坏电力设备罪

破坏电力设备罪(《刑法》第118、119条第1款)，是指故意破坏电力设备，已经造成或者足以造成严重后果，危害公共安全的行为。

本罪是危险犯，只要行为人破坏了正在使用中的电力设备，并且足以危害不特定的人身和财产安全，不要求实际已经造成严重后果，就构成犯罪，应予立案追诉。

26. 破坏易燃易爆设备罪

破坏易燃易爆设备罪(《刑法》第118、119条第1款)，是指故意破坏燃气或者其他易燃易爆设备，已经造成或者足以造成严重后果，危害公共安全的行为。

本罪是危险犯，只要行为人破坏了正在使用中的燃气或者易燃易爆设备，并且足以危害不特定的人身和财产安全，不要求实际已经造成严重后果，就构成犯罪，应予立案追诉。

27. 过失损坏交通工具罪

过失损坏交通工具罪(《刑法》第119条第2款)，是指行为人过失损坏正在使用中的火车、汽车、电车、船只、航空器，造成严重后果，维护交通安全的行为。

本罪是结果犯，行为人过失损坏交通工具，造成致人重伤、死亡或者使公私财产遭受重大损失等严重后果的，才能立案追诉。

28. 过失损坏交通设施罪

过失损坏交通设施罪(《刑法》第119条第2款)，是指过失损坏轨道、桥梁、隧道、公路、机场、航道、灯塔、标志灯交通设施，造成交通工具倾覆、毁坏、人身伤亡等严重后果，危害公共安全的行为。

本罪是结果犯，行为人过失损坏交通设施，造成致使交通工具倾覆、毁坏、人员重伤、伤亡或者使公私财产遭受重大损失等严重后果的，才能立案追诉。

29. 过失损坏电力设备罪

过失损坏电力设备罪(《刑法》第119条第2款)，是指过失损坏电力设备，造成人身伤亡或者重大公私财产损失的严重后果，危害公共安全的行为。

本罪是结果犯，行为人过失损坏电力设备，已经造成严重后果的，才能立案追究。

30. 过失损坏易燃易爆设备罪

过失损坏易燃易爆设备罪(《刑法》第119条第2款)，是指过失损坏燃气或者其他易燃易爆设备，造成人身伤亡或者重大公私财产损失的严重后果，危害公共安全的行为。

本罪是结果犯，行为人过失损坏燃气或者其他易燃易爆设备，已经造成严重后果的，才能立案追诉。

31. 组织、领导、参加恐怖组织罪

组织、领导、参加恐怖组织罪(《刑法》第120条，《刑法修正案(三)》)，是指为了有组织、有领导、有计划地进行恐怖活动，组建和领导恐怖活动组织或者积极参与恐怖活动组织，危害公共安全的行为。

根据最高人民检察院、公安部《关于公安机关管辖的刑事案件立案追诉标准的规定》，对组织、领导、参加恐怖活动组织，足以危害公共安全的下列人员，应予立案追诉：

(1)恐怖活动组织的领导者；

(2)积极参加的；

(3)其他参加的。

32. 资助恐怖活动罪

资助恐怖活动罪(《刑法》第120条之一，《刑法修正案(三)》第4条)，是指资助恐怖活动组织或者实施恐怖活动的个人，危害公共安全的行为。

根据《刑法》规定，资助恐怖活动组织或者实施恐怖活动的个人的，应予立案追诉。

根据最高人民检察院、公安部《关于公安机关管辖的刑事案件追诉立案标准的规定(二)》的规定，资助恐怖活动组织或者实施恐怖活动的个人的，应予立案追诉。

本条规定的“资助”，是指为恐怖活动组织或者实施恐怖活动的个人筹集、提供经费、物资或者提供场所以及其他物质便利的行为。“实施恐怖活动的个人”，包括预谋实施、准备实施和实际实施恐怖活动的个人。

为了打击恐怖活动，履行我国签署的《制止向恐怖主义提供资助的国际公约》的义务，《中华人民共和国刑法修正案(三)》新增设了本罪。《刑法修正案(三)》对本罪的定罪没有过多数额、情节等方面的要求，只要行为人为恐怖活动组织或者实施恐怖活动的个人提供了金钱、财物、器材、设备、场所等物质条件，就构成犯罪，应予立案追诉。

33. 劫持航空器罪

劫持航空器罪(《刑法》第121条)，是指以暴力、胁迫或者其他方法劫持航空器，危害公共安全的行为。

本罪是危险犯，《刑法》对此没有规定情节方面的要求，只要行为人实施了暴力、胁迫或者其他方法劫持航空器的行为，无论航空器是否真的被劫持，是否造成了人员伤亡或者航空器遭受破坏的原则后果，均构成犯罪，应予立案追诉。

34. 劫持船只、汽车罪

劫持船只、汽车罪(《刑法》第122条)，是指故意以暴力、胁迫或者其他方法劫持船只、汽车，危害水运或者陆运管理和公共安全的行为。

本罪是危险犯，《刑法》对此没有规定情节方面的要求，只要行为人实施了暴力、胁迫或者其他方法劫持船只、汽车的行为，无论船只、汽车是否真的被劫持，是否造成了人员伤亡或者船只、汽车遭受破坏的原则后果，只要足以危及公共安全，就构成犯罪，应予立案追诉。

35. 暴力危及飞行安全罪

暴力危及飞行安全罪(《刑法》第 123 条)，是指对飞行中的航空器上的人员使用暴力，危及飞行安全的行为。

本罪是危险犯，《刑法》对此没有规定情节方面的要求，只要行为人对飞行中的航空器上的人员使用暴力，足以危及飞行安全的，无论是否造成严重后果，都应予立案追诉。

36. 破坏广播电视设施、公用电信设施罪

破坏广播电视设施、公用电信设施罪(《刑法》第 124 条第 1 款)，是指故意破坏广播电视设施、公用电信设施，危害公共安全的行为。

本罪是危险犯，《刑法》对此没有规定情节方面的要求，只要行为人实施了故意破坏正在使用中的广播电视设施、公用电信设施的行为，并且足以危害通信安全的，不论实际上是否造成了危害后果，都应予立案追诉。

37. 过失损坏广播电视设施、公用电信设施罪

过失损坏广播电视设施、公用电信设施罪(《刑法》第 124 条第 2 款)，是指过失破坏广播电视设施、公用电信设施，造成严重后果的行为。

本罪是结果犯，行为人破坏广播电视、公用电信设施，造成严重后果的，应予立案追诉。

38. 非法制造、买卖、运输、邮寄、储存枪支、弹药、爆炸物罪

非法制造、买卖、运输、邮寄、储存枪支、弹药、爆炸物罪(《刑法》第 125 条第 1 款)，是指违反国家有关枪支、弹药、爆炸物的管理法规，非法制造、买卖、运输、邮寄、储存枪支、弹药、爆炸物，危害公共安全的行为。

本罪是行为犯，只要行为人实施了非法制造、买卖、运输枪支、弹药、爆炸物的行为，无论是否造成严重后果，都构成犯罪，应予立案追诉。

根据最高人民法院《关于审理非法制造、买卖、运输枪支、弹药、爆炸物等刑事案件具体应用法律若干问题的解释》第 2 条规定，非法制造、买卖、运输、邮寄、储存枪支、弹药、爆炸物，具有下列情形之一的，属于《刑法》第 1 款规定的“情节严重”：

(1)非法制造、买卖、运输、邮寄、储存枪支、弹药、爆炸物的数量达到本解释第 1 条第(1)、(2)、(3)、(6)、(7)项规定的最低数量标准 5 倍以上的；

(2)非法制造、买卖、运输、邮寄、储存手榴弹三枚以上的；

(3)非法制造、买卖、运输、邮寄、储存爆炸装置，危害严重的；

(4)达到本解释第 1 条规定的最低数量标准，并且具有造成严重后果等其他恶劣情节的。

39. 非法制造、买卖、运输、储存危险物质罪

非法制造、买卖、运输、储存危险物质罪(《刑法》第125条第2款，本条根据《刑法修正案(三)》修正)，是指违反国家有关法规，非法制造、买卖、运输、储存毒害性、放射性、传染性病原体等物质，足以危害公共安全的行为。

本罪是危险犯，《中华人民共和国刑法修正案(三)》对本罪的定罪没有规定情节方面的要求，只要行为人实施了非法制造、买卖、运输、储存毒害性、放射性、传染性病原体等物质的行为，并且足以危害公共安全的，不论是否实际上造成危害后果，都构成犯罪，应予立案追诉。

根据《最高人民检察院、公安部关于公安机关管辖的刑事案件立案追诉标准的规定(一)》的规定，涉嫌下列情形之一的，应予立案追诉：

(1)造成人员重伤或者死亡的；

(2)造成直接经济损失10万元以上的；

(3)非法制造、买卖、运输、储存毒鼠强、氟乙酰胺、氟乙酰钠、毒鼠硅、甘氟原粉、原液、制剂50克以上，或者饵料2000克以上的；

(4)造成急性中毒、放射性疾病或者造成传染病流行、暴发的；

(5)造成严重环境污染的；

(6)造成毒害性、放射性、传染病病原体等危险物质丢失、被盗、被抢或者被他人利用进行违法犯罪活动的；

(7)其他危害公共安全的情形。

40. 违规制造、销售枪支罪

违规制造、销售枪支罪(《刑法》第126条)，是指依法被指定、确定的枪支制造企业、销售企业，违反枪支管理规定，制造、销售枪支，危害公共安全的行为。

依法被指定、确定的枪支制造企业、销售企业，违反枪支管理规定，以非法销售为目的，超过限额或者不按照规定的品种制造、配售枪支，或者以非法销售为目的，制造无号、重号、假号的枪支，或者非法销售枪支或者在境内销售为出口制造的枪支，涉嫌下列情形之一的，应予立案追诉：

(1)违规制造枪支5支以上的；

(2)违规销售枪支2支以上的；

(3)虽未达到上述数量标准，但具有造成严重后果等其他恶劣情节的。

本条规定的“枪支”，包括枪支散件。成套枪支散件，以相应数量的枪支计；非成套枪支散件，以每30件为一成套枪支散件计。

41. 盗窃、抢夺枪支、弹药、爆炸物、危险物质罪

盗窃、抢夺枪支、弹药、爆炸物、危险物质罪(《刑法》第127条，本条根据《刑法修正案》(三)修正)，是指以非法占有为目的，秘密窃取或者公然夺取枪支、弹药、爆炸物、危险物质，危害公共安全的行为。

本罪是行为犯，《刑法》及其修正案对构成犯罪没有过多数额、情节方面的要求。但最高人民法院《关于审理非法制造、买卖、运输枪支、弹药、爆炸物等刑事案件具体应用法律若干问题的解释》从数量和情节两个方面对构成犯罪的具体标准作了规定。

42. 抢窃枪支、弹药、爆炸物、危险物质罪

抢窃枪支、弹药、爆炸物、危险物质罪(《刑法》第127条第2款，本条根据《刑法修正案(三)修正》)，是指用暴力、胁迫或者其他方法强行夺取枪支、弹药、爆炸物、危险物质，危害公共安全的行为。

43. 非法持有、私藏枪支、弹药罪

非法持有、私藏枪支、弹药罪(《刑法》第128条第1款)，是指违反枪支管理规定，非法持有、私藏枪支、弹药，危害公共安全的行为。

根据《最高人民检察院、公安部关于公安机关管辖的刑事案件立案追诉标准的规定(一)》的规定，违反枪支管理规定，非法持有、私藏枪支、弹药，涉嫌下列情形之一的，应予立案追诉：

(1)非法持有、私藏军用枪支1支以上的；

(2)非法持有、私藏以火药为动力发射枪弹的非军用枪支1支以上，或者以压缩气体等为动力的其他非军用枪支2支以上的；

(3)非法持有、私藏军用子弹20发以上、气枪铅弹1000发以上或者其他非军用子弹200发以上的；

(4)非法持有、私藏手榴弹、炸弹、地雷、手雷等具有杀伤性弹药1枚以上的；

(5)非法持有、私藏的弹药造成人员伤亡、财产损失的。

本条规定的"非法持有"，是指不符合配备、配置枪支、弹药条件的人员，擅自持有枪支、弹药的行为；"私藏"，是指依法配备、配置枪支、弹药的人员，在配备、配置枪支、弹药的条件消除后，私自藏匿所配备、配置的枪支、弹药且拒不交出的行为。

本罪是行为犯，《刑法》对构成犯罪没有规定数额、情节等方面的要求。只要行为人实施了违法枪支管理规定，非法持有、私藏枪支、弹药，原则上都构成犯罪。但是《最高人民法院关于审理非法制造、买卖、运输枪支、弹药、爆炸物等刑事案件具体应用法律若干问题的解释》从数量和情节两个方面对构成犯罪的具体标准作了规定。

44. 非法出租、出借枪支罪

非法出租、出借枪支罪(《刑法》第128条第2、3、4款)，是指依法配备公务用枪的人员、依法配备枪支的人员和单位，违反枪支管理的法规，私自出租、出借枪支，危害公共安全的行为，或者依法配置枪支的人员违反枪支管理的规定出租、出借枪支，造成严重后果的行为。

根据《最高人民检察院、公安部关于公安机关管辖的刑事案件立案追诉标准的规定(一)》的规定，涉嫌下列情形之一的，应予立案追诉：

(1)造成人员轻伤以上伤亡事故的；

(2)造成枪支丢失、被盗、被抢的；

(3)枪支被他人利用进行违法犯罪活动的；

(4)其他造成严重后果的情形。

45. 丢失枪支不报罪

丢失枪支不报罪(《刑法》第129条)，是指依法配备公务用枪的人员，丢失枪支不及时报告，造成严重后果，危害公共安全的行为。

本罪是结果犯，行为人不仅丢失了配备的公务枪支，并不及时报告，造成严重后果的，应予立案追诉。

根据《最高人民检察院、公安部关于公安机关管辖的刑事案件立案追诉标准的规定（一）》，涉嫌下列情形之一的，应予立案追诉：

(1)丢失的枪支被他人使用造成人员轻伤以上伤亡事故的；

(2)丢失的枪支被他人利用进行违法犯罪活动的；

(3)其他造成严重后果的情形。

46. 非法携带枪支、弹药、管制刀具、危险物品危及公共安全罪

非法携带枪支、弹药、管制刀具、危险物品危及公共安全罪(《刑法》第130条)，是指非法携带枪支、弹药、管制刀具或者爆炸性、易燃性、放射性、毒害性、腐蚀性物品，进入公共场所或者公共交通工具，危及公共安全的行为。

非法携带枪支、弹药、管制刀具或者爆炸性、易燃性、放射性、毒害性、腐蚀性物品，进入公共场所或者公共交通工具，危及公共安全，涉嫌下列情形之一的，应予立案追诉：

(1)携带枪支1支以上或者手榴弹、炸弹、地雷、手雷等具有杀伤性弹药1枚以上的；

(2)携带爆炸装置1套以上的；

(3)携带炸药、发射药、黑火药五百克以上或者烟火药1000克以上、雷管20枚以上或者导火索、导爆索20米以上，或者虽未达到上述数量标准，但拒不交出的；

(4)携带的弹药、爆炸物在公共场所或者公共交通工具上发生爆炸或者燃烧，尚未造成严重后果的；

(5)携带管制刀具20把以上，或者虽未达到上述数量标准，但拒不交出，或者用来进行违法活动尚未构成其他犯罪的；

(6)携带的爆炸性、易燃性、放射性、毒害性、腐蚀性物品在公共场所或者公共交通工具上发生泄漏、遗洒，尚未造成严重后果的；

(7)其他情节严重的情形。

47. 重大飞行事故罪

重大飞行事故罪(《刑法》第131条)，是指航空人员违反规章制度，致使发生重大飞行事故，危及公共安全，造成严重后果的行为。

根据《最高人民检察院、公安部关于公安机关管辖的刑事案件立案追诉标准的规定（一）》的规定，涉嫌下列情形之一的，应予立案追诉：

(1)死亡1人以上的或者多人重伤、轻伤的；

(2)飞机坠毁或者航空器及其设施严重损坏的；

(3)飞机失踪或者飞机迫降到无法运出的地方的；

(4)致使飞机承运的货物等公私财产遭受灭失、毁损等重点损失的；

(5)造成其他严重后果的。

48. 铁路运营安全事故罪

铁路运营安全事故罪(《刑法》第132条)，是指铁路职工违反规章制度，致使发生铁路运营安全事故，造成严重后果的行为。

本罪是过失犯罪，必须致使发生铁路运营安全事故、造成严重后果的，才构成犯罪，应予立案追诉。

造成下列后果之一的为重大事故：

(1)人员伤亡 3 人及以上或者死亡、重伤 5 人以上；

(2)单线或者双线之一绕行车中断或者延误本列满 3 小时，双线行车中断满 2 小时；

(3)客车中途摘车 2 辆；

(4)机车大破 1 台；

(5)客车报废 1 辆或者大破 2 辆；

(6)直接经济损失 500 万元及以上。

49. 交通肇事罪

交通肇事罪(《刑法》第 133 条)，是指违反交通运输管理法规，因而发生重大事故，致人肇事、死亡或者使公私财产遭受重大损失的行为。

最高人民法院《关于审理交通肇事刑事案件具体应用法律若干问题的解释》第 2 条第 1 款规定，具有下列情形之一的，应予立案追诉。

(1)死亡 1 人以上或者重伤 3 人以上，负事故全部或者主要责任的；

(2)死亡 3 人以上，负事故同等责任的；

(3)侦查公共财产或者其他财产直接损失，负事故全部或者主要责任，无能力赔偿数额在 30 万元以上的。

具有下列情形之一的，以交通肇事罪处罚：

(1)酒后、吸食毒品后驾驶机动车辆的；

(2)无驾驶资格驾驶机动车辆的；

(3)明知是安全装置不全或者安全机件失灵的机动车辆而驾驶的；

(4)明知是无牌证或者已报废的机动车辆而驾驶的；

(5)严重超载驾驶的；

(6)为逃避法律追究逃离事故现场的。

50. 重大责任事故罪

重大责任事故罪(《刑法》第 134 条第 1 款)，是指工厂、矿山、林场、建筑企业或者其他企业、事业单位的职工，由于不服管理、违反规章制度，或者强令个人违章冒险作业，因而发生重大事故，造成严重后果的行为。

在生产、作业中违反有关安全管理的规定，根据《最高人民检察院、公安部关于公安机关管辖的刑事案件立案追诉标准的规定(一)》的规定，涉嫌下列情形之一的，应予立案追诉：

(1)造成死亡 1 人以上，或者重伤 3 人以上；

(2)造成直接经济损失 50 万元以上的；

(3)发生矿山生产安全事故，造成直接经济损失 100 万元以上的；

(4)其他造成严重后果的情形。

51. 强令违章冒险作业罪

强令违章冒险作业罪(《刑法》第 134 条第 2 款)，是指企业、工厂、矿山等单位的领导者等在明知确实存在危险或者已经违章，工人的人身安全和国家、企业的财产安全没有保证，继续生产会发生严重后果的情况下，仍然不顾相关法律规定，以解雇、减薪以及其他威胁，强行命令或者胁迫下属进行作业，造成重大伤亡事故或者严重财产损失的行为。

强令他人违章冒险作业，根据《最高人民检察院、公安部关于公安机关管辖的刑事案件立案追诉标准的规定(一)》的规定，涉嫌下列情形之一的，应予立案追诉：

(1)造成死亡 1 人以上，或者重伤 3 人以上；

(2)造成直接经济损失 50 万元以上的；

(3)发生矿山生产安全事故，造成直接经济损失 100 万元以上的；

(4)其他造成严重后果的情形。

52. 重大劳动安全事故罪

重大劳动安全事故罪(《刑法》第 135 条)，是指工厂、矿山、林场、建筑企业或者其他企业、事业单位的劳动安全设施不符合国家规定，经有关部门或者单位职工提出后，对事故隐患仍不采取措施，因而发生重大伤亡事故或者造成其他严重后果的行为。

根据《最高人民检察院、公安部关于公安机关管辖的刑事案件立案追诉标准的规定(一)》的规定，安全生产设施或者安全生产条件不符合国家规定，涉嫌下列情形之一的，应予立案追诉：

(1)造成死亡 1 人以上，或者重伤 3 人以上；

(2)造成直接经济损失 50 万元以上的；

(3)发生矿山生产安全事故，造成直接经济损失 100 万元以上的；

(4)其他造成严重后果的情形。

53. 大型群众性活动重大安全事故罪

大型群众性活动重大安全事故罪(《刑法》第 135 条之一，《刑法修正案(六)》第 3 条)，是指在生产、作业中违反有关安全管理的规定，因而发生重大伤亡事故或者造成其他严重后果的行为。

根据《最高人民检察院、公安部关于公安机关管辖的刑事案件立案追诉标准的规定(一)》的规定，举办大型群众性活动违反安全管理规定，涉嫌下列情形之一的，应予立案追诉：

(1)造成死亡 1 人以上，或者重伤 3 人以上；

(2)造成直接经济损失 50 万元以上的；

(3)其他造成严重后果的情形。

54. 危险物品肇事罪

危险物品肇事罪(《刑法》第 136 条)，是指违反爆炸性、易燃性、放射性、毒害性、腐蚀性物品的管理规定，在生产、储存、运输、使用中发生重大事故，造成严重后果的行为。

根据《最高人民检察院、公安部关于公安机关管辖的刑事案件立案追诉标准的规定

(一)》的规定，涉嫌下列情形之一的，应予立案追诉：

(1)造成死亡1人以上，或者重伤3人以上；

(2)造成直接经济损失50万元以上的；

(3)其他造成严重后果的情形。

55. 工程重大安全事故罪

工程重大安全事故罪(《刑法》第137条)，是指建设单位、设计单位、施工单位、工程监理单位违反国家规定，降低工程质量标准，造成重大安全事故的行为。

根据《最高人民检察院、公安部关于公安机关管辖的刑事案件立案追诉标准的规定(一)》的规定，涉嫌下列情形之一的，应予立案追诉：

(1)造成死亡1人以上，或者重伤3人以上；

(2)造成直接经济损失50万元以上的；

(3)其他造成严重后果的情形。

56. 教育设施重大安全事故罪

教育设施重大安全事故罪(《刑法》第138条)，是指明知校舍或者教育教学设施有危险，而不采取措施或者不及时报告，致使发生重大伤亡事故的行为。

根据《最高人民检察院、公安部关于公安机关管辖的刑事案件立案追诉标准的规定(一)》的规定，涉嫌下列情形之一的，应予立案追诉：

(1)造成死亡1人以上、重伤3人以上或者轻伤10人以上的；

(2)其他致使发生重大伤亡事故的情形。

57. 消防责任事故罪

消防责任事故罪(《刑法》第139条)，是指违反消防管理法规，经消防监督机构通知采取改正措施而拒绝执行，造成严重后果的行为。

根据《最高人民检察院、公安部关于公安机关管辖的刑事案件立案追诉标准的规定(一)》的规定，涉嫌下列情形之一的，应予立案追诉：

(1)造成死亡1人以上，或者重伤3人以上；

(2)造成直接经济损失50万元以上的；

(3)造成森林火灾；

(4)其他造成严重后果的情形。

58. 不报、谎报安全事故罪

不报、谎报安全事故罪(《刑法》第139条之一，刑法《修正案》(六)第4条)，是《刑法修正案(六)》第4条新增设的犯罪，是指在安全事故发生后，负有报告职责的人员不报或者谎报事故情况，贻误事故抢救，情节严重的行为。

第三章 破坏社会主义市场经济罪

第一节 生产、销售伪劣商品罪

59. 生产、销售伪劣产品罪

生产、销售伪劣产品罪(《刑法》第140条)，是指生产者、销售者违反产品质量管理法规，在产品中掺杂、掺假，以假充真，以次充好或者以不合格产品冒充合格产品，并且销售金额达到5万元以上或者货值金额达到15万元以上的行为。

根据《刑法》第140条和最高人民法院、最高人民检察院《关于办理生产、销售伪劣商品刑事案件具体应用法律若干问题的解释》的有关规定，涉嫌下列情形之一的，应予立案追诉：

(1)伪劣产品销售金额5万元以上的；

(2)伪劣产品尚未销售，货值金额15万元以上的；

(3)伪劣产品销售金额不满5万元，但将已销售金额乘以3倍后，与尚未销售的伪劣产品货值金额合计15万元以上的。

本条规定的"在产品中掺杂、掺假"，是指在产品中掺入杂质或者异物，致使产品质量不符合国家法律、法规或者产品明示质量标准规定的质量要求，降低、失去应有使用性能的行为；"以假充真"，是指以不具有某种使用性能的产品冒充具有该种使用性能的产品的行为；"以次充好"，是指以低等级、低档次产品冒充高等级、高档次产品，或者以残次、废旧零配件组合、拼装后冒充正品或者新产品的行为；"不合格产品"，是指不符合《中华人民共和国产品质量法》第26条第2款规定的质量要求的产品。

对本条规定的上述行为难以确定的，应当委托法略、行政法规规定的产品质量检验机构进行鉴定。本条规定的"销售金额"，是指生产者、销售者出售伪劣产品后所得和应得的全部违法收入；"货值金额"，以违法生产、销售的伪劣产品的标价计算；没有标价的，按照同类合格产品的市场中间价格计算。货值金额难以确定的，按照《扣押、追缴、没收物品估价管理办法》的规定，委托估价机构进行确定。

60. 生产、销售假药罪

生产、销售假药罪(《刑法》第141条)，是指生产者、销售者违反药品管理法规，故意生产和销售假药，足以严重危害人体健康的行为。

根据《最高人民检察院、公安部关于公安机关管辖的刑事案件立案追诉标准的规定(一)》的规定，涉嫌下列情形之一的，应予立案追诉：

(1)含有超标准的有毒有害物质的；

(2)不含所标明的有效成分，可能贻误诊治的；

(3)所标明的适应症或者功能主治超出规定范围，可能造成贻误诊治的；

(4)缺乏所标明的急救必需的有效成分的；

(5)其他足以严重危害人体健康或者对人体健康造成严重危害的情形。

本条规定的“假药”，是指依照《中华人民共和国药品管理法》的规定属于假药和按假药处理的药品、非药品。

61. 生产、销售劣药罪

生产、销售劣药罪(《刑法》第142条)，是指违反国家药品管理法规，生产、销售劣药，对人体健康造成严重危害的行为。

根据《最高人民检察院、公安部关于公安机关管辖的刑事案件立案追诉标准的规定(一)》的规定，涉嫌下列情形之一的，应予立案追诉：

(1)造成人员轻伤、重伤或者死亡的；

(2)其他对人体健康造成严重危害的情形。

本条规定的“劣药”，是指依照《中华人民共和国药品管理法》的规定，药品成分的含量不符合国家药品标准的药品和按劣药论处的药品。

62. 生产、销售不符合卫生标准的食品罪

生产、销售不符合卫生标准的食品罪(《刑法》第143条)，是指生产者、销售者明知生产、销售的食品不符合卫生标准而进行审查、销售，足以造成严重食物中毒事故或者其他食源性疾患的行为。

根据《最高人民检察院、公安部关于公安机关管辖的刑事案件立案追诉标准的规定(一)》的规定，生产、销售不符合卫生标准的食品，涉嫌下列情形之一的，应予立案追诉：

(1)含有可能导致严重食物中毒事故或者其他严重食源性疾患的超标准的有害细菌的；

(2)含有可能导致严重食物中毒事故或者其他严重食源性疾患的超标准的其他污染物的。

本条规定的“不符合卫生标准的食品”，由省级以上卫生行政部门确定的机构进行鉴定。

63. 生产、销售有毒、有害食品罪

生产、销售有毒、有害食品罪(《刑法》第144、150条)，是指违反食品管理法规，在生产、销售的食品中故意掺入有毒、有害的非食品原料的，或者销售明知掺有有毒、有害的非食品原料的食品的行为。

根据《最高人民检察院、公安部关于公安机关管辖的刑事案件立案追诉标准的规定(一)》的规定，在生产、销售的食品中故意掺入有毒、有害的非食品原料的，或者销售明知掺有有毒、有害的非食品原料的食品的，应予立案追诉。

64. 生产、销售不符合标准的医用器材罪

生产、销售不符合标准的医用器材罪(《刑法》第145条)，是指生产不符合保障人体健康的国家标准、行业标准的医疗器械、医药卫生材料，或者销售明知是不符合保障人体健康的国家标准、行业标准的医疗器械、医用卫生材料，足以严重危害人体健康的行为。

根据《最高人民检察院、公安部关于公安机关管辖的刑事案件立案追诉标准的规定

(一)》的规定，涉嫌下列情形之一的，应予立案追诉：

(1)进入人体的医疗器械的材料中含有超过标准的有毒有害物质的；

(2)进入人体的医疗器械的有效性指标不符合标准要求，导致治疗、替代、调节、补偿功能部分或者全部丧失，可能造成贻误诊治或者人体严重损伤的；

(3)用于诊断、监护、治疗的有源医疗器械的安全指标不合符强制性标准要求，可能对人体构成伤害或者潜在危害的；

(4)用于诊断、监护、治疗的有源医疗器械的主要性能指标不合格，可能造成贻误诊治或者人体严重损伤的；

(5)未经批准，擅自增加功能或者适用范围，可能造成贻误诊治或者人体严重损伤的；

(6)其他足以严重危害人体健康或者对人体健康造成严重危害的情形。

医疗机构或者个人知道或者应当知道是不符合保障人体健康的国家标准、行业标准的医疗器械、医用卫生材料而购买并有偿使用的，视为本条规定的“销售”。

65. 生产、销售不符合安全标准的产品罪

生产、销售不符合安全标准的产品罪(《刑法》第 146 条)，是指生产不符合保障人身、财产安全的国家标准、行业标准的电器、压力容器、易燃易爆或者其他不符合保障人身、财产安全的国家标准、行业标准的产品，或者销售明知是以上不符合保障人身、财产安全的国家标准、行业标准的产品，造成严重后果的行为。

根据《最高人民检察院、公安部关于公安机关管辖的刑事案件立案追诉标准的规定(一)》的规定，涉嫌下列情形之一的，应予立案追诉：

(1)造成人员种上或者死亡的；

(2)造成直接经济损失 10 万元以上的；

(3)其他造成严重后果的情形。

66. 生产、销售伪劣农药、兽药、化肥、种子罪

生产、销售伪劣农药、兽药、化肥、种子罪(《刑法》第 147 条)，是指生产假农药、假兽药、假化肥，销售明知是假的或者失去使用效能的农药、兽药、化肥、种子，或者生产者、销售者以不合格的农药、兽药、化肥、种子冒充合格的农药、兽药、化肥、种子，使生产遭受较大损失的行为。

根据《最高人民检察院、公安部关于公安机关管辖的刑事案件立案追诉标准的规定(一)》的规定，涉嫌下列情形之一的，应予立案追诉：

(1)使生产遭受损失 2 万元以上的；

(2)其他使生产遭受较大损失的情形。

67. 生产、销售不符合卫生标准的化妆品罪

生产、销售不符合卫生标准的化妆品罪(《刑法》第 148 条)，是指生产不符合卫生标准的化妆品，或者销售明知是不符合卫生标准的化妆品，造成严重后果的行为。

根据《最高人民检察院、公安部关于公安机关管辖的刑事案件立案追诉标准的规定(一)》的规定，涉嫌下列情形之一的，应予立案追诉：

(1)造成他人容貌毁损或者皮肤严重损伤的；

(2)造成他人器官组织损伤导致严重功能障碍的;
(3)致使他人精神失常或者自杀、自残造成重伤、死亡的;
(4)其他造成严重后果的情形。

第二节 走 私 罪

68. 走私武器、弹药罪

走私武器、弹药罪(《刑法》第 151 条第 1 款),是指违反海关法规,逃避海关监管,非法运输、携带、邮寄武器、弹药进出国(边)境的行为。

69. 走私核材料罪

走私核材料罪(《刑法》第 151 条第 1 款),是指违反海关法规,逃避海关监管,非法运输、携带、邮寄核材料的行为。

70. 走私假币罪

走私假币罪(《刑法》第 151 条第 1 款),是指违反海关法规,逃避海关监管,非法运输、携带、邮寄假币的行为。

根据最高人民检察院、公安部《关于公安机关管辖的刑事案件追诉立案标准的规定(二)》的规定,走私伪造的货币,总面额在 2000 元以上或者币量在 200 张(枚)以上的,应予立案追诉。

71. 走私文物罪

走私文物罪(《刑法》第 151 条第 2 款),是指违反海关法规,逃避海关监管,非法运输、携带、邮寄国家禁止出口的文物的行为。

72. 走私贵重金属罪

走私贵重金属罪(《刑法》第 151 条),是指违反海关法规,逃避海关监管,非法运输、携带、邮寄国家禁止出口的黄金、白银和其他贵重金属的行为。

73. 走私珍贵动物、珍贵动物制品罪

走私珍贵动物、珍贵动物制品罪(《刑法》第 151 条第 2 款),是指违反海关法规和野生动物保护法规,逃避海关监督,非法运输、携带、邮寄国家禁止出口的珍贵动物及其制品的行为。

涉嫌走私国家二级以上保护动物及其制品的,应予立案追诉。

74. 走私国家禁止进出口的货物、物品罪

走私国家禁止进出口的货物、物品罪(《刑法》第 151 条第 3 款,《刑法修正案(七)》第 1 条,取消走私珍稀植物、珍稀植物制品罪罪名),是指走私珍稀植物、珍稀植物制品等国家禁止进出口的其他货物、物品的行为。

75. 走私淫秽物品罪

走私淫秽物品罪(《刑法》第 152 条第 1 款、第 152 条第 3 款,本条根据《刑法修正案(四)》修正),是指违反海关法规、逃避海关监管,以牟利或者传播为目的,走私淫秽的影片、录像带、录音带、图片、书刊或者其他通过文字、声音、形象等形式表现淫秽内容的影碟、音碟、电子出版物等淫秽物品的行为。

根据《最高人民检察院、公安部关于公安机关管辖的刑事案件立案追诉标准的规定(一)》的规定，涉嫌下列情形之一的，应予立案追诉：

(1)走私淫秽录像带、影碟50盘(张)以上的；

(2)走私淫秽录音带、音碟100盘(张)以上的；

(3)走私淫秽扑克、书刊、画册100副(册)以上的；

(4)走私淫秽照片、画片500张以上的；

(5)走私其他淫秽物品相当于上述数量的；

(6)走私淫秽物品数量虽未达到本条第(1)项至第(4)项规定标准，但分别达到其中两项以上标准的50%以上的。

76. 走私废物罪

走私废物罪(《刑法》第152条第2款，《刑法修正案(四)》第2条，取消走私固定废物罪)，是指违反海关法规和国家关于废物管理的规定，逃避海关监管，将境外的固体废物、液态废物和气态废物运输进境的行为。

77. 走私普通货物、物品罪

走私普通货物、物品罪(《刑法》第153条)，是指违反海关法规，逃避海关监督，非法运输、携带火种邮寄除武器、弹药、核材料、假币、文物、珍贵动物及其制品、珍贵植物及其制品贵重金属以及淫秽物品以外的货物、物品进出国(边)境，偷逃应缴关税税额较大的行为。

第三节　妨害对公司、企业的管理秩序罪

78. 虚报注册资本罪

虚报注册资本罪(《刑法》第158条)，是指在申请公司登记过程中，使用虚假证明文件或者采用其他欺诈手段虚报注册资本，欺骗公司登记主管部门，取得公司登记，虚报注册资本数额巨大，后果严重或者有其他严重情节的行为。

根据最高人民检察院、公安部《关于公安机关管辖的刑事案件追诉立案标准的规定(二)》的规定，申请公司登记使用虚假证明文件或者采取其他欺诈手段虚报注册资本，欺骗公司登记主管部门，取得公司登记，涉嫌下列情形之一的，应予立案追诉：

(1)超过法定出资期限，实缴注册资本不足法定注册资本最低限额，有限责任公司虚报数额在30万元以上并占其应缴出资数额60%以上的，股份有限公司虚报数额在300万元以上并占其应缴出资数额30%以上的；

(2)超过法定出资期限，实缴注册资本达到法定注册资本最低限额，但仍虚报注册资本，有限责任公司虚报数额在100万元以上并占其应缴出资数额60%以上的，股份有限公司虚报数额在1000万元以上并占其应缴出资数额30%以上的；

(3)造成投资者或者其他债权人直接经济损失累计数额在10万元以上的；

(4)虽未达到上述数额标准，但具有下列情形之一的：①两年内因虚报注册资本受过行政处罚2次以上，又虚报注册资本的；②向公司登记主管人员行贿的；③为进行违法活动而注册的。

(5)其他后果严重或者有其他严重情节的情形。

79. 虚假出资、抽逃出资罪

虚假出资、抽逃出资罪(《刑法》第159条)，是指公司发起人、股东违反《公司法》的规定未交付货币、实物或者未转移财产权，虚假出资，或者在公司成立后又抽逃其出资，数额巨大、后果严重或者有其他严重情节的行为。

根据最高人民检察院、公安部《关于公安机关管辖的刑事案件追诉立案标准的规定(二)》的规定，公司发起人、股东违反《公司法》的规定未交付货币、实物或者未转移财产权，虚假出资，或者在公司成立后又抽逃其出资，涉嫌下列情形之一的，应予立案追诉：

(1)超过法定出资期限，有限责任公司股东虚假出资数额在30万元以上并占其应缴出资数额60%以上的，股份有限公司发起人、股东虚假出资数额在300万元以上并占其应缴出资数额30%以上的；

(2)有限责任公司股东抽逃出资数额在30万元以上并占其实缴出资数额60%以上的，股份有限公司发起人、股东抽逃出资数额在300万元以上并占其实缴出资数额30%以上的；

(3)造成公司、股东、债权人的直接经济损失累计数额在10万元以上的；

(4)虽未达到上述数额标准，但具有下列情形之一的：①致使公司资不抵债或者无法正常经营的；②公司发起人、股东合谋虚假出资、抽逃出资的；③两年内因虚假出资、抽逃出资受过行政处罚二次以上，又虚假出资、抽逃出资的；④利用虚假出资、抽逃出资所得资金进行违法活动的。

(5)其他后果严重或者有其他严重情节的情形。

80. 欺诈发行股票、债券罪

欺诈发行股票、债券罪(《刑法》第160条)，是指在招股说明书、认股书、公司、企业债券募集办法中隐瞒事实或者编造重大虚假内容，发行股票或公司、企业债券，数额巨大、后果严重或者有其他严重情节的行为。

根据最高人民检察院、公安部《关于公安机关管辖的刑事案件追诉立案标准的规定(二)》的规定，在招股说明书、认股书、公司、企业债券募集办法中隐瞒重要事实或者编造重大虚假内容，发行股票或者公司、企业债券，涉嫌下列情形之一的，应予立案追诉：

(1)发行数额在500万元以上的；

(2)伪造、变造国家机关公文、有效证明文件或者相关凭证、单据的；

(3)利用募集的资金进行违法活动的；

(4)转移或者隐瞒所募集资金的；

(5)其他后果严重或者有其他严重情节的情形。

81. 违规披露、不披露重要信息罪

违规披露、不披露重要信息罪(《刑法》第161条，《刑法修正案(六)》第5条，取消提供虚假财会报告罪罪名)，是指依法负有信息披露义务的公司、企业向股东和社会公众提供虚假的或者隐瞒重要事实的财务会计报告，或者对依法应当披露的其他重要信息不按照规定披露的行为。

根据最高人民检察院、公安部《关于公安机关管辖的刑事案件追诉立案标准的规定(二)》的规定，涉嫌下列情形之一的，应予立案追诉：

(1)造成股东、债权人或者其他人直接经济损失数额累计在50万元以上的；

(2)虚增或者虚减资产达到当期披露的资产总额30%以上的；

(3)虚增或者虚减利润达到当期披露的利润总额30%以上的；

(4)未按照规定披露的重大诉讼、仲裁、担保、关联交易或者其他重大事项所涉及的数额或者连续12个月的累计数额占净资产50%以上的；

(5)致使公司发行的股票、公司债券或者国务院依法认定的其他证券被终止上市交易或者多次被暂停上市交易的；

(6)致使不符合发行条件的公司、企业骗取发行核准并且上市交易的；

(7)在公司财务会计报告中将亏损披露为盈利，或者将盈利披露为亏损的；

(8)多次提供虚假的或者隐瞒重要事实的财务会计报告，或者多次对依法应当披露的其他重要信息不按照规定披露的；

(9)其他严重损害股东、债权人或者其他人利益，或者有其他严重情节的情形。

82. 妨害清算罪

妨害清算罪(《刑法》第162条)，是指在公司、企业清算时，隐匿公司、企业财产，对资产负债表或者财产清单作虚伪记载，或者在未清偿债务前分配公司、企业财产，严重损害债权人或者其他人利益的行为。

根据最高人民检察院、公安部《关于公安机关管辖的刑事案件追诉立案标准的规定(二)》的规定，公司、企业进行清算时，隐匿财产，对资产负债表或者财产清单作虚伪记载或者在未清偿债务前分配公司、企业财产，涉嫌下列情形之一的，应予立案追诉：

(1)隐匿财产价值在50万元以上的；

(2)对资产负债表或者财产清单作虚伪记载涉及金额在50万元以上的；

(3)在未清偿债务前分配公司、企业财产价值在50万元以上的；

(4)造成债权人或者其他人直接经济损失数额累计在10万元以上的；

(5)虽未达到上述数额标准，但应清偿的职工的工资、社会保险费用和法定补偿金得不到及时清偿，造成恶劣社会影响的；

(6)其他严重损害债权人或者其他人利益的情形。

83. 隐匿、故意销毁会计凭证、会计账簿、财务会计报告罪

隐匿、故意销毁会计凭证、会计账簿、财务会计报告罪(《刑法》第162条之一，《刑法修正案》第1条)，是指隐匿或者故意销毁依法应当保存的会计凭证、会计账簿、财务会计报告，情节严重的行为。

根据最高人民检察院、公安部《关于公安机关管辖的刑事案件追诉立案标准的规定(二)》的规定，隐匿或者故意销毁依法应当保存的会计凭证、会计账簿、财务会计报告，涉嫌下列情形之一的，应予立案追诉：

(1)隐匿、故意销毁的会计凭证、会计账簿、财务会计报告涉及金额在50万元以上的；

(2)依法应当向司法机关、行政机关、有关主管部门等提供而隐匿、故意销毁或者拒不交出会计凭证、会计账簿、财务会计报告的；

(3)其他情节严重的情形。

84. 虚假破产罪

虚假破产罪(《刑法》第162条之二，《刑法修正案(六)》第6条)，是指公司、企业通过隐匿财产、承担虚构的债务或者以其他方法转移、处分财产，实施虚假破产的行为。涉嫌下列情形之一的，应予立案追诉：

(1)隐匿财产价值在50万元以上的；

(2)承担虚构的债务涉及金额在50万元以上的；

(3)以其他方法转移、处分财产价值在50万元以上的；

(4)造成债权人或者其他人直接经济损失数额累计在10万元以上的；

(5)虽未达到上述数额标准，但应清偿的职工的工资、社会保险费用和法定补偿金得不到及时清偿，造成恶劣社会影响的；

(6)其他严重损害债权人或者其他人利益的情形。

85. 非国家工作人员受贿罪

非国家工作人员受贿罪(《刑法》第163条，《刑法修正案(六)》第7条，取消公司、企业人员受贿罪)，是指公司、企业或者其他单位的工作人员利用职务上的便利，索取他人财物或者非法收受他人财物，为他人谋取利益，数额较大的行为。

根据最高人民检察院、公安部《关于公安机关管辖的刑事案件追诉立案标准的规定(二)》的规定，公司、企业或者其他单位的工作人员利用职务上的便利，索取他人财物或者非法收受他人财物，为他人谋取利益，或者在经济往来中，利用职务上的便利，违反国家规定，收受各种名义的回扣、手续费，归个人所有，数额在5000元以上的，应予立案追诉。

86. 对外国公职人员、国际公共组织官员行贿罪

对外国公职人员、国际公共组织官员行贿罪(《刑法》第163条第2款，《刑法修正案(八)》第29条第2款)，是指为谋取不正当商业利益，给予外国公职人员或者国际公共组织官员以财物的行为。

87. 对非国家工作人员行贿罪

对非国家工作人员行贿罪(《刑法》第164条)，是指为谋取不正当利益，给予公司、企业或者其他工作人员以财物，数额较大的行为。

根据最高人民检察院、公安部《关于公安机关管辖的刑事案件追诉立案标准的规定(二)》的规定，为谋取不正当利益，给予公司、企业或者其他单位的工作人员以财物，个人行贿数额在1万元以上的，单位行贿数额在20万元以上的，应予立案追诉。

88. 非法经营同类营业罪

非法经营同类营业罪(《刑法》第165条)，是指国有公司、企业的董事、经理利用职务便利，自己经营或者为他人经营与其所任职公司、企业同类的营业，获取非法利益的行为。

根据最高人民检察院、公安部《关于公安机关管辖的刑事案件追诉立案标准的规定

(二)》的规定，有公司、企业的董事、经理利用职务便利，自己经营或者为他人经营与其所任职公司、企业同类的营业，获取非法利益数额在10万元以上的行为，应予立案追诉。

89. 为亲友非法牟利罪

为亲友非法牟利罪(《刑法》第166条)，是指国有公司、企业、事业单位的工作人员，利用职务便利，为亲友非法牟利的行为。

根据最高人民检察院、公安部《关于公安机关管辖的刑事案件追诉立案标准的规定(二)》的规定，涉嫌下列情形之一的，应予立案追诉：

(1)造成国家直接经济损失数额在10万元以上的；

(2)使其亲友非法获利数额在20万元以上的；

(3)造成有关单位破产，停业、停产6个月以上，或者被吊销许可证和营业执照、责令关闭、撤销、解散的；

(4)其他致使国家利益遭受重大损失的情形。

90. 签订、履行合同失职被骗罪

签订、履行合同失职被骗罪(《刑法》第167条)，国有公司、企业、事业单位直接负责的主管人员，在签订、履行合同过程中，因严重不负责任被诈骗的行为。

根据最高人民检察院、公安部《关于公安机关管辖的刑事案件追诉立案标准的规定(二)》的规定，涉嫌下列情形之一的，应予立案追诉：

(1)造成国家直接经济损失数额在50万元以上的；

(2)造成有关单位破产，停业、停产6个月以上，或者被吊销许可证和营业执照、责令关闭、撤销、解散的；

(3)其他致使国家利益遭受重大损失的情形。

金融机构、从事对外贸易经营活动的公司、企业的工作人员严重不负责任，造成100万美元以上外汇被骗购或者逃汇1000万美元以上的，应予立案追诉。

本条规定的“诈骗”，是指对方当事人的行为已经涉嫌诈骗犯罪，不以对方当事人已经被人民法院判决构成诈骗犯罪作为立案追诉的前提。

91. 国有公司、企业、事业单位人员失职罪

国有公司、企业、事业单位人员失职罪(《刑法》第168条，《刑法修正案》第2条)，是指国有公司、企业、事业单位的工作人员，因严重不负责任，造成国有公司、企业、事业单位破产或者严重损失，致使国家利益遭受重大损失的行为。

根据最高人民检察院、公安部《关于公安机关管辖的刑事案件追诉立案标准的规定(二)》的规定，国有公司、企业、事业单位的工作人员，严重不负责任，涉嫌下列情形之一的，应予立案追诉：

(1)造成国家直接经济损失数额在50万元以上的；

(2)造成有关单位破产，停业、停产1年以上，或者被吊销许可证和营业执照、责令关闭、撤销、解散的；

(3)其他致使国家利益遭受重大损失的情形。

92. 国有公司、企业、事业单位人员滥用职权罪

国有公司、企业、事业单位人员滥用职权罪(《刑法》第168条，《刑法修正案》第2条，取消徇私舞弊造成破产、亏损罪罪名)，是指国有公司、企业、事业单位的工作人员，因滥用职权，造成国有公司、企业、事业单位破产或者严重损失，致使国家利益遭受重大损失的行为。

根据最高人民检察院、公安部《关于公安机关管辖的刑事案件追诉立案标准的规定(二)》的规定，国有公司、企业、事业单位的工作人员，滥用职权，涉嫌下列情形之一的，应予立案追诉：

(1)造成国家直接经济损失数额在30万元以上的；

(2)造成有关单位破产，停业、停产6个月以上，或者被吊销许可证和营业执照、责令关闭、撤销、解散的；

(3)其他致使国家利益遭受重大损失的情形。

93. 徇私舞弊低价折股、出售国有资产罪

徇私舞弊低价折股、出售国有资产罪(《刑法》第169条)，是指国有公司、企业或者其上级主管部门直接负责的主管人员，徇私舞弊，将国有资产低价折股或者低价出售的行为。

根据最高人民检察院、公安部《关于公安机关管辖的刑事案件追诉立案标准的规定(二)》的规定，涉嫌下列情形之一的，应予立案追诉：

(1)造成国家直接经济损失数额在30万元以上的；

(2)造成有关单位破产，停业、停产6个月以上，或者被吊销许可证和营业执照、责令关闭、撤销、解散的；

(3)其他致使国家利益遭受重大损失的情形。

94. 背信损害上市公司利益罪

背信损害上市公司利益罪(《刑法》第169条之一，《刑法修正案(六)》第9条)，是指上市公司的董事、监事、高级管理人员违背对公司的忠实义务，利用职务便利，操纵上市公司从事损害上市公司利益的行为，以及上市公司的控股股东或者实际控制人，指使上市公司董事、监事、高级管理人员实施损害上市公司利益的行为。

根据最高人民检察院、公安部《关于公安机关管辖的刑事案件追诉立案标准的规定(二)》的规定，涉嫌下列情形之一的，应予立案追诉：

(1)无偿向其他单位或者个人提供资金、商品、服务或者其他资产，致使上市公司直接经济损失数额在150万元以上的；

(2)以明显不公平的条件，提供或者接受资金、商品、服务或者其他资产，致使上市公司直接经济损失数额在150万元以上的；

(3)向明显不具有清偿能力的单位或者个人提供资金、商品、服务或者其他资产，致使上市公司直接经济损失数额在150万元以上的；

(4)为明显不具有清偿能力的单位或者个人提供担保，或者无正当理由为其他单位或者个人提供担保，致使上市公司直接经济损失数额在150万元以上的；

(5)无正当理由放弃债权、承担债务，致使上市公司直接经济损失数额在150万元以上的；

(6)致使公司发行的股票、公司债券或者国务院依法认定的其他证券被终止上市交易或者多次被暂停上市交易的；

(7)其他致使上市公司利益遭受重大损失的情形。

第四节 破坏金融管理秩序罪

95. 伪造货币罪

伪造货币罪(《刑法》第 170 条，第 171 条第 3 款)，是指伪造货币的图案、形状、色彩、防伪技术等特征，使用各种方法，非法制造假货币，冒充真货币的行为。

根据最高人民检察院、公安部《关于公安机关管辖的刑事案件追诉立案标准的规定(二)》的规定，伪造货币，涉嫌下列情形之一的，应予立案追诉：

(1)伪造货币，总面额在 2000 元以上或者币量在 200 张(枚)以上的；

(2)制造货币版样或者为他人伪造货币提供版样的；

(3)其他伪造货币应予追究刑事责任的情形。

本规定中的"货币"是指流通的以下货币：

(1)人民币(含普通纪念币、贵金属纪念币)、港元、澳门元、新台币；

(2)其他国家及地区的法定货币。

贵金属纪念币的面额以中国人民银行授权中国金币总公司的初始发售价格为准。

96. 出售、购买、运输假币罪

出售、购买、运输假币罪(《刑法》第 171 条第 1 款)，是指出售、购买伪造的货币或者明知是伪造的货币而进行运输，数额较大的行为。

根据最高人民检察院、公安部《关于公安机关管辖的刑事案件追诉立案标准的规定(二)》的规定，出售、购买伪造的货币或者明知是伪造的货币而运输，总面额在 4000 元以上或者币量在 400 张(枚)以上的，应予立案追诉。

在出售假币时被抓获的，除现场查获的假币应认定为出售假币的数额外，现场之外在行为人住所或者其他藏匿地查获的假币，也应认定为出售假币的数额。

本罪是数额犯，构成本罪必须达到"数额较大"的标准。最高人民法院《关于审理伪造货币等案件具体应用法律若干问题的解答》规定，出售、购买假币或者明知是假币而运输，总面额在 4000 元以上不满 5 万元的，属于"数额较大"。

97. 金融工作人员购买假币、以假币换取货币罪

金融工作人员购买假币、以假币换取货币罪(《刑法》第 171 条第 2 款)，是指银行或者其他金融机构工作人员明知是伪造的货币而予以购买，或者利用职务上的便利，以伪造的货币换取真货币的行为。

本罪是行为犯，《刑法》对构成本罪没有数额、情节方面的要求。

根据最高人民检察院、公安部《关于公安机关管辖的刑事案件追诉立案标准的规定(二)》的规定，银行或者其他金融机构的工作人员购买伪造的货币或者利用职务上的便利，以伪造的货币换取真货币，总面额在 2000 元以上或者币量在 200 张(枚)以上的，应予立案追诉。

98. 持有、使用假币罪

持有、使用假币罪(《刑法》第 172 条)，是指明知是伪造的货币而故意使用或者持有，数额较大的行为。

本罪是数额犯，构成本罪的起刑点必须达到“数额较大”的标准。

根据最高人民检察院、公安部《关于公安机关管辖的刑事案件追诉立案标准的规定(二)》的规定，持有、使用假币案(《刑法》第 172 条)明知是伪造的货币而持有、使用，总面额在 4000 元以上或者币量在 400 张(枚)以上的，应予立案追诉。

99. 变造货币罪

变造货币罪(《刑法》第 173 条)，是指对真实的货币采取挖补、剪贴、涂改、揭层等方法加工处理，使原来的货币改变形态，面值升高，数额较大的行为。

本罪是数额犯，《刑法》对本罪的起刑点规定是变造货币“数额较大”。

根据最高人民检察院、公安部《关于经济犯罪案件追诉标准的规定》和最高人民检察院、公安部《关于公安机关管辖的刑事案件追诉立案标准的规定(二)》的规定，变造货币，总面额在 2000 元以上或者币量在 200 张(枚)以上的，应予立案追诉。

最高人民法院《关于审理伪造货币等案件具体应用法律若干问题的解答》规定，变造货币的总面额在 2000 元以上不满 3 万元的，属于“数额较大”。

100. 擅自设立金融机构罪

擅自设立金融机构罪(《刑法》第 174 条第 1 款)，是指未经国家有关主管部门批准，擅自设立商业银行、证券交易所、期货交易所、证券公司、期货经纪公司、保险公司或者其他金融机构的行为。

本罪是行为犯，根据最高人民检察院、公安部《关于经济犯罪案件追诉标准的规定》和最高人民检察院、公安部《关于公安机关管辖的刑事案件追诉立案标准的规定(二)》的规定，只要行为人实施了本罪规定的情形之一的，就应予立案追诉。擅自设立金融机构案(《刑法》第 174 条第 1 款)未经国家有关主管部门批准，擅自设立金融机构，涉嫌下列情形之一的，应予立案追诉：

(1)擅自设立商业银行、证券交易所、期货交易所、证券公司、期货公司、保险公司或者其他金融机构的；

(2)擅自设立商业银行、证券交易所、期货交易所、证券公司、期货公司、保险公司或者其他金融机构筹备组织的。

101. 伪造、变造、转让金融机构经营许可证、批准文件罪

伪造、变造、转让金融机构经营许可证、批准文件罪(《刑法》第 174 条第 2 款，《刑法修正案》第 3 条)，是指违反国家金融管理法规，非法伪造、变造、转让商业银行、证券交易、期货交易所、证券公司、期货经纪公司、保险公司或者其他金融机构的经营许可证或者骗子文件的行为。

本罪是行为犯，根据最高人民检察院、公安部《关于公安机关管辖的刑事案件追诉立案标准的规定(二)》和最高人民检察院、公安部《关于经济犯罪案件追诉标准的规定》的有关规定，行为人实施了伪造、变造、转让金融机构经营许可证、批准文件的行为，原则上都应当依法追究。

伪造、变造、转让商业银行、证券交易所、期货交易所、证券公司、期货公司、保险公司或者其他金融机构的经营许可证或者批准文件的，应予立案追诉。

102. 高利转贷罪

高利转贷罪(《刑法》第175条)，是指行为人以转贷为目的，套取金融机构信贷资金高利转贷他人，违法所得数额较大的行为。

根据最高人民检察院、公安部《关于公安机关管辖的刑事案件追诉立案标准的规定(二)》和最高人民检察院、公安部《关于经济犯罪案件追诉标准的规定》的有关规定，以转贷牟利为目的，套取金融机构信贷资金高利转贷他人，涉嫌下列情形之一的，应予立案追诉：

(1)高利转贷，违法所得数额在10万元以上的；

(2)虽未达到上述数额标准，但两年内因高利转贷受过行政处罚2次以上，又高利转贷的。

103. 骗取贷款、票据承兑、金融票证罪

骗取贷款、票据承兑、金融票证罪(《刑法》第175条之一第2款，《刑法修正案(六)》第10条)，是指以欺骗手段取得银行或者其他金融机构贷款、票据承兑、信用证、保函等的行为。

根据最高人民检察院、公安部《关于公安机关管辖的刑事案件追诉立案标准的规定(二)》和最高人民检察院、公安部《关于经济犯罪案件追诉标准的规定》的有关规定，涉嫌下列情形之一的，应予立案追诉：

(1)以欺骗手段取得贷款、票据承兑、信用证、保函等，数额在100万元以上的；

(2)以欺骗手段取得贷款、票据承兑、信用证、保函等，给银行或者其他金融机构造成直接经济损失数额在20万元以上的；

(3)虽未达到上述数额标准，但多次以欺骗手段取得贷款、票据承兑、信用证、保函等的；

(4)其他给银行或者其他金融机构造成重大损失或者有其他严重情节的情形。

104. 非法吸收公众存款罪

非法吸收公众存款罪(《刑法》第176条)，是指无权办理存款业务的单位或者个人采用非法方法吸收公众存款或者变相吸收公众存款，或者金融机构违反规定，以提高利率及其他不正当手段吸收存款，扰乱金融秩序的行为。

根据最高人民检察院、公安部《关于公安机关管辖的刑事案件追诉立案标准的规定(二)》和最高人民检察院、公安部《关于经济犯罪案件追诉标准的规定》的有关规定，非法吸收公众存款案(《刑法》第176条)非法吸收公众存款或者变相吸收公众存款，扰乱金融秩序，涉嫌下列情形之一的，应予立案追诉：

(1)个人非法吸收或者变相吸收公众存款数额在20万元以上的，单位非法吸收或者变相吸收公众存款数额在100万元以上的；

(2)个人非法吸收或者变相吸收公众存款30户以上的，单位非法吸收或者变相吸收公众存款150户以上的；

(3)个人非法吸收或者变相吸收公众存款给存款人造成直接经济损失数额在 10 万元以上的，单位非法吸收或者变相吸收公众存款给存款人造成直接经济损失数额在 50 万元以上的；

(4)造成恶劣社会影响的；

(5)其他扰乱金融秩序情节严重的情形。

105. 伪造、变造金融票证罪

伪造、变造金融票证罪(《刑法》第 177 条)，是指行为人以各种方法、伪造、变造汇票、本票、支票或者委托收款凭证、汇款凭证、银行存单等其他银行结算凭证的，或者伪造、变造信用证或者附随的单据、文件或者伪造信用卡的行为。

根根据最高人民检察院、公安部《关于公安机关管辖的刑事案件追诉立案标准的规定(二)》和最高人民检察院、公安部《关于经济犯罪案件追诉标准的规定》的有关规定，伪造、变造金融票证，涉嫌下列情形之一的，应予立案追诉：

(1)伪造、变造汇票、本票、支票，或者伪造、变造委托收款凭证、汇款凭证、银行存单等其他银行结算凭证，或者伪造、变造信用证或者附随的单据、文件，总面额在 1 万元以上或者数量在 10 张以上的；

(2)伪造信用卡 1 张以上，或者伪造空白信用卡 10 张以上的。

106. 妨害信用卡管理罪

妨害信用卡管理罪(《刑法》第 177 条之一，《刑法修正案(五)》第 1 条第 1 款)，是指违反国家信用卡管理法规，在信用卡的发行、使用等过程中，妨害国家对信用卡的管理活动，破坏信用卡管理秩序的行为。

根据最高人民检察院、公安部《关于公安机关管辖的刑事案件追诉立案标准的规定(二)》的规定，妨害信用卡管理，涉嫌下列情形之一的，应予立案追诉：

(1)明知是伪造的信用卡而持有、运输的；

(2)明知是伪造的空白信用卡而持有、运输，数量累计在 10 张以上的；

(3)非法持有他人信用卡，数量累计在 5 张以上的；

(4)使用虚假的身份证明骗领信用卡的；

(5)出售、购买、为他人提供伪造的信用卡或者以虚假的身份证明骗领的信用卡的。

违背他人意愿，使用其居民身份证、军官证、士兵证、港澳居民往来内地通行证、台湾居民来往大陆通行证、护照等身份证明申领信用卡的，或者使用伪造、变造的身份证明申领信用卡的，应当认定为“使用虚假的身份证明骗领信用卡”。

107. 窃取、收买、非法提供信用卡信息罪

窃取、收买、非法提供信用卡信息罪(《刑法》第 177 条之一第 2 款，《刑法修正案(五)》第第 1 条第 2 款)，是指窃取、收买、非法提供信用卡信息资料的行为。

根据最高人民检察院、公安部《关于公安机关管辖的刑事案件追诉立案标准的规定(二)》和最高人民检察院、公安部《关于经济犯罪案件追诉标准的规定(二)》的有关规定，窃取、收买或者非法提供他人信用卡信息资料，足以伪造可进行交易的信用卡，或者足以使他人以信用卡持卡人名义进行交易，涉及信用卡 1 张以上的行为，应予立案追诉。

108. 伪造、变造国家有价证券罪

伪造、变造国家有价证券罪(《刑法》第 178 条第 1 款),是指伪造、变造国库券,或者国家发行的其他有价证券,数额较大的行为。

根据最高人民检察院、公安部《关于公安机关管辖的刑事案件追诉立案标准的规定(二)》和最高人民检察院、公安部《关于经济犯罪案件追诉标准的规定》的有关规定,伪造、变造国家有价证券案(《刑法》第 178 条第 1 款)伪造、变造国库券或者国家发行的其他有价证券,总面额在 2000 元以上的,应予立案追诉。

109. 伪造、变造股票、公司、企业债券罪

伪造、变造股票、公司、企业债券罪(《刑法》第 178 条第 2 款),是指伪造、变造股票或者公司、企业债券,数额较大的行为。

根据最高人民检察院、公安部《关于公安机关管辖的刑事案件追诉立案标准的规定(二)》和最高人民检察院、公安部《关于经济犯罪案件追诉标准的规定》的有关规定,伪造、变造股票或者公司、企业债券,总面额在 5000 元以上的,应予立案追诉。

110. 擅自发行股票、公司、企业债券罪

擅自发行股票、公司、企业债券罪(《刑法》第 179 条),是指未经国家有关主管部门批准,擅自发行股票、公司、企业债券,数额巨大、后果严重或者有其他严重情节的行为。

根据最高人民检察院、公安部《关于公安机关管辖的刑事案件追诉立案标准的规定(二)》和最高人民检察院、公安部《关于经济犯罪案件追诉标准的规定》的有关规定,擅自发行股票、公司、企业债券案(《刑法》第 179 条)未经国家有关主管部门批准,擅自发行股票或者公司、企业债券,涉嫌下列情形之一的,应予立案追诉:

(1)发行数额在 50 万元以上的;

(2)虽未达到上述数额标准,但擅自发行致使 30 人以上的投资者购买了股票或者公司、企业债券的;

(3)不能及时清偿或者清退的;

(4)其他后果严重或者有其他严重情节的情形。

111. 内幕交易、泄露内幕信息罪

内幕交易、泄露内幕信息罪(《刑法》第 180 条第 1 款),是指证券、期货交易内幕信息的知情人员或者非法获取证券、期货交易内幕信息的人员,在涉及证券的发行,证券、期货交易或者其他对证券、期货交易价格有重大影响的信息尚未公开前,买入或者卖出该证券,或者从事与该内幕信息有关的期货交易,或者泄露该信息,情节严重的行为。

根据最高人民检察院、公安部《关于公安机关管辖的刑事案件追诉立案标准的规定(二)》和最高人民检察院、公安部《关于经济犯罪案件追诉标准的规定》的有关规定,证券、期货交易内幕信息的知情人员、单位或者非法获取证券、期货交易内幕信息的人员、单位,在涉及证券的发行,证券、期货交易或者其他对证券、期货交易价格有重大影响的信息尚未公开前,买入或者卖出该证券,或者从事与该内幕信息有关的期货交易,或者泄露该信息,或者明示、暗示他人从事上述交易活动,涉嫌下列情形之一的,应予立案追诉：

(1)证券交易成交额累计在50万元以上的；

(2)期货交易占用保证金数额累计在30万元以上的；

(3)获利或者避免损失数额累计在15万元以上的；

(4)多次进行内幕交易、泄露内幕信息的；

(5)其他情节严重的情形。

112. 利用未公开信息交易罪

利用未公开信息交易罪(《刑法》第180条第4款，《刑法修正案(七)》第2条第2款)，是指证券交易所、期货交易所、证券公司、期货公司、基金管理公司、商业银行、保险公司等金融机构的从业人员以及有关监管部门或者行业协会的工作人员，利用因职务便利获取的内幕信息以外的其他未公开的信息，违反规定，从事与该信息相关的证券、期货交易活动，或者明示、暗示他人从事相关交易活动的行为。

根据最高人民检察院、公安部《关于公安机关管辖的刑事案件追诉立案标准的规定(二)》和最高人民检察院、公安部《关于经济犯罪案件追诉标准的规定》的有关规定，涉嫌下列情形之一的，应予立案追诉：

(1)证券交易成交额累计在50万元以上的；

(2)期货交易占用保证金数额累计在30万元以上的；

(3)获利或者避免损失数额累计在15万元以上的；

(4)多次利用内幕信息以外的其他未公开信息进行交易活动的；

(5)其他情节严重的情形。

113. 编造并传播证券、期货交易虚假信息罪

编造并传播证券、期货交易虚假信息罪(《刑法》第181条第1款，《刑法修正案》第5条第1款)，是指编造并且传播影响证券、期货交易的虚假信息，扰乱证券、期货交易市场的行为。

根据最高人民检察院、公安部《关于公安机关管辖的刑事案件追诉立案标准的规定(二)》和最高人民检察院、公安部《关于经济犯罪案件追诉标准的规定》的有关规定，涉嫌下列情形之一的，应予立案追诉：

(1)获利或者避免损失数额累计在5万元以上的；

(2)造成投资者直接经济损失数额在5万元以上的；

(3)致使交易价格和交易量异常波动的；

(4)虽未达到上述数额标准，但多次编造并且传播影响证券、期货交易的虚假信息的；

(5)其他造成严重后果的情形。

114. 诱骗投资者买卖证券、期货合约罪

诱骗投资者买卖证券、期货合约罪(《刑法》第181条第2款，《刑法修正案》第5条第2款)，是指证券交易所、期货交易所、证券公司、期货经纪公司的从业人员，证券业协会、期货业协会或者证券期货监督管理部门的工作人员，故意提供虚假信息或者伪造、变造、销毁交易记录，诱骗投资者买卖证券、期货合约，造成严重后果的行为。

根据最高人民检察院、公安部《关于公安机关管辖的刑事案件追诉立案标准的规定(二)》和最高人民检察院、公安部《关于经济犯罪案件追诉标准的规定》的有关规定，证券交易所、期货交易所、证券公司、期货公司的从业人员，证券业协会、期货业协会或者证券期货监督管理部门的工作人员，故意提供虚假信息或者伪造、变造、销毁交易记录，诱骗投资者买卖证券、期货合约，涉嫌下列情形之一的，应予立案追诉：

(1)获利或者避免损失数额累计在5万元以上的；

(2)造成投资者直接经济损失数额在5万元以上的；

(3)致使交易价格和交易量异常波动的；

(4)其他造成严重后果的情形。

115. 操纵证券、期货市场罪

操纵证券、期货市场罪(《刑法》第182条，《刑法修正案(六)》第11条)，是指操纵证券、期货市场的行为。

根据最高人民检察院、公安部《关于公安机关管辖的刑事案件追诉立案标准的规定(二)》和最高人民检察院、公安部《关于经济犯罪案件追诉标准的规定》的有关规定，涉嫌下列情形之一的，应予立案追诉：

(1)单独或者合谋，持有或者实际控制证券的流通股份数达到该证券的实际流通股份总量30%以上，且在该证券连续20个交易日内联合或者连续买卖股份数累计达到该证券同期总成交量30%以上的；

(2)单独或者合谋，持有或者实际控制期货合约的数量超过期货交易所业务规则限定的持仓量50%以上，且在该期货合约连续20个交易日内联合或者连续买卖期货合约数累计达到该期货合约同期总成交量30%以上的；

(3)与他人串通，以事先约定的时间、价格和方式相互进行证券或者期货合约交易，且在该证券或者期货合约连续20个交易日内成交量累计达到该证券或者期货合约同期总成交量20%以上的；

(4)在自己实际控制的账户之间进行证券交易，或者以自己为交易对象，自买自卖期货合约，且在该证券或者期货合约连续20个交易日内成交量累计达到该证券或者期货合约同期总成交量20%以上的；

(5)单独或者合谋，当日连续申报买入或者卖出同一证券、期货合约并在成交前撤回申报，撤回申报量占当日该种证券总申报量或者该种期货合约总申报量50%以上的；

(6)上市公司及其董事、监事、高级管理人员、实际控制人、控股股东或者其他关联人单独或者合谋，利用信息优势，操纵该公司证券交易价格或者证券交易量的；

(7)证券公司、证券投资咨询机构、专业中介机构或者从业人员，违背有关从业禁止的规定，买卖或者持有相关证券，通过对证券或者其发行人、上市公司公开作出评价、预测或者投资建议，在该证券的交易中谋取利益，情节严重的；

(8)其他情节严重的情形。

116. 骗购外汇罪

骗购外汇罪(《刑法》第182条，《关于惩治骗购外汇、逃汇和非法买卖外汇犯罪的决定》第1条，取消操纵证券、期货交易价格罪罪名)，是指违反国家外汇管理法规，使用伪造、变造的海关签发的报告单、进口证明、外汇管理部门核准件等凭证和单据，或者以其他方式骗购外汇，数额较大的行为。

根据《关于惩治骗购外汇、逃汇和非法买卖外汇犯罪的决定》第 1 条规定，涉嫌下列情形之一的，应予立案追诉：

(1)使用伪造、变造的海关签发的报关单、进口证明、外汇管理部门核准件等凭证和单据；

(2)重复使用海关、进口证明、外汇管理部门核准件等凭证和单据；

(3)以方式其他骗购外汇的。

伪造、变造海关签发的报关单、进口证明、外汇管理部门核准件等凭证和单据，并用于骗购外汇的，依照前款的规定从重处罚。

明知用于骗购外汇而提供人民币资金的，以共犯论处。

单位犯前 3 款罪的，对单位依照第 1 款的规定判处罚金，并对其直接负责的主观人员和其他直接责任人员处 5 年以上有期徒刑或者拘役；数额巨大或者有其他严重情节的，处 5 年以上有期徒刑；数额特别巨大或者有其他特别严重情节的，处 10 年以上有期徒刑或者无期徒刑。

海关、外汇管理部门以及金融机构、从事对外贸易经营活动的公司、企业或者其他对外的工作人员与骗购外汇或者逃汇的行为人通谋，为其提供购买外汇的有关凭证或者其他便利的，或者明知是伪造变造的凭证和单据而售汇、付汇的，以共犯论。

117. 背信运用受托财产罪

背信运用受托财产罪(《刑法》第 185 条之一第 1 款，《刑法修正案(六)》第 12 条第 1 款)，是指商业银行、证券交易所、期货交易所、证券公司、期货公司、保险公司或者其他金融机构，违背受托义务，擅自运用客户资金或者其他委托、信托的财产的行为。

根据最高人民检察院、公安部《关于公安机关管辖的刑事案件追诉立案标准的规定(二)》和最高人民检察院、公安部《关于经济犯罪案件追诉标准的规定》的有关规定，商业银行、证券交易所、期货交易所、证券公司、期货公司、保险公司或者其他金融机构，违背受托义务，擅自运用客户资金或者其他委托、信托的财产，涉嫌下列情形之一的，应予立案追诉：

(1)擅自运用客户资金或者其他委托、信托的财产数额在 30 万元以上的；

(2)虽未达到上述数额标准，但多次擅自运用客户资金或者其他委托、信托的财产，或者擅自运用多个客户资金或者其他委托、信托的财产的；

(3)其他情节严重的情形。

118. 违法运用资金罪

违法运用资金罪(《刑法》第 185 条之一第 2 款，《刑法修正案(六)》第 12 条第 2 款)，是指社会保障基金管理机构、住房公积金管理机构等公众资金管理机构，以及保险公司、保险资产管理公司、证券投资基金管理公司，违反国家规定运用资金的行为。

根据最高人民检察院、公安部《关于公安机关管辖的刑事案件追诉立案标准的规定(二)》和最高人民检察院、公安部《关于公安机关管辖的刑事案件追诉立案标准的规定

(二)》和最高人民检察院、公安部《关于经济犯罪案件追诉标准的规定》的有关规定，社会保障基金管理机构、住房公积金管理机构等公众资金管理机构，以及保险公司、保险资产管理公司、证券投资基金管理公司，违反国家规定运用资金，涉嫌下列情形之一的，应予立案追诉：

(1)违反国家规定运用资金数额在30万元以上的；

(2)虽未达到上述数额标准，但多次违反国家规定运用资金的；

(3)其他情节严重的情形。

119. 违法发放贷款罪

违法发放贷款罪(《刑法》第186条，《刑法修正案(六)》第13条，取消违法向关系人发放贷款罪罪名)，是指银行或者金融机构的工作人员或者单位，违反法律、行政法规规定，向关系人以外的其他人发放贷款，造成重大损失的行为。

根据最高人民检察院、公安部《关于公安机关管辖的刑事案件追诉立案标准的规定(二)》和最高人民检察院、公安部《关于公安机关管辖的刑事案件立案追诉标准的规定(二)》第42条的规定，银行或者其他金融机构及其工作人员违反国家规定发放贷款，涉嫌下列情形之一的，应予立案追诉：

(1)违法发放贷款，数额在100万元以上的；

(2)违法发放贷款，造成直接经济损失数额在20万元以上的。

120. 吸收客户资金不入账罪

吸收客户资金不入账罪(《刑法》第187条，《刑法修正案(六)》第14条，取消用账外客户资金非法拆借、发放贷款罪罪名)，是指银行或者其他金融机构及其工作人员吸收客户资金不入账的行为。

根据最高人民检察院、公安部《关于公安机关管辖的刑事案件追诉立案标准的规定(二)》的规定，涉嫌下列情形之一的，应予立案追诉：

(1)吸收客户资金不入账，数额在100万元以上的；

(2)吸收客户资金不入账，造成直接经济损失数额在20万元以上的。

121. 违规出具金融票证罪

违规出具金融票证罪(《刑法》第188条，《刑法修正案(六)》第15条，取消非法出具金融票证罪罪名)，是指银行或者其他金融机构及其工作人员违反规定，为他人出具信用证或者其他保函、票据、存单、资信证明的行为。

根据最高人民检察院、公安部《关于公安机关管辖的刑事案件追诉立案标准的规定(二)》的规定，涉嫌下列情形之一的，应予立案追诉：

(1)违反规定为他人出具信用证或者其他保函、票据、存单、资信证明，数额在100万元以上的；

(2)违反规定为他人出具信用证或者其他保函、票据、存单、资信证明，造成直接经济损失数额在20万元以上的；

(3)多次违规出具信用证或者其他保函、票据、存单、资信证明的；

(4)接受贿赂违规出具信用证或者其他保函、票据、存单、资信证明的；

(5)其他情节严重的情形。

122. 对违法票据承兑、付款、保证罪

对违法票据承兑、付款保证罪(《刑法》第 189 条)，是指银行或者其他金融机构及其工作人员，在票据业务中，对违反票据法规定的票据予以承兑，付款或者保证，造成重大损失的行为。

根据最高人民检察院、公安部《关于公安机关管辖的刑事案件追诉立案标准的规定(二)》和最高人民检察院、公安部《关于经济犯罪案件追诉标准的规定》的有关规定，银行或者其他金融机构及其工作人员在票据业务中，对违反票据法规定的票据予以承兑、付款或者保证，涉嫌下列情形之一的，应予立案追诉：

(1)个人对违反票据法的予以承兑、付款或者保证，造成直接经济损失数额在 50 万元以上的；

(2)单位对违反票据法规定的票据予以承兑、付款、保证，造成直接经济损失数额在 100 万元以上的。

123. 逃汇罪

逃汇罪(《刑法》第 190 条)，是指公司、企业或者其他单位，违反国家规定，擅自将外汇存放境外，或者将境内的外汇非法转移到境外，数额较大的行为。

根据最高人民检察院、公安部《关于经济犯罪案件追诉标准的规定》的规定，公司、企业或者其他单位，违反国家规定，擅自将外汇存放境外，或者将境内的外汇非法转移到境外，单笔在 200 万美元以上或者累计数额在 500 万美元以上的，应予立案追诉。

124. 洗钱罪

洗钱罪(《刑法》第 191 条)，是指明知是毒品犯罪、黑社会性质的组织犯罪、走私犯罪的违法所得及其产生的利益，为掩饰、隐瞒其来源的性质，而通过存入金融机构、投资或上市流通等手段使其合法化的行为。

根据最高人民检察院、公安部《关于公安机关管辖的刑事案件追诉立案标准的规定(二)》和最高人民检察院、公安部《关于经济犯罪案件追诉标准的规定》的有关规定，涉嫌下列情形之一的，应予立案追诉：

(1)提供资金账户的；

(2)协助将财产转换为现金、金融票据、有价证券的；

(3)通过转账或者其他结算方式协助资金转移的；

(4)协助将资金汇往境外的；

(5)以其他方法掩饰、隐瞒犯罪所得及收益的来源和性质的。

第五节　金融诈骗罪

125. 集资诈骗罪

集资诈骗罪(《刑法》第 192 条)，是指以非法占有为目的，使用诈骗方法非法集资，数额较大的行为。

本罪是数额犯，构成本罪必须达到非法集资“数额较大”的标准。

根据最高人民检察院、公安部《关于公安机关管辖的刑事案件追诉立案标准的规定

（二）》和最高人民检察院、公安部《关于经济犯罪案件追诉标准的规定》的有关规定，以非法占有为目的，使用诈骗方法非法集资，涉嫌下列情形之一的，应予立案追诉：

（1）个人集资诈骗，数额在10万元以上的；

（2）单位集资诈骗，数额在50万元以上的。

126. 贷款诈骗罪

贷款诈骗罪（《刑法》第193条），是指以非法占有为目的，采用虚构事实或者隐瞒真相的方法，骗取银行或者其他金融机构的贷款，数额较大的行为。

本罪是数额犯，即诈骗银行或者金融机构的贷款必须达到数额较大的标准，才能构成犯罪。

根据最高人民检察院、公安部《关于公安机关管辖的刑事案件追诉立案标准的规定（二）》的规定，以非法占有为目的，诈骗银行或者其他金融机构的贷款，数额在2万元以上的，应予立案追诉。

127. 票据诈骗罪

票据诈骗罪（《刑法》第194条第1款），是指用虚构事实或者隐瞒真相的方法，利用金融票据骗取财物，数额较大的行为。

根据最高人民检察院、公安部《关于公安机关管辖的刑事案件追诉立案标准的规定（二）》和最高人民检察院、公安部《关于经济犯罪案件追诉标准的规定》的有关规定，进行金融票据诈骗活动，涉嫌下列情形之一的，应予立案追诉：

（1）个人进行金融票据诈骗，数额在1万元以上的；

（2）单位进行金融票据诈骗，数额在10万元以上的。

128. 金融凭证诈骗罪

金融凭证诈骗罪（《刑法》第194条第2款），是指使用伪造、变造的委托收款凭证、汇票凭证、银行存单等其他银行结算凭证进行诈骗活动，数额较大的行为。

根据最高人民检察院、公安部《关于公安机关管辖的刑事案件追诉立案标准的规定（二）》和最高人民检察院、公安部《关于经济犯罪案件追诉标准的规定》的有关规定，使用伪造、变造的委托收款凭证、汇款凭证、银行存单等其他银行结算凭证进行诈骗活动，涉嫌下列情形之一的，应予立案追诉：

（1）个人进行金融凭证诈骗，数额在1万元以上的；

（2）单位进行金融凭证诈骗，数额在10万元以上的。

129. 信用证诈骗罪

信用证诈骗罪（《刑法》第195条），是指使用伪造、变造信用或附随的单据、文件、使用作废的信用证、骗取信用证以及其他方法进行信用证诈骗活动的行为。

本罪是行为犯，只要行为人实施了信用证诈骗行为的行为，就构成犯罪。

根据最高人民检察院、公安部《关于公安机关管辖的刑事案件追诉立案标准的规定（二）》和最高人民检察院、公安部《关于经济犯罪案件追诉标准的规定》的有关规定，进行信用证诈骗活动，涉嫌下列情形之一的，应予立案追诉：

（1）使用伪造、变造的信用证或者附随的单据、文件的；

（2）使用作废的信用证的；

(3)骗取信用证的；

(4)以其他方法进行信用证诈骗活动的。

130. 信用卡诈骗罪

信用卡诈骗罪(《刑法》第196条)，是指使用伪造、作废的信用卡，或者冒用他人信息卡，或者利用信用卡恶意透支，诈骗公私财物，数额较大的行为。

本罪是数额犯，利用信用卡诈骗必须达到"数额较大"的，才构成犯罪。

根据最高人民检察院、公安部《关于公安机关管辖的刑事案件追诉立案标准的规定(二)》和最高人民检察院、公安部《关于经济犯罪案件追诉标准的规定》的有关规定，进行信用卡诈骗活动，涉嫌下列情形之一的，应予立案追诉：

(1)使用伪造的信用卡，或者使用以虚假的身份证明骗领的信用卡，或者使用作废的信用卡，或者冒用他人信用卡，进行诈骗活动，数额在5000元以上的；

(2)恶意透支，数额在1万元以上的。

本条规定的"恶意透支"，是指持卡人以非法占有为目的，超过规定限额或者规定期限透支，并且经发卡银行两次催收后超过3个月仍不归还的。

恶意透支，数额在1万元以上不满10万元的，在公安机关立案前已偿还全部透支款息，情节显著轻微的，可以依法不追究刑事责任。

131. 有价证券诈骗罪

有价证券诈骗罪(《刑法》第197条)，是指使用伪造、变造的国库券或者根据发行的有价证券进行诈骗活动，数额较大的行为。

本罪是1997年刑法新增设的罪名。进行有价证券诈骗，数额较大的，才构成犯罪。

根据最高人民检察院、公安部《关于公安机关管辖的刑事案件追诉立案标准的规定(二)》和最高人民检察院、公安部《关于经济犯罪案件追诉标准的规定》的有关规定，使用伪造、变造的国库券或者根据发行的其他有价证券进行诈骗活动，数额在1万元以上的，应予立案追诉。

132. 保险诈骗罪

保险诈骗罪(《刑法》第198条)，是指投保人、被保人或者受益人，违反保险法规，用虚构事实或者隐瞒真相的方法，骗取保险金，数额较大的行为。

本罪是数额犯，进行保险诈骗活动"数额较大"的，才构成犯罪。

根据最高人民检察院、公安部《关于公安机关管辖的刑事案件追诉立案标准的规定(二)》和最高人民检察院、公安部《关于经济犯罪案件追诉标准的规定》的有关规定，进行保险诈骗活动，涉嫌下列情形之一的，应予立案追诉：

(1)个人进行保险诈骗，数额在1万元以上的；

(2)单位进行保险诈骗，数额在5万元以上的。

第六节　危害税收征管罪

133. 逃税罪

逃税罪(《刑法》第201条，《刑法修正案(七)》第3条，取消偷税罪罪名)，是指纳税人采取欺骗、隐瞒手段进行虚假纳税申报或者不申报，逃避缴纳税款数额较大，并且占应纳税数额10%以上，扣缴义务人采取欺骗、隐瞒等手段，不缴或者少缴已扣已收税款，数额较大或者因逃税受到两次行政处罚又逃税的行为。

根据最高人民检察院、公安部《关于公安机关管辖的刑事案件追诉立案标准的规定(二)》和最高人民检察院、公安部《关于经济犯罪案件追诉标准的规定》的有关规定，逃避缴纳税款，涉嫌下列情形之一的，应予立案追诉：

(1)纳税人采取欺骗、隐瞒手段进行虚假纳税申报或者不申报，逃避缴纳税款，数额在5万元以上并且占各税种应纳税总额10%以上，经税务机关依法下达追缴通知后，不补缴应纳税款、不缴纳滞纳金或者不接受行政处罚的；

(2)纳税人五年内因逃避缴纳税款受过刑事处罚或者被税务机关给予2次以上行政处罚，又逃避缴纳税款，数额在5万元以上并且占各税种应纳税总额10%以上的；

(3)扣缴义务人采取欺骗、隐瞒手段，不缴或者少缴已扣、已收税款，数额在五万元以上的。

纳税人在公安机关立案后再补缴应纳税款、缴纳滞纳金或者接受行政处罚的，不影响刑事责任的追究。

134. 抗税罪

抗税罪(《刑法》第202条)，是指纳税人和扣缴义务人以暴力、威胁方法拒不缴纳税款的行为。

根据最高人民检察院、公安部《关于公安机关管辖的刑事案件追诉立案标准的规定(二)》和最高人民检察院、公安部《关于经济犯罪案件追诉标准的规定》的有关规定，以暴力、威胁方法拒不缴纳税款，涉嫌下列情形之一的，应予立案追诉：

(1)造成税务工作人员轻微伤以上的；

(2)以给税务工作人员及其亲友的生命、健康、财产等造成损害为威胁，抗拒缴纳税款的；

(3)聚众抗拒缴纳税款的；

(4)以其他暴力、威胁方法拒不缴纳税款的。

135. 逃避追缴欠税罪

逃避追缴欠税罪(《刑法》第203条)，是指纳税人欠缴应纳税款，采取转移或者隐匿财产的手段，致使税务机关无法追缴的税款，数额在1万元以上的行为。

根据最高人民检察院、公安部《关于公安机关管辖的刑事案件追诉立案标准的规定(二)》和最高人民检察院、公安部《关于经济犯罪案件追诉标准的规定》的有关规定，纳税人欠缴应纳税款，采取转移或者隐匿财产的手段，致使税务机关无法追缴的税款，数额在1万元以上的，应予立案追诉。

136. 骗取出口退税罪

骗取出口退税罪(《刑法》第204条第1款)，是指以假报出口或者其他欺骗手段，骗取国家出口退税款，数额较大的行为。

本罪是数额犯，构成本罪必须达到“数额较大”的标准。

根据最高人民检察院、公安部《关于公安机关管辖的刑事案件追诉立案标准的规定

(二)》和最高人民检察院、公安部《关于经济犯罪案件追诉标准的规定》的有关规定，以假报出口或者其他欺骗手段，骗取国家出口退税款，数额在 5 万元以上的，应予立案追诉。

137. 虚开增值税专用发票、用于骗取出口退税、抵扣税款发票罪

虚开增值税专用发票、用于骗取出口退税、抵扣税款发票罪(《刑法》第 205 条)，是指违反国家增值税专用发票管理法规，为他人虚开、为自己虚开、让他人为自己虚开、介绍他人虚开增值税专用发票或者用于骗取出口退税、抵扣税款的其他发票的行为。

本罪是行为犯，只要行为人实施了虚开增值税专用发票或者虚开用于骗取出口退税、抵扣税款的行为，原则上就构成犯罪，应当予案追究。

根据最高人民检察院、公安部《关于公安机关管辖的刑事案件追诉立案标准的规定(二)》和最高人民检察院、公安部《关于经济犯罪案件追诉标准的规定》的有关规定，虚开增值税专用发票或者虚开用于骗取出口退税、抵扣税款的其他发票，虚开的税款数额在 1 万元以上或者致使国家税款被骗数额在 5000 元以上的，应予立案追诉。

138. 虚开发票罪

虚开发票罪(《刑法》第 205 条之一，《刑法修正案(八)》第 33 条)，是指虚开增值税专用发票或者虚开用于骗取出口退税、抵扣税款的其他发票，情节严重的行为。

根据最高人民检察院、公安部《关于经济犯罪案件追诉标准的规定》的规定，虚开增值税专用发票或者虚开用于骗取出口退税、抵扣税款的其他发票，虚开的税款数额在 1 万元以上或者致使国家税款被骗数额在 5000 元以上的，应予立案追诉。

139. 伪造、出售伪造增值税专用发票罪

非法出售增值税专用发票罪(《刑法》第 206 条)，是指违反国家发票管理法规，伪造或者出售伪造增值税专用发票的行为。

根据最高人民检察院、公安部《关于公安机关管辖的刑事案件追诉立案标准的规定(二)》和最高人民检察院、公安部《关于经济犯罪案件追诉标准的规定》的有关规定，伪造或者出售伪造的增值税专用发票 25 份以上或者票面额累计在 10 万元以上的，应予立案追诉。

140. 非法出售增值税专用发票罪

非法出售增值税专用发票罪(《刑法》第 207 条)，是指违反国家发票管理法规，故意非法出售增值税专用发票的行为。

根据最高人民检察院、公安部《关于公安机关管辖的刑事案件追诉立案标准的规定(二)》和最高人民检察院、公安部《关于经济犯罪案件追诉标准的规定》的有关规定，非法出售增值税专用发票 25 份以上或者票面额累计在 10 万元以上的，应予立案追诉。

141. 非法购买增值税专用发票、购买伪造的增值税专用发票罪

非法购买增值税专用发票、购买伪造的增值税专用发票罪(《刑法》第 208 条第 1 款)，是指违反国家发票管理法规，非法购买增值税专用发票或者购买伪造的增值税专用发票的行为。

本罪是行为犯，《刑法》对本罪的起刑点没有过多明确的数量、数额标准。

根据最高人民检察院、公安部《关于经济犯罪案件追诉标准的规定》的规定和最高人民法院的司法解释，非法购买增值税专用发票或者购买伪造的增值税专用发票25份以上或者票面额累计在10万元以上的，应予立案追诉。

142. 非法制造、出售非法制造的用于骗取出口退税、抵押税款发票罪

非法伪造、出售非法制造的用于骗取出口退税、抵押税款发票罪(《刑法》第209条)，是指违反国家发票管理法规，伪造、擅自制造或者出售伪造、擅自制造的可以用于骗取出口退税、抵扣税款的非增值税专用发票50份以上或者票面额累计在20万元以上的行为。

最高人民检察院、公安部《关于经济犯罪案件追诉标准的规定》的有关规定，伪造、擅自制造或者出售伪造、擅自制造的可以用于骗取出口退税、抵扣税款的非增值税专用发票50份以上或者票面额累计在20万元以上的，应予立案追诉。

143. 非法制造、出售非法制造的发票罪

非法制造、出售非法制造的发票罪(《刑法》第209第2款)，是指违反国家发票管理法规，伪造、擅自制造或者出售伪造、擅自制造的不能用于骗取出口退税、抵扣税款的普通发票的行为。

根据最高人民检察院、公安部《关于公安机关管辖的刑事案件追诉立案标准的规定(二)》和最高人民检察院、公安部《关于经济犯罪案件追诉标准的规定》的有关规定，伪造、擅自制造或者出售伪造、擅自制造的不具有骗取出口退税、抵扣税款功能的普通发票100份以上或者票面额累计在40万元以上的，应予立案追诉。

144. 非法出售用于骗取出口退税、抵扣税款发票罪

非法出售用于骗取出口退税、抵扣税款发票罪(《刑法》第209条第3款)，是指违反国家发票管理法规，非法出售可以用于骗取出口退税、抵扣税款的其他发票的行为。

本罪是行为犯，刑法对本罪的起刑点没有明确规定数量标准。根据最高人民检察院、公安部《关于经济犯罪案件追诉标准的规定》的有关规定，非法出售可以用于骗取出口退税、抵扣税款的非增值税专用发票50份以上或者票面额累计在20万元以上的，应予立案追诉。

145. 非法出售发票罪

非法出售发票罪(《刑法》第209条第4款)，是指违反国家发票管理法规，非法出售不能用于骗取出口退税、抵扣税款的普通发票的行为。

根据最高人民检察院、公安部《关于经济犯罪案件追诉标准的规定》的有关规定，非法出售普通发票100份以上或者票面额累计在40万元以上的，应予立案追诉。

本罪是行为犯，刑法对本罪的起刑点没有明确规定数量标准。根据最高人民检察院、公安部《关于经济犯罪案件追诉标准的规定》的有关规定，非法出售普通发票50份以上的，应予立案追诉。

146. 持有伪造的发票罪

持有伪造的发票罪(《刑法》第210条之一，《刑法修正案(八)》第35条)，是指明知是伪造的发票而持有，且数量较大的行为。

根据现行《发票管理办法》和《刑法》及相关司法解释规定，明知是伪造的发票而持有，具有下列情形之一的，应予立案追诉：

(1)持有伪造的增值税专用发票 50 份以上或者票面额累计在 20 万元以上的；

(2)持有伪造的可以用于骗取出口退税、抵扣税款的其他发票 100 份以上或者票面额累计在 40 万元以上的；

(3)持有伪造的第(一)项、第(二)项规定以外的其他发票 200 份以上或者票面额累计在 80 万元以上的。

第七节　侵犯知识产权罪

147. 假冒注册商标罪

假冒注册商标罪(《刑法》第 213 条)，是指违反国家商标管理法规，未经注册商标所有人许可，在同一种商品上使用与其注册商标相同的商标，情节严重的行为。

根据最高人民检察院、公安部《关于公安机关管辖的刑事案件追诉立案标准的规定(二)》和最高人民检察院、公安部《关于经济犯罪案件追诉标准的规定》的有关规定，未经注册商标所有人许可，在同一种商品上使用与其注册商标相同的商标，涉嫌下列情形之一的，应予立案追诉：

(1)非法经营数额在 5 万元以上或者违法所得数额在 3 万元以上的；

(2)假冒两种以上注册商标，非法经营数额在 3 万元以上或者违法所得数额在 2 万元以上的；

(3)其他情节严重的情形。

148. 销售假冒注册商标的商品罪

销售假冒注册商标的商品罪(《刑法》第 214 条)，是指明知是假冒注册商标的商品而故意予以销售，销售金额数额较大的行为。

根据最高人民检察院、公安部《关于公安机关管辖的刑事案件追诉立案标准的规定(二)》和最高人民检察院、公安部《关于经济犯罪案件追诉标准的规定》的有关规定，销售明知是假冒注册商标的商品，涉嫌下列情形之一的，应予立案追诉：

(1)销售金额在 5 万元以上的；

(2)尚未销售，货值金额在 15 万元以上的；

(3)销售金额不满 5 万元，但已销售金额与尚未销售的货值金额合计在 15 万元以上的。

149. 非法制造、销售非法制造的注册商标标识罪

非法制造、销售非法制造的注册商标标识罪(《刑法》第 215 条)，是指伪造、擅自制造他人注册商标标识或者出售伪造、擅自制造的他人注册商标标识，违法所得数额较大或者有其他情节的行为。

根据最高人民检察院、公安部《关于公安机关管辖的刑事案件追诉立案标准的规定(二)》和最高人民检察院、公安部《关于经济犯罪案件追诉标准的规定》的有关规定，伪造、擅自制造他人注册商标标识或者销售伪造、擅自制造的注册商标标识，涉嫌下列情形之一的，应予立案追诉：

(1)伪造、擅自制造或者销售伪造、擅自制造的注册商标标识数量在2万件以上，或者非法经营数额在5万元以上，或者违法所得数额在3万元以上的；

(2)伪造、擅自制造或者销售伪造、擅自制造两种以上注册商标标识数量在1万件以上，或者非法经营数额在3万元以上，或者违法所得数额在2万元以上的；

(3)其他情节严重的情形。

150. 假冒专利罪

假冒专利罪(《刑法》第216条)，是指违反国家专利管理法规，在法律规定的专利有效期内，假冒他人或者单位被授予的专利，侵犯他人或者单位的专利权益，情节严重的行为。

根据最高人民检察院、公安部《关于公安机关管辖的刑事案件追诉立案标准的规定(二)》和最高人民检察院、公安部《关于经济犯罪案件追诉标准的规定》的有关规定，假冒他人专利，涉嫌下列情形之一的，应予立案追诉：

(1)非法经营数额在20万元以上或者违法所得数额在10万元以上的；

(2)给专利权人造成直接经济损失在50万元以上的；

(3)假冒两项以上他人专利，非法经营数额在10万元以上或者违法所得数额在5万元以上的；

(4)其他情节严重的情形。

151. 侵犯著作权罪

侵犯著作权罪(《刑法》第217条)，是指以营利为目的，违反著作权管理法规，未经著作权人或与著作权有关的人的许可，复制发行其作品，出版他人享有专有出版权的图书、复制发行期制作的录音录像，制作、出售假冒他人署名的美术作品，违法所得数额较大或者有其他严重情节的行为。

根据最高人民法院《关于审理非法出版物刑事案件具体应用法律若干问题的解释》的规定，涉嫌下列情形之一的，应予立案追诉：

(1)个人违法所得数额在5万元以上，单位违法所得数额在20万元以上的；

(2)因侵犯著作权曾经2次以上被追究行政责任或者没收责任，两年内又实施《刑法》第217条所列侵犯著作权行为之一的；

(3)个人非法经营数额在20万元以上的，单位非法经营数额在100万元以上的；

(4)造成其他严重后果的。

根据最高人民检察院、公安部《关于公安机关管辖的刑事案件追诉立案标准的规定(试行)》的规定，以营利为目的，未经著作权人许可，复制发行其文字作品、音乐、电影、电视、录像作品、计算机软件及其他作品，或者出版他人享有专有出版权的图书，或者未经录音、录像制作者许可，复制发行其制作的录音、录像，或者制作、出售假冒他人署名的美术作品，涉嫌下列情形之一的，应予立案追诉：

(1)违法所得数额3万元以上的；

(2)非法经营数额5万元以上的；

(3)未经著作权人许可，复制发行其文字作品、录音、录像、电影、电视、录像作品、计算机软件及其他作品，复制品数量合计五百张(份)以上的；

(4)未经录音录像制作者许可，复制发行其制作的录音录像制品，复制数量合计五百(份)以上的；

(5)其他情节严重的情形。

以刊登收费广告等方式直接或间接收取费用的情形，属于本条规定的“以营利为目的”。

本条规定的“未经著作权人许可”，是指没有得到著作权人授权或者伪造、涂改著作权人许可或者超出授权许可范围的情形。

本条规定的“复制发行”，包括复制、发行或者既复制又发行的行为。

通过信息网络向公众传播他人文字作品、录音、录像、电影、电视、录像作品、计算机软件及其他作品，或者通过信息网络传播他人制作的录音录像制品的行为，应当视为本条规定的“复制发行”。

侵权产品的持有人通过广告、征订等方式推销侵权产品的，属于本条规定的“发行”。

本条规定的“非法经营数额”，是指行为人在实施侵犯知识产权行为过程中，制造、储存、运输、销售侵权产品的价值。已销售的侵权产品的价值，按照实际销售的价格计算。制造、储存、运输和未经销售的侵权产品的价值，按照标价或者已经查清的侵权产品的实际销售平均价格计算。侵权产品没有标价或者无法查清其实际销售价格的，按照被侵权产品的市场中间价格计算。

152. 销售侵权复制品罪

销售侵权复制品罪(《刑法》第 218 条)，是指以营利为目的，销售明知是侵犯他人著作权、邻接权、非法复制、出版、制作的文字作品，音乐、电影、电视、录音、录像、计算机软件、他人享有专有出版权的图书、假冒他人署名的美术作品，违法所得数额巨大的行为。

以营利为目的，销售明知是《刑法》第 217 条规定的侵权复制品，根据最高人民检察院、公安部《关于公安机关管辖的刑事案件追诉立案标准的规定(试行)》的规定，涉嫌下列情形之一的，应予立案追诉：

(1)违反所得数额 10 万元以上的；

(2)违法所得数额虽未达到上述数额标准，但尚未销售的侵权复制品货值金额达到 30 万元以上的。

根据最高人民法院《关于审理非法出版物刑事案件具体应用法律若干问题的解释》的规定，可以认为，以营利为目的，销售明知是《刑法》第 217 条规定的侵权复制品，个人违法所得数额在 10 万元以上，单位违法所得数额 50 万元以上的，应予立案追诉。

153. 侵犯商业秘密罪

侵犯商业秘密罪(《刑法》第 219 条)，是指采取不正当手段，获取、披露、使用或者允许他人使用权利人的商业秘密，给商业秘密权利人造成重大损失的行为。

根据最高人民检察院、公安部《关于公安机关管辖的刑事案件追诉立案标准的规定(二)》和最高人民法院《关于审理非法出版物刑事案件具体应用法律若干问题的解释》的规定，侵犯商业秘密，涉嫌下列情形之一的，应予立案追诉：

(1)给商业秘密权利人造成损失数额在50万元以上的；

(2)因侵犯商业秘密违法所得数额在50万元以上的；

(3)致使商业秘密权利人破产的；

(4)其他给商业秘密权利人造成重大损失的情形。

第八节　扰乱市场秩序罪

154. 损害商业信誉、商品声誉罪

损害商业信誉、商品声誉罪(《刑法》第221条)，是指行为人捏造并散布虚伪事实，损害他人的商业信誉、商品声誉，情节严重或者给他人造成重大损失的行为。

根据最高人民检察院、公安部《关于公安机关管辖的刑事案件追诉立案标准的规定(二)》和最高人民检察院、公安部《关于经济犯罪案件追诉标准的规定》的有关规定，捏造并散布虚伪事实，损害他人的商业信誉、商品声誉，涉嫌下列情形之一的，应予立案追诉：

(1)给他人造成直接经济损失数额在50万元以上的；

(2)虽未达到上述数额标准，但具有下列情形之一的：①利用互联网或者其他媒体公开损害他人商业信誉、商品声誉的；②造成公司、企业等单位停业、停产6个月以上，或者破产的；

(3)其他给他人造成重大损失或者有其他严重情节的情形。

155. 虚假广告罪

虚假广告罪(《刑法》第222条)，是指广告主、广告经营者、广告发布者违反国家规定，利用广告或者服务作虚假宣传，情节严重的行为。

根据最高人民检察院、公安部《关于公安机关管辖的刑事案件追诉立案标准的规定(二)》和最高人民检察院、公安部《关于经济犯罪案件追诉标准的规定》的有关规定，广告主、广告经营者、广告发布者违反国家规定，利用广告对商品或者服务作虚假宣传，涉嫌下列情形之一的，应予立案追诉：

(1)违法所得数额在10万元以上的；

(2)给单个消费者造成直接经济损失数额在5万元以上的，或者给多个消费者造成直接经济损失数额累计在20万元以上的；

(3)假借预防、控制突发事件的名义，利用广告作虚假宣传，致使多人上当受骗，违法所得数额在3万元以上的；

(4)虽未达到上述数额标准，但2年内因利用广告作虚假宣传，受过行政处罚2次以上，又利用广告作虚假宣传的；

(5)造成人身伤残的；

(6)其他情节严重的情形。

156. 串通投标罪

串通投标罪(《刑法》第223条)，是指投标人相互串通投标报价，损害招标人或者其他投标人利益，或者投标人与招标人串通投标，损害国家、集体、公民的合法利益，情节严重的行为。

根据最高人民检察院、公安部《关于公安机关管辖的刑事案件追诉立案标准的规定(二)》和最高人民检察院、公安部《关于经济犯罪案件追诉标准的规定》的有关规定，投标人相互串通投标报价，或者投标人与招标人串通投标，涉嫌下列情形之一的，应予立案追诉：

(1)损害招标人、投标人或者国家、集体、公民的合法利益，造成直接经济损失数额在50万元以上的；

(2)违法所得数额在10万元以上的；

(3)中标项目金额在200万元以上的；

(4)采取威胁、欺骗或者贿赂等非法手段的；

(5)虽未达到上述数额标准，但2年内因串通投标，受过行政处罚2次以上，又串通投标的；

(6)其他情节严重的情形。

157. 合同诈骗罪

合同诈骗罪(《刑法》第224条)，是指以非法占有为目的，在签订、履行合同过程中，采取虚构事实或者隐瞒真相等欺骗手段，骗取对方当事人的财物，数额较大的行为。

根据最高人民检察院、公安部《关于公安机关管辖的刑事案件追诉立案标准的规定(二)》和最高人民检察院、公安部《关于经济犯罪案件追诉标准的规定》的有关规定，以非法占有为目的，在签订、履行合同过程中，骗取对方当事人财物，数额在2万元以上的，应予立案追诉。

158. 组织、领导传销活动罪

组织、领导传销活动罪(《刑法》第224条之一，《刑法修正案(七)》第4条)，是指组织、领导以推销商品、提供服务等经营活动为名，要求参加者以缴纳费用或者购买商品、服务等方式获得加入资格，并按照一定顺序组成层级，直接或者间接以发展人员的数量作为计酬或者返利依据，引诱、胁迫参加者继续发展他人参加，骗取财物，扰乱经济社会秩序的传销活动，涉嫌组织、领导的传销活动人员在30人以上且层级在三级以上的行为。

根据最高人民检察院、公安部《关于公安机关管辖的刑事案件追诉立案标准的规定(二)》和最高人民检察院、公安部《关于经济犯罪案件追诉标准的规定》的有关规定，对组织者、领导者，应予立案追诉。

本条所指的传销活动的组织者、领导者，是指在传销活动中起组织、领导作用的发起人、决策人、操纵人，以及在传销活动中担负策划、指挥、布置、协调等重要职责，或者在传销活动实施中起到关键作用的人员。

159. 非法经营罪

非法经营罪(《刑法》第225条)，是指违反国家规定，从事非法经营，扰乱市场秩序，情节严重的行为。

根据最高人民检察院、公安部《关于经济犯罪案件追诉标准的规定》的有关规定，违反国家规定，进行非法经营活动，扰乱市场秩序，涉嫌下列情形之一的，应予立案追诉：

(1)违反国家有关盐业管理规定，非法生产、储运、销售食盐，扰乱市场秩序，具有下列情形之一的：①非法经营食盐数量在20吨以上的；②曾因非法经营食盐行为受过2次以上行政处罚又非法经营食盐，数量在10吨以上的。

(2)违反国家烟草专卖管理法律法规，未经烟草专卖行政主管部门许可，无烟草专卖生产企业许可证、烟草专卖批发企业许可证、特种烟草专卖经营企业许可证、烟草专卖零售许可证等许可证明，非法经营烟草专卖品，具有下列情形之一的：①非法经营数额在5万元以上，或者违法所得数额在2万元以上的；②非法经营卷烟20万支以上的；③曾因非法经营烟草专卖品3年内受过2次以上行政处罚，又非法经营烟草专卖品且数额在3万元以上的。

(3)未经国家有关主管部门批准，非法经营证券、期货、保险业务，或者非法从事资金支付结算业务，具有下列情形之一的：①非法经营证券、期货、保险业务，数额在30万元以上的；②非法从事资金支付结算业务，数额在200万元以上的；③违反国家规定，使用销售点终端机具(POS机)等方法，以虚构交易、虚开价格、现金退货等方式向信用卡持卡人直接支付现金，数额在100万元以上的，或者造成金融机构资金20万元以上逾期未还的，或者造成金融机构经济损失10万元以上的；④违法所得数额在5万元以上的。

(4)非法经营外汇，具有下列情形之一的：①在外汇指定银行和中国外汇交易中心及其分中心以外买卖外汇，数额在20万美元以上的，或者违法所得数额在5万元以上的；②公司、企业或者其他单位违反有关外贸代理业务的规定，采用非法手段，或者明知是伪造、变造的凭证、商业单据，为他人向外汇指定银行骗购外汇，数额在500万美元以上或者违法所得数额在50万元以上的；③居间介绍骗购外汇，数额在100万美元以上或者违法所得数额在10万元以上的。

(5)出版、印刷、复制、发行严重危害社会秩序和扰乱市场秩序的非法出版物，具有下列情形之一的：①个人非法经营数额在5万元以上的，单位非法经营数额在15万元以上的；②个人违法所得数额在2万元以上的，单位违法所得数额在5万元以上的；③个人非法经营报纸5000份或者期刊5000本或者图书2000册或者音像制品、电子出版物五百张(盒)以上的，单位非法经营报纸15000份或者期刊15000本或者图书5000册或者音像制品、电子出版物1500张(盒)以上的；④虽未达到上述数额标准，但具有下列情形之一的：A. 两年内因出版、印刷、复制、发行非法出版物受过行政处罚2次以上的，又出版、印刷、复制、发行非法出版物的；B. 因出版、印刷、复制、发行非法出版物造成恶劣社会影响或者其他严重后果的。

(6)非法从事出版物的出版、印刷、复制、发行业务，严重扰乱市场秩序，具有下列情形之一的：①个人非法经营数额在15万元以上的，单位非法经营数额在50万元以上的；②个人违法所得数额在5万元以上的，单位违法所得数额在15万元以上的；③个人非法经营报纸15000份或者期刊15000本或者图书5000册或者音像制品、电子出版物1500张(盒)以上的，单位非法经营报纸5万份或者期刊5万本或者图书15000册或者音像制品、电子出版物五千张(盒)以上的；④虽未达到上述数额标准，两年内因非法从事出版物的出版、印刷、复制、发行业务受过行政处罚2次以上的，又非法从事出版物的出版、印刷、复制、发行业务的。

(7)采取租用国际专线、私设转接设备或者其他方法，擅自经营国际电信业务或者涉港澳台电信业务进行营利活动，扰乱电信市场管理秩序，具有下列情形之一的：①经营去话业务数额在100万元以上的；②经营来话业务造成电信资费损失数额在100万元以上的；③虽未达到上述数额标准，但具有下列情形之一的：A. 两年内因非法经营国际电信业务或者涉港澳台电信业务行为受过行政处罚2次以上，又非法经营国际电信业务或者涉港澳台电信业务的；B. 因非法经营国际电信业务或者涉港澳台电信业务行为造成其他严重后果的。

(8)从事其他非法经营活动，具有下列情形之一的：①个人非法经营数额在5万元以上，或者违法所得数额在1万元以上的；②单位非法经营数额在50万元以上，或者违法所得数额在10万元以上的；③虽未达到上述数额标准，但两年内因同种非法经营行为受过2次以上行政处罚，又进行同种非法经营行为的；④其他情节严重的情形。

160. 强迫交易罪

强迫交易罪(《刑法》第226条)，是指以暴力、威胁手段强买强卖商品、强迫他人提供服务或者强迫他人接受服务，情节严重的行为。

根据最高人民检察院、公安部《关于公安机关管辖的刑事案件立案追诉标准的规定(试行)》和最高人民检察院、公安部《关于经济犯罪案件追诉标准的规定》的有关规定，涉嫌下列情形之一的，应予立案追诉：

(1)造成被害人轻微伤或者其他严重后果的；

(2)造成直接经济损失2000元以上的；

(3)强迫交易3次以上或者强迫3人以上交易的；

(4)强迫交易数额1万元以上，或者违法所得数额2000元以上的；

(5)强迫他人购买伪劣商品数额5000元以上，或者违法所得数额1000元以上的；

(6)其他情节严重的情形。

161. 伪造、倒卖伪造的有价票证罪

伪造、倒卖伪造的有价票证罪(《刑法》第227条第1款)，是指伪造或者倒卖伪造的车票、船票、邮票或者其他有价票证，数额较大的行为。

根据最高人民检察院、公安部《关于经济犯罪案件追诉标准的规定》的有关规定，涉嫌下列情形之一的，应予立案追诉：

(1)车票、船票票面数额累计2000元以上，或者数量累计50张以上的；

(2)邮票票面数额累计5000元以上，或者数量累计1000枚以上的；

(3)其他有价票证价额累计5000元以上，或者数量累计100张以上的；

(4)非法获利累计1000元以上的；

(5)其他数额较大的情形。

162. 倒卖车票、船票罪

倒卖车票、船票罪(《刑法》第227条第2款)，是指倒卖车票、船票或者倒卖车票坐席、卧铺签字号以及订购车票、船票凭证，情节严重的行为。

根据最高人民法院《关于审理倒卖车票刑事案件具体有关问题的解释》对《刑法》第227条第2款规定的"倒卖车票情节严重"作了明确的司法解释。高价、变相加价倒卖车票或者倒卖座席、卧铺签字号及订购车票凭证，票面数额在5000元以上，或者非法获利数额在2000元以上的，应予立案追诉。

根据最高人民检察院、公安部《关于公安机关管辖的刑事案件追诉立案标准的规定(试行)》的规定，涉嫌下列情形之一的，应予立案追诉：

(1)票面数额累计5000元以上的；

(2)非法获利累计2000元以上的；

(3)其他情节严重的情形。

163. 非法转让、倒卖土地使用权罪

非法转让、倒卖土地使用权罪(《刑法》第228条)，是指以牟利为目的，违反土地管理法过，非法转让、倒卖土地使用权，情节严重的行为。

根据最高人民检察院、公安部《关于经济犯罪案件追诉标准的规定》的有关规定，以牟利为目的，违反土地管理法规，非法转让、倒卖土地使用权，涉嫌下列情形之一的，应予立案追诉：

(1)非法转让、倒卖基本农田5亩以上的；

(2)非法转让、倒卖基本农田以外的耕地10亩以上的；

(3)非法转让、倒卖其他土地20亩以上的；

(4)违法所得数额在50万元以上的；

(5)虽未达到上述数额标准，但因非法转让、倒卖土地使用权受过行政处罚，又非法转让、倒卖土地的；

(6)其他情节严重的情形。

164. 提供虚假证明文件罪

提供虚假证明文件罪(《刑法》第229条第1款、第2款，取消中介组织人员提供虚假证明文件罪罪名)，是指承担资产评估、验资、验证合计、审计、法律服务等职责的中介组织及其工作人员故意提供虚假中介证明文件，情节严重的行为。

根据最高人民检察院、公安部《关于公安机关管辖的刑事案件追诉立案标准的规定(二)》和最高人民检察院、公安部《关于经济犯罪案件追诉标准的规定》的有关规定，涉嫌下列情形之一的，应予立案追诉：

(1)给国家、公众或者其他投资者造成的直接经济损失数额在50万元以上的；

(2)违法所得数额在10万元以上的；

(3)虚假证明文件虚构数额在100万元且占实际数额30%以上的；

(4)虽未达到上述数额标准，但具有下列情形之一的：①在提供虚假证明文件过程中索取或者非法收受他人财物的；②两年内因提供虚假证明文件，受过行政处罚二次以上，又提供虚假证明文件的；

(5)其他情节严重的情形。

165. 出具证明文件重大失实罪

出具证明文件重大失实罪(《刑法》第229条第3款，取消中介组织人员出具证明文件重大失实罪罪名)，是指承担资产评估、验资验证、会计、审计、法律服务等职责中介组织人员验证不负责任，出具证明文件有重大失实，造成严重后果的行为。

根据最高人民检察院、公安部《关于公安机关管辖的刑事案件追诉立案标准的规定(二)》和最高人民检察院、公安部《关于经济犯罪案件追诉标准的规定》的有关规定，承担资产评估、验资、验证、会计、审计、法律服务等职责的中介组织的人员严重不负责任，出具的证明文件有重大失实，涉嫌下列情形之一的，应予立案追诉：

(1)给国家、公众或者其他投资者造成直接经济损失数额在100万元以上的；

(2)其他造成严重后果的情形。

166. 逃避商检罪

逃避商检罪(《刑法》第230条)，是指违反进出口商品检验法的规定，逃避商品检验，将必须经商检机构检验的进口商品未报经检验而擅自销售、使用，或者将必须经商检机构检验的出口商品未报经检验合格而擅自出口，情节严重的行为。

根据最高人民检察院、公安部《关于公安机关管辖的刑事案件追诉立案标准的规定(二)》和最高人民检察院、公安部《关于经济犯罪案件立案追诉标准的规定》的有关规定，违反进出口商品检验法的规定，逃避商品检验，将必须经商检机构检验的进口商品未报经检验而擅自销售、使用，或者将必须经商检机构检验的出口商品未报经检验合格而擅自出口，涉嫌下列情形之一的，应予立案追诉：

(1)给国家、单位或者个人造成直接经济损失数额在50万元以上的；

(2)逃避商检的进出口货物货值金额在300万元以上的；

(3)导致病疫流行、灾害事故的；

(4)多次逃避商检的；

(5)引起国际经济贸易纠纷，严重影响国家对外贸易关系，或者严重损害国家声誉的；

(6)其他情节严重的情形。

第四章 侵犯公民人身权利、民主权利罪

167. 故意杀人罪

故意杀人罪(《刑法》第 232 条)，是指故意非法剥夺他人生命的行为。

本罪是行为犯，只要行为人实施了故意杀人的行为，就构成本罪。根据《刑法》第 232 条的规定，故意剥夺他人生命的，应予立案追诉。

168. 过失致人死亡罪

过失致人死亡罪(《刑法》第 233 条)，是指因过失造成他人死亡的行为。

本罪是结果犯，根据《刑法》第 233 条的规定，过失致人死亡的，应予立案追诉。

169. 故意伤害罪

故意伤害罪(《刑法》第 234 条)，是指故意非法伤害他人身体并达到一定的严重程度，应受刑法处罚的犯罪行为。

本罪的立案标准是根据行为人给被害人造成的伤害程度来确定的。故意伤害他人，只有达到法定的轻伤、重伤标准时，才构成本罪，予以立案追究。

170. 组织出卖人体器官罪

组织出卖人体器官罪(《刑法》第 234 条之一第 1 款，《刑法修正案(八)》第 37 条第 1 款)，是指在征得被害人同意或者承诺，组织出卖人体器官以获得非法利益。

171. 过失致人重伤罪

过失致人重伤罪(《刑法》第 235 条)，是指行为人过失伤害他人身体，致人重伤的行为。

所称重伤，是指有下列情形之一的伤害：

(1)使人肢体残废或者毁人容貌的；

(2)使人丧失听觉、视觉或者其他器官机能的；

(3)其他对于人身健康有重大伤害的。

本罪是结果犯，行为人过失伤害他人，必须造成重伤的结果，才构成本罪，才予以立案追究。

172. 强奸罪

强奸罪(《刑法》第 236 条，取消奸淫幼女罪罪名)，是指以暴力、胁迫或者其他手段，违背妇女意志，强行与之发生性交的行为。

本罪是行为犯，只要行为人实施了强奸妇女或者奸淫幼女的行为，不论是否达到奸淫的目的，都应予立案追诉。

根据《刑法》的规定，具有下列情形之一的，应予立案追诉：

(1)以暴力、胁迫或者其他手段强奸妇女的；

(2)奸淫不满 14 周岁幼女的。

173. 强制猥亵、侮辱妇女罪

强制猥亵、侮辱妇女罪(《刑法》第 237 条第 1 款)，是以暴力、胁迫或者其他方法，

强制猥亵妇女的行为。

根据《刑法》规定，本罪是行为犯，只要行为人以暴力、胁迫或者其他方法，实施了强制猥亵、侮辱妇女的行为，原则上就应予立案追诉。

174. 猥亵儿童罪

猥亵儿童罪(《刑法》第 237 条第 3 款)，是指以刺激或满足性欲为目的，用性交以外的方法对儿童实施的淫秽行为。不满 14 周岁的男童女童都可以作为本罪的受害人。

本罪是行为犯，只要行为人对儿童实施了猥亵的行为，原则上就应予立案追诉。

175. 非法拘禁罪

非法拘禁罪(《刑法》第 238 条)，是指以拘禁或者其他强制方法非法剥夺他人人身自由的行为。

本罪是行为犯，只要行为人实施了非法拘禁的行为，原则上应予立案追诉。

国家机关工作人员涉嫌利用职权实施的非法拘禁案件，应当由检察机关管辖。

176. 绑架罪

绑架罪(《刑法》第 239 条)，是指以勒索财物或者扣押人质为目的，使用暴力、胁迫或者其他方法，劫持他人作为人质或者偷盗婴幼儿的行为。

本罪是行为犯，根据刑法规定，具有下列情形之一的，应予立案追诉：

(1)以勒索财物为目的绑架他人的；

(2)绑架他人作为人质的；

(3)以勒索财物为目的偷盗婴幼儿的。

177. 拐卖妇女儿童罪

拐卖妇女儿童罪(《刑法》第 240 条)，是指以出卖妇女、儿童为目的，拐骗、绑架、收买、贩卖、接送、中转妇女、儿童的行为。

本罪是行为犯，只要行为人实施了拐卖妇女儿童的行为，就构成犯罪，就应予立案追诉。

178. 收买被拐卖的妇女、儿童罪

收买被拐卖的妇女、儿童罪(《刑法》第 241 条第 1 款)，是指以不出卖为目的，收买被拐卖的妇女、儿童的行为。

本罪是行为犯，只要行为人实施了收买被拐卖的妇女、儿童的行为，原则上就应予立案追诉。

179. 聚众阻碍解救被收买的妇女、儿童罪

聚众阻碍解救被收买的妇女、儿童罪(《刑法》第 242 条第 2 款)，是指为首纠集多人阻碍国家机关工作人员解救被收买的妇女、儿童的行为。

本罪是行为犯，只要行为人实施了聚众阻碍国家机关工作人员解救被收买妇女、儿童的行为，就构成犯罪，就应予立案追诉。

180. 诬告陷害罪

诬告陷害罪(《刑法》第 243 条)，是指捏造犯罪事实，向国家机关或者有关单位作虚假告发，意图陷害他人，使他人受刑事追究的行为。

本罪是情节犯，行为人只要实施了诬告陷害行为，必须达到情节严重的程度，才构成犯罪，应予立案追诉。

181. 强迫劳动罪

强迫劳动罪(《刑法》第244条，《刑法修正案(八)》第38条，取消强迫职工劳动罪罪名)，是指用人单位违反劳动管理法规，以限制人身自由的方法强迫职工劳动，情节严重的行为。

本罪是情节犯，用人单位强迫职工劳动的行为，必须达到“情节严重”的程度，才构成犯罪。根据《刑法》第244条、《刑法修正案(八)》第38条，以及最高人民检察院、公安部《关于公安机关管辖的刑事案件追诉立案标准的规定(试行)》的相关规定，用人单位违反劳动管理法规，以限制人身自由的方法强迫职工劳动，情节严重的，涉嫌下列情形之一的，应予立案追诉：

(1)强迫他人劳动，造成人员伤亡或者患职业病的；

(2)采用殴打、胁迫、扣发工资、扣留身份证件等手段限制人身自由，强迫他人劳动的；

(3)强迫妇女从事井下劳动、国家规定的第四级体力劳动强度的劳动或者其他禁忌从事的劳动，或者强迫处于经期、孕期和哺乳期妇女从事国家规定的第三级体力劳动强度以上的劳动或者其他禁忌从事的劳动；

(4)强迫已满16周岁未满18周岁的未成年人从事国家规定的第四级体力劳动强度的劳动，或者从事高空、井下劳动，或者在爆炸性、易燃性、放射性、毒害性等危险环境下从事劳动的；

(5)其他情节严重的情形。

182. 雇佣童工从事危重劳动罪

雇佣童工从事危重劳动罪(《刑法》第244条之一，《刑法修正案(四)》第4条)，是指违反劳动管理法规，雇佣未满16周岁的未成年人从事超强度体力劳动，或者从事高空、井下作业的，或者在爆炸性、易燃性、放射性、毒害性等危险环境下从事劳动，情节严重的行为。

根据最高人民检察院、公安部《关于公安机关管辖的刑事案件立案追诉标准的规定(试行)》的规定，涉嫌下列情形之一的，应予立案追诉：

(1)造成未满16周岁的未成年人伤亡或者对其身体健康造成严重危害的；

(2)雇用未满16周岁的未成年人3人以上的；

(3)以强迫、欺骗等手段雇用未满16周岁的未成年人从事危重劳动的；

(4)其他情节严重的情形。

183. 非法搜查罪

非法搜查罪(《刑法》第245条)，是指非法搜查他人身体、住宅的行为。国家工作人员犯此罪由检察机关管辖。

本罪是行为犯，根据《刑法》规定，只要行为人实施了非法搜查他人身体、住宅的，具有下列情形之一的，应予立案追诉：

(1)非法搜查他人身体、住宅，手段恶劣的；

(2)非法搜查引起被搜查人精神失常、自杀或者造成财物严重损坏的；

(3)司法工作人员对明知是与涉嫌犯罪无关的人身、场所非法搜查的；

(4)3次以上或者3人(户)以上进行非法搜查的；

最高人民检察院还规定了非法搜查属重、特大案件的标准：

重大案件：

(1)5次以上或者1次对5人(户)以上非法搜查的；

(2)引起被搜查人精神失常的；

特大案件：

(1)7次以上或者1次对7人(户)以上非法搜查的；

(2)引起被搜查人自杀的。

184. 非法侵入住宅罪

非法侵入住宅罪(《刑法》第245条)，是指违背住宅内成员的意愿或无法律依据强行闯入他人住宅或者进入公民住宅后经要求退出仍无故拒不退出的行为。国家工作人员犯此罪由检察机关管辖。

本罪是行为犯，行为人只要未经住宅主人同意，非法强行闯入他人住宅或者经要求退出仍无故拒不退出的，应予立案追诉。

185. 侮辱罪

侮辱罪(《刑法》第246条)，是指以暴力或者其他方法，公然贬低他人人格，破坏他人名誉，情节严重的行为。

根据《刑法》规定，以暴力或者其他方法公然侮辱他人，情节严重的，应予立案追诉。

186. 诽谤罪

诽谤罪(《刑法》第246条第2款)，是指故意捏造并散布某种足以损害他人人格、名誉的虚假事实，情节严重的行为。

本罪是情节犯，根据《刑法》第246条的规定，行为人捏造事实诽谤他人，必须达到"情节严重"的程度，才构成犯罪。情节严重的，应予立案追诉。

187. 煽动民族仇恨、民族歧视罪

煽动民族仇恨、民族歧视罪(《刑法》第249条)，是指煽动民族仇恨、民族歧视，情节严重的行为。

本罪是情节犯，行为人实施了煽动民族仇恨、民族歧视的行为，必须达到"情节严重"的程度，才构成犯罪。根据《刑法》第249条的规定，煽动民族仇恨、民族歧视的行为，情节严重的，应予立案追诉。

188. 刑讯逼供罪

刑讯逼供罪(《刑法》第247条)，是指司法工作人员对犯罪嫌疑人、被告人使用肉刑或者变相肉刑，逼取口供的行为。

根据最高人民检察院《关于人民检察院直接受理立案侦查案件立案标准的规定(试行)》和最高人民检察院《关于渎职侵权犯罪案件立案标准的规定》(高检发释字〔2006〕2号)的有关规定，涉嫌下列情形之一的，应予立案：

(1)以殴打、捆绑、违法使用械具等恶劣手段逼取口供的；

(2)以较长时间冻、饿、晒、烤等手段逼取口供，严重损害犯罪嫌疑人、被告人身体健康的；

(3)刑讯逼供造成犯罪嫌疑人、被告人轻伤、重伤、死亡的；

(4)刑讯逼供，情节严重，导致犯罪嫌疑人、被告人自杀、自残造成重伤、死亡，或者精神失常的；

(5)刑讯逼供，造成错案的；

(6)刑讯逼供3人次以上的；

(7)纵容、授意、指使、强迫他人刑讯逼供，具有上述情形之一的；

(8)其他刑讯逼供应予追究刑事责任的情形。

189. 暴力取证罪

暴力取证罪(刑法第247条)，是指司法工作人员以暴力逼取证人证言的行为。

根据最高人民检察院《关于人民检察院直接受理立案侦查案件立案标准的规定(试行)》和最高人民检察院《关于渎职侵权犯罪案件立案标准的规定》(高检发释字〔2006〕2号)的有关规定，涉嫌下列情形之一的，应予立案：

(1)以殴打、捆绑、违法使用械具等恶劣手段逼取证人证言的；

(2)暴力取证造成证人轻伤、重伤、死亡的；

(3)暴力取证，情节严重，导致证人自杀、自残造成重伤、死亡，或者精神失常的；

(4)暴力取证，造成错案的；

(5)暴力取证3人次以上的；

(6)纵容、授意、指使、强迫他人暴力取证，具有上述情形之一的；

(7)其他暴力取证应予追究刑事责任的情形。

190. 虐待被监管人罪

虐待被监管人罪(刑法第248条)，是指监狱、拘留所、看守所、拘役所、劳教所等监管机构的监管人员，对被监管人进行殴打或者体罚虐待，情节严重的行为。

根据最高人民检察院《关于人民检察院直接受理立案侦查案件立案标准的规定(试行)》和最高人民检察院《关于渎职侵权犯罪案件立案标准的规定》(高检发释字〔2006〕2号)的有关规定，涉嫌下列情形之一的，应予立案：

(1)以殴打、捆绑、违法使用械具等恶劣手段虐待被监管人的；

(2)以较长时间冻、饿、晒、烤等手段虐待被监管人，严重损害其身体健康的；

(3)虐待造成被监管人轻伤、重伤、死亡的；

(4)虐待被监管人，情节严重，导致被监管人自杀、自残造成重伤、死亡，或者精神失常的；

(5)殴打或者体罚虐待3人次以上的；

(6)指使被监管人殴打、体罚虐待其他被监管人，具有上述情形之一的；

(7)其他情节严重的情形。

191. 出版歧视、侮辱少数民族作品罪

出版歧视、侮辱少数民族作品罪(《刑法》第250条)，是指在出版物中出版歧视、侮辱少数民族的内容，情节恶劣并造成严重后果的行为。

本罪是结果犯，行为人出版歧视、侮辱少数民族的作品，不仅要具备“情节恶劣”的条件，而且必须是造成“严重后果”的，才构成犯罪，予以立案追究。

192. 非法剥夺公民宗教信仰自由罪

非法剥夺公民宗教信仰自由罪(《刑法》第 251 条)，是指国家机关工作人员非法剥夺公民正当的宗教信仰自由，情节严重的行为。情节严重，是指非法剥夺宗教信仰自由的手段恶劣，造成被害人精神失常或自杀等严重后果的情况。

本罪是情节犯，根据《刑法》第 251 条的规定，国家机关工作人员实施的非法剥夺公民宗教信仰自由的行为，必须达到“情节严重”的程度，才构成犯罪，予以立案追究。

193. 侵犯少数民族风俗习惯罪

侵犯少数民族风俗习惯罪(《刑法》第 251 条)，是指国家机关工作人员非法干涉、破坏少数民族风俗习惯，情节严重的行为。

本罪是情节犯，根据《刑法》第 251 条的规定，国家机关工作人员实施非法干涉、破坏少数民族风俗习惯的行为，必须达到情节严重的程度，才构成本罪，予以立案追究。

194. 侵犯通信自由罪

侵犯通信自由罪(《刑法》第 252 条)，是指隐匿、毁弃或者非法开拆他人信件，侵犯通信自由权利，情节严重的行为。

本罪是情节犯，根据《刑法》第 252 条规定，行为人隐匿、毁弃或者非法开拆他人信件，必须达到情节严重的程度，才构成本罪，予以立案追究。

195. 私自开拆、隐匿、毁弃邮件、电报罪

私自开拆、隐匿、毁弃邮件、电报罪(《刑法》第 253 条第 1 款)，是指邮电工作人员利用职务上的便利，私自开拆或者隐匿、毁弃他人邮件、电报的行为。

本罪是行为犯，根据《刑法》第 253 条的规定，只要行为人私自开拆或者隐匿、毁弃邮件、电报的就构成犯罪，应予立案追诉。

196. 出售、非法提供公民个人信息罪

出售、非法提供公民个人信息罪(《刑法》第 253 条之一，《刑法修正案(七)》第 7 条第 1 款)，是指国家机关或者金融、电信、交通、教育、医疗等单位的工作人员，违反国家规定，将本单位在履行职责或者提供服务过程中获得的公民个人信息，出售或者非法提供给他人，情节严重的行为。

根据《刑法》规定，犯本罪的，处三年以下有期徒刑或者拘役，并处或者单处罚金。情节特别严重的，处三年以上七年以下有期徒刑，并处罚金。

单位犯前款罪的，对单位判处罚金，并对其直接负责的主管人员和其他直接责任人员，依照各该款的规定处罚。

197. 报复陷害罪

报复陷害罪(《刑法》第 254 条)，是指国家机关工作人员滥用职权、假公济私，对控告人、申诉人、批评人、举报人实行报复陷害的行为。

根据最高人民检察院《关于人民检察院直接受理立案侦查案件立案标准的规定(试

行)》和最高人民检察院《关于渎职侵权犯罪案件立案标准的规定》(高检发释字〔2006〕2号)的有关规定，涉嫌下列情形之一的，应予立案：

(1)报复陷害，情节严重，导致控告人、申诉人、批评人、举报人或者其近亲属自杀、自残造成重伤、死亡，或者精神失常的；

(2)致使控告人、申诉人、批评人、举报人或者其近亲属的其他合法权利受到严重损害的；

(3)其他报复陷害应予追究刑事责任的情形。

198. 打击报复会计、统计人员罪

打击报复会计、统计人员罪(《刑法》第255条)，是指公司、企业、事业单位、机关、团体的领导人，对依法履行职责、抵制违反会计法、统计法行为的会计、统计人员实行打击报复，情节恶劣的行为。

本罪是情节犯，根据《刑法》第255条规定，公司、企业、事业单位、机关、团体的领导人，对依法履行职责、抵制违反会计法、统计法行为的会计、统计人员实行打击报复，情节恶劣的应依法追究。

199. 破坏选举罪

破坏选举罪(刑法第256条)，是指在选举各级人民代表大会代表和国家机关领导人员时，以暴力、威胁、欺骗、贿赂、伪造选举文件、虚报选举票数或者编造选举结果等手段，破坏选举或者妨害选民和代表自由行使选举权和被选举权，情节严重的行为。

根据最高人民检察院《关于人民检察院直接受理立案侦查案件立案标准的规定(试行)》和最高人民检察院《关于渎职侵权犯罪案件立案标准的规定》(高检发释字〔2006〕2号)的有关规定，国家机关工作人员利用职权破坏选举，涉嫌下列情形之一的，应予立案：

(1)以暴力、威胁、欺骗、贿赂等手段，妨害选民、各级人民代表大会代表自由行使选举权和被选举权，致使选举无法正常进行，或者选举无效，或者选举结果不真实的；

(2)以暴力破坏选举场所或者选举设备，致使选举无法正常进行的；

(3)伪造选民证、选票等选举文件，虚报选举票数，产生不真实的选举结果或者强行宣布合法选举无效、非法选举有效的；

(4)聚众冲击选举场所或者故意扰乱选举场所秩序，使选举工作无法进行的；

(5)其他情节严重的情形。

200. 暴力干涉婚姻自由罪

暴力干涉婚姻自由罪(《刑法》第257条)，是指以暴力手段干涉他人行使结婚、离婚自由权利的行为。

本罪属于告诉才处理的自诉案件，实行不告不理的原则，被害人可以直接向人民法院提起诉讼。对于暴力干涉他人婚姻自由，致使被害人死亡的，则属于公诉案件，公安机关应予立案追诉。

201. 重婚罪

重婚罪(《刑法》第258条)，是指有配偶而又与他人结婚，或者明知他人有配偶而与之结婚的行为。

根据《刑法》第 258 条的规定，具有下列情形之一的，应予立案追诉：

(1)有配偶而又与他人结婚的；

(2)明知他人有配偶而与之结婚的。

202. 破坏军婚罪

破坏军婚罪(《刑法》第 259 条第 1 款)，是指明知是现役军人的配偶，而与之同居或者结婚的行为。

本罪是行为犯，根据《刑法》第 259 条规定，明知是现役军人的配偶而与之同居或者结婚的，应予立案追诉。

203. 虐待罪

虐待罪(《刑法》第 260 条)，是指经常以打骂、冻饿、强迫过度劳动等方法，对家庭成员进行肉体上、精神上的摧残和折磨，情节严重的行为。

本罪属于告诉才处理的自诉案件，一般采取不告不理的原则，被虐待人可以直接向人民法院提起诉讼。但是，对于虐待家庭成员，致使被害人重伤、死亡的，则属于公诉案件，公安机关应予立案追诉。

204. 遗弃罪

遗弃罪(《刑法》第 261 条)，是指对于年老、年幼、患病或者其他没有独立生活能力的人，负有扶养义务而拒绝扶养，情节恶劣的行为。

本罪是情节犯，根据《刑法》第 261 条的规定，对于年老、年幼、患病或者其他没有独立生活能力的人，负有扶养义务而拒绝扶养，情节恶劣的，应予立案追诉。

205. 拐骗儿童罪

拐骗儿童罪(《刑法》第 262 条)，是指用利诱、欺骗或者其他方法使不满 14 周岁的未成年人，脱离家庭或者监护人的行为。

本罪是行为犯，根据《刑法》第 262 条的规定，拐骗不满 14 周岁的未成年人，从而使该未成年人脱离家庭或者监护人的原则上就构成犯罪，应予立案追诉。

206. 组织残疾人、儿童乞讨罪

组织残疾人、儿童乞讨罪(《刑法》第 262 条之一，《刑法修正案(六)》第 17 条)，是指以暴力、胁迫手段组织残疾人或者不满 14 周岁的未成年人乞讨的行为。本罪为行为犯，不需要造成乞讨人伤害或乞讨严重后果，只要行为人实施了暴力胁迫的手段乞讨，就应予立案追诉。

207. 组织未成年人进行违反治安管理活动罪

组织未成年人进行违反治安管理活动罪(《刑法》第 262 条之二，《刑法修正案(七)》第 8 条)，是指组织未成年人进行盗窃、诈骗、抢夺、敲诈勒索等违反治安管理活动的行为。

第五章　侵犯财产罪

208. 抢劫罪

抢劫罪(《刑法》第263条)，是指以非法占有为目的，当场使用暴力、胁迫或者其他方法劫取公私财物的行为。

本罪是行为犯，《刑法》对构成本罪没有过多数额情节方面的限制，只要行为人当场以暴力、胁迫或者其他方法，实施了抢劫公私财物的行为，无论是否抢到钱财，也不论抢到钱财的多少，原则上都构成犯罪，应予立案追诉。

209. 盗窃罪

盗窃罪(《刑法》第265条)，是指以非法占有为目的，秘密窃取公私财物数额较大或者多次窃取公私财物的行为。

根据《刑法》第265条规定，行为人以非法占有为目的，秘密窃取公私财物数额较大或者多次窃取公私财物的，符合下列情形之一的，应予立案追诉：

(1)个人盗窃公私财物达到500元至2000元以上的；

(2)多次盗窃公私财物的；多次盗窃是指一年内入户盗窃或者在公共场所扒窃3次以上；

(3)盗窃公私财物接近数额较大的起点，具有下列情形之一的，应予立案追诉：①以破坏性手段造成公私财物损失的；②盗窃残疾人、孤寡老人或者丧失劳动人的财物的；③造成严重后果或者具有其他恶劣情节的。

210. 诈骗罪

诈骗罪(《刑法》第266条)，是指以非法占有为目的，使用虚构事实或者隐瞒真相的方法，骗取公私财物数额较大的行为。

本罪是数额犯，根据《刑法》第266条规定，诈骗公私财物，数额较大的，应予立案追诉。行为人采取诈骗的方式骗取公私财物必须达到"数额较大"的标准，才构成犯罪，应予立案追诉。

211. 抢夺罪

抢夺罪(《刑法》第267条第1款)，是指以非法占有为目的，乘人不备，公然夺取数额较大的公私财物的行为。

本罪是数额犯，根据《刑法》第267条第1款规定，抢夺公司财物，数额较大的应予立案追诉。根据最高人民法院《关于审理抢夺罪案件具有应用法律若干问题的解释》第1条规定，抢夺公私财物价值人民币500元至2000元以上的，为"数额较大"。

212. 聚众哄抢罪

聚众哄抢罪(《刑法》第268条)，是指以非法占有为目的，聚集多人参加，哄抢滋扰，公然夺取公私财物，数额较大或者情节严重的行为。

行为人聚众哄抢公私财物，必须达到数额较大的标准或者具备其他严重情节的才构成犯罪，应予立案追诉。

213. 侵占罪

侵占罪(《刑法》第 270 条)，是指以非法占有为目的，将代为保管的数额较大的他人财物或者遗忘物、埋藏物非法占为己有、拒不交还的行为。

本罪是数额犯，行为人非法占有保管物、遗忘物、埋藏物，必须达到数额较大的标准才构成本罪，应予立案追诉。

214. 职务侵占罪

职务侵占罪(《刑法》第 271 条第 1 款)，是指公司、企业或者其他单位的人员利用职务上的便利，将本单位财物占为己有，数额较大的行为。

本罪是数额犯，必须达到数额较大的标准。

根据最高人民检察院、公安部《关于公安机关管辖的刑事案件追诉立案标准的规定(二)》和最高人民检察院、公安部《关于经济犯罪案件追诉标准的规定》的有关规定，公司、企业或者其他单位的人员利用职务上的便利，将本单位财物占为己有，数额在 5000 元至 1 万元的，应予立案追诉。

215. 挪用资金罪

挪用资金罪(《刑法》第 272 条第 1 款)，是指公司、企业或者其他单位的工作人员，利用职务上的便利，挪用本单位资金归个人使用或者借贷给他人，数额较大、超过 3 个月未还的，或者虽超过 3 个月，但数额较大、进行营利活动的，或者进行非法活动的行为。

根据最高人民检察院、公安部《关于公安机关管辖的刑事案件追诉立案标准的规定(二)》和最高人民检察院、公安部《关于经济犯罪案件追诉标准的规定》的有关规定，公司、企业或者其他单位的工作人员，利用职务上的便利，挪用本单位资金归个人使用或者借贷给他人，涉嫌下列情形之一的，应予立案追诉：

(1)挪用本单位资金数额在 1 万元至 3 万元以上，超过 3 个月未还的；

(2)挪用本单位资金数额在 1 万元至 3 万元以上，进行营利活动的；

(3)挪用本单位资金数额在 5000 元至 2 万元以上，进行非法活动的。

具有下列情形之一的，属于本条规定的“归个人使用”：

(1)将本单位资金供本人、亲友或者其他自然人使用的；

(2)以个人名义将本单位资金供其他单位使用的；

(3)个人决定以单位名义将本单位资金供其他单位使用，谋取个人利益的。

216. 挪用特定款物罪

挪用特定款物罪(《刑法》第 273 条)，是指违反国家救灾、抢险、防汛、优抚、扶贫、移民、救济款物专用的财经管理制度，挪用救灾、抢险、防汛、优抚、扶贫、移民、救济款物，情节严重，致使国家和人民群众利益遭受重大损失的行为。

根据最高人民检察院、公安部《关于公安机关管辖的刑事案件追诉立案标准的规定(二)》和最高人民检察院、公安部《关于经济犯罪案件追诉标准的规定》的有关规定，挪用用于救灾、抢险、防汛、优抚、扶贫、移民、救济款物，涉嫌下列情形之一的，应予立案追诉：

(1)挪用特定款物数额在 5000 元以上的；

(2)造成国家和人民群众直接经济损失数额在5万元以上的；

(3)虽未达到上述数额标准，但多次挪用特定款物的，或者造成人民群众的生产、生活严重困难的；

(4)严重损害国家声誉，或者造成恶劣社会影响的；

(5)其他致使国家和人民群众利益遭受重大损害的情形。

217. 敲诈勒索罪

敲诈勒索罪(《刑法》第274条)，是指以非法占有为目的，对公私财物的所有人、管理人使用威胁或要挟的方法索取公私财物的行为。

本罪是数额犯，必须达到“数额较大”的，才予立案追诉。根据《刑法》第274条规定，敲诈勒索公私财物，数额较大的，应予立案追诉。根据最高人民法院《关于审理敲诈勒索罪数额认定标准问题的规定》的规定，敲诈勒索公私财物“数额较大”，以1000元至3000元为起点。

218. 故意毁坏财物罪

故意毁坏财物罪(《刑法》第275条)，是指故意毁灭或者损坏公私财物，数额较大或者有其他严重情节的行为。

故意毁坏公私财物，涉嫌下列情形之一的，应予立案追诉：

(1)造成公私财物损失5000元以上的；

(2)毁坏公私财物3次以上的；

(3)纠集3人以上公然毁坏公私财物的；

(4)其他情节严重的情形。

219. 破坏生产经营罪

破坏生产经营罪(《刑法》第276条)，是指由于泄愤报复或者其他个人目的，毁坏机器设备、残害耕畜或者以其他方法破坏生产经营的行为。

根据最高人民检察院、公安部《关于公安机关管辖的刑事案件追诉立案标准的规定(试行)》的规定，涉嫌下列情形之一的，应予立案追诉：

(1)造成公私财物损失5000元以上的；

(2)破坏生产经营3次以上的；

(3)纠集3人以上公然破坏生产经营的；

(4)其他破坏生产经营应予追究刑事责任的情形。

220. 拒不支付劳动报酬罪

拒不支付劳动报酬罪(《刑法》第276条之一，《刑法修正案(八)》第41条)，是指以转移财产、逃匿等方法逃避支付劳动者报酬或者有能力支付而不支付劳动者的劳动报酬，数额较大，经政府有关部门责令支付仍不支付的行为。

最高人民法院发布了《关于审理拒不支付劳动报酬刑事案件适用法律若干问题的解释》，针对拒不支付劳动报酬罪所涉及的术语界定、定罪量刑标准、单位犯罪等问题，进一步明确了相关刑事案件的法律适用标准。

第六章　妨害社会管理秩序罪

第一节　扰乱公共秩序罪

221. 妨害公务罪

妨害公务罪(《刑法》第277条)，是指以暴力、威胁的方法，阻碍国家工作人员依法执行公务的行为。

根据《刑法》第277条的规定，有下列情形之一的，应予立案追诉：

(1)以暴力、威胁的方法阻碍国家机关工作人员依法执行职务的；

(2)以暴力、威胁方法阻碍全国人民代表大会和地方各级人民代表大会依法执行逮捕职务的；

(3)在自然灾害和突发事件中，以暴力、威胁方法阻碍红十字会工作人员依法履行职责的；

(4)故意阻碍国家安全机关、公安机关依法执行国家安全工作任务，为使用暴力、威胁方法，造成严重后果的。

222. 煽动暴力抗拒法律实施罪

煽动暴力抗拒法律实施罪(《刑法》第278条)，是指故意煽动、挑动群众暴力抗拒国家法律、行政法规实施的行为。

本罪是行为犯，只要行为人实施了煽动群众暴力抗拒国家法律行政法规实施的行为，就构成犯罪。根据《刑法》第278条的规定，煽动群众暴力抗拒国家法律、行政法规实施的，应予立案追诉。

223. 招摇撞骗罪

招摇撞骗罪(《刑法》第279条)，是指为了谋取非法利益，冒充国家机关工作人员身份或职称，进行招摇撞骗的行为。

本罪是行为防犯，根据《刑法》第279条的规定，冒充国家工作人员招摇撞骗的，应予立案追诉。

224. 伪造、变造、买卖国家机关公文、证件、印章罪

伪造、变造、买卖国家机关公文、证件、印章罪(《刑法》第280条第1款)，是指伪造、变造或者买卖国家机关的公文、证件、印章的行为。

根据《刑法》第280条第1款的规定，只要行为人实施了伪造、变造或者买卖国家机关的公文、证件、印章的，应予立案追诉。

225. 盗窃、抢夺、毁灭国家机关公文、证件、印章罪

盗窃、抢夺、毁灭国家机关公文、证件、印章罪(《刑法》第280条第1款)，是指用秘密窃取或乘人不备的方法公然夺取或毁灭国家机关公文、证件、印章的行为。

本罪是行为犯，只要行为人实施了盗窃、抢夺、毁灭国家机关公文、证件、印章的行为，应予立案追诉。

226. 伪造公司、企业、事业单位、人民团体印章罪

伪造公司、企业、事业单位、人民团体印章罪(《刑法》第 280 条第 2 款)，是指伪造公司、企业、事业单位、人民团体印章的行为。

本罪是行为犯，根据《刑法》第 280 条第 2 款的规定，只要行为人实施了伪造公司、企业、事业单位、人民团体印章的，应予立案追诉。

227. 伪造、变造居民身份证罪

伪造、变造居民身份证罪(《刑法》第 280 条第 3 款)，是指故意非法伪造、变造居民身份证的行为。

根据《刑法》第 280 条第 3 款的规定，只要行为人实施了伪造、变造居民身份证的，应予立案追诉。

228. 非法生产、买卖警用装备罪

非法生产、买卖警用装备罪(《刑法》第 281 条)，是指非法生产、买卖人民警察制式服装、车辆号牌等专用标志、警械的行为。

根据最高人民检察院、公安部《关于公安机关管辖的刑事案件追诉立案标准的规定(试行)》的规定，涉嫌下列情形之一的，应予立案追诉：

(1)成套制式服装 30 套以上，或者非成套制式服装 100 件以上的；

(2)手铐、脚镣、警用抓捕网、警用催泪喷射器、警灯、警报器单种或者合计 10 件以上的；

(3)警棍 50 根以上的；

(4)警衔、警号、胸章、臂章、帽徽等警用标志单种或者合计 100 件以上的；

(5)警用号牌、省级以上公安机关专段民用车辆号牌一副以上，或者其他公安机关专段民用车辆号牌 3 副以上的；

(6)非法经营数额 5000 元以上，或者非法获利 1000 元以上的；

(7)被他人利用进行违法犯罪活动的；

(8)其他情节严重的情形。

229. 非法获取国家秘密罪

非法获取国家秘密罪(《刑法》第 282 条第 1 款)，是指以窃取、刺探、收买的方法，非法获取根据秘密的行为。

根据《刑法》第 282 条第 1 款的规定，以窃取、刺探、收买的方法，实施了非法窃取根据秘密的行为，应予立案追诉。

230. 非法持有国家绝密、机密文件、资料、物品罪

非法持有国家绝密、机密文件、资料、物品罪(《刑法》第 282 条第 2 款)，是指非法持有属于国家秘密、机密的文件、资料或者其他物品，拒不说明来源与用途的行为。

根据《刑法》第 282 条第 2 款的规定，非法持有属于国家秘密、机密的文件、资料或者其他物品，拒不说明来源与用途的，应予立案追诉。

231. 非法生产、销售间谍专用器材罪

非法生产、销售间谍专用器材罪(《刑法》第 283 条)，是指非法生产、销售窃听、窃照等专用间谍器材的行为。

根据《刑法》第 283 条的规定，非法生产、销售窃听、窃照等专用间谍器材的，应予立案追诉。

232. 非法使用窃听、窃照专用器材罪

非法使用窃听、窃照专用器材罪(《刑法》第 284 条)，是指违反国家有关法律规定，使用窃听、窃照专用器材，造成严重后果的，应予立案追诉。

233. 非法侵入计算机信息系统罪

非法侵入计算机信息系统罪(《刑法》第 285 条)，是指违反国家规定，故意侵入国家事务、国防建设、尖端科学技术领域的计算机信息系统的行为。

根据《刑法》第 285 条的规定，违反国家规定，故意侵入国家事务、国防设施、尖端科学技术领域的计算机信息系统的，应予立案追诉。

234. 非法获取计算机信息系统数据、非法控制计算机信息系统罪

非法获取计算机信息系统数据、非法控制计算机信息系统罪(《刑法》第 285 条第 2 款，《刑法修正案》第 9 条第 1 款)，是指违反国家规定，侵入国家事务、国防建设、尖端科学技术领域以外的计算机信息系统或者采用其他技术手段，获取该计算机信息系统中储存、处理或者传输的数据实施非法控制，情节严重的行为。

涉嫌下列情形之一的，应予立案追诉：

(1)违反国家规定；

(2)侵入国家事务、国防建设、尖端科学技术领域以外的计算机信息系统或者采用其他技术手段，获取该计算机信息系统中储存、处理或者传输的数据；

(3)情节严重的行为。

235. 提供侵入、非法控制计算机信息系统程序、工具罪

提供侵入、非法控制计算机信息系统程序、工具罪(《刑法》第 285 条第 3 款，《刑法修正案》(七)第 9 条第 2 款)，是指对国家事务、国防建设、尖端科学技术领域以外的计算机信息系统实施非法控制，情节严重的行为。

涉嫌下列情形之一的，应予立案追诉：

(1)违反国家规定，侵入前款规定以外的计算机信息系统或者采取其他技术手段；

(2)获取该计算机信息系统中储存、处理或者传输数据；

(3)对该计算机信息系统实施非法控制；

(4)情节严重的。

236. 破坏计算机信息系统罪

破坏计算机信息系统罪(《刑法》第 286 条)，是指违反国家规定，对计算机信息系统功能进行删除、修改、增加、干扰，造成计算机信息系统不能正常运行，后果严重的行为。

本罪的构成要同时具备两个条件：一是行为人违反国家规定，实施了对计算机信息系统功能进行删除、修改、增加、干扰的行为；二是行为人的行为造成了计算机信息系统不能正常运行，后果严重。

237. 扰乱无线电讯管理秩序罪

扰乱无线电讯管理秩序罪(《刑法》第288条)，是指违反国家规定，擅自设置、使用无线电台(站)，或者擅自占用频率，经责令停止使用后拒不停止使用，干扰无线电通信正常进行，造成严重后果的行为。

根据《刑法》第288条的规定，违反国家规定，擅自设置、使用无线电台(站)，或者擅自占用频率，经责令停止使用后拒不停止使用，干扰无线电通信正常进行，造成严重后果的，应予立案追诉。

238. 聚众扰乱社会秩序罪

聚众扰乱社会秩序罪(《刑法》第290条第1款)，是指聚众扰乱社会秩序情节严重，致使工作、生产、营业和教学、科研无法进行，造成严重损失的行为。

根据《刑法》第290条第1款的规定，聚众扰乱社会秩序情节严重，致使工作、生产、营业和教学、科研无法进行，造成严重损失的，应予立案追诉。

239. 聚众冲击国家机关罪

聚众冲击国家机关罪(《刑法》第290条第2款)，是指聚众冲击国家机关，致使国家机关工作无法进行，造成严重损失的行为。

根据《刑法》第290条第2款的规定，聚众冲击国家机关，致使国家机关工作无法进行，造成严重损失的，应予立案追诉。

240. 聚众扰乱公共场所秩序、交通秩序罪

聚众扰乱公共场所秩序、交通秩序罪(《刑法》第291条)，是指聚众扰乱车站、码头、民用航空站、商场、公园、影剧院、展览会运动场或者其他公共场所的秩序，聚众堵塞交通或者破坏交通秩序，抗拒、阻碍国家治安管理人员依法执行职务，情节严重的行为。

根据《刑法》第291条的规定，聚众扰乱公共场所秩序、交通秩序罪，是指聚众扰乱车站、码头、民用航空站、商场、公园、影剧院、展览会运动场或者其他公共场所的秩序，聚众堵塞交通或者破坏交通秩序，抗拒、阻碍国家治安管理人员依法执行职务，情节严重的，应予立案追诉。但应当同时具备两个条件：一是行为人实施了聚众扰乱公共场所的秩序、交通秩序的行为；二是必须达到“情节严重”的程度。

241. 投放虚假危险物质罪

投放虚假危险物质罪(《刑法》第291条之一，《刑法修正案(三)》第8条)，是指投放虚假的爆炸物、毒害性、放射性、传染病病原体等物质，严重扰乱社会秩序的行为。

根据《刑法》第291条之一，《刑法修正案(三)》第8条，投放虚假的爆炸物、毒害性、放射性、传染病病原体等物质，严重扰乱社会秩序的，应予立案追诉。

242. 编造、故意传播虚假恐怖信息罪

编造、故意传播虚假恐怖信息罪(《刑法》第291条之一，《刑法修正案》(三)第8条)，是指编造爆炸威胁、生物威胁、放射威胁等恐怖信息，或者明知是编造的恐怖信息而故意传播，严重扰乱社会秩序的行为。

243. 聚众斗殴罪

聚众斗殴罪(《刑法》第292条第1款)，是指出于私仇、争霸或者其他流氓动机而成帮结伙进行斗殴的行为。

根据《刑法》第 292 条的规定，聚众斗殴，对首要分子和其他参加者只要实施了聚众斗殴行为，就应予立案追诉。

244. 寻衅滋事罪

寻衅滋事罪(《刑法》第 293 条)，是指在公共场所起哄闹事，随意殴打、追逐、拦截、辱骂他人，强拿硬要，任意损毁、占用公私财物，情节恶劣或后果严重的行为。

根据最高人民检察院、公安部《关于公安机关管辖的刑事案件追诉立案标准的规定(试行)》的规定，寻衅滋事，破坏社会秩序，涉嫌下列情形之一的，应予立案追诉：

(1)随意殴打他人造成他人身体伤害、持械随意殴打他人或者具有其他恶劣情节的；

(2)追逐、拦截、辱骂他人，严重影响他人正常工作、生产、生活，或者造成他人精神失常、自杀或者具有其他恶劣情节的；

(3)强拿硬要或者任意损毁、占用公私财物价值 2000 元以上，强拿硬要或者任意损毁、占用公私财物 3 次以上或者具有其他严重情节的；

(4)在公共场所起哄闹事，造成公共场所秩序严重混乱的。

《刑法修正案(八)》将《刑法》第 294 条修改为："组织、领导黑社会性质的组织的，处七年以上有期徒刑，并处没收财产；积极参加的，处三年以上七年以下有期徒刑，可以并处罚金或者没收财产；其他参加的，处三年以下有期徒刑、拘役、管制或者剥夺政治权利，可以并处罚金。"

"境外的黑社会组织的人员到中华人民共和国内发展组织成员的，处年以上十年以下有期徒刑。"

"国家机关工作人员包庇黑社会性质的组织，或者纵容黑社会性质的组织进行违法犯罪活动的，处五年以下有期徒刑；情节严重的，处五年以上有期徒刑。"

"犯前三款罪又有其他犯罪行为的，依照数罪并罚的规定处罚。"

"黑社会性质的组织应当同时具备以下特征：

(1)形成较稳定的犯罪组织，人数较多，有明确的组织者、领导者，骨干成员基本固定；

(2)有组织地通过违法犯罪活动或者其他手段获取经济利益，具有一定的经济实力，以支持该组织的活动；

(3)以暴力、威胁或者其他手段，有组织地多次进行违法犯罪活动，为非作恶，欺压、残害群众；

(4)通过实施违法犯罪活动，或者利用国家工作人员的包庇或者纵容，称霸一方，在一定区域或者行业内，形成非法控制或者重大影响，严重破坏经济、社会生活秩序。"

245. 组织、领导、参加黑社会性质组织罪

组织、领导、参加黑社会性质组织罪(《刑法》第 294 条第 1 款)，是指组织、领导和参加以暴力、威胁或者其他手段，有组织地进行违法犯罪活动，称霸一方，为非作恶，欺压、残害群众，严重破坏经济、社会生活秩序的黑社会性质的组织行为。这里的组织黑社会性质组织，是指倡导、发起、策划、安排、建立黑社会性质组织。领导黑社会性质组织，是指在黑社会性质组织中处于领导地位，对该组织的活动进行策划、决策、指挥、协调。参加黑社会性质组织，是指加入黑社会性质组织，成为其成员，并参加其活动。

这里的黑社会性质组织，根据2011年5月1日(《刑法修正案(八)》)，应当同时具备以下特征：

(1)形成较稳定的犯罪组织，人数较多，有明确的组织者、领导者，骨干成员基本固定；

(2)有组织地通过违法犯罪活动或者其他手段获取经济利益，具有一定的经济实力，以支持该组织的活动；

(3)以暴力、威胁或者其他手段，有组织地多次进行违法犯罪活动，为非作恶，欺压、残害群众；

(4)通过实施违法犯罪活动，或者利用国家工作人员的包庇或者纵容，称霸一方，在一定区域或者行业内，形成非法控制或者重大影响，严重破坏经济、社会生活秩序。

立法解释将“保护伞”规定为或然性条件，没有“保护伞”同样可以构成黑社会性质组织。在《刑法修正案(八)》颁布以后，应当根据修正案认定黑社会性质组织。

所谓黑社会性质的组织，是指3人以上不特定多数人，以获取非法的经济、政治利益为目的，用犯罪手段，按照企业化或帮会等方式组成的犯罪组织。其主要特点：一是由三人以上组成，其中有组织者、领导者和积极参加者；二是组织严密，分工明确。形成核心、中心、外圈三个层次；三是纪律森严，违者格杀勿论；四是通过各种违法犯罪手段，疯狂地聚敛社会财富，经济实力雄厚；五是建立势力范围，以获取非法的政治、经济利益为目的；六是向党政和政府机关进行腐蚀和渗透，贿赂党、政、司法官员，寻找政治靠山，建立保护伞。

本罪是行为犯，只要实施了组织、领导和积极参加黑社会性质的组织，即构成犯罪。

如果一般参加者仅仅加入了黑社会性质组织，但并未实施其他违法犯罪活动的，按照最高人民法院《关于审理黑社会性质组织犯罪的案件具体应用法律若干问题的解释》第3条第2款的规定，可不以犯罪论处。

组织、领导、积极参加、参加黑社会性质组织的行为方式互相转换的认定。

在司法实践中，行为人在黑社会性质组织中角色定位并不是一成不变的，往往存在着互相转换的问题。这种行为方式的互相转换一般表现为以下几种：

(1)行为人既实施黑社会性质组织的组织行为，也实施领导行为；

(2)行为人由一般参加行为转换为积极参加行为；

(3)行为人由积极参加行为转换为领导行为或者组织行为；

(4)行为人由组织者或者领导者沦为积极参加者或者一般参加者；

(5)行为人由积极参加者沦为一般参加者。

由于组织、领导、参加黑社会性质组织罪是选择性罪名，如果行为人只实施了几种行为方式之一的，只以相应的罪名论处。在几种行为方式相互转换的情况下，由于行为人至少跨越了两种以上的行为方式，而这几种行为方式的性质、内容又有所不同，因此，应当按照行为人所具体实施的行为方式确定罪名。

246. 入境发展黑社会组织罪

入境发展黑社会组织罪(《刑法》第 294 条)，是指境外的黑社会组织的人员到中华人民共和国境内发展组织成员的行为。根据《刑法》第 294 条第 2 款的规定，境外的黑社会组织人员到中华人民共和国境内发展组织成员的，应当立案。

本罪是行为犯，只要境外的黑社会组织的人员到中华人民民共和国境内发展组织成员的，原则上就构成犯罪，应予立案追诉。其特征为：

(1)侵犯的客体是社会治安管理秩序；

(2)客观方面表现为在境外的黑社会组织到中国境内发展组织成员的行为。常常采取的是劝说、引诱、胁迫或其他方法，目的在于使中国公民加入境外的某一黑社会组织；

(3)犯罪主体可以是外国人或无国籍人，也可以是中国人，且为黑社会组织的成员；

(4)主观方面是故意，过失不构成本罪。

本罪的主体为特殊主体，即只有境外的黑社会组织的人员才能构成本罪。如不是境外黑社会组织的成员而是境内黑社会性质组织的成员发展成员的，则不构成本罪，而是构成组织黑社会性质组织罪。境外黑社会组织的人员，既包括境外黑社会组织总部的人员，也包括被境外黑社会组织已经发展为成员而仍在境内分部的成员。因此，既可以是境外人，如外国人、无国籍人，又可以是境内人员。至于该人员是黑社会性质组织的组织者、领导者还是一般参加者，都不影响本罪成立。另外，作为境外黑社会组织的成员入境发展黑社会组织，应是基于发展境外黑社会组织的意图实施的发展行为。如果境外人员没有为境外黑社会组织发展成员的意图而是另行组织一个黑社会性质的非法组织实施有关活动，如非黑社会组织成员入境组织黑社会性质组织的，即使假冒了境外黑社会组织名义，也不能以本罪行为论，构成犯罪的，应以组织黑社会性质组织论。境外黑社会组织的人员应作广义理解，接受境外黑社会组织的委托、命令而入境发展黑社会组织的，即使尚未实际加入，也应以黑社会组织的人员论。境外，不仅包括国外以及虽为我国领土但尚未实施有效管辖的区域，如台湾省，而且还包括已经回归祖国的香港、澳门特别行政区。

247. 包庇、纵容黑社会性质组织罪

包庇、纵容黑社会性质组织罪(《刑法》第 294 条第 4 款)，是指国家机关工作人员包庇黑社会性质的组织，或者纵容黑社会性质的组织进行违法犯罪活动的行为。国家机关工作人员包庇黑社会性质的组织，或者纵容黑社会性质的组织进行违法犯罪活动的，处三年以下有期徒刑、拘役或者剥夺政治权利；情节严重的，处三年以上十年以下有期徒刑。

本罪的主体为特殊主体，只有国家机关工作人员才能构成本罪。非国家机关工作人员如企业、事业单位、各民主党派、妇联、工会、共青团等人民团体、社会团体的工作人员以及虽在国家机关工作但没有从事公务的人员都不能成为本罪主体，不构成本罪，构成犯罪的，应以他罪如窝藏、包庇罪等治罪科刑。

本罪侵犯的客体是复杂客体，包括正常的社会秩序和国家机关的正常管理活动。国家机关工作人员包庇、纵容黑社会性质组织及其违法犯罪活动的行为，是对正常的社会秩序构成严重威胁和危害的行为。黑社会性质组织犯罪是威胁和危害正常社会秩序的主要因素之一。黑社会性质组织的萌生滋长，其违法犯罪活动的猖獗嚣张，在很大程度上是与某些国家机关人员对他们的恣意包庇和任意放纵是分不开的。国家机关工作人员背弃己责，与黑社会性质组织相互勾结，或者向其屈服低头，放任甚至助成他们危害国家、社会和民众，还将造成对国家机关正常管理活动，特别是国家机关预防、遏制、惩治黑社会性质组织犯罪，维护正常社会秩序管理活动的侵害。

本罪在主观方面必须出于故意，即明知是黑社会性质的组织而包庇，是黑社会性质的组织进行的违法犯罪活动而纵容。过失不能构成本罪。不知是黑社会性质的组织或者由其进行的违法犯罪活动，而决意包庇或纵容的，不能构成本罪，构成犯罪的，也应是他罪如窝藏、包庇罪、包庇毒品犯罪分子罪、放纵走私罪等。至于动机，有的是为了获取贿赂；有的是迷恋女色；有的是碍于情面；有的是讨好上级；有的是怕隐私被揭露、名誉被毁坏；有的是担心生命、健康安全，等等。动机如何，并不影响本罪成立。

本罪在客观方面表现为包庇黑社会性质的组织，或者纵容黑社会性质的组织进行的违法犯罪活动之一的行为。所谓包庇，根据最高人民法院 2000 年 12 月 4 日通过、2000 年 12 月 10 日开始实行的《关于审理黑社会性质组织犯罪的案件具体应用法律若干问题的解释》第 5 条规定，是指国家机关工作人员为使黑社会性质组织及其成员逃避查禁而通风报信，隐匿、毁灭、伪造证据，阻止他人作证、检举、揭发，指使他人作伪证，帮助逃匿，或者阻挠其他国家机关工作人员查禁等行为。包庇的对象为黑社会性质组织，而非其中个别成员。因此，不知道他人系某一黑社会性质组织的成员，只认为是其他犯罪分子而包庇的，不能以本罪论处。知道是某一黑社会性质组织的成员，但不是出于包庇整个黑社会性质组织的意图，如父亲知道儿子是某一黑社会组织的成员，但这一黑社会性质组织的所有情况都不知道，只是想让其子不受惩罚从而实施包庇行为的，即使客观上会因其子无法及时受到追究从而使得黑社会性质组织不能及时发现，也不应以本罪的包庇行为论。当然，包庇黑社会性质组织乃是通过包庇其成员来实现的。如果知道是某一黑社会性质组织的成员，出于包庇整个黑社会性质组织的目的，如受黑社会性质组织的成员尤其是主要成员之托，或者黑社会性质组织的其他成员通风报信、反馈信息、共同商量的等，即可认定为包庇黑社会性质组织。包庇行为的本质在于使黑社会性质组织及其成员逃避查禁。既可以利用国家机关工作人员的职务、地位、影响等便利，也可以不利用国家机关工作人员的职位、地位、影响等便利。本罪的行为方式涉及通风报信，隐匿、毁灭、伪造证据，阻止他人作证、检举、揭发，指使他人作证，帮助逃匿等许多并不需要利用职务之便就可实施的行为。是否利国家机关工作人员的职务、地位、影响等便利条件进行包庇，不应影响本罪成立。

所谓纵容，是指国家机关工作人员不依法履行职责，放纵黑社会性质组织进行违法犯罪活动的行为，即明知是黑社会性质的组织进行的违法犯罪活动而放纵、宽容，对之听之任之，放任不管，不予制止，不加查处。构成放纵行为主体的主要是公安、检察、法院机关的工作人员，其担负着查禁黑社会性质组织及其进行的违犯罪活动的职责。但是，一些党委、政府、人大等机关的工作人员，工商、税务、海关、质量技术监督、商检等部门的工作人员，依法也具有查禁违法犯罪活动或者领导查禁违法犯罪活动的职责，因此也有可能放纵黑社会性质组织的违法犯罪动，构成犯罪的，自然可以构成本罪。不依法履行职责而纵容黑社会性质组织进行的违法犯罪活动，既包括完全、根本不履行职责，即见之而按兵不动，又包括履行职责，但不严格依法办事，不全面、认真履行查处职责，只是装模作样，应付上级，还包括不依法及时查处，故意拖延等。

本罪的包庇行为对象为黑社会性质组织，纵容行为的对象则为黑社会性质组织进行的违法犯罪活动。因此，两者有时可能发生混淆。如黑社会性质组织进行了违法犯罪活动，具有查禁职责的国家机关工作人员明知是黑社会性质组织，但把它当作维持社会治安或者发展地方经济的"有功之臣"而不加查处，此时就是放纵；如果在他人查处时而不准查处、阻止查处，则就属于包庇。区分两者的关键往往不在于对象的区分，而在于行为实质的区别，即纵容是不依法履行职责的行为，包括消极的不作为，而包庇则是一系列的为使其逃避查禁而实施的包庇、窝藏、阻碍作证、伪造、毁灭证据等的一系列积极的作为。具有查禁职责的国家机关工作人不依法查处黑社会性质组织的违法犯罪活动，本身就属于纵容，如果再实施通风报信、阻止他人作证等行为的，则又属于包庇，尽管如此，也不实行并罚，只以本罪一罪即包庇、纵容黑社会性质组织罪依法追究行为人的刑事责任。如果包庇、纵容的，则完全可以本罪依法追究行为人的刑事责任。

248. 传播犯罪方法罪

传播犯罪方法罪(《刑法》第 295 条)，是指用语言、文字、动作、图像或者其他方法，故意向他人传授实施犯罪的具体经验和技能的行为。传授犯罪方法的，处五年以下有期徒刑、拘役或者管制；情节严重的，处五年以上有期徒刑；情节特别严重的，处无期徒刑。传授犯罪方法罪是一个独立的罪名，有独立的法定刑。

该罪名在 1982 年颁布实施，该罪名的原死刑刑事责任被自 2011 年 5 月 1 日实施的(《刑法修正案(八)》)取消。

本罪侵犯的客体，是社会管理秩序。本罪在主观上是故意把犯罪方法传授给他人，至于被传授人是否接受，是否按照所传授的方法实施了犯罪，不影响犯罪构成。

本罪侵犯的客体是复杂客体。任何传授犯罪方法的犯罪都是扩散犯罪方法、传授犯罪技巧，进而直接造成对社会治安秩序的破坏，这是本罪的直接客体；根据行为人传授的不同性质的犯罪方法，被传授人可能实施各种不同的犯罪从而侵犯不同的社会关系，尽管本罪所可能侵犯的间接客体已经不是其行为直接所致，但是，传授者在向被传授者传授某一特定犯罪方法时，对被传授者掌握并利用这些方法去侵犯一定的社会关系持希望或放任的态度，他对因传授内容而确定的社会关系的侵犯主观上具有故意，客观上有侵犯行为。至于被传授人是否接受传授或是否运用此方法去进行犯罪，不影响传授者对社会关系的侵犯。

本罪在客观方面的表现为实施了传授犯罪方法的行为，即以语言、文字、动作或者其他方式方法将实施犯罪的具体经验、技能传授给他人的行为，行为人构成本罪，所传授的必须是犯罪方法。犯罪方法，是指犯罪的经验与技能，包括手段、步骤、反侦查方法，等等，如果所传授的只是一般的违法方法，则不构成本罪。行为人传授犯罪方法的形式是多种多样的，有口头传授的，也有书面传授的；有公开传授的，也有秘密传授的；有当面直接传授的，也有间接转达传授的；有用语言、动作传授的，也有通过实际实施犯罪而传授的，等等。不论采取何种方式传授，均不影响本罪的构成。

本罪的行为对象既可以是达到刑事责任年龄、不具有刑事责任能力的人，也可以是未达到刑事责任年龄、具有刑事责任能力的人。

本罪属于举动犯，不存在既遂未遂之分。凡有了传授犯罪方法的行为，哪怕是刚刚着手，只要结合全案不属于情节显著轻微，就应按既遂追究，并不存在未遂问题。至于是否全部完成行为人所计划的传授行为，可以作为影响案件社会危害性和量刑的一个因素。

本罪的主体是一般主体。凡是达到法定刑事责任年龄具有刑事责任能力的人均可成为本罪的主体。

本罪的主观方面是故意，并且只能是直接故意。即行为人为了使他人接受自己所传授的犯罪方法去实施犯罪而故意向其进行传授。

249. 非法集会、游行、示威罪

非法集会、游行、示威罪(《刑法》第296条)，是指举行集会、游行、示威，未依照法律规定申请或者申请未获许可，或者未按照主管机关许可的起止时间、地点、路线进行，又拒不服从解散命令，严重破坏社会秩序的行为。

根据《刑法》第296条的规定，举行集会、游行、示威，未依照法律规定申请或者申请未获许可，或者未按照主管机关许可的起止时间、地点、路线进行，又拒不服从解散命令，严重破坏社会秩序的，应予立案追诉。

250. 非法携带武器、管制刀具、爆炸物参加集会、游行、示威罪

非法携带武器、管制刀具、爆炸物参加集会、游行、示威罪(《刑法》第297条)，是指行为人违反法律规定，携带武器、管制刀具或者爆炸物参加集会、游行、示威的行为。

根据《刑法》第297条的规定，违反法律规定，携带武器、管制刀具或者爆炸物参加集会、游行、示威的，应予立案追诉。

251. 破坏集会、游行、示威罪

破坏集会、游行、示威罪(《刑法》第298条)，是指扰乱、冲击或者以其他方法破坏依法举行的集会、游行、示威，造成公共秩序混乱的行为。

根据《刑法》第298条的规定，扰乱、冲击或者以其他方法破坏依法举行的集会、游行、示威，造成公共秩序混乱的，应予立案追诉。

252. 侮辱国旗、国徽罪

侮辱国旗、国徽罪(《刑法》第299条)，是指在公众场合故意以焚烧、毁损、涂划、玷污、践踏等方式侮辱中华人民共和国国旗、国徽的行为。

根据《刑法》第299条的规定，在公众场合故意以焚烧、毁损、涂划、玷污、践踏等方式侮辱中华人民共和国国旗、国徽的，应予立案追诉。

253. 组织、利用会道门、邪教组织、利用迷信破坏法律实施罪

组织、利用会道门、邪教组织、利用迷信破坏法律实施罪(《刑法》第300条第1款)，是指组织和利用会道门、邪教组织或者利用迷信破坏国家法律、行政法规实施的行为。

根据《刑法》第300条规定，组织和利用会道门、邪教组织或者利用迷信破坏国家法律、行政法规实施的，应予立案追诉。

254. 组织、利用会道门、邪教组织利用迷信致人死亡罪

组织、利用会道门、邪教组织利用迷信致人死亡罪(《刑法》第300条第2款)，是指组织、利用会道门、邪教组织或者利用迷信蒙骗他人，致人死亡的行为。

根据《刑法》第300条第2款的规定，组织、利用会道门、邪教组织或者利用迷信蒙骗他人，致人死亡的，应予立案追诉。

255. 聚众淫乱罪

聚众淫乱罪(《刑法》第301条第1款)，是指公然藐视国家法纪和社会公德，聚众淫乱的行为。

根据最高人民检察院、公安部《关于公安机关管辖的刑事案件追诉立案标准的规定(试行)》的规定和《刑法》第301条第1款的规定，组织、策划、指挥3人以上进行淫乱活动或者参加聚众淫乱活动的，对首要分子或者多次参加的，应予立案追诉。

256. 引诱未成年人聚众淫乱罪

引诱未成年人聚众淫乱罪(《刑法》第301条第2款)，是指公然藐视国家法纪好社会公德，引诱未成年人聚众淫乱活动的行为。

根据最高人民检察院、公安部《关于公安机关管辖的刑事案件追诉立案标准的规定(试行)》的规定和《刑法》第301条第2款的规定，引诱未成年人参加聚众淫乱活动的，应予立案追诉。

257. 盗窃、侮辱尸体罪

盗窃、侮辱尸体罪(《刑法》第302条)，是指行为人采用秘密窃取的方法非法占有尸体，或者采用猥亵、破坏、抛弃或者其他方法侮辱尸体的行为。

本罪是行为犯，只要行为人实施了盗窃、侮辱尸体的行为，原则上应予立案追诉。

258. 赌博罪

赌博罪(《刑法》第303条第1款)，是指以营利为目的，聚众赌博，开设赌场或者以赌博为业的行为。

根据最高人民检察院、公安部《关于公安机关管辖的刑事案件追诉立案标准的规定(试行)》和《刑法》第303条的相关规定，以营利为目的，聚众赌博，开设赌场或者以赌博为业的，涉嫌下列情形之一的，应予立案追诉：

(1)组织三人以上赌博，抽头渔利数额累计5000元以上的；

(2)组织三人以上赌博，赌资数额累计5万元以上；

(3)组织三人以上赌博，参赌人数累计20人以上的；

(4)组织中华人民共和国公民10人以上赴境外赌博，从中收取回扣、介绍费的；

(5)其他聚众赌博应予追究刑事责任的情形。

赌博犯罪中用作赌注的款物、换取筹码的款物和通过赌博赢取的款物属于赌资。通过计算机网络实施赌博犯罪的，赌资数额可以按照在计算机网络上投注或者赢取的点数乘以每一点实际代表的金额认定。

在计算机网络上建立赌博网站，或者为赌博网站担任代理，接受投注的，属于本条规定的“开设赌场”。

259. 开设赌场罪

开设赌场罪(《刑法》第303条第2款，《刑法修正案(六)》第18条第2款)，是指以营利为目的，聚众赌博、开设赌场或者以赌博为业的行为。

根据《刑法》第303条的规定，以营利为目的，聚众赌博、开设赌场或者以赌博为业的，应予立案追诉。

260. 故意延误投递邮件罪

故意延误投递邮件罪(《刑法》第304条)，是指邮政工作人员严重不负责任，故意延误投递邮件的行为。

根据最高人民检察院、公安部《关于公安机关管辖的刑事案件追诉立案标准的规定(试行)》的规定，涉嫌下列情形之一的，应予立案追诉：

(1)造成直接经济损失2万元以上的；

(2)延误高校录取通知书或者其他重要邮件投递，致使他人失去高校录取资格或者造成其他无法挽回的重大损失的；

(3)严重损害国家声誉或者造成其他恶劣社会影响的；

(4)其他致使公共财产、国家和人民利益遭受重大损失的情形。

第二节　妨害司法罪

261. 伪证罪

伪证罪(《刑法》第305条)，是指在刑事诉讼中，证人、鉴定人、记录人、翻译人对与案件有重要关系的情节，故意作虚假证明、鉴定、记录、翻译，意图陷害或者隐匿罪证的行为。

本罪是行为犯，证人、鉴定人、记录人、翻译人对与案件有重要关系的情节，故意作虚假证明、鉴定、记录、翻译，意图陷害或者隐匿罪证的，应予立案追诉。

262. 辩护人、诉讼代理人毁灭证据、伪造证据、妨害作证罪

辩护人、诉讼代理人毁灭证据、伪造证据、妨害作证罪(《刑法》第306条)，是指在刑事诉讼中，辩护人、诉讼代理人毁灭证据、伪造证据，帮助当事人毁灭、伪造证据或者串供、威胁、引诱证人改变证言或者作伪证的行为。

根据《刑法》第306条的规定，在刑事诉讼中，辩护人、诉讼代理人毁灭证据、伪造证据，帮助当事人毁灭、伪造证据或者串供、威胁、引诱证人改变证言或者作伪证的，应予立案追诉。

263. 妨害作证罪

妨害作证罪(《刑法》第307条第1款)，是指采用暴力、威胁、贿买等方法阻止证人依法作证或者指使他人作伪证的行为。

根据《刑法》第 307 条第 1 款的规定，以暴力、威胁、贿买等方法阻止证人依法作证或者指使他人作伪证的，应予立案追诉。

264. 帮助毁灭、伪造证据罪

帮助毁灭、伪造证据罪(《刑法》第 307 条第 2 款)，是指帮助当事人毁灭、伪造证据，情节严重的行为。

本罪是行为犯，根据《刑法》第 307 条的规定，帮助当事人毁灭、伪造证据，情节严重的，应予立案追诉。

265. 打击报复证人罪

打击报复证人罪(《刑法》第 308 条)，是指对刑事、民事行政等案件的证人，因其依法如实作证而对其进行打击报复的行为。

根据《刑法》第 308 条的规定，对证人进行打击报复的，应予立案追诉。

266. 扰乱法庭秩序罪

扰乱法庭秩序罪(《刑法》第 309 条)，是指法庭开庭审理案件过程中，诉讼参与人或者其他人员聚众哄闹，冲击法庭，或者殴打司法工作人员，严重扰乱法庭秩序的行为。

本罪是结果犯，不仅要求行为人实施了扰乱法庭秩序的行为，而且必须达到严重扰乱法庭秩序的程度，才构成犯罪，应予立案追诉。

267. 窝藏、包庇罪

窝藏、包庇罪(《刑法》第 310 条)，是指明知犯罪的人而为其提供隐藏处所、财物，帮助其逃匿或者作假证的行为。

根据《刑法》第 310 条的规定，明知是犯罪的人而为其提供隐藏处所、财物，帮助其逃匿或者作假证的，应予立案追诉。

268. 拒绝提供间谍犯罪证据罪

拒绝提供间谍犯罪证据罪(《刑法》第 311 条)，是指明知他人有间谍犯罪行为，在国家安全机关向其调查有关情况，收集有关证据时，拒绝提供，情节严重的行为。

根据《刑法》第 311 条的规定，明知他人有间谍犯罪行为，在国家安全监管向其调查有关情况，收集有关证据时，拒绝提供，情节严重的，应予立案追诉。

269. 掩饰、隐瞒犯罪所得、犯罪所得收益罪

掩饰、隐瞒犯罪所得、犯罪所得收益罪(《刑法》第 312 条，《刑法修正案(六)》第 19 条，取消窝藏、转移、收购、销售赃物罪罪名)，是指明知是犯罪所得及其产生的收益而予以窝藏、转移、收购、代为销售或者以其他方法掩饰、隐瞒的行为。

270. 拒不执行判决、裁定罪

拒不执行判决、裁定罪(《刑法》第 313 条)，是指对人民法院的判决、裁定有能力执行而拒不执行，情节严重的行为。处罚为有期徒刑、拘役或者罚金。

根据《刑法》第 313 条的规定，对人民法院的判决、裁定有能力执行而拒不执行，情节严重的，应予立案追诉。

关于情节严重的标准，最高人民法院《关于审理拒不执行判决、裁定案件具体应用法律若干问题的解释》第3条规定，具有下列情形之一的，应当认定为“情节严重”。

271. 非法处置查封、扣押、冻结的财物罪

非法处置查封、扣押、冻结的财物罪(《刑法》第314条)，是指隐瞒、转移、变卖，故意毁损已被司法机关查封、扣押、冻结的财物，情节严重的行为。

本罪是情节犯，行为人非法处置查封、扣押、冻结财产的行为，必须达到情节严重的标准，才构成犯罪，应予立案追诉。根据《刑法》第314条的规定，隐瞒、转移、变卖，故意毁损已被司法机关查封、扣押、冻结的财物，情节严重的，应予立案追诉。

272. 破坏监管秩序罪

破坏监管秩序罪(《刑法》第315条)，是指依法被关押的罪犯，殴打监管人员，组织其他被监管人破坏监管秩序，聚众闹事，扰乱正常监管秩序的，殴打、体罚或者指使他人殴打、体罚其他被监管人员破坏监管秩序，情节严重的行为。

本罪是情节犯，行为人破坏监管秩序，必须达到“情节严重”的程度。根据《刑法》第315条的规定，依法被关押的罪犯，破坏监管秩序，情节严重的，应予立案追诉。

273. 脱逃罪

脱逃罪(《刑法》第316条第1款)，是指依法被关押罪犯、被告人、犯罪嫌疑人，从羁押改造场所逃走的行为。

本罪是行为犯，根据《刑法》第316条第1款的规定，依法被关押罪犯、被告人、犯罪嫌疑人脱逃的，应予立案追诉。

274. 劫夺被押解人员罪

劫夺被押解人员罪(《刑法》第316条第2款)，是指劫夺押解途中的罪犯、被告人、犯罪嫌疑人的行为。

本罪是行为犯，根据《刑法》第316条第2款的规定，劫夺押解途中的罪犯、被告人、犯罪嫌疑人的，应予立案追诉。

275. 组织越狱罪

组织越狱罪(《刑法》第317条第1款)，是指在押的罪犯，在为首分子的组织、策划、指挥下，有组织、有计划地越狱逃跑的行为。

本罪是行为犯，只要行为人实施了组织越狱的行为，原则上就构成犯罪。根据《刑法》第317条第1款的规定，对组织越狱的首要分子、积极参加的和其他参加的，应予立案追诉。

276. 暴动越狱罪

暴动越狱罪(《刑法》第317条第2款)，是指依法被关押的罪犯、被告人、犯罪嫌疑人，在首要分子的组织、策划、指挥下，有组织、有计划，采用暴动的形式脱离监管场所的行为。

本罪是行为犯，只要行为人实施了暴动越狱的行为，就构成犯罪。根据《刑法》第317条第1款的规定，对组织越狱的首要分子、积极参加的和其他参加的，应予立案追诉。

277. 聚众持械劫狱罪

聚众持械劫狱罪(《刑法》第317条第2款)，是指狱外的人结伙使用暴力或者其他方法，劫夺在押的罪犯、犯罪嫌疑人、被告人的行为。

本罪是行为犯，只要行为人实施了聚众持械劫狱的行为，原则上应予立案追诉。根据《刑法》第 317 条第 2 款的规定，对聚众持械劫狱的首要分子、积极参加的和其他参加的，应予立案追诉。

第三节　妨害国(边)境管理罪

278. 组织他人偷越国(边)境罪

组织他人偷越国(边)境罪(《刑法》第 318 条)，是指组织他人偷越国(边)境的行为。

公安部《关于妨害国边境管理发展案件标准及有关问题的通知》对立案标准作了如下规定：

(1)组织他人偷越国(边)境的，应当立案侦查。

(2)组织他人偷越国(边)境，具有下列情形之一的，应予立为重大案件：①一次 20~49 人偷越国(边)境的；②组织他人偷越国(边)境 3~4 次的；③造成被组织人员重伤 1~2 人的；④剥夺或者限制被组织人人身自由的；⑤以暴力、威胁方法抗拒检查的；⑥违法所得人民币 5 万~20 万元的；⑦有其他严重情节的。

(3)组织他人偷越国(边)境，具有下列情形之一的，应当立为特别重大案件：①一次组织 50 人以上偷越国(边)境的；②组织他人偷越国(边)境 5 次以上的；③造成被组织人重伤 3 人以上或者死亡 1 人以上的；④违法所得 20 万元以上的；⑤有其他特别严重情节的。

279. 骗取出境证件罪

骗取出境证件罪(《刑法》第 319 条)，是指以劳务输出、经贸往来或者其他名义，弄虚作假、骗取护照、签证等出入境证件，为组织他人偷越国(边)境使用的行为。

公安部《关于妨害国(边)境管理发展案件标准及有关问题的通知》对立案标准作了如下规定：

(1)以劳务输出、经贸往来或者其他名义弄虚作假，骗取护照、通行证、旅行证、海员证、签证(注)等出境证件，为他人偷越国(边)境使用的；

(2)骗取出境证件，具有下列情形之一的，应当立为重大案件：①骗取出境证件 5~19 本(分、个)以上的；②为违法犯罪分子骗取出境证件的；③违法所得 10 万~20 万元的；

(3)骗取出境证件，具有下列情形之一的，应当立为特别重大案件：①骗取出境证件 20 本(分、个)以上的；②违法所得 20 万元以上的；③有其他特别严重情节的。

280. 提供伪造、变造的出入境证件罪

提供伪造、变造的出入境证件罪(《刑法》第 320 条)，是指为他人提供伪造、变造的护照、签证等出入境证件的行为。

公安部《关于妨害国(边)境管理发展案件标准及有关问题的通知》对立案标准作了如下规定：

(1)为他人提供伪造、变造的护照、通行证、旅行证、海员证、签证等出入境证件的；

(2)为他人提供伪造、变造的出入境证件，具有下列情形之一的。应当立为重大案件：①为他人提供伪造、变造的出入境证件5~19本(分、个)以上的；②为违法犯罪分子提供伪造、变造的出入境证件的；③违法所得10万~20万元的；④有其他严重情节的。

(3)为他人提供伪造、变造的出入境证件，具有下列情形之一的，应当立为特别重大案件：①为他人为他人提供伪造、变造的出入境证件20本(分、个)以上的；②违法所得20万元以上的；③有其他特别严重情节的。

281. 出售出入境证件罪

出售出入境证件罪(《刑法》第320条)，是指以营利为目的向他人非法出售护照、签证等出入境证件的行为。

公安部《关于妨害国边境管理发展案件标准及有关问题的通知》对立案标准作了如下规定：

(1)出售出入境证件的，应当立案侦查。

(2)出售出入境证件，具有下列情形之一的，应当立为重大案件：①出售出入境证件5~19本(分、个)的；②给违法犯罪分子出售出入境证件的；③违法所得10万~20万元的；④有其他严重情节的。

(3)出售出入境证件，具有下列情形之一的，应当立为特别重大案件：①出入境证件20本(分、个)以上的；②违法所得20万元以上的；③有其他特别重大情节的。

282. 运送他人偷越国(边)境罪

运送他人偷越国(边)境罪(《刑法》第321条)，是指违反我国出入境管理法规，运送他人偷越国(边)境的行为。

公安部《关于妨害国(边)境管理发展案件标准及有关问题的通知》对立案标准作了如下规定：

(1)运送他人偷越国(边)境的，应当立案侦查。

(2)运送他人偷越国(边)境，具有下列情形之一的，应当立为重大案件：①一次运送20~49人偷越国(边)境的；②运送他人偷越国(边)境3~4次的；③使用简陋、破旧、报废、通气状况很差的船只或者车辆等不具备必要安全条件的交通工具运送他人偷越国(边)境，足以造成严重后果的；④违法所得5万~20万元的；⑤造成被运送人重伤1~2人的；⑥以暴力、威胁方法抗拒检查的；⑦有其他严重情节的。

(3)运送他人偷越国(边)境，具有下列情形之一的，应当立为特别重大案件：①一次运送50人以偷越国边境的；②运送他人偷越国边境5次以上的；③造成被运送人重伤3人以上或者死亡1人以上的；④违法所得20万元以上的；⑤有其他特别严重情节的。

283. 偷越国(边)境罪

偷越国(边)境罪(《刑法》第322条)，是指违反我国国(边)境管理法规，偷越国(边)境，情节严重的行为。

公安部《关于妨害国(边)境管理犯罪案件立案标准及有关问题的通知》对立案标准作了如下规定：

(1)偷越国(边)境，具有下列情形之一的，应当立案侦查。①偷越国(边)境3次以上的，屡教不改的；②实施违法行为后偷越国(边)境的；③在偷越国(边)境时对执法人员施以暴力、威胁手段的；④造成重大涉外事件和恶劣影响的；⑤有其他严重情节的。

(2)偷越国(边)境，具有下列情形之一的，应当立为重大案件：①为逃避刑罚偷越国(边)境的；②以走私、贩毒等犯罪为目的偷越国(边)境的；③有其他特别严重的情节的。

284. 破坏界碑、界桩罪

破坏界碑、界桩罪(《刑法》第323条)，是指故意破坏国家在国(边)境设置的界碑、界桩的行为。

公安部《关于妨害国(边)境管理犯罪案件立案标准及有关问题的通知》对立案标准作了如下规定：

(1)采取盗取、毁坏、拆除、掩埋、移动等手段破坏国家边境的界碑、界桩的，应当立案侦查；

(2)破坏3个以上界碑、界桩的，或者造成严重后果的，应当立为重大案件。

285. 破坏永久性测量标志罪

破坏永久性测量标志罪(《刑法》第323条)，是指故意破坏国家设置的永久性测量标志的行为。

公安部《关于妨害国边境管理犯罪案件立案标准及有关问题的通知》对立案标准作了如下规定：

(1)采取盗取、拆毁、损坏、改变、掩埋、移动等手段破坏永久性测量标志，使其失去原有作用的，应当立案侦查；

(2)破坏3个以上永久性测量标志的，或者造成永久性测量标志严重损毁等严重后果的，应当立为重大案件。

第四节　妨害文物管理罪

286. 故意损毁文物罪

故意损毁文物罪(《刑法》第324条第1款)，是指故意损毁国家保护的珍贵文物或者被确定为全国重点文物保护单位、省级文物保护单位的文物的行为。

本罪是行为犯，根据最高人民检察院、公安部《关于公安机关管辖的刑事案件追诉立案标准的规定(试行)》的规定和《刑法》第324条的规定，只要行为人故意损毁国家保护的珍贵文物或者被确定为全国重点文物保护单位、省级文物保护单位的文物的，应予立案追诉。

287. 故意损毁名胜古迹罪

故意损毁名胜古迹罪(《刑法》第324条第2款)，是指故意损毁国家保护的名胜古迹，情节严重的行为。

本罪是情节犯，行为人故意损毁国家保护的名胜古迹，只有达到情节严重的程度，才构成犯罪。

根据最高人民检察院、公安部《关于公安机关管辖的刑事案件追诉立案标准的规定（试行）》的规定和《刑法》第 324 条的规定，涉嫌下列情形之一的，应予立案追诉：

（1）造成国家保护的名胜古迹严重损毁的；

（2）损毁国家保护的名胜古迹 3 次以上或者 3 处以上，尚未造成严重损毁后果的；

（3）损毁手段特别恶劣的；

（4）其他情节严重的情形。

288. 过失损毁文物罪

过失损毁文物罪（《刑法》第 324 条第 3 款），是指过失损毁国家保护的珍贵文物或者被确定为全国重点文物保护单位、省级文物保护单位的文物，造成严重后果的行为。

根据最高人民检察院、公安部《关于公安机关管辖的刑事案件追诉立案标准的规定（试行）》的规定和《刑法》第 324 条第 3 款的规定，涉嫌下列情形之一的，应予立案追诉：

（1）造成珍贵文物严重损毁的；

（2）造成全国重点文物保护单位、省级文物保护单位的文物严重损毁的；

（3）造成珍贵文物损毁 3 件以上的；

（4）其他造成严重后果的情形。

289. 非法向外国人出售、赠送珍贵文物罪

非法向外国人出售、赠送珍贵文物罪（《刑法》第 325 条），是指违反文物保护法规，将收藏的国家禁止出口的珍贵文物私自出售或者私自赠送给外国人的行为。

本罪是行为犯，根据《刑法》第 325 条的规定，只要行为人将收藏的国家禁止出口的珍贵文物私自出售或者赠送给外国人的，不管是否出境，只要未经国家有关部门批准，也不论是私自出售还是赠送，只要实施了其中一种以上行为，就应予立案追诉。

290. 倒卖文物罪

倒卖文物罪（《刑法》第 326 条），是指以牟利为目的，倒卖国家禁止经营的文物，情节严重的行为。

本罪是情节犯，根据《刑法》第 326 条的规定，只要行为人倒卖国家禁止经营的文物，必须达到情节严重的程度，应予立案追诉。

291. 非法出售、私赠文物藏品罪

非法出售、私赠文物藏品罪（《刑法》第 327 条），是指国有博物馆、图书馆等单位，违反文物保护法规，将国家保护的文物藏品出售或者私自赠送非国有单位或个人的行为。

本罪是行为犯，根据《刑法》第 327 条的规定，只要国有博物馆、图书馆等单位，违反文物保护法规，将国家保护的文物藏品出售或者私自赠送非国有单位或个人的，就构成犯罪，应予立案追诉。

292. 盗掘古文化遗址、古墓葬罪

盗掘古文化遗址、古墓葬罪(《刑法》第 328 条第 1 款)，是指盗掘具有历史、艺术、科学价值的古文化遗址、古墓葬的行为。

本罪是行为犯，根据《刑法》第 328 条第 1 款的规定，只要行为人实施了盗掘具有历史、艺术、科学价值的古文化遗址、古墓葬的行为，就应予立案追诉。

293. 盗掘古人类化石、古脊椎动物化石罪

盗掘古人类化石、古脊椎动物化石罪(《刑法》第 328 条第 2 款)，是指盗掘国家保护的具有科学价值的古人类化石、古脊椎动物化石的行为。

本罪是行为犯，根据《刑法》第 328 条规定，只要行为人实施了盗掘国家保护的具有科学价值的古人类化石、古脊椎动物化石的，就应予立案追诉。

294. 抢夺、窃取国有档案罪

抢夺、窃取国有档案罪(《刑法》第 329 条第 1 款)，是指乘人不备公然夺取或者采取秘密手段获取国家所有档案的行为。

本罪为选择性罪名，只要行为人实施了其中之一行为，即构成本罪。即若实施抢夺档案的行为，构成抢夺档案罪；只实施窃取档案行为的，构成窃取档案罪。

295. 擅自出卖、转让国有档案罪

擅自出卖、转让国有档案罪(《刑法》第 329 条第 2 款)，是指违反档案法的规定，擅自出卖、转让国家所有的档案，情节严重的行为。

根据《刑法》的规定，违反档案法的规定，擅自出卖、转让国家所有的档案，情节严重的行为，就应予立案追诉。

第五节　危害公共卫生罪

296. 妨害传染病防治罪

妨害传染病防治罪(《刑法》第 330 条)，是指违法传染病防治规定，拒绝履行传染病防治义务，准许或者纵容传染病病人、病原携带者和疑似传染病病人从事国务院卫生行政部门禁止从事的易使该传染病扩散的工作，以及拒绝执行卫生防疫机构依照传染病防治提出的其他防治、控制措施等，引起甲类传染病传播危险的行为。

根据最高人民检察院、公安部《关于公安机关管辖的刑事案件追诉立案标准的规定(试行)》的规定，违反传染病防治法的规定，引起甲类或者按照甲类管理的传染病传播或者有传播严重危险，涉嫌下列情形之一的，应予立案追诉：

(1)供水单位供应的饮用水不符合国家规定的卫生标准的；

(2)拒绝按照疾病预防控制机构提出的卫生要求，对传染病病原体污染的污水、污物、粪便进行消毒处理的；

(3)准许或者纵容传染病病人、病原携带者和疑似传染病病人从事国务院卫生行政部门规定禁止从事的易使该传染病扩散的工作的；

(4)拒绝执行疾病预防控制机构依照传染病防治法提出的预防、控制措施的。

本条和本规定第 50 条规定的“甲类传染病”，是指鼠疫、霍乱；“按甲类管理的传染病”，是指乙类传染病中传染性非典型肺炎、炭疽中的肺炭疽、人感染高致病性禽流感以及国务院卫生行政部门根据需要报经国务院批准公布实施的其他需要按甲类管理的乙类传染病和突发原因不明的传染病。

297. 传染病菌种、毒种扩散罪

传染病菌种、毒种扩散罪(《刑法》第331条)，是指从事实验、保藏、携带、运输传染病菌种、毒种的人员，违反国务院卫生行政部门的有关规定，造成传染病菌种、毒种扩散，后果严重的行为。

本罪结果犯，行为人的行为必须造成传染病菌种、毒种扩散的严重后果，才构成犯罪。

根据最高人民检察院、公安部《关于公安机关管辖的刑事案件追诉立案标准的规定(试行)》的规定，涉嫌下列情形之一的，应予立案追诉：

(1)导致甲类和按甲类管理的传染病传播的；

(2)导致乙类、丙类传染病流行、暴发的；

(3)造成人员重伤或者死亡的；

(4)严重影响正常的生产、生活秩序的；

(5)其他造成严重后果的情形。

298. 妨害国境卫生检疫罪

妨害国境卫生检疫罪(《刑法》第332条)，是指违反国境卫生检疫规定，引起检疫传染病的传播或者有引起检疫传染病传播严重危险的行为。

违反国境卫生检疫规定，引起检疫传染病传播或者有传播严重危险的，应予立案追诉。本罪的立案标准必须具备两个条件：一是必须实施了违反国境卫生检疫规定的行为；二是必须是已经引起了检疫传染病传播或者有传播严重危险的。

299. 非法组织卖血罪

非法组织卖血罪(《刑法》第333条第1款)，是指采用招募雇佣、纠集、利诱等手段，非法组织他人出卖血液的行为。

非法组织他人出卖血液，涉嫌下列情形之一的，应予立案追诉：

(1)组织卖血3人次以上的；

(2)组织卖血非法获利2000元以上的；

(3)组织未成年人卖血的；

(4)被组织卖血的人的血液含有艾滋病病毒、乙型肝炎病毒、丙型肝炎病毒、梅毒螺旋体等病原微生物的；

(5)其他非法组织卖血应予追究刑事责任的情形。

300. 强迫卖血罪

强迫卖血罪(《刑法》第333条第1款)，是指采用以暴力、威胁方法强迫他人出卖血液的行为。

本罪是行为犯，根据最高人民检察院、公安部《关于公安机关管辖的刑事案件追诉立案标准的规定(试行)》的规定，只要行为人采用暴力、威胁方法实施了强迫他人出卖血液的，原则上就构成犯罪，应予立案追诉。

301. 非法采集、供应血液、制作、供应血液制品罪

非法采集、供应血液、制作、供应血液制品罪(《刑法》第334条第1款)，是指违反国家关于血液、血液制品采集、供应、制作的规定，非法采集、供应血液、制作、供应血液制品的行为。

根据最高人民检察院、公安部《关于公安机关管辖的刑事案件追诉立案标准的规定(试行)》的规定，非法采集、供应血液或者制作、供应血液制品，涉嫌下列情形之一的，应予立案追诉：

(1)采集、供应的血液含有艾滋病病毒、乙型肝炎病毒、丙型肝炎病毒、梅毒螺旋体等病原微生物的；

(2)制作、供应的血液制品含有艾滋病病毒、乙型肝炎病毒、丙型肝炎病毒、梅毒螺旋体等病原微生物，或者将含有上述病原微生物的血液用于制作血液制品的；

(3)使用不符合国家规定的药品、诊断试剂、卫生器材，或者重复使用一次性采血器材采集血液，造成传染病传播危险的；

(4)违反规定对献血者、供血浆者超量、频繁采集血液、血浆，足以危害人体健康的；

(5)其他不符合国家有关采集、供应血液或者制作、供应血液制品的规定，足以危害人体健康或者对人体健康造成严重危害的情形。

未经国家主管部门批准或者超过批准的业务范围，采集、供应血液或者制作、供应血液制品的，属于本条规定的"非法采集、供应血液、制作、供应血液制品"。

本条规定的"血液"，是指全血、成分血和特殊血液成分。

本条规定的"血液制品"，是指各种人血浆蛋白制品。

302. 采集、供应血液、制作、供应血液制品事故罪

采集、供应血液、制作、供应血液制品事故罪(《刑法》第334条第2款)，是指经国家主管部门批准采集、供应血液或者制作、供应血液制品的部门，不依照规定进行检测或者违背其他操作规定，造成危害他人身体健康后果的行为。

本罪的立案标准应当同时具备两个条件：一是实施了不依照规定进行检测或者违背其他操作规定的采集、供应血液或者制作、供应血液制品的行为；二是必须造成危害他人身体健康后果。

根据最高人民检察院、公安部《关于公安机关管辖的刑事案件追诉立案标准的规定(试行)》的规定，涉嫌下列情形之一的，应予立案追诉：

(1)造成献血者、供血浆者、受血者感染艾滋病病毒、乙型肝炎病毒、丙型肝炎病毒、梅毒螺旋体或者其他经血液传播的病原微生物的；

(2)造成献血者、供血浆者、受血者重度贫血、造血功能障碍或者其他器官组织损伤导致功能障碍等身体严重危害的；

(3)其他造成危害他人身体健康后果的情形。

经国家主管部门批准的采供血机构和血液制品生产经营单位，属于本条规定的"经国家主管部门批准采集、供应血液或者制作、供应血液制品的部门"。采供血机构包括血液中心、中心血站、脐带血造血干细胞库和国家卫生行政主管部门根据医学发展需要批准、设置的其他类型血库、单采血浆站。

具有下列情形之一的，属于本条规定的“不依照规定进行检测或者违背其他操作规定”：

(1)血站未用两个企业生产的试剂对艾滋病病毒抗体、乙型肝炎病毒表面抗原、丙型肝炎病毒抗体、梅毒抗体进行两次检测的；

(2)单采血浆站不依照规定对艾滋病病毒抗体、乙型肝炎病毒表面抗原、丙型肝炎病毒抗体、梅毒抗体进行检测的；

(3)血液制品生产企业在投料生产前未用主管部门批准和检定合格的试剂进行复检的；

(4)血站、单采血浆站和血液制品生产企业使用的诊断试剂没有生产单位名称、生产批准文号或者经检定不合格的；

(5)采供血机构在采集检验样本、采集血液和成分血分离时，使用没有生产单位名称、生产批准文号或者超过有效期的一次性注射器等采血器材的；

(6)不依照国家规定的标准和要求包装、储存、运输血液、原料血浆的；

(7)对国家规定检测项目结果呈阳性的血液未及时按照规定予以清除的；

(8)不具备相应资格的医务人员进行采血、检验操作的；

(9)对献血者、供血浆者超量、频繁采集血液、血浆的；

(10)采供血机构采集血液、血浆前，未对献血者或者供血浆者进行身份识别，采集冒名顶替者、健康检查不合格者血液、血浆的；

(11)血站擅自采集原料血浆，单采血浆站擅自采集临床用血或者向医疗机构供应原料血浆的；

(12)重复使用一次性采血器材的；

(13)其他不依照规定进行检测或者违背操作规定的。

303. 医疗事故罪

医疗事故罪(《刑法》第335条)，是指医务人员由于严重不负责任，造成就诊人死亡或者严重损害就诊人身体健康的行为。

本罪是结果犯，根据最高人民检察院、公安部《关于公安机关管辖的刑事案件追诉立案标准的规定(试行)》的规定，医务人员由于严重不负责任，造成就诊人死亡或者严重损害就诊人身体健康的，应予立案追诉。

具有下列情形之一的，属于本条规定的“严重不负责任”：

(1)擅离职守的；

(2)无正当理由拒绝对危急就诊人实行必要的医疗救治的；

(3)未经批准擅自开展试验性治疗的；

(4)严重违反查对、复核制度的；

(5)使用未经批准使用的药品、消毒药剂、医疗器械的；

(6)严重违反国家法律法规及有明确规定的诊疗技术规范、常规的；

(7)其他严重不负责任的情形。

本条规定的“严重损害就诊人身体健康”，是指造成就诊人严重残疾、重伤、感染艾滋病、病毒性肝炎等难以治愈的疾病或者其他严重损害就诊人身体健康的后果。

304. 非法行医罪

非法行医罪(《刑法》第 336 条第 1 款)，是指未取得医生执业资格的人非法行医，情节严重的行为。

本罪立案标准必须同时具备两个条件：一是未取得医生执业资格的人实施了非法行医的行为；二是行为人的非法行医行为情节严重。

根据最高人民检察院、公安部《关于公安机关管辖的刑事案件追诉立案标准的规定(试行)》的规定，未取得医生执业资格的人非法行医，涉嫌下列情形之一的，应予立案追诉：

(1)造成就诊人轻度残疾、器官组织损伤导致一般功能障碍，或者中度以上残疾、器官组织损伤导致严重功能障碍，或者死亡的；

(2)造成甲类传染病传播、流行或者有传播、流行危险的；

(3)使用假药、劣药或不符合国家规定标准的卫生材料、医疗器械，足以严重危害人体健康的；

(4)非法行医被卫生行政部门行政处罚两次以后，再次非法行医的；

(5)其他情节严重的情形。

具有下列情形之一的，属于本条规定的"未取得医生执业资格的人非法行医"：

(1)未取得或者以非法手段取得医师资格从事医疗活动的；

(2)个人未取得《医疗机构执业许可证》开办医疗机构的；

(3)被依法吊销医师执业证书期间从事医疗活动的；

(4)未取得乡村医生执业证书，从事乡村医疗活动的；

(5)家庭接生员实施家庭接生以外的医疗活动的。

本条规定的"轻度残疾、器官组织损伤导致一般功能障碍"、"中度以上残疾、器官组织损伤导致严重功能障碍"，参照卫生部《医疗事故分级标准(试行)》认定。

305. 非法进行节育手术罪

非法进行节育手术罪(《刑法》第 336 条第 2 款)，是指未取得医生执业资格的人擅自为他人进行节育复通手术、假节育手术、终止妊娠手术或者摘取宫内节育器，情节严重的行为。

根据最高人民检察院、公安部《关于公安机关管辖的刑事案件追诉立案标准的规定(试行)》的规定，涉嫌下列情形之一的，应予立案追诉：

(1)造成就诊人轻伤、重伤、死亡或者感染艾滋病、病毒性肝炎等难以治愈的疾病的；

(2)非法进行节育复通手术、假节育手术、终止妊娠手术或者摘取宫内节育器 5 人次以上的；

(3)致使他人超计划生育的；

(4)非法进行选择性别的终止妊娠手术的；

(5)非法获利累计 5000 元以上的；

(6)其他情节严重的情形。

306. 妨害动植物防疫、检疫罪

妨害动植物防疫、检疫罪(《刑法》第 337 条第 1 款，《刑法修正案(七)》第 11 条取消逃避动植物检疫罪)，是指行为人违反进出境动植物检疫法的规定，逃避动植物检疫，引起重大动植物疫情的行为。

本罪立案标准必须具备两个条件：一是行为人实施了违反进出境动植物检疫法的规定，逃避动植物检疫法的行为；二是引起了重大动植物疫情的后果。

根据最高人民检察院、公安部《关于公安机关管辖的刑事案件追诉立案标准的规定(试行)》的规定，违反进出境动植物检疫法的规定，逃避动植物检疫，涉嫌下列情形之一的，应予立案追诉：

(1)造成国家规定的《进境动物一、二类传染病、寄生虫病名录》中所列的动物疫病传入或者对农、牧、渔业生产以及人体健康、公共安全造成严重危害的其他动物疫病在国内暴发流行的；

(2)造成国家规定的《进境植物检疫性有害生物名录》中所列的有害生物传入或者对农、林业生产、生态环境以及人体健康有严重危害的其他有害生物在国内传播扩散的。

第六节　破坏环境资源保护罪

307. 污染环境罪

污染环境罪(《刑法》第 338 条，《刑法修正案(八)》第 46 条，取消重大环境污染事故罪罪名)，是指违反国家规定，排放、倾倒或者处置有放射性的废物、含传染病病原体的废物、有毒物质或者其他有害物质，严重污染环境的行为。

根据最高人民检察院、公安部《关于公安机关管辖的刑事案件追诉立案标准的规定(试行)》的规定，涉嫌下列情形之一的，应予立案追诉：

(1)致使公私财产损失 30 万元以上的；

(2)致使基本农田、防护林地、特种用途林地 5 亩以上，其他农用地 10 亩以上，其他土地 20 亩以上基本功能丧失或者遭受永久性破坏的；

(3)致使森林或者其他林木死亡 50 立方米以上，或者幼树死亡 2500 百株以上的；

(4)致使 1 人以上死亡、3 人以上重伤、10 人以上轻伤，或者 1 人以上重伤并且 5 人以上轻伤的；

(5)致使传染病发生、流行或者容易中毒达到《国家突发公共卫生事件应急预案》中突发公共卫生事件分级Ⅲ级以上情形，严重危害人体健康的；

(6)其他致使公私财产遭受重大损失或者人身伤亡的严重后果的情形。

本条规定的“公私财产损失”，包括污染环境直接造成的财产损毁、减少的实际价值，为防止污染扩散以及消除污染而采取的必要的、合理的措施而发生的费用。

308. 非法处置进口的固体废物罪

非法处置进口的固体废物罪(《刑法》第 339 条第 1 款)，是指违反国家规定，将境外的固体废物进境倾倒、堆放、处置的行为。

本罪是行为犯，根据最高人民检察院、公安部《关于公安机关管辖的刑事案件追诉立案标准的规定(试行)》的规定，只要行为人违反国家规定，将境外的固体废物进境倾倒、堆放、处置的，应予立案追诉。

309. 擅自进口固体废物罪

擅自进口固体废物罪(《刑法》第 339 条第 2 款)，是指未经国务院有关主管部门许可，擅自进口固体废物用作原料，造成重大环境污染事故，致使公私财产遭受重大损失或者原则危害人体健康的行为。

本罪立案标准要求“造成重大环境污染事故，致使公私财产遭受重大损失或者原则危害人体健康的结果”。应根据最高人民检察院、公安部《关于公安机关管辖的刑事案件追诉立案标准的规定(试行)》的规定，涉嫌下列情形之一的，应予立案追诉：

(1)致使公私财产损失 30 万元以上的；

(2)致使基本农田、防护林地、特种用途林地 5 亩以上，其他农用地 10 亩以上，其他土地 20 亩以上基本功能丧失或者遭受永久性破坏的；

(3)致使森林或者其他林木死亡 50 立方米以上，或者幼树死亡 2500 百株以上的；

(4)致使 1 人以上死亡、3 人以上重伤、10 人以上轻伤，或者 1 人以上重伤并且 5 人以上轻伤的；

(5)致使传染病发生、流行或者容易中毒达到《国家突发公共卫生事件应急预案》中突发公共卫生事件分级三级以上情形，严重危害人体健康的；

(6)其他致使公私财产遭受重大损失或者严重危害人体健康的情形。

310. 非法捕捞水产品罪

非法捕捞水产品罪(《刑法》第 340 条)，是指违反保护水产资源法规，在禁渔区、禁渔期或者使用禁用的工具、方法捕捞水产品，情节严重的行为。

根据最高人民检察院、公安部《关于公安机关管辖的刑事案件追诉立案标准的规定(试行)》的规定，涉嫌下列情形之一的，应予立案追诉：

(1)在内陆水域非法捕捞水产品 500 公斤以上或者价值 5000 元以上的，或者在海洋水域非法捕捞水产品 2000 公斤以上或者价值 2 万元以上的；

(2)非法捕捞有重要经济价值的水生动物苗种、怀卵亲体或者在水产种质资源保护区内捕捞水产品，在内陆水域 50 公斤以上或者价值 500 元以上，或者在海洋水域 200 公斤以上或者价值 2000 元以上的；

(3)在禁渔区内使用禁用的工具或者禁用的方法捕捞的；

(4)在禁渔期内使用禁用的工具或者禁用的方法捕捞的；

(5)在公海使用禁用渔具从事捕捞作业，造成严重影响的；

(6)其他情节严重的情形。

311. 非法猎捕、杀害珍贵、濒危野生动物罪

非法猎捕、杀害珍贵、濒危野生动物罪(《刑法》第 341 条第 1 款)，是指违反野生动物保护法规，非法猎捕、杀害国家重点保护的珍贵、濒危野生动物的行为。

本罪是行为犯，只要行为人违反野生动物保护法规，实施了非法猎捕、杀害国家重点保护的珍贵、濒危野生动物的行为，原则上就应予立案追诉。

本条规定的“珍贵、濒危野生动物”，包括列入《国家重点保护野生动物名录》的国家一、二级保护野生动物、列入《濒危野生动植物种国际贸易公约》附录一、附录二的野生动物以及驯养繁殖的上述物种。

312. 非法收购、运输、出售珍贵、濒危野生动物、珍贵、濒危野生动物制品罪

非法收购、运输、出售珍贵、濒危野生动物、珍贵、濒危野生动物制品罪(《刑法》第341条第1款),是指违反野生动物保护法规,非法收购、运输、出售国家重点保护的珍贵、濒危野生动物及其制品的行为。

只要行为人违反野生动物保护法规,非法收购、运输、出售国家重点保护的珍贵、濒危野生动物及其制品的行为,就应予立案追诉。

本条规定的"收购",包括以营利、自用等为目的的购买行为;"运输",包括采用携带、邮寄、利用他人、使用交通工具等方法进行运送的行为;"出售",包括出卖和以营利为目的的加工利用行为。

313. 非法狩猎罪

非法狩猎罪(《刑法》第341条第2款),是指违反狩猎法规,在禁猎区、禁猎期或者使用禁用的工具、方法进行狩猎,破坏野生动物资源,情节严重的行为。

根据最高人民检察院、公安部《关于公安机关管辖的刑事案件追诉立案标准的规定(试行)》的规定,涉嫌下列情形之一的,应予立案追诉:

(1)非法狩猎野生动物20只以上的;

(2)在禁猎区内使用禁用的工具或者禁用的方法狩猎的;

(3)在禁猎期内使用禁用的工具或者禁用的方法狩猎的;

(4)其他情节严重的情形。

314. 非法占用农用地罪

非法占用农用地罪(《刑法》第342条,《刑法修正案(二)》,取消非法占用农用地罪罪名),是指违反土地管理法规,非法占用耕地、林地等农用地,改变被占用土地用途,造成耕地、林地等农用地大量毁坏的行为。

根据最高人民检察院、公安部《关于公安机关管辖的刑事案件追诉立案标准的规定(试行)》的规定,涉嫌下列情形之一的,应予立案追诉:

(1)非法占用基本农田5亩以上或者基本农田以外的耕地10亩以上的;

(2)非法占用防护林地或者特种用途林地数量单种或者合计5亩以上的;

(3)非法占用其他林地10亩以上的;

(4)非法占用本款第(2)项、第(3)项规定的林地,其中一项数量达到相应规定的数量标准的50%以上,且两项数量合计达到该项规定的数量标准的;

(5)非法占用其他农用地数量较大的情形。

违反土地管理法规,非法占用耕地建窑、建坟、建房、挖沙、采石、采矿、取土、堆放固体废弃物或者进行其他非农业建设,造成耕地种植条件严重毁坏或者严重污染,被毁坏耕地数量达到以上规定的,属于本条规定的"造成耕地大量毁坏"。

违反土地管理法规,非法占用林地,改变被占用林地用途,在非法占用的林地上实施建窑、建坟、建房、挖沙、采石、采矿、取土、种植农作物、堆放或者排泄废弃物等行为或者进行其他非林业生产、建设,造成林地的原有植被或者林业种植条件严重毁坏或者严重污染，被毁坏林地数量达到以上规定的，属于本条规定的“造成林地大量毁坏”。

315. 非法采矿罪

非法采矿罪(《刑法》第 343 条第 1 款)，是指违反矿产资源法的规定，未取得采矿许可证擅自采矿的，擅自进入国家规划矿区、对国民经济具有重要价值的矿区和他人矿区范围采矿的，或者擅自开采国家规定实行保护性开采的特定矿种，经责令停止开采后拒不停止开采，造成矿产资源破坏的行为。

根据最高人民检察院、公安部《关于公安机关管辖的刑事案件追诉立案标准的规定(试行)》的规定，违反矿产资源法的规定，未取得采矿许可擅自采矿的，或者擅自进入国家规划矿区、对国民经济具有重要价值的矿区和他人矿区范围采矿的，或者擅自开采国家规定实行保护性开采的特定矿种，经责令停止开采后拒不停止开采，造成矿产资源破坏的价值数额在五万至十万元以上的，应予立案追诉：

具有下列情形之一的，属于本条规定的“未取得采矿许可证擅自采矿”：

(1)无采矿许可证开采矿产资源的；

(2)采矿许可证被注销、吊销后继续开采矿产资源的；

(3)超越采矿许可证规定的矿区范围开采矿产资源的；

(5)未按采矿许可证规定的矿种开采矿产资源的(共生、伴生矿种除外)；

(6)其他未取得采矿许可证开采矿产资源的情形。

在采矿许可证被依法暂扣期间擅自开采的，视为本条规定的“未取得采矿许可证擅自采矿”。

316. 破坏性采矿罪

破坏性采矿罪(《刑法》第 343 条第 2 款)，是指违反矿产资源法的规定，采取破坏性的开采方法开采矿产资源，造成矿产资源严重破坏的行为。

根据最高人民检察院、公安部《关于公安机关管辖的刑事案件追诉立案标准的规定(试行)》的规定，行为人违反矿产资源法的规定，采取破坏性的开采方法开采矿产资源，造成矿产资源严重破坏的，价值在 30 万~50 万元以上的，应予立案追诉。

本条规定的“采取破坏性的开采方法开采矿产资源”，是指行为人违反地质矿产主管部门审查批准的矿产资源开发利用方案开采矿产资源，并造成矿产资源严重破坏的行为。

破坏性的开采方法以及造成矿产资源严重破坏的价值数额，由省级以上地质矿产主管部门出具鉴定结论，经查证属实后予以认定。

317. 非法采伐、毁坏国家重点保护植物罪

非法采伐、毁坏国家重点保护植物罪(《刑法》第 344 条，《刑法修正案(四)》第 6 条)，是指违反国家规定，非法采伐、毁坏珍贵树木或者国家重点保护的其他植物的行为，应予立案追诉。

根据最高人民检察院、公安部《关于公安机关管辖的刑事案件追诉立案标准的规定(试行)》的规定，本条规定的“珍贵树木或者国家重点保护的其他植物”，包括由省级以上林业主管部门或者其他部门确定的具有重大历史纪念意义、科学研究价值或者年代久远的古树名木，国家禁止、限制出口的珍贵树木以及列入《国家重点保护野生植物名录》的树木或者其他植物。

318. 非法收购、运输、加工、出售国家重点保护植物、国家重点保护植物制品罪

非法收购、运输、加工、出售国家重点保护植物、国家重点保护植物制品罪(《刑法》第 344 条，《刑法修正案(四)》第 6 条，取消非法采伐、毁坏珍贵树木罪罪名)，是指违反国家规定，非法收购、运输、加工、出售珍贵树木或者国家重点保护的其他植物及其制品的行为。

根据最高人民检察院、公安部《关于公安机关管辖的刑事案件追诉立案标准的规定(试行)》的规定，违反国家规定，非法收购、运输、加工、出售珍贵树木或者国家重点保护的其他植物及其制品的，应予立案追诉。

319. 盗伐林木罪

盗伐林木罪(《刑法》第 345 条第 1 款)，是指以非法占有为目的，盗伐森林或者其他林木，数量较大的行为。

根据最高人民检察院、公安部《关于公安机关管辖的刑事案件追诉立案标准的规定(试行)》的规定，涉嫌下列情形之一的，应予立案追诉：

(1)盗伐 2 立方米至 5 立方米以上的；

(2)盗伐幼树 100 株至 200 株以上的。

以非法占有为目的，具有下列情形之一的，属于本条规定的“盗伐森林或者其他林木”：

(1)擅自砍伐国家、集体、他人所有或者他人承包经营管理的森林或者其他林木的；

(2)擅自砍伐本单位或者本人承包经营管理的森林或者其他林木的；

(3)在林木采伐许可证规定的地点以外采伐国家、集体、他人所有或者他人承包经营管理的森林或者其他林木的。

本条和本规定第 73、74 条规定的林木数量以立木蓄积计算，计算方法为：原木材积除以该树种的出材率；“幼树”，是指胸径 5 厘米以下的树木。

320. 滥伐林木罪

滥伐林木罪(《刑法》第 345 条第 2 款)，是指违反森林法的规定，未经主管部门许可或者不按主管部门批准和指定的采伐区域和具有要求，乱砍、滥伐森林或者其他林木，数量较大的行为。

违反森林法的规定，滥伐森林或者其他林木，数量较大的，涉嫌下列情形之一的，应予立案追诉：

(1)滥伐 10 立方米至 20 立方米以上的；

(2)滥伐幼树 500 株至 1000 株以上的。

违反森林法的规定，具有下列情形之一的，属于本条规定的“滥伐森林或者其他林木”：

(1)未经林业行政主管部门及法律规定的其他主管部门批准并核发林木采伐许可证，或者虽持有林木采伐许可证，但违反林木采伐许可证规定的时间、数量、树种或者方式，任意采伐本单位所有或者本人所有的森林或者其他林木的；

(2)超过林木采伐许可证规定的数量采伐他人所有的森林或者其他林木的。

违反森林法的规定，在林木采伐许可证规定的地点以外，采伐本单位或者本人所有的森林或者其他林木的，除农村居民采伐自留地和房前屋后个人所有的零星林木以外，属于本条第2款第(1)项“未经林业行政主管部门及法律规定的其他主管部门批准并核发林木采伐许可证”规定的情形。

林木权属争议一方在林木权属确权之前，擅自砍伐森林或者其他林木的，属于本条规定的“滥伐森林或者其他林木”。

滥伐林木的数量，应在伐区调查设计允许的误差额以上计算。

321. 非法收购、运输、盗伐、滥伐的林木罪

非法收购、运输、盗伐、滥伐的林木罪(《刑法》第345条第3款，《刑法修正案(四)》第7条第3款，取消非法收购盗伐、滥伐林木罪罪名)，是指非法收购、运输明知是盗伐、滥伐的林木，情节严重的行为。

根据最高人民检察院、公安部《关于公安机关管辖的刑事案件追诉立案标准的规定(试行)》的规定，涉嫌下列情形之一的，应予立案追诉：

(1)非法收购、运输盗伐、滥伐的林木20立方米以上或者幼树1000株以上的；

(2)其他情节严重的情形。

本条规定的“非法收购”的“明知”，是指知道或者应当知道。

具有下列情形之一的，可以视为应当知道，但是有证据证明确属被蒙骗的除外：

(1)在非法的木材交易场所或者销售单位收购木材的；

(2)收购以明显低于市场价格出售的木材的；

(3)收购违反规定出售的木材的。

第七节　走私、贩卖、运输、制造毒品罪

322. 走私、贩卖、运输、制造毒品罪

走私、贩卖、运输、制造毒品罪(《刑法》第347条)，是指明知是毒品而故意走私、贩卖、运输、制造的行为。

本罪是行为犯，根据最高人民检察院、公安部《关于公安机关管辖的刑事案件追诉立案标准的规定(试行)》和最高人民检察院、公安部《关于公安机关管辖的刑事案件立案追诉标准的规定(三)》的相关规定，只要行为人明知是毒品而故意走私、贩卖、运输、制造的，无论数量多少，都应予立案追诉。

本条规定的“走私”是指明知是毒品而非法将其运输、携带、寄递进出国(边)境的行为。直接向走私人非法收购走私进出口的毒品，或者在内海、领海、界河、界湖运输、收购、贩卖毒品的，以走私毒品罪立案追诉。

本条规定的“贩卖”是指明知是毒品而非法销售或者以贩卖为目的而非法收买的行为。

有证据证明行为人以牟利为目的，为他人代购仅用于吸食、注射的毒品，对代购者

以贩卖毒品罪立案追诉。不以牟利为目的，为他人代购仅用于吸食、注射的毒品，毒品数量达到本规定第二条规定的数量不足的，对托购者和代购者以非法持有毒品罪立案追诉。明知他人实施毒品犯罪而为其居间介绍、代购代卖的，无论是否牟利，都应以相关毒品犯罪的共犯立案追诉。

本条规定的“运输”，是指明知是毒品而采取携带、寄递、托运、利用他人或者使用交通工具等方法非法运送毒品的行为。

本条规定的“制造”是指非法利用毒品原植物直接提炼或者用化学方法加工、配制毒品，或者以改变毒品成分和效用为目的，用混合等物理方法加工、配制毒品的行为。为了便于隐蔽运送、销售、使用、欺骗购买者，或者为了增重，对毒品掺杂使假，添加或者去除其他非毒品物质，不属于制造毒品的行为。

为了制造毒品而采取生产、加工、提炼等方法非法制造易制毒化学品的，以制造毒品罪(预备)立案追诉。购进制造毒品的设备和原材料，开始着手制造毒品，尚未制造出毒品或者半成品的，以制造毒品罪(未遂)立案追诉。明知他人制造毒品而为其生产、加工、提炼、提供醋酸酐、乙醚、三氯甲烷等制毒物品的，以制造毒品罪的共犯立案追诉。

走私、贩卖、运输毒品主观故意中的明知，是指行为人知道或者应当知道所实施的是走私、贩卖、运输毒品行为。具有下列情形之一，结合行为人的供述和其他证据综合审查判断，可以认定其应当知道，但有证据证明确属被蒙骗的除外：

(1)执法人员在口岸、机场、车站、港口、邮局和其他检查站点检查时，要求行为人申报携带、运输、寄递的物品和其他疑似毒品物，并告知其法律责任，而行为人未如实申报，在其携带、运输、寄递的物品中查获毒品的；

(2)以伪报、藏匿、伪装等蒙蔽手段逃避海关、边防等检查，在其携带、运输、寄递的物品中查获毒品的；

(3)执法人员检查时，有逃跑、丢弃携带物品或者逃避、抗拒检查等行为，在其携带、藏匿或者丢弃的物品中查获毒品的；

(4)体内或者贴身隐秘处藏匿毒品的；

(5)为获取不同寻常的高额或者不等值的报酬为他人携带、运输、寄递、收取物品，从中查获毒品的；

(6)采用高度隐蔽的方式携带、运输物品，从中查获毒品的；

(7)采用高度隐蔽的方式交接物品，明显违背合法物品惯常交接方式，从中查获毒品的；

(8)行程路线故意绕开检查站点，在其携带、运输的物品中查获毒品的；

(9)以虚假身份、地址或者其他虚假方式办理托运、寄递手续，在托运、寄递的物品中查获毒品的；

(10)有其他证据足以证明行为人应当知道的。

制造毒品主观故意中的“明知”，是指行为人知道或者应当知道所实施的是制造毒品行为。有下列情形之一，结合行为人的供述和其他证据综合审查判断，可以认定其“应当知道”，但有证据证明确属被蒙骗的除外：

(1)购置了专门用于制造毒品的设备、工具、制毒物品或者配制方案的;

(2)为获取不同寻常的高额或者不等值的报酬为他人制造物品，经检验是毒品的;

(3)在偏远、隐蔽场所制造，或者采取对制造设备进行伪装等方式制造物品，经检验是毒品的;

(4)制造人员在执法人员检查时，有逃跑、抗拒检查等行为，在现场查获制造出的物品，经检验是毒品的;

(5)有其他证据足以证明行为人应当知道的。

走私、贩卖、运输、制造毒品罪是选择性罪名，对同一宗毒品实施了两种以上犯罪行为，并有相应确凿证据的，应当按照所实施的犯罪行为的性质并列适用罪名，毒品数量不重复计算。对同一宗毒品可能实施了两种以上犯罪行为，但相应证据只能认定其中一种或者几种行为，认定其他行为的证据不够确实充分的，只按照依法能够认定的行为的性质适用罪名。对不同宗毒品分别实施了不同种犯罪行为的，应对不同行为并列适用罪名，累计计算毒品数量。

323. 非法持有毒品罪

非法持有毒品罪(《刑法》第 348 条)，是指明知是鸦片、海洛因或者其他毒品而非法持有，数量较多的行为。

本罪是数额犯，根据《刑法》第 348 条的规定，非法持有鸦片 200 克以上、海洛因或者甲基苯丙胺 10 克以上或者其他毒品数量较大的，应予立案追诉。

根据最高人民检察院、公安部《关于公安机关管辖的刑事案件立案追诉标准的规定(三)》的规定，明知是毒品而非法持有，涉嫌下列情形之一的，应予立案追诉:

(1)鸦片 200 克以上、海洛因、可卡因或者甲基苯丙胺 10 克以上;

(2)二亚甲基双氧安非他明(MDMA)等苯丙胺类毒品(甲基苯丙胺除外)、吗啡 20 克以上;

(3)度冷丁(杜冷丁)50 克以上(针剂 100mg/支规格的 500 支以上，50mg/支规格的 1000 支以上；片剂 25mg/片规格的 2000 片以上，50mg/片规格的 1000 片以上);

(4)盐酸二氢埃托啡 2 毫克以上(针剂或者片剂 20mg/支、片规格的 100 支、片以上);

(5)氯胺酮、美沙酮 200 克以上;

(6)三唑仑、安眠酮 10 千克以上;

(7)咖啡因 50 千克以上;

(8)氯氮卓、艾司唑仑、地西泮、溴西泮 100 千克以上;

(9)大麻油 1 千克以上，大麻脂 2 千克以上，大麻叶及大麻烟 30 千克以上;

(10)罂粟壳 50 千克以上;

(11)上述毒品以外的其他毒品数量较大的。

非法持有两种以上毒品，每种毒品均没有达到本条第 1 款规定的数量标准，但按前款规定的立案追诉数量比例折算成海洛因后累计相加达到 10 克以上的，应予立案追诉。

本条规定的“非法持有”，是指违反国家法律和国家主管部门的规定，占有、携带、藏有或者以其他方式持有毒品。

非法持有毒品主观故意中的“明知”，依照本规定第 1 条第 8 款的有关规定予以认定。

324. 包庇毒品犯罪分子罪

包庇毒品犯罪分子罪(《刑法》第 349 条第 1 款、第 2 款)，是指明知走私、贩卖、运输、制造毒品的犯罪分子，而向司法机关作假证掩盖其行为，或者帮助其毁灭罪证，或者进行窝藏，协助其逃跑，以使其逃避法律制裁的行为。

本罪是行为犯，根据《刑法》第 349 条的规定，包庇走私、贩卖、运输、制造毒品的犯罪分子的，应予立案追诉。

根据最高人民检察院、公安部《关于公安机关管辖的刑事案件立案追诉标准的规定(三)》的规定，包庇走私、贩卖、运输、制造毒品的犯罪分子，涉嫌下列情形之一的，应予立案追诉：

(1)作虚假证明，帮助掩盖罪行的；

(2)帮助隐藏、转移或者毁灭证据的；

(3)帮助取得虚假身份或者身份证件的；

(4)以其他方式包庇犯罪分子的。

实施前款规定的行为，事先通谋的，以走私、贩卖、运输、制造毒品罪的共犯立案追诉。

为走私、贩卖、运输、制造毒品的犯罪分子窝藏、转移、隐瞒毒品或者犯罪所得的财物的，应予立案追诉。

325. 窝藏、转移、隐瞒毒品、毒赃罪

窝藏、转移、隐瞒毒品、毒赃罪(《刑法》第 349 条第 1 款)，是指明知是毒品而予以窝藏、转移、隐瞒或者明知是走私贩卖、运输、制造毒品犯罪所得财物而故意予以窝藏、转移或隐瞒的行为。

本罪是行为犯，根据《刑法》第 349 条的规定，为犯罪分子窝藏、转移、隐瞒或者犯罪所得财物的，应予立案追诉。

326. 走私制毒物品罪

走私制毒物品罪(《刑法》第 350 条第 1 款)，是指违反国家规定，非法运输、携带醋酸酐、乙醚、三氯甲烷或者其他用于制造毒品的原料或者配剂进出境的行为。

最高人民法院《关于审理毒品案件定罪量刑标准有关问题的解释》第 4 条规定，走私制毒物品罪并非行为犯，而是需要达到一定数量标准才能定罪处罚，走私制毒物品达到下列数量标准的，应予立案追诉：

(1)麻黄碱、伪麻黄碱及其盐类和单方制剂 5000 克以上的麻黄浸膏、麻黄浸膏粉 100 千克以上的；

(2)醋酸酐、三氯甲烷 200 千克以上的；

(3)乙醚 400 千克以上的；

(4)上述原料或者配剂以外其他相当数量用于制造毒品的原料或者配剂。

根据最高人民检察院、公安部《关于公安机关管辖的刑事案件立案追诉标准的规定(三)》的规定，违反国家规定，非法运输、携带制毒物品进出国(边)境，涉嫌下列情形之一的，应予立案追诉：

(1)1-苯基-2-丙酮 5 千克以上；

(2)麻黄碱、伪麻黄碱及其盐类和单方制剂 5 千克以上，麻黄浸膏、麻黄浸膏粉 100 千克以上；

(3)3，4-亚甲基二氧苯基-2-丙酮、去甲麻黄素(去甲麻黄碱)、甲基麻黄素(甲基麻黄碱)、羟亚胺及其盐类 10 千克以上；

(4)胡椒醛、黄樟素、黄樟油、异黄樟素、麦角酸、麦角胺、麦角新碱、苯乙酸 20 千克以上；

(5)N-乙酰邻氨基苯酸、邻氨基苯甲酸、哌啶 150 千克以上；

(6)醋酸酐、三氯甲烷 200 千克以上；

(7)乙醚、甲苯、丙酮、甲基乙基酮、高锰酸钾、硫酸、盐酸 400 千克以上；

(8)其他用于制造毒品的原料或者配剂相当数量的。

非法运输、携带两种以上制毒物品进出国(边)境，每种制毒物品均没有达到本条第 1 款规定的数量标准，但按前款规定的立案追诉数量比例折算成一种制毒物品后累计相加达到上述数量标准的，应予立案追诉。

为了走私制毒物品而采用生产、加工、提炼等方法非法制造易制毒化学品的，以走私制毒物品罪(预备)立案追诉。

实施走私制毒物品行为，有下列情形之一，且查获了易制毒化学品，结合行为人的供述和其他证据综合审查判断，可以认定其“明知”是制毒物品而走私或者非法买卖，但有证据证明确属被蒙骗的除外：

(1)改变产品形状、包装或者使用虚假标签、商标等产品标志的；

(2)以藏匿、夹带、伪装或者其他隐蔽方式运输、携带易制毒化学品逃避检查的；

(3)抗拒检查或者在检查时丢弃货物逃跑的；

(5)以伪报、藏匿、伪装等蒙蔽手段逃避海关、边防等检查的；

(6)选择不设海关或者边防检查站的路段绕行出入境的；

(7)以虚假身份、地址或者其他虚假方式办理托运、寄递手续的；

(8)以其他方法隐瞒真相，逃避对易制毒化学品依法监管的。

明知他人实施走私制毒物品犯罪，而为其运输、储存、代理进出口或者以其他方式提供便利的，以走私制毒物品罪的共犯立案追诉。

327. 非法买卖制毒物品罪

非法买卖制毒物品罪(《刑法》第 350 条第 1 款)，是指违反国家规定，非法买卖醋酸酐、乙醚、三氯甲烷或者其他用于制毒品的原料或者配剂的行为。

根据最高人民检察院、公安部《关于公安机关管辖的刑事案件立案追诉标准的规定(三)》的规定，违反国家规定，在境内非法买卖制毒物品，数量达到一定标准的，应予立案追诉。

非法买卖两种以上制毒物品，每种制毒物品均没有达到本条第 1 款规定的数量标准，但按前款规定的立案追诉数量比例折算成一种制毒物品后累计相加达到上述数量标准的，应予立案追诉。

违反国家规定，实施下列行为之一的，认定为本条规定的“非法买卖制毒物品行为”：

(1)未经许可或者备案，擅自购买、销售易制毒化学品的；

(2)超出许可证明或者备案证明的品种、数量范围购买、销售易制毒化学品的；

(3)使用他人的或者伪造、变造、失效的许可证明或者备案证明购买、销售易制毒化学品的；

(4)经营单位违反规定，向无购买许可证明、备案证明的单位、个人销售易制毒化学品的，或者明知购买者使用他人的或者伪造、变造、失效的许可证明或者备案证明，向其销售易制毒化学品的；

(5)以其他方式非法买卖易制毒化学品的。易制毒化学品生产、经营、使用单位或者个人未办理许可证明或者备案证明，购买、销售易制毒化学品，如果有证据证明确实用于合法生产、生活需要，依法能够办理只是未及时办理许可证明或者备案证明，且未造成严重社会危害的，可不以非法买卖制毒物品罪立案追诉。

为了非法买卖制毒物品而采用生产、加工、提炼等方法非法制造易制毒化学品的，以非法买卖制毒物品罪(预备)立案追诉。

非法买卖制毒物品主观故意中的“明知”，依照有关规定予以认定。

明知他人实施非法买卖制毒物品犯罪，而为其运输、储存、代理进出口或者以其他方式提供便利的，以非法买卖制毒物品罪的共犯立案追诉。

根据最高人民法院《关于审理毒品案件定罪量刑标准有关问题的解释》第 4 条规定，达到下列数量标准的，应予立案追诉：

(1)麻黄碱、伪麻黄碱及其盐类和单方制剂 5000 克以上的；麻黄浸膏、麻黄浸膏粉 100 千克以上的；

(2)醋酸酐、三氯甲烷 200 千克以上的；

(3)乙醚 400 千克以上的；

(4)上述原料或者配剂以外其他相当数量用于制造毒品的原料或者配剂。

328. 非法种植毒品原植物罪

非法种植毒品原植物罪(《刑法》第 351 条)，是指明知是罂粟、大麻等毒品原植物而非法种植的行为。

根据最高人民检察院、公安部《关于公安机关管辖的刑事案件立案追诉标准的规定(三)》的规定，非法种植罂粟、大麻等毒品原植物，涉嫌下列情形之一的，应予立案追诉：

(1)非法种植罂粟 500 株以上的；

(2)非法种植大麻 5000 株以上的；

(3)非法种植其他毒品原植物数量较大的；

(4)非法种植罂粟 200 平方米以上、大麻 2000 平方米以上或者其他毒品原植物面积较大，尚未出苗的；

(5)经公安机关处理后又种植的；

(6)抗拒铲除的。

本条所规定的“种植”，是指播种、育苗、移栽、插苗、施肥、灌溉、割取津液或者收取种子等行为。非法种植毒品原植物的株数一般应以实际查获的数量为准。因种植面积较大，难以逐株清点数目的，可以抽样测算每平方米平均株数后按实际种植面积测算出种植总株数。

非法种植罂粟或者其他毒品原植物，在收获前自动铲除的，可以不予立案追诉。

根据最高人民法院《关于审理毒品案件定罪量刑标准有关问题的解释》的规定，涉嫌下列情形之一的，应予立案追诉：

(1)种植罂粟500株以上或者非法种植大麻5000株以上的；

(2)经公安机关处理后又种植的；

(3)抗拒铲除的。

329. 非法买卖、运输、携带、持有毒品原植物种子、幼苗罪

非法买卖、运输、携带、持有毒品原植物种子、幼苗罪(《刑法》第352条)，是指违反国家毒品管理法规，买卖、运输、携带、持有未经灭活的罂粟等毒品原植物种子或幼苗，数量较大的行为。

根据《刑法》第352条的规定，非法买卖、运输、携带、持有未经灭活的罂粟等毒品原植物种子或幼苗，数量较大的，应予立案追诉。

根据最高人民检察院、公安部《关于公安机关管辖的刑事案件立案追诉标准的规定(三)》第8条的规定，非法买卖、运输、携带、持有未经灭活的罂粟等毒品原植物种子或者幼苗，涉嫌下列情形之一的，应予立案追诉：

(1)罂粟种子50克以上、罂粟幼苗5000株以上；

(2)大麻种子50千克以上、大麻幼苗5万株以上；

(3)其他毒品原植物种子、幼苗数量较大的。

330. 引诱、教唆、欺骗他人吸毒罪

引诱、教唆、欺骗他人吸毒罪(《刑法》第353条第1款)，是指违反毒品管理法规，引诱、教唆、欺骗他人吸食、注射毒品的行为。

本罪是行为犯，只要行为人实施了引诱、教唆、欺骗他人吸食、注射毒品的行为，原则上就构成犯罪，应予立案追诉。

根据最高人民检察院、公安部《关于公安机关管辖的刑事案件立案追诉标准的规定(三)》的规定第9条的规定，引诱、教唆、欺骗他人吸食、注射毒品的，应予立案追诉。

331. 强迫他人吸毒罪

强迫他人吸毒罪(《刑法》第353条第2款)，是指违背他人意志，使用暴力、胁迫或者其他方法，迫使他人吸食、注射的行为。

本罪是行为犯，只要行为人违背他人意志，使用暴力、胁迫或者其他方法，迫使他人吸食、注射的行为，应予立案追诉。

根据最高人民检察院、公安部《关于公安机关管辖的刑事案件立案追诉标准的规定(三)》第10条的规定，违背他人意志，以暴力、胁迫或者其他强制手段，迫使他人吸食、注射毒品的，应予立案追诉。

332. 容留他人吸毒罪

容留他人吸毒罪(《刑法》第 354 条)，是指为他人吸食、注射毒品的提供场所的行为。

根据《刑法》第 354 条的规定，容留他人吸食、注射毒品的，应予立案追诉。

根据最高人民检察院、公安部《关于公安机关管辖的刑事案件立案追诉标准的规定(三)》第 11 条的规定，提供场所，容留他人吸食、注射毒品，涉嫌下列情形之一的，应予立案追诉：

(1)容留他人吸食、注射毒品两次以上的；

(2)一次容留三人以上吸食、注射毒品的；

(3)因容留他人吸食、注射毒品被行政处罚，又容留他人吸食、注射毒品的；

(4)容留未成年人吸食、注射毒品的；

(5)以牟利为目的容留他人吸食、注射毒品的；

(6)容留他人吸食、注射毒品造成严重后果或者其他情节严重的。

333. 非法提供麻醉药品、精神药品罪

非法提供麻醉药品、精神药品罪(《刑法》第 355 条)，是指依法从事生产、运输、管理、使用国家管制的麻醉药品、精神药品的人员，违反国家规定，向吸食、注射毒品的人员提供国家规定管制的能够使人形成瘾僻的麻醉药品、精神药品的行为。

本罪是行为犯，只要行为人实施了非法提供麻醉药品、精神药品的行为，应予立案追诉。

根据最高人民检察院、公安部《关于公安机关管辖的刑事案件立案追诉标准的规定(三)》第 12 条的规定，依法从事生产、运输、管理、使用国家管制的麻醉药品、精神药品的个人或者单位，违反国家规定，向吸食、注射毒品的人员提供国家规定管制的能够使人形成瘾癖的麻醉药品、精神药品，涉嫌下列情形之一的，应予立案追诉：

(1)非法提供鸦片 20 克以上、吗啡 2 克以上、度冷丁(杜冷丁)5 克以上(针剂 100mg/支规格的 50 支以上，50mg/支规格的 100 支以上；片剂 25mg/片规格的 200 片以上，50mg/片规格的 100 片以上)、盐酸 2 氢埃托啡零点 2 毫克以上(针剂或者片剂 20mg/支、片规格的 10 支、片以上)、氯胺酮、美沙酮 20 克以上、三唑仑、安眠酮 1 千克以上、咖啡因 5 千克以上、氯氮卓、艾司唑仑、地西泮、溴西泮 10 千克以上，以及其他麻醉药品和精神药品数量较大的；

(2)虽未达到上述数量标准，但非法提供麻醉药品、精神药品两次以上，数量累计达到前项规定的数量标准 80%以上的；

(3)因非法提供麻醉药品、精神药品被行政处罚，又非法提供麻醉药品、精神药品的；

(4)向吸食、注射毒品的未成年人提供麻醉药品、精神药品的；

(5)造成严重后果或者其他情节严重的。依法从事生产、运输、管理、使用国家管制的麻醉药品、精神药品的人员或者单位，违反国家规定，向走私、贩卖毒品的犯罪分子提供国家规定管制的能够使人形成瘾癖的麻醉药品、精神药品的，或者以牟利为目的，向吸食、注射毒品的人提供国家规定管制的能够使人形成瘾癖的麻醉药品、精神药品的，以走私、贩卖毒品罪立案追诉。

第八节　组织、强迫、引诱、介绍卖淫罪

334. 组织卖淫罪

组织卖淫罪(《刑法》第 358 条第 1 款)，是指以招募、雇佣、强迫、引诱、容留等手段，控制多人从事卖淫活动的行为。

根据最高人民检察院、公安部《关于公安机关管辖的刑事案件追诉立案标准的规定(试行)》的规定，以招募、雇佣、强迫、引诱、容留等手段，组织他人卖淫的，应予立案追诉。

本罪是行为犯，《刑法》未规定“情节”、“数额”、“后果”等方面的规定，只要行为人实施了组织他人卖淫的行为，应予立案追诉。

335. 强迫卖淫罪

强迫卖淫罪(《刑法》第 358 条第 1 款)，是指以暴力、胁迫以及其他手段迫使他人卖淫的行为。

根据最高人民检察院、公安部《关于公安机关管辖的刑事案件追诉立案标准的规定(试行)》的规定和《刑法》第 358 条的规定，强迫他人卖淫的，应予立案追诉。

336. 协助组织卖淫罪

协助组织卖淫罪(《刑法》第 358 条第 3 款，《刑法修正案(八)》第 48 条)，《刑法修正案(八)》将《刑法》第 358 条第 3 款修改为：“为组织卖淫的人招募、运送人员或者有其他协助组织他人卖淫行为的，处五年以下有期徒刑，并处罚金；情节严重的，处五年以上十年以下有期徒刑，并处罚金。”

协助组织卖淫罪，是指在组织他人卖淫的共同犯罪活动中，充当保镖、打手、管账人等，起帮助作用的行为。

本罪是行为犯，根据《刑法》第 358 条第 3 款的规定，只要行为人实施了协助他人组织卖淫的行为，应予立案追诉。

根据最高人民检察院、公安部《关于公安机关管辖的刑事案件追诉立案标准的规定(试行)》的规定，在组织卖淫的犯罪活动中，充当保镖、打手、管账人等，起帮助作用的，应予立案追诉。

337. 引诱、容留、介绍卖淫罪

引诱、容留、介绍卖淫罪(《刑法》第 359 条第 1 款)，是指利用金钱、物质等手段诱使他人卖淫，或者为卖淫者提供卖淫场所，或者通过引见等方式在卖淫者和嫖客之间进行介绍的行为。

本罪是行为犯，根据最高人民检察院、公安部《关于公安机关管辖的刑事案件追诉立案标准的规定(试行)》和《刑法》第 359 条的相关规定，引诱、容留、介绍他人卖淫的，涉嫌下列情形之一的，应予立案追诉：

(1)引诱、容留、介绍 2 人次以上卖淫的；

(2)引诱、容留、介绍已满 14 周岁未满 18 周岁的未成年人卖淫的；

(3)被引诱、容留、介绍卖淫的人患有艾滋病或者患有梅毒、淋病等严重性病;

(4)其他引诱、容留、介绍卖淫应予追究刑事责任的情形。

338. 引诱幼女卖淫罪

引诱幼女卖淫罪(《刑法》第359条第2款),是指引诱不满14周岁的幼女卖淫的行为。

本罪是行为犯,《刑法》对此没有情节方面的规定,只要行为人实施了引诱不满14周岁的幼女卖淫的,就应予立案追诉。

339. 传播性病罪

传播性病罪(《刑法》第360条第1款),明知自己患有梅毒、淋病等严重性病卖淫、嫖娼的,应予立案追诉。

根据最高人民检察院、公安部《关于公安机关管辖的刑事案件追诉立案标准的规定(试行)》的规定,明知自己患有梅毒、淋病等严重性病卖淫、嫖娼的,应予立案追诉。

具有下列情形之一的,可以认定为本条规定的“明知”:

(1)有证据证明曾到医疗机构就医,被诊断为患有严重性病的;

(2)根据本人的知识和经验,能够知道自己患有严重性病的;

(3)通过其他方法能够证明是“明知”的。

340. 嫖宿幼女罪

嫖宿幼女罪(《刑法》第360条第2款),是指行为人知道被害人是或者可能是不满14周岁的幼女而嫖宿的行为。

根据最高人民检察院、公安部《关于公安机关管辖的刑事案件追诉立案标准的规定(试行)》的规定,涉嫌下列情形之一的,应予立案追诉:

(1)行为人知道被害人是或者可能是不满14周岁的幼女而嫖宿的,应予立案追诉;

(2)行为人知道对方或可能是不满14周岁的幼女而嫖宿的,应予立案追诉。

第九节 制造、贩卖、传播淫秽物品罪

341. 制作、复制、出版、贩卖、传播淫秽物品牟利罪

制作、复制、出版、贩卖、传播淫秽物品牟利罪(《刑法》第363条第1款、第2款),是指以牟利为目的,制作、复制、出版、贩卖、传播淫秽物品的行为。

以根据最高人民检察院、公安部《关于公安机关管辖的刑事案件追诉立案标准的规定(试行)》的规定,牟利为目的,制作、复制、出版、贩卖、传播淫秽物品,涉嫌下列情形之一的,应予立案追诉:

(1)制作、复制、出版淫秽影碟、软件、录像带50盒至100张(盒)以上,淫秽音碟、录音带100张至200张(盒)以上,淫秽扑克、书刊、画册100册至200副(册)以上、淫秽照片、画片500张至1000张以上的;

(2)贩卖淫秽影碟、软件、录像带100盒至200张(盒)以上,淫秽音碟、录音带200张至400张(盒)以上,淫秽扑克、书刊、画册200册至400副(册)以上,淫秽照片、画片1000张至2000张以上的;

(3)向他人传播淫秽物品达200人次至500人次以上，或者组织播放淫秽影、像达10至20场次以上的；

(4)制作、复制、出版、贩卖、传播淫秽物品，获利5000万元至1万元以上的。

以牟利为目的，利用互联网、移动通信终端制作、复制、出版、贩卖、传播淫秽电子信息，涉嫌下列情形之一的，应予立案追诉：

(1)制作、复制、出版、贩卖、传播淫秽电影、表演、动画等视频文件20个以上的；

(2)制作、复制、出版、贩卖、传播淫秽音频文件100个以上的；

(3)制作、复制、出版、贩卖、传播淫秽电子刊物、图片、文章、短信息等200件以上的；

(4)制作、复制、出版、贩卖、传播的淫秽电子信息，实际被点击数达到1万次以上的；

(5)以会员制方式出版、贩卖、传播淫秽电子信息，注册会员达200人以上的；

(6)利用淫秽电子信息收取广告费、会员注册费或者其他费用，违法所得1万元以上的；

(7)数量或者数额虽未达到本款第(1)项至第(6)项规定标准，但分别达到其中两项以上标准的50%以上的；

(8)造成严重后果的。

利用聊天室、论坛、即时通信软件、电子邮件等方式，实施本条第2款规定行为的，应予立案追诉。

根据最高人民检察院、公安部《关于公安机关管辖的刑事案件追诉立案标准的规定(试行)》的规定，以牟利为目的，通过声讯台传播淫秽语音信息，涉嫌下列情形之一的，应予立案追诉：

(1)向100人次以上传播的；

(2)违法所得1万元以上的；

(3)造成严重后果的。

342. 为他人提供书号出版淫秽书刊罪

为他人提供书号出版淫秽书刊罪(《刑法》第363条第2款)，是指明知他人用于出版淫秽书刊而提供书号、刊号的，应予立案追诉。

根据《刑法》第363条第2款和最高人民法院《关于审理非法出版物刑事案件具体应用法律若干问题的解释》第9条的规定，涉嫌下列情形之一，应予立案追诉：

(1)为他人提供书号、刊号，出版淫秽书刊的；

(2)为他人提供版号，出版淫秽音像制品的。

本罪是结果犯，行为人为他人提供书号或者版号的行为，必须造成了淫秽书刊、淫秽音像制品出版的结果，才构成犯罪，应予以立案侦查。

343. 传播淫秽物品罪

传播淫秽物品罪(《刑法》第364条第1款)，是指不以牟利为目的，传播淫秽的书刊、影片、音像、图片或者其他淫秽物品，情节严重的行为。

根据最高人民检察院、公安部《关于公安机关管辖的刑事案件追诉立案标准的规定（试行）》的规定，涉嫌下列情形之一的，应予立案追诉：

(1)向他人传播300人次至600人次以上的；

(2)造成恶劣社会影响的。

不以牟利为目的，利用互联网、移动通讯终端传播淫秽电子信息。涉嫌下列情形之一的，应予立案追诉：

(1)数量达到本规定第82条第(1)项至第(5)项规定标准2倍以上的；

(2)数量分别达到本规定第82条第2款(1)至(5)两项以上标准的；

(3)造成严重后果的。

利用聊天室、论坛、即时通信软件、电子邮件等方式，实施本条第2款规定的，应予立案追诉。

344. 组织播放淫秽音像制品罪

组织播放淫秽音像制品罪(《刑法》第364条第2款)，是指组织传播淫秽的电影、录像等音像制品的行为。

根据最高人民检察院、公安部《关于公安机关管辖的刑事案件追诉立案标准的规定（试行）》和《刑法》第364条第2款的相关规定，组织传播淫秽的电影、录像等音像制品，涉嫌下列情形之一的，应予立案追诉：

(1)组织播放15场次至30场次以上的；

(2)造成恶劣社会影响的。

345. 组织淫秽表演罪

组织淫秽表演罪(《刑法》第365条)，是指组织进行淫秽表演的行为。

根据最高人民检察院、公安部《关于公安机关管辖的刑事案件追诉立案标准的规定（试行）》和《刑法》第364条第2款的相关规定，组织进行淫秽表演的涉嫌下列情形之一的，应予立案追诉：

(1)组织表演者进行裸体表演的；

(2)组织表演者利用性器官进行诲淫性表演的；

(3)组织表演者半裸体或者变相裸体表演并通过语言、动作具体描绘性新闻的；

(4)其他组织进行淫秽表演应予追究刑事责任的情形。

第七章　危害国防利益罪

346. 阻碍军人执行职务罪

阻碍军人执行职务罪(《刑法》第368条第1款)，是指以暴力、威胁方法阻碍军人依法执行军事职务的行为。

根据《刑法》第368条的规定，以暴力、威胁方法阻碍军人依法执行军事职务的应当立案。本罪是行为犯，只要行为人以暴力、威胁方法阻碍军人依法执行军事职务的行为，原则上属构成犯罪，应予立案追诉。

347. 阻碍军事行动罪

阻碍军事行动罪(《刑法》第368条第2款)，是指故意阻碍武装部队的军事行动，造成严重后果的行为。

本罪是结果犯，根据《刑法》第368条的规定，行为人故意阻碍武装部队的军事行动，造成原则后果的，才应予立案。

348. 破坏武器装备、军事设施、军事通信罪

破坏武器装备、军事设施、军事通信罪(《刑法》第369条)，是指以贪利、发泄私愤等为目的，破坏武器装备、军事设施、军事通信的行为。

本罪是行为犯，根据最高人民检察院、公安部《关于公安机关管辖的刑事案件追诉立案标准的规定(试行)》和《刑法》第369条的相关规定，破坏武器装备、军事设施、军事通信的，应予立案。

349. 过失损坏武器装备、军事设施、军事通信罪

过失损坏武器装备、军事设施、军事通信罪(《刑法》第369条第2款，《刑法修正案(五)》第3条第2款)，是指行为人过失损坏武器装备、军事设施、军事通信的行为。

根据《刑法》第370条第3款的规定，过失损坏武器装备、军事设施提供给武装部队造成原则后果的，应予立案。

本罪是结果犯，行为人过失损坏武器装备、军事设施给武装部队，必须造成严重后果的，才构成犯罪，予以立案侦查。

350. 故意提供不合格武器装备、军事设施罪

故意提供不合格武器装备、军事设施罪(《刑法》第370条第1款)，是指明知是不合格的武器装备、军事设施而提供给武装部队的行为。

本罪是行为犯，根据最高人民检察院、公安部《关于公安机关管辖的刑事案件追诉立案标准的规定(试行)》和《刑法》第370条的相关规定，行为人明知是不合格的武器装备、军事设施，而提供给武装部队的行为，原则上就构成犯罪，应予立案侦查。

351. 过失提供不合格武器装备、军事设施罪

过失提供不合格武器装备、军事设施罪(《刑法》第370条第2款)，是指行为人疏忽大意或者不负责任，而将不合格的武器装备、军事设施提供姐武装部队，造成严重后果的行为。

本罪是结果犯，行为人过失提供不合格的武器装备、军事设施给武装部队，必须造成严重后果的，才构成犯罪，予以立案侦查。

根据最高人民检察院、公安部《关于公安机关管辖的刑事案件追诉立案标准的规定(试行)》和《刑法》第370条第2款的相关规定，过失将不合格的武器装备、军事设施提供给武装部队，造成原则后果的，涉嫌下列情形之一的，应予立案追诉：

(1)造成死亡1人或者重伤3人以上的；

(2)造成直接经济损失30万元以上的；

(3)严重影响作战、演习、抢险救灾任务完成的；

(4)其他造成严重后果的情形。

352. 聚众冲击军事禁区罪

聚众冲击军事禁区罪(《刑法》第371条第1款)，是指组织、策划、指挥聚众冲击军事禁区或者积极参加聚众冲击军事禁区，严重扰乱军事禁区秩序的行为。

本罪是结果犯，聚众冲击军事禁区的行为，必须造成“严重扰乱军事禁区秩序”的结果，予以立案侦查。根据最高人民检察院、公安部《关于公安机关管辖的刑事案件追诉立案标准的规定(试行)》和《刑法》第371条第1款的相关规定，聚众冲击军事禁区，严重扰乱军事禁区秩序的，涉嫌下列情形之一的，应予立案侦查：

(1)冲击3次以上或者1次冲击持续时间较长的；

(2)持械或者采取暴力手段冲击的；

(3)冲击重要军事禁区的；

(4)发生在战时的；

(5)其他严重扰乱军事禁区秩序应予追究刑事责任的情形。

353. 聚众扰乱军事管理区秩序罪

聚众扰乱军事管理区秩序罪(《刑法》第371条第2款)，是指聚众扰乱军事管理区秩序，情节严重，致使军事管理区工作无法进行，造成严重损失的行为。

根据《刑法》第371条第2款的规定，聚众扰乱军事管理区秩序，情节严重，致使军事管理区工作无法进行，造成严重损失的，应予立案。

本罪是结果犯，聚众扰乱军事管理区秩序的行为，必须是情节严重，并致使军事管理区工作无法进行，造成严重后果的，才构成犯罪。

根据最高人民检察院、公安部《关于公安机关管辖的刑事案件追诉立案标准的规定(试行)》的规定，涉嫌下列情形之一的，应予立案侦查：

(1)造成人员轻伤以上的；

(2)扰乱3次以上或者1次扰乱持续时间较长的；

(3)造成直接经济损失5万元以上的；

(4)持械或者采取暴力手段的；

(5)扰乱重要军事管理区秩序的；

(6)发生在战时的；

(7)其他聚众扰乱军事管理区秩序应予追究刑事责任的情形。

354. 冒充军人招摇撞骗罪

冒充军人招摇撞骗罪(《刑法》第 372 条)，是指冒充军人进行招摇撞骗的行为。

根据《刑法》第 372 条的规定，行为人冒充军人进行招摇撞骗的，应予立案。本罪是行为犯，只要行为人实施了冒充军人进行招摇撞骗的行为，原则上就构成犯罪，应予立案。

355. 煽动军人逃离部队罪

煽动军人逃离部队罪(《刑法》第 373 条)，是指以口头、书面等形式鼓动军人逃离部队，情节严重的行为。

本罪是情节犯，必须达到情节严重的标准，才予以立案侦查。

根据最高人民检察院、公安部《关于公安机关管辖的刑事案件追诉立案标准的规定(试行)》和《刑法》第 373 条的相关规定，煽动军人逃离部队，涉嫌下列情形之一的，情节严重的，应予立案。

(1)煽动 3 人以上逃离部队的；

(2)煽动指挥人员、值班执勤人员或者其他负有重要职责人员逃离部队的；

(3)影响重要军事任务完成的；

(4)发生在战时的；

(5)其他情节严重的情形。

356. 雇佣逃离部队军人罪

雇佣逃离部队军人罪(《刑法》第 373 条)，是指明知他人是逃离部队的现役军人仍然加以雇佣的行为。

本罪是情节犯，行为人明知是逃离部队的军人而雇佣的，必须达到情节严重的标准，才予以立案侦查。

根据最高人民检察院、公安部《关于公安机关管辖的刑事案件追诉立案标准的规定(试行)》和《刑法》第 373 条的相关规定，明知他人是逃离部队的现役军人而雇用，涉嫌下列情形之一的，情节严重的，应予立案追诉：

(1)雇用 1 人 6 个月以上的；

(2)雇用 3 人以上的；

(3)明知是逃离部队的指挥人员、值班执勤人员或者其他负有重要职责人员二雇用的；

(4)阻碍部队将被雇用军人带回的；

(5)其他情节严重的情形。

357. 接送不合格兵员罪

接送不合格兵员罪(《刑法》第 374 条)，是指在征兵工作中徇私舞弊，接送不合格兵员，情节严重的行为。

根据《刑法》第 374 条的规定，接送不合格的兵员，情节严重的，应予立案。

本罪是情节犯，行为人在接兵工作中徇私舞弊，接送不合格兵员，必须达到情节严重的程度，才予以立案侦查。

根据最高人民检察院、公安部《关于公安机关管辖的刑事案件追诉立案标准的规定

(试行)》的规定，涉嫌下列情形之一的，应予立案追诉：

(1)接送不合格特种兵条件兵员1名医生或者普通兵员3名以上的；

(2)发生在战时的；

(3)造成严重后果的；

(4)其他情节严重的情形。

358. 伪造、变造、买卖武装部队公文、证件、印章罪

伪造、变造、买卖武装部队公文、证件、印章罪(《刑法》第375条第1款)，是指伪造、变造、买卖武装部队公文、证件、印章的行为。

本罪是行为犯，根据《刑法》第375条第1款的规定，行为人伪造、变造、买卖武装部队公文、证件、印章的，应予立案。

359. 盗窃、抢夺武装部队公文、证件、印章罪

盗窃、抢夺武装部队公文、证件、印章罪(《刑法》第375条第1款)，是指伪造、变造、买卖武装部队公文、证件、印章的行为。

根据《刑法》第375条第1款的规定，行为人伪造、变造、买卖武装部队公文、证件印章的，应予立案。

本罪是行为犯，只要行为人实施了伪造、变造、买卖武装部队公文、证件印章的，应当立案侦查。

360. 非法生产、买卖武装部队制式服装罪

非法生产、买卖武装部队制式服装罪(《刑法》第375条第2款，《刑法修正案(七)》第12条第1款)，取消非法生产、买卖军用标志罪)是指非法生产、买卖武装部队制式服装、车辆号牌等专用标志的情节严重的行为。

本罪是情节犯，必须达到情节严重的程度，才构成犯罪。根据《刑法》第375条第2款的规定，行为人非法生产、买卖武装部队制式服装、车辆号牌等专用标志的情节严重的，才予以立案侦查。

根据最高人民检察院、公安部《关于公安机关管辖的刑事案件追诉立案标准的规定(试行)》的规定，涉嫌下列情形之一的，应予立案追诉：

(1)成套制式服装30套以上，或者非成套制式服装100件以上的；

(2)军徽、军旗、肩章、星徽、帽徽、军种符号或者其他军用标志单种或者合计100件以上的；

(3)军以上领导机关专用车辆号牌1副以上或者其他军用车辆号牌3副以上的；

(4)非法经营数额5000元以上，或者非法获利1000元以上的；

(5)被他人利用进行违法犯罪活动的；

(6)其他情节严重的情形。

361. 伪造、盗窃、买卖、非法提供、非法使用武装部队专用标志罪

伪造、盗窃、买卖、非法提供、非法使用武装部队专用标志罪(《刑法》第375条，第3款，《刑法修正案(七)》第12条第2款)，是指非法生产、买卖武装部队制式服装、车牌号牌等专用标志，情节严重的行为。

本罪是情节犯，根据《刑法》第375条的规定，行为人非法生产、买卖武装部队制式服装、车牌号牌等专用标志，情节严重的，应予立案侦查。

362. 战时拒绝、逃避征召、军事训练罪

战时拒绝、逃避征召、军事训练罪(《刑法》第 376 条第 1 款)，是指预备役军人在战时拒绝、逃避征召或者军事训练，情节严重的行为。

根据最高人民检察院、公安部《关于公安机关管辖的刑事案件追诉立案标准的规定(试行)》的规定，涉嫌下列情形之一的，应予立案追诉：

(1)无正当理由经教育仍拒绝、逃避征召或者军事训练的；

(2)以暴力、威胁、欺骗等手段，或者采取自伤、自残等方式拒绝、逃避征召或者军事训练的；

(3)联络、煽动他人共同拒绝、逃避征召或者军事训练的；

(4)其他情节严重的情形。

本罪是情节犯，行为人在战时拒绝、逃避征召或者军事训练的，必须达到情节严重的程度，才予以立案侦查。根据《刑法》第 376 条第 1 款的规定，预备役人员在战时拒绝、逃避征召或者军事训练，情节严重的，应予立案。

363. 战时拒绝、逃避服役罪

战时拒绝、逃避服役罪(《刑法》第 376 条第 2 款)，是指应征公民拒绝、逃避服役，情节严重的行为。

本罪是情节犯，应征公民在战时拒绝、逃避服役的行为，必须达到情节严重的程度，才予以立案侦查。根据《刑法》第 376 条第 2 款的规定，应征公民在战时拒绝、逃避服役，情节严重的，应予立案。

根据最高人民检察院、公安部《关于公安机关管辖的刑事案件追诉立案标准的规定(试行)》的规定，涉嫌下列情形之一的，应予立案追诉：

(1)无正当理由经教育仍拒绝、逃避征召或者军事训练的；

(2)以暴力、威胁、欺骗等手段，或者采取自伤、自残等方式拒绝、逃避征召或者军事训练的；

(3)联络、煽动他人共同拒绝、逃避征召或者军事训练的；

(4)其他情节严重的情形。

364. 战时故意提供虚假敌情罪

战时故意提供虚假敌情罪(《刑法》第 377 条)，是指战时故意向部队提供虚假敌情，造成严重后果的行为，

本罪是结果犯，行为人在战时故意向武装部队提供虚假敌情的行为，必须是造成严重后果的，才予以立案侦查。根据《刑法》第 377 条的规定，战时故意向武装部队提供虚假敌情，造成严重后果的，应当立案。

365. 战时造谣扰乱军心罪

战时造谣扰乱军心罪(《刑法》第 378 条)，是指战时制造谣言、迷惑群众、动摇军心的行为。

本罪是结果犯，行为人只要在战时造谣惑众的行为，必须造成扰乱军心的后果，才予以立案侦查。根据《刑法》第 378 条的规定，战时造谣惑众扰乱军心的，应予立案。

366. 战时窝藏逃离部队军人罪

战时窝藏逃离部队军人罪(《刑法》第 379 条)，是指战时明知是逃离部队的军人而为其提供隐蔽处所、财物情节严重的行为。

本罪是情节犯，行为人在战时明知是逃离部队的军人而为其提供隐蔽处所、财物，情节严重的行为，必须达到情节严重的程度，才予以立案侦查。根据《刑法》第 379 条的规定，战时明知是逃离部队的军人而为其提供处所财物，情节严重的，应予立案。

根据最高人民检察院、公安部《关于公安机关管辖的刑事案件追诉立案标准的规定(试行)》的规定，涉嫌下列情形之一的，应予立案追诉：

(1)窝藏 3 人以上的；

(2)明知是指挥人员、值班执勤人员或者其他重要职责人员而窝藏的；

(3)有关部门查找时拒不交出的；

(4)其他情节严重的情形。

367. 战时拒绝、故意延误军事订货罪

战时拒绝、故意延误军事订货罪(《刑法》第 380 条)，是指战时拒绝或者故意延误军事订货，情节严重的行为。

本罪是情节犯，行为人在战时拒绝或者故意延误军事订货，情节严重的行为，必须达到情节严重的程度，才予以立案侦查。根据《刑法》第 380 条的规定，战时拒绝或者故意延误军事订货，情节严重的，应予立案。

根据最高人民检察院、公安部《关于公安机关管辖的刑事案件追诉立案标准的规定(试行)》的规定，涉嫌下列情形之一的，应予立案追诉：

(1)拒绝或者故意延误军事订货 3 次以上的；

(2)联络、煽动他人共同拒绝或者故意延误军事订货的；

(3)拒绝或者故意延误重要军事订货，影响重要军事任务完成的；

(4)其他情节严重的情形。

368. 战时拒绝军事征用罪

战时拒绝军事征用罪(《刑法》第 381 条)，是指在战时情况下，公民对国家、政府和武装力量征用其所属的房屋、车辆、场地等作战所需的物资，能够提供而拒绝提供，情节严重的行为。

本罪是情节犯，行为人在战时拒绝军事征用的行为，必须达到情节严重的程度，才予以立案侦查。

根据《刑法》第 381 条的规定，战时拒绝军事征用，情节严重的，应予立案。

根据最高人民检察院、公安部《关于公安机关管辖的刑事案件追诉立案标准的规定(试行)》的规定，涉嫌下列情形之一的，应予立案追诉：

(1)无正当理由拒绝军事征用 3 次以上的；

(2)采取暴力、威胁、欺骗等手段拒绝军事征用的；

(3)联络、煽动他人共同拒绝军事征用的；

(4)拒绝重要军事征用，影响重要军事任务完成的；

(5)其他情节严重的情形。

第八章　贪污贿赂罪[①]

369. 贪污罪

贪污罪(《刑法》第382条、第383条，第183条第2款，第271条第2款，第394条)，贪污罪是指国家工作人员利用职务上的便利，侵吞、窃取、骗取或者以其他手段非法占有公共财物的行为。

“利用职务上的便利”是指利用职务上主管、管理、经手公共财物的权力及方便条件。

受国家机关、国有公司、企业、事业单位、人民团体委托管理、经营国有财产的人员，利用职务上的便利，侵吞、窃取、骗取或者以其他手段非法占有国有财物的，以贪污罪追究其刑事责任。

“受委托管理、经营国有财产”是指因承包、租赁、聘用等而管理、经营国有财产。

国有保险公司的工作人员和国有保险公司委派到非国有保险公司从事公务的人员利用职务上的便利，故意编造未曾发生的保险事故进行虚假理赔，骗取保险金归自己所有的，以贪污罪追究刑事责任。

国有公司、企业或者其他国有单位中从事公务的人员和国有公司、企业或者其他国有单位委派到非国有公司、企业以及其他非国有单位从事公务的人员，利用职务上的便利，将本单位财物非法占为己有的，以贪污罪追究刑事责任。

国家工作人员在国内公务活动或者对外交往中接受礼物，依照国家规定应当交公而不交公，数额较大的，以贪污罪追究刑事责任。

根据最高人民检察院《关于人民检察院直接受理立案侦查案件立案标准的规定(试行)》的有关规定，涉嫌下列情形之一的，应予立案：

(1)个人贪污数额在5千元以上的；

(2)个人贪污数额不满5千元，但具有贪污救灾、抢险、防汛、防疫、优抚、扶贫、移民、救济款物及募捐款物、赃款赃物、罚没款物、暂扣款物，以及贪污手段恶劣、毁灭证据、转移赃物等情节的。

370. 挪用公款罪

挪用公款罪(《刑法》第384条，第185条第2款，第272条第2款)，是指国家工作人员利用职务上的便利，挪用公款归个人使用，进行非法活动的，或者挪用公款数额较大、进行营利活动的，或者挪用公款数额较大、超过3个月未还的行为。

国有金融机构工作人员和国有金融机构委派到非国有金融机构从事公务的人员，利用职务上的便利，挪用本单位或者客户资金的，以挪用公款罪追究刑事责任。

国有公司、企业或者其他国有单位中从事公务的人员和国有公司、企业或者其他国有单位委派到非国有公司、企业以及其他单位从事公务的人员，利用职务上的便利，挪

① 第八章、第九章都是人民检察院直接受理立案案件的罪名。

用本单位资金归个人使用或者借贷给他人，数额较大，超过3个月未还的，或者虽未超过3个月，但数额较大，进行营利活动的，或者进行非法活动的，以挪用公款罪追究刑事责任。

根据最高人民检察院《关于人民检察院直接受理立案侦查案件立案标准的规定（试行）》的有关规定，涉嫌下列情形之一的，应予立案：

（1）挪用公款归个人使用，数额在5千元至1万元以上，进行非法活动的；

（2）挪用公款数额在1万元至3万元以上，归个人进行营利活动的；

（3）挪用公款归个人使用，数额在1万元至3万元以上，超过3个月未还的。

各省级人民检察院可以根据本地实际情况，在上述数额幅度内，确定本地区执行的具体数额标准，并报最高人民检察院备案。

“挪用公款归个人使用”，既包括挪用者本人使用，也包括给他人使用。

多次挪用公款不还的，挪用公款数额累计计算；多次挪用公款并以后次挪用的公款归还前次挪用的公款，挪用公款数额以案发时未还的数额认定。

挪用公款给其他个人使用的案件，使用人与挪用人共谋，指使或者参与策划取得挪用款的，对使用人以挪用公款罪的共犯追究刑事责任。

371. 受贿罪

受贿罪（《刑法》第385、386条，第388条，第163条第3款，第184条第2款），是指国家工作人员利用职务上的便利，索取他人财物的，或者非法收受他人财物，为他人谋取利益的行为。

“利用职务上的便利”，是指利用本人职务范围内的权力，即自己职务上主管、负责或者承办某项公共事务的职权及其所形成的便利条件。

索取他人财物的，不论是否“为他人谋取利益”，均可构成受贿罪。非法收受他人财物的，必须同时具备“为他人谋取利益”的条件，才能构成受贿罪。但是为他人谋取的利益是否正当，为他人谋取的利益是否实现，不影响受贿罪的认定。

国家工作人员在经济往来中，违反国家规定，收受各种名义的回扣、手续费，归个人所有的，以受贿罪追究刑事责任。

国有公司、企业中从事公务的人员和国有公司、企业委派到非国有公司、企业从事公务的人员利用职务上的便利，索取他人财物或者非法收受他人财物，为他人谋取利益，或者在经济往来中，违反国家规定，收受各种名义的回扣、手续费，归个人所有的，以受贿罪追究刑事责任。

国有金融机构工作人员和国有金融机构委派到非国有金融机构从事公务的人员在金融业务活动中索取他人财物或者非法收受他人财物，为他人谋取利益的，或者违反国家规定，收受各种名义的回扣、手续费归个人所有的，以受贿罪追究刑事责任。

国家工作人员利用本人职权或者地位形成的便利条件，通过其他国家工作人员职务上的行为，为请托人谋取不正当利益，索取请托人财物或者收受请托人财物的，以受贿罪追究刑事责任。

根据最高人民检察院《关于人民检察院直接受理立案侦查案件立案标准的规定（试行）》的有关规定，涉嫌下列情形之一的，应予立案：

(1)个人受贿数额在5千元以上的；

(2)个人受贿数额不满5千元，但具有下列情形之一的：①因受贿行为而使国家或者社会利益遭受重大损失的；②故意刁难、要挟有关单位、个人，造成恶劣影响的；③强行索取财物的。

372. 单位受贿罪

单位受贿罪(《刑法》第387条)，是指国家机关、国有公司、企业、事业单位、人民团体，索取、非法收受他人财物，为他人谋取利益，情节严重的行为。

索取他人财物或者非法收受他人财物，必须同时具备为他人谋取利益的条件，且是情节严重的行为，才能构成单位受贿罪。

国家机关、国有公司、企业、事业单位、人民团体，在经济往来中，在账外暗中收受各种名义的回扣、手续费的，以单位受贿罪追究刑事责任。

根据最高人民检察院《关于人民检察院直接受理立案侦查案件立案标准的规定(试行)》的有关规定，涉嫌下列情形之一的，应予立案：

(1)单位受贿数额在10万元以上的；

(2)单位受贿数额不满10万元，但具有下列情形之一的：①故意刁难、要挟有关单位、个人，造成恶劣影响的；②强行索取财物的；③致使国家或者社会利益遭受重大损失的。

373. 利用影响力受贿罪

利用影响力受贿罪(《刑法》第388条之一，《刑法修正案(七)》第13条)，是指国家工作人员的近亲属或者其他与该国家工作人员关系密切的人，通过该国家工作人员职务上的行为，或者利用该国家工作人员职权或者地位形成的便利条件，通过其他国家工作人员职务上的行为，为请托人谋取不正当利益，索取请托人财物或者收受请托人财物，数额较大或者有其他较重情节的行为。

374. 离职的国家工作人员受贿罪

离职的国家工作人员受贿罪(《刑法》第388条之一，《刑法修正案》(七)第13条)，是指离职国家工作人员，利用在职时形成的影响力，通过其他国家工作人员的职务行为为请求人谋取不正当利益，从中索取或者收受贿赂的行为。

375. 离职的国家工作人员的近亲属或者关系密切的人受贿罪

离职的国家工作人员的近亲属或者关系密切的人受贿罪(《刑法》第388条之一，《刑法修正案》(七)第13条)，是指离职的国家工作人员的近亲属以及其他与其关系密切的人，利用国家工作人员职权或者地位形成的便利条件为请托人谋取不正当利益，收益请托人财物的行为。

376. 行贿罪

行贿罪(《刑法》第389、390条)，是指为谋取不正当利益，给予国家工作人员、集体经济组织工作人员或者其他从事公务的人员以财物的行为。

在经济往来中，违反国家规定，给予国家工作人员以财物，数额较大的，或者违反国家规定，给予国家工作人员以各种名义的回扣、手续费的，以行贿罪追究刑事责任。

根据最高人民检察院《关于人民检察院直接受理立案侦查案件立案标准的规定(试

行)》的有关规定，涉嫌下列情形之一的，应予立案：

(1)行贿数额在1万元以上的；

(2)行贿数额不满1万元，但具有下列情形之一的：①为谋取非法利益而行贿的；②向3人以上行贿的；③向党政领导、司法工作人员、行政执法人员行贿的；④致使国家或者社会利益遭受重大损失的。

因被勒索给予国家工作人员以财物，已获得不正当利益的，以行贿罪追究刑事责任。

377．对单位行贿罪

对单位行贿罪(《刑法》第391条)，是指为谋取不正当利益，给予国家机关、国有公司、企业、事业单位、人民团体以财物，或者在经济往来中，违反国家规定，给予上述单位各种名义的回扣、手续费的行为。

根据最高人民检察院《关于人民检察院直接受理立案侦查案件立案标准的规定(试行)》的有关规定，涉嫌下列情形之一的，应予立案：

(1)个人行贿数额在10万元以上、单位行贿数额在20万元以上的；

(2)个人行贿数额不满10万元、单位行贿数额在10万元以上不满20万元，但具有下列情形之一的：①为谋取非法利益而行贿的；②向3个以上单位行贿的；③向党政机关、司法机关、行政执法机关行贿的；④致使国家或者社会利益遭受重大损失的。

378．介绍贿赂罪

介绍贿赂罪(《刑法》第392条)，是指向国家工作人员介绍贿赂，情节严重的行为。

“介绍贿赂”是指在行贿人与受贿人之间沟通关系、撮合条件，使贿赂行为得以实现的行为。

根据最高人民检察院《关于人民检察院直接受理立案侦查案件立案标准的规定(试行)》的有关规定，涉嫌下列情形之一的，应予立案：

(1)介绍个人向国家工作人员行贿，数额在2万元以上的；介绍单位向国家工作人员行贿，数额在20万元以上的；

(2)介绍贿赂数额不满上述标准，但具有下列情形之一的：①为使行贿人获取非法利益而介绍贿赂的；②3次以上或者为3人以上介绍贿赂的；③向党政领导、司法工作人员、行政执法人员介绍贿赂的；④致使国家或者社会利益遭受重大损失的。

379．单位行贿罪

单位行贿罪(《刑法》第393条)，是指公司、企业、事业单位、机关、团体为谋取不正当利益而行贿，或者违反国家规定，给予国家工作人员以回扣、手续费，情节严重的行为。

根据最高人民检察院《关于人民检察院直接受理立案侦查案件立案标准的规定(试行)》的有关规定，涉嫌下列情形之一的，应予立案：

(1)单位行贿数额在20万元以上的；

(2)单位为谋取不正当利益而行贿，数额在10万元以上不满20万元，但具有下列情形之一的：①为谋取非法利益而行贿的；②向3人以上行贿的；③向党政领导、司法工作人员、行政执法人员行贿的；④致使国家或者社会利益遭受重大损失的。

因行贿取得的违法所得归个人所有的，依照本规定关于个人行贿的规定立案，追究其刑事责任。

380. 巨额财产来源不明罪

巨额财产来源不明罪(《刑法》第 395 条第 1 款)，是指国家工作人员的财产或者支出明显超出合法收入，差额巨大，而本人又不能说明其来源是合法的行为。

根据最高人民检察院《关于人民检察院直接受理立案侦查案件立案标准的规定(试行)》的有关规定，涉嫌巨额财产来源不明，数额在 30 万元以上的，应予立案。

381. 隐瞒境外存款罪

隐瞒境外存款罪(《刑法》第 395 条第 2 款)，是指国家工作人员违反国家规定，故意隐瞒不报在境外的存款，数额较大的行为。

根据最高人民检察院《关于人民检察院直接受理立案侦查案件立案标准的规定(试行)》的有关规定，涉嫌隐瞒境外存款，折合人民币数额在 30 万元以上的，应予立案。

382. 私分国有资产罪

私分国有资产罪(《刑法》第 396 条第 1 款)，是指国家机关、国有公司、企业、事业单位、人民团体，违反国家规定，以单位名义将国有资产集体私分给个人，数额较大的行为。

根据最高人民检察院《关于人民检察院直接受理立案侦查案件立案标准的规定(试行)》的有关规定，涉嫌私分国有资产，累计数额在 10 万元以上的，应予立案。

383. 私分罚没财物罪

私分罚没财物罪(《刑法》第 396 条第 2 款)，是指司法机关、行政执法机关违反国家规定，将应当上缴国家的罚没财物，以单位名义集体私分给个人的行为。

根据最高人民检察院《关于人民检察院直接受理立案侦查案件立案标准的规定(试行)》的有关规定，涉嫌私分罚没财物，累计数额在 10 万元以上，应予立案。

第九章 渎 职 罪

384. 滥用职权罪

滥用职权罪(《刑法》第397条)，是指国家机关工作人员超越职权，违法决定、处理其无权决定、处理的事项，或者违反规定处理公务，致使公共财产、国家和人民利益遭受重大损失的行为。

根据最高人民检察院《关于人民检察院直接受理立案侦查案件立案标准的规定(试行)》和最高人民检察院《关于渎职侵权犯罪案件立案标准的规定》(高检发释字〔2006〕2号)的有关规定，涉嫌下列情形之一的，应予立案：

(1)造成死亡1人以上，或者重伤2人以上，或者重伤1人、轻伤3人以上，或者轻伤5人以上的；

(2)导致10人以上严重中毒的；

(3)造成个人财产直接经济损失10万元以上，或者直接经济损失不满10万元，但间接经济损失50万元以上的；

(4)造成公共财产或者法人、其他组织财产直接经济损失20万元以上，或者直接经济损失不满20万元，但间接经济损失100万元以上的；

(5)虽未达到3、4两项数额标准，但3、4两项合计直接经济损失20万元以上，或者合计直接经济损失不满20万元，但合计间接经济损失100万元以上的；

(6)造成公司、企业等单位停业、停产6个月以上，或者破产的；

(7)弄虚作假，不报、缓报、谎报或者授意、指使、强令他人不报、缓报、谎报情况，导致重特大事故危害结果继续、扩大，或者致使抢救、调查、处理工作延误的；

(8)严重损害国家声誉，或者造成恶劣社会影响的；

(9)其他致使公共财产、国家和人民利益遭受重大损失的情形。

国家机关工作人员滥用职权，符合《刑法》第九章所规定的特殊渎职罪构成要件的，按照该特殊规定追究刑事责任；主体不符合《刑法》第九章所规定的特殊渎职罪的主体要件，但滥用职权涉嫌前款第1项至第9项规定情形之一的，按照《刑法》第397条的规定以滥用职权罪追究刑事责任。

385. 玩忽职守罪

玩忽职守罪(《刑法》第397条)，是指国家机关工作人员严重不负责任，不履行或者不认真履行职责，致使公共财产、国家和人民利益遭受重大损失的行为。

根据最高人民检察院《关于人民检察院直接受理立案侦查案件立案标准的规定(试行)》和最高人民检察院《关于渎职侵权犯罪案件立案标准的规定》(高检发释字〔2006〕2号)的有关规定，涉嫌下列情形之一的，应予立案：

(1)造成死亡1人以上，或者重伤3人以上，或者重伤2人、轻伤4人以上，或者重伤1人、轻伤7人以上，或者轻伤10人以上的；

(2)导致20人以上严重中毒的；

(3)造成个人财产直接经济损失15万元以上，或者直接经济损失不满15万元，但间接经济损失75万元以上的；

(4)造成公共财产或者法人、其他组织财产直接经济损失30万元以上，或者直接经济损失不满30万元，但间接经济损失150万元以上的；

(5)虽未达到3、4两项数额标准，但3、4两项合计直接经济损失30万元以上，或者合计直接经济损失不满30万元，但合计间接经济损失150万元以上的；

(6)造成公司、企业等单位停业、停产1年以上，或者破产的；

(7)海关、外汇管理部门的工作人员严重不负责任，造成100万美元以上外汇被骗购或者逃汇1000万美元以上的；

(8)严重损害国家声誉，或者造成恶劣社会影响的；

(9)其他致使公共财产、国家和人民利益遭受重大损失的情形。

国家机关工作人员玩忽职守，符合《刑法》第九章所规定的特殊渎职罪构成要件的，按照该特殊规定追究刑事责任；主体不符合《刑法》第九章所规定的特殊渎职罪的主体要件，但玩忽职守涉嫌前款第1项至第9项规定情形之一的，按照《刑法》第397条的规定以玩忽职守罪追究刑事责任。

386. 故意泄露国家秘密罪

故意泄露国家秘密罪(《刑法》第398条)，是指国家机关工作人员或者非国家机关工作人员违反保守国家秘密法，故意使国家秘密被不应知悉者知悉，或者故意使国家秘密超出了限定的接触范围，情节严重的行为。

根据最高人民检察院《关于人民检察院直接受理立案侦查案件立案标准的规定(试行)》和最高人民检察院《关于渎职侵权犯罪案件立案标准的规定》(高检发释字〔2006〕2号)的有关规定，涉嫌下列情形之一的，应予立案：

(1)泄露绝密级国家秘密1项(件)以上的；

(2)泄露机密级国家秘密2项(件)以上的；

(3)泄露秘密级国家秘密3项(件)以上的；

(4)向非境外机构、组织、人员泄露国家秘密，造成或者可能造成危害社会稳定、经济发展、国防安全或者其他严重危害后果的；

(5)通过口头、书面或者网络等方式向公众散布、传播国家秘密的；

(6)利用职权指使或者强迫他人违反国家保守秘密法的规定泄露国家秘密的；

(7)以牟取私利为目的泄露国家秘密的；

(8)其他情节严重的情形。

387. 过失泄露国家秘密罪

过失泄露国家秘密罪(《刑法》第398条)，是指国家机关工作人员或者非国家机关工作人员违反保守国家秘密法，过失泄露国家秘密，或者遗失国家秘密载体，致使国家秘密被不应知悉者知悉或者超出了限定的接触范围，情节严重的行为。

根据最高人民检察院《关于人民检察院直接受理立案侦查案件立案标准的规定(试行)》和最高人民检察院《关于渎职侵权犯罪案件立案标准的规定》(高检发释字〔2006〕2号)的有关规定，涉嫌下列情形之一的，应予立案：

(1)泄露绝密级国家秘密1项(件)以上的;

(2)泄露机密级国家秘密3项(件)以上的;

(3)泄露秘密级国家秘密4项(件)以上的;

(4)违反保密规定,将涉及国家秘密的计算机或者计算机信息系统与互联网相连接,泄露国家秘密的;

(5)泄露国家秘密或者遗失国家秘密载体,隐瞒不报、不如实提供有关情况或者不采取补救措施的;

(6)其他情节严重的情形。

388. 徇私枉法罪

徇私枉法罪(《刑法》第399条第1款,取消枉法追诉、裁判罪),是指司法工作人员徇私枉法、徇情枉法,对明知是无罪的人而使他受追诉、对明知是有罪的人而故意包庇不使他受追诉,或者在刑事审判活动中故意违背事实和法律作枉法裁判的行为。

根据最高人民检察院《关于人民检察院直接受理立案侦查案件立案标准的规定(试行)》和最高人民检察院《关于渎职侵权犯罪案件立案标准的规定》(高检发释字〔2006〕2号)的有关规定,涉嫌下列情形之一的,应予立案:

(1)对明知是没有犯罪事实或者其他依法不应当追究刑事责任的人,采取伪造、隐匿、毁灭证据或者其他隐瞒事实、违反法律的手段,以追究刑事责任为目的立案、侦查、起诉、审判的;

(2)对明知是有犯罪事实需要追究刑事责任的人,采取伪造、隐匿、毁灭证据或者其他隐瞒事实、违反法律的手段,故意包庇使其不受立案、侦查、起诉、审判的;

(3)采取伪造、隐匿、毁灭证据或者其他隐瞒事实、违反法律的手段,故意使罪重的人受较轻的追诉,或者使罪轻的人受较重的追诉的;

(4)在立案后,采取伪造、隐匿、毁灭证据或者其他隐瞒事实、违反法律的手段,应当采取强制措施而不采取强制措施,或者虽然采取强制措施,但中断侦查或者超过法定期限不采取任何措施,实际放任不管,以及违法撤销、变更强制措施,致使犯罪嫌疑人、被告人实际脱离司法机关侦控的;

(5)在刑事审判活动中故意违背事实和法律,作出枉法判决、裁定,即有罪判无罪、无罪判有罪,或者重罪轻判、轻罪重判的;

(6)其他徇私枉法应予追究刑事责任的情形。

389. 民事、行政枉法裁判罪

民事、行政枉法裁判罪(《刑法》第399条第2款,取消枉法裁判罪),是指司法工作人员,在民事、行政审判活动中,故意违背事实和法律作枉法裁判,情节严重的行为。

根据最高人民检察院《关于人民检察院直接受理立案侦查案件立案标准的规定(试行)》和最高人民检察院《关于渎职侵权犯罪案件立案标准的规定》(高检发释字〔2006〕2号)的有关规定,涉嫌下列情形之一的,应予立案:

(1)枉法裁判,致使当事人或者其近亲属自杀、自残造成重伤、死亡,或者精神失常的;

(2)枉法裁判，造成个人财产直接经济损失10万元以上，或者直接经济损失不满10万元，但间接经济损失50万元以上的；

(3)枉法裁判，造成法人或者其他组织财产直接经济损失20万元以上，或者直接经济损失不满20万元，但间接经济损失100万元以上的；

(4)伪造、变造有关材料、证据，制造假案枉法裁判的；

(5)串通当事人制造伪证，毁灭证据或者篡改庭审笔录而枉法裁判的；

(6)徇私情、私利，明知是伪造、变造的证据予以采信，或者故意对应当采信的证据不予采信，或者故意违反法定程序，或者故意错误适用法律而枉法裁判的；

(7)其他情节严重的情形。

390. 执行判决、裁定失职罪

执行判决、裁定失职罪(《刑法》第399条第3款)，是指司法工作人员在执行判决、裁定活动中，严重不负责任，不依法采取诉讼保全措施、不履行法定执行职责，或者违法采取保全措施、强制执行措施，致使当事人或者其他人的利益遭受重大损失的行为。

根据最高人民检察院《关于人民检察院直接受理立案侦查案件立案标准的规定(试行)》和最高人民检察院《关于渎职侵权犯罪案件立案标准的规定》(高检发释字〔2006〕2号)的有关规定，涉嫌下列情形之一的，应予立案：

(1)致使当事人或者其近亲属自杀、自残造成重伤、死亡，或者精神失常的；

(2)造成个人财产直接经济损失15万元以上，或者直接经济损失不满15万元，但间接经济损失75万元以上的；

(3)造成法人或者其他组织财产直接经济损失30万元以上，或者直接经济损失不满30万元，但间接经济损失150万元以上的；

(4)造成公司、企业等单位停业、停产1年以上，或者破产的；

(5)其他致使当事人或者其他人的利益遭受重大损失的情形。

391. 执行判决、裁定滥用职权罪

执行判决、裁定滥用职权罪(《刑法》第399条第2款)，是指司法工作人员在执行判决、裁定活动中，滥用职权，不依法采取诉讼保全措施、不履行法定执行职责，或者违法采取保全措施、强制执行措施，致使当事人或者其他人的利益遭受重大损失的行为。

根据最高人民检察院《关于人民检察院直接受理立案侦查案件立案标准的规定(试行)》和最高人民检察院《关于渎职侵权犯罪案件立案标准的规定》(高检发释字〔2006〕2号)的有关规定，涉嫌下列情形之一的，应予立案：

(1)致使当事人或者其近亲属自杀、自残造成重伤、死亡，或者精神失常的；

(2)造成个人财产直接经济损失10万元以上，或者直接经济损失不满10万元，但间接经济损失50万元以上的；

(3)造成法人或者其他组织财产直接经济损失20万元以上，或者直接经济损失不满20万元，但间接经济损失100万元以上的；

(4)造成公司、企业等单位停业、停产6个月以上，或者破产的；

(5)其他致使当事人或者其他人的利益遭受重大损失的情形。

392. 枉法仲裁罪

枉法仲裁罪(《刑法》第399条之一,《刑法修正案(六)》第20条),是指依法承担仲裁职责的人员,在仲裁活动中故意违背事实和法律作出枉法裁决,情节严重的行为。

393. 私放在押人员罪

私放在押人员罪(《刑法》第400条第1款),是指司法工作人员私放在押(包括在羁押场所和押解途中)的犯罪嫌疑人、被告人或者罪犯的行为。

根据最高人民检察院《关于人民检察院直接受理立案侦查案件立案标准的规定(试行)》和最高人民检察院《关于渎职侵权犯罪案件立案标准的规定》(高检发释字〔2006〕2号)的有关规定,涉嫌下列情形之一的,应予立案:

(1)私自将在押的犯罪嫌疑人、被告人、罪犯放走,或者授意、指使、强迫他人将在押的犯罪嫌疑人、被告人、罪犯放走的;

(2)伪造、变造有关法律文书、证明材料,以使在押的犯罪嫌疑人、被告人、罪犯逃跑或者被释放的;

(3)为私放在押的犯罪嫌疑人、被告人、罪犯,故意向其通风报信、提供条件,致使该在押的犯罪嫌疑人、被告人、罪犯脱逃的;

(4)其他私放在押的犯罪嫌疑人、被告人、罪犯应予追究刑事责任的情形。

394. 失职致使在押人员脱逃罪

失职致使在押人员脱逃罪(《刑法》第400条第2款),是指司法工作人员由于严重不负责任,不履行或者不认真履行职责,致使在押(包括在羁押场所和押解途中)的犯罪嫌疑人、被告人、罪犯脱逃,造成严重后果的行为。

根据最高人民检察院《关于人民检察院直接受理立案侦查案件立案标准的规定(试行)》和最高人民检察院《关于渎职侵权犯罪案件立案标准的规定》(高检发释字〔2006〕2号)的相关规定,涉嫌下列情形之一的,应予立案:

(1)致使依法可能判处或者已经判处10年以上有期徒刑、无期徒刑、死刑的犯罪嫌疑人、被告人、罪犯脱逃的;

(2)致使犯罪嫌疑人、被告人、罪犯脱逃3人次以上的;

(3)犯罪嫌疑人、被告人、罪犯脱逃以后,打击报复报案人、控告人、举报人、被害人、证人和司法工作人员等,或者继续犯罪的;

(4)其他致使在押的犯罪嫌疑人、被告人、罪犯脱逃,造成严重后果的情形。

395. 徇私舞弊减刑、假释、暂予监外执行罪

徇私舞弊减刑、假释、暂予监外执行罪(《刑法》第401条),是指司法工作人员徇私舞弊,对不符合减刑、假释、暂予监外执行条件的罪犯予以减刑、假释、暂予监外执行的行为。

根据最高人民检察院《关于人民检察院直接受理立案侦查案件立案标准的规定(试行)》和最高人民检察院《关于渎职侵权犯罪案件立案标准的规定》(高检发释字〔2006〕2号)的有关规定,涉嫌下列情形之一的,应予立案:

(1)刑罚执行机关的工作人员对不符合减刑、假释、暂予监外执行条件的罪犯,捏造事实,伪造材料,违法报请减刑、假释、暂予监外执行的;

(2)审判人员对不符合减刑、假释、暂予监外执行条件的罪犯，徇私舞弊，违法裁定减刑、假释或者违法决定暂予监外执行的；

(3)监狱管理机关、公安机关的工作人员对不符合暂予监外执行条件的罪犯，徇私舞弊，违法批准暂予监外执行的；

(4)不具有报请、裁定、决定或者批准减刑、假释、暂予监外执行权的司法工作人员利用职务上的便利，伪造有关材料，导致不符合减刑、假释、暂予监外执行条件的罪犯被减刑、假释、暂予监外执行的；

(5)其他徇私舞弊减刑、假释、暂予监外执行应予追究刑事责任的情形。

396. 徇私舞弊不移交刑事案件罪

徇私舞弊不移交刑事案件罪(《刑法》第402条)，是指工商行政管理、税务、监察等行政执法人员，徇私舞弊，对依法应当移交司法机关追究刑事责任的案件不移交，情节严重的行为。

根据最高人民检察院《关于人民检察院直接受理立案侦查案件立案标准的规定(试行)》和最高人民检察院《关于渎职侵权犯罪案件立案标准的规定》(高检发释字〔2006〕2号)的有关规定，涉嫌下列情形之一的，应予立案：

(1)对依法可能判处3年以上有期徒刑、无期徒刑、死刑的犯罪案件不移交的；

(2)不移交刑事案件涉及3人次以上的；

(3)司法机关提出意见后，无正当理由仍然不予移交的；

(4)以罚代刑，放纵犯罪嫌疑人，致使犯罪嫌疑人继续进行违法犯罪活动的；

(5)行政执法部门主管领导阻止移交的；

(6)隐瞒、毁灭证据，伪造材料，改变刑事案件性质的；

(7)直接负责的主管人员和其他直接责任人员为牟取本单位私利而不移交刑事案件，情节严重的；

(8)其他情节严重的情形。

397. 滥用管理公司、证券职权罪

滥用管理公司、证券职权罪(《刑法》第403条)，是指工商行政管理、证券管理等国家有关主管部门的工作人员徇私舞弊，滥用职权，对不符合法律规定条件的公司设立、登记申请或者股票、债券发行、上市申请予以批准或者登记，致使公共财产、国家和人民利益遭受重大损失的行为，以及上级部门、当地政府强令登记机关及其工作人员实施上述行为的行为。

根据最高人民检察院《关于人民检察院直接受理立案侦查案件立案标准的规定(试行)》和最高人民检察院《关于渎职侵权犯罪案件立案标准的规定》(高检发释字〔2006〕2号)的有关规定，涉嫌下列情形之一的，应予立案：

(1)造成直接经济损失50万元以上的；

(2)工商行政管理部门的工作人员对不符合法律规定条件的公司设立、登记申请，违法予以批准、登记，严重扰乱市场秩序的；

(3)金融证券管理机构工作人员对不符合法律规定条件的股票、债券发行、上市申请，违法予以批准，严重损害公众利益，或者严重扰乱金融秩序的；

(4)工商行政管理部门、金融证券管理机构的工作人员对不符合法律规定条件的公司设立、登记申请或者股票、债券发行、上市申请违法予以批准或者登记，致使犯罪行为得逞的；

(5)上级部门、当地政府直接负责的主管人员强令登记机关及其工作人员，对不符合法律规定条件的公司设立、登记申请或者股票、债券发行、上市申请予以批准或者登记，致使公共财产、国家或者人民利益遭受重大损失的；

(6)其他致使公共财产、国家和人民利益遭受重大损失的情形。

398. 徇私舞弊不征、少征税款罪

徇私舞弊不征、少征税款罪(《刑法》第404条)，是指税务机关工作人员徇私舞弊，不征、少征应征税款，致使国家税收遭受重大损失的行为。

根据最高人民检察院《关于人民检察院直接受理立案侦查案件立案标准的规定(试行)》和最高人民检察院《关于渎职侵权犯罪案件立案标准的规定》(高检发释字〔2006〕2号)的有关规定，涉嫌下列情形之一的，应予立案：

(1)徇私舞弊不征、少征应征税款，致使国家税收损失累计达10万元以上的；

(2)上级主管部门工作人员指使税务机关工作人员徇私舞弊不征、少征应征税款，致使国家税收损失累计达10万元以上的；

(3)徇私舞弊不征、少征应征税款不满10万元，但具有索取或者收受贿赂或者其他恶劣情节的；

(4)其他致使国家税收遭受重大损失的情形。

399. 徇私舞弊发售发票、抵扣税款、出口退税罪

徇私舞弊发售发票、抵扣税款、出口退税罪(《刑法》第405条第1款)，是指税务机关工作人员违反法律、行政法规的规定，在办理发售发票、抵扣税款、出口退税工作中徇私舞弊，致使国家利益遭受重大损失的行为。

根据最高人民检察院《关于人民检察院直接受理立案侦查案件立案标准的规定(试行)》和最高人民检察院《关于渎职侵权犯罪案件立案标准的规定》(高检发释字〔2006〕2号)的有关规定，涉嫌下列情形之一的，应予立案：

(1)徇私舞弊，致使国家税收损失累计达10万元以上的；

(2)徇私舞弊，致使国家税收损失累计不满10万元，但发售增值税专用发票25份以上或者其他发票50份以上或者增值税专用发票与其他发票合计50份以上，或者具有索取、收受贿赂或者其他恶劣情节的；

(3)其他致使国家利益遭受重大损失的情形。

400. 违法提供出口退税凭证罪

违法提供出口退税凭证罪(《刑法》第105条第2款)，是指海关、外汇管理等国家机关工作人员违反国家规定，在提供出口货物报关单、出口收汇核销单等出口退税凭证的工作中徇私舞弊，致使国家利益遭受重大损失的行为。

根据最高人民检察院《关于人民检察院直接受理立案侦查案件立案标准的规定(试行)》和最高人民检察院《关于渎职侵权犯罪案件立案标准的规定》(高检发释字〔2006〕2号)的有关规定，涉嫌下列情形之一的，应予立案：

(1)徇私舞弊，致使国家税收损失累计达10万元以上的；

(2)徇私舞弊，致使国家税收损失累计不满10万元，但具有索取、收受贿赂或者其他恶劣情节的；

(3)其他致使国家利益遭受重大损失的情形。

401. 国家机关工作人员签订、履行合同失职被骗罪

国家机关工作人员签订、履行合同失职被骗罪(《刑法》第406条)，是指国家机关工作人员在签订、履行合同过程中，因严重不负责任，不履行或者不认真履行职责被诈骗，致使国家利益遭受重大损失的行为。

根据最高人民检察院《关于人民检察院直接受理立案侦查案件立案标准的规定(试行)》和最高人民检察院《关于渎职侵权犯罪案件立案标准的规定》(高检发释字〔2006〕2号)的有关规定，涉嫌下列情形之一的，应予立案：

(1)造成直接经济损失30万元以上，或者直接经济损失不满30万元，但间接经济损失150万元以上的；

(2)其他致使国家利益遭受重大损失的情形。

402. 违法发放林木采伐许可证罪

违法发放林木采伐许可证罪(《刑法》第407条)，是指林业主管部门的工作人员违反森林法的规定，超过批准的年采伐限额发放林木采伐许可证或者违反规定滥发林木采伐许可证，情节严重，致使森林遭受严重破坏的行为。

根据最高人民检察院《关于人民检察院直接受理立案侦查案件立案标准的规定(试行)》和最高人民检察院《关于渎职侵权犯罪案件立案标准的规定》(高检发释字〔2006〕2号)的有关规定，涉嫌下列情形之一的，应予立案：

(1)发放林木采伐许可证允许采伐数量累计超过批准的年采伐限额，导致林木被超限额采伐10立方米以上的；

(2)滥发林木采伐许可证，导致林木被滥伐20立方米以上，或者导致幼树被滥伐1000株以上的；

(3)滥发林木采伐许可证，导致防护林、特种用途林被滥伐5立方米以上，或者幼树被滥伐200株以上的；

(4)滥发林木采伐许可证，导致珍贵树木或者国家重点保护的其他树木被滥伐的；

(5)滥发林木采伐许可证，导致国家禁止采伐的林木被采伐的；

(6)其他情节严重，致使森林遭受严重破坏的情形。

林业主管部门工作人员之外的国家机关工作人员，违反森林法的规定，滥用职权或者玩忽职守，致使林木被滥伐40立方米以上或者幼树被滥伐2000株以上，或者致使防护林、特种用途林被滥伐10立方米以上或者幼树被滥伐400株以上，或者致使珍贵树木被采伐、毁坏4立方米或者4株以上，或者致使国家重点保护的其他植物被采伐、毁坏后果严重的，或者致使国家严禁采伐的林木被采伐、毁坏情节恶劣的，按照《刑法》第397条的规定以滥用职权罪或者玩忽职守罪追究刑事责任。

403. 环境监管失职罪

环境监管失职罪(《刑法》第408条)，是指负有环境保护监督管理职责的国家机关工作人员严重不负责任，不履行或者不认真履行环境保护监管职责导致发生重大环境污染事故，致使公私财产遭受重大损失或者造成人身伤亡的严重后果的行为。

根据最高人民检察院《关于人民检察院直接受理立案侦查案件立案标准的规定(试行)》和最高人民检察院《关于渎职侵权犯罪案件立案标准的规定》(高检发释字〔2006〕2号)的有关规定，涉嫌下列情形之一的，应予立案：

(1)造成死亡1人以上，或者重伤3人以上，或者重伤2人、轻伤4人以上，或者重伤1人、轻伤7人以上，或者轻伤10人以上的；

(2)导致30人以上严重中毒的；

(3)造成个人财产直接经济损失15万元以上，或者直接经济损失不满15万元，但间接经济损失75万元以上的；

(4)造成公共财产、法人或者其他组织财产直接经济损失30万元以上，或者直接经济损失不满30万元，但间接经济损失150万元以上的；

(5)虽未达到3、4两项数额标准，但3、4两项合计直接经济损失30万元以上，或者合计直接经济损失不满30万元，但合计间接经济损失150万元以上的；

(6)造成基本农田或者防护林地、特种用途林地10亩以上，或者基本农田以外的耕地50亩以上，或者其他土地70亩以上被严重毁坏的；

(7)造成生活饮用水地表水源和地下水源严重污染的；

(8)其他致使公私财产遭受重大损失或者造成人身伤亡严重后果的情形。

404. 食品监管渎职罪

食品监管渎职罪(《刑法》第408条之一，《刑法修正案(八)》第49条)，是指负有食品安全监督管理职责的国家机关工作人员，滥用职权或者玩忽职守，导致发生重大食品安全事故或者造成其他严重后果的行为。

该罪立案标准可参考玩忽职守罪、滥用职权罪的立案标准。

405. 传染病防治失职罪

传染病防治失职罪(《刑法》第409条)，是指从事传染病防治的政府卫生行政部门的工作人员严重不负责任，不履行或者不认真履行传染病防治监管职责，导致传染病传播或者流行，情节严重的行为。

根据最高人民检察院《关于人民检察院直接受理立案侦查案件立案标准的规定(试行)》和最高人民检察院《关于渎职侵权犯罪案件立案标准的规定》(高检发释字〔2006〕2号)的有关规定，涉嫌下列情形之一的，应予立案：

(1)导致甲类传染病传播的；

(2)导致乙类、丙类传染病流行的；

(3)因传染病传播或者流行，造成人员重伤或者死亡的；

(4)因传染病传播或者流行，严重影响正常的生产、生活秩序的；

(5)在国家对突发传染病疫情等灾害采取预防、控制措施后，对发生突发传染病疫情等灾害的地区或者突发传染病病人、病原携带者、疑似突发传染病病人，未按照预防、控制突发传染病疫情等灾害工作规范的要求做好防疫、检疫、隔离、防护、救治等工作，或者采取的预防、控制措施不当，造成传染范围扩大或者疫情、灾情加重的；

(6)在国家对突发传染病疫情等灾害采取预防、控制措施后，隐瞒、缓报、谎报或者授意、指使、强令他人隐瞒、缓报、谎报疫情、灾情，造成传染范围扩大或者疫情、灾情加重的；

(7)在国家对突发传染病疫情等灾害采取预防、控制措施后，拒不执行突发传染病疫情等灾害应急处理指挥机构的决定、命令，造成传染范围扩大或者疫情、灾情加重的；

(8)其他情节严重的情形。

406. 非法批准征用、占用土地罪

非法批准征用、占用土地罪(《刑法》第410条)，是指国家机关工作人员徇私舞弊，违反土地管理法、森林法、草原法等法律以及有关行政法规中关于土地管理的规定，滥用职权，非法批准征用、占用耕地、林地等农用地以及其他土地，情节严重的行为。

根据最高人民检察院《关于人民检察院直接受理立案侦查案件立案标准的规定(试行)》和最高人民检察院《关于渎职侵权犯罪案件立案标准的规定》(高检发释字〔2006〕2号)的有关规定，涉嫌下列情形之一的，应予立案：

(1)非法批准征用、占用基本农田10亩以上的；

(2)非法批准征用、占用基本农田以外的耕地30亩以上的；

(3)非法批准征用、占用其他土地50亩以上的；

(4)虽未达到上述数量标准，但造成有关单位、个人直接经济损失30万元以上，或者造成耕地大量毁坏或者植被遭到严重破坏的；

(5)非法批准征用、占用土地，影响群众生产、生活，引起纠纷，造成恶劣影响或者其他严重后果的；

(6)非法批准征用、占用防护林地、特种用途林地分别或者合计10亩以上的；

(7)非法批准征用、占用其他林地20亩以上的；

(8)非法批准征用、占用林地造成直接经济损失30万元以上，或者造成防护林地、特种用途林地分别或者合计5亩以上或者其他林地10亩以上毁坏的；

(9)其他情节严重的情形。

407. 非法低价出让国有土地使用权罪

非法低价出让国有土地使用权罪(《刑法》第410条)，是指国家机关工作人员徇私舞弊，违反土地管理法、森林法、草原法等法律以及有关行政法规中关于土地管理的规定，滥用职权，非法低价出让国有土地使用权，情节严重的行为。

根据最高人民检察院《关于人民检察院直接受理立案侦查案件立案标准的规定(试行)》和最高人民检察院《关于渎职侵权犯罪案件立案标准的规定》(高检发释字〔2006〕2号)的有关规定，涉嫌下列情形之一的，应予立案：

(1)非法低价出让国有土地30亩以上，并且出让价额低于国家规定的最低价额标准的60%的；

(2)造成国有土地资产流失价额30万元以上的；

(3)非法低价出让国有土地使用权，影响群众生产、生活，引起纠纷，造成恶劣影响或者其他严重后果的；

(4)非法低价出让林地合计30亩以上，并且出让价额低于国家规定的最低价额标准的百分之六十的；

(5)造成国有资产流失30万元以上的；

(6)其他情节严重的情形。

408. 放纵走私罪

放纵走私罪(《刑法》第411条)，是指海关工作人员徇私舞弊，放纵走私，情节严重的行为。

根据最高人民检察院《关于人民检察院直接受理立案侦查案件立案标准的规定(试行)》和最高人民检察院《关于渎职侵权犯罪案件立案标准的规定》(高检发释字〔2006〕2号)的有关规定，涉嫌下列情形之一的，应予立案：

(1)放纵走私犯罪的；

(2)因放纵走私致使国家应收税额损失累计达10万元以上的；

(3)放纵走私行为3起次以上的；

(4)放纵走私行为，具有索取或者收受贿赂情节的；

(5)其他情节严重的情形。

409. 商检徇私舞弊罪

商检徇私舞弊罪(《刑法》第412条第1款)，是指出入境检验检疫机关、检验检疫机构工作人员徇私舞弊，伪造检验结果的行为。

根据最高人民检察院《关于人民检察院直接受理立案侦查案件立案标准的规定(试行)》和最高人民检察院《关于渎职侵权犯罪案件立案标准的规定》(高检发释字〔2006〕2号)的有关规定，涉嫌下列情形之一的，应予立案：

(1)采取伪造、变造的手段对报检的商品的单证、印章、标志、封识、质量认证标志等作虚假的证明或者出具不真实的证明结论的；

(2)将送检的合格商品检验为不合格，或者将不合格商品检验为合格的；

(3)对明知是不合格的商品，不检验而出具合格检验结果的；

(4)其他伪造检验结果应予追究刑事责任的情形。

410. 商检失职罪

商检失职罪(《刑法》第412条第2款)，是指出入境检验检疫机关、检验检疫机构工作人员严重不负责任，对应当检验的物品不检验，或者延误检验出证、错误出证，致使国家利益遭受重大损失的行为。

根据最高人民检察院《关于人民检察院直接受理立案侦查案件立案标准的规定(试行)》和最高人民检察院《关于渎职侵权犯罪案件立案标准的规定》(高检发释字〔2006〕2号)的有关规定，涉嫌下列情形之一的，应予立案：

(1)致使不合格的食品、药品、医疗器械等商品出入境，严重危害生命健康的；

(2)造成个人财产直接经济损失15万元以上，或者直接经济损失不满15万元，但间接经济损失75万元以上的；

(3)造成公共财产、法人或者其他组织财产直接经济损失30万元以上，或者直接经济损失不满30万元，但间接经济损失150万元以上的；

(4)未经检验，出具合格检验结果，致使国家禁止进口的固体废物、液态废物和气态废物等进入境内的；

(5)不检验或者延误检验出证、错误出证，引起国际经济贸易纠纷，严重影响国家对外经贸关系，或者严重损害国家声誉的；

(6)其他致使国家利益遭受重大损失的情形。

411. 动植物检疫徇私舞弊罪

动植物检疫徇私舞弊罪(《刑法》第413条第1款)，是指出入境检验检疫机关、检验检疫机构工作人员徇私舞弊，伪造检疫结果的行为。

根据最高人民检察院《关于人民检察院直接受理立案侦查案件立案标准的规定(试行)》和最高人民检察院《关于渎职侵权犯罪案件立案标准的规定》(高检发释字〔2006〕2号)的有关规定，涉嫌下列情形之一的，应予立案：

(1)采取伪造、变造的手段对检疫的单证、印章、标志、封识等作虚假的证明或者出具不真实的结论的；

(2)将送检的合格动植物检疫为不合格，或者将不合格动植物检疫为合格的；

(3)对明知是不合格的动植物，不检疫而出具合格检疫结果的；

(4)其他伪造检疫结果应予追究刑事责任的情形。

412. 动植物检疫失职罪

动植物检疫失职罪(《刑法》第413条第2款)，是指出入境检验检疫机关、检验检疫机构工作人员严重不负责任，对应当检疫的检疫物不检疫，或者误检疫出证、错误出证，致使国家利益遭受重大损失的行为。

根据最高人民检察院《关于人民检察院直接受理立案侦查案件立案标准的规定(试行)》和最高人民检察院《关于渎职侵权犯罪案件立案标准的规定》(高检发释字〔2006〕2号)的有关规定，涉嫌下列情形之一的，应予立案：

(1)导致疫情发生，造成人员重伤或者死亡的；

(2)导致重大疫情发生、传播或者流行的；

(3)造成个人财产直接经济损失15万元以上，或者直接经济损失不满15万元，但间接经济损失75万元以上的；

(4)造成公共财产或者法人、其他组织财产直接经济损失30万元以上，或者直接经济损失不满30万元，但间接经济损失150万元以上的；

(5)不检疫或者延误检疫出证、错误出证，引起国际经济贸易纠纷，严重影响国家对外经贸关系，或者严重损害国家声誉的；

(6)其他致使国家利益遭受重大损失的情形。

413. 放纵制售伪劣商品犯罪行为罪

放纵制售伪劣商品犯罪行为罪(《刑法》第414条)，是指对生产、销售伪劣商品犯罪行为负有追究责任的国家机关工作人员徇私舞弊，不履行法律规定的追究职责，情节严重的行为。

根据最高人民检察院《关于人民检察院直接受理立案侦查案件立案标准的规定(试行)》和最高人民检察院《关于渎职侵权犯罪案件立案标准的规定》(高检发释字〔2006〕2

号）的有关规定，涉嫌下列情形之一的，应予立案：

（1）放纵生产、销售假药或者有毒、有害食品犯罪行为的；

（2）放纵生产、销售伪劣农药、兽药、化肥、种子犯罪行为的；

（3）放纵依法可能判处 3 年有期徒刑以上刑罚的生产、销售伪劣商品犯罪行为的；

（4）对生产、销售伪劣商品犯罪行为不履行追究职责，致使生产、销售伪劣商品犯罪行为得以继续的；

（5）3 次以上不履行追究职责，或者对 3 个以上有生产、销售伪劣商品犯罪行为的单位或者个人不履行追究职责的；

（6）其他情节严重的情形。

414. 办理偷越国（边）境人员出入境证件罪

办理偷越国（边）境人员出入境证件罪（《刑法》第 415 条），是指负责办理护照、签证以及其他出入境证件的国家机关工作人员，对明知是企图偷越国（边）境的人员，予以办理出入境证件的行为。

根据最高人民检察院《关于人民检察院直接受理立案侦查案件立案标准的规定（试行）》和最高人民检察院《关于渎职侵权犯罪案件立案标准的规定》（高检发释字〔2006〕2 号）的有关规定，负责办理护照、签证以及其他出入境证件的国家机关工作人员涉嫌在办理护照、签证以及其他出入境证件的过程中，对明知是企图偷越国（边）境的人员而予以办理出入境证件的，应予立案。

415. 放行偷越国（边）境人员罪

放行偷越国（边）境人员罪（《刑法》第 415 条），是指边防、海关等国家机关工作人员，对明知是偷越国（边）境的人员予以放行的行为。

边防、海关等国家机关工作人员涉嫌在履行职务过程中，对明知是偷越国（边）境的人员而予以放行的，应予立案。

416. 不解救被拐卖、绑架妇女、儿童罪

不解救被拐卖、绑架妇女、儿童罪（《刑法》第 416 条第 1 款），是指对被拐卖、绑架的妇女、儿童负有解救职责的公安、司法等国家机关工作人员接到被拐卖、绑架的妇女、儿童及其家属的解救要求或者接到其他人的举报，而对被拐卖、绑架的妇女、儿童不进行解救，造成严重后果的行为。

根据最高人民检察院《关于人民检察院直接受理立案侦查案件立案标准的规定（试行）》和最高人民检察院《关于渎职侵权犯罪案件立案标准的规定》（高检发释字〔2006〕2 号）的有关规定，涉嫌下列情形之一的，应予立案：

（1）导致被拐卖、绑架的妇女、儿童或者其家属重伤、死亡或者精神失常的；

（2）导致被拐卖、绑架的妇女、儿童被转移、隐匿、转卖，不能及时进行解救的；

（3）对被拐卖、绑架的妇女、儿童不进行解救 3 人次以上的；

（4）对被拐卖、绑架的妇女、儿童不进行解救，造成恶劣社会影响的；

（5）其他造成严重后果的情形。

417. 阻碍解救被拐卖、绑架妇女、儿童罪

阻碍解救被拐卖、绑架妇女、儿童罪（《刑法》第 416 条第 2 款），是指对被拐卖、绑架的妇女、儿童负有解救职责的公安、司法等国家机关工作人员利用职务阻碍解救被拐卖、绑架的妇女、儿童的行为。

根据最高人民检察院《关于人民检察院直接受理立案侦查案件立案标准的规定(试行)》和最高人民检察院《关于渎职侵权犯罪案件立案标准的规定》(高检发释字〔2006〕2号)的有关规定，涉嫌下列情形之一的，应予立案：

(1)利用职权，禁止、阻止或者妨碍有关部门、人员解救被拐卖、绑架的妇女、儿童的；

(2)利用职务上的便利，向拐卖、绑架者或者收买者通风报信，妨碍解救工作正常进行的；

(3)其他利用职务阻碍解救被拐卖、绑架的妇女、儿童应予追究刑事责任的情形。

418. 帮助犯罪分子逃避处罚罪

帮助犯罪分子逃避处罚罪(《刑法》第417条)，是指有查禁犯罪活动职责的司法及公安、国家安全、海关、税务等国家机关工作人员，向犯罪分子通风报信、提供便利，帮助犯罪分子逃避处罚的行为。

根据最高人民检察院《关于人民检察院直接受理立案侦查案件立案标准的规定(试行)》和最高人民检察院《关于渎职侵权犯罪案件立案标准的规定》(高检发释字〔2006〕2号)的有关规定，涉嫌下列情形之一的，应予立案：

(1)向犯罪分子泄漏有关部门查禁犯罪活动的部署、人员、措施、时间、地点等情况的；

(2)向犯罪分子提供钱物、交通工具、通讯设备、隐藏处所等便利条件的；

(3)向犯罪分子泄露案情的；

(4)帮助、示意犯罪分子隐匿、毁灭、伪造证据，或者串供、翻供的；

(5)其他帮助犯罪分子逃避处罚应予追究刑事责任的情形。

419. 招收公务员、学生徇私舞弊罪

招收公务员、学生徇私舞弊罪(《刑法》第418条)，是指国家机关工作人员在招收公务员、省级以上教育行政部门组织招收的学生工作中徇私舞弊，情节严重的行为。

根据最高人民检察院《关于人民检察院直接受理立案侦查案件立案标准的规定(试行)》和最高人民检察院《关于渎职侵权犯罪案件立案标准的规定》(高检发释字〔2006〕2号)的有关规定，涉嫌下列情形之一的，应予立案：

(1)徇私舞弊，利用职务便利，伪造、变造人事、户口档案、考试成绩或者其他影响招收工作的有关资料，或者明知是伪造、变造的上述材料而予以认可的；

(2)徇私舞弊，利用职务便利，帮助5名以上考生作弊的；

(3)徇私舞弊招收不合格的公务员、学生3人次以上的；

(4)因徇私舞弊招收不合格的公务员、学生，导致被排挤的合格人员或者其近亲属自杀、自残造成重伤、死亡，或者精神失常的；

(5)因徇私舞弊招收公务员、学生，导致该项招收工作重新进行的；

(6)其他情节严重的情形。

420. 失职造成珍贵文物损毁、流失罪

失职造成珍贵文物损毁、流失罪(《刑法》第419条),是指文物行政管理部门、公安机关、工商行政管理部门、海关、城乡建设规划部门等国家机关工作人员严重不负责任,造成珍贵文物损毁或者流失,后果严重的行为。

根据最高人民检察院《关于人民检察院直接受理立案侦查案件立案标准的规定(试行)》和最高人民检察院《关于渎职侵权犯罪案件立案标准的规定》(高检发释字〔2006〕2号)的有关规定,涉嫌下列情形之一的,应予立案:

(1)导致国家一、二、三级珍贵文物损毁或者流失的;

(2)导致全国重点文物保护单位或者省、自治区、直辖市级文物保护单位损毁的;

(3)其他后果严重的情形。

第十章　军人违反职责罪

421. 战时违抗命令罪

战时违抗命令罪(《刑法》第421条)，是指军人在战时故意违抗命令，对作战造成危害的行为。

根据《关于军人违反职责罪案件立案标准的规定(试行)》的规定，军人战时违抗命令，涉嫌下列情形之一的，应予立案：

(1)扰乱作战部署、贻误战机的；

(2)造成重大任务不能完成或者迟缓完成的；

(3)造成死亡1人以上，或者重伤2人以上，或者轻伤3人以上的；

(4)造成军事装备、设施损坏、直接影响作战任务完成的；

(5)造成其他危害的。

422. 隐瞒、谎报军情罪

隐瞒、谎报军情罪(《刑法》第422条)，是指军人故意掩盖真实的军事情况，不报告或者报告不真实的军事情况，因而对作战造成危害的行为。

根据《关于军人违反职责罪案件立案标准的规定(试行)》的规定，军人战时违抗命令，涉嫌下列情形之一的，应予立案：

(1)造成首长、上级决策失误的；

(2)造成重大任务不能完成或者迟缓完成的；

(3)造成死亡1人以上，或者重伤2人以上，或者轻伤3人以上的；

(4)造成军事装备、设施损毁，直接影响作战任务完成的；

(5)造成其他危害的。

423. 拒传、假传军令罪

拒传、假传军令罪(《刑法》第422条)，是指军人拒绝传达军事命令，或者伪造、篡改军事命令后予以传达或者发布，对作战造成危害的行为。

根据《关于军人违反职责罪案件立案标准的规定(试行)》的规定，军人战时违抗命令，涉嫌下列情形之一的，应予立案：

(1)造成首长、上级决策失误的；

(2)造成重大任务不能完成或者迟缓完成的；

(3)造成死亡1人以上，或者重伤2人以上，或者轻伤3人以上的；

(4)造成军事装备、设施损毁，直接影响作战任务完成的；

(5)造成其他危害的。

424. 投降罪

投降罪(《刑法》第423条)，是指军人在战场上，因畏惧战斗，贪生怕死而自动放下武器，投降敌人的行为。

根据《关于军人违反职责罪案件立案标准的规定(试行)》的规定，凡涉嫌投降敌人的，应予立案。

425. 战时临阵脱逃罪

战时临阵脱逃罪(《刑法》第424条)，是指军人在战斗中，或者接受任务后，因畏惧战斗、贪生怕死逃离战斗岗位的行为。

根据《关于军人违反职责罪案件立案标准的规定(试行)》的规定，凡涉嫌军人战时临阵脱逃的，应予立案。

426. 擅离、玩忽军事职守罪

擅离、玩忽军事职守罪(《刑法》第425条)，是指指挥人员和值班、执勤人员擅自离开正在履行职责的岗位，或者在履行职责的岗位上，严重不负责任，不履行或者不正确履行职责，造成严重后果的行为。

根据《关于军人违反职责罪案件立案标准的规定(试行)》的规定，军队指挥人员或者值班、值勤人员擅离职守，涉嫌下列情形之一的，应予立案：

(1)造成战斗失利或者战役严重受挫的；

(2)造成重大任务迟缓完成或者不能完成的；

(3)造成死亡1人以上，或者重伤2人以上，或者轻伤3人以上的；

(4)造成枪支、手榴弹、爆炸装置或者子弹10发、雷管30枚、导火索和导爆索30米、炸药1千克以上，或者不满规定数量，但后果严重的；或者其他重要武器装备、器材丢失、被盗的；

(5)造成武器装备、军事设施、军用物资或者国家和人民财产损毁，直接经济损失30万元以上的，或者直接经济损失不满30万元，但间接经济损失超过100万元的；

(6)造成其他危害后果的。

玩忽军事职守，涉嫌下列情形之一的，应予立案：

(1)造成战斗失利或者战役严重受挫的；

(2)造成部队重大任务迟缓完成或者不能完成的；

(3)造成死亡2人以上，或者重伤3人以上，或者轻伤5人以上的；

(4)造成枪支、手榴弹、爆炸装置或者子弹20发、雷管40枚、导火索和导爆索40米、炸药2千克以上，或者不满规定数量，但后果严重的；或者其他重要武器装备、器材丢失、被盗的；

(5)造成武器装备、军事设施、军用物资或者国家和人民财产损毁，直接经济损失50万元以上的，或者直接经济损失不满50万元，但间接经济损失超过200万元的；

(6)造成其他危害后果的。

427. 阻碍执行军事职务罪

阻碍执行军事职务罪(《刑法》第426条)，是指军人以暴力、威胁等方法，故意阻扰或者妨碍指挥、值班、值勤人员以及其他军人执行职务的行为。

根据《关于军人违反职责罪案件立案标准的规定(试行)》的规定，凡涉嫌阻碍执行军事职务的，应予立案。

428. 指使部属违反职责罪

指使部属违反职责罪(《刑法》第427条)，指挥人员滥用职权，指使部属进行违反职责的活动，造成严重后果的行为。

根据《关于军人违反职责罪案件立案标准的规定(试行)》的规定，涉嫌下列情形之一的，应予立案：

(1)造成战斗失利或者战役严重受挫的；

(2)造成重大任务迟缓完成或者不能完成的；

(3)造成死亡1人以上，或者重伤2人以上，或者轻伤3人以上的；

(4)造成武器装备、军事设施、军用物资或者国家和人民财产损毁，直接经济损失30万元以上的，或者直接经济损失不满30万元，但间接经济损失超过100万元的；

(5)造成其他危害后果的。

429. 违令作战消极罪

违令作战消极罪(《刑法》第428条)，是指指挥人员在作战中违抗命令，临阵畏缩，作战消极，造成严重后果的行为。

根据《关于军人违反职责罪案件立案标准的规定(试行)》的规定，涉嫌下列情形之一的，应予立案：

(1)应当按照首长、上级的要求完成作战任务而未完成或者贻误战机的；

(2)造成重大任务迟缓完成或者不能完成的；

(3)造成死亡1人以上或者轻伤2人以上，或者重伤3人以上的；

(4)紧要关头或者危急时刻行动消极的；

(5)煽动、串通其他部队和人员消极怠战的；

(6)造成武器装备、军事设施、军用物资或者国家和人民直接经济损失30万元以上的，或者直接经济损失不满30万元，但间接经济损失超过100万元的；

(7)造成其他严重后果的。

430. 拒不救援友邻部队罪

拒不救援友邻部队罪(《刑法》第429条)，是指指挥人员在战场上，明知友邻部队被敌人包围、追击或者阵地将被攻陷等紧急情况请求救援，能救援而不救援，致使友邻部队遭受重大损失的行为。

根据《关于军人违反职责罪案件立案标准的规定(试行)》的规定，涉嫌下列情形之一的，应予立案：

(1)造成战斗失利的；

(2)造成阵地失陷的；

(3)造成突围严重受挫的；

(4)造成死亡1人以上，或者重伤2人以上，或者轻伤3人以上；

(5)造成武器装备、军事设施、军用物资损毁，直接经济损失30万元以上的，或者直接经济损失不满30万元，但间接经济损失超过100万元的；

(6)造成其他严重损失的。

431. 军人叛逃罪

军人叛逃罪(《刑法》第430条)，是指军人在履行国家、国防事物以及其他军事事物期间，擅离岗位，叛逃境外或者在境外叛逃，危害国家军事利益的行为。

根据《关于军人违反职责罪案件立案标准的规定(试行)》的规定，涉嫌下列情形之一的，应予立案：

(1)因反对国家政权和社会主义制度而出逃的；

(2)掌握、携带机密级以上军事秘密出境后滞留不归的；

(3)出境后申请政治避难的；

(4)出逃后公开发表叛国言论的；

(5)出国后投靠境外反动机构或者组织的；

(6)出逃至交战对方区域的；

(7)出逃后从事其他危害国家军事利益的。

432. 非法获取军事秘密罪

非法获取军事秘密罪(《刑法》第 431 条第 1 款)，是指军人违反国家和军队的保密规定，采取窃取、刺探、收买方法，非法获取有关国家军事秘密情报、载体的行为。

根据《关于军人违反职责罪案件立案标准的规定(试行)》的规定，凡是涉嫌非法获取军事秘密的，应予立案。

433. 为境外窃取、刺探、收买、非法提供军事秘密罪

为境外窃取、刺探、收买、非法提供军事秘密罪(《刑法》第 431 条第 2 款)，是指军人违反国家和军队的保密规定，以非法手段，为境外机构、组织、人员窃取、刺探、收买、非法提供国家军事秘密的行为。

根据《关于军人违反职责罪案件立案标准的规定(试行)》的规定，凡是涉嫌非法为境外机构、组织、人员窃取、刺探、收买、非法提供国家军事秘密的，应予立案。

434. 故意泄露军事秘密罪

故意泄露军事秘密罪(《刑法》第 432 条)，是指军人违反国家和军队的保密规定，故意泄露军事秘密，情节严重的行为。

根据《关于军人违反职责罪案件立案标准的规定(试行)》的规定，涉嫌下列情形之一的，应予立案：

(1)泄露绝密级或者机密级军事秘密的；

(2)泄露秘密级军事秘密 3 项以上的；

(3)向公众散步、传播军事秘密的；

(4)泄露军事已经造成严重危害后果的；

(5)利用职权指使或者强迫他人违反保密法规，泄露军事秘密的；

(6)机要保密人员或者其他负有特殊任务时泄密的；

(7)以谋取私利为目的的泄密军事秘密或者出卖军事秘密的；

(8)战时或者执行特殊任务时泄密的；

(9)其他情节严重的泄密行为。

435. 过失泄露军事秘密罪

过失泄露军事秘密罪(《刑法》第 432 条)，是指违反国家和军队的保密法规，过失泄露军事秘密，情节严重的行为。

根据《关于军人违反职责罪案件立案标准的规定(试行)》的规定，涉嫌下列情形之一的，应予立案：

(1)泄露绝密级军事秘密的；

(2)泄露机密级军事秘密3项以上的；

(3)泄露秘密级军事秘密3项以上，造成严重危害后果的；

(4)机要、保密人员或者其他负有特殊保密义务的人员泄密的；

(5)泄露军事秘密或者遗失军事您载体，不如实提供有关情况的，或者未及时采取补救措施的；

(6)其他情节严重的泄密行为。

436. 战时造谣惑众罪

战时造谣惑众罪(《刑法》第433条)，是指军人在战时造谣惑众，动摇军心的行为。

根据《关于军人违反职责罪案件立案标准的规定(试行)》的规定，凡涉嫌战时造谣惑众，动摇军心的，应予立案。

437. 战时自伤罪

战时自伤罪(《刑法》第434条)，是指军人在战时为了逃避履行军事义务，故意伤害自己身体的行为。

根据《关于军人违反职责罪案件立案标准的规定(试行)》的规定，凡涉嫌战时自伤致使不能履行军事义务的，应予立案。

438. 逃离部队罪

逃离部队罪(《刑法》第435条)，是指军人违反兵役法规，逃离部队，情节严重的行为。

根据《关于军人违反职责罪案件立案标准的规定(试行)》的规定，涉嫌下列情形之一的，应予立案：

(1)逃离部队持续时间长达3个月以上或者3次以上或者累计时间长达6个月以上的；

(2)担负着重要职责的人员逃离部队的；

(3)策动3人以上或者胁迫他人逃离部队的；

(4)在执行重要任务期间逃离部队的；

(5)有其他情节严重行为的。

439. 武器装备肇事罪

武器装备肇事罪(《刑法》第436条)，是指军人违反武器装备使用规定和操作规程，情节严重，因而发生责任事故，致人重伤、死亡，或者造成其他严重后果的行为。

根据《关于军人违反职责罪案件立案标准的规定(试行)》的规定，涉嫌下列情形之一的，应予立案：

(1)影响作战、军事学习、戒严、抢险救灾、处置突发事件等重大任务完成的；

(2)造成死亡1人以上，或者重伤2人以上，或者轻伤3人以上的；

(3)造成武器装备损毁，直接经济损失30万元以上的；

(4)造成其他物质损毁，直接经济损失50万元以上的；

(5)严重损害国家和军队声誉，在军内外造成恶劣影响的；

(6)造成其他严重后果的。

440. 擅自改变武器装备编配用途罪

擅自改变武器装备编配用途罪(《刑法》第 437 条)，是指军职人员违反武器装备的动用权限、编配用途和使用范围等管理规定，未经有权机关批准而自行将编配的武器装备改作其他用途，造成严重后果的行为。

根据《关于军人违反职责罪案件立案标准的规定(试行)》的规定，涉嫌下列情形之一的，应予立案：

(1)造成战斗失利的；

(2)造成重大任务不能完成或者迟缓完成的；

(3)造成死亡 1 人以上，或者重伤 2 人以上，或者轻伤 3 人以上的；

(4)造成武器装备或者国家和人民财产损毁，直接经济损失 30 万元以上的，或者直接经济损失不满 30 万元，但间接经济损失超过 100 万元的；

(5)造成其他严重后果的。

441. 盗窃、抢夺武器装备、军用物资罪

盗窃、抢夺武器装备、军用物资罪(《刑法》第 438 条)，是指以非法占有为目的，秘密窃取或者公然夺取部队的武器装备或者军用物资的行为。

根据《关于军人违反职责罪案件立案标准的规定(试行)》的规定，涉嫌下列情形之一的，应予立案：

(1)窃取武器装备的；

(2)抢夺武器装备的；

(3)盗取、抢夺军用物资折款 2000 元以上，或者不满规定数额，但后果严重的。

442. 非法出卖、转让武器装备罪

非法出卖、转让武器装备罪(《刑法》第 439 条)，是指军人非法出卖、转让武器装备的行为。

根据《关于军人违反职责罪案件立案标准的》规定(试行)》的规定，涉嫌下列情形之一的，应予立案：

(1)非法出卖、转让枪支、手榴弹、爆炸装置的；

(2)非法出卖、转让子弹 10 发、雷管 30 枚、导火索和导爆索 30 米、炸药 1 千克以上；或者不满规定数额，但后果严重的；

(3)非法出卖、转让其他武器装备的；

(4)非法出卖武器、装备零部件及维修器材和设备，致使武器装备或者直接经济损失 30 万元以上的。

443. 遗弃武器装备罪

遗弃武器装备罪(《刑法》第 440 条)，是指负有履行保管武器装备义务的军人，违抗命令，故意遗弃武器装备的行为。

根据《关于军人违反职责罪案件立案标准的》规定(试行)》的规定，凡涉嫌违抗命令，故意遗弃武器装备的，应予立案。

444. 遗失武器装备罪

遗失武器装备罪(《刑法》第 441 条)，是指军人遗失武器装备，不及时报告或者有其他严重情节的行为。

根据《关于军人违反职责罪案件立案标准的》规定(试行)》的规定，凡涉嫌遗失武器装备的，不及时报告或者有其他严重情节的，应予立案。

445. 擅自出卖、转让军队房地产罪

擅自出卖、转让军队房地产罪(《刑法》第 443 条)，是指负有直接责任的军人违反《中国人民解放军内务条令》《中国人民解放军房地产管理条令》及其他有关军队房地产管理和使用规定，未经有权机关依法审批，有偿或者改变军队土地、房屋、国防工程设施、林木的产权关系，情节严重的行为。

根据《关于军人违反职责罪案件立案标准的》规定(试行)》的规定，涉嫌下列情形之一的，应予立案：

(1)出卖、转让军队土地、林木 1000 平方米以上，或者房屋 3000 平方米以上，或者价值 30 万元以上的；

(2)出卖、转让军队重要房地产的；

(3)出卖、转让军队重要房地产给境外机构、组织、人员的；

(4)出卖、转让军队重要房地产严重影响部队正常训练、改造和生活的；

(5)出卖、转让军队重要房地产，事后弄虚作假欺骗上级的；

(6)出卖、转让军队重要房地产给军事设施安全造成严重危害的；

(7)其他情节严重的行为。

446. 虐待部属罪

虐待部属罪(《刑法》第 443 条)，是指滥用职权，虐待部属，情节恶劣，致人重伤、死亡或者其他严重后果的行为。

根据《关于军人违反职责罪案件立案标准的》规定(试行)》的规定，涉嫌下列情形之一的，应予立案：

(1)致人重伤、死亡的，或者轻伤 3 人以上的；

(2)致使部属自杀的；

(3)虐待 3 人以上，或者多次虐待部属的；

(4)虐待伤病残的部属的；

(5)诱发案件、事故的；

(6)导致部属 1 人多次逃离部队，或者 2 人以上逃离部队的；

(7)造成恶劣社会影响的；

(8)有其他情节恶劣，后果严重行为的。

447. 遗弃伤病军人罪

遗弃伤病军人罪(《刑法》第 444 条)，是指在战场上故意将我方伤病军人遗弃，情节恶劣的行为。

根据《关于军人违反职责罪案件立案标准的》规定(试行)》的规定，涉嫌下列情形之一的，应予立案：

(1)挟陷报复遗弃伤病军人的；

(2)指挥人员和救护人员在紧要关头或者危急时刻只顾保全自己而遗弃伤病军人的；

(3)遗弃伤病军人3人以上的；

(4)遗弃重要伤病军人的；

(5)致使遗弃的伤病军人死亡、失踪、被俘的；

(6)有其他恶劣情节的。

448. 战时拒不救治伤病军人罪

战时拒不救治伤病军人罪(《刑法》第445条)，是指军队的医务人员战时在救护治疗职位上，有条件救治而拒不救治危重伤病军人的行为。

根据《关于军人违反职责罪案件立案标准的》规定(试行)》的规定，凡涉嫌战时拒不救治伤病军人的，应予立案。

449. 战时残害居民、掠夺居民财物罪

战时残害居民、掠夺居民财物罪(《刑法》第446条)，是指军人战时在军事行动地区，残害无辜居民或掠夺无辜居民财物的行为。

根据《关于军人违反职责罪案件立案标准的》规定(试行)》的规定，涉嫌掠夺居民财物有下列情形之一的，应予立案：

(1)抢窃无辜居民财物的；

(2)抢夺无辜居民财物折款2000元以上，损毁无辜居民财物折款5000元以上，或者不满规定数额，但手段恶劣、后果严重，或者造成严重影响的。

450. 私放俘虏罪

私放俘虏罪(《刑法》第447条)，是指擅自将俘虏放走的行为。

根据《关于军人违反职责罪案件立案标准的》规定(试行)》的规定，涉嫌私放俘虏的，应予立案。

451. 虐待俘虏罪

虐待俘虏罪(《刑法》第448条)，是指对被我方俘虏的敌方人员，实施虐待，情节恶劣的行为。

根据《关于军人违反职责罪案件立案标准的》规定(试行)》的规定，虐待俘虏，涉嫌下列情形之一的，应予立案：

(1)指挥人员带头虐待俘虏的；

(2)虐待俘虏3人以上，或者多次虐待俘虏的；

(3)虐待俘虏手段特别残忍的；

(4)虐待伤病俘虏的；

(5)虐待重要俘虏的；

(6)因虐待造成俘虏自杀、行凶、伤亡、逃跑、集体闹事等严重后果的；

(7)因虐待俘虏造成恶劣社会影响的；

(8)有其他恶劣情节的。

第二部分　民事案件案由部分

民事案件案由部分以最高人民法院关于民事案件案由的规定为准(都以序号、案由、法律规定、概念等顺序来写。将案件所涉及的民事法律关系的性质、诉讼争议所包含的法律关系进行概括，方便当事人进行民事诉讼。便于分类管理、管辖分工和统计的准确性和科学性)，便于快捷检索操作。

为了正确适用法律，统一确定案由，根据《中华人民共和国民法通则》《中华人民共和国物权法》《中华人民共和国合同法》《中华人民共和国侵权责任法》和《中华人民共和国民事诉讼法》等法律规定，结合人民法院民事审判工作实际情况，对民事案件案由规定如下。

第十一章　人格权纠纷

1. 生命权、健康权、身体权纠纷

根据《侵权责任法》的规定，生命权、健康权、身体权纠纷，是指他人实施侵害生命权、健康权、身体权行为而引起的纠纷。生命权是指以自然人生命安全利益为内容的权利，生命权是法律保护的最高权利形态。

2. 姓名权纠纷

姓名权纠纷，是指因干涉、盗用、假冒他人姓名，侵害公民姓名权而引发的纠纷。

3. 肖像权纠纷

肖像权纠纷，是指未经许可而使用他人肖像引起的纠纷。

4. 名誉权纠纷

名誉权纠纷，是指人们对于公民或者法人的品德、才干、声望、信誉和形象等各方面的综合评价引起的纠纷。名誉权是人格权的一种。

5. 荣誉权纠纷

荣誉权纠纷，是指因侵害他人荣誉权而引起的纠纷，侵害他人荣誉是指以侮辱、诽谤、报道失实、公布他人隐私等行为损害他人荣誉的一种行为。

6. 隐私权纠纷

隐私权纠纷，是指因侵害他人的隐私权而引起的纠纷。

7. 婚姻自主权纠纷

婚姻自主权纠纷，是指侵害他人婚姻自主权而引起的纠纷。

8. 人身自由权纠纷

人身自由权纠纷，是指侵害他人人身自由权而引起的纠纷。

9. 一般人格权纠纷

一般人格权纠纷，是指因侵害他人的一般人格权，使他人的人格权益受损而引起的纠纷。

第十二章　婚姻家庭、继承纠纷

一、婚姻家庭纠纷

10. 婚约财产纠纷

婚约财产纠纷，又称彩礼返还纠纷。也就是男女双方因婚约的解除，如何处置彩礼而引发的纠纷。

11. 离婚纠纷

离婚纠纷，是指依照法定手续解除婚姻关系，即夫妻双方通过协议或者诉讼的方式解除婚姻关系，终止夫妻间权利和义务的法律行为。构成离婚的条件，任何一方都可提出，但女方在怀孕期间、分娩后1年内或中止妊娠6个月内，男方不得提起离婚诉讼。

(1)离婚条件：《婚姻法》第32条规定，如感情确已破裂，调解无效，应准予离婚。

(2)单方面离婚的条件：①重婚或有配偶者与他人同居的；②实施家庭暴力或虐待、遗弃家庭成员的；③有赌博、吸毒等恶习屡教不改的；④因感情不和分居满两年的；⑤一方被宣告失踪，另一方提出离婚诉讼的，应准予离婚；⑥一方患有法定禁止结婚疾病的，或一方有生理缺陷或其他原因不能发生性行为，且难以治愈的；⑦婚前缺乏了解，草率结婚，婚后未建立起夫妻感情，难以共同生活的；⑧婚前隐瞒了精神病，婚后久治不愈的，或者婚前知道对方患有精神病而与其结婚，或一方在夫妻共同生活期间患精神病，久治不愈的；⑨一方欺骗对方，或者在结婚登记时弄虚作假，骗取结婚证的；⑩双方办理结婚登记后，未同居生活，无和好可能的；⑪包办、买卖婚姻，婚后一方随即提出离婚，或者虽共同生活多年，但确未建立起夫妻感情的；⑫一方与他人通奸非法同居，经教育仍无悔改表现，无过错方起诉离婚，对方不同意离婚的，经教育批评、处分，或在人民法院判决不准离婚后，确无和好可能的；⑬一方好逸恶劳、有赌博等恶习，不履行家庭义务、屡教不改、夫妻难以共同生活的；⑭一方被依法判处有期徒刑，或其违法、犯罪行为严重伤害夫妻感情的；⑮一方下落不明满两年，对方起诉离婚，经公告查找确无下落的；⑯受对方的虐待、遗弃，或者受对方亲属虐待，虐待对方亲属，经教育不改另一方不谅解的；⑰其他导致夫妻感情破裂的情况。

(3)双方自愿离婚的条件：其一，当事人须有离婚的合意，夫妻之间解除婚姻关系达成协议是双方自愿离婚的必备条件；其二，当事人须对子女和财产作出适当的处理。

12. 离婚后财产纠纷

离婚后财产纠纷，是指夫妻共同财产一般在离婚时分割，但离婚时未分割或者虽进行了分割而后反悔或发生可以再次分割的情形时，即产生离婚后财产纠纷。

13. 离婚后损害责任纠纷

离婚后损害责任纠纷，是指夫妻一方有过错致使婚姻家庭关系破裂，离婚时对无过错的一方所受的损失，有过错的一方应承担赔偿责任。无过错方有权请求损害赔偿。侵权行为的发生，行为人有过错，违法行为与损害结果有因果关系，违法行为导致了夫妻间的离婚。

14. 婚姻无效纠纷

婚姻无效，根据《婚姻法》第10~12条，对无效婚姻作了规定，是指不具备法律规定的结婚要件而不发生法律效力的婚姻，因婚姻无效而引发的纠纷，称为婚姻无效纠纷。

15. 撤销婚姻纠纷

撤销婚姻纠纷，是指一方当事人因另一方当事人的胁迫而与其办理了婚姻登记，该婚姻关系成立后，当事人以受胁迫为由，请求法院撤销其婚姻关系而引起的纠纷。

16. 夫妻财产约定纠纷

根据《婚姻法》19条规定，夫妻财产约定制是指夫妻双方以契约形式对婚前、婚后财产的权利进行约定的夫妻财产制度，是夫妻法定财产制的对称。因夫妻财产约定协议存在争议而产生的纠纷，称为夫妻财产约定纠纷。

17. 同居关系纠纷

《婚姻法》第8条规定，非法同居，是指男女双方未办理结婚登记手续，即以夫妻名义同居生活，群众也认为是夫妻关系的一种同居行为。同居关系纠纷，是指因具有同居关系的男女，解除同居关系时产生的纠纷。《婚姻法司法解释(一)》第5条规定，未按《婚姻法》第8条规定办理结婚登记而以夫妻名义共同生活的男女，起诉至人民法院要求离婚的，应当区别对待。当事人起诉请求解除同居关系的，由于同居关系不受法律保护，人民法院不予受理。

(1)同居关系析产纠纷，是指解除同居关系时，因处理同居期间双方共同所有财产而引发的纠纷。

(2)同居关系子女抚养纠纷，是指解除同居关系时涉及的同居关系存续期间子女抚养问题方面的纠纷。

18. 抚养纠纷

《婚姻法》第36条规定，父母与子女间的关系，不随父母离婚而消除。离婚后，子女无论由父或母直接抚养，仍是父母双方的子女。第37条规定，离婚后，一方抚养的子女，另一方应负担必要的生活费和教育费的一部分或全部，负担费用多少和期限长短由双方协议，协议不成时，由人民法院判决。抚养纠纷，是指因争取抚养权或支付抚养费而发生的纠纷。

(1)抚养费纠纷，是指离婚夫妻的一方不能充分履行或不履行抚养义务时，因支付给未成年人抚养费用而引起的纠纷。《婚姻法》第21条所称费用，包括子女的生活、教育、医疗等费用。父母或其他对未成年人负有抚养义务的人，应为未成年人承担生活、教育等费用。

(2)变更抚养关系纠纷，指因变更抚养关系而引起的纠纷。

19. 扶养纠纷

扶养，我国法律专指平辈亲属之间，特别是夫妻之间依法发生的经济供养和生活扶助的权利与义务关系。扶养纠纷，是指负有扶养义务的一方，因不履行扶养职责而产生的纠纷。《婚姻法》第29条规定了兄妹间相互扶养的权利义务关系。

(1)扶养费纠纷，因扶养费引发的纠纷即扶养费纠纷。

(2)变更扶养关系纠纷，因变更扶养关系而引起的纠纷。

20. 赡养纠纷

赡养纠纷，是指因赡养人不履行赡养义务而引起的纠纷。成年子女对父母有赡养的义务。《老年人权益保障法》规定，赡养人对老年人承担有经济上供养、生活上照料和精神上慰藉的义务。

(1)赡养费纠纷，指因赡养费而发生的纠纷。

(2)变更赡养关系纠纷，指因变更赡养关系而引起的纠纷。

21. 收养关系纠纷

收养关系纠纷，是指收养或领养人在收养、领养他人子女为自己子女时，在确认收养或解除收养的过程中引起的纠纷。收养要根据法定的条件和程序。

(1)确认收养关系纠纷，是指当事人对收养关系是否成立并有效存有不同认识，由此产生的纠纷。

(2)解除收养关系纠纷，是指当事人对收养关系是否解除存有不同的认识，因此而产生的纠纷。

22. 监护权纠纷

监护权纠纷，是指因行使监护权而发生的民事争议，主要是监护权人认为其依法行使的监护权被他人侵害时所引起的纠纷。监护是指民法上规定的对无民事行为能力人和限制民事行为能力人的人身权益和财产权益进行监督保护的法律制度。其中，设定的监督保护人叫监护人，被保护人叫被监护人。

23. 探望权纠纷

探望权纠纷，是指因探望子女时而引起的纠纷。《婚姻法》第38条规定，离婚后，不直接抚养子女的父或母，有探望子女的权利，另一方有协助的义务。

24. 分家析产纠纷

分家析产纠纷，是指因分家析产而产生的纠纷。分家析产，是属于当事人自愿处分自己财产的行为。一般是父母将自己的财产分给子女。分家析产协议只要是当事人意思表示，就自全体协议人签字时起生效。

二、继承纠纷

25. 法定继承纠纷

法定继承纠纷，是指在没有遗赠扶养协议和遗嘱或者在遗赠扶养协议和遗嘱无效的情况下，继承人依据法律规定的继承人范围、继承顺序以及遗产分配原则，取得被继承遗产而产生的纠纷。

根据《继承法》规定，法定继承须在下列情况下适用：被继承人生前未立有遗嘱；遗嘱继承人放弃继承或受遗赠人放弃受遗赠；遗嘱继承人丧失继承权；遗嘱继承人、受遗赠人先于遗嘱人死亡；遗嘱无效或遗嘱部分无效所涉及的遗产；遗嘱未处分的遗产。

(1)转继承纠纷，是指因继承人在继承开始后，财产分割前死亡，其所应继承的遗产份额转由其继承人继承而引起的纠纷。

(2)代位继承纠纷，是指因被继承人的子女先于被继承人死亡，被继承人子女的晚辈直系血亲代替被继承人子女继承被继承人之遗产，由此而引发的纠纷。

26. 遗嘱继承纠纷

遗嘱继承纠纷，是指因遗嘱继承而引起的纠纷。遗嘱继承是指按被继承人所立的合法有效的遗嘱而承受其遗产的继承方式。

27. 被继承人债务清偿纠纷

被继承人债务清偿纠纷，是指因被继承人债务清偿而引发的纠纷(先确定遗产，再区分性质，明确程序和继承人责任分担)。

28. 遗赠纠纷

遗赠纠纷，是指遗赠人在设立遗嘱或者其继承人在实施过程中产生的纠纷。所谓遗赠就是遗赠人用遗嘱的方式把财产无偿地赠送给国家、集体或法定继承人以外的人，并于立遗嘱人死亡后发生法律效力的一种民事法律行为。

29. 遗赠扶养协议纠纷

遗赠扶养协议纠纷，是指因遗赠扶养协议而引起的纠纷。《继承法》第 31 条规定，公民可以与扶养人签订遗赠扶养协议。遗赠扶养协议是指遗赠人与扶养人签订的由扶养人承担遗赠人生养死葬的义务，遗赠人将自己的合法财产的一部分或全部于其死亡后转移给扶养人所有的协议。

第十三章　物 权 纠 纷

物权纠纷，主要是指物权的纠纷，包括物上请求权和债权请求权。物上请求权，是指当物权的圆满状态受到妨害或有可能发生妨害时，物权人为了使其物权恢复到圆满状态，请求妨害人为一定行为或不为一定行为的权利。债权请求权是指权利人基于债的关系而产生的，请求特定人为特定行为的权利。

一、不动产登记纠纷

不动产登记纠纷，是指经权利人或利害关系人申请，由国家专门部门将有关不动产物权及其变动事项记载于不动产登记簿的事实，作为物权公示手段，不动产登记本质上为产生私法效果的事实行为而非登记机关的行政管理行为。

30. 异议登记不当损害责任纠纷

异议登记不当损害责任纠纷，是指异议登记的申请人提出的异议登记不正确，或者未在十五日内起诉而异议登记失效，或者虽在异议登记之日起十五日内起诉但被驳回，因此给原登记的权利人造成损害的，原登记权利人向异议登记申请人请求赔偿因异议登记而造成的损害。由此产生的纠纷即为异议登记不当损害赔偿纠纷。

31. 虚假登记损害责任纠纷

虚假登记损害责任纠纷，虚假登记，是指不动产登记簿上关于不动产的登记存在虚假瑕疵，因虚假登记而造成的损害责任而引起的纠纷。

二、物权保护纠纷

《物权法》第 33 条规定，物权保护是指在物权遭到侵害的情况下采用法律规定的维护物权人的利益，保障权利人不受侵害的各种保护方法。

32. 物权确认纠纷

物权确认纠纷，是指因物权的成立、内容及物权的归属而产生的民事纠纷。

(1)所有权确认纠纷，是指因所有权的成立、内容及所属所产生的民事纠纷。

(2)用益物权确认纠纷，是指因用益物权的成立、内容及归属所产生的民事纠纷。

(3)担保物权确认纠纷，是指因担保物权的成立、内容及归属效力顺序所产生的民事纠纷。

33. 返还原物纠纷

《物权法》第 33 条规定，“无权占有不动产或者动产的，权利人可以请求返还原物”。返还原物(财产)纠纷，是指权利人请求无权占有人返还占有不动产或动产而引起的纠纷。返还原物一般须是原物，原物既可以是特定物，又可以是种类物。

34. 排除妨害纠纷

排除妨害纠纷，《物权法》第 34 条规定，是指因物受到他人的妨害而引发以排除妨害为目的的纠纷。

35. 消除危险纠纷

消除危险纠纷，是指他人的行为或某一事实状态危害到物的安全时，而要求消除这种危险为目的的纠纷。

36. 修理、重作、更换纠纷

修理、重作、更换纠纷，根据《物权法》第 35 条规定，是指因为造成物的毁损的，权利人请求修理、重作、更换而引发的纠纷。

37. 恢复原状纠纷

恢复原状纠纷，根据《物权法》第 36 条规定，是指当物受到毁损时，物权人要求侵害人采取措施将物恢复原来状态而引发的纠纷。

38. 财产损害赔偿纠纷

财产损害赔偿纠纷，是指因财产受到损害，权利人请求赔偿损失而引发的纠纷。

三、所有权纠纷

所有权纠纷是指所有权人依法对自己的财产享有占有、使用、收益和处分的权利而引起的纠纷。

39. 侵害集体经济组织成员权益纠纷

侵害集体经济组织成员权益纠纷，是指因侵害集体经济组织成员权益而引发的纠纷。

40. 建筑物区分所有权纠纷

建筑物区分所有权，是指业主对建筑物内的住宅、经营性用房等专有部分享有的所有权，对专有部分以外的共有部分享有共有和共同管理的权利。

（1）业主专有权纠纷，是指因建筑物区分所有权中业主专有权部分的权利归属、使用、收益和处分所产生的纠纷。

（2）业主共有权纠纷，是指业主之间因为建筑物共有部分的权利归属、使用、收益和处分等内容发生的纠纷。

（3）车位纠纷，是指因车位的权利归属而引发的纠纷。

（4）车库纠纷，是指业主与开发商或者业主与业主之间就车库的权属、使用、收益等发生的纠纷。

41. 业主撤销权纠纷

业主撤销权纠纷，根据《物权法》第 79 条规定，是指业主认为业主大会或者业主委员会作出的决定侵犯其合法权益，依法律规定向法院提起撤销业主大会或者业主委员会决定而引发的纠纷。

42. 业主知情权纠纷

业主知情权纠纷，根据《物权法》第 79 条规定，是指业主请求业主大会或者业主委员会依法向业主公开资料和情况，由此而引发的纠纷。

43. 遗失物返还纠纷

遗失物返还纠纷，《物权法》第 109 条规定，是指所有权人或者其他权利人在遗失财物后，请求拾得遗失物的人或者其他占有遗失物的人予以返还，由此而引发的纠纷。

44. 漂流物返还纠纷

漂流物返还纠纷，是指漂流物的所有权人或者其他物权人请求拾得漂流物的人或者其他占有人归还漂流物，由此而引发的纠纷。

45. 埋藏物返还纠纷

埋藏物返还纠纷，是指埋藏物的权利人请求发现埋藏物的人或者其他占有埋藏物的人返还埋藏物引发的纠纷。

46. 隐藏物返还纠纷

隐藏物返还纠纷，是指隐藏物的权利人请求发现隐藏物的人或其他占有人返还隐藏物引发的纠纷。隐藏物、埋藏物非常相似，无本质区别。

47. 相邻关系纠纷

相邻关系纠纷，是指两个以上相互比邻的不动产所有人或占有人、使用人，在行使不动产的占有、使用、收益和处分权时，相互之间应当给予便利或者接受限制而发生的权利义务关系纠纷。

(1) 相邻用水、排水纠纷，是指包括土地、房屋等相邻不动产的所有人和使用人之间因用水、排水发生的权利义务关系纠纷。

(2) 相邻通行纠纷，《民法通则》第 83 条规定，公民都有在公共道路上通行的权利，任何人不得为了自己的利益侵占公共道路以及侵犯他人通行权。因当事人行使通行权而引起的纠纷，称为相邻通行纠纷。

(3) 相邻土地、建筑物利用关系纠纷，是指因利用相邻不动产和使用相邻不动产造成相邻不动产权利人损害而引发的纠纷。《物权法》第 88 条规定，不动产权利人因用水、排水、通行、铺设管线等利用相邻不动产时应当尽到必要安全保护义务，一旦发生损害的应当承担损害责任。既包括临时利用，也包括长期利用。

(4) 相邻通风纠纷，是指相邻不动产因通风问题而产生的纠纷。相邻不动产权利人之间在通风方面应给予对方必要的便利，一方在建造建筑物时，不得违反国家有关工程建设标准，妨碍相邻建筑物的通风。

(5) 相邻采光、日照纠纷，是指相邻不动产因采光、日照问题而产生的纠纷。相邻不动产权利人之间在采光、日照方面应给予对方必要的便利，一方在建造建筑物时，不得违反国家有关工程建设标准，妨碍相邻建筑物的采光、日照。

(6) 相邻污染侵害纠纷，根据《民法通则》第 83 条、《物权法》第 84~92 条规定，是指当事人之间因污染侵害而引起的纠纷。

(7) 相邻损害防免关系纠纷，是指包括因基地相邻产生的防险关系、不可量物侵害防险关系和因建筑物装修产生的相邻防盗安全关系而引发的纠纷。

48. 共有纠纷

共有纠纷，是指以个人合伙和企业联营之间等因共有财产在优先购买权上产生的纠纷。

(1)共有权确认纠纷，是指因共有权确认而引起的纠纷。共有，是指两个以上公民、法人或者其他组织对同一不动产或者动产共同享有所有权、用益物权或者担保权。

(2)共有物分割纠纷，是指将共有物从共有状态通过分割的方式转化为各共有人单独所有，由此而引起的纠纷。

(3)共有人优先购买权纠纷，是指共有人在共有财产被转让时，就可以转让的不动产或动产份额，作为共有人享有同等条件下优先购买的权利，因此而引起的纠纷。

四、用益物权纠纷

用益物权或者叫担保物权，是指非所有人对他人之物所享有的占有、使用、收益的排他性权利，因此而产生的纠纷，称为用益物权纠纷。

49. 海域使用权纠纷

海域使用权，《海域使用管理法》第 20 条规定，是指民事主体基于县级以上人民政府海洋行政主管部门的批准和颁发的海域使用权证书，依法在一定期限内使用一定海域的权利，因此而引起的纠纷，称为海域使用权纠纷。

50. 探矿权纠纷

探矿权纠纷，是指自然人、法人或者其他组织依照法律规定取得的就特定地域的某一种或者某几种矿藏行使勘探权而发生的纠纷。

51. 采矿权纠纷

采矿权，是指具有相对资质条件的法人、公民或其他组织在法律允许的范围内，对国家所有的矿产资源享有的占有、开采和收益的一种特别法上的物权，因此而引发的纠纷，称为采矿权纠纷。

52. 取水权纠纷

《物权法》第 123 条规定，取水权是单位和个人依照法律程序取得水利用的权利，属于一种用益物权。取水权纠纷是指因取水权的归属、使用、侵权等引发的民事纠纷。

53. 养殖权纠纷

养殖权，是指法人、个人或者其他组织依法在国家或者集体所有的水域、滩涂进行养殖的排他性权利，因养殖权在转让、出租、设定抵押、继承等过程中发生的纠纷，称为养殖权纠纷。

54. 捕捞权纠纷

捕捞权纠纷，是指因捕捞权转让、抵押、出租等引起的纠纷。

55. 土地承包经营权纠纷

《物权法》第 126 条规定，土地承包经营权就是公民、集体对集体所有或国家所有由全民所有制或集体所有制单位使用的国有土地的承包经营权。承包期限：耕地承包期限为 30 年；草地为 30~50 年；林地为 30~70 年；特殊林木的承包期限，经国务院林业主管部门批准可以延长。

(1)土地承包经营权确认纠纷，是指就土地承包经营权是否成立及其归属和内容所发生的纠纷。土地承包经营权是指土地承包经营权人为从事种植业、林业、畜牧业，对其承包的集体所有或者国家所有由农民集体使用的耕地、林地、草地，以及其他用于农业的土地所享有的占有、使用、收益的权利。

(2)承包地征收补偿费用分配纠纷，是指因承包地征收补偿费用分配而引起的纠纷。承包地征收补偿费用包括三部分：地上附着物、青苗补偿费、安置补偿费以及土地补偿费。

(3)土地承包经营权继承纠纷，是指因土地承包经营权的继承而引发的纠纷。若是其他方式承包的可以继承，属于家庭承包则由其他家庭成员继承耕种。

56. 建设用地使用权纠纷

建设用地使用权纠纷，是指因建设用地使用权的设立、变更、转让、消灭等而引起的纠纷。《物权法》规定，建设用地使用权，是指权利人依法对国家所有的土地享有占有、使用和收益的权利，权利人有权利用该土地建造建筑物、构筑物及其附属设施。

57. 宅基地使用权纠纷

宅基地使用权纠纷，是因宅基地使用权的转让、使用、消灭、侵权等而引起的纠纷。

58. 地域权纠纷

地域权纠纷，是指在地域权的设立、变更、收益、处分、消灭、侵权等过程中引发的纠纷。《民事诉讼法》第22条、《物权法》相关条款规定，所谓地域是指根据行政机关的管理区域确定其实施行政处罚权的地域范围。

五、担保物权纠纷

担保物权，是指为确保债权的实现而设定的以直接取得或者支配特定财产的交换价值为内容的权利，因担保物权而引起的纠纷，称为担保物权纠纷。

59. 抵押权纠纷

抵押权纠纷，是指当事人因抵押权的成立、履行而产生的纠纷。

(1)建筑物和其他土地附着物抵押权纠纷，是指因在建筑物和其他土地附着物上设定的抵押权而引发的纠纷。建筑物和其他土地附着物抵押权属于担保物权的范畴，同时，又属于是土地的他项权利的一种，是设立土地的使用权之上的权利负担，其具有担保物权和土地的他项权利的双重性质，故农村土地承包经营权的抵押关系不仅要适用担保法的调整，还要适用土地管理法、森林法、草原法、农村土地承包法等有关土地资源法律的调整。

(2)在建建筑物抵押权纠纷，是指以正在建设中的建筑物设立的抵押权，当事人之间因抵押权的成立、内容、变更、转让、实现等引发的民事纠纷。

(3)建设用地使用权抵押权纠纷，是指抵押权一般通过当事人之间签订抵押合同，并经依法登记成立而发生在抵押当事人之间抵押权的纠纷。《物权法》第183条规定，建设用地使用权抵押权即以国有土地建设用地使用权作为抵押物的抵押权，包括划拨土地使用权抵押权和出让土地使用权抵押权。

(4)土地承包经营权抵押权纠纷，是指抵押设定之后，如果债务人到期不履行承诺，抵押权人有权依照法律的规定，以抵押物折价或以抵押物的变卖价款较其他债权人优先受偿而引起的纠纷。

(5)动产抵押权纠纷，是指以法律规定的动产设立抵押权，当事人之间因抵押权的设立、内容、变更、转让、实现等引发的纠纷。

(6)在建船舶、航空器抵押权纠纷，是指以正在建造的船舶或者航空器为抵押物的抵押权当事人之间因抵押权的成立、内容、变更、转让、实现等引发的民事纠纷。

(7)动产浮动抵押权纠纷，是指以企业、个体工商户、农业生产经营者现有的以及将有的生产设备、原材料、半成品、产品等概括设定的抵押权当事人之间因抵押权的成立、内容、转让等引发的民事纠纷。

(8)最高额抵押权纠纷，是指抵押人与抵押权人协议，在最高债权限额内，以抵押物对一定期间内连续发生的债权作担保等而引发的纠纷。

60. 质权纠纷

《物权法》第170条规定，质权也叫质押，是指为了担保债权的履行债务人或者第三人将其动产或权利移交债权人占有，当债务人不履行债务时，债权人有就其占有财产优先受偿的权利，因质押权而发生的纠纷，称为质权纠纷。

(1)动产质权纠纷，是指因动产质权而引发的纠纷。所谓动产质押，是指债务人或者第三人将其动产出质给债务人占有，债务人不履行到期债务或者发生当事人约定的实现质权的情形，债权人有权就该财产优先受偿。所谓权利质押，是指以出质人提供的财产权利为标的而设定的质权，可以出质的权利有汇票、支票、本票、债券、存款单、仓单、提单、股权、知识产权中的财产权等。

(2)转质权纠纷，是指质权人在质权存续期间，以质物向其他人再设定质权而引发的纠纷。包括动产质权转质纠纷，也包括权利质权转质纠纷。

(3)最高额质权纠纷，是指为担保债务的履行，债务人或者第三人对一定期限内将要连续发生的债权提供担保财产的，债务人不履行到期债务，或者发生当事人约定实现等而引发的纠纷。

(4)票据质权纠纷，是指以汇票、本票、和支票等票据设定质权，当事人之间因质权成立、内容、变更、转让、实现等引发的纠纷。

(5)债券质权纠纷，是指债券设定质权的当事人之间因质权的成立、内容、变更、转让、实现等引发的纠纷。

(6)存单质权纠纷，是指因存单质权引发的纠纷。存单质权是指以银行、储蓄机构发给存款人的证明其债权的凭证所设定的质权。

(7)仓单质权纠纷，是指因仓储单质权产生的纠纷。仓单是由仓储保管人填发的证明寄托人寄存物品的凭证(单据)，也是一种有价证券。

(8)提单质权纠纷，是指因提单质权引发的纠纷。提单是指用以证明海上货物运输合同和货物已经由承运人接受或者装船，以及承运人保证据以交付货物的单证。

(9)股权质权纠纷，是指因股权质押而发生的纠纷。股权质权是出质人以其所拥有的股权作为质押标的物而设定的质押。

(10)基金份额质权纠纷，是指以基金份额设定的质权当事人之间因质权的成立、内容、变更、转让和实现等产生的纠纷。

(11)知识产权质权纠纷，是指出质人和质押人以注册商标专用权、专利权、著作权等知识产权中的财产权作为出质物订立质押合同而引发的纠纷。

(12)应收账款质权纠纷，是指因应收账款质权的成立、归属、内容和实现等引发的纠纷。应收账款质权是指应收账款的债权人将其对债务人的应收账款的债权向银行等信贷机构提供质押担保以获取融资的行为。

61. 留置权纠纷

留置权纠纷，是指当债务人逾期不履行债务时，合法占有债务人动产的债权人有权留置动产并享有对该动产的优先受偿权。

六、占有保护纠纷

占有保护纠纷，是指法律为了更好地保护占有人的利益，实现占有制度设立的宗旨，而作出的在无相反证明情况下推定占有为瑕疵占有的规定，因此而引起的纠纷。

62. 占有物返还纠纷

占有物返还纠纷，是指因占有物被他人非法侵占，占有人请求返还的纠纷。

63. 占有排除妨害纠纷

占有排除妨害纠纷，是指占有人请求排除他人妨害其占有之行为或者事实的纠纷。妨害占有，是指非侵夺占有而妨碍占有人管理器物，致其使用可能性及利益遭受侵害。

64. 占有消除危险纠纷

占有消除危险纠纷，根据《物权法》第 35 条、第 245 条规定，是指占有人请求消除危害或者可能危害占有物质安全的行为而引发的纠纷。

65. 占有物损害赔偿纠纷

占有物损害赔偿纠纷，是指因占有物被他人侵占或者妨害，占有人请求给予损害赔偿的纠纷。损害赔偿请求权是占有保护债权的方法。

第十四章　合同、无因管理、不当得利纠纷

一、合同纠纷

合同纠纷是指因合同的生效、解释、履行、变更、终止等而引起的合同当事人之间的纠纷。

66. 缔约过失责任纠纷

缔约过失责任纠纷，是指在合同缔约过程中，当事人一方或者双方因自己的过失而致合同不成立，无效或被撤销，应对信赖其合同未有效成立的相对人赔偿基于此项信赖发生的损害而引发的纠纷。

67. 确认合同效力纠纷

合同效力，是指法律对各方当事人合意的评价。当事人当合同效力认识出现分歧时，可以诉至法院，请求依法确认，此类纠纷，称为确认合同效力纠纷。

(1)确认合同有效纠纷，是指当事人诉至人民法院要求确认合同有效，对双方产生法律约束力的纠纷。

(2)确认合同无效纠纷，是指当事人诉至人民法院，要求确认合同不具有效力的纠纷。

68. 债权人代位权纠纷

债权人代位权纠纷，是指在债务人怠于行使自己的权利的情况下，债权人未实现债权，直接以自己的名义代替债务人向第三人行使债权而产生的纠纷。

69. 债权人撤销权纠纷

债权人撤销权纠纷，是指当债务人所为的减少其财产的行为危害债权实现时，债权人为保全债权得请求法院予以撤销该行为的权利，因此而引发的纠纷。

70. 债权转让合同纠纷

债权转让合同纠纷，是指债权人可以将合同的权利全部或者部分转让给第三人而引起的纠纷。

71. 债务转移合同纠纷

债务转移合同纠纷，是指债务人将其合同义务，部分或者全部转让给第三人时产生的纠纷。

72. 债权债务概括转移合同纠纷

债权债务概括转移合同纠纷，是指债权债务概括转移合同关系的一方当事人将其依据原合同享有的债权债务通过协议全部转让给第三人，由第三人在转移范围内享受合同权利并承担合同义务，在此过程中发生的纠纷就叫债权债务概括转移合同纠纷。

73. 悬赏广告纠纷

悬赏广告纠纷，是指广告人通过广告声明对完成一定行为的人给付报酬而产生的

纠纷。

74. 买卖合同纠纷

《合同法》第130条规定，买卖合同是指出卖人转移标的物的所有权于买受人，买受人支付价款的合同。买卖合同纠纷，是指因买卖关系而引起的纠纷。买卖构成要件：一是意识表示一致；二是具有合法的标的；三是具有明确的协议；四是合法的主体。

(1)分期付款买卖合同纠纷，是因分期付款买卖合同引起的纠纷。《合同法》167条规定，分期付款买卖合同是指买受人将其应当交付的合同总价款，按照一定的期限分批支付给出卖人的买卖合同。

(2)凭样品买卖合同纠纷，凭样品买卖合同，是一种特殊形式的买卖合同，交付的货物须与当事人保留的样品具有同一品质，因该合同的订立、履行、变更等引发的纠纷称为凭样品买卖合同纠纷。

(3)试用买卖合同纠纷，试用买卖，是指约定买受人先行试用标的物，然后在一定期限内再决定是否购买的买卖合同，因此合同的订立、履行、变更等引发的纠纷，称为试用买卖合同纠纷。

(4)互易纠纷，又称易货合同纠纷，是指当事人双方以金钱以外的财物相互交换的合同而引发的纠纷。

(5)国际货物买卖合同纠纷。

(6)网络购物合同纠纷。

(7)电视购物合同纠纷。

75. 招标投标买卖合同纠纷

招标投标买卖合同，是指招标人通过招标公告、投标邀请书向特定或不特定人发出要约邀请，投标人通过投标发出要约，招标人选定中标人作出承诺或再经磋商而签订的买卖合同，因合同的订立、履行、变更等引起的纠纷，称为招标投标买卖合同纠纷。

76. 拍卖合同纠纷

依我国《拍卖法》第3条的规定，所谓拍卖，是指以公开竞价的形式，将特定的物品或者财产权利(统称拍卖物)转让给最高应价者的买卖方式。因拍卖合同的订立、履行、变更而引起的纠纷，称为拍卖合同纠纷。

77. 建设用地使用权合同纠纷

《物权法》规定，建设用地使用权是指权利人依法对国家所有的土地享有占有、使用和收益的权利，权利人有权利用该土地建造建筑物，构筑物及其附属设施。

(1)建设用地使用权出让合同纠纷，是指市、县人民政府土地管理部门作为出让方将国有土地使用权在一定年限内让与受让方，受让方支付土地出让金的协议而引起的纠纷。

(2)建设用地使用权转让合同纠纷，是指双方当事人就达成的建设用地使用协议将建设用地使用权转让给受让人，受让人支付价款的合同而产生的纠纷。

78. 临时用地合同纠纷

临时用地合同，是指因工程建设施工和进行地质勘查需要临时使用而在施工或者勘查完毕后不再使用的国有或者集体所有土地而订立的合同，因该合同的订立、履行、变更、解除和终止而引发的纠纷，称为临时用地合同纠纷。

79. 探矿权转让合同纠纷

探矿权转让合同纠纷，是指矿业权的出租、抵押，按照矿业权转让的条件和程序进行管理，由原发证机关审查批准，因此而引起的纠纷。矿业权转让，是指矿业权人将矿业转移的行为，包括出售、作价出资、合作、重组改制等。

80. 采矿权转让合同纠纷

采矿权转让合同纠纷，是指取得采矿权的矿山企业资产产权变更而不需要变更采矿权主体的，经依法批准可以将采矿权转让他人，因合同的订立、履行、变更等而引起的纠纷。

81. 房地产开发经营合同纠纷

房地产开发经营合同纠纷，是指房地产开发企业在城市规划区内国有土地上进行基础设施建设，房屋建设，并转让房地产开发项目或者销售、出租商品房的行为而引发的纠纷。

(1)委托代建合同纠纷，是指在房地产开发过程中，合同当事人依照合同法、建筑法和有关建设项目管理办法，经委托人研究，建设项目委托给代建人实施代建管理，按照平等、自愿和诚实信用原则，就代建管理事项协商一致后订立合同而产生的纠纷。

(2)合资、合作开发房地产合同纠纷，根据《合同法》《城市房地产管理法》规定，是指当事人因此前达成的以提供土地使用权、资金的方式共同出资，并且共担风险、共享利润，合作开发房地产合同而产生的纠纷。

(3)项目转让合同纠纷，是指房地产开发企业就转让其房地产开发项目与他人签订合同，因合同订立、履行、变更等而引起的纠纷。转让房地产开发项目时涉及土地使用权应当符合有关土地使用权转让的规定，合同签订后转让人和受让人还必须持合同到房地产开发主管部门登记备案。

82. 房屋买卖合同纠纷

房屋买卖合同纠纷，是指房屋买卖过程中出现的纠纷。包括售房广告引起的纠纷、认购书相关的纠纷、房屋买卖合同价款支付相关纠纷、房屋交付相关的纠纷、延期办证的纠纷、惩罚性赔偿的纠纷、解除与按揭关系的冲突与协调的、有关包销的纠纷，等等。

(1)商品房预约合同纠纷，是指房地产开发商与购房者就双方在一定期限内签订商品房买卖合同的协议而引发的纠纷。

(2)商品房预售合同纠纷，是指因商品房预售合同条款自身的缺陷或因不可抗力因素引起的合同履行延迟或履行不能等而产生的纠纷。

(3)商品房销售合同纠纷。

(4)商品房委托代理销售合同纠纷，是指因房地产开发企业将开发的商品房委托给中介机构代理销售，并向中介机构支付酬金而签订合同，因合同订立、履行、变更等而引发的纠纷。中介机构销售商品房时，应当向商品房购买人出示商品房的有关证明文件和商品房销售委托书。

(5)经济适用房转让合同纠纷，是指因当事人之间签订就达成的经济适用房所有权人将经济适用房所有权转移给他人，他人支付相应价款的合同所产生的纠纷。

(6)农村房屋买卖合同纠纷，《民法通则》第75条、《物权法》第30条，农村房屋买卖合同是指出卖人转移农村房屋的所有权于买受人，买受人支付价款的合同，既包括因一集体经济组织成员间签订的农村房屋买卖合同，也包括集体经济组织成员与本集体经济组织成员以外的单位或个人签订的农村房屋买卖合同，因合同的订立、履行、变更等而产生的纠纷，称为农村房屋买卖合同纠纷。

83. 房屋拆迁安置补偿合同纠纷

房屋拆迁安置补偿合同纠纷，是指双方当事人就房屋拆迁安置补偿所订立的合同，拆迁人与被拆迁人已就补偿安置达成的协议，签订拆迁补偿安置协议后又产生的纠纷。

84. 供用电合同纠纷

供用电合同纠纷，《合同法》第176条规定，是指因供电人向用电人供电，用电人支付电费而签订合同，由此而引发的纠纷。

85. 供用水合同纠纷

供用水合同纠纷，是指因供水人向用水人提供自来水，用水人支付水费而签订合同，由此而引发的纠纷。根据《合同法》第184条规定，该合同内容、双方当事人的义务等与供用电合同类似。

86. 供用气合同纠纷

供用气合同纠纷，是指因供气人向用气人提供煤气，用气人支付煤气费而签订合同，由此而引发的纠纷。

87. 供用热力合同纠纷

供用热力合同纠纷，是指热力使用人与供用热力人在不履行合同时引起的纠纷。供用热力合同，是指依法提供电、水、气、热力供一方利用，另一方利用这些资源并支付报酬的合同。

88. 赠与合同纠纷

赠与合同，根据《合同法》第185条规定，是赠与人将自己的财产无偿给予受赠人，受赠人表示接受赠与的合同。因赠与合同的订立、履行、变更等引起的纠纷称为赠与合同纠纷。

(1)公益事业捐赠合同纠纷，是指赠与人对赠与物的所有权所作出的不可撤销和即时转入的意图的行为而引发的纠纷。

(2)附义务赠与合同纠纷，是指在赠与合同中赠与人附加一定的条件，使受赠人负担一定的给付义务，因受赠人未履行义务而引发的纠纷。

89. 借款合同纠纷

借款合同纠纷，《合同法》196条规定，是借款人向贷款人借款，到期返还借款并支付利息的合同而引起的纠纷。

(1)金融借款合同纠纷，《合同法》196条规定，是指借款人向金融机构借款到期返还借款并支付利息的合同而引发的纠纷。

(2)同业拆借纠纷，同业拆借是指金融机构彼此间同舟共济的一种资金调剂活动。由于其期限较短，拆借主体的资信较好，所以其利率水平、融资对象、数额都较灵活，金融机构之间因同业拆借引起的纠纷，称为同业拆借纠纷。

(3)企业借贷纠纷，是指企业之间因借贷而引起的而纠纷。

(4)民间借贷纠纷，是指公民之间、公民与法人之间因借款行为而引起的纠纷。

(5)小额借款合同纠纷，是指借款人向金融机构或小额贷款公司借小额款项，到期返还借款并支付利息的合同而引发的纠纷。

(6)金融不良债权转让合同纠纷。

(7)金融不良债权追偿纠纷，是指某人的债权债务全面转移给另一人而引发的纠纷。

90. 保证合同纠纷

保证合同纠纷，是指在保证人或债务人在签订主债务人不履行其债务时，由保证人按照约定履行债务或者承担责任的合同的过程中或因合同的履行、变更等发生的纠纷。

91. 抵押合同纠纷

抵押合同纠纷，是指债务人或第三人不转移财产的占有，将该财产作为债权的担保而签订合同，合同的签订、履行、变更等引发的纠纷。债务人不履行债务时，债权人有权就该财产折价、变卖或者拍卖后的价款优先受偿。

92. 质押合同纠纷

质押合同纠纷，是指出质人与质权人订立关于设定质押的合同，因合同的签订、履行、变更等引发的纠纷。其中，质押包括动产质押和权利质押。所谓动产质押，是指债务人或者第三人将其动产出质给债务人占有，债务人不履行到期债务或者发生当事人约定的实现质权的情形，债权人有权就该财产优先受偿。所谓权利质押，是指以出质人提供的财产权利为标的而设定的质权，可以出质的权利有汇票、支票、本票、债券、存款单、仓单、提单、股权、知识产权中的财产权等。

93. 定金合同纠纷

定金合同纠纷，是指当事人在订立主合同时，为了保证主合同的履行，签订从合同约定依法当事人预先支付给对方一定数额的货币，债务人履行债务后，定金应当收回或者抵作价款，给付定金方不履行约定，无权要求返还定金，收定金方不履行约定的债务的，应双倍返还定金的一种合同，因此而产生的纠纷。

94. 进出口押汇纠纷

进出口押汇，是指与信用证业务相关联的银行与进出口商之间的一种短期融资，是对进口押汇和出口押汇的总称。银行在与进口商之间办理进口押汇以及与出口商之间办理出口押汇过程中形成的纠纷，称为进出口押汇纠纷。

95. 储蓄存款合同纠纷

储蓄存款合同纠纷，是指因存款人自己的原因造成银行卡失密导致存款被他人冒领而引发的纠纷。

96. 银行卡纠纷

银行卡纠纷，是指因银行卡在商事交易中广泛使用，因信用卡透支、伪卡交易、网上支付而引发的银行卡纠纷。

(1)借记卡纠纷，是指因借记卡使用而引发的纠纷。

(2)信用卡纠纷，是指有别于传统信用卡纠纷中银行为原告，以持卡人经催收仍欠款不还为基础诉讼事实，以偿还信用卡欠款利息、滞纳金为目的而引起的纠纷。

97. 租赁合同纠纷

租赁合同纠纷，《合同法》第 212 条规定，是指租赁人将租赁物交付承租人使用、收益，承租人支付租金的合同而产生的纠纷。

(1)土地租赁合同纠纷，是指国家将土地出租给使用者使用，由使用者支付租金的合同而引起的纠纷。

(2)房屋租赁合同纠纷，是指房屋出租人将房屋提供给承租人使用，承租人定期给付约定租金，并于合同终止时将房屋完好地归还出租人而引起的纠纷。

(3)车辆租赁合同纠纷，是指因承租人在租用车辆使用期间，车辆发生故障产生的大量维修费用，承租人不愿承担而引起的纠纷。

(4)建筑设备租赁合同纠纷，是指建筑设备租赁合同的订立、履行、终止和实现等而引起的纠纷。

98. 融资租赁合同纠纷

《合同法》第 237 条规定，融资租赁合同是出租人根据承租人对出卖人，租赁物的选择，向出卖人购卖租赁物，提供给承租人使用，承租人支付租金的合同，因合同的订立、履行、变更等引发的纠纷，称为融资租赁合同纠纷。

99. 承揽合同纠纷

《合同法》第 251 条规定，承揽合同是指承揽人按照定作人的要求完成工作，交付工作成果，定作人给付报酬的合同。

(1)加工合同纠纷，是指承揽方以自己的技能、设备和劳力，按照定作方要求完成一定的工作，定作方接受承揽方完成的工作成果，并给付报酬而订立合同，因合同的订立、履行、变更等而引起的纠纷。承揽合同包括加工、定作、修理、复制、测试、检验等合同。

(2)定作合同纠纷，是指承揽人根据定作人的要求，以自己的技能、设备、材料和劳力为定作人制作成品，定作人接受该制作成品，并支付报酬而订立合同，因合同的订立、履行、变更等产生的纠纷。

(3)修理合同纠纷，是承揽人修理已损坏的物品，使其恢复原状，定作人为承揽人支付报酬而订立合同，因合同的订立、履行、变更等而产生的纠纷。

(4)复制合同纠纷，是指承揽人按照定作人的要求，根据定作人提供的样品，重新制作类似的成品，定作人接受复制品并支付报酬而订立合同，因合同的订立、履行、变更等引发的纠纷。

(5)测试合同纠纷，《合同法》第 251 条至 268 条规定，是指承揽人根据定作人的要求，利用自己的技术和设备为定作人完成某一项目的性能进行检测试验，定作人接受测试成果并支付报酬而订立合同，因此而引发的纠纷。

(6)检验合同纠纷，是指承揽人以自己的技术和仪器、设备等为定作人提供的特定事物的性能、问题、质量等进行检查、化验，定作人接受检验成果并支付报酬而订立合同，因合同的订立、履行、变更等引发的纠纷。

(7)铁路机车、车辆建造合同纠纷，是指铁路机车、车辆制造企业与铁路运输企业签订的，根据铁路运输企业的要求，由铁路机车、车辆制造企业为其建造铁路机车、车辆而订立的承揽合同，因合同的订立、履行、变更等引发的纠纷。

100. 建设工程合同纠纷

《合同法》第269条规定，建设工程合同是指承包人进行工程建设，发包人支付价款的合同。包括工程勘察、设计、施工合同。

(1)建设工程勘察合同纠纷，是指委托方与承包方为完成特定的勘察设计任务，因明确相互权利义务关系而订立合同，因合同的订立、履行、变更等而引发的纠纷。

(2)建设工程设计合同纠纷，是指委托方与承包方为完成商定的工程设计任务而产生的纠纷。

(3)建设工程施工合同纠纷，是指发包方(建设方)和承包方(施工方)为完成商定的施工工程，订立明确相互权利义务的协议而引起的纠纷。

(4)建设工程价款优先受偿权纠纷，是指工程建设单位聘请监理单位代其监督工程项目，并进行管理，因订立明确双方权利义务的协议而引发的纠纷。

(5)建设工程分包合同纠纷。

(6)建设工程监理合同纠纷，是指建设工程单位聘请监理单位代其对工程项目进行管理，订立明确双方权利义务的协议而引发的纠纷。

(7)装饰装修合同纠纷，是指当事人在装饰装修质量、工期、价款等问题上引起的纠纷。

(8)铁路修建合同纠纷，是指承包人与发包人为建设或修整铁路而签订的明确双方权利义务的协议而引发的纠纷。

(9)农村建房施工合同纠纷，是指农村建房户与施工方为建设房屋而签订的明确双方权利义务的协议而引发的纠纷。

101. 运输合同纠纷

《合同法》第288条规定，运输合同是承运人将旅客或者货物从起运地点运输到约定地点，旅客、托运人或者收货人支付票款或者运输费用的合同。主要包括客运、货运和多式联运合同。

(1)公路旅客运输合同纠纷，是指承运人将旅客运送到约定地点，旅客支付费用而签订合同，因此而引发的纠纷。

(2)公路货物运输合同纠纷，是指因承运人将托运人交付运送的货物运送到约定地点，托运人或者收货人支付运输费用而签订合同，因此而引发的纠纷。

(3)水路旅客运输合同纠纷，是指因承运人以船舶经过水路将旅客以及自带行李从一港运送至另一港而签订合同，因此而引发的纠纷。

(4)水路货物运输合同纠纷，是指承运人以船舶经过水路将托运人交付运送的货物从一港运送至另一港而签订合同，因此而引发的纠纷。

(5)航空旅客运输合同纠纷，是指因承运人将旅客及其行李以飞机作为运输工具，明确安全送到目的地，旅客向承运人支付票款而签订合同，由此而引发的纠纷。

(6)航空货物运输合同纠纷，是指因航空运输承运人使用自己的设备，采用航空运输的方式，将托运人的货物安全运抵指定地点交给收货人，托运人按约定支付运输费而签订合同，因此而引发的纠纷。

(7)出租汽车运输合同纠纷，是指出租汽车运输合同履行过程中发生的纠纷。

(8)管道运输合同纠纷，是指在承运人以管道作为运输工具将托运人交付运送的货物运至约定地点而签订合同，因此而引发的纠纷。

(9)城市公交运输合同纠纷。

(10)联合运输合同纠纷，是指当事人签订运输合同约定，在合同订立、履行、运输等过程中产生的纠纷。

(11)多式联运合同纠纷，是指因多式联运经营人以两种以上的不同运输方式，其中一种是海上运输方式，负责将货物从接收地运至目的地交付收货人，并收取全程运费而订立合同，因此而引发的纠纷。

(12)铁路货物运输合同纠纷，《铁路法》第16条规定，铁路运输企业应当按合同约定的期限或者国务院铁路主管部门规定的期限，将货物包裹、行李等运送到目的地，因合同的订立、履行、变更等而引起的纠纷。

(13)铁路旅客运输合同纠纷，是指因签订利用旅客列车把旅客及其凭客票托运的行李从一个地方运送到另一个地方，旅客支付票据费用的合同而引起的纠纷。

(14)铁路行李运输合同纠纷。

(15)铁路包裹运输合同纠纷。

(16)国际铁路联运合同纠纷。

102. 保管合同纠纷

保管合同纠纷，是指保管合同当事人就保管合同的订立、效力、履行及履行后果所产生的争议。

103. 仓储合同纠纷

仓储合同纠纷，《合同法》第381条规定，是指在保管人储存存货人交付的仓储物，存储人支付仓储费而签订相关合同过程中引发的纠纷。

104. 委托合同纠纷

委托合同纠纷，《合同法》第396、第397条规定，是指因委托人和受托人约定，由受托人处理委托人事务而签订合同，因此而引起的纠纷。

(1)进出口代理合同纠纷，是指有货物进出口需求的客户，由于对进出口业务的不熟悉或者没有进出口权，委托船运公司、货运公司、报关行、贸易公司等代办进出口的贸易服务型业务而引发的纠纷。

(2)货运代理合同纠纷，是指货运代理企业接受委托人委托处理与海上货物运输有关的货运代理事务时发生的有关纠纷。

(3)民用航空运输销售代理合同纠纷，是指因委托人与受托人约定，由委托人代理处理民用航空运输销售事务的委托合同而引发的纠纷。

(4)诉讼、仲裁、人民调解代理合同纠纷。

105. 委托理财合同纠纷

委托理财合同纠纷，是指因委托人和受托人约定，委托人将其资金、证券等金融性资产委托管理而引发的纠纷。

（1）金融委托理财合同纠纷，是指法院受理的委托人和受托人实现一定利益，委托人将其资金、证券等金融类资产，根据合同约定理财义务，委托人和受托人在履行合同过程中引起的纠纷。

（2）民间委托理财合同纠纷，是指客户将资产交给资产管理公司、投资咨询公司、一般企事业单位等非金融机构或者自然人，由非金融机构作为受托人的委托理财形式而引起的纠纷。

106. 行纪合同纠纷

行纪合同纠纷，《合同法》第 414 条规定，是行纪人以自己的名义为委托人从事贸易活动，委托人支付报酬而签订合同，因合同的订立、履行、变更等而引发的纠纷。

107. 居间合同纠纷

居间合同纠纷，《合同法》第 424 条规定，是居间人向委托人报告订立合同的机会或者提供订立合同的媒介服务，委托人支付报酬而签订合同，因合同的订立、履行、变更等而引发的纠纷。

108. 补偿贸易纠纷

补偿贸易，是指由外国厂商或者利用国外出口信贷进口生产技术和设备，由我方企业进行生产，以返销其产品的发生分期偿还对方技术设备价款或贷款本息的交易方式，在补偿贸易进行的过程中发生的纠纷，称为补偿贸易纠纷。

109. 借用合同纠纷

借用合同，又称使用借贷合同，是指出借人定期或者不定期地将出借物无偿交给借用人使用，借用人在一定期限内，或者使用完毕后，返还原物给出借人的合同，因合同的订立、履行、变更等引发的纠纷，称为借用合同纠纷。

110. 典当纠纷

典当纠纷，是指当户将财产作为当物，质押或者抵押给典当行，典当行向当户发放“当金”，双方约定由当户一定期限内赎回当物而引发的纠纷。

111. 合伙协议纠纷

合伙协议纠纷，是指三人以上公民按照协议，各自提供资金、实物、技术等合伙经营，共同劳动，并要求合伙人对出资数额、盈利分配、债务承担，入伙、退伙、合作终止等事项订立书面协议而引起的纠纷。

112. 种植、养殖回收合同纠纷

种植、养殖回收合同纠纷，是指因一方提供技术指导、技术或者种苗产品（种籽、动物家禽、幼苗），甚至种植、养殖饲料，保证成品达到一定标准，另一方负责喂养、种植，成品由提供技术方保价回收而签订合同，因此引发的纠纷。

113. 中外合作勘探开发自然资源合同纠纷

中外合作勘探开发自然资源合同纠纷，是指中国的公司、企业或者其他经济组织与外国的公司、企业、其他经济组织或者个人依照中国的法律法规所订立的，按照一定条件在中国境内的某些特定区域合作勘探、开发、生产自然资源的协议，因此而引发的纠纷。

114. 农业承包合同纠纷

农业承包合同纠纷，是指农村集体经济组织(或村民委员会)作为发包方与承包方之间就集体享有所有权或使用权的土地、山岭、草原、荒地、滩涂、水面等自然资源所订立的承包经营合同，因此而引起的纠纷。

115. 林业承包合同纠纷

林业承包合同纠纷，是指农村林业承包合同在履行过程中发生的纠纷。

116. 渔业承包合同纠纷

渔业承包合同纠纷，是指发包方就开发、经营和利用本集体经济组织所有的渔业资源，以及依法取得使用权的国家渔业资源，与承包方所签订承包合同，以及各承包方之间所签订的转让、转包和互换承包经营标的物而签订合同，因此而引发的纠纷。

117. 牧业承包合同纠纷

牧业承包合同纠纷，是指在牧业承包合同的签订、履行、变更和终止过程中产生的纠纷。《草原法》第13~15条规定，牧业承包合同，是指发包方就开发、经营和利用本集体经济组织所有的牧业资源，以及依法取得使用权的国家牧业资源与承包方所签订的承包合同，以及各承包方之间所签订的转让、转包和互换承包经营标的物的合同。

118. 农村土地承包合同纠纷

农村土地承包合同纠纷，是指集体经济组织成员或农村集体经济组织以外的人与其集体经济组织之间签订承包农村土地，并支付一定收益的协议，因协议的签订、履行、变更等引发的纠纷。

(1)土地承包经营权转包合同纠纷，是指当事人因土地承包经营权转包合同的订立、履行、变更解除和终止而引发的纠纷。

(2)土地承包经营权转让合同纠纷，是指当事人因土地承包经营权转让合同的订立、履行、变更解除和终止而引发的纠纷。

(3)土地承包经营权互换合同纠纷。

(4)土地承包经营权入股合同纠纷。

(5)土地承包经营权抵押合同纠纷。

(6)土地承包经营权出租合同纠纷。

119. 服务合同纠纷

(1)电信服务合同纠纷，是指因为电信公司没有全方位地提供事先合同约定好的服务条款而与用户产生的一种民事法律行为纠纷。

(2)邮寄服务合同纠纷。

(3)医疗服务合同纠纷，《合同法》第107条规定，是指医疗机构与患者之间就明确相互权利义务关系而签订合同，因双方当事人在履行合同过程中而引起的纠纷。

(4)法律服务合同纠纷。

(5)旅游合同纠纷，是指旅游业和游客之间因旅游合同的订立、变更、履行、解除而产生的纠纷。

(6)房地产咨询合同纠纷。

(7)房地产价格评估合同纠纷，是指有资质的房地产价格评估机构土地、建筑物、构筑物，在建工程，以及房地产为主的企业整体资产，企业整体资产中的房地产等各类房地产，以及因转让、抵押、城市房屋拆迁、司法鉴定、课税、公司上市、企业改制、企业清算、资产重组、资产处置等需要进行的房地产进行评估的活动与另一方当事人所订立合同，因合同的订立、履行、变更等引发的纠纷。

(8)旅店服务合同纠纷。

(9)财会服务合同纠纷。

(10)餐饮服务合同纠纷。

(11)娱乐服务合同纠纷，是指因娱乐服务合同的订立、履行、变更、解除而产生的纠纷。

(12)有线电视服务合同纠纷。

(13)网络服务合同纠纷。

(14)教育培训合同纠纷。

(15)物业服务合同纠纷，是指服务企业与业主或者业主委员会等因物业服务等利益冲突而产生的纠纷。

(16)家政服务合同纠纷。

(17)庆典服务合同纠纷。

(18)殡葬服务合同纠纷，殡葬服务机构与客户之间签订的对死者遗体进行处理的服务协议在订立、履行合同中而引发的纠纷。殡葬服务项目主要包括殡仪接待服务、遗体保存服务、遗体告别服务、遗体火化服务、骨灰安放服务、骨灰撒海服务等。

(19)农业技术服务合同纠纷，是指农业技术服务组织与农户等对象签订以农业技术、培训、农业技术指导和农业技术咨询等为内容的合同，因合同的签订、履行、变更等引发的纠纷。

(20)农机作业服务合同纠纷，是指农机作业单位与服务的对象之间为按时、按质、按准完成农机作业任务而订立协议，因此而引发的纠纷。

(21)保安服务合同纠纷，是指合同当事人对保安服务的质量标准的约定不明或理解不一而在给付价款或酬金时发生的纠纷。

(22)银行结算合同纠纷。

120. 演出合同纠纷

演出合同纠纷，是指双方当事人约定由一方为他方演出文艺节目等，他方支付报酬的合同纠纷。演出人的主要义务是亲自按时按质、按量履行合同，演出人应按合同约定亲自演出，不能由他人代替，这是演出合同所具有的人身属性所决定的。

121. 劳务合同纠纷

劳务合同纠纷，是当事人各方在平等协商的情况下达成的就某一项劳务以及劳务成果所达成的协议而引起的纠纷。

122. 离退休人员返聘合同纠纷

离退休人员返聘合同纠纷，是指当事人因签订、履行、变更、终止返聘合同所发生的权利义务纠纷。

123. 广告合同纠纷

广告合同纠纷，是指因当事人订立、履行、变更、终止广告合同发生的权利义务纠纷。

124. 展览合同纠纷

展览合同纠纷，是指一方与他方签订合同，由一方提供美术作品、摄影(图片)、书法碑帖、篆刻、古代和传统服饰、艺术收藏品、专题性文化艺术，以及物品、技术或者服务等，他方负责布展、展品、运输、安全保卫，以及其他具体展览事项并取得报酬，因合同的签订、履行、变更等而引发的纠纷。

125. 追偿权纠纷

追偿权纠纷，包括两种：一是担保责任追偿权纠纷，是指为债务人提供担保的第三人，在承担了担保责任后，享有的向债务人追偿权利，因当事人追偿而引发的纠纷。二是合伙人债务追偿权纠纷，是指清偿了合伙人债务的合伙人对超过自己应当承担数额的部分向其他合伙人追偿的权利，因当事人追偿而引发的纠纷。

126. 请求确认人民调解协议效力

根据最高法《关于审理涉及人民调解协议的民事案件的若干规定》，经人民调解委员会调解达成的有民事权利义务内容，并由双方当事人签字或者盖章的调解协议，具有民事合同性质。当事人应当按照约定履行自己的义务，不得擅自变更或者解除调解协议。

二、不当得利纠纷

127. 不当得利纠纷

不当得利纠纷，是债权人和债务人之间没有合同等法律依据或开始有依据而后来丧失依据，债务人取得债权人的财产，损害了债权人的利益，应为债权人负有返还义务，因此而引发的纠纷。

三、无因管理纠纷

128. 无因管理纠纷

无因管理纠纷，是指没有法定或者约定义务，为避免造成损失(损失既包括自己的，也包括他人的)，主动管理他人事务或者为他人提供服务的行为，因此而引发的纠纷。

第十五章　知识产权与竞争纠纷

一、知识产权合同纠纷

知识产权合同纠纷，是指知识产权人因行使知识产权或不特定的第三人侵犯自己的知识产权与不特定第三人产生的争议。知识产权纠纷类型：有归属权、合同、侵权、行政等纠纷。

129. 著作权合同纠纷

著作权合同纠纷，是指当事人之间就著作权和邻接权的归属、转让、许可使用等事宜所订立的合同而产生的纠纷。

(1)委托创作合同纠纷，是指当事人约定由委托人就特定作品委托他人创作，受托人按约定完成作品创作所订立的合同而发生的纠纷。

(2)合作创作合同纠纷，是指两人以上的当事人以共同创作某一作品为目的所订立的合同而发生的纠纷。

(3)著作权转让合同纠纷，是指著作权作为一项财产权，包括复制权、发行权、展览权、公开表演权、播放权、改编权、翻译权、汇编权，以及整理权和注释权等或者约定其中的任何一项或几项权能，从一民事主体合法转到另一民事主体支配的行为，在转让过程中发生的纠纷。该行为涉及作者的人身权，人身权和财产权是不可分割的整体，所以其他权是不可转让的。

(4)著作权许可使用合同纠纷，是指著作权人将其作品的经济权利的一部分或者全部在法定的保护期内以一定方式，在确定的范围内和期限内许可他人使用的过程中所产生的纠纷。

(5)出版合同纠纷。

(6)表演合同纠纷。

(7)音像制品制作合同纠纷，是指双方当事人为通过录音录像等技术手段，将声音、图像文字等内容整理加工成音像制品节目源的活动所订立合同，因此而发生的纠纷。

(8)广播电视播放合同纠纷，是指双方当事人为广播电台、电视台播放录音制品、录像制品等事项所订立合同，因此而发生的纠纷。

(9)邻接权转让合同纠纷，是指双方当事人就图书出版者、表演者、录音录像制作者及广播组织(广播电台、电视台)各自依法享有的与著作权有关的权利转移给另一方所订立合同而发生的纠纷。

(10)邻接权许可使用合同纠纷，是指双方当事人约定就图书出版者、表演者、录音录像制作者及广播组织(广播电台、电视台)，各自依法享有的与著作权有关的权利许可给另一方，以约定的时间、范围、方式行使的协议所发生的争议。

(11)计算机软件开发合同纠纷，是指当事人就软件开发订立合同，因合同的订立、签订、履行等产生的纠纷。软件，是指计算机软件的简称。是指计算机程序及其有关文档。软件开发合同，是指当事人就软件开发所订立的合同。开发人是指实际组织、进行开发工作，提供工作条件以完成软件开发，或依靠自身条件完成软件开发，并对软件承担责任的人。

(12)计算机软件著作权转让合同纠纷，是指计算机软件著作权人将著作权的全部或部分财产权有偿或无偿地移交给他人所有，在此过程中产生的纠纷。著作权的转让，是指著作财产权的转让，是指著作权作为一项财产权，包括复制权、发行权等其中的任何一项或几项权能，从一个民事主体合法地转移到另一民事主体支配下的行为。

(13)计算机软件著作权许可使用合同纠纷，是指著作权人与作品使用人之间，就著作权人许可使用人使用其作品，使用人向著作权人支付报酬的行为而引发的纠纷。

130. 商标合同纠纷

商标合同纠纷，是指当事人之间就商标的权利归属、转让、许可使用和商标代理等事宜所订立合同而发生的纠纷。一般包括商标权转让、使用许可合同纠纷。

(1)商标权转让合同纠纷，是指商标权人依法将其注册商标转让给他人所有，在此过程中产生的纠纷。商标权人为转让人，另一方为受让人。受让取得商标专用权，支付一定价款，原商标权人不再享有商标权。商标权的取得依照法定程序，由国家确认。商标权的转让不同于一般财产权的转让，除双方当事人同意外，还必须履行法定手续。

(2)商标使用许可合同纠纷，是指商标权人将其注册商标许可给他人使用，被许可使用人支付费用的合同而发生的纠纷。

(3)商标代理合同纠纷，是指商标权所有人与商标代理人就办理商标注册申请及其他有关商标事宜达成的协议所发生的纠纷。

131. 专利合同纠纷

专利合同纠纷，是指因专利合同的生效、解释、履行、变更、终止等行为而引起的合同当事人的争议。

(1)专利申请权转让合同纠纷，是指转让方将其就特定的发明创造申请专利的权利移交受让方，受让方支付约定价款订立的合同而引发的纠纷。

(2)专利权转让合同纠纷，是指当事人(让与人)将其发明创造专利权转让受让方，受让方支付相应价款而签订转让合同，因此而引发的纠纷。

(3)发明专利实施许可合同纠纷，是指当事人就发明专利权的实施许可所订立合同而引发的纠纷。

(4)实用新型专利实施许可合同纠纷，是指当事人就实用新型专利权的实施许可所订立合同而引发的纠纷。

(5)外观设计专利实施许可合同纠纷，是指当事人就外观设计专利的实施许可所订立合同而引发的纠纷。

(6)专利代理合同纠纷，是指专利代理机构接受委托为委托人办理专利申请或者办理其他专利事务并向委托人收取代理费而订立合同，因此所引发的纠纷。

132. 植物新品种合同纠纷

植物新品种合同纠纷，是指当事人之间就植物新品种育种、申请权和品种权转让、植物新品种许可使用等所订立合同而引发的纠纷。

(1)植物新品种育种合同纠纷，是合同当事人之间就人工培育或者对发现的野生植物加以开发，培育新的植物品种所订立合同而引发的纠纷。

(2)植物新品种申请权转让合同纠纷，是指双方当事人就植物新品种的申请权转移给另一方所订立合同而引发的纠纷。

(3)植物新品种权转让合同纠纷，是指双方当事人就植物新品种转让给另一方所订立合同而引发的纠纷。

(4)植物新品种实施许可合同纠纷，是指植物新品种权利人许可他人以商业目的生产或者销售，授权品种的繁殖材料所订立合同而引发的纠纷。

133. 集成电路布图设计合同纠纷

集成电路布图设计合同纠纷，是指当事人就集成电路布图设计的创作有关权利的转让和许可使用等内容所签订合同而发生的纠纷。

(1)集成电路布图设计创作合同纠纷，是指集成电路布图设计的创作所订立合同而发生的纠纷，包括委托创作和合作创作纠纷。

(2)集成电路布图设计专有权转让合同纠纷，是指当事人就集成电路布图设计专有权的转让所签订合同而发生的纠纷。

(3)集成电路布图设计许可使用合同纠纷，是指当事人就集成电路布图设计的许可使用所签订合同而发生的纠纷。

134. 商业秘密合同纠纷

商业秘密合同纠纷，在本质上属于合同纠纷，是指当事人就商业秘密的让与或者许可使用订立合同，由此所发生的争议。

(1)技术秘密让与合同纠纷，是指当事人就技术秘密整体权利的让与所订立合同而发生的争议。

(2)技术秘密许可使用合同纠纷，是指当事人就技术秘密的许可使用所订立合同而发生的争议。

(3)经营秘密让与合同纠纷，是指当事人就经营秘密整体权利的让与所签订合同所发生的争议。

(4)经营秘密许可使用合同纠纷，是指当事人就经营秘密整体权利让与或者有关权利使用的许可使用所订立的合同而发生的争议。

135. 技术合同纠纷

《合同法》第322条规定，技术合同是当事人就技术开发、转让、咨询或者服务订立的确立相互之间就新技术、新产品、新工艺或者新材料及其系统的研究开发所订立的合同，因合同的订立、履行、变更等引起的纠纷，称为技术合同纠纷。技术合同纠纷包括委托开发合同纠纷和合作开发合同纠纷。

(1)技术委托开发合同纠纷，《合同法》第322条规定，技术委托开发合同是指当事人之间就新技术、新产品、新工艺或者新材料及其系统的研究开发所订立的合同。包括委托开发和合作开发合同。因合同的订立、履行、变更等引起的纠纷，称为技术委托开发合同纠纷。

(2)技术合作开发合同纠纷，是指当事人之间就新技术、新工艺和新工艺的新材料及其系统的研究开发所订立合同而引发的纠纷。

(3)技术转化合同纠纷，是指当事人之间就具有产业应用价值，但尚未能实现商品化、产业化应用的科技成果实施转让，对已有的科技成果进行后续试验，开发和应用而订立合同引发的纠纷。

(4)技术转让合同纠纷，是指当事人之间就专利申请权转让、专利实施许可技术秘密转让所订立合同而引发的纠纷。

(5)技术咨询合同纠纷，是指在双方当事人之间就特定技术项目提供可行性论证、技术预测、专题技术调查、分析评价报告等签订合同，由此而产生的纠纷。

(6)技术服务合同纠纷，根据《合同法》第356条规定，是指当事人一方以自己的技术和知识为另一方解决特定技术问题所订立合同，因此而引发的纠纷。

(7)技术培训合同纠纷，是指用人单位和员工就专业技术、培训具体事项达成一致所签订的协议而引发的纠纷。

(8)技术中介合同纠纷，是指当事人一方以知识、技术、经验和信息为另一方与第三方订立技术合同进行联系、介绍、组织工业化开发并对履行合同提供服务所订立合同而引发的纠纷。

(9)技术进口合同纠纷，是指在双方当事人就从中华人民共和国境外向中华人民共和国境内通过贸易、投资或者经济建设合作的方式转移技术的行为而签订合同，因此而出现的纠纷。

(10)技术出口合同纠纷，是指在双方当事人就从中华人民共和国境内向中华人民共和国境外通过贸易、投资或者经济建设合作的方式转移技术的行为而签订合同，因此出现的纠纷。

(11)职务技术成果完成人奖励、报酬纠纷，根据《合同法》第326条规定，是指职务技术完成后，因法人或者其他组织从使用和转让该项职务技术成果所取得的收益中提取一定比例，对完成该项职务技术的个人给予奖励或者报酬的行为而产生的纠纷。

(12)技术成果完成人署名权、荣誉权、奖励权纠纷，是指技术成果完成后，因为在成果署名、获得荣誉或者奖励上而产生的纠纷。

136. 特许经营合同纠纷

特许经营合同纠纷，是指拥有注册商标、企业标志、专利、专有技术等经营企业资源的企业(以下称特许人)，以合法形式将其拥有的经营资源许可其他经营者(以下称被特许人)使用，被特许人按照合同约定在统一模式开展经营，并向特许人支付许可经营费用的经营活动所产生的纠纷。

137. 企业名称(商号)合同纠纷

企业名称(商号)合同纠纷，是指企业法人、个体工商户、个人合伙等就企业名称(商号)等方面签订合同而引起的纠纷。

(1)企业名称(商号)转让合同纠纷，是指企业法人、个体工商户、个人合伙等就企业名称(商号)的转让等方面签订合同而出现的纠纷。

(2)企业名称(商号)使用合同纠纷，是指企业法人、个体工商户、个人合伙等就企业名称(商号)的使用等方面签订合同而出现的纠纷。

138. 特殊标志合同纠纷

特殊标志合同纠纷，根据《民事诉讼法》第24条规定，是指特殊标志所有人就经国务院工商行政管理部门核准登记的特殊标志的经营使用等与他人所订立合同而发生的纠纷。

139. 网络域名合同纠纷

网络域名合同纠纷，是指双方当事人就网络域名的注册、转让和使用等所签订合同而发生的纠纷。

(1)网络域名注册合同纠纷，是指在双方当事人就互联网上与计算机的互联网协议地址相对应，识别和定位计算机层次机构式字符标识的注册而签订合同，因此而出现的纠纷。

(2)网络域名转让合同纠纷，是指在双方当事人就互联网上与计算机的互联网协议地址相对应，识别和定位计算机的层次机构式字符标识的转让而签订合同，因此出现的纠纷。

(3)网络域名许可使用合同纠纷，是指域名持有者将其注册的网络域名许可他人使用而签订合同，由此而发生的纠纷。

140. 知识产权质押合同纠纷

知识产权质押合同纠纷，是指出质人和质押人以可以转让的的注册商标专用权、专利权、著作权等知识产权中的财产权作为出质物订立的质押合同，由此引发的纠纷。

二、知识产权权属、侵权纠纷

141. 著作权权属、侵权纠纷

(1)著作权权属纠纷，是指当事人之间因作品著作权的权属而出现的纠纷。一般有个人与单位之间、单位与单位之间、个人与个人之间三种形式。著作权权属是著作权个人行使权利的前提。

(2)侵害作品发表权纠纷，是指因侵害当事人作品发表权而引发的纠纷。

(3)侵害作品署名权纠纷，是指因侵害作者在作品上署名的权利而引发的纠纷。

(4)侵害作品修改权纠纷，是指因侵害修改或者授权他人修改作品的权利而引发的纠纷。

(5)侵害保护作品完整权纠纷，是指因侵害保护作品不受歪曲、篡改的权利而引发的纠纷。

(6)侵害作品复制权纠纷，是指因侵害以印刷、复印、拓印、录音、录像、翻录、翻拍等方式，将作品制作一份或多份的权利而引发的纠纷。

(7)侵害作品发行权纠纷，是指因侵害以出售或者赠与方式向公众提供作品的原件或者复制件的权利而引起的纠纷。

(8)侵害作品出租权纠纷，是指因侵害有偿许可他人临时使用电影作品和以类似摄制电影的方法创作的作品、计算机软件的权利而引发的纠纷。

(9)侵害作品展览权纠纷，是指因侵害公开陈列美术作品、摄影的原件或者复制件的权利而引发的纠纷。

(10)侵害作品表演权纠纷，是指因侵害公开表演作品，以及用各种手段公开播送作品表演的权利而引发的纠纷。

(11)侵害作品放映权纠纷，是指因侵害通过放映机、幻灯机等技术设备公开再现美术、摄影、电影和类似摄影电影的方法创作的作品等权利而引发的纠纷。

(12)侵害作品广播权纠纷，是指因侵害以无线方式公开广播作品，以有线传播或者转播的方式向公众传播广播的作品，以及通过扩音器或者其他传送符号、声音图像的类似工具向公众传播广播作品的权利而引发的纠纷。

(13)侵害作品信息网络传播权纠纷，是指因侵害以有线或者无线方式向公众提供作品，使公众可以在其个人选定的时间和地点获得作品的权利而引发的纠纷。

(14)侵害作品摄制权纠纷，是指因侵害摄制电影或者以类似摄影电影方法将作品固定在载体上的权利而引发的纠纷。

(15)侵害作品改编权纠纷，是指因侵害改编作品，创作出具有独创性作品的权利而引发的纠纷。

(16)侵害作品翻译权纠纷，是指因侵害作品从一种语言文字转换成另一种语言文字的权利而引发的纠纷。

(17)侵害作品汇编权纠纷，是指因侵害将作品或者片段，通过选择或者编排、汇集成新作品的权利而引发的纠纷。

(18)侵害其他著作财产权纠纷，是指因侵害应由著作权人享有的其他权利而引发的纠纷。

(19)出版者权权属纠纷，是指因侵害图书出版者对著作权人交付出版的作品，按照合同约定享有的专有出版权，出版者(包括图书出版者和报社、期刊社)有权许可或者禁止他人使用其出版的图书、期刊的版式设计的权利而引发的纠纷。

(20)表演者权权属纠纷，是指因侵害表演者享有的表演权利而引发的纠纷。

(21)录音录像制作者权权属纠纷，是指因侵害录音录像制作者对其制作的录音录像的，享有许可他人复制、发行、出租，通过信息网络向公众传播并获得报酬的权利而引发的纠纷。

(22)广播组织权权属纠纷，是指因侵害广播电台、电视台有权禁止未经其许可的行为而引发的纠纷。

(23)侵害出版者权纠纷。

(24)侵害表演者权纠纷，是指侵害表演者依法对其表演所享有的权利而引发的纠纷。表演权是属于作品的著作权人的。

(25)侵害录音录像制作者权纠纷，是指侵害录音录像制作者对其制作的录音录像制品享有许可他人复制、发行、出租，通过信息网络向公众传播并获得报酬的权利而引发的纠纷。

(26)侵害广播组织权纠纷，是指侵害广播组织对其自己编排、播放的节目享有的权利而引发的纠纷。

(27)计算机软件著作权权属纠纷，是指因侵害软件制作权人享有的各项权利而引发的纠纷。

(28)侵害计算机软件著作权纠纷。

142. 商标权权属、侵权纠纷

商标权权属、侵权纠纷，是指侵害商标所有人依据法律规定对其拥有的注册商标或者非注册商标所享有的占有、使用、收益和处分的权利或者排他的独占权而引发的纠纷。

(1)商标权权属纠纷，又称商标专用权纠纷，是指侵害商标所有人依据法律规定对其拥有的注册商标或者非注册商标所享有的占有、使用、收益和处分的权利，或者说排他的独占权而引发的纠纷。

(2)侵害商标权纠纷，是指因侵害商标权而引发的纠纷。

143. 专利权权属、侵权纠纷

专利权权属、侵权纠纷，是指一方当事人发现另一方当事人将属于自己的技术申请了专利，而认为自己的合法权益受到了侵害，进而诉至法院，请求法院确认该专利(申请)权归自己所有而引发的纠纷。

(1)专利申请权权属纠纷，是指专利申请人委托他人代为申请专利，他人在申请人不知情的情况下，将自己的名字增加在专利申请人之后，从而引发专利申请权权属纠纷。

(2)专利权权属纠纷，是指一项发明创造被授予专利权后，当事人之间就谁应当是发明创造的真正权利人而发生的纠纷。

(3)侵害发明专利权纠纷。

(4)侵害实用新型专利权纠纷。

(5)侵害外观设计专利权纠纷，是指侵害外观设计专利权而引发的纠纷。

(6)假冒他人专利纠纷，是指未经专利权人许可，擅自使用其专利标记的行为，因此引发的纠纷。

(7)发明专利临时保护期使用费纠纷，是指发明专利权人要求他人支付在发明专利申请公布后，专利权授予前实施其发明的使用费而引发的纠纷。

(8)职务发明创造发明人、设计人奖励、报酬纠纷，是指因涉及专利或者申请的职务发明创造的发明人，设计人奖励报酬而发生的争议，即指需要适用《专利法》第 16 条和《专利法实施细则》第 6 章的纠纷。

(9)发明创造发明人、设计人署名权纠纷，是指侵害发明创造发明人、设计人署名权而引发的纠纷。

144. 植物新品种权权属、侵权纠纷

植物新品种权权属、侵权纠纷，是指双方当事人因植物新品种申请权和植物新品种权的归属，以及有关权益而引发的纠纷。

(1)植物新品种申请权权属纠纷，是指当事人之间因植物新品种申请权的归属而发生的纠纷。

(2)植物新品种权权属纠纷，根据《植物新品种保护条例》规定，是指双方当事人之间因植物新品种权的归属而发生的争议。

(3)侵害植物新品种权纠纷，是指当事人因侵犯植物新品种权及有关权益而发生的争议。

145. 集成电路布图设计专有权权属、侵权纠纷

(1)集成电路布图设计专有权权属纠纷，是指侵害集成电路布图设计专有权权属而发生的争议。

(2)侵害集成电路布图设计专有权侵权纠纷，是指集成电路布图设计权利人指控他人侵犯其集成电路布图设计专有权而发生的争议。

146. 侵害企业名称(商号)权纠纷

侵害企业名称(商号)权纠纷，是指因擅自使用他人企业名称(商号)或者其他侵犯他人企业名称权的行为而发生的纠纷。

147. 侵害特殊标志专有权纠纷

侵害特殊标志专有权纠纷，是指特殊标志所有权人就他人是否侵害其特殊标志专有权而与他人产生的纠纷。所谓特殊标志，依据《特殊标志管理条例》第 2 条的规定，是指经国务院批准举办的全国性和国际性的文化体育、科学研究及其他社会公益活动等标志。

148. 网络域名权属、侵权纠纷

网络域名权属、侵权纠纷，是指侵害网络域名的权属而发生纠纷。

(1)网络域名权属纠纷，是指因已经注册的网络域名权属而引发的争议。

(2)侵害网络域名纠纷，是指因他人擅自使用权利人已经注册的网络域名而发生的纠纷。

149. 发明权纠纷

发明权纠纷，是指当事人之间因发明权的归属及其有关权益而发生的纠纷。

150. 其他科技成果权纠纷

其他科技成果权纠纷，是指当事人之间对除《民法通则》之外尚无专门的知识产权法律和行政法规作出规定的，发现和发明之外的其他科学技术成果的权利归属及其有关权益而发生的纠纷。

151. 确认不侵害知识产权纠纷

确认不侵害知识产权纠纷，是指利益受到特定知识产权影响的行为人以该知识产权权利人为被告提起的，请求确认其有关行为不侵犯该知识产权的纠纷。

(1)确认不侵害专利权纠纷，是指受到特定专利权影响的当事人，以专利权人为被告提起的，请求确认其有关行为不侵犯该专利权的纠纷。

(2)确认不侵害商标权纠纷，是指利益受到特定商标权影响的行为人，以该商标权人为被告提起的，请求确认其有关行为不侵犯该商标权而引起的纠纷。

(3)确认不侵害著作权纠纷，是指利益受到特定著作权影响的行为人，以该著作权人为被提起的请求确认其有关行为不侵害该著作权而引起的纠纷。

152. 因申请知识产权临时措施损害责任纠纷

因申请知识产权临时措施损害责任纠纷，是指在人民法院应知识产权权利人的申请而采取临时措施之后，因申请人不起诉或者申请错误造成被申请人损失而发生的损害责任纠纷。

(1)因申请诉前停止侵害专利权损害责任纠纷，是指在人民法院应知识产权权利人的申请而采取临时措施之后，因申请人不起诉或者申请错误造成被申请人损失而发生的纠纷。

(2)因申请诉前停止侵害注册商标专用权损害责任纠纷，是指在人民法院应商标权权利人的申请而采取临时措施之后，因申请人不起诉或者错误造成被申请人损失而发生的损害责任纠纷。

(3)因申请诉前停止侵害著作权损害责任纠纷，根据《民事诉讼法》第93、第96条，《专利法》《商标法》等法律相关规定，是指在人民法院应著作权人或者邻接权人申请而采取临时措施之后，因申请人不起诉或者申请错误造成被申请人损失而发生损害责任而引起的纠纷。

(4)因申请诉前停止侵害植物新品种权损害责任纠纷，是指在人民法院应植物新品种权利人的申请而采取临时措施之后，因申请人不起诉或者申请错误造成被申请人损失而发生的损害责任而引起的纠纷。

(5)因申请海关知识产权保护措施损害责任纠纷，是指在海关应知识产权权利人的申请而采取临时措施后，因申请人不起诉或者申请错误造成被申请人损失而发生的损害责任而引起的纠纷。

153. 因恶意提起知识产权诉讼损害责任纠纷

因恶意提起知识产权诉讼损害责任纠纷，是指因恶意提起知识产权诉讼而引起的损害责任纠纷。当事人以获取非法或不正当利益而故意提起一个在事实上和法律上无依据之诉的行为，即恶意诉讼。

154. 专利权宣告无效后返还费用纠纷

专利权宣告无效后返还费用纠纷，是指因专利宣告无效后，被控专利侵权，专利被许可人、专利受让人依法要求专利权人返还专利侵权赔偿金、专利使用费、专利转让费而提起的诉讼纠纷。

三、不正当竞争纠纷

155. 仿冒纠纷

仿冒纠纷，是指因行为人在市场交易中擅自使用知名商品特有名称、包装、装潢或者其他的企业名称、姓名，伪造、冒用产品、质量标志和伪造产地等不正当竞争手段，损害竞争对手利益而发生的纠纷。

(1)擅自使用知名商品特有名称、包装、装潢纠纷，是指当事人(或称行为人)违背《反不正当竞争法》的相关规定，未经权利人许可，将他人知名商品特有的商品名称、包装、装潢作相同或近似使用，造成与他人的知名商品相混淆，使消费者误认为是知名商品，因此行为而引起的纠纷。

(2)擅自使用他人企业名称、姓名纠纷，是指公民、法人或者其他组织在生产经营过程中，未经权利人许可，擅自使用他人的企业名称、名号或者姓名，让人产生错觉，误以为是权利人的商品而发生的民事争议。涉及《反不正当竞争法》第5条第3项规定的不正当竞争行为的争议。

(3)伪造、冒用产品质量标志纠纷，根据《反不正当竞争法》第5条第4项规定，是指在商品上伪造或者冒用认证标志、名优标志等质量标志而引起的纠纷。

(4)伪造产地纠纷，是指公民、法人或者其他组织在生产过程中，不是客观地标明自身产品的真实产地，而是故意伪造其他地方产地，侵犯他人合法权益而产生的民事争议。

156. 商业贿赂不正当竞争纠纷

商业贿赂不正当竞争纠纷，是指经营者以排斥竞争对手为目的，为争取交易机会，暗中给予交易对方有关人员和能影响交易的其他相关人员以财物或其他好处的行为而引起的不正当竞争纠纷。

157. 虚假宣传纠纷

虚假宣传纠纷，是指因经营者利用广告或者其他方法，对质量、制作成分、性能、用途、生产者、有效期限、产地等进行引人误解的虚假宣传而发生的争议。

158. 低价倾销不正当竞争纠纷

低价倾销不正当竞争纠纷，是指依据《反不正当竞争法》的规定，应当予以规制的低价倾销行为，而非《反垄断法》意义上掠夺定价行为而引发的纠纷。

159. 捆绑销售不正当竞争纠纷

捆绑销售不正当竞争纠纷，是指依据《反不正当法》的规定，应当予以规制的捆绑销售行为，而非《反垄断法》意义上的捆绑交易行为，因此而引发的纠纷。

160. 有奖销售纠纷

有奖销售纠纷，是指经营者销售商品或者提供服务时附带性地向购买者提供物品、金钱或者其他经济上的利益的行为而引发的纠纷。

161. 商业诋毁纠纷

商业诋毁纠纷，是指公民、法人或者其他组织在生产经营过程中，因捏造、散布虚伪事实，损害竞争对手的商业信誉、商品信誉而发生的民事纠纷。

162. 串通投标不正当竞争纠纷

串通投标不正当竞争纠纷，是指投标者为了达到承揽招标项目的目的，在投标前和投标过程中，投标者相互串通，投标报价，损害招标人或其他投标人的合法利益，或者投标者与招标者相互勾结，损害国家、集体、公民的合法权益所引发的民事纠纷。

四、垄断纠纷

163. 垄断协议纠纷

所谓垄断协议行为，包括横向协议行为和纵向协议行为。垄断协议纠纷，是指因排除、限制竞争的协议、决定或者其他协同行为而引起的纠纷。

(1)横向垄断协议纠纷，是指具有竞争关系的经营者之间达成的垄断协议而引起的纠纷。

(2)纵向垄断协议纠纷，是指两个或两个以上，在同一产业中处于不同经营层次，无直接竞争关系，但有买卖关系的经营者，通过明示或默示的方式达成的排除、限制竞争的协议而引发的纠纷。

164. 滥用市场支配地位纠纷

滥用市场支配地位纠纷，是指企业获得一定的市场优势地位后，滥用这种地位，对市场中的其他主体进行不公正的交易或排斥竞争对手的行为而引发的纠纷。

(1)垄断定价纠纷，根据《反垄断法》第 17 条第 1 款第 12 项的规定，是指具有市场支配地位的经营者滥用其市场支配地位，以不公平的高价销售商品或者以不公平的低价购买商品的行为而引发的纠纷。

(2)掠夺定价纠纷，是指具有市场支配地位的经营者滥用其市场支配地位，没有正当理由，以挤垮竞争对手为目的，以低于成本的价格销售商品所引发的纠纷。

(3)拒绝交易纠纷。

(4)限定交易纠纷，是指具有市场支配地位的经营者滥用其市场支配地位，没有正当理由，限定交易相对人只能与其进行交易或者只能与其指定的经营者进行交易所引发的纠纷。

(5)捆绑交易纠纷，根据《反垄断法》第 17 条第 1 款第 5 项的规定，是指具有市场支配地位的经营者滥用其市场支配地位，没有正当理由，搭售商品，或者在交易时附加其他不合理的交易条件的行为而引发的纠纷。

(6)差别待遇纠纷，是指具有市场支配地位的经营者滥用市场支配地位，没有正当理由，对条件相同的交易相对人在交易价格等交易条件上实行差别待遇的行为而引发的纠纷。

165. 经营者集中纠纷

经营者集中纠纷，根据《反垄断法》的规定，是指经营者通过合并，资产购买、股份购买、合同约定(联营、合营)、人事安排、技术控制等方式取得对其他经营者的控制或者能够对其他经营者施加决定性影响而引发的纠纷。

第十六章　劳动争议、人事争议

一、劳动争议

166. 劳动合同纠纷

劳动合同纠纷，根据《劳动合同法》第 17 条规定，是指劳动者与用人单位确立劳务关系，明确双方权利义务的协议而引起的纠纷。

(1)确认劳动关系纠纷。

(2)集体合同纠纷，是指用人单位与本单位职工，依据法律法规、规章的规定，就劳动报酬、工作时间、休息休假、卫生、职业培训、保险福利等事项，通过集体协商签订的书面协议而引起的纠纷。

(3)劳务派遣合同纠纷，是指派遣单位与接受单位订立的由一方提供劳务而由另一方支付劳动费的合同而引发的纠纷。

(4)非全日制用工纠纷，是指以小时计酬为主，劳动者在同一用人单位一般平均每日工作时间不超过 4 个小时，每周工作时间累计超过 24 小时的用工形式而引发的纠纷。

(5)追索劳动报酬纠纷。

(6)经济补偿金纠纷，是指在《劳动合同法》第 46 条规定的情形下，用人单位解除劳动合同时，应给予劳动者的经济补偿，即劳动者在《劳动合同法》第 46 条规定的情形下，可取得经济补偿金，由此引发的纠纷。

(7)竞业限制纠纷，是指用人单位与一定范围的劳动者签订的约定劳动者在离开该用人单位后，一定时间内不得到该用人单位有竞争关系的企业改制或者从事同类业务并相应执法给劳动者经济补偿的合同，因合同的签订而引发的纠纷。

167. 社会保险纠纷

社会保险是指劳动者因疾病、年老、失业、残疾、生育死亡等原因造成劳动者劳动能力暂时丧失或永久丧失时，从国家获得物质帮助或者补偿的一种制度。因劳动保险而引起的纠纷，称为社会保险纠纷。

(1)养老保险待遇纠纷，劳动者与用人单位之间因用人单位未为其缴纳养老保险费致使其不能依法享受养老保险待遇而产生的纠纷。

(2)工伤保险待遇纠纷，是指职工因公发生暂时或永久人身健康或生命损害时，其基本生活未得到相应保障，因此而引发的纠纷。

(3)医疗保险待遇纠纷，是指劳动者因疾病风险造成了经济损失，而相关部门并未向社会范围内的劳动者部分或全部提供预防和治疗疾病的费用，并保证其在病假期间的经济来源，保障其基本生活需求的保险待遇，因此而引发的纠纷。

(4)生育保险待遇纠纷，是指生育保险关系当事人之间因生育保险关系的建立和生育保险权利义务的实现所发生的争议。

(5)失业保险待遇纠纷。

168. 福利待遇纠纷

福利待遇纠纷，根据《劳动法》第3条、第76条规定，是指用工单位与劳动者因为福利待遇问题而发生的纠纷。现在的福利待遇一般是指企业为了保留和激励员工，采用非现金形式的报酬，包括保险、实物、股票、期权、培训、带薪假，等等。

二、人事争议

169. 人事争议

人事争议，是指国家机关、事业单位、企业的工作人员与所在单位因录用、聘用、或者聘任合同、职务任免、福利待遇、工资调整、奖励处分、辞职退职等人事管理事项所引发，人事管理行为侵害相对人权益所引起的争议和纠纷。

(1)辞职争议，是指员工按照法律法规单方面解除劳动合同或者不依法办理有关手续直接离开企业而引起的劳动纠纷。

(2)辞退争议，是指用人单位根据生产、工作、经营的情况及劳动者的状况，依法、依约提出并实施结束劳动关系的法律行为而引起的纠纷。

(3)聘用合同争议，主要发生在聘用合同的订立、履行、变更及终止等环节而引起的纠纷。

第十七章　海事海商纠纷

170. 船舶碰撞损害责任纠纷

船舶碰撞损害责任纠纷，根据《民事诉讼法》第 31 条、《海事诉讼特别程序法》第 6 条规定，是指因船舶与船舶之间在海上或者海域相通的可航水域发生碰撞事故而引起的损害责任纠纷。

171. 船舶触碰损害责任纠纷

船舶触碰损害责任纠纷，是指船舶触碰海上、通海水域、港口及其岸上的设施或者其他财产的损害赔偿纠纷案件，其中包括船舶触碰码头、防波堤、栈桥、船闸、桥梁以及触碰航标、钻井平台等设施的损害责任而引发的纠纷。

172. 船舶损坏空中设施、水下设施损害责任纠纷

船舶损坏空中设施、水下设施损害责任纠纷，是指船舶在航行或停泊时，毁损在空中架设或者在海底、通海水域水下铺设的设施或者其他财产而引发的纠纷。

173. 船舶污染损害责任纠纷

船舶污染损害责任纠纷，根据《民事诉讼法》第 1 条、《海事诉讼特别程序法》第 7 条规定，是指船舶排放、泄漏、倾倒油类、污水或者其他有害物质，造成有关水域污染或其他船舶、货物及其他财产损失的损害责任纠纷。

174. 海上、通海水域污染损害责任纠纷

海上、通海水域污染损害责任纠纷，根据《民法通则》《侵权责任法》的相关规定，是指因船舶航行、海上、通海水域进行的生产和作业造成船舶、货物及其他财产损失而产生的民事责任纠纷。

175. 海上、通海水域养殖损害责任纠纷

海上、通海水域养殖损害责任纠纷，是指船舶航运或者其他作业活动造成海上或者通海水域捕捞、养殖、设施、水产养殖物损失而引发的损害赔偿等责任纠纷。

176. 海上、通海水域财产损害责任纠纷

海上、通海水域财产损害责任纠纷，是指因船舶航行、海上、通海水域进行的生产和作业造成船舶、货物及其他财产损失而产生的民事责任纠纷。

177. 海上、通海水域人身损害责任纠纷

海上、通海水域人身损害责任纠纷，是指因船舶航行、海上通海水域进行的生产和作业，造成人员伤害而产生的民事责任纠纷。

178. 海上、通海水域货物运输合同纠纷

海上、通海水域货物运输合同纠纷，是指因履行海上货物运输合同和通海水域货物运输合同而引起的争议，包括货损差、货物灭失、货物交付、运费、运输等。

179. 海上、通海水域旅客运输合同纠纷

海上、通海水域旅客运输合同纠纷，是指承运人以客运船舶经海路将旅客运送到目的港，由旅客支付船票款的合同，合同当事人因合同的订立、履行、变更和终止而产生的纠纷。

180. 海上、通海水域行李运输合同纠纷

海上、通海水域行李运输合同纠纷，海上、通海水域行李运输合同是指承运人以客运船舶经海路将旅客行李运送到目的港，由旅客支付船票款而签订合同，该合同当事人因合同的订立、履行、变更和终止而产生的纠纷，称为海上、通海水域行李运输合同纠纷。

181. 船舶经营管理合同纠纷

船舶经营管理合同纠纷，是指因船舶经营人或者管理人与船东之间签订的依约定对船舶进行经营或者管理的合同而产生的纠纷。

182. 船舶买卖合同纠纷

船舶买卖合同纠纷，是指因船舶买卖合同而引起的纠纷。

183. 船舶建造合同纠纷

船舶建造合同是指船舶建造人按约定条件建造船舶，由定造人支付价款的合同，该合同当事人因合同的订立、履行、变更和终止而产生的纠纷，称为船舶建造合同纠纷。

184. 船舶修理合同纠纷

船舶修理合同是指船舶修理人对船舶进行船体修缮、机件更换、增减等补正措施，以使船舶保持可航性、可营运性，因船舶所有人向船舶修理人支付修理费用的合同，该合同当事人因合同的订立、履行、变更和终止而产生的纠纷，称为船舶修理合同纠纷。

185. 船舶改建合同纠纷

船舶改建合同纠纷，是指船舶改建人按约定对船舶的船体及用途等进行改造，由委托人向船舶修造人支付改建费用的合同。该合同当事人因合同的订立、履行、变更和终止而产生的纠纷，称为船舶改建合同纠纷。

186. 航次租船合同纠纷

航次租船合同纠纷，是指双方当事人就因航次租船合同的订立、履行、变更和终止而产生的纠纷。

187. 船舶租用合同纠纷

船舶租用合同是指船舶出租人向承租人提供约定的由出租人配备船员或者不配备船员的船舶，由承租人在约定的期间内按照约定的用途使用，并支付租金的合同，该合同当事人因订立、履行、变更和终止而产生的纠纷，称为船舶租用合同纠纷。

(1)定期租船合同纠纷，是指船舶所有人按照租船合同的约定，将一艘特定的船舶在约定的期间交给承租人使用的租船而引发的纠纷。

(2)光船租赁合同纠纷，是指船舶出租人向承租人提供不配备船员的船舶，在约定的期间内，由承租人占有、使用和营运，并向出租人支付租金的合同而引发的纠纷。

188. 非法留置船舶、船载货物、船用燃油、船用物料损害责任纠纷

非法留置船舶、船载货物、船用燃油、船用物料损害责任纠纷，是指非法占有船舶、船载货物(包括待运海运货物)、船舶自用燃油和物料，造成船舶、船载货物或其他财产损失而引起的损害责任纠纷。

189. 海上、通海水域运输船舶承包合同纠纷

海上、通海水域运输船舶承包合同纠纷，是指船舶所有人将船舶交给承包人进行经营管理，由承包人缴纳承包经营费的合同而引发的纠纷。

190. 渔船承包合同纠纷

渔船承包合同是指渔船所有人将船舶交给承包人进行捕捞作业，并由承包人向渔船所有人交纳承包费的合同，该合同当事人因合同的订立、履行、变更和终止而产生的纠纷，称为渔船承包合同纠纷。

191. 船舶属具租赁合同纠纷

船舶属具租赁合同纠纷是指合同当事人因该合同的订立、履行、变更和终止而发生的纠纷。

192. 船舶属具保管合同纠纷

船舶属具保管合同是指合资船舶所有人将船舶属具出租给他人使用或保管，由承租人支付租金的合同，该合同当事人因合同的订立、履行、变更和终止而引发的纠纷，称为船舶属具保管合同纠纷。

193. 海运集装箱租赁合同纠纷

海运集装箱租赁合同纠纷，是指集装箱所有人或承租人将集装箱交给保管人保管，并向保管人支付保管费，保管人依约定返还集装箱，该合同当事人因合同的订立、履行、变更和终止而产生的纠纷，称为海运集装箱租赁合同纠纷。

194. 海运集装箱保管合同纠纷

海运集装箱保管合同是指集装箱所有人或承租人将集装箱交给保管人保管，并向保管人支付保管费，保管人依约定返还集装箱的合同，该合同的订立因合同当事人的订立、履行、变更和终止而引发的纠纷，称为海运集装箱保管合同纠纷。

195. 港口货物保管合同纠纷

港口货物保管合同，根据《合同法》规定，是指货主将在港区内的货物交由保管人予以保管，并向保管人支付保管费用的合同，该合同当事人因合同的订立、履行、变更和终止而引发的纠纷，称为港口货物保管合同纠纷。

196. 船舶代理合同纠纷

船舶代理合同是指船舶代理机构或代理人接受船舶所有人的委托代为管理船舶的合同，是指因该合同当事人因合同的订立、履行、变更和终止而产生的纠纷，称为船舶代理合同纠纷。

197. 海上、通海水域货运代理合同纠纷

海上、通海水域货运代理合同是指代理人接受他人委托，为他人的利益办理货物运输，并取得服务报酬的合同，该合同当事人因合同的订立、履行、变更和终止而产生的纠纷，称为海上、通海水域货运代理合同纠纷。

198. 理货合同纠纷

理货合同是指理货方提供理货服务时，与船方、港方三方之间权利义务关系的合同，该合同当事人因协议的订立、履行、变更和终止而产生的纠纷，称为理货合同纠纷。

199. 船舶物料和备品供应合同纠纷

船舶物料和备品供应合同纠纷，是指供应方与船方订立的向船舶提供船舶所需物资和用品的合同，当事人因该合同的得利、履行、变更和终止而产生的纠纷，称为船舶物料和备品供应合同纠纷。

200. 船员劳务合同纠纷

船员劳务合同纠纷，根据《民事诉讼法》《海事诉讼特别程序法》等的规定，是指船员就在船工作或服务，与船舶所有人或船舶经营人之间发生的劳务合同纠纷。

201. 海难救助合同纠纷

海难救助合同是指遭到海难无力自行施救脱险的船舶与救助人就救助事项达成的确定双方权利和义务的书面或口头的协议合同，该合同当事人因合同的订立、履行、变更和终止而产生的纠纷，称为海难救助合同纠纷。

202. 海上、通海水域打捞合同纠纷

海上、通海水域打捞合同是指打捞人就沉船沉物进行打捞活动，包括扫测探摸，实施打捞及相关活动所签订的合同，该合同当事人因合同的订立、履行、变更和终止而引发的纠纷，称为海上、通海水域打捞合同纠纷。

203. 海上、通海水域拖航合同纠纷

海上、通海水域拖航合同是指承拖方用拖轮将被拖物经海路从一地拖至另一地，而由被拖方支付拖方航费的合同，该合同当事人因合同的订立、履行变更和终止而引发的纠纷，称为海上、通海水域拖航合同纠纷。

204. 海上、通海水域保险合同纠纷

海上、通海水域保险合同是指保险人按照约定，对被保险人遭受保险事故造成的保险标的的损失和产生的责任负责赔偿，而由被保险人支付保险费用的合同，该合同当事人因合同的订立、履行、变更和终止而产生的纠纷，称为海上、通海水域保险合同纠纷。

205. 海上、通海水域保赔合同纠纷

海上、通海水域保赔合同是指船东或传播经营人或租船人对其所有货占有、管理、经营或租用的船舶的潜在责任、风险，大多向船东互保协会投保，订立的必须合同，该合同当事人因合同的订立、履行、变更和终止而产生的纠纷，称为海上、通海水域保赔合同纠纷。

206. 海上、通海水域运输联营合同纠纷

海上、通海水域运输联营合同是指船舶所有人或者船舶经营人、货物所有人，港口经营人等在平等的基础上，为追求一定经济目的而实行的联合经营所达成的合同，该合同当事人因合同的订立、履行、变更和终止而产生的纠纷，称为海上、通海水域运输联营合同纠纷。

207. 船舶营运借款合同纠纷

船舶营运借款合同是指借款人向贷款人借款，用于船舶的经营和运输生产，到期返还借款并支付利息的合同，该合同当事人因合同的订立、履行、变更和终止而产生的纠纷，称为船舶营运借款合同纠纷。

208. 海事担保合同纠纷

海事担保合同是指为保证海事请求人与被请求人或者第三人签订的担保合同，该合同当事人因合同的订立、履行、变更和终止而引发的纠纷，称为海事担保合同纠纷。

209. 航道、港口疏浚合同纠纷

航道、港口疏浚合同是指为疏通航道、港口的水域，航道港口管理部门与疏浚作业人签订疏浚工程合同，该合同当事人因合同的订立、履行、变更和终止而产生的纠纷，称为航道、港口疏浚合同纠纷。

210. 船坞、码头建造合同纠纷

船坞、码头建造合同是指发包人将建造船坞、码头的工程项目交由承包人进行建设，发包人支付价款的合同，该合同当事人因合同的订立、履行、变更和终止而产生的纠纷，称为船坞、码头建造合同纠纷。

211. 船舶检验合同纠纷

船舶检验合同是指船舶所有人与船舶检验机构订立的由船舶检验机构以自己的技术和仪器、设备对船舶进行技术检验，船舶所有人接受检验结果，并支付检验费用的合同，该合同当事人因合同的订立、履行、变更和终止而产生的纠纷，称为船舶检验合同纠纷。

212. 海事请求担保纠纷

海事请求担保纠纷，是指海事请求人与被海事请求人因为担保而产生的纠纷。

213. 海上、通海水域运输重大责任事故责任纠纷

海上、通海水域运输重大责任事故责任纠纷，《民事诉讼法》《海事诉讼特别程序法》相关规定，是指因海上、通海水域运输或者从事其他海上作业的过程中，造成人身和财产重大损失或者其他严重不良后果的事故而引起的损害赔偿纠纷。责任事故，是指行为人违反国家法律法规企业规章制度的失职行为而造成的事故。

214. 港口作业重大责任事故责任纠纷

港口作业重大责任事故责任纠纷，是指因在港口进行的有关运输作业过程中造成的人身和财产的重大损害或者造成其他严重后果的事故而引发的损害赔偿纠纷。

215. 港口作业纠纷

港口作业纠纷，是指在港口区内进行的工程建设、疏浚、打捞、救助、水上水下施工，以及与运输相关的作业活动引起的财产损害纠纷。

216. 共同海损纠纷

共同海损纠纷，是指在同一海上航程中，船舶、货物和其他财产遭遇到共同危险，为了共同安全，有意合理地采取措施所直接造成的特殊牺牲，支付的特殊费用，因此而产生的纠纷。

217. 海洋开发利用纠纷

海洋开发利用纠纷，是指海洋及大陆架的自然资源进行开发和利用而引发的纠纷。

218. 船舶共有纠纷

船舶共有纠纷，根据《民法通则》《海商法》相关规定，是指从事海上或者通海水域运输、渔业生产的船舶共有人之间因经营、收益、分配和财产分割产生的纠纷。

219. 船舶权属纠纷

船舶权属纠纷，是指因为船舶所有权以及相关权利的归属确认而引发的纠纷。船舶权利涉及船舶所有权、使用权、占有权、处分权、收益权及抵押权留置权和优先权等。

220. 海运欺诈纠纷

海运欺诈纠纷，是指由于采用欺骗手段在海上运输及海上运输相关的国际贸易活动中获得非法利益而引发的海运纠纷。

221. 海事债权确权纠纷

海事债权确权纠纷，是指海事法院强制拍卖船舶和设立海事赔偿责任限制基金的公告发布后债权人在公告期间向海事法院申请债权登记，海事法院对债权人提供的判决书、裁定书、调解书、仲裁裁决书或者公正债权文书，以及其他证明具有海事请求的证据材料的真实合法性进行审查，并裁定予以确认，在此期间产生的纠纷。

第十八章　与公司、证券、保险、票据等有关的民事纠纷

一、与企业有关的纠纷

222. 企业出资人权益确认纠纷

企业出资人权益确认纠纷，是指企业出资人之间或者企业出资人与企业之间就出资权益是否存在或者持有比例多少存在争议时，出资人(自然人、法人或者其他组织)诉求人民法院确认其享有企业出资权益而产生的纠纷。出资人权益，是指企业(包括国有企业和其他所有制企业在内)出资方在企业中享有的资产收益、重大决策，以及选择经营管理者等权利。

223. 侵害企业出资人权益纠纷

侵害企业出资人权益纠纷，是指企业或者企业的出资人侵犯企业其他出资人，或者是企业的经营管理者侵犯企业的出资人的合法权益，因投资取得合法收益所引发的争议。

224. 企业公司制改造合同纠纷

企业公司制改造合同纠纷，根据《民法通则》《合同法》《公司法》等相关规定，是指依照公司法和国有企业改制的相关规定，将企业改造为有限责任公司或者股份有限责任公司的法律行为，由此签订的合同，因合同效力、合同履行等产生的纠纷。

225. 企业股份合作制改造合同纠纷

企业股份合作制改造合同纠纷，是指国有企业依照《公司法》和国有企业改制的相关规定，在将公司改造为国有独资公司、有限责任公司或股份公司过程中，因签订、履行改造合同而引发的争议。

226. 企业债权转股权合同纠纷

企业债权转股权合同纠纷，是指因关于债权人将其对债务人所享有的合法债权依法转变为对债务人的投资，增加债务人注册资本的合同的效力、履行等问题而发生的纠纷。债权转股权，是指债权人将其对债务人享有合法债权依法转变为对债务人的投资，增加债务人的注册资本的行为。它产生债权债务关系消灭和股权法律关系产生两个法律后果。

227. 企业分立合同纠纷

企业分立合同纠纷，根据《民法通则》第 44 条的规定，是指将一个企业分为两个或两个以上企业的过程中，因当事人之间有关企业分立合同签订、效力、履行等问题发生的民事纠纷。

228. 企业租赁经营合同纠纷

企业租赁经营合同纠纷，是指全民所有制小型工业企业在不改变企业的全民所有制性质的条件下，在实行所有权与经营权分离的过程中，因国家授权单位为出租方将企业

有权限地交给承租方经营，承租方向出租方交付租金自主经营企业而签订合同，因合同的成立、履行、变更和终止而发生的民事纠纷。

229. 企业出售合同纠纷

企业出售合同纠纷，是指全民所有制企业在出售其企业所有权过程中，企业出售方和购买方基于企业出售合同的成立、效力、履行、变更和终止等而发生民事纠纷。

230. 挂靠经营合同纠纷

挂靠经营合同纠纷，是指公民、法人或者其他组织为了获得较好经营资格、凭证、信誉或国家优惠政策等便利条件，与另一方主体(挂靠单位)达成协议，以该主体的经营资格、凭证或名义等进行经营活动，并向该主体支付一定报酬或管理费，由此在生产经营过程中所发生的民事争议。

231. 企业兼并合同纠纷

企业兼并合同纠纷，是指一个企业通过划转、购买、控股等形式实现对另一个企业的控制，或者是企业之间的联合，围绕企业兼并合同的效力、履行、条件所产生的各种纠纷。

232. 联营合同纠纷

联营合同纠纷，是因联营合同的履行、变更、解除所发生的经济纠纷。

233. 企业承包经营合同纠纷

企业承包经营合同纠纷，是指企业根据所有权与经营权分离的原则，确定企业所有权人与企业经营者之间的权利义务的合同，因此而产生的纠纷。

(1)中外合资经营企业承包经营合同纠纷，是指中外合资经营企业与承包者订立的将中外合资经营企业的全部或部分经营管理权在一定期限内交给承包者，由承包者对中外合资企业进行经营管理的合同，该合同当事人因合同的订立、履行、变更以及终止而产生的纠纷，称为中外合资经营企业承包经营合同纠纷。

(2)中外合作经营企业承包经营合同纠纷，中外合作经营企业承包经营合同是指中外合作经营企业与承包者订立的将中外合作经营企业的全部或部分经营管理权在一定期限内交给承包者，由承包者对中外合作经营企业进行管理的合同，该合同当事人因合同的订立、履行、变更和终止而产生的纠纷，称为中外合作经营企业承包经营合同纠纷。

(3)外商独资企业承包经营合同纠纷，外商独资企业承包经营合同是指承包者与外商独资经营企业签订的由承包者经营管理外商独资企业的合同，该合同当事人因合同的订立、履行、变更和终止而产生的纠纷，称为外商独资企业承包经营合同纠纷。

(4)乡镇企业承包经营合同纠纷，是指乡镇企业与承包者就乡镇企业的部分或者全部经营管理权达成协议，由承包者对乡镇企业在一定期限内进行经营管理，在乡镇企业与承包者之间因合同的订立、履行、变更及终止等产生的纠纷。

234. 中外合资经营企业合同纠纷

根据《中外合资企业法实施条例》第 10 条第 1 款的规定，合营企业合同是指合营各方为设立合营企业就相互权利义务关系达成一致意见而签订的合同，就合同的订立、效力、解释、执行及其争议而引起的纠纷，称为中外合资经营企业合同纠纷。

235. 中外合作经营企业合同纠纷

中外合作经营企业合同纠纷，是指外国企业和其他经济组织或者个人同中国境内的企业或其他经济组织，按照平等互利的原则，根据中国的法律在中国境内共同举办的由中外合作者提供投资或者合作条件进行或者经营的过程中产生的法律争议。

二、与公司有关的纠纷

236. 股东资格确认纠纷

股东资格确认纠纷，是指股东与股东之间或者股东与公司之间就股权是否存在或者持有比例多少引发争议而引起的纠纷。

237. 股东名册记载纠纷

股东名册记载纠纷，是指当股东转让股权或者发生其他股东、股权变更情况时，若股权转让方或公司怠于履行变更股东名册信息，由此产生的纠纷。

238. 请求变更公司登记纠纷

请求变更公司登记纠纷，根据《民事诉讼法》《公司法》的相关规定，是指因股东对于公司登记中记载的事项请求予以变更而产生的纠纷。

239. 股东出资纠纷

股东出资纠纷，是指股东未按照规定缴纳出资，或者虚假出资、出资不足、抽逃出资等，引发公司与股东、股东与股东股东与债权人之间的出资纠纷。

240. 新增资本认购纠纷

新增资本认购纠纷，根据《民事诉讼法》《公司法》第 16 条、第 35 条规定，是指发生在新出资人与公司之间，股东与公司之间，因股东或者公司之外的其他人起诉要求确认享有公司股权或者因行使优先认股权而产生的纠纷。

241. 股东知情权纠纷

股东知情权纠纷，是指股东享有了解和掌握公司经营管理等重要信息的权利而引起的纠纷。

242. 公司决议纠纷

公司决议纠纷，是指基于股份有限公司或者有限责任公司的股东(大)会或董事会决议是否违反法律、行政法规或公司章程而产生的纠纷。

(1)公司决议效力确认纠纷。

(2)公司决议撤销纠纷。

243. 公司设立纠纷

公司设立纠纷，是指公司在设立过程中发生的纠纷，包括不限于出资合同纠纷、股东相互之间权利义务的有关纠纷，股东与股东之间或者股东与有关公司管理机构之间的纠纷。

244. 公司证照返还纠纷

公司证照返还纠纷，是指公司在经营过程中，会自行制定或依法获得各种证照，违法占有公司证照的主体，公司有权提起诉讼，请求违法占有人返还证照，因此而产生的纠纷。

245. 公司盈余分配纠纷

公司盈余分配纠纷，是指因侵犯股东对公司盈利分配权而引发的纠纷。

246. 损害股东利益责任纠纷

损害股东利益责任纠纷，是指公司股东滥用权力损害其他股东利益，应承担赔偿责任，因此而发生纠纷。

247. 损害公司利益责任纠纷

损害公司利益责任纠纷，是指因损害公司利益而引起的纠纷。

248. 股东损害公司债权人利益责任纠纷

股东损害公司债权人利益责任纠纷，根据《公司法》的规定，是指公司股东因滥用公司法人独立地位和股东权限责任，逃避债务，严重损害公司债权人利益，对公司债务人承担责任的民事纠纷。

249. 公司关联交易损害责任纠纷

公司关联交易损害责任纠纷，是指因公司关联交易损害责任而引发的纠纷。

250. 公司合并纠纷

公司合并纠纷是指两个或两个以上公司依照法定的条件和程序，在合并为一个公司的过程中引起的纠纷。

251. 公司分立纠纷

公司分立纠纷，是指原有一个公司依照法定的条件和程序在分成两个或者两个以上独立的公司的过程中产生的纠纷。

252. 公司减资纠纷

公司减资纠纷，是指公司注册资本减少过程中，因减资行为(分为实质减资和形式减资)引起的民事纠纷。

253. 公司增资纠纷

公司增资纠纷，是指公司在注册资本过程中，因增资行为引起的纠纷。

254. 公司解散纠纷

公司解散纠纷，是指公司在依法程度解散的过程中发生的纠纷。

255. 申请公司清算责任纠纷

公司清算纠纷，是指根据相关法律规定，公司解散后，依照法定程序清理公司债权债务，清算组成员在清算期间，因故意或者严重过失给公司、债权人造成损失，应当承担赔偿责任的纠纷。

256. 上市公司收购纠纷

上市公司收购纠纷，是指上市公司收购者在购买上市公司股份以获得其控股权的过程中与被收购者之间发生的争议。

三、合伙企业纠纷

257. 入伙纠纷

入伙纠纷，是指第三人加入合伙企业而产生的纠纷。

258. 退伙纠纷

退伙纠纷，是指合伙人因退伙而发生的纠纷。

259. 合伙企业财产份额转让纠纷

合伙企业财产份额转让纠纷，是指合伙人因合伙人以外的人转让其合伙财产份额，与其他合伙人产生的纠纷。

四、与破产有关的纠纷

260. 请求撤销个别清偿行为纠纷

请求撤销个别清偿行为纠纷，撤销债务人的个别清偿行为能够导致债权人利益受损的，管理人有权请求人民法院予以撤销，因此而引发的纠纷。根据《企业破产法》第21、32条规定，本条仅适用于破产申请受理前6个月内个别清偿行为的撤销纠纷。

261. 请求确认债务人行为无效纠纷

请求确认债务人行为无效纠纷，根据《企业破产法》第21、33条的规定，是指债务人进入法院破产案件审理程序后，管理人或债权人对债权人实施的特定行为提起诉讼，请求法院确认该行为无效的民事纠纷。

262. 对外追收债权纠纷

对外追收债权纠纷，债务人享有的债权系债务人可行使的财产权利，属于债务人财产的组成部分，应当予以清理和追收，法院管理人在清理和追收债务人财产的过程中发生的纠纷。

263. 追收未缴出资纠纷

追收未缴出资纠纷，是指债务人的出资人因未履行或为适当履行出资义务，管理人在破产程序中进行追收而产生的民事纠纷。

264. 追收抽逃出资纠纷

追收抽逃出资纠纷，是指公司管理人在破产程序中，对债务人股东抽逃已投入到公司的出资予以追收而产生的纠纷。

265. 追收非正常收入纠纷

追收非正常收入纠纷，是指公司管理人在破产程序中，对于债务人的董事、经理和高级管理人员利用职权从企业获取的非正常收入和侵占的企业财产予以追回而产生的纠纷。

266. 破产债权确认纠纷

破产债权确认纠纷，分为两种：职工破产债权确认纠纷和普通破产债权确认纠纷。职工破产债权确认纠纷属于劳动争议案件。

(1)职工破产债权确认纠纷，是指对于职工债权是否存在，数额多少等事实予以确认的纠纷。

(2)普通破产债权确认纠纷，是指债务人、债权人对于管理人编制的债权表记载的侵权有异议，请求管理人予以更正而管理人不更正，向人民法院提起的请求确认债权的民事纠纷。

267. 取回权纠纷

取回权纠纷是因取回权人行使取回权时与破产管理人对标的物的物权归属所发生争议时产生的纠纷。

(1)一般取回权纠纷，是指财产的权利人依民法的物的返还请求权，从管理人处取回其财产的权利而引发的纠纷。

(2)出卖人取回权纠纷，是指在所有权人保留情形下，买受人违反合同约定或者有其他损害出卖人合法权益的行为，出卖人因从买受人处取回该标的物的权利而引发的纠纷。

268. 别除权纠纷

别除权纠纷，是指在破产程序中，对破产人的特定财产享有担保物权的权利人，可不依照破产程序而对该特定财产优先受偿，因特定财产的受偿而引发的纠纷。

269. 破产撤销权纠纷

破产撤销权纠纷，是指管理人对债务人在破产程序开始前的法定期间内有侵害债权人利益的行为，且有否认其效力并申请法院撤销该行为，由此而引起的纠纷。

270. 损害债务人利益赔偿纠纷

损害债务人利益赔偿纠纷，是指债务人的有关人员不当执行职务或有破产法规定的损害债权人利益行为，造成债务人财产利益的损失，在破产程序中要求承担损害赔偿责任而引发的纠纷。

271. 公共场所管理人责任纠纷

公共场所管理人责任纠纷，是指宾馆、商场、车站、银行、娱乐场所等公共场所的管理人未尽到安全保障义务致人损害，由此而引发的纠纷。

五、证券纠纷

证券交易，是指已经发行的证券在不同的证券投资者之间再次进行交换的行为。上市交易，是指证券在交易所中交易挂牌买卖。其证券能在证券交易所上市的公司，称为上市公司。

公司证券交易纠纷，是指证券投资者之间因交易之间产生的纠纷。国债交易，是指投资者买卖、转让已发行的国债。国债分为凭证式国债和记账式国债。

272. 证券权利确认纠纷

证券权利确认纠纷，适用一般地域管辖，即《民事诉讼法》第 21 条规定，是指股东与股东之间或者股东与公司之间就股权是否存在以及持有比例多少发生争议而引起的纠纷。

(1)股票权利确认纠纷。

(2)公司债券权利确认纠纷，是指当事人之间因确认公司债券权利的归属而产生的纠纷。

(3)国债权利确认纠纷，是指因国库券权利归属产生争议而引发的纠纷。

(4)证券投资基金权利确认纠纷，根据《民事诉讼法》第21条的规定，是指当事人之间对基金份额产生争议引发的纠纷。

273. 证券交易合同纠纷

证券交易合同是指证券所有人自己或者由他人代理(证券公司)将已经发行并交付的证券有偿转让给他人(投资者)而签订合同，该合同的订立、履行、变更和终止过程中产生的纠纷，称为证券交易合同纠纷。

(1)股票交易纠纷。

(2)公司债券交易纠纷。

(3)国债交易纠纷是指因国债的交易而引发的纠纷。

(4)证券投资基金交易纠纷，是指当事人因证券投资基金的买卖转让等产生的纠纷。

274. 金融衍生品种交易纠纷

金融衍生品种交易是指所有人的供求方集中在交易所进行竞价交易方式。当事人之间因金融衍生品种的交易所发生的纠纷，称为金融衍生品种交易纠纷。

275. 证券承销合同纠纷

证券承销合同纠纷，是指证券发行人与证券经营机构签订由证券机构包销或者代销发行人发行证券，并依法收取一定比例承销费合同，因此而产生的纠纷。

(1)证券代销合同纠纷，是指证券发行人与证券经营机构约定由证券机构代理发行人发售证券，在承销期结束，将未售出的证券全部退还给发行人，在证券反、兑付过程中，发行人、承销人、发行担保人及证券购买人就履行证券代销合同而产生的纠纷。

(2)证券包销合同纠纷，是指证券发行人与证券机构将发行人的证券按照合同全部购入或者在承销期结束后将售后剩余证券全部自行购入，因此而引发的纠纷。

276. 证券投资咨询纠纷

证券投资咨询纠纷，是指取得监管部门颁发的相关资格的监管及其咨询人员为证券投资者或提供证券投资的相关信息、分析、预测或建议，并直接或间接收取服务费用的活动而引发的纠纷。

277. 证券资信评级服务合同纠纷

证券资信评级服务合同纠纷，是指专门从事有价证券评级业务的机构，对证券发行公司的信誉、财务状况、偿债能力、投资人的投资风险等进行测定评级的服务引发的纠纷。

278. 证券回购合同纠纷

(1)股票回购合同纠纷，是指股票持有人与买受人之间因股票回购合同的成立、履行、内容等发生的各种纠纷。

(2)国债回购合同纠纷，是指国债持有人与买受人因国债回购合同的订立、履行、内容等发生的纠纷。

(3)公司债券回购合同纠纷。

(4)证券投资基金回购合同纠纷，是指证券投资基金持有人与买受人因证券投资基金回购合同的成立、履行、内容等发生的各种纠纷。

(5)质押式证券回购纠纷，是指质押式证券持有人与买受人因质押式证券回购合同的成立、履行、内容等发生的纠纷。

279. 证券上市合同纠纷

证券上市合同纠纷，是指申请证券上市交易的公司在其申请被证券交易所审核同意后与证券交易所就证券上市日期、暂停或中止上市、内部审计制等各项权利义务签订的协议，该协议各方因该协议订立、履行、变更、终止等而产生的纠纷，称为证券上市合同纠纷。

280. 证券交易代理合同纠纷

证券交易代理合同纠纷，是指证券公司与投资者签订证券公司作为代理人，以被代理人投资者的名义参加证券交易，交易的结果由委托的投资者承担的合同，双方因合同的订立、履行、变更和终止而引发的纠纷。

281. 证券上市保荐合同纠纷

证券上市保荐合同纠纷，是指证券公司(保荐人)与上市公司之间签订为证券上市进行保荐的合同，因合同的订立、履行、变更和终止而引发的纠纷。

282. 证券发行纠纷

证券发行纠纷，分为以下两种：

(1)证券认购纠纷，是指认购人与证券发行人之间在证券认购过程中产生的合同纠纷和侵权纠纷。

(2)证券发行失败纠纷，是指证券认购人与发行人之间因证券发行失败而产生的各种纠纷。

283. 证券返还纠纷

证券返还纠纷，根据《民事诉讼法》第29条以及《民法通则》有关规定，证券持有人请求他人返还非法或者不正当占有而引发的证券纠纷。

284. 证券欺诈责任纠纷

证券欺诈责任纠纷，是指证券公司及其从业人员因欺诈客户，损害客户利益的行为所应当承担相应侵权责任而引发的纠纷。

(1)证券内幕交易责任纠纷，是指内幕人员或其他获取内幕信息的人员以获取利益或减少损失为目的，自己或建议他人泄露内幕信息，使他人利用该信息进行证券交易的活动而引发的纠纷。

(2)操纵证券交易市场责任纠纷，是指个人或集团组织利用其资金优势、信息优势、持股优势或者滥用职权，人为干预证券市场行情，即抬高、压低或维持某种证券的价格水平，制造证券市场假象，诱使普通投资者盲目跟从参与买卖，损害普通投资者利益所发生的相应责任纠纷。

(3)证券虚假陈述责任纠纷，是指证券信息披露义务，在提交或公布信息披露文件中作出违背事实真相的陈述或记载，侵犯投资者合法权益而发生的民事侵权责任纠纷。

(4)欺诈客户责任纠纷，是合资证券公司及其从业人员因欺诈客户，损害客户利益的行为所应当承担相应侵权责任的纠纷。

285. 融资融券交易纠纷

融资融券交易纠纷，是指投资者向具有证券交易所会员资格的证券公司提供担保物，借入资金买入上市证券或借入上市证券并买入的行为而引发的纠纷。

286. 客户交易结算资金纠纷

客户交易结算资金纠纷，是指对客户交易结算资金的挪用或者在其自营业务及其他业务中，由于未将其自有资金分户管理，使用超出自有资金额度所产生的各种纠纷。

六、期货交易纠纷

期货交易纠纷，是指基于期货交易合同而发生的纠纷。主要在于合同效力、合同履行、合同履行中代理行为产生的纠纷。

287. 期货经纪合同纠纷

期货经纪合同纠纷，是指经纪公司与客户之间因期货经纪合同的订立、履行等而发生的纠纷。

288. 期货透支交易纠纷

期货透支交易纠纷，是指在期货公司与期货交易所之间或者期货公司与客户之间因期货透支交易而产生的纠纷。

289. 期货强行平仓纠纷

期货强行平仓纠纷，是指在期货交易过程中，期货公司或客户持仓所需的保证金低于期货交易所规定的比例，其又未按期货交易所或期货公司的规定，及时足额追加保证金，期货交易所或期货公司有权对期货交易者的期货持仓进行反向交易，将所得资金补足期货交易者所需的保证金，由此而引发的纠纷。

290. 期货实物交割纠纷

期货实物交割纠纷，是指实物交割各方(期货交易所、期货公司、客户、交割仓库)违反法律规定的义务而产生的纠纷。

291. 期货保证合约纠纷

期货保证合约纠纷，是指因期货交易所或者期货公司不能履行其保证责任而发生的纠纷。

292. 期货交易代理合同纠纷

期货交易代理合同纠纷，是指特定客户与期货经纪公司经协商一致签订的客户委托期货经纪公司按照客户指令代其进行商品期货交易的协议而引发的纠纷。

293. 侵占期货交易保证金纠纷

侵占期货交易保证金纠纷，是指期货公司未经客户允许，非法占用客户的保证金进行期货交易造成客户损失而引发的纠纷。

294. 期货欺诈责任纠纷

期货欺诈责任纠纷，是指期货公司在期货交易活动中，为了获取非法利益，违反公开、公平、公正和诚实信用原则，故意隐瞒实情或制造虚假事实，使客户产生错误认识，并实施一定商业欺诈而引发的民事纠纷。

295. 操纵期货交易市场责任纠纷

操纵期货交易市场责任纠纷，是指交易所会员或客户为了获取不正当利益，故意违反国家有关侵害交易规定，违背期货公开公平公正的原则，利用资金、信息等优势或滥用职权，制造实际的或表面的频繁交易影响期货市场价格，以引诱他人买卖期货，严重扭曲期货市场价格，扰乱市场秩序而引发的纠纷。

296. 期货内幕交易责任纠纷

期货内幕交易，是指期货交易内幕信息的知情人或者非法获取期货交易内幕信息的人，在期货尚未公开前利用内幕信息从事期货交易，或向他人泄露内幕信息，使他人利用内幕信息进行期货交易的违法行为。由期货内幕交易而引发的责任纠纷，称为期货内幕交易责任纠纷。

297. 期货虚假信息责任纠纷

期货虚假信息责任纠纷，是指期货交易所和侵害公司及其工作人员或其他有关价格有权发布信息的人员，在特定场所制造、散布虚假的市场信息，使期货交易者对期货市场行情产生错误的认识而进行期货交易，并发生交易亏损，期货交易者要求虚假信息散布者承担相应民事责任，因此而引发的纠纷。

七、信托纠纷

以权利义务为内容的社会纠纷，是处理平等主体之间人身关系和财产关系的法律规范的总称。

298. 民事信托纠纷

民事信托是指信托事项所涉及的法律依据在民事法律范围之内的信托。因民事信托关系而发生的纠纷称为民事信托纠纷。民事信托主要是以个人财产为抚养、赡养，处理遗产等为目的而设立的信托。

299. 营业信托纠纷

营业信托纠纷，根据《信托法》第 59~73 条规定，把财产信托给信托业，叫作营业信托。营业信托已从单一的财产管理功能转向了融通资金为主的多功能相应的受托人义务的重心也发生了变化。因信托合同效力、履行而引起的纠纷，称为营业信托纠纷。

300. 公益信托纠纷

公益信托纠纷，是指信托当事人基于公益信托关系而产生的纠纷。

八、保险纠纷

301. 财产保险合同纠纷

财产保险合同纠纷，是指因以财产及其有关利益为保险标的而签订保险合同，因此引起的纠纷。

(1)财产损失保险合同纠纷，根据《民事诉讼法》第24条的规定，是指以各种有形的物质财产、相关的利益及其责任为保险标所订立的保险合同而引起的纠纷。

(2)责任保险合同纠纷。

(3)信用保险合同纠纷，是指当事人之间所签订的信用保险合同的订立、履行而引起的纠纷。信用保险是指权利人向保险人投保债务人的信用风险一种保险。

(4)保证保险合同纠纷，是指当事人因保证保险合同的订立、履行等产生的各种纠纷。保证保险，是指债务人未履行债务或雇员的欺骗舞弊行为给债权人或雇主造成经济损失时，保险人员赔偿责任的一种财产保险。

(5)保险人代位求偿权纠纷，是指保险人与保险人签订权利义务关系的合同，因合同的效力、履行等引起的纠纷。投保人是指与保险人订立保险合同，并按照保险合同负有支付保险费义务的人。保证保险合同的投保人是借款合同的债务人。

302. 人身保险合同纠纷

人身保险合同纠纷，是指以人的寿命和身体为保险标的保险的合同而引起的纠纷。

(1)人寿保险合同纠纷，是指因投保人与保险人未明确约定保险费的分期缴纳方式及缴纳期间的权利义务关系而引起的纠纷。

(2)意外伤害保险合同纠纷，是指以被保险人的身体为保险对象，以其遭受意外伤害或因伤害而致残、致死为给付条件，因保险期限内发生保险事故由保险人按照合同约定给付保险金而签订合同，因合同的签订、履行、变更和终止引起的纠纷。

(3)健康保险合同纠纷。

303. 再保险合同纠纷

再保险合同纠纷，根据《保险法》第29条的规定，是指一个保险人(再保险分出人)分出一定的保险费给另一个保险人(再保险接受人)，再保险接受人对再保险分出人由原保险合同所引起的赔付成本及其他相关费用进行补偿，由此而引起的纠纷。

304. 保险经纪合同纠纷

保险经纪合同纠纷，是指保险经纪人基于投保人的利益，为投保人与保险人代理一些合同提供中介服务，并依法收取佣金而订立合同，因合同的签订、履行、变更和终止而引发的纠纷。

305. 保险代理合同纠纷

保险代理合同纠纷，是指保险代理人与保险人明确双方享有权利和承担义务的协议而发生的纠纷。

306. 进出口信用保险合同纠纷

根据《保险法》规定，进出口信用保险合同是指以进出口信用风险为保险标的保险合同，因该合同的订立、履行、变更和终止等产生的纠纷，称为进出口信用保险合同纠纷。

九、票据纠纷

一般是指票据的出票、流转、承兑过程中，发票人、受款人(或持有人)、付款人之间发生的纠纷。

307. 票据付款请求权纠纷

票据付款请求权纠纷，是指票据权利人向票据付款人或票据债务人要求支付票据金额的权利而引发的纠纷。

308. 票据追索权纠纷

票据追索权纠纷，又称补偿请求权纠纷，是指持票人在提示承兑或提示付款，而未获承兑或未获付款时，一方向其请求偿还票据金额及其他金额的权利而产生的纠纷。

309. 票据交付请求权纠纷

票据交付请求权纠纷，是指收款人要求出票人(或持票人)以出票交付或者背书交付方式履行票据权利转让的权利。由于行使这一权利而引起的纠纷，称为票据交付请求权纠纷。

310. 票据返还请求权纠纷

票据返还请求权纠纷，又称利益偿还请求权纠纷，是指持票人根据《票据法》的规定而享有的当票据权利因失效或者票据记载事项欠缺而消灭时，可以请求出票人或者承兑人返还与其获得而未支付的票据金额相当的利益权利而引起的纠纷。

311. 票据损害责任纠纷

票据损害责任纠纷，是指票据当事人或者金融机构工作人员因违反《票据法》的规定从事票据行为或者其他与票据相关的行为，给票据当事人或者其他人造成损失而引起的纠纷。

312. 票据利益返还请求权纠纷

票据利益返还请求权纠纷，根据《票据法》第 12 条的规定，因行使票据返还请求权而与因恶意或者重大过失取得票据的持票人发生的纠纷。

313. 汇票回单签发请求权纠纷

汇票回单签发请求权纠纷，是指因持票人要求收到持票人提示承兑的汇票的付款人签发汇票回单而引起的纠纷。

314. 票据保证纠纷

票据保证纠纷，是指票据债务人以外的人作为保证人与票据债务人作为被保证人之间因票据保证债务的履行而引发的纠纷。

315. 确认票据无效纠纷

确认票据无效纠纷，是指票据因不具备《票据法》规定的形式要件而被确认缺乏票据上的法律约束效力而引起的纠纷。

316. 票据代理纠纷

票据代理纠纷，是指票据当事人作为委托人(被代理人)与其代理人相对人之间为代理关系而发生的纠纷。

317. 票据回购纠纷

票据回购纠纷，也称转贴现纠纷。票据转贴现，是指商业银行(或财务公司)持未到期的已贴现的商业汇票向其他商业银行或系统内总行、分行进行转贴现以融通资金的票据行为，因票据转贴现问题而引发的纠纷叫票据回购纠纷。

十、信用证纠纷

318. 委托开立信用证纠纷

委托开立信用证纠纷，是指委托人和受托人之间因委托开立信用证产生的纠纷，其实质是委托代理纠纷。

319. 信用证开证纠纷

信用证开证纠纷，是指开证申请人与开证行之间因申请以及受理并开立信用证等一系列行为产生的纠纷。

320. 信用证议付纠纷

信用证议付纠纷，是指受益人与议付行之间以及议付行与开证行之间因议付信用证而产生的纠纷。

321. 信用证欺诈纠纷

信用证欺诈纠纷，是指如果在信用证交易中存在着包括受益人在内的单据提示者欺诈行为，则一方面银行有权拒绝履行其付款承诺，另一方面银行得被法院判令拒绝履行其承诺，因此而引发的纠纷。

322. 信用证融资纠纷

信用证融资纠纷，是指当事人在信用证交易过程中开证申请人与开证行之间因特殊的融资安排而产生的纠纷。

323. 信用证转让纠纷

信用证转让纠纷，是指因信用证的转让而引发的争议。

第十九章 侵权责任纠纷

侵权责任纠纷，是指民事主体因实施侵权而产生的责任纠纷。

324. 监护人责任纠纷

监护人责任纠纷，是指无民事行为能力人、限制民事行为能力人造成他人损害，应由监护人承担民事责任所引发的纠纷。

325. 用人单位责任纠纷

用人单位责任纠纷，根据《侵权责任法》第34条的规定，是指用人单位的工作人员基于执行工作任务造成他人损害时，由用人单位承担侵权责任，因此而引发的纠纷。

326. 劳务派遣工作人员侵权责任纠纷

劳务派遣工作人员侵权责任纠纷，是指劳务派遣机构受特定区域委托招聘员工，并与之签订劳动合同，将员工派遣到企业工作，其劳动过程由企业管理，其工资、福利、社会保险费等由企业提供给派遣机构，再由派遣机构支付给员工，并为员工办理社会保险登记和缴费等事务的用工形式而引起的纠纷。

327. 提供劳务者致害责任纠纷

提供劳务者致害责任纠纷，是指因个人之间形成劳务关系，提供劳务者，因劳务活动造成他人损害的，由接受劳务一方承担侵权责任而引发的纠纷。

328. 提供劳务者受害责任纠纷

提供劳务者受害责任纠纷，是指个人之间存在劳务关系的前提下，提供劳务者因劳务活动而受到伤害，在提供劳务者向接受劳务一方主张损害赔偿时，由双方根据各自的过错程度承担相应的民事责任而引起的纠纷。

329. 网络侵权责任纠纷

网络侵权责任纠纷，是指侵权行为人利用网络作为手段和工具实施侵权行为所引起民事纠纷。

330. 违反安全保障义务责任纠纷

违反安全保障义务责任纠纷，是指宾馆、商业银行、车站、娱乐场所等公共场所的管理人员或者群众性活动的组织者，未尽到其依法所负有的在合理限度范围内包含他人人身和财产安全的义务，致使他人人身财产损害所引发的纠纷。

(1)公共场所管理人责任纠纷，根据《侵权责任法》第37条的规定，是指特定情况下公共场所管理人所负有的以积极行为人的方式尽力保障具有一定关系的当事人的人身和财产安全的义务，因未能及时履行职责，造成当事人有损失而引起的纠纷。

(2)群众性活动组织者责任纠纷，根据《侵权责任法》规定，是指特定情况下群众性活动的组织者所负有的以积极行为的方式尽力保障具有一定关系的当事人的人身和财产安全的义务，因未能及时履行职责，造成当事人有损失而引起的纠纷。

331. 教育机构责任纠纷

教育机构责任纠纷，是指幼儿园、学校或者其他教育机构，未尽到教育、管理职责，使在其学习、生活的无民事责任能力人或限制民事责任能力人在学习、生活期间遭受人身损害的，应当承担责任而引发的纠纷。

332. 产品责任纠纷

产品责任纠纷，是指因产品质量不合格造成他人财产、人身损害的，产品制造者、销售者应当承担赔偿责任，因此而引发的纠纷。

(1)产品生产者责任纠纷，又称产品侵权责任。《产品责任法》第41条规定，是指产品生产者，销售者因生产、销售缺陷产品致使他人遭受到人身伤害，财产损失或有致使他人遭受人身、财产损失之而应承担的赔偿损失、消除危险、停止侵害等责任。

(2)产品销售者责任纠纷，是指因产品存在缺陷，造成他人人身、财产遭受损害，产品销售者应当承担民事责任而产生的纠纷。

(3)产品运输者责任纠纷，是指因产品的运输者的过错致使产品存在缺陷而致人损害时，产品运输者应承担民事责任，因此引发的纠纷。

(4)产品仓储者责任纠纷，是指因产品的仓储者的过错致使产品存在缺陷而致人损害时，产品的仓储者应承担民事责任，因此引发的纠纷。

333. 机动车交通事故责任纠纷

机动车交通事故责任纠纷，是指机动车的所有人或者使用人在机动车发生交通事故造成他人人身伤害或者财产损失时所应承担的侵权损害赔偿责任，因赔偿引发的纠纷。

334. 医疗损害责任纠纷

医疗损害责任纠纷，是指患者在医疗机构就医时，由于医疗机构及其医务人员的过错，在诊疗护理活动中受到损害的，医疗机构应当承担侵权损害赔偿责任，因赔偿引发的纠纷。

(1)侵害患者知情同意权责任纠纷，根据《侵权责任法》第55、56条规定，因赔偿引发的纠纷是指医疗机构为取得患者对医疗行为的同意而对该医疗行为的有关事项进行说明的义务，由此过错而引发的医患纠纷。

(2)医疗产品责任纠纷，是指由于医疗产品的不合格或者使用不当对病人造成一定的伤害，医疗器械厂家或者经销商之间产生的纠纷。

335. 环境污染责任纠纷

环境污染责任纠纷，是指因环境造成损害的，污染者应当承担侵权责任，因环境污染而发生的责任纠纷。

(1)大气污染责任纠纷。

(2)水污染责任纠纷，是指一方当事人在生产经营活动、日常生活过程中以及其他人为原因，导致水资源污染，并因此给另一方当事人的人身权、财产权、环节权等相关权益造成损害而引发的纠纷。

(3)噪声污染责任纠纷，是指所产生的环境噪声超过国家规定的环境噪声排放标准，并干扰他人正常生活、工作和学习的现象而引发的责任纠纷。

(4)放射性污染责任纠纷，是指因产业活动或者其他人为原因，使特定物质产生放射性反应，并使环境权益或者公共财产造成损害或者造成损害危险，致害人所应承担的民事责任而引发的纠纷。

(5)土壤污染责任纠纷。

(6)电子废物污染责任纠纷。

(7)固体废物污染责任纠纷，是指受到固体废物损害的单位、个人，有权要求乙方赔偿责任和赔偿金额的纠纷。

336. 高度危险责任纠纷

高度危险责任纠纷，《侵权责任法》第65、66条规定，是指从事高度危险的作业对他人人身和财产造成损害时所应当承担的侵权责任，因此而引发的纠纷。

(1)民用核设施损害责任纠纷，根据《民用核设施监督管理条例》的规定，是指民用核设施发生事故造成他人损害的，民用核设施经营者依法所应承担的侵权责任引发的纠纷。

(2)民用航空器损害责任纠纷，根据《侵权责任法》第71条的规定，是指民用航空器造成他人损害，因其经营者承担的危险责任而引起的纠纷。

(3)占有、使用高度危险物损害责任纠纷，是指占有或者使用易燃、易爆、剧毒、放射性等高度危险物造成他人损害的，占有人或者使用人就其依法所应当承担的侵权责任所引发的纠纷。

(4)高度危险活动损害责任纠纷，根据《民法通则》第1条的规定，是指从事对周围环境具有高度危险的作业对他人人身和财产造成损害时所应承担的侵权责任而引起的纠纷。

(5)遗失、抛弃高度危险物损害责任纠纷，是指遗失、抛弃易燃、易爆、放射性等高度危险物的造成他人损害的，物品的所有人或管理人所应当承担的侵权责任所引发的纠纷。

(6)非法占有高度危险物损害责任纠纷，是指非法占有易燃、易爆、剧毒、放射性等高度危险物，造成他人损害的，非法占有人就其依法应承担的侵权责任所引发的纠纷。

337. 饲养动物损害责任纠纷

饲养动物损害责任纠纷，是指饲养的动物造成他人损害的，动物饲养人或者管理人应承担赔偿责任而引起的纠纷。

338. 物件损害责任纠纷

物件损害责任纠纷，是指自己管理下的物件造成他人损害，应当有物件的所有人或者管理人承担侵权责任的特殊侵权责任，因此而引发的纠纷。

(1)物件脱落、坠落损害责任纠纷，是指遗失、抛弃易燃、易爆、放射性等高度危险物的，造成他人损害的，物品的所有人或管理人所应当承担侵权责任所引发的纠纷。

(2)建筑物、构筑物倒塌损害责任纠纷，是指因建筑物、构筑物及其他设施倒塌，造成他人损害的，建设单位、施工单位或者其他责任人依法应当承担侵权责任所引发的纠纷。

(3)不明抛掷物、坠落物损害责任纠纷，是指从建筑物中抛弃物品或者从建筑物上坠落的物品造成他人损害的，可能加害的建筑物的使用人需依法承担补偿责任(能够证明自己不是侵权人的除外)所引发的纠纷。

(4)堆放物倒塌致害责任纠纷，是指堆放物倒塌造成他人损害的，堆放人依法所应当承担的侵权责任所引发的纠纷。

(5)公共道路妨碍通行损害责任纠纷，《侵权责任法》第 89 条规定，是指在公共道路上堆放、倾倒、遗撒妨碍通行的物器造成他人损害的，有关单位或者个人应承担侵权责任而引起的纠纷。

(6)林木折断损害责任纠纷，根据《民事诉讼法》《民法通则》第 12 条规定，是指因林木折断造成他人损害的，林木的所有人或者管理人依法应当承担侵权责任而引起的纠纷。

(7)地面施工、地下设施损害责任纠纷，是指在公共场所、道旁或者通道上挖坑、修缮安装地下设施等，没有设置明显标志和采取安全措施，造成他人损害时，施工人应当承担的民事责任而引起的纠纷。

339. 触电人身损害责任纠纷

触电人身损害责任纠纷，是指触电而导致的人身损害赔偿纠纷，即当事人之间就责任承担很难达成一致所引起的纠纷。

340. 义务帮工人受害责任纠纷

义务帮工人受害责任纠纷，是指帮工人为了被帮工人的利益，无偿提供劳动，在劳动过程中，帮工人受损害，而不是被帮工人受损害，因受损害而引发的纠纷。

341. 见义勇为人受害责任纠纷

见义勇为人受害责任纠纷，是指行为人在没有约定义务，也没有法定义务的情况下，为了使国家利益、社会公共利益或者他人的合法权益不受或者免受损害而实施的行为，因该行为承担的责任而引发的纠纷。

342. 公证损害责任纠纷

公证损害责任纠纷，是指公证机构及其公证人员在履行公证职务的过程中，给公证机构所应当承担的损害赔偿责任，因赔偿问题引发的纠纷。

343. 防卫过当损害责任纠纷

防卫过当损害责任纠纷，防卫过当的前提是防卫行为超出了制止侵害的必要限度，其民事责任适用过错责任原则，即实施防卫行为的人在主观上存在故意或者过失，其行为超出了制止侵害的必要限度，才能构成防卫过当，进而承担民事责任，因承担的责任大小而引发的纠纷。

344. 紧急避险损害责任纠纷

紧急避险损害责任纠纷，是指因紧急避险造成损害所引起的纠纷。紧急避险，是指为了社会公共利益，本人或者他人的人身或者其他权益正在发生的危险，不得已而采取的损害他人一定利益的救险行为。在紧急避险的场合，一般情况下，因紧急避险而造成损害，由引起险情的人承担责任。如果危险系自然原因引起的，则紧急避险人不承担责任或仅承担适当的补偿责任。紧急避险采取措施不当或者超出必要限度，造成不应有损害的，紧急避险人应承担适当的责任。

345. 驻香港、澳门特别行政区军人执行职务侵权责任纠纷

根据《香港特别行政区法》《澳门特别行政区法》第 23 条规定，驻香港、澳门特别行政区军人执行职务侵权责任纠纷是指驻香港、澳门特别行政区的军人在执行职务时，侵害他人合法权益造成损害而引起的纠纷。

346. 铁路运输损害责任纠纷

铁路运输损害责任纠纷，是指在铁路企业在发生铁路行车事故或者其他铁路运营事故造成其他人士伤害和财产损失时所应当承担的损害赔偿而引起的纠纷。

(1)铁路运输人身损害责任纠纷，是指因发生行车事故或者其他铁路运营事故造成路外人员或者乘客人士伤害的，铁路运输企业所应当承担的损坏赔偿责任而引起的纠纷。

(2)铁路运输财产损害责任纠纷，是指铁路运输企业在发生铁路行车事故或者其他铁路运营事故造成他人人身伤害和财产损失时所应承担的损害赔偿责任而引起的纠纷。

347. 水上运输损害责任纠纷

水上运输损害责任纠纷，是指在水路运输过程中，水上运输的经营者对他人或者其承运的旅客、货物造成损害所产生的纠纷。

(1)水上运输人身损害责任纠纷，根据《民事诉讼法》第 29 条的规定，是指因水上运输的经营者在运输过程中对他人或者其承运的旅客的财产，承运的货物造成损失所引起的纠纷。

(2)水上运输财产损害责任纠纷，根据《民法通则》第 6 章的规定，是指因水上运输的经营者在水上运输过程中，对他人的人身或者其承运的旅客的人身造成伤害所产生的纠纷。

348. 航空运输损害责任纠纷

航空运输损害责任纠纷，根据《民事诉讼法》第 28 条的规定，是指在民用航空器运行中造成航空器内部乘客或者地面、水面的他人人身伤害所引起的民事侵权行为而引起的纠纷。

(1)航空运输人身损害责任纠纷，是指在民用航空器运行过程中，造成航空器内部乘客或者地面、水面的他人人身伤害所引起的纠纷。

(2)航空运输财产损害责任纠纷，是指在民用航空器运行过程中，造成航空器内部乘客的财产、承运货物或者地面、水面他人的财产损失所引起的纠纷。

349. 因申请诉前财产保全损害责任纠纷

因申请诉前财产保全损害责任纠纷，是指申请人在诉讼前，申请人民法院采取财产保全措施错误造成他人损害而引起的纠纷。

350. 因申请诉前证据保全损害责任纠纷

因申请诉前证据保全损害责任纠纷，是指申请人因在起诉前，申请人民法院采取证据保全措施错误造成他人损害而引起的纠纷。

351. 因申请诉中财产保全损害责任纠纷

因申请诉中财产保全损害责任纠纷，是指当事人在诉讼过程中申请财产保全错误造成对方当事人财产损失而引起的纠纷。

352. 因申请诉中证据保全损害责任纠纷

因申请诉中证据保全损害责任纠纷，根据《民事诉讼法》第 29 条的规定，是指因诉讼参与人在诉讼过程中，申请证据保全措施错误而导致其他诉讼参与人或者案外人损失而引起的纠纷。

353. 因申请先予执行损害责任纠纷

因申请先予执行损害责任纠纷，是指因其申请而采取的先予执行措施造成对方当事人损失，申请方应承担损害赔偿责任而引起的纠纷。先予执行，是指人民法院对某些案件作出终审判决前，为解决当事人一方生产生活的急迫需要而根据其申请，裁定对方当事人给付其移动财物或者立即停止实施某种行为特殊的执行制度。

第二十章　适用特殊程序案件案由

一、选民资格案件

354. 申请确定选民资格

申请确定选民资格，是指公民对选举委员会确定的选民资格名单有不同意见时，经向选举委员会申请后，仍不服选举委员会所作的处理决定，依法向人民法院起诉的案件。

二、宣告失踪、死亡案件

根据《民事诉讼法》第 166 条的规定，宣告失踪的案件是指公民离开自己的住所或者经常居住地，去向不明，音讯全无，持续满 2 年的，经利害关系人申请，法院审查属实后，应当依法宣告该公民失踪的案件。宣告死亡的案件，是指公民离开自己的住所或者经常居住地，去向不明，音讯全无，在正常情况下，下落不明持续满 4 年的，或者因在外事故下落不明持续满 2 年的，或者具备其他法定情形的，经有关机关证明该公民不可能生存的，利害关系人可以向人民法院申请宣告其死亡，法院审查属实后，应当依法宣告该公民死亡的案件。

355. 申请宣告公民失踪

申请宣告公民失踪，是指公民离开其最后居住地不知去向，下落不明，经过法律规定的期限仍无音讯，人民法院经利害关系人申请，判决宣告该公民失踪，并为其指定财产代管人的案件。

356. 申请撤销宣告失踪

申请撤销宣告失踪，是指被宣告失踪的人重新出现或者确知他的下落，经本人或者利害关系人申请向人民法院申请，人民法院应当撤销对他的失踪宣告。

357. 申请为失踪人财产指定、变更代管人

申请为失踪人财产指定代管人，是指人民法院作出宣判后，失踪人的财产应由其配偶、父母、成年子女或者关系密切的亲属、朋友代管，对财产代管发生争议的，上述人员可以向人民法院申请为失踪人指定财产代管人，失踪人无财产代管人或虽有但不宜作为代管人的，有关组织可以申请人民法院指定该组织为代管人。

申请为失踪人的财产变更代管人，是指人民法院判决指定财产代管人后，代管人认为无力履行代管职责或者利害关系人认为失踪人的财产代管人不履行代管职责，损害失踪人的财产利益的，可以申请人民法院变更代管人。

358. 失踪人债务支付纠纷

失踪人债务支付纠纷，是指失踪人在失踪前负有债务，由财产代管人从失踪人的财产中执法，代管人拒绝支付的，债权人以代管人为被告提起的诉讼或代管人作为原告起诉要求失踪人的债务人清偿债务的纠纷。

359. 申请宣告公民死亡

申请宣告公民死亡，根据《民法通则》第 23 条规定，是指自然人离开住所，下落不明到法定期限，经利害关系人申请，由人民法院宣告其死亡的案件。

360. 申请撤销宣告公民死亡

申请撤销宣告公民死亡，是指被宣告死亡的人，重新出现或他人确知其生存的，本人或利害关系人向人民法院申请撤销宣告死亡的判决，恢复被宣告死亡人的权利。

361. 被撤销死亡宣告人请求返还财产纠纷

被撤销死亡宣告人请求返还财产纠纷，是指人民法院判决撤销死亡宣告后，被撤销死亡宣告人可以向取得其财产的第三人请求返还财产，因对返还财产有争议，向人民法院提起诉讼而引起的纠纷。

三、认定公民无民事行为能力、限制民事行为能力案件

民事行为能力是指公民通过自己的行为，取得民事权利，承担民事义务的能力。根据《民法通则》的规定，18 周岁以上的成年人具有完全民事行为能力，16 周岁以上不满 18 周岁的公民，以自己的劳动收入为重要生活来源的，视为具有完全民事行为能力。10 周岁以上的未成年人是限制民事行为能力人，由法定代理人代理民事活动。根据法律有关规定，精神病人的近亲属或者利害关系人，根据其精神病的程序申请法院认定该公民为无民事行为能力或者限制民事行为能力人的案件。法律设定该项制度的目的，是为了保护精神病人的合法权益，维护民事流转秩序。

362. 申请宣告公民无民事行为能力

申请宣告公民无民事行为能力，是指由其近亲属或者其他利害关系人向该公民住所地人民法院提出申请，该人民法院对申请人提出的鉴定结论进行审查后，作出对该公民无民事行为能力的判决宣告。

363. 申请宣告公民限制民事行为能力

申请宣告公民限制民事行为能力，是指申请认定精神病患者为无民事行为能力的行为。这种精神病患者是指 10 周岁的自然人，不包括 10 周岁以下的人。10 周岁以下的人是当然的无民事行为能力人。10 周岁以上不满 18 周岁的人，如未患精神病，属限制民事行为能力人。18 周岁以上的人属成年人，如患有精神病，则可根据精神状态被认定无民事行为能力人。当事人是否患精神病，人民法院应当根据司法精神鉴定或者参照医院的诊断、鉴定确认。在不具备诊断、鉴定条件的情况下，也可以参照群众公认的当事人的精神状态认定，但应以利害关系人没有异议为限。

364. 申请宣告公民恢复限制民事行为能力

申请宣告公民恢复限制民事行为能力，是指人民法院依法作出宣告公民无民事行为能力的判决后，该公民经过治疗，由不能辨认自己的行为转变为不能完全辨认自己行为，造成无民事行为能力的原因部分消灭，本人或者其利害关系人向人民法院提出申请

宣告公民恢复限制民事行为能力。申请宣告公民恢复限制民事行为能力是通过法定程序恢复无民事行为能力人为限制民事行为能力人，使其能够参与一定的民事活动。

365. 申请宣告公民恢复完全民事行为能力

申请宣告公民恢复完全民事行为能力，是指无民事行为能力或者限制民事行为能力的原因消除，其本人可以向人民法院提出申请，作出新判决，撤销原判决，宣告其具有完全民事行为能力。

四、认定财产无主案件

根据《民事诉讼法》第 174 条的规定，认定财产无主案件是指人民法院按照特别程序依法将某项财产宣布为无主财产，判归国家或者集体组织所有的案件。

366. 申请认定财产无主

申请认定财产无主，是指对于所有人不明或者所有人不存在的财产，法院根据申请人的申请，查明属实后，作出判决，将其收归国家或集体所有的民事案件。

367. 申请撤销认定财产无主

申请撤销认定财产无主，是指人民法院作出财产无主的判决后，原财产所有人或者继承人出现，在《民法通则》规定的诉讼期间内，对财产提出诉讼请求，要求撤销认定财产无主判决。

五、监护权特别程序案件

368. 申请确定监护人

申请确定监护人，根据《民事诉讼法》第 16 条规定，是指如果对担任法律规定的未成年人，无民事行为能力人，限制民事行为能力人的监护人有争议的，由被监护人所在地居民或村民自治组织指定，对居民或村民自治组织的指定不服的，可以向人民法院申请确定监护人。

369. 申请变更监护人

申请变更监护人，是指被申请人的监护人不能履行监护职责，或者不服有关单位向人民法院提出申请变更被申请人的监护人。

370. 申请撤销监护人资格

申请撤销监护人资格，是指监护人不履行监护职责或侵害被监护人的合法权益的，其他有监护资格的人员或者有关单位可以申请撤销监护人的监护资格。

六、督促程序案件

督促程序是中国现行《民事诉讼法》中新增加的一种审判程序，是指人民法院根据当事人提出的要求债务人给付一定的金钱或者有价证券的申请，向债务人发出附条件的支付令，以催促债务人限期履行义务，如果债务人在法定期间内部提出异议，该支付令即具有执行力的一种程序。

371. 申请支付令

申请支付令，是指人民法院根据债权人的给付金钱和有价证券的申请，以支付令的形式，催促债务人限期履行义务的一种特殊法律程序。

七、公示催告程序案件

公示催告程序是指人民法院根据当事人的申请，以公示的方式催告不明的利害关系人，在法定时间内申报权利，逾期无人申报，作出宣告票据无效(除权)的判决程序。

372. 申请公示催告

申请公示催告，根据《民事诉讼法》第193条第1款的规定，是指人民法院根据申请人的申请，以公示的方法，告知并催促不明确的利害关系人在一定期限内申报权利，到期无人申报权利的，则根据申请人的申请依法作出除权判决的程序。

八、申请诉前停止侵害知识产权案件

申请诉前停止侵害知识产权案件，是指知识产权权利人在起诉前向人民法院申请采取停止有关侵害知识产权行为措施的案件。

373. 申请诉前停止侵害专利权

申请诉前停止侵害专利权，是指专利权人或者利害关系人在起诉前，向人民法院申请采取责令停止侵害专利权行为的措施。

374. 申请诉前停止侵害注册商标专用权

申请诉前停止侵害注册商标专用权，是指商标注册人或者利害关系人在起诉前向人民法院申请采取责令停止侵害注册商标专用权行为的措施。

375. 申请诉前停止侵害著作权

申请诉前停止侵害著作权，是指著作权人或与著作权有关的权利人及其利害关系人在起诉前向人民法院申请采取责令停止侵害著作权行为或责令停止侵害邻接权行为的措施。

376. 申请诉前停止侵害植物新品种权

申请诉前停止侵害植物新品种权，是指植物新品种权人或者利害关系人在起诉前向人民法院申请采取责令停止侵害植物新品种权行为的措施。

九、申请保全案件

财产保全，也叫诉讼保全，是指法院审理案件时在作出判决前为防止当事人(被告)转移、隐匿、变卖财产，依职权对财产作出的保全措施，以保证将来判决生效。

377. 申请诉前财产保全

申请诉前财产保全，是指利害关系人因情况紧急，不立即申请财产保全，将会使其合法权益受到难以弥补的损害的，可以在起诉前向人民法院申请，由人民法院所采取的一种保全措施，以弥补损害，以达到提起诉讼的最终目的。

378. 申请诉中财产保全

申请诉中财产保全，是指人民法院在受理案件之后，作出判决之前，对当事人的财产或者争执标的物采取限制当事人处分的措施。

379. 申请诉前证据保全

申请诉前证据保全，是指利害关系人及其委托的代理人在证据可能灭失或者以后难以取得的情况下，在诉讼之前，向人民法院申请保全证据，对证据加以固定和保护的措施。

380. 申请诉中证据保全

申请诉中证据保全，是指当事人在案件受理、判决生效前，即诉讼进行中，向人民法院申请保全证据的措施。

381. 仲裁程序中的财产保全

仲裁程序中的财产保全，是指一方当事人因另一方当事人的行为或者其他原因，可能使裁决不能执行或者难以执行的，可以通过仲裁委员会向人民法院提交财产保全申请，是否裁定采取财产保全措施，由人民法院审查决定。

382. 仲裁程序中的证据保全

仲裁程序中的证据保全，根据《仲裁法》的规定，是指在仲裁活动中，当事人请求财产保全的，只能向申请仲裁的仲裁委员会提出书面申请，不得直接向有管辖权的人民法院提出财产保全申请。一般由当事人直接向公正机关提出申请，由公正机关采取保全措施。

383. 申请中止支付信用证项下款项

申请中止支付信用证项下款项，是指信用证的开证申请人，开证行或者其他利害关系人认为信用证交易存在法律规定的信用证欺诈情形，如不采取中止支付信用证项下款项的措施，将会使申请人的合法权益受到难以弥补的损害，向人民法院申请采取财产保全措施，暂时中止信用证项下的款项支付。

384. 申请中止支付保函项下款项

申请中止支付保函项下款项，是指当事人在认为保函存在欺诈行为时，在向人民法院起诉前或诉讼中，向人民法院申请采取保全措施，请求银行中止支付保函项下款项，以避免造成损失的一种特殊保全措施。

十、仲裁程序案件

385. 申请确认仲裁协议效力

申请确认仲裁协议效力，是指一方当事人对仲裁协议的效力有异议，另一方当事人申请人民法院确认裁决协议无效。

386. 申请撤销仲裁裁决

申请撤销仲裁裁决，是指仲裁裁决作出后，当事人认为该裁决存在法律规定应予撤销的情形，从而向仲裁委员会所在地的中级人民法院提出撤消该裁决的申请。

十一、海事诉讼特别程序案件

387. 申请海事请求保全

申请海事请求保全，是指海事法院根据海事请求人的申请，为保障其海事请求的实现，对被请求人的财产所采取的强制措施。

(1) 申请扣押船舶。

(2) 申请拍卖扣押船舶。

(3) 申请扣押船载货物，是指海事法院依据海事请求人的申请，为了保全海事请求人的海事请求，扣押船舶运载货物的强制措施。

(4) 申请拍卖扣押船载货物，是指海事请求人为保障其海事请求的实现，在诉讼或仲裁之前或之中，依法向海事法院申请拍卖被申请人所有的，并已被海事法院扣押的船舶上所载货物，将所得价款作为对海事请求的保全，以备偿付债权人的案件。

(5) 申请扣押船用燃油及船用物料，是指海事法院依据海事请求人的申请，在诉前、诉中、裁前、裁中滞留船舶船用燃油及船用燃料的保全措施。

(6) 申请拍卖扣押船用燃油及船用物料，是指申请人申请扣押的船扣押期满，被扣押人在扣押期届满不提供担保的情况下，海事请求扣押船人可以在申请诉讼或者仲裁后向扣押船的海事法院提出拍卖船用燃油及船用物料。

388. 申请海事支付令

申请海事支付令，根据《民事诉讼法》和《海事诉讼特别程序法》第 99 条的规定，是指海事法院根据债权人基于海事事由的请求，责令债务人给付金钱或者有价证券的命令。

389. 申请海事强制令

申请海事强制令，是指海事法院根据请求人的申请，为使其合法权益免受损害，责令被请求人作为或者不作为的强制措施。

390. 申请海事证据保全

申请海事证据保全，是指海事法院根据海事请求人的请求，对有关海事请求的证据予以提取，保存或者封存的强制措施。

391. 申请设立海事赔偿责任限制基金

申请设立海事赔偿责任限制基金，是指船舶所有人，承租人、经营人、救助人、保险人在发生海事事故后，依法申请责任限制的，可以向海事法院申请设立海事赔偿责任限制基金。

392. 申请船舶优先权催告

申请船舶优先权催告，是指海事法院根据船舶受让人的申请，以公示的方法，催促船舶优先权人于一定期间内主张其优先权，若不依法主张的，则该船舶上的优先权消灭，该优先权所担保的债权，则成为普通债权。

393. 申请海事债权登记与受偿

申请海事债权登记与受偿，是指海事法院强制拍卖船舶和设立海事赔偿责任限制基金的，债权人依法定程序向海事法院申请债权登记，海事法院按照《海商法》或者其他有关法律规定，裁定债权人按一定顺序受偿。

十二、申请承认与执行法院判决、仲裁裁决案件

394. 申请执行海事仲裁裁决

申请执行海事仲裁裁决，是指海事仲裁案件的当事人通过法定程序向人民法院提出申请，请求对海事仲裁机构作出的海事仲裁裁决予以执行。

395. 申请执行知识产权仲裁裁决

申请执行知识产权仲裁裁决，是指国内仲裁庭对当事人之间的知识产权争议所作出的裁决。

396. 申请执行涉外仲裁裁决

申请执行涉外仲裁裁决，是指有管辖权的人民法院根据申请执行人的申请，依据法律规定的程序裁定执行仲裁裁决内容，并实施具体执行的司法活动。

397. 申请认可和执行香港特别行政区法院民事判决

申请认可和执行香港特别行政区法院民事判决，是指当事人向内地法院提出申请，请求内地法院认可香港特别行政区法院作出的民事判决，对有执行内容的请求予以执行。

398. 申请认可和执行香港特别行政区仲裁裁决

申请认可和执行香港特别行政区仲裁裁决，是指当事人向内地法院提出申请，请求内地法院认可香港特别行政区法院作出的民事判决，对有执行内容的请求予以执行。

399. 申请认可和执行澳门特别行政区法院民事判决

申请认可和执行澳门特别行政区法院民事判决，是指当事人向内地法院提出申请，请求内地法院认可澳门特别行政区法院作出的民事判决，对有执行内容的请求予以执行。

400. 申请认可和执行澳门特别行政区仲裁裁决

申请认可和执行澳门特别行政区仲裁裁决，指当事人向内地法院提出申请，请求内地法院认可澳门特别行政区法院作出的民事判决，对有执行内容的请求予以执行。

401. 申请认可和执行台湾地区法院民事判决

申请认可和执行台湾地区法院民事判决，是指当事人向内地法院提出申请，请求内地法院认可中国台湾地区法院作出的民事判决，对有执行内容的请求予以执行。

402. 申请认可和执行台湾地区仲裁裁决

申请认可和执行台湾地区仲裁裁决，指当事人向内地法院提出申请，请求内地法院认可中国台湾地区法院作出的民事判决，对有执行内容的请求予以执行。

403. 申请承认和执行外国法院民事判决、裁定

申请承认和执行外国法院民事判决、裁定，是指外国法院民事判决、裁定的当事人

通过特定途径向我国相关人民法院提出请求，要求承认该民事判决，并对具有执行内容的判决、裁定予以执行。

404. 申请承认和执行外国仲裁裁决

申请承认和执行外国仲裁裁决，是指外国的国际商事仲裁裁决的当事人，向被执行人财产所在地或法定住所地的中级人民法院申请承认和执行外国仲裁机构作的裁决。

十三、执行异议之诉

执行异议之诉，是指当事人和案外人对执行标的实体权利存有争议，请求执行法院解决争议而引起的诉讼。执行异议之诉是执行救济的重要途径之一。

405. 案外人执行异议之诉

案外人执行异议之诉，是指案外人就执行标的物享有足以有效阻止强制执行的权利人(如所有权人或者足以阻止执行标的转让、交付的实体权利)，在执行终结前，向执行法院对申请执行人(必要的时候被执行人可以列为共同被告)提起的旨在阻止对执行标的物的强制执行的诉讼。

406. 申请执行人执行异议之诉

申请执行人执行异议之诉，是指申请执行人根据《民事诉讼法》第 225 条的规定提起诉讼，以案外人为被告，请求对执行标的许可执行，被执行人对申请执行人请求的，案外人和被执行人为共同被告。

407. 执行分配方案异议之诉

执行分配方案异议之诉，是指在多个债权人对同一被执行人申请执行或者参与分配的案件中，执行法院作出分配方案后，如果债权人或者被执行人对分配方案提出书面异议，未提出异议的债权人、被执行人对异议人的意见提出反对意见，异议人有权以提出反对意见的债权人、被执行人为被告，向执行法院提出诉讼。

第三部分　刑法、刑事诉讼法等中涉及的相关概念释义

以刑法、刑事诉讼法、最高人民法院、最高人民检察院关于罪名的确定为准和最高人民检察院、公安部关于公安机关管辖刑事案件追诉立案标准和最高人民检察院关于直接受理立案标准的规定为准。

第二十一章　刑　　法

刑法是统治阶级根据自己的意志，规定哪些行为是犯罪并应当负何种刑事责任，给予犯罪人何种形式处罚的法律规范的总称。

1. 什么是犯罪？

答：《刑法》第 13 条规定，一切危害国家主权、领土完整和安全，分裂国家、颠覆人民民主专政的政权和推翻社会主义制度，破坏社会秩序和经济秩序，侵犯国有财产或者劳动群众集体所有的财产，侵犯公民私人所有财产，侵犯公民的人身权利、民主权利和其他权利，以及其他危害社会的行为，依照法律应当受刑罚处罚的，都是犯罪，但是情节显著轻微，危害不大的，不认为是犯罪。本条一是规定哪些行为是犯罪。犯罪必须同时具有社会危害性、刑事违法性及应受惩罚。二是规定了刑法不认为是犯罪的例外情况。

2. 什么是故意犯罪？

答：《刑法》第 14 条规定，明知自己的行为会发生危害社会的结果，并且希望或者放任这种结果发生，因而构成犯罪的，是故意犯罪。第 2 款规定，故意犯罪，应当负刑事责任。

3. 故意犯罪必须同时具备哪些条件？

答：故意犯罪必须同时具备两个条件：一是行为人对自己的行为会发生危害社会的结果，必须是明知的；二是行为人的心理必须处于希望或者放任的状态。

4. 什么是过失犯罪？

答：《刑法》第 15 条规定，应当预见自己的行为可能发生危害社会的结果，因为疏忽大意而没有预见，或者已经预见而轻信能够避免，以致发生这种结果的，是过失犯罪。第 2 款规定，过失犯罪，法律有规定的才负刑事责任。

5. 什么是正当防卫？

答：《刑法》第 20 条规定，为了使国家、公共利益、本人或者他人的人身、财产和

其他权利免受正在进行的不法侵害，而采取的制止不法侵害的行为，对不法侵害人造成损害的，属于正当防卫，不负刑事责任。

6. 什么是防卫过当及其特征、罪过形式、刑事责任？

答：《刑法》第20条第2款规定：“正当防卫明显超过必要限度造成重大损害的，应当负刑事责任，但是应当减轻或者免除处罚。”

防卫过当，是指防卫明显超过必要限度造成重大的损害，应当负刑事责任的犯罪行为。

防卫过当具有以下特征：

(1)防卫过当的犯罪客体只能是其所构成的具体犯罪的客体。对于防卫过当，应当依据其罪过形式和客观行为的性质，按照我国刑法分则的有关条文定罪量刑。

(2)防卫过当在客观上表现为正当防卫明显超过必要限度造成重大损害，但其具有防卫前提且不具有社会危害性，应当减轻、免除处罚。

(3)防卫过当构成犯罪的，行为人主观上必然有罪过。这种罪过表现为行为人对自己的防卫行为是否会明显超过必要限度的主观心理态度。

关于防卫过当的罪过形式，主要有以下几种情况：

(1)防卫人明知自己的防卫行为会明显超过正当防卫的必要限度而造成重大损害，为了达到正当防卫目的而放任这种重大损害发生的，是间接故意的防卫过当。

(2)防卫人知道自己的防卫行为可能明显超过了正当防卫的必要限度造成重大损害，但轻信这种重大损害不会发生，是过于自信过失的防卫过当。

(3)防卫人应当知道自己的行为明显超过了正当防卫必要限度造成重大损害，因为疏忽大意而没有预见，以致发生重大损害的，是忽视大意的过失。

防卫过当的刑事责任包括两个方面的内容：一是防卫过当的定罪；二是防卫过当的处罚。

防卫过当本身不是独立的罪名，对防卫过当应根据防卫人主观上的罪过形式及客观上造成的具体危害结果来确定罪名。从司法实践来看，防卫过当行为触犯的罪名主要有(间接)故意杀人罪、过失致死罪、(间接)故意伤害罪和过失重伤罪。为了表明防卫过当的情况，在制作判决书时，应当注明因防卫过当而构成某种犯罪。《刑法》第20条第2款规定，对防卫过当应当减轻或者免除处罚。因为在防卫过当的情形中防卫人主观上是为了保护合法权益免受不法侵害，虽然对不法侵害者造成了不应有的损害，但其行为的客观危害性比其他犯罪行为小得多，所以，对防卫过当应当减轻或者免除处罚。

7. 什么是犯罪未遂？

答：《刑法》第23条规定，已经着手实行犯罪，由于犯罪分子意志以外的原因而未得逞的，是犯罪未遂。

8. 什么是犯罪中止？

答：《刑法》第24条规定，在犯罪过程中，自动放弃犯罪或者自动有效地防止犯罪结果发生的，是犯罪中止。对于中止犯，没有造成损害的，应当免除处罚；造成损害的，应当减轻处罚。

9. 什么是共同犯罪?

答:《刑法》第 25 条规定，共同犯罪，是指两人以上共同故意犯罪。两人以上共同过失犯罪，不以共同犯罪论处。

10. 什么是主犯?

答:《刑法》第 26 条规定，组织、领导犯罪集团进行犯罪活动的，或者在共同犯罪中起主要作用的，是主犯。

11. 什么是从犯?

答：在共同犯罪中，起次要或者辅助作用的，是从犯。对于从犯，应当从轻、减轻处罚或者免除处罚。

12. 什么是单位犯罪?

答:《刑法》第 30 条规定，公司、企业、事业单位、机关、团体实施的危害社会的行为，法律规定为单位犯罪的，应当负刑事责任。

13. 刑罚的种类有哪些?

答：刑罚的种类，分为主刑和附加刑。《刑法》第 33 条规定了主刑种类。主刑种类有：

(1)管制。被判处管制的犯罪分子，由公安机关执行。管制期限，为三个月以上两年以下。

(2)拘役。被判处拘役的犯罪分子由公安机关就近执行，拘役的期限，为一个月以上六个月以下。

(3)有期徒刑。

(4)无期徒刑。

(5)死刑。

《刑法》第 34 条规定了附加刑种类。附加刑有：

(1)罚金；

(2)剥夺政治权利；

(3)没收财产。

14. 什么是累犯?

答:《刑法》第 65 条规定，被判处有期徒刑以上刑罚的犯罪分子，刑罚执行完毕或者赦免以后，在 5 年以内再犯应当判处有期徒刑以上刑罚之罪的是累犯。应当从重处罚。但是，过失犯罪和不满 18 周岁的人犯罪的除外。

15. 什么是数罪并罚?

答:《刑法》第 69 条规定，判决宣告以前一人犯数罪的，除判处死刑和无期徒刑的以外，应当在总和刑期以下、数刑中最高刑期以上，酌情决定执行的刑期，但管制最高刑期不能超过 3 年，拘役最高不能超过 1 年，有期徒刑总和刑期不满 35 年的，最高不能超过 20 年。总和刑期在 35 年以上的，最高不能超过 25 年。第 2 款规定，数罪中有判处附加刑的，附加刑仍须执行，其中附加刑种类相同的，合并执行，种类不同的，分别执行。

16. 什么是假释?

答：假释是指被判处有期徒刑或者无期徒刑的犯罪分子，在执行了一定时间的刑罚之后，如果认真遵守监规，接受教育改造，确有悔改表现，不致再危害社会的，司法机关将其附条件地予以提前释放的一种刑罚执行制度。

《刑法》第 81 条规定，被判处有期徒刑的犯罪分子，执行原判刑期 1/2 以上，被判处无期徒刑的犯罪分子，实际执行 13 年以上，如果认真遵守监规，接受教育改造，确有悔改表现，假释后不致再危害社会的，可以假释。如果有特殊情况，经最高人民法院核准，可以不受上述执行刑期的限制。

17. 什么是假释的程序?

假释的程序，是指罪犯获得假释，应依照刑法有关规定的步骤实施，非经法定程序不得假释。

18. 什么情况下不得假释?

《刑法》第 18 条第 2 款规定，对累犯以及因杀人、爆炸、抢劫、强奸、绑架等暴力性犯罪被判处 10 年以上有期徒刑、无期徒刑的犯罪分子，不得假释。

第 3 款规定，对犯罪决定假释时，应当考虑其假释后对所居住社区的影响。

19. 假释的法定程序是怎样的?

(1)由执行强制劳动改造的监狱向所在地中级人民法院提出假释建议书，并附以下材料：

①罪犯评审鉴定表；

②罪犯奖惩表；

③终审法院判决书和裁定书；

④历年减刑裁定书复印件；

⑤罪犯确有悔改或者立功表现的具体材料；

⑥未成年或者老残(自伤自残除外)的材料。

对无期徒刑假释建议书应当先报省、自治区、直辖市司法局同意后再提出假释建议。

(2)监狱所在地的中级人民法院收到监狱的假释建议书后审查其材料是否齐全、手续是否齐备、程序是否合法；

(3)人民法院在审查案件材料后组成合议庭进行审理，对符合法定条件的罪犯裁定予以假释。

假释由裁定宣告之日起计算，考验期为执行完毕的刑期，考验期内一般不予减刑，被判附加剥夺政治权利的，从假释之日起执行。

《最高人民法院关于办理减刑、假释案件具体应用法律若干问题的规定》规定，罪犯积极执行财产刑和履行附带民事赔偿义务的，可视为有认罪悔罪表现，在减刑、假释时可以从宽掌握；确有执行履行能力而不执行、不履行的，在减刑、假释时应当从严掌握。

假释后又犯新罪或有下列情形之一的，撤销假释，收监执行。

20. 什么情况下应当撤销假释?

假释期间又犯新罪刑法规定获假释的犯罪分子，具有下列情形之一的，撤销假释：

(1)在假释考验期内又犯新罪，无论所犯新罪的性质和形式，也无论所犯罪行会被判处何种刑罚，都应当撤销假释，对所犯罪进行判决，并把前罪未执行完毕的刑期和新罪判决的刑期，按总和刑期以下数罪中最高刑期以上酌情决定执行数罪的刑期并罚。

(2)获假释的犯罪分子在假释考验期满后才被发现犯新罪，如果发现的新罪是在追诉时效内的，也要撤销假释，按第1条的规定处罚。

(3)获假释的犯罪分子在假释考验期内发现有在前罪判决之后没有判决的漏罪，并且没有超过追诉时效，不论其漏罪的性质，应判何种刑罚，都要撤销假释，把前后两罪所判刑罚合并，在总和刑期以下，最高刑期以上决定执行数罪并罚的刑期。

(4)获假释的犯罪分子在假释考验期内违反下列规定之一的，撤销假释：

①遵守法律、行政法规，服从监督；

②按照监督机关的规定报告自己的活动情况；

③遵守监督机关关于会客的规定；

④离开所居住的市县或者迁居，应当报监督机关批准。

21. 什么是时效?

答：时效是指法律规定的有关刑事责任和民事诉讼权利的有效期限。《刑法》第87条规定，犯罪经过下列期限不再追诉：

(1)法定最高刑为不满5年有期徒刑的，经过5年；

(2)法定最高刑为5年以上不满10年有期徒刑的，经过10年；

(3)法定最高刑为10年以上有期徒刑的，经过15年；

(4)法定最高刑为无期徒刑、死刑的，经过20年。如果20年以后认为必须追诉的，须报请最高人民检察院核准。

22. 追诉时效如何计算?

答：在时效的计算上，根据《刑法》的规定，追诉时效从犯罪之日起计算，犯罪行为有连续或者继续状态的，从犯罪行为终止之日起计算。例如：对于非法拘禁罪，属于典型的继续犯，在非法使他人失去人身自由时，成立犯罪既遂，在非法拘禁状态结束时犯罪终了。因此，非法拘禁罪的追诉时效应当从犯罪行为终了之日起计算。

23. 设立追诉时效制度的目的是什么?

答：设立追诉时效制度的目的显然不是故意放纵犯罪，而是为了有效地实现刑法的目的。设立追诉时效制度，有利于司法机关集中精力惩治现行犯罪活动，有利于社会秩序的安定，有利于调动一切积极因素，团结一切可以团结的力量。但是在应用中，追诉时效在情形下可以延长和中断。

24. 什么是追诉时效的延长?

答：追诉时效的延长是指追诉时效的进行期间，因发生了法律规定的事由，而使追诉时效暂时停止执行。

根据《刑法》第88条的规定，有两种情形属于追诉时效的延长：

(1)在人民检察院、公安机关、国家安全机关立案侦查或者人民法院受理案件以后，逃避侦查或者审判的，不受追诉时效的限制。具备这两个条件的，不论经过多少时间，任何时候都可以追诉；

(2)被害人在追诉期限内提出控告，人民法院、人民检察院、公安机关应当立案而不予立案的，不受追诉期限的限制。

25. 什么是追诉时效的中断？

答：追诉时效的中断，也称为追诉时效的更新，是指在时效进行期间内，因发生了法律规定的事由，而使以前所经过的时效期间归于无效，法律规定的事由终了之时，时效重新开始计算。规定这一情形的是《刑法》第 89 条第 2 款：在追诉时效以内又犯罪的，前罪追诉的期限从犯后罪之日起计算。诉讼时效的中断，表明行为人的社会危害性并没有消除，其在实施了某种犯罪之后又重新犯罪，就说明其没有悔改，前罪所反映的人身危险性并没有消失，因此，需要从犯罪之日起重新计算。例如：行为人在 2002 年 5 月 1 日犯一般情节的故意伤害罪，法定最高刑为 3 年不满 5 年，经过 5 年，到 2007 年 5 月 1 日诉讼时效方才结束，但是行为人在 2006 年 10 月 1 日又犯一般情节的罪，法定最高刑为 10 年有期徒刑，那么，之前的故意伤害罪的追诉时效就发生中断，再经过 15 年，才不再追诉。这样对于之前的故意伤害罪，实际上是经过 19 年才不再追诉。这也是诉讼时效制度设立的宗旨，一方面督促司法机关及时办案，另一方面又做到了罪责刑相一致。

26. 什么是自首？

答：《刑法》第 67、68 条规定，犯罪以后自动投案，如实供述自己的罪行，是自首。对于自首的犯罪分子，可以从轻或者减轻处罚。其中，犯罪较轻的，可以免除处罚。

27. 自首必须符合哪些条件？

答：(1)犯罪以后自动投案。所谓自动投案，是指犯罪分子犯罪以后，犯罪事实未被司法机关发现以前；或者犯罪事实虽被发现，但不知何人所为；或者犯罪事实和犯罪分子均已被发现，但是尚未受到司法机关的传唤或者尚未采取强制措施之前，主动到司法机关或者所在单位、基层组织等投案，愿意接受审查和追诉的。

(2)如实供述自己的罪行。如实供述自己的罪行，是指犯罪分子投案以后，对于自己所犯的罪行，不管司法机关是否掌握，都必须如实地、全部彻底地向司法机关供述，不能有任何隐瞒。只要基本的犯罪事实和主要情节说清楚，就应当认为属于如实供述自己的罪行。

(3)必须接受审查和追诉。

28. 以自首论的对象必须同时具备哪些条件？

答：一是已经被司法机关采取强制措施的犯罪嫌疑人、被告人和正在服刑的罪犯。

二是如实供述的内容是司法机关还未掌握的本人其他罪行的。《刑法》第 68 条规定，犯罪分子有揭发他人犯罪行为，查证属实的，或者提供重要线索，从而得以侦破其他案件等立功表现的，可以从轻或者减轻处罚；有重大立功表现的，可以减轻或者免除处罚。

所谓提供重要线索，是指犯罪分子向司法机关提供未被司法机关掌握的重要犯罪线索，即证明犯罪行为的重要事实或有关证人等。

所谓重大立功表现，是相对于一般立功表现而言，是指具有《刑法》第 78 条规定应当减刑的六种表现之一的情形，主要是指犯罪分子检举、揭发他人的重大犯罪行为，查证属实，或者提供重要线索，从而得以侦破其他案件以及其他对国家和社会有突出贡献的行为。如揭发了犯罪集团或者犯罪团伙，或者因提供了犯罪的重要线索，才能使重大犯罪案件得以侦破。有重大立功表现的，可以减轻或者免除处罚。

29. 什么是重大立功表现？

答：立功主要是指自首后主动揭发同谋或者其他犯罪者，帮助执法人员破案的行为。重大立功是犯罪分子检举揭发他人进行重大犯罪行为提供侦破其他重大案件线索；阻止他人进行重大犯罪活动；协助司法机关抓捕其他重大犯罪嫌疑人(包括同案犯)；对国家和社会有其他重大贡献等表现。所称重大犯罪、重点案件、重大犯罪嫌疑人的标准，一般是指犯罪嫌疑人，被告人可能被判处无期徒刑以上处罚或者案件在本省、自治区、直辖市或者全国范围内有较大影响的情形。

30. 什么是减刑？

答：减刑，是指依法被判处管制、拘役、有期徒刑、无期徒刑的罪犯在具有法定的减刑情节时，由负责执行刑罚的机关报送材料，人民法院依法予以减轻原判刑罚的刑事司法活动。

根据《关于严格规范减刑、假释、暂予监外执行　切实防止司法腐败的意见》(中政委〔2014〕5 号)的规定，职务犯罪等三类罪犯判死缓入狱后，减刑后的最低刑期不得少于 22 年。

死缓并不是独立的刑种，它是死刑的一种执行方式。死缓两年期满后的处理不应属于减刑范畴。

31. 什么样的情形应当减刑？

答：《刑法》第 78 条规定，有下列重大立功表现之一的，应当减刑：

(1)阻止他人重大犯罪活动的；

(2)检举监狱内外重大犯罪活动，经查证属实的；

(3)有发明创造或者重大技术革新的；

(4)在日常生产、生活中舍己救人的；

(5)在抗御自然灾害或者排除重大事故中，有突出表现的；

(6)对国家和社会有其他重大贡献的。

减刑以后实际执行的刑期，判处管制、拘役、有期徒刑的，不能少于原判刑期的二分之一；判处无期徒刑的不能少于 10 年。

32. 什么是缓刑？

答：是指对犯罪人判处刑罚，但在一定时期内暂缓执行刑罚的制度。缓刑是一种制度，而不是一种刑罚。适用缓刑的条件：

一是适用缓刑的对象，必须是被判处拘役、3 年以下有期徒刑的特定的犯罪分子。

二是所犯罪行情节较轻并有悔改表现，确实不致再危害社会的。缓刑的两个条件必须同时具备，缺一不可。

33. 什么是重伤？

答：重伤是指使人肢体残废、毁人容貌、丧失听觉、丧失视觉、丧失其他器官功能或者其他对于人身健康有重大伤害的损伤。

《刑法》第95条规定，本法所称重伤，是指有下列情形之一的伤害：

(1)使人肢体残废或者毁人容貌的；

(2)使人丧失听觉、视觉或者其他器官机能的；

(3)其他对于人身健康有重大伤害的。

34. 什么是公共财产？

答：公共财产，是指国家和集体所有的财产。

《刑法》第91条规定，本法所指公共财产，是指下列财产：

(1)国有财产。

(2)劳动群众集体所有的财产。

(3)用于扶贫和其他公益事业的社会捐助或者专项基金的财产。

(4)在国家机关、国有公司、企业、集体企业和人民团体管理、使用或者运输中的私人财产，以公共财产论。

35. 什么是私有财产？

答：私有财产，是指私人所有的财产。

《刑法》第92条规定，本法所称公民私人所有的财产，是指下列财产：

(1)公民的合法收入、储蓄、房屋和其他生活资料；

(2)依法归个人、家庭所有的生产资料；

(3)个体户和私营企业的合法财产；

(4)依法归个人所有的股份、股票、债券和其他财产。

36. 什么是国家工作人员？

答：《刑法》第93条规定，本法所称国家工作人员，是指国家机关中从事公务的人员。国有公司、企业、事业单位、人民团体中从事公务的人员和国家机关、国有公司、企业、事业单位委派到非国有公司、企业、事业单位、社会团体从事公务的人员，以及其他依照法律从事公务的人员，以国家工作人员论。

37. 什么是司法人员？

答：《刑法》第94条规定，本法所称司法人员，是指有侦查、检察、审判、监管职责的工作人员。

38. 什么是危害公共安全罪？

答：危害公共安全罪是一个概括性的罪名，一种社会影响特别恶劣的行为，是指危害广大群众生命健康和公私财产的安全，足以使多人死伤或使公私财产遭受重大损失的行为。

《刑法》第114条规定，放火、决水、爆炸以及投放毒害性、放射性、传染病病原体等物质或者以其他危险方法危害公共安全，尚未造成严重后果的，处3年以上10年以下有期徒刑。

39. 什么是妨害司法罪?

答:妨害司法罪是指违反法律规定,使用各种方法妨害国家司法机关正常诉讼活动,破坏国家司法权的行使,情节严重的行为。

《刑法》第305条规定,在刑事诉讼中,证人、鉴定人、记录人、翻译人对与案件有重要关系的情节,故意作虚假证明、鉴定、记录、翻译,意图陷害他人或者隐匿罪证的,处3年以下有期徒刑或者拘役;情节严重的,处3年以上7年以下有期徒刑。

40. 什么是贪污贿赂犯罪?

答:贪污贿赂犯罪,是指国家公职人员,利用职务上的便利,非法占有公共财物、挪用公款,或为他人谋利,非法收受他人贿赂,数额巨大,隐瞒境外存款,或拒不说明其收入来源的行为。

41. 贪污贿赂罪包括哪些内容?

答:它包括以下15种犯罪:贪污罪、挪用公款罪、受贿罪、单位受贿罪、利用影响力受贿罪、离职的国家工作人员受贿罪、离职的国家工作人员的近亲属或者关系密切的人受贿罪、行贿罪、单位行贿罪、对单位行贿罪、介绍贿赂罪。巨额财产来源不明罪、隐瞒境外存款罪、私分国有资产罪、私分罚没款罪。

42. 什么是贪污罪?

答:贪污罪,是指国家工作人员利用职务上的便利,侵吞、窃取、骗取或者以其他手段非法占有公共财物的行为。

43. 什么是挪用公款罪?

答:挪用公款罪,是指国家工作人员利用职务上便利,挪用公款归个人使用进行非法活动的,或者挪用公款数额较大、进行营利活动的,或者挪用公款数额较大,超过3个月未还的行为。

44. 什么是贿赂犯罪?

答:贿赂犯罪,根据《刑法》的规定,包括以下几种犯罪:受贿罪、单位受贿罪、利用影响力受贿罪、离职的国家工作人员受贿罪、离职的国家工作人员的近亲属或者关系密切的人受贿罪、行贿罪、对单位行贿罪、单位行贿罪和介绍贿赂罪。

(1)受贿罪,是指国家工作人员利用职务上的便利,收受贿赂或索取他人财物的,或者非法收受他人财物,为他人谋取利益的行为。

(2)单位受贿罪,是指国家机关、国有公司、企业、事业单位、人民团体,索取、非法收受他人财物,为他人谋取利益,情节严重的行为。

(3)行贿罪,是指行为人为谋取不正当利益,给予国家工作人员以财物的行为。

(4)利用影响力受贿罪,是指国家工作人员的近亲属或者其他与该国家工作人员关系密切的人,通过该国家工作人员职务上的行为,或者利用该国家工作人员职权或者地位形成的便利条件,通过其他国家工作人员职务上的行为,为请托人谋取不正当利益,索取请托人财物或者收受请托人财物,数额较大或者有其他较重情节的行为。

(5)离职的国家工作人员受贿罪,是指已经离职的国家工作人员,通过各种手段为请托人谋取利益,并收受财物的行为。

(6)离职的国家工作人员的近亲属或者关系密切的人受贿罪,是指离职的国家工作人员的近亲属或者其他与该离职国家工作人员关系密切的人，利用该离职的国家工作人员原职权或者地位形成的便利条件，为请托人谋取不正当利益，索取请托人财物或者收受请托人财物，数额较大或者有其他较重情节的行为。

(7)对单位行贿罪，是指个人或单位给予国家机关、国有公司、企业、事业单位、人民团体以财物，或者在经济往来中，违反国家规定，给予各种名义的回扣、手续费的行为。

(8)单位行贿罪，是指单位为谋取不正当利益而行贿，或者违反国家规定，给予国家工作人员以回扣、手续费，情节严重的行为。

(9)介绍贿赂罪，是指行为人在行贿人和受贿人之间实施的沟通、引荐、撮合，促使行贿与受贿得以实现的行为。

45. 什么是巨额财产来源不明罪？

答：巨额财产来源不明罪，是指行为人拥有的财产或支出明显超过其合法收入，差额巨大，又不能说明其合法来源的行为。

46. 什么是隐瞒境外存款罪？

答：隐瞒境外存款罪，是指国家工作人员在境外有数额较大的存款，应当依照国家规定申报而隐瞒不报的行为。

47. 什么是私分国有资产罪？

答：私分国有资产罪，是指国家机关、国有公司、企事业单位、人民团体，违反国家规定，以单位名义将国有资产集体私分个人，数额较大的行为。

48. 什么是私分罚没财物罪？

答：私分罚没财物罪，是指司法机关、行政执法机关违反国家规定，将应当上缴国家的罚没财物，以单位名义集体私分给个人，数额较大的行为。

49. 什么是渎职侵权犯罪？

答：渎职侵权犯罪，是指国家机关工作人员，在履行自己职务过程中，违反职责义务，侵犯国家机关的正常管理活动，致使国家和公民的利益遭受重大损失的犯罪行为的总称。是我国刑法规定的类罪名。

50. 渎职侵权犯罪包括哪些犯罪？

答：渎职侵权犯罪包括下列犯罪：

滥用职权罪，玩忽职守罪，故意泄露国家秘密罪，过失泄露国家秘密罪，徇私枉法罪，民事、行政枉法裁判罪，执行判决、裁定失职罪，执行判决、裁定滥用职权罪，私放在押人员罪，失职致使在押人员脱逃罪，徇私舞弊减刑、假释、暂予监外执行罪，徇私舞弊不移交刑事案件罪，滥用管理公司、证券职权罪，徇私舞弊不征、少征税款罪，徇私舞弊发售发票、抵扣税款、出口退税罪，违法提供出口退税凭证罪，国家机关工作人员签订、履行合同失职被骗罪，违法发放林木采伐许可证罪，环境监管失职罪，传染病防治失职罪，非法批准征用、占用土地罪，非法低价出让国有土地使用权罪，放纵走私罪，商检徇私舞弊罪，商检失职罪，动植物检疫徇私舞弊罪，动植物检疫失职罪，放纵制售伪劣商品犯罪行为罪，办理偷越国(边)境人员出入境证件罪，放行偷越国(边)境人员罪，不解救被拐卖、绑架妇女、儿童罪，阻碍解救被拐卖、绑架妇女、儿童罪，帮助犯罪分子逃避处罚罪，招收公务员、学生徇私舞弊罪，失职造成珍贵文物损毁、流失罪。

利用职权实施的侵犯公民人身权利、民主权利犯罪包括：非法拘禁罪，非法搜查罪，非法侵入住宅罪，刑讯逼供罪，暴力取证罪，虐待被监管人罪，报复陷害罪，破坏选举罪。

51. 渎职侵权犯罪有哪些显著特点？

答：一是渎职侵权犯罪侵害的是国家机关的正常活动。这里的国家机关，包括国家权力机关、行政机关、检察机关、审判机关及军事机关。

二是渎职侵权犯罪表现为国家机关工作人员利用职务上的便利实施的渎职行为。可以表现为作为，也可以表现为不作为。国家机关工作人员包括在各级国家权力机关、行政机关、审判机关、检察机关、军队中依法从事公务的人员；在中国共产党的各级机关，中国人民政治协商会议的各级机关中从事公务的人员；依照法律、法规规定行使国家行政管理职权的组织中从事公务的人员，或者在受国家机关委托，代表国家机关行使职权的组织中从事公务的人员，或者虽未列入国家机关人员编制，但在国家机关中从事公务的人员，在代表国家机关行使职权时，亦属于国家机关工作人员。有的渎职犯罪可以由单位构成。

三是渎职侵权犯罪多数罪由故意构成，少数罪由过失构成。有的犯罪，既可以由故意构成，也可以由过失构成。

四是渎职侵权犯罪必须是情节严重或者后果严重才构成。

第二十二章　刑事诉讼法

52. 什么是刑事诉讼法？刑事诉讼有哪些特点？

答：刑事诉讼法，是指我国制定或认可的调整刑事诉讼活动的法律规范的总称。它调整的对象是公检法机关在当事人和其他诉讼参与人的参加下，揭露、证实、惩罚犯罪的活动。

刑事诉讼，是在国家专门机关的主持下，在诉讼参与人的参加下，查明犯罪和追究犯罪的活动。刑事诉讼具有以下特点：

(1)刑事诉讼必须由法定的专门机关主持进行，其他国家机关无权进行。

(2)刑事诉讼活动必须是在当事人和其他诉讼参与人的参加下进行。

(3)刑事诉讼活动必须依法进行，即必须严格按照刑事诉讼法规定的程序和方式进行。

(4)刑事诉讼活动的内容是解决被告人或犯罪嫌疑人是否犯罪、犯了什么罪，是否应当受到刑事处罚，处以什么样的刑罚的问题。

(5)刑事诉讼必须是在特定的诉讼形式下进行。

(6)刑事诉讼的目的是通过准确、及时、合法地揭露犯罪、证实犯罪、惩罚犯罪，保障无罪的人不受刑事追究，从而维护社会主义法制，保护公民的人身权利、民主权利、财产权利和其他权利，保障社会主义经济建设顺利进行。

53. 什么是刑事诉讼强制措施？

答：刑事诉讼强制措施，是司法机关对未被羁押的犯罪嫌疑人、被告人强制其到案接受讯问的一种强制措施。

54. 强制措施的种类有哪些？

答：我国《刑事诉讼法》规定的强制措施有以下5种：

(1)拘传，是指公安机关、人民检察院或者人民法院对于没有被羁押的犯罪嫌疑人、被告人，依法强制其到案接受讯问的一种强制措施。公、检、法三机关在刑事诉讼过程中均有权适用。拘传是强制措施中最轻微的一种；拘传持续的时间最长不得超过24小时，不得以连续拘传的形式变相拘禁犯罪嫌疑人和被告人。

(2)取保候审，是指公、检、法机关依法责令犯罪嫌疑人或者被告人提供保证人或者交纳保证金并出具保证书，保证其不逃避或者妨碍侦查、起诉、审判，并随传随到的一种强制措施。

(3)监视居住，是指公、检、法机关依法责令犯罪嫌疑人或者被告人不得擅自离开住所或指定的居所，并对其行动加以监视的一种强制措施。

(4)拘留，是指公安机关、人民检察院对于现行犯或者重大嫌疑分子，在遇有法定的紧急情况下依法采取的临时剥夺其人身自由的一种强制措施。

(5)逮捕，是指公、检、法机关为防止犯罪嫌疑人、被告人逃避或者妨碍侦查、起诉、审判的进行，防止其发生社会危险性，依法采取的暂时剥夺其人身自由，予以羁押的强制措施。

55. 刑事诉讼强制措施与民事诉讼强制措施有哪些区别？

答：民事诉讼强制措施是对违反民事诉讼法妨害民事诉讼的行为人所采取的措施，是一种对妨害诉讼行为的“临时性排除方法”、“强制手段”、“教育手段”或“强制教育手段”，而不是法律制裁。刑事诉讼的强制措拖有拘传、取保候审、监视居住、逮捕和拘留5种。它们的区别在于民事诉讼强制措施不是法律制裁，刑事诉讼强制措施属于法律制裁。

56. 什么是立案？

答：立案是指公安、司法机关及其他行政执法机关对于报案、控告、举报、自首以及自诉人起诉等材料，按照各自的管辖范围进行审查后，认为有犯罪事实发生并需要追究刑事责任时，决定将其作为刑事案件进行侦查或者审判的一种诉讼活动。

57. 刑事案件的立案条件是什么？

答：《刑事诉讼法》第86条规定，人民法院、人民检察院或者公安机关对于报案、控告、举报和自首的材料，应当按照管辖范围，迅速进行审查，认为有犯罪事实需要追究刑事责任的时候，应当立案；认为没有犯罪事实，或者犯罪事实显著轻微，不需要追究刑事责任的时候，不予立案，并且将不立案的原因通知控告人。控告人如果不服，可以申请复议。

58. 什么是刑事侦查？

答：刑事侦查，是指研究犯罪和抓捕罪犯的各种方法的总和。

59. 刑事侦查的任务有哪些？

答：刑事侦查的任务，是指国家专门机关在办理刑事案件的过程中，为了收集、调取犯罪嫌疑人有罪或者无罪、罪轻、罪重或者罪轻的证件处理和查获犯罪嫌疑人，依据法定程序进行的专门的调查工作和采取的有关的强制性措施。任务就是依照法定程序发现和收集有关案件的各种证据查明犯罪事实，查获和确定犯罪嫌疑人，并采取必要的强制措施，防止现行犯和犯罪嫌疑人继续进行犯罪活动或者逃避侦查、起诉和审判，从而保证刑事诉讼的有效进行。

60. 什么是取保候审？

答：取保候审，是《中华人民共和国刑事诉讼法》规定的一种刑事强制措施。在我国，取保候审是指人民法院、人民检察院或公安机关责令某些犯罪嫌疑人、刑事被告人提出保证人或者交纳保证金，保证随传随到的强制措施。取保候审一般由公安机关执行。

61. 取保候审应具备哪些条件？

答：取保候审是强制措施中，对人身的强制程度较轻的一种，适用取保候审必须具备一定的条件。根据《刑事诉讼法》第64、65条的规定，对于具有下列情形之一的犯罪嫌疑人、被告人，可以取保候审：

(1)可能判处管制、拘役或者独立适用附加刑的；

(2)可能判处有期徒刑以上刑罚，采取取保候审不致发生社会危险性的；

(3)患有严重疾病、生活不能自理，怀孕或者正在哺乳自己婴儿的妇女，采取取保候审不致发生社会危险性的；

(4)羁押期限届满尚未结案，需要采取取保候审的；

(5)不能结案的。

62. 取保候审的具体程序是怎样的？

(1)取保候审的申请。被羁押的犯罪嫌疑人、被告人及其法定代理人、近亲属，犯罪嫌疑人聘请的律师，有权提出取保候审的申请。

(2)取保候审的决定。公安机关、人民检察院、人民法院在接到取保候审的申请书后，应当在7天之内作出是否同意的答复。决定对犯罪嫌疑人、被告人取保候审的，应当报县级以上公安机关负责人、检察院检察长或者人民法院院长批准，并签发《取保候审决定书》和《执行取保候审通知书》，并责令犯罪嫌疑人、被告人提出保证人或交纳保证金。

(3)取保候审的执行。取保候审的执行机关为公安机关。公安机关在执行时，应当向犯罪嫌疑人、被告人宣读《取保候审决定书》，并令其签名或盖章，告知其在取保候审期间应当遵守的规定。犯罪嫌疑人、被告人在取保候审期间没有违反《刑事诉讼法》第56条规定的，取保候审期间届满以后，负责执行的公安机关应将保证金退还给犯罪嫌疑人、被告人，并告知保证人解除担保。

(4)取保候审最长不得超过12个月。在取保候审期间不得中断对案件的侦查、起诉和审理。取保候审的期限届满，或者发现了有《刑事诉讼法》第15条规定不应当追究刑事责任情形的，或者案件已经办结的，原决定机关应当作出撤销取保候审的决定，并通知负责执行的公安机关。

63. 什么是保证人及保证人应履行的义务？

答：保证人是指民事主体成为保证人所应当具备的行为能力和清偿债务的能力。《刑事诉讼法》第64、68条规定了保证人必须符合的条件和义务。保证人必须符合下列条件：

(1)与本案无牵连；

(2)有能力履行保证义务；

(3)享有政治权利，人身自由未受到限制；

(4)有固定的住处和收入。

保证人应当履行以下义务：

(1)监督被保证人遵守本法第69条的规定；

(2)发现被保证人可能违反本法第69条规定的行为的，应当及时向执行机关报告；

(3)被保证人有违反本法第69条规定的行为，保证人未履行保证义务的，对保证人处以罚款，构成犯罪的，依法追究刑事责任。

64. 什么是监视居住？

答：监视居住，是指人民法院、人民检察院和公安机关对未被逮捕的犯罪嫌疑人、被告人，责令其在一定的期限内不得离开指定的区域，并对其行动实行监视的一种强制措施。

65. 监视居住的适用条件有哪些？

答：(1)《刑事诉讼法》第75条规定，被监视居住的犯罪嫌疑人、被告人应当遵守以下规定：

①未经执行机关批准不得离开监视居住的处所；

②未经执行机关批准不得会见他人或者通信；

③在传讯的时候及时到案；

④不得以任何形式干扰证人作证；

⑤不得毁灭、伪造证据或者串供；

⑥将护照等出入境证件，身份证、驾驶证件交执行机关保存。

被监视居住的犯罪嫌疑人、被告人违反前款规定，情节严重的，可以予以逮捕。

需要予以逮捕的，可以对犯罪嫌疑人、被告人先行拘留。

(2)监视居住最长不得超过6个月。公安机关、人民检察院已经对犯罪嫌疑人监视居住的，案件移送到人民检察院、人民法院后，人民检察院、人民法院对于符合监视居住条件的，应当依法对犯罪嫌疑人、被告人重新办理监视居住手续，监视居住的期限重新计算。

(3)公安司法机关对同一犯罪嫌疑人、被告人，不得重复采取取保候审、监视居住措施。

66. 什么是拘留？

答：刑事诉讼中的拘留，是指公安机关、人民检察院对直接受理的案件，在侦查过程中，遇到法定的紧急情况时，对于现行犯或者重大嫌疑分子所采取的临时剥夺其人身自由的强制方法。

67. 拘留有哪些特点？

答：(1)有权决定采用拘留的机关一般是公安机关。人民检察院在自侦案件中，对于犯罪后企图自杀、逃跑或者在逃的以及有毁灭、伪造证据或者串供可能的犯罪嫌疑人也有权决定拘留，人民法院则无权决定拘留。不管是公安机关决定的拘留，还是人民检察院决定的拘留，都一律由公安机关执行。

(2)拘留只有在紧急情况下才能采用。只有在紧急情况下，来不及办理逮捕手续而又需要马上剥夺现行犯或者重大嫌疑分子的人身自由的，才能采取拘留；如果没有紧急情况，公安机关、人民检察院有时间办理逮捕手续，就不能先行拘留。

(3)拘留是一种剥夺公民自由的强制措施。与拘传、取保候审、监视居住相比较，拘留的特点在于完全剥夺公民人身自由，而非限制公民人身自由。就剥夺公民自由而言，拘留与逮捕具有相似性，都属于羁押的一种，因而也只有在确有必要时才能采用。

(4)拘留是一种临时性措施。拘留的期限较短，随着诉讼的推进，拘留要及时予以变更，或者转为逮捕，或者变更为取保候审或监视居住，或者释放被拘留的人。

(5)拘留的对象具有特定性。只能适用于法律严格规定的情形。

68. 拘留的适用条件是什么？

答：刑事拘留必须同时具备两个条件：

其一，拘留的对象是现行犯或者是重大嫌疑分子。现行犯是指正在实施犯罪的人，重大嫌疑分子是指有证据证明具有重大犯罪嫌疑的人。

其二，具有法定的紧急情形之一。对于何谓紧急情形，《刑事诉讼法》第 80 条和第 163 条对于公安机关的拘留和人民检察院的拘留作出了不同的规定。

69. 哪些犯罪可以先行拘留？

答：《刑事诉讼法》第 80 条采用列举的方式，规定对于有下列情形之一的现行犯或者重大嫌疑分子，公安机关可以先行拘留：

(1) 正在预备犯罪、实行犯罪或者在犯罪后即时被发觉的；

(2) 被害人或者在场亲眼看见的人指认他犯罪的；

(3) 在身边或者住处发现有犯罪证据的；

(4) 犯罪后企图自杀、逃跑或者在逃的；

(5) 有毁灭、伪造证据或者串供可能的；

(6) 不讲真实姓名、住址，身份不明的；

(7) 有流窜作案、多次作案、结伙作案重大嫌疑的。

在刑事诉讼中，除公安机关依法拥有决定拘留和执行拘留的权限以外，根据《刑事诉讼法》第 163 条的规定，人民检察院在直接受理的案件中，对于具有以下两种情形的犯罪嫌疑人、被告人也有权决定拘留：

(1) 犯罪后企图自杀、逃跑或者在逃的；

(2) 有毁灭、伪造证据或者串供可能的。人民检察院决定拘留后，由公安机关执行。

70. 什么是逮捕？

答：逮捕，是指公安机关、人民检察院和人民法院，为防止犯罪嫌疑人或者被告人逃避侦查、起诉和审判等妨碍刑事诉讼的行为，或者发生社会危害性，而依法采取的、在一定时间内完全剥夺犯罪嫌疑人或被告人人身自由的强制措施。

根据《刑事诉讼法》第 79 条规定，对有证据证明有犯罪事实，可能判处徒刑以上刑罚的犯罪嫌疑人、被告人，采取取保候审尚不足以防止发生下列社会危险性的，应当予以逮捕：

(1) 可能实施新的犯罪的；

(2) 有危害国家安全、公共安全或者社会秩序的现实危险性的；

(3) 可能毁灭、伪造证据，干扰证人作证或者串供的；

(4) 可能对被害人、举报人、控告人实施打击报复的；

(5) 企图自杀或者逃跑的。

对有证据证明有犯罪事实，可能判处十年有期徒刑以上刑罚的，或者有证据证明有犯罪事实，可能判处徒刑以上刑罚，曾经故意犯罪或者身份不明的，应当予以逮捕。

被取保候审、监视居住的犯罪嫌疑人、被告人违反取保候审、监视居住规定，情节严重的，可以予以逮捕。

71. 逮捕应具备哪些条件？

答：逮捕必须同时具备以下三个条件：

(1) 有证据证明有犯罪事实。根据有关规定，有证据证明有犯罪事实是指同时具备下列情形：

①有证据证明发生了犯罪事实；②有证据证明犯罪事实是犯罪嫌疑人实施的；③证明犯罪嫌疑人实施犯罪行为的证据已有查证属实的。

逮捕不同于定罪，逮捕的标准低于定罪的标准，不要求证明犯罪嫌疑人实施犯罪行为的所有证据都已查证属实，只要求有证据已被查证属实即可。

(2)可能判处有期徒刑以上刑罚。这是关于犯罪严重程度的规定。基于已有证据证明的犯罪事实，根据我国《刑法》的有关规定，初步判定犯罪嫌疑人、被告人可能被判处有期徒刑以上的刑罚，而不是可能被判处管制、拘役、独立适用附加刑等轻刑或者可能被免除刑罚的，才符合逮捕条件。

(3)采取取保候审、监视居住等方法，尚不足以防止发生社会危险性，而有逮捕必要的。由于逮捕是最严厉的强制措施，只有在确有必要时才可以适用。即使犯罪嫌疑人、被告人符合上述两项条件，但采取取保候审或者监视居住足以防止其危害社会的，即无逮捕必要，不应逮捕。

72. 什么是有逮捕必要？

答：有逮捕必要是指：

(1)可能继续实施犯罪行为，危害社会的；

(2)可能毁灭、伪造证据、干扰证人作证或者串供的；

(3)可能自杀或者逃跑的；

(4)可能实施打击报复行为的；

(5)可能有碍其他案件侦查的；

(6)其他可能发生社会危险性的情形。

73. 什么是侦查终结？

答：侦查终结，是指公安机关或者人民检察院对刑事案件进行一系列的侦查活动以后，根据已经查明的事实、证据和有关的法律规定，足以作出犯罪嫌疑人是否犯罪、犯什么罪、犯罪情节轻重以及是否应当追究刑事责任的结论时，决定结束侦查并对案件作出处理决定的诉讼活动。

74. 侦查终结的条件是什么？

答：根据《刑事诉讼法》第160条的规定，公安机关侦查终结的案件，应当做到犯罪事实清楚，证据确实、充分，并且写出起诉意见书，连同案卷材料、证据一并移送同级人民检察院审查决定，同时将案件移送情况告知犯罪嫌疑人及其辩护律师。侦查终结的条件：

(1)犯罪事实已经查清。是指犯罪人犯罪时间和地点、犯罪动机和目的、犯罪手段、犯罪后果都已经查清，并且没有遗漏犯罪罪行，没有遗漏应当追究刑事责任的其他人。

(2)案件的证据确实、充分。案件的证据确实、充分，是指案件的证据材料来源可靠，经核对无误，证据与案件事实之间能够相互印证，并在量上达到足以得出正确结论的程度。

(3)法律手续完备。侦查终结时各种法律手续必须齐全、完备。

以上三个条件必须同时具备，缺一不可。

75. 移送审查起诉的条件有哪些？

答：移送审查起诉的条件包括：

(1)犯罪事实清楚；

(2)证据确实、充分；

(3)犯罪性质和罪名认定正确；

(4)各种法律手续完备。

(5)依法需要追究刑事责任；

76. 撤销案件的条件有哪些？

答：犯罪嫌疑人不应当被追究刑事责任。在侦查过程中，发现案件有下列情形之一，不应当对犯罪嫌疑人追究刑事责任的，应当侦查终结，撤销案件：

(1)情节显著轻微、危害不大，不认为是犯罪的；

(2)犯罪已过追诉时效期限；

(3)经特赦令免除刑罚的；

(4)依照刑法规定告诉才处理的犯罪没有告诉或者撤回告诉的；

(5)犯罪嫌疑人死亡的；

(6)其他法律、法令规定免予追究刑事责任的。

77. 侦查终结的程序是怎样的？

答：(1)审查案件事实和证据。检察机关经过侦查，对案件的事实和收集、调取的证据材料予以核实。经审查认为符合侦查终结的全部要件和要求的，提出侦查终结的意见。

(2)制作侦查终结报告。侦查人员侦查终结时，应当制作侦查终结报告。侦查终结报告的内容包括：①案由，案件来源以及立案时间；②犯罪嫌疑人的基本情况；③是否对犯罪嫌疑人采取强制措施及羁押场所；④查明的案件事实、证据及犯罪嫌疑人态度和表现等；⑤结论和处理意见。

(3)作出侦查终结决定。侦查人员写出侦查终结报告后，还应根据处理意见制作起诉意见书、不起诉意见书或撤销案件意见书，经侦查部门负责人审核同意后，提出起诉或不起诉意见的，报检察长批准；提出撤销案件意见的，报检察长或检察委员会决定。其中，对于不起诉、撤销案件的，需要按照高检院《关于省级以下人民检察院对直接受理侦查案件作撤销案件、不起诉决定报上一级人民检察院批准的规定(试行)》的有关规定办理。

(4)释放不追究刑事责任的在押犯罪嫌疑人，处理扣押物品。侦查终结，作出撤销案件决定的，如果犯罪嫌疑人在押，应当制作《决定释放通知书》，通知公安机关依法释放。对于扣押的物品，应当按照最高人民检察院颁布的《人民检察院扣押、冻结款物管理规定》的规定，作出相应处理。

78. 什么是提起公诉？

答：提起公诉，作为起诉的一种类型，是指人民检察院对公安机关侦查终结、移送起诉的案件，或者人民检察院直接受理立案侦查终结、移送起诉的案件，进行全面审查，对应当追究刑事责任的犯罪嫌疑人提交人民法院进行审判的一项诉讼活动。提起公诉是人民检察院的一项专门权力，其他任何机关、团体和个人都不得行使。人民检察院作为国家的控诉机关，应当谨慎地行使控诉权，保证犯罪行为得到应受的惩罚，无罪的人不受刑事追究，以保护人权。

根据《刑事诉讼法》的规定，提起公诉，是人民检察院的职权，凡需要提起公诉的案件，一律由人民检察院审查决定。人民检察院对公安机关侦查终结移送起诉的案件，要进行认真、全面的审查，必须查明犯罪事实、情节是否清楚，证据是否确实、充分，犯罪性质和罪名的认定是否正确，有无遗漏罪行和其他应当追究刑事责任的人，是否属于不应当追究刑事责任的情况，有无附带民事诉讼，侦查活动是否合法。人民检察院审查案件，应当讯问被告人，可以询问证人和被害人。人民检察院认为被告人的犯罪事实已经查清，证据确实、充分，依法应当追究刑事责任的，即应作出起诉的决定，按照刑事审判管辖的规定，向人民法院提起公诉。

根据《刑事诉讼法》第 168 条的规定，人民检察院审查案件时，必须：

(1)犯罪事实、情节是否清楚，证据是否确实、充分，犯罪性质和罪名的认定是否正确；

(2)有无遗漏罪行和其他应当追究刑事责任的人；

(3)是否属于不应当追究刑事责任的；

(4)有无附带民事诉讼；

(5)侦查活动是否合法。

79. 提起公诉应具备哪些条件？

答：提起公诉，是人民检察院代表国家将刑事犯罪嫌疑人提交人民法院审判，要求给予刑事处罚的刑事诉讼活动。提起公诉是法律赋予人民检察院的重要权力。

《刑事诉讼法》第 172 条规定，人民检察院认为犯罪嫌疑人的犯罪事实已经查清，证据确实、充分，依法应当追究刑事责任的，应当作出起诉决定，按照审判管辖的规定，向人民法院提起公诉，并将案卷材料移送人民法院。检察机关提起公诉的条件可分为实体条件、程序条件和政策条件。

(1)提起公诉的实体条件。实体条件包括两个：一是犯罪嫌疑人的犯罪事实已经查清，证据确实、充分；二是依法应当追究刑事责任。所谓犯罪事实已经查清，是指检察机关对下列事实已经查证属实：

①确定犯罪嫌疑人实施的行为是犯罪，而不是合法行为或者一般违法行为的事实；②确定被告人应当负刑事责任，而不是不负刑事责任或者可以免除刑事责任的事实，例如犯罪嫌疑人的年龄、精神状况等；③确定犯罪嫌疑人实施的是某一种或某几种性质的犯罪的事实；④确定对犯罪嫌疑人应当或者可以从轻、减轻或者从重处罚的量刑情节的事实。

查清上述事实，就符合犯罪嫌疑人的事实已经查清的条件。根据《人民检察院刑事诉讼规则》的规定，具有下列情形之一的，可以确认犯罪事实已经查清：

①属于单一罪行的案件，与定罪量刑有关的事实已经查清，不影响定罪量刑的事实无法查清的；②属于数个罪行的案件，部分罪行已经查清并符合起诉条件，其他罪行无

法查清的；③无法查清作案工具、赃物的去向，但有其他证据足以对被告人定罪量刑的；④言词证据中主要情节一致，只有个别情节不一致且不影响定罪的。

证据确实、充分，是指指控的犯罪事实都有相应的证据予以证明，且证据之间、证据与案件事实之间不存在矛盾，足以排除非被告人作案的可能性。

（2）提起公诉的程序条件。根据法律规定和诉讼的实际需要，提起公诉必须具备两项程序条件：①检察院对提起公诉的案件具有管辖权；②被告人在案。

（3）提起公诉的政策条件。提起公诉的政策条件是实现公诉个别化的要求。当犯罪情节轻微、依法可以起诉也可以不起诉的情况下，检察机关应当贯彻国家的刑事政策，综合考虑犯罪的性质、情节、后果、被害人态度及社会影响等因素。如果认为提起公诉更符合公共利益，即应提起公诉，反之，应当不起诉。

80. 检察机关提起公诉的程序包括哪些活动？

（1）作出提起公诉的决定。案件审查完毕，需要提起公诉的，应当由检察长决定或由检察委员会讨论决定。在实行主诉检察官办案责任制的情况下，主诉检察官对其办理的部分案件可以决定提起公诉。

（2）制作起诉书。人民检察院作出起诉决定后，应当制作起诉书。起诉书必须加盖检察院的公章并附上有关证据目录、证人名单和主要证据复印件或者照片。

（3）移送起诉书和其他证据材料。

81. 什么是第一审程序？

答：一审程序，是人民法院根据当事人的起诉、自诉或者检察机关的公诉，依法对该案进行第一次审理所应当适用的程序。一审程序也称第一审程序、初审程序。不管是刑事诉讼法，还是民事诉讼法、行政诉讼法，对一审程序均有详细规定。

（1）人民法院审判第一审刑事公诉案件，一般分以下七个具体步骤：①对检察院提起的公诉进行审查；②对于决定开庭审理的，要做好审理前的各项准备工作；③宣布开庭；④法庭调查；⑤法庭辩论；⑥被告人的最后陈述；⑦评议和宣判。

（2）人民法院审判第一审自诉案件，其程序基本与公诉案件相同，但也有以下三点不同之处：①对自诉案件，人民检察院不派人出庭；②对自诉案件，人民法院可以进行调解；自诉人可以与被告人随时和解，或者在宣判前撤回自诉；③被告人在宣判前可以反诉。

（3）人民法院审判第一审民事、经济案件，按照民事诉讼法的规定，可以因不同的案件而适用以下不同的程序：①普通程序；②简易程序；③特别程序；④督促程序；⑤公示催告程序；⑥企业法人破产还债程序。

（4）人民法院审判第一审行政案件，在行政诉讼法生效施行以前，一直适用民事诉讼程序，依照民事诉讼法的规定进行审判。行政诉讼法施行后，在审判程序制度等方面都要按行政诉讼法的规定进行审判，但由于行政诉讼法对行政案件的问题规定较细，对于许多与民事案件有共同点的问题，规定较少，甚至未作规定。对这些未作规定的问题，审理案件时仍应参照民事诉讼法的规定，即参照民事诉讼中的普通程序进行审判。但要注意，行政诉讼法已有明确规定的，必须适用行政诉讼法。比如：不适用调解；不搞独任审判，都应组成合议庭；审限为 3 个月，而不是 6 个月，等等。

82. 什么是第二审程序?

答:第二审程序又称上诉审程序,是第二审人民法院根据上诉人的上诉或者人民检察院的抗诉,就第一审人民法院尚未发生法律效力的判决或裁定认定的事实和适用法律进行审理时,所应当遵循的步骤和方式、方法。它是刑事诉讼中一个独立的诉讼阶段。

83. 什么是两审终审制?

答:两审终审制是指,一个案件经过两级人民法院审理即告终结的法律制度。其内容是:如果当事人对地方各级人民法院审理的第一审案件所作出的判决和裁定不服,可以依法向上一级人民法院提起上诉,要求上一级人民法院对案件进行第二次审判;经第二审人民法院对案件进行审理,所作出的判决和裁定是终审判决和裁定,当事人不服不得再提起上诉,人民法院也不得按照上诉审程序审理。

根据两审终审制度的要求,地方各级人民法院审理第一审案件,在作出判决和裁定之后,还不能立即发生法律效力,只有在法定的期限内有上诉权的当事人没有上诉,人民检察院也没有提出抗诉的情况下,第一审判决、裁定才能发生法律效力。如果在法定期限内有上诉权的人提出上诉,或者人民检察院提出抗诉,上一级人民法院才能对案件进行审理。第一审法院的判决、裁定也就不发生法律效力。

我国人民法院分为四级,即最高人民法院、高级人民法院、中级人民法院和基层人民法院。因此,我国的两审终审制也称为“四级两审终审制”。

84. 哪些情形不追究刑事责任?

答:《刑事诉讼法》第 15 条规定,有下列情形之一的,不追究刑事责任,已经追究的,应当撤销案件,或者不起诉,或者终止审理,或者宣告无罪:

(1)情节显著轻微、危害不大,不认为是犯罪的;

(2)犯罪已过追诉时效期限的;

(3)经特赦令免除刑罚的;

(4)依照刑法告诉才处理的犯罪,没有告诉或者撤回告诉的;

(5)犯罪嫌疑人、被告人死亡的;

(6)其他法律规定免予追究刑事责任的。

85. 什么是刑事诉讼的再审程序?

答:刑事再审程序,又称刑事审判监督程序,是指人民法院、人民检察院对已经发生法律效力的判决和裁定,发现在认定事实或者适用法律上确有错误,依法提起并对案件进行重新审理的诉讼程序。

86. 刑事诉讼再审的条件是什么?

答:我国《刑事诉讼法》第 241 条规定,当事人及其法定代理人、近亲属,对已经发生法律效力的判决、裁定,可以向人民法院或者人民检察院提出申诉,但是不能停止判决、裁定的执行。同时,人民法院、人民检察院发现已经生效的判决确有错误的时候,也可以启动再审程序。

刑事案件再审的条件:

(1)当事人及其法定代理人、近亲属的申诉需满足的条件。

《刑事诉讼法》第 242 条规定,当事人及其法定代理人、近亲属的申诉符合下列情形之一的，人民法院应当重新审判：

①有新的证据证明原判决、裁定认定的事实确有错误的，可能影响定罪量刑的；②据以定罪量刑的证据不确实、不充分，依法应当予以排除或者证明案件事实的主要证据之间存在矛盾的；③原判决、裁定适用法律确有错误的；④违反法律规定的诉讼程序，可能影响公正审判的；⑤审判人员在审理该案件的时候，有贪污受贿，徇私舞弊，枉法裁判行为的。

(2)各级法院、检察院提起审判监督程序的条件。

《刑事诉讼法》第 243 条规定，各级人民法院院长对本院已经发生法律效力的判决和裁定，如果发现在认定事实上或者在适用法律上确有错误，必须提交审判委员会处理。

最高人民法院对各级人民法院已经发生法律效力的判决和裁定，上级人民法院对下级人民法院已经发生法律效力的判决和裁定，如果发现确有错误，有权提审或者指令下级人民法院再审。

最高人民检察院对各级人民法院已经发生法律效力的判决和裁定，上级人民检察院对下级人民法院已经发生法律效力的判决和裁定，如果发现确有错误，有权按照审判监督程序向同级人民法院提出抗诉。

人民检察院抗诉的案件，接受抗诉的人民法院应当组成合议庭重新审理，对于原判决事实不清楚或者证据不足的，可以指令下级人民法院再审。

87. 当事人的申请符合哪些情形，人民法院应当再审？

答：《刑事诉讼法》第 179 条规定，当事人的申请符合下列情形之一的，人民法院应当再审：

(1)有新的证据，足以推翻原判决、裁定的；

(2)原判决、裁定认定基本事实缺乏证据证明的；

(3)原判决、裁定认定事实的主要证据是伪造的；

(4)原判决、裁定认定事实的主要证据未经质证的；

(5)对审理案件需要的主要证据，当事人因客观原因不能自行收集，书面申请人民法院调查收集，人民法院未调查收集的；

(6)原判决、裁定适用法律有错误的；

(7)审判组织的组成不合法或者依法应当回避的审判人员没有回避的；

(8)无诉讼行为能力未经法定代理人代为诉讼或者应当参加诉讼的当事人，因不能归责于本人或者其诉讼代理人的事由；

(9)违反法律规定，剥夺当事人辩论权的；

(10)未经传票传唤，缺席判决的；

(11)原判决、裁定遗漏或者超出诉讼请求的；

(12)据以作出原判决、裁定的法律文书被撤销或者变更的；

(13)审判人员审理该案件时有贪污受贿，徇私舞弊，枉法裁判行为的。

88. 各级法院提起审判监督程序的条件是什么？

答：《刑事诉讼法》第 198 条规定：各级人民法院院长对本院已经发生法律效力的

判决和裁定调解书，发现确有错误，认为需要再审的，应当提审判委员会讨论决定。

最高人民法院对地方各级人民法院已经发生法律效力的判决和裁定、调解书，发现确有错误，有权提审或者指令下级人民法院再审。

89. 什么情况下可以延期审理？

答：延期审理，是指在诉讼过程中，由于发生了法律规定的某种特殊情况，致使人民法院不能在原定的日期对案件进行审理时，人民法院把已经决定开庭审理或者已经开庭审理的案件，改到另一日期进行审理。

90. 哪些情形可以延期审理？

答：根据《民事诉讼法》第146条的规定，有下列情形之一的，可以延期开庭审理：

(1)必须到庭的当事人和其他诉讼参与人有正当理由没有到庭，必须到庭的当事人和其他诉讼参与人，如果确因突然患病等正当理由没法到庭，审查证据、认定事实等就难以进行，这将影响人民法院正确裁判，因此，可以延期审理。

(2)当事人临时申请回避。根据《民事诉讼法》规定，被申请回避的人员，在人民法院作出回避决定前，应当暂停参与本案的工作，如果被申请回避的人员不参加本案工作，致使案件审理无法进行的；

(3)需要通知新的证人到庭，调取新的证据，重新鉴定、勘验，或者需要补充调查的可以延期审理。

(4)其他应当延期的情形。比如，一方当事人在诉讼过程中因妨害民事诉讼而被拘留，不能按期或者继续开庭审理等。

人民法院决定延期审理后，对下次开庭审理的日期和地点能够即时确定的，应当当庭通知当事人和其他诉讼参与人。不能即时确定的，可以在确定以后另行通知。

91. 什么是中止诉讼？中止诉讼的条件是什么？

答：中止诉讼是指在诉讼过程中，诉讼程序因特殊情况的发生而中途停止的一种法律制度。根据《民事诉讼法》第150条的规定，有下列情形之一的，中止诉讼：

(1)一方当事人死亡，需要等待继承人表明是否参加诉讼的；

(2)一方当事人丧失诉讼行为能力，尚未确定法定代理人的；

(3)作为一方当事人的法人或者其他组织终止，尚未确定权利义务承受人的；

(4)一方当事人因不可抗拒的事由，不能参加诉讼的；

(5)本案必须以另一案的审理结果为依据，而另一案尚未审理的；

(5)其也应当中止诉讼的情形；

(7)中止诉讼的原因消除后，恢复诉讼。

92. 什么是缓刑？

缓刑，不是刑罚的种类，只是刑罚执行的一种制度。

缓刑，是指人民法院对被判处拘役(管制除外)、3年以下有期徒刑的犯罪分子，根据其犯罪情节和认罪、服罪、悔罪表现，认为原判刑罚可以暂缓执行，规定一定期限的考验期，在考验期内没有发生法定的撤销缓刑的情形、原判刑期不再执行的一种刑罚执行制度。

93. 宣告缓期执行的先决条件是什么？

答：宣告缓期执行的先决条件是必须被判处刑罚，而且必须是犯罪情节轻微，没有个人危险性，不致危害社会的被判处拘役以上 3 年有期徒刑以下的犯罪分子，其基本特征包括：

(1)判处刑罚，同时宣告缓刑，但保持在一定期限内执行所判刑罚的可能性。即如果犯罪分子在人民法院规定的缓刑考验期内没有被查出有漏罪，也没有发现有新罪，考验期满，撤销缓刑，原判刑期不再执行；

(2)如果在缓刑考验期内查出有漏罪或者犯有新罪，也应当撤销缓刑，按数罪并罚的规定执行刑罚，考验期不计算在刑期内；

(3)如果在考验期内发现缓刑人具有收监执行的法定条件，如不遵守法律、行政法规的规定，不接受监督等情形，也要撤销缓刑，收监执行原判刑期，执行的考验期不计算在刑期内。

94. 什么是辩护人？

答：辩护人，是指依法接受委托或指定参加诉讼并为犯罪嫌疑人、被告人进行辩护的诉讼参与人。辩护人可以是律师、被告人的亲友、监护人，也可以是人民团体或者犯罪嫌疑人、被告人所在单位推荐的人。

95. 辩护人有哪些权利？

答：根据《刑事诉讼法》第 35~47 条的规定，辩护人的责任包括：

(1)接受委托担任辩护人的权利；

(2)查阅、摘抄、复制案件材料权和会见通信权。《刑事诉讼法》第 36、38 条规定：辩护律师自人民检察院对案件审查起诉之日起，可以查阅、摘抄、复制本案的诉讼文书、技术性鉴定材料，可以同在押的犯罪嫌疑人会见和通信。其他辩护人经人民检察院许可，也可以查阅、摘抄、复制上述材料，同在押的犯罪嫌疑人会见和通信。辩护律师自人民法院受理案件之日起，可以查阅、摘抄、复制本案所指控的犯罪事实的材料，可以同在押的被告人会见和通信。其他辩护人经人民法院许可，也可以查阅、摘抄、复制上述材料，同在押的被告人会见和通信；

(3)调查取证权。这是辩护律师的权利，其他辩护人没有这项权利；

《刑事诉讼法》第 47 条规定：辩护律师经证人或者其他有关单位和个人同意，可以向他们收集与本案有关的材料，也可以申请人民检察院、人民法院收集、调取证据，或者申请人民法院通知证人出庭作证。辩护律师经人民检察院或者人民法院许可，并且经被害人或者其近亲属、被害人提供的证人同意，可以向他们收集与本案有关的材料。

(4)审查起诉阶段提出辩护意见权；

(5)参加法庭调查和法庭辩论权；

(6)经被告人同意，提出上诉的权利；

(7)对强制措施超过法定期限的，辩护人有权要求解除；

(8)代理申诉权；

(9)依法独立进行辩护权和人身权利不受侵犯；

(10)拒绝辩护权。辩护律师发现委托事项违法，委托人利用律师提供的服务从事违法活动或者委托人隐瞒事实的，有权拒绝辩护。

96. 辩护人的责任是什么？

答：根据《刑事诉讼法》第35条的规定：辩护人的责任是根据事实和法律，提出证明犯罪嫌疑人、被告人无罪、罪轻或者减轻、免除其刑事责任的材料和意见，维护犯罪嫌疑人、被告人的合法权益。《律师法》第28条也规定，律师担任刑事辩护人的，应当根据事实和法律，提出证明犯罪嫌疑人、被告人无罪、罪轻或者减轻、免除其刑事责任的材料和意见，维护犯罪嫌疑人、被告人的合法权益。

97. 辩护人的责任具体包括哪些内容？

答：辩护人的责任包括：

(1)只能依据事实和法律进行辩护，不得捏造事实和歪曲法律。辩护人在刑事诉讼中必须始终坚持以事实为根据，以法律为准绳这一基本原则，在任何情况都不得帮助犯罪嫌疑人、被告人编造口供、串供、伪造、毁灭证据或者威胁、引诱证人提供不实证据。

(2)提出证明犯罪嫌疑人、被告人无罪、罪轻或者减轻、免除其刑事责任的材料和意见。

在刑事诉讼中，辩护人作无罪辩护时，应当根据事实和法律，重点查明和证实犯罪嫌疑人、被告人被控事实不是其所为或系诬告、陷害或是错告、举报失实，因而犯罪嫌疑人、被告人根本没有犯罪；犯罪嫌疑人、被告人的行为，情节显著轻微、危害不大，依照法律规定不认为是犯罪；对于犯罪情节轻微，依照刑法规定不需要判处刑罚或者可以免除刑罚，人民检察院可以作出不起诉决定；对于负责侦查的机关经过两次补充侦查的案件，仍然证据不足，不符合起诉条件，人民检察院可以作出不起诉决定；行为虽然在客观上造成了损害结果，但不是出于故意或者过失，而是由不能抗拒或者不能预见的原因所引起的正当防卫行为或紧急避险行为；无刑事责任能力的人，包括不满14周岁的人或者精神病人，在不能辨认或是不能控制自己行为的时候造成危害结果的；我国公民在我国领域外的某些犯罪，按照当地的法律不受处罚的等。

辩护人对被告人作罪轻或者减轻、免除刑事责任的辩护意见时，应当提出符合刑法规定的可以或者应当减轻、免除处罚的材料和意见。如《刑法》第20条第2款规定，正当防卫明显超过必要限度造成重大损害的，应当负刑事责任，但是应当减轻或者免除处罚。也可结合犯罪嫌疑人、被告人的一贯表现、认罪悔罪态度等提出若干酌定从轻情节的材料和意见。同时，还可针对具体案情，提出对被告人适用缓刑、监外执行等相关材料和意见。

(3)依法只维护犯罪嫌疑人、被告人的合法权益。辩护人在刑事诉讼中只维护犯罪嫌疑人、被告人的合法权益，并不是维护犯罪嫌疑人、被告人的所有利益，更不是维护依法予以限制或剥夺的权益。

在维护被告人合法权益方面，辩护人的职责具有多样性。如具有《刑事诉讼法》第15条规定的6种情形之一的人，就不应当受到刑事追究，已经追诉的，辩护人应当依法促使公安司法机关撤销案件，或者不起诉，或者终止审理，或者宣告无罪，因错误追诉给犯罪嫌疑人、被告人造成损失的，应由负有责任的机关予以赔偿；没有充分证据证明被告人有罪的，应当提出无罪辩护意见；已经构成犯罪的，应当要求司法机关坚持罪刑相适应原则，公正司法；同时要为犯罪嫌疑人、被告人提供法律上的帮助，解答其提出的法律上的问题，讲解其在刑事诉讼中的权利、义务，为被告人代写法律文书；维护犯罪嫌疑人、被告人的诉讼权利，如维护其申请回避权、辩护权、上诉权等，对侵犯其诉讼权利的行为，提出纠正的要求或向有关部门提出控告；结合办案，进行法制宣传教育，充分发挥辩护人参加诉讼的社会效能，等等。

(4)辩护人只有辩护的职责，没有控诉的义务。辩护律师在履行辩护职责的过程中，如果获悉犯罪嫌疑人、被告人还犯有未被指控的其他犯罪行为，经耐心教育其坦白而犯罪嫌疑人、被告人并不听从辩护人的意见，辩护人在这种情形下应该怎么办？一种观点认为辩护人应当拒绝为其辩护，同时向公安司法机关进行举报；另一种观点认为，辩护律师在履行职责的过程中知悉了不利于被告人的情形，一般情况下有责任保密，而没有举报的义务。但是，一旦涉及严重危害国家安全、社会公共安全和公民人身权利的案件事实，在动员犯罪嫌疑人、被告人坦白无效的情况下，应当告知公安司法机关。目前，后一种观点被广泛接受。因为这有助于维护辩护律师的执业形象和人格尊严，从长远来看更有利于辩护制度的健康发展。但应当进一步完善刑事诉讼法，如确立律师作证豁免权制度等。

98. 什么是刑事附带民事诉讼？

答：刑事诉讼附带民事诉讼，是指由犯罪行为引起的，是在刑事诉讼过程中提起并且同刑事案件一并解决的，其成立与解决都依附于刑事诉讼，和刑事诉讼紧密联系，不可分割，因此，刑事诉讼附带民事诉讼，是一种依附于刑事诉讼的特殊的民事诉讼。刑事诉讼附带民事诉讼活动，本质上是具有民事诉讼特征的经济损害赔偿，属于民事诉讼，但它又是不同于一般的民事诉讼的损害赔偿。

《刑事诉讼法》第 99 条规定，被害人由于被告人的犯罪行为而遭受物质损失的，在刑事诉讼过程中，有权提起附带民事诉讼。被害人死亡或者丧失行为能力的，被害人的法定代理人、近亲属有权提起附带民事诉讼。如果是国家财产、集体财产遭受损失的，人民检察院在提起公诉的时候，可以提起附带民事诉讼。

《刑事诉讼法》第 100 条规定，人民法院在必要的时候，可以采取保全措施，查封、扣押或者冻结被告人的财产。附带民事诉讼原告人或者人民检察院可以申请人民法院采取保全措施。人民法院采取保全措施，适用民事诉讼法的有关规定。

《刑事诉讼法》第 101 条规定，人民法院审理附带民事诉讼案件，可以进行调解，或者根据物质损失情况作出判决、裁定。

《刑事诉讼法》第 102 条规定，附带民事诉讼应当同刑事案件一并审判，只有为了防止刑事案件审判的过分迟延，才可以在刑事案件审判后，由同一审判组织继续审理附带民事诉讼。

99. 刑事附带民事诉讼必须具备哪些条件？

答：根据《刑事诉讼法》的规定和刑事诉讼附带民事诉讼的特点，刑事诉讼附带民事诉讼的成立必须具备以下条件：

(1)刑事诉讼附带民事诉讼的提起必须以刑事案件成立为前提；

(2)必须是犯罪行为给被害人造成了物质损失；

(3)被害人的物质损失必须是被告人的犯罪行为直接造成的；

(4)刑事诉讼附带民事诉讼必须是在刑事诉讼过程中提起。

《刑事诉讼法》第216条规定，被告人、自诉人和他们的法定代理人，不服地方各级人民法院第一审的判决、裁定，有权用书状或者口头向上一级人民法院上诉。被告人的辩护人和近亲属，经被告人同意，可以提出上诉。

附带民事诉讼的当事人和他们的法定代理人，可以对地方各级人民法院第一审的判决、裁定中的附带民事诉讼部分，提出上诉。对被告人的上诉权，不得以任何借口加以剥夺。

100. 财产保全错误造成损失的如何赔偿？

答：《刑事诉讼法》第96条规定，申请有错误的，申请人应当赔偿被申请人因财产保全所遭受的损失，受诉人民法院或者上级人民法院发现采取财产保全或者先予执行措施确有错误的，应当按照审判监督程序立即纠正。因申请错误造成被申请人损失的，由申请人予以赔偿；因人民法院依职权采取保全措施错误造成损失的，由人民法院依法予以赔偿。

101. 哪些情况应发回原审人民法院审理？

答：根据《刑事诉讼法》第170条第(3)、(4)款规定，第二审人民法院对上诉案件，经过审理，按照下列情形，分别处理：

(1)原判决认定事实清楚，适用法律正确的，以判决、裁定方式驳回上诉，维持原判决、裁定；

(2)原判决、裁定认定事实错误或者适用法律错误的，以判决、裁定方式依法改判、撤销或者变更；

(3)原判决认定基本事实不清的，裁定撤销原判，发回原审人民法院重审，或者查清事实后改判；

(4)原判决遗漏当事人或者违法缺席判决等严重违反法定程序的，裁定撤销原判决，发回原审人民法院重审。

原审人民法院对发回重审的案件作出判决后，当事人提出上诉的，第二审人民法院不得再次发回重审。

102. 什么是管辖？

答：我国刑事诉讼中的管辖，是指公安司法机关在刑事案件受理范围上的分工。它要解决的问题是公安机关、人民检察院和人民法院在直接受理刑事案件上的分工，以及人民法院在审判第一审刑事案件上的分工。

103. 什么是立案管辖？

答：立案管辖又称部门管辖或职能管辖，是指公安机关、人民检察院、人民法院之间，在受理刑事案件范围上的分工。

根据《刑事诉讼法》第18条的规定，刑事案件的侦查由公安机关进行，法律另有规定的除外。贪污贿赂犯罪，国家工作人员的渎职犯罪，国家机关工作人员利用职权实施的非法拘禁、刑讯逼供、报复陷害、非法搜查的侵犯公民人身权利的犯罪以及侵犯公民民主权利的犯罪，由人民检察院立案侦查。对于国家机关工作人员利用职权实施的其他重大的犯罪案件，需要由人民检察院直接受理的时候，经省级以上人民检察院决定，可以由人民检察院立案侦查。

《关于刑事诉讼法实施中若干问题的规定》(1998 年 1 月 19 日最高人民法院、最高人民检察院、公安部、国家安全部、司法部、全国人大常委会法制工作委员会)就职能管辖规定如下：

(1)按照刑事诉讼法对刑事案件管辖的分工的规定，人民检察院管辖“贪污贿赂犯罪，国家工作人员的渎职犯罪，国家机关工作人员利用职权实施的非法拘禁、刑讯逼供、报复陷害、非法搜查的侵犯公民人身权利的犯罪以及侵犯公民民主权利的犯罪”。对于涉税等案件由公安机关管辖，公安机关应当立案侦查，人民检察院不再受理；任何不符合刑事诉讼法关于案件管辖分工规定的文件一律无效。

对于人民检察院已经立案侦查的依法应由公安机关管辖的涉税等案件，可由人民检察院继续办理完毕，或由人民检察院移交公安机关办理。

(2)刑事诉讼法规定人民检察院管辖“国家工作人员的渎职犯罪”案件，修订后的《刑法》已将渎职罪的主体修改为国家机关工作人员。根据这一修改，人民检察院管辖的“渎职犯罪”，是指《刑法》分则第九章规定的渎职罪。另外，《刑法》分则第四章第 248 条规定的监管人员殴打、体罚、虐待被监管人罪，由人民检察院管辖。

《刑法》分则第三章破坏社会主义市场经济秩序罪中规定的犯罪由公安机关管辖。

(3)修订后的刑法已将贪污贿赂罪明确在分则第八章中作了规定，根据这一修改，人民检察院管辖“贪污贿赂犯罪”案件，是指修订后《刑法》分则第八章规定的贪污贿赂罪和其他章节中明确规定按照《刑法》分则第八章贪污贿赂罪的规定定罪处罚的犯罪。第 163 条第 1 款、第 2 款、第 184 条第 1 款和第 164 条规定的犯罪由公安机关管辖。

104. 军队保卫部负责侦查哪些案件？

答：保卫部负责侦查下列案件：

(1)战时违抗命令案(《刑法》第 421 条)；(2)隐瞒、谎报军情案(《刑法》第 422 条)；(3)拒传、假传军令案(《刑法》第 422 条)；(4)投降案(《刑法》第 423 条)；(5)战时临阵脱逃案(《刑法》第 424 条)；(6)阻碍执行军事职务案(《刑法》第 426 条)；(7)军人叛逃案(《刑法》第 430 条)；(8)非法获取军事秘密案(《刑法》第 431 条第 1 款)；(9)为境外窃取、刺探、收买、非法提供军事秘密案(《刑法》第 431 条第 2 款)；(10)故意泄露军事秘密案(《刑法》第 432 条)；(11)战时造谣惑众案(《刑法》第 433 条)；(12)战时自伤案(《刑法》第 434 条)；(13)逃离部队案(《刑法》第 435 条)；(14)武器装备肇事案(《刑法》第 436 条)；(15)盗窃、抢夺武器装备、军用物资案(《刑法》第 438 条)；(16)非法出卖、转让武器装备案(《刑法》第 439 条)；(17)遗弃武器装备案(《刑法》第 440 条)；(18)遗失武器装备案(《刑法》第 441 条)；(19)战时残害居民、掠夺居民财物案(《刑法》第 446 条)；(20)私放俘虏案(《刑法》第 447 条)。

105. 军事检察院直接受理哪些案件？

答：军事检察院直接受理以下案件：

(1)擅自、玩忽军事职守案(《刑法》第 425 条)；(2)指使部属违反职责案(《刑法》

第427条)；(3)违令作战消极案(《刑法》第428条)；(4)拒不救援友邻部队案(《刑法》第429条)；(5)过失泄露军事秘密案(《刑法》第432条)；(6)擅自改变武器装备编配用途案(《刑法》第437条)；(7)擅自出卖、转让军队房地产案(《刑法》第442条)；(8)虐待部属案(《刑法》第443条)；(9)战时拒不救治伤病军人案(《刑法》第445条)；(10)军官、警官、文职干部利用职权实施的其他重大的犯罪案件，需要由军事检察院受理的时候，经解放军军事检察院决定，可以由军事检察院立案侦查。

106. 军事法院直接受理哪些案件？

答：军事法院直接受理的案件包括：

(1)遗弃伤病军人案(《刑法》第444条)；(2)虐待俘虏案(《刑法》第448条)。

《关于军队和地方互涉案件几个问题的规定》(1982年11月25日最高人民法院、最高人民检察院、公安部、总政治部)就军队和地方互涉案件的办理规定如下：

(1)现役军人(含在编职工，以下同)在地方作案被当场抓获，按《中华人民共和国逮捕拘留条例》的规定，当地公安机关可以将其拘留，移交其所在部队保卫部门处理；

(2)现役军人和地方人员共同在部队营区作案的，以军队保卫部门为主组织侦查，地方公安机关配合；现役军人和地方人员共同在地方作案的，以地方公安机关为主组织侦查，军队保卫部门配合。对犯罪分子，由地方和军队共同研究，通盘考虑，在取得一致意见后，分别由地方、军队公安机关、保卫部门、人民检察院、人民法院依法处理；

(3)地方人员到军队作案，由军队保卫部门与地方公安机关共同查清犯罪事实，由地方公安机关、人民检察院、人民法院依法处理；

(4)现役军人入伍前在地方上作案，由地方公安机关提供犯罪证据材料，送交军队军以上保卫部门审查，确认应依法追诉的，由保卫部门拘留，提请有关部门办理退役手续后，移交有关地方公安机关、人民检察院、人民法院处理；

(5)军人退出现役后，发现其在服役期内作案，依法应当追诉的，由军队保卫部门、军事检察院、军事法院负责查清犯罪事实，将案卷材料移送其所在县以上公安机关、人民检察院、人民法院处理；属于在服役期间犯下军人违反职责罪的，仍由军事检察院、军事法院处理；

(6)军队非在编职工和随军的军人家属子女在部队营区作案，由军队保卫部门协助当地公安机关查清犯罪事实，由地方公安机关、人民检察院、人民法院依法处理；

(7)属于军队保卫部门管辖的案件，需到地方居民住地搜查时，应同当地公安机关联系，由公安机关依法进行搜查。属于地方公安机关管辖的案件，需到部队营区和现役军人住地搜查时，应同军队保卫部门联系，由军队保卫部门依法进行搜查；

(8)现役军人在地方作案，地方人员到军队作案其罪证、赃款、赃物应随案移。对其中属于抢劫、盗窃、侵吞、非法占有的公、私财物，在案件处理终结时，应按有关规定上交国库或归还原主；

(9)由军事法院判处徒刑并开除军籍或公职的犯罪分子，移送地方劳改单位服刑的，服刑期满后，由所在劳改单位依法予以释放安置。

《关于军队和地方互涉案件侦查工作的补充规定》(1987年12月21日最高人民检察院、公安部、总政治部)就军地互涉案件侦查工作作出补充规定：

(1)军队营区发生的案件，判断有可能是地方人员作案或者与现役军人(含在军队编制序列内的其他人员，下同)共同作案的，地方公安机关、人民检察院应当按照案件管辖范围的分工，协助军队保里部门、军事检察院进行侦查；查清犯罪事实后，是地方人员作案的，由军队保卫部门、军事检察院分别移交有管辖权的地方公安机关、人民检察院处理。非军队营区发生的案件，判断有可能是现役军令作案或者与地方人员共同作案的，军队保卫部门、军事检察院应按照案件管辖范围的分工，协助地方公安机关、人民检察院进行侦查；查清犯罪事实后，是现役军人作案的，由地方公安机关、人民检察院分别移交其所在部队保卫部门、军事检察院处理。

(2)现役军人在地方受到不法侵害，应立案侦查的，由发案地公安机关、人民检察院按照案件管辖范围的分工受理。

(3)军队在工商行政管理部门登记注册实行企业化经营管理的公司、厂矿、宾馆、饭店、影剧院以及军地合资经营的企业所发生的案件，凡在该单位设置有接受当地公安机关业务领导的保卫部门或治安保卫组织的，由地方公安机关、人民检察院按照案件管辖范围的分工立案侦查；没有设置接受当地公安机关业务领导的保卫部门或治安保卫组织的，由军队保卫部门、军事检察院处理。

107. 军事检察院按照案件管辖范围分工立案侦查的种类有哪些?

答：军队为安排家属子女就业和方便群众而设立的对外营业的服务性行业发生的案件，按照上款规定办理。现役军人在上述单位作案，由军队保卫部门、军事检察院按照案件管辖范围的分工立案侦查。

(1)改归地方建制、已经完成交接工作的县(市)人民武装部，预备役师、团，民兵武器仓库，以及移交或者出租、出借给地方单位使用的军队营房、营院、仓库、机场、码头等，接受地方治安管理的，所发生的案件，由地方公安机关、人民检察院按照案件管辖范围的分工立案侦查。现役军人在上述场所作案，由军队保卫部门、军事检察院按照案件管辖范围的分工立案侦查。

(2)军队、地方人员混居的军队宿舍区发生的案件，按照案件管辖范围的分工，发生在家庭成员均为地方人员的宿舍的，由当地公安机关人民检察院立案侦查，其余的由军队保卫部门、军事检察院立案侦查。军队和地方共用的营房、营院、仓库、机场、码头等场所发生的案件，按照划定的管理范围，分别由军队保卫部门、军事检察院和地方公安机关人民检察院立案侦查。

(3)下列人员犯罪，由行为地公安机关、人民检察院按照案件管辖范围的分工立案侦查：

①已经办理转业或者退伍手续的县(市)人民武装部的人员；②已经办理转业、复员、退伍手续，离开军队营区到地方单位报道途中的人员；③已经批准入伍尚未与部队办理交接手续的新兵。

(4)对分工不明确的军地互涉案件的侦查工作，由军队师(旅)以上单位保卫部门、军事检察院与地方县以上公安机关、人民检察院协商解决。

(5)按照上述各条规定的管辖范围，地方公安机关、人民检察院和军队保卫部门、军事检察院在立案侦查案件时，应加强协作，互相配合。

108. 刑事再审案件提起的方式和条件有哪些？

答：刑事再审的提起方式有：

(1)上级检察院提出的抗诉，人民法院应当再审；

(2)当事人及其法定代理人、近亲属向人民法院或者检察院提出申诉，符合条件的人民法院应当再审。刑事再审案件的条件：

①有新的证据证明原判决、裁定认定的事实确有错误，可能影响定罪量刑的；②据以定罪量刑的证据不确实、不充分，依法应当予以排除，或者证明案件事实的主要证据之间存在矛盾的；③原判决、裁定适用法律确有错误的；④违反法律规定的诉讼程序，可能影响公正审判的；⑤审判人员在审理该案件的时候，有贪污受贿、徇私舞弊、枉法裁判行为的。

当事人及其法定代理人、近亲属提出申诉后，并不停止原判决、裁定的执行，但若人民法院决定再审该案件，则再审期间可以决定中止原判决、裁定的执行

109. 人民法院依职权提起再审的情形有哪些？

答：诉讼中，针对不同的主体，提起再审的具体要求不同。要是人民法院依职权提起再审的话，此时分为法院院长提起再审和上级人民法院提起再审两种情况。

(1)由各级人民法院院长提起再审。根据诉讼法规定，各级人民法院院长对本院已经发生法律效力的判决、裁定或调解协议发现确有错误，认为需要再审的，应提交审判委员会讨论决定。审判委员会接到院长提交的案件后，应进行讨论，并依法作出是否再审的决定。一旦作出决定再审，即停止原裁判的执行。在这种情形中，只有人民法院院长才能对错误的裁决提请再审，并且还必须向审判委员会提交，由审判委员会决定。院长提交和审判委员会决定，二者相辅相成，只有二者结合起来，才能对案件进行再审。

(2)上级人民法院提起再审。根据诉讼法规定，最高人民法院对地方各级人民法院、上级人民法院以下级人民法院已经发生法律效力的裁判，发现确有错误的，有权提起再审或指令下级法院再审。这表明最高人民法院对地方各级人民法院、上级人民法院对下级人民法院有错误裁定的案件的再审，有提审和指令再审两种方式。这两种方式是法律赋予上级人民法院对下级人民法院的审判进行监督的权利，也是最重要的监督形式。至于是提审还是指令再审，什么时候再审，均由上级人民法院决定。

无论提审还是再审，都应作出裁定，并通知审理案件的原审人民法院和案件的当事人。

110. 人民检察院抗诉的条件及法律依据有哪些？

答：根据诉讼法规定，最高人民检察院对各级人民法院、上级人民检察院对下级人民法院已发生法律效力的裁判，发现有下列情形之一的，应当按审判监督程序提出抗诉：

(1)原判决、裁定认定事实的主要证据不足的；

(2)原判决、裁定适用法律有错误的；

(3)人民法院违反法定程序，可能影响案件正确裁判的；

(4)审判人员在审理案件时有贪污受贿、徇私舞弊、枉法裁判行为的。这一规定表明，只有最高人民检察院、原审人民法院的上级人民检察院才有权提起抗诉。这是由发

现有错误的难度、基层人民检察院的任务量较大等现实情况决定的。如果同级人民检察院发现裁判有错误时，应提请上级人民检察院提起抗诉。

根据诉讼法规定，由人民检察院提起抗诉的案件人民法院应当再审。人民检察院提出抗诉的，应当制作抗诉书提交给人民法院。人民检察院的抗诉书是人民法院再审的依据之一，人民法院再审时应通知提出抗诉的人民检察院出席法庭，人民检察院以抗诉人身份发表抗诉词，充分阐述提出抗诉的理由和事实根据。

第二十三章　监　察　法

国家监察委员会监督范围：将原检察机关直接立案管辖的贪污贿赂罪 15 个罪名；渎职犯罪，37 个罪名；利用职权侵犯公民人身权利、民主权利犯罪，11 个罪名；由公安机关立案管辖的其他利用职权进行权利寻租，利益输送、徇私舞弊、浪费国家资财犯罪，9 个罪名，一共 71 个罪名，都由监察委员会监督管辖。

111. 制定《国家监察法》的指导思想和目的？

根据《国家监察法》第 1 条、第 2 条、第 7 条规定，依据《宪法》，坚持中国共产党对国家监察工作的领导，以马克思列宁主义、毛泽东思想、邓小平理论、“三个代表”重要思想、科学发展观、习近平新时代中国特色社会主义法思想为指导，为了深化国家监察体制改革，加强对所有行使公权力的公职人员的监督，实现国家监察全面覆盖，深入开展反腐败工作，推进国家治理体系和治理能力现代化，构建集中统一、权威高效的中国特色国家监察体制，国家成立了国家、省、自治区、直辖市、自治州、县、自治县、市、市辖区设立监察委员会。中华人民共和国国家监察委员会是最高监察机关。

监察法根据调查工作的实际需要，针对不同的情况规定相应的调查措施。对可能发生职务违法的，也就是有苗头性、倾向性问题的，可以进行提醒谈话；对涉嫌职务违法的被调查人，监察机关可以要求其就涉嫌违法行为作出陈述。对涉嫌贪污贿赂、失职渎职等严重职务违法或者职务犯罪的，可以采取留置措施，可以查询、冻结存款股票，可以查封、扣押违法犯罪财物等；对涉嫌职务犯罪的，可以搜查被调查人的身体、物品、住处；对涉嫌重大贪污贿赂等职务犯罪的，经批准可以采取技术调查措施；对于依法应当留置的被调查人如果在逃的，可以通缉；为防止被调查人及相关人员逃匿境外的，可以采取限制出境措施。

112. 监察委员会的性质和职能是什么？

答：根据《国家监察法》第 3 条规定，各级监察委员会是行使国家监察职能的专责机关，依照本法对所有行使公权力的公职人员进行监察，调查职务违法和职务犯罪，开展廉政建设和反腐败工作，维护宪法和法律的尊严。规定本条的主要目的是明确监察委员会在国家机构中的地位和作用。一是监察委员会的性质。监察法规定各级监察委员会是行使国家监察职能的专责机关。根据党中央关于深化国家监察体制改革的部署，监察机关与党的纪律检查机关合署办公。监察委员会作为行使国家监察职能的专责机关，与党的纪律检查机关合署办公，是实现党对国家监察工作的领导，是实现党和国家自我监督的政治机关，是代表党和国家对所有行使公权力的公职人员进行监督，既调查职务违法行为，又调查职务犯罪行为，依托纪检、拓展监察、衔接司法，实际上是新的拓展、新的开创。二是监察委员会的职能。根据《国家监察法》的规定，监察委员会具有三项职能：

(1)对所有行使公权力的公职人员进行监察；

(2)调查职务违法和职务犯罪；

(3)开展廉政建设和反腐败工作，维护宪法和法律的尊严。

监察法对监察委员会职能的规定，与党章关于纪委主要任务的规定相匹配。监察机关行使的是调查权，不同于侦查权。监察法规定的执法主体是与党的纪律检查机关合署办公的国家监察机关；监督调查对象是行使公权力的公职人员，而不是普通的刑事犯罪嫌疑人；调查的内容是职务违法和职务犯罪，而不是一般刑事犯罪行为。在案件调查过程中，既要严格依法收集证据，也要用党章党规党纪、理想信念宗旨做被调查人的思想政治工作，靠组织的关怀感化被调查人，让他们真心认错悔过，深挖思想根源，而不仅仅是收集证据，查明犯罪事实。

113. 国家监察机关的职责有哪些?

答：根据《国家监察法》第11条规定，监察委员会依照本法和有关法律规定履行监督、调查、处置职责：

(1)对公职人员开展廉政教育，对其依法履职、秉公用权、廉洁从政从业以及道德操守情况进行监督检查；

(2)对涉嫌贪污贿赂、滥用职权、玩忽职守、权力寻租、利益输送、徇私舞弊以及浪费国家资财等职务违法和职务犯罪进行调查；

(3)对违法的公职人员依法作出政务处分决定；对履行职责不力、失职失责的领导人员进行问责；对涉嫌职务犯罪的，将调查结果移送人民检察院依法审查、提起公诉；向监察对象所在单位提出监察建议。

114. 监察委员会有哪些职能和措施?

答：监察委员会履行监督、调查、处置三项职责。其中，监督是指对公职人员依法履职、秉公用权、廉洁从政以及道德操守情况进行检查；调查是指对涉嫌贪污贿赂、滥用职权、玩忽职守、权力寻租、利益输送、徇私舞弊以及浪费国家资财等职务违法和职务犯罪行为进行了解和查明；处置是指对涉嫌职务违法和职务犯罪的公职人员调查清楚后作出处置决定，其中对涉嫌职务犯罪的，移送检察机关依法提起公诉。为履行上述职权，监察委员会可以采取谈话、讯问、询问、查询、冻结、调取、查封、扣押、搜查、勘验检查、鉴定、留置等十二项措施，另外还可以运用技术调查、限制出境等措施。

115. 监察工作的原则是什么?

答：《国家监察法》第5条规定，国家监察工作严格遵照宪法和法律，以事实为根据，以法律为准绳；在适用法律上一律平等，保障当事人的合法权益；权责对等，严格监督；惩戒与教育相结合，宽严相济。

主要目的是保证监察机关以法治思维和法治方式开展工作，严格贯彻“惩前毖后、治病救人”等党的政策和策略。

监察工作的原则主要有四个方面内容：

一是严格遵照宪法和法律，以事实为根据，以法律为准绳。以事实为根据，以法律为准绳，是正确开展监察工作不可分割的两个方面。事实是前提，是基础和根据，法律是标准、尺度，二者相互联系，缺一不可。“以事实为根据”，主要是指公职人员是否违法犯罪，罪轻还是罪重，都要以事实为根据，对事实情况既不夸大，也不缩小，做到客观公正。“以法律为准绳”，是指监察机关开展监察工作，包括案件线索处置、初核、立案、调查、作出处置决定等都要以监察法等法律法规为标准。

二是在适用法律上一律平等，保障当事人的合法权益。“在适用法律上一律平等”，是指监察机关对所有监察对象，不论民族、职业、出身、性别、教育程度都应一律平等地适用法律，不允许有任何特权。“保障当事人的合法权益”，是指严格遵循相关法律规定，不得违法侵犯公民、法人和其他组织的合法权益。

三是权责对等，严格监督。体现了行使权力和责任担当相统一的思想，有多大的权力就要承担多大的责任，权力就是责任，有权必有责，有责要担当，不担当要问责，也体现严管就是厚爱，信任不能代替监督。监察机关既要监督乱作为，也要管消极的不作为、慢作为，保证公权力正确行使。

四是惩戒与教育相结合，宽严相济。惩前毖后、治病救人，是我们党的一贯方针。只有坚持这一方针，才能达到既严明法纪、又团结同志的目的。惩戒与教育相结合，宽严相济原则，是惩前毖后、治病救人方针在监察工作中的具体体现，是监察委员会开展工作的重要遵循。监察的首要职责是监督。监察委员会不是单纯的办案机构。监察委员会有很重要的监督职能，体现在代表党和国家，依照宪法、监察法和有关法律法规，监督所有公职人员行使公权力的行为是否正确，确保党和国家的路线方针政策贯彻落实，确保权力不被滥用、权力在阳光下运行，把权力关进制度的笼子。监委的监督和纪委的监督在指导思想、基本原则上是高度一致的，都是为了惩前毖后、治病救人。

116. 监察法规定的监察对象有哪些？

答：《国家监察法》第三章规定了监察对象的范围，将中央深化国家监察体制改革方案关于监察全覆盖的部署，用法律的形式固定下来，实现对行使公权力公职人员的全面监督，解决以前行政监察对象范围过窄的问题。

监察机关监察的对象是人，而不是机关。主要包括六类人员：

(1)中国共产党机关、人民代表大会及其常务委员会机关、人民政府、监察委员会、人民法院、人民检察院、中国人民政治协商会议各级委员会机关、民主党派机关和工商业联合会机关的公务员，以及参照《中华人民共和国公务员法》管理的人员；

(2)法律、法规授权或者受国家机关依法委托管理公共事务的组织中从事公务的人员；

(3)国有企业管理人员；

(4)公办的教育、科研、文化、医疗卫生、体育等单位中从事管理的人员；

(5)基层群众性自治组织中从事管理的人员；

(6)其他依法履行公职的人员。监察机关认为所管辖的监察事项重大、复杂，需要由上级监察委管辖的，可以报请上级监察委管辖。

117. 监察法规定监察机关有哪些权限？

答：根据《国家监察法》规定，赋予监察委员会权限和调查手段，目的是为了保证各级监察机关履行好监督、调查、处置职责，有利于监察工作规范化、法治化，保证监察工作的顺利进行。监察法规定了监察权限的种类、使用主体、适用对象、适用条件、审批权限和程序等。其中谈话、讯问、询问、查询、冻结、调取、查封、扣押、搜查、勘验检查、鉴定、留置等12项措施由监察机关决定和实施。技术调查、限制出境、通缉等措施，由监察委员会审批、交由公安机关等其他机关实施。这些措施权限与监察机关承担的职责任务相匹配，没有超出以前行政监察机关和检察院反贪部门使用的措施。一是将行政监察法规定的查询、复制、冻结、扣留、封存等措施，完善为查询、冻结、搜查、调取、查封、扣押、勘验检查、鉴定等。二是将实践中运用的谈话、询问等措施确定为法定权限。三是监察机关在调查涉嫌贪污贿赂、失职渎职等严重职务违法或者职务犯罪过程中，对已掌握其部分违法犯罪事实及证据，仍有重要问题需要进一步调查的被调查人，经依法审批可以将其留置在特定场所进行调查。四是对需要采取技术调查、通缉、限制出境等措施的，经过严格的批准手续，交有关机关执行。

制定国家监察法，依法赋予监察委员会职责权限和调查手段，用留置取代"两规"措施，将"两规"纳入法治化轨道，实现"法治化"。这是一项重要的制度创新，是法治建设的重大进步，是以法治思维和法治方式反对腐败的重要体现。监察法对留置的使用条件、审批程序、场所、期限都作出了相应规定。明确监察机关采取留置措施，应当集体研究决定；设区的市级以下监察机关采取留置措施，应当报上一级监察机关批准；省级监察机关采取留置措施，应当报国家监察委员会备案。留置时间不得超过三个月，在特殊情况下，可以延长一次，延长时间不得超过三个月，留置比侦查羁押的期限大大缩短。省级以下监察机关采取留置措施的，延长留置时间应当报上一级监察机关批准。监察机关发现采取留置措施不当的，应当及时解除。对被调查人采取留置措施后，应当在24小时以内，通知被留置人员所在单位和家属。监察机关应当保障被留置人员的饮食、休息和安全，提供医疗服务。

118. 监察法中"留置"的概念是什么？

答：监察法中的留置，是指监察机关在办理公职人员违法或职务犯罪案件中，经由一定的规范性程序，以决定限制被留置人员人身自由并控制在特定场所的措施。留置措施是用法治思维和法治方式反对腐败的鲜明体现。采用留置措施凸显了反腐败执法措施的规范化和强制力。

监察委员会在依法对涉嫌违纪、违法和职务犯罪行为的公职人员进行调查时，可以按照法定程序对被调查人采取留置措施，限定被调查人在法定场所接受调查。

采用留置措施凸显了依法治国和依规治党的有机衔接。

监察委员会对调查的案件，依据法律收集证据，及时调查发现问题，对被调查对象具有依法主动采取留置措施的权力。留置实现了对所有行使公权力的公职人员监察全覆盖。对采取留置措施调查的案件，涉嫌犯罪的，移送检察机关依法提起公诉。留置期间获取的证据可直接作为诉讼证据，不再存在证据转换的问题；对于不构成犯罪但涉嫌违纪和违法的，依法作出党纪和政纪处理。留置措施的实施，既注重党纪与法律不相抵触，也注重党纪与法律相互衔接，从而提升党纪与法律的整体效应。

119. 如何保障留置措施的启动、执行和解除程序合法？

答：严格的程序对规范留置措施的依法行使，全面保障被留置人员的合法权益有着重要意义，如何保障这一涉及人身自由权利的措施符合宪法规定的"尊重和保障人权"，关键就在于确保留置措施的启动、执行和解除程序均合法合规。

120. 留置措施的启动程序和条件有哪些？

答：启动程序是留置措施的第一步，“留置”措施作为监察委员会调查案件最为严厉的措施，其启动必须审慎，条件是被调查人涉嫌贪污贿赂、失职渎职等严重职务违法或者职务犯罪，监察机关已经掌握其部分违法犯罪事实及证据，仍有重要问题需要进一步调查，并具有“涉及案情重大、复杂的；可能逃跑、自杀的；可能串供或者伪造、销毁、转移、隐匿证据的；可能有其他妨碍调查行为的”等4种情形。

121. 留置措施的审批程序有哪些？

答：监察委员会在对被留置人员采取留置措施之前，必须严格执行报送和审批程序。监察人员根据被留置人员的职务违法或犯罪事实和已经收集到的相关证据，认定需对被留置人员使用留置措施的，经本级监察委员会主任研究决定对被留置人员采取留置措施的，应报送上一级监察委员会审批。

122. 留置措施有哪些执行程序？

答：执行程序是留置程序运行的重心，关涉被留置人员的切身利益。首先，要保障被留置人员及其家属的知情权。作出留置决定后，除非存在有妨碍调查的情况，留置申请机关应及时告知被留置人所在的单位或家属。其次，应明确留置场所的规范。批准审批监察机关依法作出采取留置措施的决定之后，监察委员会应依法将被留置人留置在特定场所，方便调查活动的进行和对被留置人日常生活的管理。再次，应明确对被留置人权利保障的规范。

123. 留置措施如何实施？

答：必须体现国家打击犯罪和保障人权的均衡，依法保障被留置人的基本人权、不被刑讯逼供、被留置人的自行辩护权和及时获得法律帮助的权利。

124. 留置措施有哪些解除程序？

答：程序的运行是分阶段和分步骤的，完整的留置运行程序还包括留置的解除程序。监察委员会在留置期限内对被留置人员是否存在职务违法和职务犯罪行为进行查证核实后，如留置人员没有职务违法和职务犯罪行为的，或虽有违纪行为但不需要追究责任的，应立即解除留置措施；有违纪行为，但没有职务违法或犯罪行为的，则在对被留置人员违纪行为或职务违法行为进行处理或转交其他单位处理的同时，及时解除留置措施；如有违纪行为，且有职务犯罪行为的，应将被留置人员移送检察机关并告知留置措施已被解除。

125. 在哪些情形下，被调查人可以被留置在特定场所？

答：被调查人涉嫌贪污贿赂、失职渎职等严重职务违法或者职务犯罪，监察机关已经掌握其部分违法犯罪事实及证据，仍有重要问题需要进一步调查，并有下列情形之一的，经监察机关依法审批，可以将其留置在特定场所：

(1)涉及案情重大、复杂的；

(2)可能逃跑、自杀的；

(3)可能串供或者伪造、隐匿、毁灭证据的；

(4)可能有其他妨碍调查行为的。

对涉嫌行贿犯罪或者共同职务犯罪的涉案人员，监察机关可以依照前款规定采取留置措施。留置场所的设置、管理和监督依照国家有关规定执行。

批准决定应当明确采取技术调查措施的种类和适用对象，自签发之日起三个月以内有效；对于复杂、疑难案件，期限届满仍有必要继续采取技术调查措施的，经过批准，有效期可以延长，每次不得超过三个月。对于不需要继续采取技术调查措施的，应当及时解除。

126. 监察机关享有哪些特权处置应当留置的在逃被调查人？

答：根据《国家监察法》第29条规定，依法应当留置的被调查人如果在逃，监察机关可以决定在本行政区域内通缉，由公安机关发布通缉令，追捕归案。通缉范围超出本行政区域的，应当报请有权决定的上级监察机关决定。

第30条规定，监察机关为防止被调查人及相关人员逃匿境外，经省级以上监察机关批准，可以对被调查人及相关人员采取限制出境措施，由公安机关依法执行。对于不需要继续采取限制出境措施的，应当及时解除。

127. 在什么情形下涉嫌职务犯罪的被调查人主动认罪认罚可以在移送人民检察院时提出从宽处罚的建议？

答：根据《国家监察法》第31条规定，涉嫌职务犯罪的被调查人主动认罪认罚，有下列情形之一的，监察机关经领导人员集体研究，并报上一级监察机关批准，可以在移送人民检察院时提出从宽处罚的建议：

(1)自动投案，真诚悔罪悔过的；

(2)积极配合调查工作，如实供述监察机关还未掌握的违法犯罪行为的；

(3)积极退赃，减少损失的；

(4)具有重大立功表现或者案件涉及国家重大利益等情形的。

第32条规定，职务违法犯罪的涉案人员揭发有关被调查人职务违法犯罪行为，查证属实的，或者提供重要线索，有助于调查其他案件的，监察机关经领导人员集体研究，并报上一级监察机关批准，可以在移送人民检察院时提出从宽处罚的建议。

128. 监察有哪些程序？

答：根据《国家监察法》第35条规定，监察机关对于报案或者举报，应当接受并按照有关规定处理。对于不属于本机关管辖的，应当移送主管机关处理。

第36条规定，监察机关应当严格按照程序开展工作，建立问题线索处置、调查、审理各部门相互协调、相互制约的工作机制。

监察机关应当加强对调查、处置工作全过程的监督管理，设立相应的工作部门履行线索管理、监督检查、督促办理、统计分析等管理协调职能。

第37条规定，监察机关对监察对象的问题线索，应当按照有关规定提出处置意见，履行审批手续，进行分类办理。线索处置情况应当定期汇总、通报，定期检查、抽查。

第38条规定，需要采取初步核实方式处置问题线索的，监察机关应当依法履行审批程序，成立核查组。初步核实工作结束后，核查组应当撰写初步核实情况报告，提出处理建议。承办部门应当提出分类处理意见。初步核实情况报告和分类处理意见报监察机关主要负责人审批。

第39条规定，经过初步核实，对监察对象涉嫌职务违法犯罪，需要追究法律责任的，监察机关应当按照规定的权限和程序办理立案手续。

监察机关主要负责人依法批准立案后，应当主持召开专题会议，研究确定调查方案，决定需要采取的调查措施。

立案调查决定应当向被调查人宣布，并通报相关组织。涉嫌严重职务违法或者职务犯罪的，应当通知被调查人家属，并向社会公开发布。

第40条规定，监察机关对职务违法和职务犯罪案件，应当进行调查，收集被调查人有无违法犯罪以及情节轻重的证据，查明违法犯罪事实，形成相互印证、完整稳定的证据链。

严禁以威胁、引诱、欺骗及其他非法方式收集证据，严禁侮辱、打骂、虐待、体罚或者变相体罚被调查人和涉案人员。

第41条规定，调查人员采取讯问、询问、留置、搜查、调取、查封、扣押、勘验检查等调查措施，均应当依照规定出示证件，出具书面通知，由两人以上进行，形成笔录、报告等书面材料，并由相关人员签名、盖章。

调查人员进行讯问以及搜查、查封、扣押等重要取证工作，应当对全过程进行录音录像，留存备查。

129. 监察机关根据监督、调查结果，依法对违法的公职人员作出哪些处置？

答：根据《国家监察法》第45条规定，监察机关根据监督、调查结果，依法作出如下处置：

(1)对有职务违法行为但情节较轻的公职人员，按照管理权限，直接或者委托有关机关、人员，进行谈话提醒、批评教育、责令检查，或者予以诫勉；

(2)对违法的公职人员依照法定程序作出警告、记过、记大过、降级、撤职、开除等政务处分决定；

(3)对不履行或者不正确履行职责负有责任的领导人员，按照管理权限对其直接作出问责决定，或者向有权作出问责决定的机关提出问责建议；

(4)对涉嫌职务犯罪的，监察机关经调查认为犯罪事实清楚，证据确实、充分的，制作起诉意见书，连同案卷材料、证据一并移送人民检察院依法审查、提起公诉；

(5)对监察对象所在单位廉政建设和履行职责存在的问题等提出监察建议。

监察机关经调查，对没有证据证明被调查人存在违法犯罪行为的，应当撤销案件，并通知被调查人所在单位。

第46条规定，监察机关经调查，对违法取得的财物，依法予以没收、追缴或者责令退赔；对涉嫌犯罪取得的财物，应当随案移送人民检察院。

第47条规定，对监察机关移送的案件，人民检察院依照《中华人民共和国刑事诉讼法》对被调查人采取强制措施。

人民检察院经审查，认为犯罪事实已经查清，证据确实、充分，依法应当追究刑事责任的，应当作出起诉决定。

人民检察院经审查，认为需要补充核实的，应当退回监察机关补充调查，必要时可以自行补充侦查。对于补充调查的案件，应当在一个月内补充调查完毕。补充调查以两次为限。

人民检察院对于有《中华人民共和国刑事诉讼法》规定不起诉的情形的，经上一级人民检察院批准，依法作出不起诉的决定。监察机关认为不起诉的决定有错误的，可以向上一级人民检察院提请复议。

第 48 条规定，监察机关在调查贪污贿赂、失职渎职等职务犯罪案件过程中，被调查人逃匿或者死亡，有必要继续调查的，经省级以上监察机关批准，应当继续调查并作出结论。被调查人逃匿，在通缉一年后不能到案，或者死亡的，由监察机关提请人民检察院依照法定程序，向人民法院提出没收违法所得的申请。

130. 监察对象对监察机关作出的涉及本人的处理决定不服的，如何申诉？

答：根据《国家监察法》第 49 条规定，监察对象对监察机关作出的涉及本人的处理决定不服的，可以在收到处理决定之日起一个月内，向作出决定的监察机关申请复审，复审机关应当在一个月内作出复审决定；监察对象对复审决定仍不服的，可以在收到复审决定之日起一个月内，向上一级监察机关申请复核，复核机关应当在两个月内作出复核决定。复审、复核期间，不停止原处理决定的执行。复核机关经审查，认定处理决定有错误的，原处理机关应当及时予以纠正。

131. 监察机关如何统筹协调与其他国家、地区、国际组织开展反腐败国际交流、合作？

答：根据《国家监察法》第 50 条、第 51 条、第 52 条规定，国家监察委员会统筹协调与其他国家、地区、国际组织开展的反腐败国际交流、合作，组织反腐败国际条约实施工作。

第 51 条规定，国家监察委员会组织协调有关方面加强与有关国家、地区、国际组织在反腐败执法、引渡、司法协助、被判刑人的移管、资产追回和信息交流等领域的合作。

第 52 条规定，国家监察委员会加强对反腐败国际追逃追赃和防逃工作的组织协调，督促有关单位做好相关工作：

(1)对于重大贪污贿赂、失职渎职等职务犯罪案件，被调查人逃匿到国(境)外，掌握证据比较确凿的，通过开展境外追逃合作，追捕归案；

(2)向赃款赃物所在国请求查询、冻结、扣押、没收、追缴、返还涉案资产；

(3)查询、监控涉嫌职务犯罪的公职人员及其相关人员进出国(境)和跨境资金流动情况，在调查案件过程中设置防逃程序。

132. 怎样加强对监察机关和监察人员的监督？

有权必须受监督。如何监督监察委员会，是社会广泛关注的问题。以习近平同志为核心的党中央对此也高度关注，习近平总书记在多次讲话中提出明确要求，反复强调信任不能代替监督，监督无禁区，任何权力都要受到监督，指出纪检监察队伍责任很重，是监督别人的，更要受到严格的监督；监督是为了支撑信任，要求监察机关必须以更高的标准、更严的纪律要求自己，努力建设忠诚干净担当的监察队伍，防止出现“灯下黑”。

在合署办公体制下，第一位的监督是党委监督。各级党委对监察委员会的监督是最有效的监督。党的领导本身就包含教育管理和监督。纪委监委在党委领导下开展工作，党委就要加强对纪委监委的管理和监督。

监察法认真贯彻习近平总书记的要求，在第七章从两个方面作了规定，一是规定了人大监督、司法监督、民主监督、社会监督、舆论监督等外部监督；二是规定了内部监督制度。

关于人大监督。监察法第53条规定各级监察委员会应当接受本级人民代表大会及其常务委员会的监督。各级人民代表大会常务委员会听取和审议本级监察委员会的专项工作报告，组织执法检查。县级以上各级人民代表大会及其常务委员会举行会议时，人民代表大会代表或者常务委员会组成人员，可以依照法律规定的程序就监察工作中的有关问题提出询问或者质询。这些规定，既考虑了监委工作的特殊性，也考虑了人大监督的实效性，能够实现人大对监察委员会的有效监督。

关于检察机关的监督。对涉嫌职务犯罪的，监察机关经调查认为犯罪事实清楚，证据确实、充分的，移送人民检察院，依法审查、提起公诉。检察机关审查后，可以退回补充调查，可以作出起诉或者不予起诉的决定，体现检察机关对监察机关的监督制约。

关于自我监督。打铁必须自身硬。监察法从第55条到第61条规定了严格的内部监督机制：一是设立内部专门的监督机构；二是打听案情、过问案件、说情干预登记备案制度；三是办理监察事项回避制度；四是离岗离职从业限制制度；五是对监察机关及其工作人员不当行为的申诉制度；六是案件处置重大失误责任追究制度等。

广大人民群众可以通过多种渠道对监察委员会进行监督。各级监察委员会来自人民、植根人民、服务人民，必须依法接受人民群众的监督。监察法第54条规定，监察机关应当依法公开监察工作信息，接受民主监督、社会监督、舆论监督。对监察机关及其工作人员的履职行为，人民群众可以依法通过检举控告、申诉等方式监督。

133. 监察人员在办理监察事项时，在哪些情形下应当回避？

答：根据《国家监察法》第58条规定，办理监察事项的监察人员有下列情形之一的，应当自行回避，监察对象、检举人及其他有关人员也有权要求其回避：

(1)是监察对象或者检举人的近亲属的；

(2)担任过本案的证人的；

(3)本人或者其近亲属与办理的监察事项有利害关系的；

(4)有可能影响监察事项公正处理的其他情形的。

134. 监察机关及其工作人员有哪些行为，被调查人及其近亲属有权进行申诉？

答：根据《国家监察法》第60条规定，监察机关及其工作人员有下列行为之一的，被调查人及其近亲属有权向该机关申诉：

(1)留置法定期限届满，不予以解除的；

(2)查封、扣押、冻结与案件无关的财物的；

(3)应当解除查封、扣押、冻结措施而不解除的；

(4)贪污、挪用、私分、调换以及违反规定使用查封、扣押、冻结的财物的；

(5)其他违反法律法规、侵害被调查人合法权益的行为。

受理申诉的监察机关应当在受理申诉之日起一个月内作出处理决定。申诉人对处理决定不服的，可以在收到处理决定之日起一个月内向上一级监察机关申请复查，上一级监察机关应当在收到复查申请之日起两个月内作出处理决定，情况属实的，及时予以纠正。

135. 监察机关在什么情形下可以采取技术调查措施？

答：根据《国家监察法》第 28 条规定，监察机关调查涉嫌重大贪污贿赂等职务犯罪，根据需要，经过严格的批准手续，可以采取技术调查措施，按照规定交有关机关执行。

批准决定应当明确采取技术调查措施的种类和适用对象，自签发之日起三个月以内有效；对于复杂、疑难案件，期限届满仍有必要继续采取技术调查措施的，经过批准，有效期可以延长，每次不得超过三个月。对于不需要继续采取技术调查措施的，应当及时解除。

136. 监察机关及其工作人员出现哪些行为时，对负有责任的领导人员和直接责任人员依法给予处理？

答：根据《国家监察法》第 65 条规定，监察机关及其工作人员有下列行为之一的，对负有责任的领导人员和直接责任人员依法给予处理：

(1)未经批准、授权处置问题线索，发现重大案情隐瞒不报，或者私自留存、处理涉案材料的；

(2)利用职权或者职务上的影响干预调查工作、以案谋私的；

(3)违法窃取、泄露调查工作信息，或者泄露举报事项、举报受理情况以及举报人信息的；

(4)对被调查人或者涉案人员逼供、诱供，或者侮辱、打骂、虐待、体罚或者变相体罚的；

(5)违反规定处置查封、扣押、冻结的财物的；

(6)违反规定发生办案安全事故，或者发生安全事故后隐瞒不报、报告失实、处置不当的；

(7)违反规定采取留置措施的；

(8)违反规定限制他人出境，或者不按规定解除出境限制的；

(9)其他滥用职权、玩忽职守、徇私舞弊的行为。

137. 对监察机关移送的案件，人民检察院应如何处理？

答：根据《国家监察法》第 47 条规定，对监察机关移送的案件，人民检察院依照《中华人民共和国刑事诉讼法》对被调查人采取强制措施。

人民检察院经审查，认为犯罪事实已经查清，证据确实、充分，依法应当追究刑事责任的，应当作出起诉决定。人民检察院经审查，认为需要补充核实的，应当退回监察机关补充调查，必要时可以自行补充侦查。对于补充调查的案件，应当在一个月内补充调查完毕。补充调查以两次为限。人民检察院对于有《中华人民共和国刑事诉讼法》规定的不起诉的情形的，经上一级人民检察院批准，依法作出不起诉的决定。监察机关认为不起诉的决定有错误的，可以向上一级人民检察院提请复议。

138.《国家监察法》颁布施行后，有哪些法律内容需要修改？

答：监察法出台后，监察权的行使涉及对原有法律中对有关国家机关职权的划分需要作出相应的修改和调整。包括：一是刑事诉讼法、人民检察院组织法、检察官法等法律中关于检察机关侦查职务犯罪职责的有关规定需要进行修改。二是《国家监察法》第67条规定了监察机关及其工作人员行使职权，侵犯公民、法人和其他组织的合法权益造成损害的，依法给予国家赔偿。目前《国家赔偿法》还没有这方面的规定，需要在《国家赔偿法》中增加监察机关的国家赔偿责任的内容。三是宪法和监察法对监察委员会的设立和与同级人大的关系都作了规定，需要相应在全国人民代表大会组织法、全国人民代表大会议事规则、地方组织法、监督法等法律中作出相应规定。四是改革后各级行政监察部门已并入监察委员会，监察法通过后同时废止行政监察法，目前还有若干法律中涉及行政监察机关名称、职能等内容，需要作出一揽子修改。

第四部分　民法、民事诉讼法、行政法、行政诉讼法等法中涉及的相关概念释义

第二十四章　民　　法

1. 什么是民法？

答：民法是调整平等主体(包括自然人、法人、非法人组织)间财产关系和人身关系的法律规范的总称。

2. 什么是民事诉讼法？

答：民事诉讼法，是调整诉讼参与人的各种诉讼活动，由此产生的各种诉讼关系的法律规范的总称。

民事诉讼法是程序法，是对人民法院查明案件事实，正确适用法律，以及审理民事案件提供程序上的规则和保障，是国家制定或者认可的，调整民事诉讼法律关系主体的行为和诉讼权利义务关系的法律规范的总称。

3. 什么是民事诉讼？

答：民事诉讼，是指人民法院在各方当事人和其他诉讼参与人的参加下，依法审理和解决民事案件所进行的各种诉讼活动，以及由此产生的各种诉讼关系的总和。

4. 民事诉讼具有哪些特征？

答：(1)民事诉讼具有公权性，是以司法方式解决平等主体之间的纠纷，是由法院代表国家行使审判权解决民事争议。

(2)民事诉讼具有强制性。强制性是公权力的重要属性，民事诉讼的强制性既表现在案件的受理上，又反映在裁判的执行上。

(3)民事诉讼具有程序性。民事诉讼是依照法定程序进行的诉讼活动。无论是法院还是其他诉讼参与人，都需要按照民事诉讼法设定的程序实施诉讼行为，违反诉讼程序常常会引起一定的法律后果。民事诉讼既包括诉讼活动，又包括诉讼关系。诉讼活动，是指人民法院和参与人围绕案件的解决而进行的能够产生一定法律后果的活动。

5. 什么是诉讼关系？

答：诉讼关系是指人民法院和一切诉讼参与人之间在诉讼过程中发生的权利义务关系，通常称民事诉讼法律关系。

6. 什么是诉讼时效？

答：诉讼时效，是指民事权利受到侵害的权利人在法定的时效期间内不行使权利，

当时效期间届满时，即丧失了请求人民法院依诉讼程序强制义务人履行义务权利的制度。在法律规定的诉讼时效期间内，权利人提出请求的，人民法院就强制义务人履行所承担的义务。而在法定的诉讼时效期间届满之后，权利人行使请求权的，人民法院就不再予以保护。

7. 什么是民事诉讼法律关系?

答：民事诉讼法律关系，是指在民事诉讼中产生的、受民事诉讼法所调整的人民法院、当事人及其他诉讼参与人之间存在的，以诉讼权利义务为内容的具体社会关系。法律关系的核心内容是权利义务。

8. 民事诉讼法律关系的主体有哪些?

答：民事诉讼法律关系主体包括：

(1)人民法院；

(2)人民检察院；

(3)当事人包括原告、被告、共同诉讼人、第三人、诉讼代表人；

(4)诉讼代理人；

(5)其他诉讼参与人。

9. 什么是诉讼上的法律事实?

答：诉讼上的法律事实，是指能够引起民事诉讼法律关系发生、变更或消灭的法律事实。

10. 什么是诉讼行为?

答：诉讼行为，是指司法机关和案件当事人在其他诉讼参与人的参与下，依法定程序为审理和解决案件所进行的全部行为活动。

11. 什么是合议制度?

答：合议制度，是指由若干审判人员组成的审判组织对民事案件进行审判的制度。

12. 什么是公开审判?

答：公开审判，是指人民法院进行民事案件的审判活动，除合议庭评议以及法律明文规定的情形外，一律公开进行。

13. 哪些案件是不公开审判的?

答：下列案件不公开审理：

(1)涉及国家秘密的案件

(2)涉及个人隐私的案件

(3)离婚案件和涉及商业秘密的案件，当事人申请不公开审理的，可以不公开审理。

第二十五章　管　　辖

14. 什么是民事诉讼中的管辖？

答：民事诉讼中的管辖，是指人民法院之间受理第一审民事案件的分工和权限。我国《民事诉讼法》在确定管辖时，主要依据和遵守以下原则：

（1）有利于案件的公正审理；

（2）便利当事人一方行使诉讼权利；

（3）便利人民法院一方进行审理和执行；

（4）兼顾各级人民法院的职能和工作负担的均衡性；

（5）有利于维护国家主权；

（6）确定性规定和灵活性规定相结合。

15. 什么是级别管辖及分工？

答：级别管辖及分工，是指确定上下级人民法院之间受理第一审民事案件的分工和权限。主要包括：

（1）基层人民法院管辖的第一审民事案件。《民事诉讼法》第18条规定，基层人民法院管辖第一审民事案件。但本法另有规定的除外。

（2）中级人民法院管辖的第一审民事案件。《民事诉讼法》第19条规定，由中级人民法院管辖的第一审民事案件有：

①重大涉外案件。重大涉外案件是指争议标的额大，或者案情复杂，或者居住在国外的当事人人数众多的涉外案件。

②在辖区有重大影响的案件。

③最高人民法院确定由中级人民法院管辖的案件。

（3）高级人民法院管辖的第一审民事案件。《民事诉讼法》第20条规定，高级人民法院管辖在本辖区有重大影响的第一审民事案件。

（4）最高人民法院管辖的第一审民事案件。《民事诉讼法》第21条规定，最高人民法院管辖的第一审民事案件，是在全国有重大影响的案件和认为应当由本院审理的案件。

16. 什么是地域管辖及其原则？

答：地域管辖，是指确定同级人民法院之间在各自辖区内受理第一审民事案件的分工和权限。包括一般地域管辖和特殊地域管辖。确定一般地域管辖有两个原则：

一是“原告就被告”原则，即由被告所在地人民法院管辖。

二是“被告就原告”原则，即由原告所在地人民法院管辖。

由被告所在地人民法院管辖的案件又分为两种情况：

（1）对公民提起的民事诉讼。

（2）对法人或者其他组织提起的民事诉讼。

由原告所在地人民法院管辖的案件，在一般地域管辖中，通常是根据原告就被告原则确定案件的管辖法院。但在特殊情况下，有些民事案件也可适用被告就原告原则，由被告所在地人民法院管辖。《民事诉讼法》第 23 条规定下列民事案件由原告所在地人民法院管辖。

(1) 对不在中华人民共和国领域内居住的人提起的有关身份管辖的诉讼；

(2) 对下落不明或者宣告失踪的人提起的有关身份的诉讼；

(3) 对被劳动教养的提起的诉讼；

(4) 对被监禁的人提起的诉讼。

17. 什么是特殊地域管辖？

答：特殊地域管辖，又称特别管辖，是指以被告所在地或者诉讼标的所在地或者引起法律关系发生、变更和消灭的法律事实所在地与人民法院管辖区的管辖为标准来确定的管辖。我国《民事诉讼法》第 24~33 条规定了九种诉讼适用特殊地域管辖。

(1) 因合同纠纷提起的诉讼，由被告所在地或者合同履行地人民法院管辖；

(2) 因保险合同纠纷提起的诉讼，由被告所在地或者保险标的物所在地人民法院管辖；

(3) 因票据纠纷提起的诉讼，由票据支付地域或者住所地人民法院管辖；

(4) 因铁路、公路、水上、航空运输合同纠纷提起的诉讼，由运输始发地、目的地或者被告住所地人民法院管辖；

(5) 因侵权行为提起的诉讼，由侵权行为地或者被告住所地人民法院管辖；

(6) 因铁路、公路、水上和航空事故请求损害赔偿提起诉讼，由事故发生地或者车辆、船舶最先到达地、航空器最先降落地或者被告住所地人民法院管辖；

(7) 因船舶碰撞或者其他海事损害事故请求赔偿提起的诉讼，由碰撞船舶最先到达地、加害船舶被扣留地或者被告住所地人民法院管辖；

(8) 因海难救助费用提起的诉讼，由救助地或者被救助船舶最先到达地人民法院管辖；

(9) 因共同海损提起的诉讼，由船舶最先到达地、共同海损理算地或者航程终止地的人民法院管辖。

18. 什么是专属管辖？

答：专属管辖，是指法律规定某些案件只能由特定的人民法院管辖。

19. 什么是共同管辖？

答：共同管辖，是指依照法律规定两个或两个以上的人民法院对同一案件都有管辖权。共同管辖有两种情况，一是因上述主体而产生的共同管辖，二是因上述客体而产生的共同管辖。

20. 什么是合并管辖？

答：合并管辖，是指对某个案件有管辖权的人民法院，可以一并管辖与此案有牵连的诉讼案件。有两种情况，一是受理本案的人民法院对牵连事件有管辖权；二是受理本案的人民法院对牵连事件无管辖权。

21. 什么是裁定管辖？

答：裁定管辖，是指根据人民法院依法作出的裁定或者决定确定管辖法院。

22. 什么是移送管辖？

答：移送管辖，是指某个人民法院受理案件后，发现本院对案件没有管辖权，而将案件移送给有管辖权的人民法院。

23. 什么是管辖权的转移？

答：管辖权的转移，是指经上级人民法院决定或同意，将某个案件的管辖权由上级人民法院移交下级人民法院，或者由下级人民法院移交给上级人民法院。

根据《民事诉讼法》第39条的规定，管辖权的转移有两种情况：一是上级人民法院有权审理下级人民法院管辖的第一审民事案件，也可以把本院管辖的第一审民事案件交给下级人民法院审理；二是下级人民法院对它所管辖的第一审民事案件，认为需要由上级人民法院审理的，可以报请上级人民法院审理。

24. 什么是管辖权异议？

答：管辖权异议，是指人民法院受理案件后，一方当事人提出的，认为受理案件的人民法院对该案件并无管辖权的意见或主张。

25. 管辖权异议的提出须具备哪些条件？

答：根据《民事诉讼法》第38条的规定，提出管辖权异议必须具备以下三个条件：

(1)人民法院已经受理案件，但被告没有以书面、口头形式接受管辖。

(2)提出管辖权异议的人必须是本案的被告。

(3)当事人对管辖权异议，应当在提交答辩状期间提出。即被告应当在收到起诉状副本的5日内，提出管辖权异议逾期提出的，人民法院不予审议。

第二十六章　民事诉讼法

26. 什么是债权人？

答：在“债”的关系中，债权人主要是指预付款者，俗称债主，是与债务人相对应的法律术语。有权请求他方为特定行为的权利主体，是指那些对企业提供需偿还的融资的机构和个人。贷款债权人最关心的是债权的安全，包括贷款到期的收回和利息的偿付。因此，他们需要了解企业的获利能力和现金流量，以及有无其他需要到期偿还的贷款。

商业债权人最关心的是企业准时偿还贷款的能力，因此，他们需要了解企业的短期偿债能力，包括流动比率、速动比率、现金比率。按我国现行法律的规定，在民间借贷关系中，将钱借给他人的人，称为债权人；相对而言从别人手中借钱，欠别人钱的人称为债务人。

27. 什么是债务人？

答：债务人，通常指根据法律或合同、债权人契约的规定，在借债关系中对债权人负有偿还义务的人。在财务会计学的术语中，债务人是指欠别人钱的实体或个人。简单地说，债务人也可以理解成是买方，而对应的债权人可以理解成卖方。

债务人可以是公民，可以是法人，国家作为民事主体出现时也可以具备债务人的资格。

28. 什么是民事责任？

答：民事责任，对民事法律责任的简称，是指民事主体在民事活动中，因实施了民事违法行为，根据民法所承担的对其不利的民事法律后果或者基于法律特别规定而应承担的民事法律责任。民事责任属于法律责任的一种，是保障民事权利和民事义务实现的重要措施。

29. 承担民事责任的方式有哪些？

答：承担民事责任的方式主要有以下几种：

(1)停止侵害；

(2)排除妨碍；

(3)消除危险；

(4)返还财产；

(5)恢复原状；

(6)修理、重作、更换；

(7)赔偿损失；

(8)支付违约金；

(9)消除影响、恢复名誉；

(10)赔礼道歉。

以上承担民事责任的方式，可以单独适用，也可以合并适用。

人民法院审理民事案件，除适用上述规定外，还可以予以训诫、责令其结悔过、收缴进行非法活动的财物和非法所得，并可以依照法律规定处以罚款、拘留。

30. 免除民事责任的情形有哪些？

答：免除民事责任，是指由于存在法律规定的事由，行为人对其不履行合同或法律规定的义务，造成他人损害不承担民事责任的情况。免除民事责任的情形主要有以下几种：

(1)不可抗力；

(2)受害人自身的过错；

(3)正当防卫；

(4)紧急避险。

31. 什么是诉讼权利能力？

答：诉讼权利能力，是指享有民事诉讼权利和承担民事诉讼义务的资格。

32. 什么是诉讼行为能力？

答：诉讼行为能力，是指以自己的行为实现诉讼权利和履行诉讼义务的能力。

33. 什么是当事人的诉讼权利？

答：根据《民事诉讼法》第49～52条的规定，当事人的诉讼权利主要有：

(1)起诉和反诉；

(2)用本民族语言、文字进行诉讼；

(3)委托代理人；

(4)提出回避申请；

(5)收集提供证据和申请保全证据；

(6)进行辩论；

(7)放弃、变更、承认、反驳诉讼请求；

(8)查阅和复制本案有关材料；

(9)请求调解；

(10)提起上诉；

(11)申请执行；

(12)进行和解；

(13)申请再审。

34. 什么是反诉？

答：反诉是指在一个已经开始的民事诉讼(诉讼法上称为本诉)程序中，本诉的被告以本诉原告为被告，向受诉法院提出的与本诉有牵连的独立的反请求。该权利亦是当事人法律地位平等原则的重要体现，是本诉被告所享有的重要权利，是保障本诉被告人民事权益的一项重要制度。

35. 反诉必须符合哪些条件？

(1)原告是与本案有直接利害关系的公民、法人和其他组织；

(2)有明确的被告；

(3)有具体的诉讼请求和事实、理由；

(4)属于人民法院受理民事诉讼的范围和受诉人民法院管辖。

36. 提出反诉具有哪些实质条件?

提出反诉实质条件，是指反诉的成立所必须具备的条件(即对上述“反诉与本诉的诉讼请求必须在事实或法律上有牵连”条件的详细解释)。提起反诉的实质条件，是反诉与本诉的牵连性。只有具备了这种牵连性，反诉才能成立，因而反诉实质条件就是决定被告提出的反请求是否属于反诉范畴的条件。所谓反诉与本诉牵连性，是指反请求与本诉请求有同一事实上或法律上的联系或基于诉讼标的的同一或主观权益上的联系。由于这种联系，反请求与本诉就可以相互排斥、抵消、吞并，这种牵连性主要表现在以下几个方面：

(1)反驳与本诉基于同一法律关系。反诉与本诉所依据和所体现的权利义务关系的性质相同。例如，原告请求给付赡养费，被告请求解除收养关系。原告、被告的请求依据和体现的权利义务关系均基于同一收养法律关系。

(2)反诉与本诉基于同一法律事实。反诉的诉讼请求与本诉的诉讼请求在事实上有某种牵连。例如，甲乙两船相撞，甲请求乙赔偿因为撞船而给其造成的船载货物的损失；乙反诉请求甲赔偿因撞船而给其造成的船身破损、人身伤亡的损失。本诉与反诉基于撞船这同一法律事实。再例如，原告起诉离婚，被告提出反诉，请求法院确认婚姻关系本来就是无效；原告起诉，要求被告按买卖合同交货，被告提起反诉，说合同本身无效，要求依法撤销。

(3)反诉与本诉不是出自于同一法律关系或同一法律事实，而是基于诉讼标的的同一或主观权益上的联系，基于抵消目的而发生的诉的理由上的联系。提出的请求也应纳入反诉的范围。之所以把关系也界定为牵连性，其意义是有利于在诉讼中借反诉抵消本诉而免去不必要的重复清偿活动，并且使被告免遭原告一方无清偿能力的后果。例如，甲将房屋出租给乙，供乙经营商店，乙没按期交付房租。甲碍于情面也没向其追索，于是甲向乙赊购一批商品抵租金。后来，甲乙闹纠纷，乙起诉甲要求返还商品价款，甲反诉，要求乙偿还所欠租金。甲乙间请求既非同一法律关系又非同一法律事实。乙起诉请求给付价款，甲反诉请求给付租金，双方的诉讼标的都是货币。如果被告请求数额大于原告请求数额，反诉即可以吞并本诉；如果被告请求数额小于原告请求数额，反诉即可抵消一部分本诉请求，使本诉请求部分失去意义。这完全符合反诉的抵消、吞并本诉请求的目的。但是，如果两种事实没有牵连，如原告起诉，请求法院确认被告居住的房屋所有权是他的，被告又要求原告，必须偿还欠款。这两个问题没有联系，被告提出还债问题就不是反诉(如有必要，应另案起诉)。

37. 反诉有哪些程序要件?

程序要件是指反诉在诉讼程序进行中提起的方式、时间及审理等条件。

(1)反诉提起方式。反诉是民事诉讼所独有的，在刑事附带民事诉讼或者行政附带民事诉讼中是否允许反诉?无论是刑事附带民事诉讼还是行政附带民事诉讼，毕竟都是民事诉讼，原、被告主体地位平等，所以应允许反诉。

(2)反诉的管辖权。是否要求审理本诉的法院本来对反诉也有管辖权?即作为反诉的诉讼请求单独提起时，如果审理本诉的法院无管辖权，该法院能否受理?反诉能否成立？就地域管辖来说，只要反诉请求的标的不属于法律规定的其他法院专属管辖(因为专属管辖多是涉及社会公共利益的)，审理本诉的法院就可受理，反诉成立。这一点在涉外民事诉讼中得到有力的证明。享有民事管辖豁免权的主体主动向驻在国法院提起诉讼，被告反诉时，享有管辖豁免权的主体即不再享有管辖豁免权，审理本诉的法院有权受理反诉。就级别管辖来说，如果作为反诉的诉讼请求单独提起时应由级别较高的法院审理或作为反诉的诉讼请求应由级别较低的法院管辖，反诉和本诉均可一并由审理本诉的法院审理，即反诉只能向审理本诉的同一人民法院起诉。这在立法上应明确作出规定。

(3)反诉提起的具体时间。反诉在诉讼进行的哪个阶段提出，我国《民事诉讼法》没有具体规定。在司法实践中，一般倾向最好是在答辩过程中提出，最迟也应在一审法院庭审辩论结束后提出。因为反诉提出时，庭审辩论尚未结束，原告还有反驳的机会，并可以申请延期审理，否则，要是庭审辩论结束以后提出反诉，必然重新进行诉讼程序，也会造成一些重复劳动，拖延本诉的审理。然而，是否庭审辩论结束后都不能提出反诉呢？也不能一概而论。因为经过起诉、答辩，尤其是庭审辩论以后，出现证人打消顾虑，愿意作证或纠正伪证，当事人举出经过最后努力收集的证据的情况，这种情况在实践中较多。特别是一些民事案件标的额较大，而又涉及外地的经济纠纷，应当允许在庭审辩论结束以后，提起反诉，否则，如果不许被告提起反诉，或者提起反诉也不予理睬，表面上看争取了时间，使本诉及时审结，而事实恰恰相反，因为这类纠纷的棘手程序是执行，要是被告在庭审辩论以后，提出的反诉成立，而又进行了实体审理后，反诉和本诉的请求可以相互冲抵，执行问题就迎刃而解了。如果不允许被告在庭审结束后提起反诉，让其另行起诉，本诉和反诉的结案就存在一个时间差，很可能耗费时间和精力，结果有时很难预料。所以，遇到这种情况，应当灵活掌握，允许被告在庭审辩论结束以后、裁判作出之前，提出反诉。

38. 反诉还须具备哪些其他条件？

反诉还须具备以下条件：

(1)反诉只能是本诉被告向本诉原告提起，而不能对原告以外其他人；

(2)反诉只能向受理本诉的法院提起；

(3)反诉与本诉必须是适用同种诉讼程序；

(4)反诉不能是其他法院专属管辖；

(5)反诉与本诉的诉讼请求必须在事实或法律上有牵连；

(6)提起的期限。《最高人民法院关于民事诉讼证据的若干规定》(法释(2001)33号)第34条第3款规定，当事人增加、变更诉讼请求或者提起反诉的，应当在举证期限届满前提出。

39. 不适用反诉的有哪几类案件？

《民事诉讼法》第52条规定，被告有权提起反诉，但对反诉的时间、条件、形式、范围，以及哪些案件可以反诉，哪些案件不适用反诉等都没有作出明确规定。

根据我国的立法原则，不是所有的案件都可以反诉。

(1)没有被告称谓的诉讼案件不适用反诉。在民事诉讼过程中，不同的诉讼程序，对当事人的称谓也不同。在一审程序中，称为原告、被告；第二审程序中称为上诉人(原审被告或原审原告)、被上诉人；在审理本院决定再审的案件、上级法院提审的案件、当事人申请再审的案件以及人民检察院抗诉引起的再审案件的审判监督程序中，当事人称为原审原告、原审被告；在执行程序中称为申请执行人、被执行人。《民诉法》第 52 条规定，被告有权提起反诉，从立法角度看，可以理解为，只有被告称谓的当事人才能提起反诉。没有被告称谓的当事人不能提起反诉。

(2)法律规定适用特别程序审理的案件不适用反诉。特别程序是民事审判程序中的一种，是人民法院审理特殊类型案件所适用的程序。特别程序对审级、审限、当事人的称谓及审理程序均作了特殊的规定，这些规定是人民法院审判某些特殊案件所遵循的特别规则，这类案件没有利害冲突的双方当事人(原告与被告)，只有利害关系人，而且解决的问题也不是民事权益之争。特别程序一般也不因起诉而开始，而是因利害关系申请而开始。特别程序审理的案件是各种各样的，没有统一的对象，也没有共同的审理目的，人民法院按特别程序审理案件所作出的裁判，送达后立即生效，不得上诉，即实行一审终审制。从以上的情况看，特别程序审理的案件根本不具备反诉的特别，所以此类案件不适用反诉，其中包括：审理选民资格案件所适用的程序，认定公民无民事行为能力、限制民事行为能力案件所适用的程序，认定财产无主案件适用的程序等。

(3)某些基于婚姻家庭关系的人身权的案件不适用反诉。首先是离婚案件不适用反诉。离婚是当事人重要的法律行为。人民法院审理离婚案件时，不仅要对夫妻双方的人身关系作出裁判，而且要对子女抚养以及财产关系作出裁判，使之产生一系列的法律后果。当事人离婚后，虽然夫妻间的权利义务关系已经消灭，但是父母与子女的人身关系不能消灭，故离婚本诉应对涉及的关系都一并裁判，被告也不可能提出新的反请求。婚姻法规定的无过错方有权请求损害赔偿，不属于反诉，如无过错方是被告，只能依据原告离婚的请求要求原告给予损害赔偿，而不是反诉。

其次，赡养、抚养、扶养案件不适用反诉。赡养是指对长辈承担的供养责任；抚养是指对未成年人承担的供养责任；扶养是指对等同辈分的人承担的供养责任。从上述三个概念的含义看，当事人所尽的义务都是法定的，这种法定义务既不能解除也不容抵消，所以，这类案件不存在反诉的问题。

根据刑事诉讼法规定：对于告诉才处理的案件和被害人有证据证明的轻微刑事案件，被告人或者其法定代理人在诉讼中，可以对自诉人提起反诉。但是，对于告诉才处理的案件和被害人有证据证明的轻微刑事案件并且应当依法追究刑事责任，而公安机关或者人民检察院不予追究，被害人依法向人民法院提起自诉的案件不能提起反诉。

40. 什么是公民？

答：是指具有某一国国籍、并根据该国法律规定享有权利和承担义务的人。所有中国公民，在自己的民事权益或其代管的财产受到侵犯，或者与他人发生纠纷，都可以作为原告向人民法院提起诉讼，即使是没有诉讼行为能力的人也有作为原告的资格，也都有成为被告的资格。

41. 什么是法人？

答：法人是具有民事权利能力和民事行为能力，依法独立享有民事权利承担民事义务的组织。

法人应具备以下条件：

(1)依法成立；

(2)有必要的财产或者经费；

(3)有自己的名称、组织机构和场所；

(4)能够独立承担民事责任。

法人可以作为原告，也可以作为被告。

42. 什么是诉讼代理人？

答：诉讼代理人，是指以当事人的名义，在代理权限范围内代为进行诉讼行为的人。代理人具有以下特征：

(1)诉讼代理人必须以被代理人的名义进行诉讼。

(2)诉讼代理人只能代理一方当事人进行诉讼活动。

(3)诉讼代理人只能在代理权限范围内进行诉讼活动。

诉讼代理人的种类包括：我国《民事诉讼法》规定的诉讼代理人分为两类：法定诉讼代理人和委托诉讼代理人。前者是指根据法律规定，代无诉讼行为能力的当事人为诉讼行为的人；后者是指根据当事人或其法定代理人委托，代当事人为诉讼行为的人。

43. 什么是法定代理人？

答：是指根据法律规定，代理无诉讼行为能力的当事人进行诉讼、直接行使诉讼代理权的人。法定代理权随监护权的产生而产生，随监护权的消灭而消灭。法定代理权为全权代理。

44. 什么是委托诉讼代理人？

答：委托诉讼代理人，是指接受当事人、法定代理人、诉讼代理人或法人的法定代表人的授权委托，代为进行诉讼活动的人。无民事行为能力、限制民事行为能力或者可能损害被代理人利益的人以及人民法院认为不宜作为诉讼代理人的人，不能作为诉讼代理人。

(1)委托诉讼代理人的范围：《民事诉讼法》第58条规定，当事人、法定代理人可以委托一至两人作为诉讼代理人。第2款规定，下列人员可以被委托诉讼代理人：①律师、基础法律服务工作者；②当事人的近亲属或者工作人员；③当事人所在社区、单位以及有关社会团体推荐的公民。

(2)委托诉讼代理人的权限：授权委托书中仅写全权代理而无具体授权的，诉讼代理人无权代为承认、放弃、变更诉讼请求，进行和解，提起反诉或者上诉。

(3)《民事诉讼法》第62条规定，委托代理人后，本人可以不出庭，但离婚案件除外。委托了代理人的离婚案件的当事人，本人除不能表达意志之外，仍应当出庭。确因特殊情况无法出庭的，必须向人民法院提交书面意见。

45. 委托诉讼代理人必须遵守哪些规定？

答：根据《民事诉讼法》及其他有关规定，委托诉讼代理人需遵从以下规定：

(1)当事人(包括原告、被告、共同诉讼人、第三人)、法定代理人和法定代表人都可以委托代理人；

(2)每个当事人，以及法定代理人和法定代表人，最多只能委托两个诉讼代理人；

(3)律师、当事人的近亲属、有关社会团体或者所在单位推荐的人、经人民法院许可的其他公民都可以被委托诉讼代理人，无论其性别、宗教、信仰、民族、经历、国籍如何。但是，外国律师，包括港澳台的律师，不能以律师身份代理诉讼；

(4)委托他人代理诉讼的，必须向人民法院提交由委托人签名或者盖章的授权委托，授权委托书必须记明委托事项和权限。

46. 委托诉讼权限必须写明哪些内容？

答：一是一般代理，即委托代理人在诉讼活动中，参加诉讼的行为，如提供证据、出庭、陈述事实和意见、参加法庭辩论等，不能实施涉及处分实体权利的诉讼行为。

二是特别代理，即委托代理人除可以进行一般诉讼行为外，还可以进行涉及处分民事实体权利的诉讼行为，如承认、放弃、变更诉讼请求，进行和解，达成调解协议，提起反诉、上诉等。委托代理权限一定要明确，否则，无法确定委托代理人的诉讼行为是否有效。

47. 委托诉讼代理人和律师有哪些区别？

答：委托诉讼代理人和律师是两个不同的概念，委托代理人，是指案件审理过程中，委托他人代为处理相关事宜，当事人可以委托律师代理，也可以委托其他非律师职业的个人代理案件，权限由委托人在授权委托书中明确，如委托书中表述为全权代理的，视为一般代理。律师是一种职业，如果接受委托代理诉讼，那他就转化为委托代理人，否则，就只是表明一种职业，没有所谓的权限。

48. 什么是法定诉讼代理人？

答：法定诉讼代理人，是指根据法律规定，代理无诉讼行为能力的当事人进行民事活动的人。

法定代理人最基本的特征在于其代理权的取得，不是基于当事人的委托，而是根据法律的直接规定。法定代理人的被代理人，只限于无民事行为能力的人或限制民事行为能力的人，因此法定诉讼代理人的范围，一般与无民事行为能力的人或限制民事行为能力的人的监护人一致。

49. 法定诉讼代理人具有怎样的诉讼地位？

答：在我国，法定诉讼代理人是为补充无民事行为能力的人或限制民事行为能力的人在诉讼行为能力上的欠缺而设置的，因此，法定诉讼代理是一种全权代理。这就决定了法定诉讼代理人在代理权限和诉讼地位上，与委托诉讼代理人有很大的不同。法定诉讼代理人可以按照自己的意志代理被代理人实施所有诉讼行为，如起诉、应诉、放弃或变更诉讼请求、进行调解、提起反诉等。同时，法定诉讼代理人也应履行当事人所应承担的一切诉讼义务。法定代理人无须被代理人的授权即可自由处分诉讼权利和实体权利。

法定诉讼代理人毕竟不是被代理人本人，在某些情况下也会出现法定诉讼代理人损害被代理人利益的情况。为防止被代理人的权益受到损害，一方面人民法院应对法定诉讼代理人的行为进行必要的监督，另一方面法定诉讼代理人如果损害了被代理人的合法权益，也应承担相应的责任。尽管法定诉讼代理是全权代理，法定诉讼代理人具有类似当事人的诉讼权利，但他们与当事人仍然存在区别：法定诉讼代理人只能以当事人的名义起诉或应诉；裁判所针对的是当事人，而不是法定诉讼代理人；在诉讼中，如果法定诉讼代理人死亡，法院可以另行指定监护人作为法定诉讼代理人继续诉讼，而不必终结诉讼。

50. 法定诉讼代理权是怎样取得和消灭的？

答：法定诉讼代理权产生的基础是实体法上的监护权，没有实体法上的监护权，也就没有诉讼中的法定诉讼代理权。作为实体法上的监护权，是先于被代理人的纠纷而存在的，因此，法定诉讼代理权也是先于被代理人的纠纷而存在的。由于法定诉讼代理权的有无，对诉讼行为是否有效有决定性影响，因此，在诉讼中，法院应对法定诉讼代理人的身份进行调查核实，必要时还应要求法定诉讼代理人进行证明。

法定诉讼代理权消灭的原因，在于监护权的消灭，具体情况有以下几种：

(1)无诉讼行为能力的被代理人具有或恢复了诉讼行为能力；

(2)法定诉讼代理人本人丧失了诉讼行为能力；

(3)基于收养或婚姻关系而发生的监护权，因收养或婚姻关系被解除，而导致法定诉讼代理权消灭；

(4)法定诉讼代理人或被代理人死亡；

(5)诉讼结束；

(6)其他导致法定诉讼代理权消灭的情况。

在诉讼过程中，如果法定诉讼代理人的监护权消灭，应当及时将法定诉讼代理权消灭的事实告知法院，并退出诉讼。

51. 法定诉讼代理人的代理权限有哪些？

答：法定诉讼代理人，是指根据法律规定，代理无诉讼行为能力的当事人进行民事活动的人。

法定代理人最基本的特征在于其代理权的取得，不是基于当事人的委托，而是根据法律的直接规定。法定诉讼代理人的被代理人，只限于无民事行为能力的人或限制民事行为能力的人。因此法定诉讼代理人的范围，一般与无民事行为能力的人或限制民事行为能力的人的监护人一致。

法定诉讼代理人不同委托诉讼代理人，其代理权限源于亲权或监护权，其代理权限与监护权的内容基本一致，此种代理属于全权代理，其地位类似于当事人，在诉讼中，法定诉讼代理人享有被代理当事人的全部诉讼权利，包括起诉、反诉、撤诉、变更诉讼请求等，并承担全部的诉讼义务，包括收集、提供证据，交纳诉讼费用等。法定诉讼代理人在诉讼中的意思表示，视为被代理人的意思表示，法定诉讼代理人的诉讼行为与被代理人的诉讼行为具有同等的法律效力。

52. 哪些人可以担任法定诉讼代理人？

根据《最高人民法院关于适用〈中华人民共和国民事诉讼法〉若干问题的意见》的规定，无民事行为能力人、限制民事行为能力人的监护人是他的法定代理人。可见，法定代理人的范围，亦即监护人的范围。

根据《民法通则》第16条的规定："未成年人的父母是未成年人的监护人。"父母双亡或者父母没有监护能力的，由下列人员中有监护能力者担任监护人：

(1)祖父母、外祖父母；

(2)兄、姐；

(3)关系密切的其他亲属、朋友愿意承担监护责任，经未成年人父母的所在单位或者未成年人住所地的居民委员会、村民委员会同意的，没有上述监护人的，由未成年人的父母的所在单位或者未成年人所在地的居民委员会、村民委员会或者民政部门担任监护人。

根据《民法通则》第17条的规定，无民事行为能力或者限制民事行为能力的精神病人，由下列人员担任监护人：

(1)配偶；

(2)父母；

(3)成年子女；

(4)其他近亲属；

(5)关系密切的其他亲属、朋友愿意承担监护责任，经精神病人的所在单位或者住所地的居民委员会、村民委员会同意的。

没有上述规定的监护人的，由精神病人的所在单位或者住所地的居民委员会、村民委员会或者民政部门担任监护人。

53. 诉讼代理人具有哪些特点？

(1)诉讼代理人只能以被代理人的名义进行诉讼活动，而不能以自己的名义进行诉讼活动；

(2)诉讼代理人参加诉讼的目的在于依法维护被代理人的权利和利益，而不是为了维护自己的权益；

(3)诉讼代理人在代理权限范围内所实施的行为，其法律后果由被代理人承担；

(4)诉讼代理人只能代理当事人一方，而不能在同一诉讼中代理当事人双方；

(5)诉讼代理人必须是有诉讼行为能力的人。根据诉讼代理权发生的根据不同，诉讼代理人分为法定代理人和委托代理人两种。

54. 什么是民事判决？

答：民事判决，是指人民法院代表国家行使审判权，依法对审理终结的诉讼案件和非诉讼案件，对当事人民事权利义务的争议或者对具有法律意义的事实作出的权威性判定。民事判决的书面形式，就是民事判决书。

55. 民事判决的种类有哪些？

答：民事判决的种类主要包括：

(1)确认判决，是指针对当事人之间是否存在某种法律关系、法律事实以及存在的状况如何所作出的判决。

(2)全部判决，是指人民法院根据案件事实和法律对整个案件进行处理后作出的判决。

(3)部分判决，是指人民法院就审理的案件中事实清楚的部分所作出的判决。

(4)对席判决，是指人民法院在双方当事人及其诉讼参与人都参加诉讼的情况下所作出的判决。

(5)缺席判决，是指在部分当事人无正当理由拒不到庭或中途退庭的情况下，所作出的判决。

(6)确定判决，是指人民法院作出的已经发生法律效力的判决。

(7)未确定判决，是指第一审人民法院作出的法律规定可以上诉而未超过上诉期的判决。

(8)原始判决，是指人民法院依照《民事诉讼法》的规定，对案件审理终结后制作的判决。

(9)补充判决，是指在原始判决作出后，发现原始判决有遗漏或不明确的，由人民法院对有关实体问题及有遗漏的、不明确的问题所作出的补充性判决。

(10)诉讼案件判决，是指当事人以民生权利义务争议向人民法院起诉，人民法院适用诉讼程序审理后所作出的判决。

(11)非讼案件判决，是指申请人就某种事实状态的存在和不存在，请求人民法院予以确认的，人民法院根据特别程序的规定所作出的判决。

56. 什么是判决的效力？

答：判决的效力，是指判决在何时产生法律上的作用和效果。因作出判决的法院不同，适用的程序不同，审级不同，因而判决生效的时间也有所不同。具体有以下四种情况：

(1)地方各级人民法院作出的、法律允许上诉的第一审判决，在上诉期内当事人不上诉的，上诉期届满，判决即发生法律效力。

(2)地方各级人民法院作出的不准上诉的第一审民事判决自判决书送达之日起，即发生法律效力。

(3)最高人民法院作出的第一审判决，自判决书送达之日起，即发生法律效力。

(4)中级人民法院、高级人民法院和最高人民法院作出的第二审民事判决，这部分自判决送达之日起，即具有法律效力。

57. 什么是裁定？

答：裁定，是指人民法院对民事审判和执行中的程序问题以及个别实体问题所作出的权威性判定。裁定与判决有明显的区别：

第一，解决的问题不同。裁定主要解决诉讼中的程序问题。而判决是要解决实体法律关系问题。

第二，依据不同。裁定所要解决的是程序问题因而主要依据民事诉讼法的规定。而判决所要解决的实体问题，判决所依据的法律是民法、经济合同法、婚姻法、继承法等实体法。判决只能在审理的最后阶段作出。

58. 什么是申请再审？

答：申请再审，是指当事人及其法定代理人、近亲属认为法院已经发生法律效力的判决和裁定有错误，向人民法院或人民检察院提出予以纠正的活动。当事人对已经发生法律效力的判决、裁定，认为有错误的，可以向上一级人民法院申请再审，但不停止判决、裁定的执行。

59. 民事诉讼再审有哪些条件?

答：根据《民事诉讼法》第199条的规定，当事人对已经发生法律效力的判决、裁定，认为有错误的，可以向上一级人民法院申请再审；当事人一方人数众多或者当事人双方为公民的案件，也可以向原审人民法院申请再审。当事人申请再审的，不停止判决、裁定的执行。

根据《民事诉讼法》第200条的规定，当事人的申请符合下列情形之一的，人民法院应当再审：

(1)有新的证据，足以推翻原判决、裁定的；

(2)原判决、裁定认定的基本事实缺乏证据证明的；

(3)原判决、裁定认定事实的主要证据是伪造的；

(4)原判决、裁定认定事实的主要证据未经质证的；

(5)对审理案件需要的主要证据，当事人因客观原因不能自行收集，书面申请人民法院调查收集，人民法院未调查收集的；

(6)原判决、裁定适用法律确有错误的；

(7)审判组织的组成不合法或者依法应当回避的审判人员没有回避的；

(8)无诉讼行为能力人未经法定代理人代为诉讼或者应当参加诉讼的当事人，因不能归责于本人或者其诉讼代理人的事由，未参加诉讼的；

(9)违反法律规定，剥夺当事人辩论权利的；

(10)未经传票传唤，缺席判决的；

(11)原判决、裁定遗漏或者超出诉讼请求的；

(12)据以作出原判决、裁定的法律文书被撤销或者变更的；

(13)审判人员审理该案件时有贪污受贿，徇私舞弊，枉法裁判行为的。

对违反法定程序可能影响案件正确判决、裁定的情形，或者审判人员在审理该案件时有贪污受贿，徇私舞弊，枉法裁判行为的，人民法院应当再审。

60. 当事人申请再审的，应当提交哪些材料?

当事人申请再审的，应提交以下材料：

(1)再审申请书。再审申请书应写清：①申请再审人、被申请人及原审其他当事人的基本情况；②以《民事诉讼法》第179条规定的事由为依据，将符合的事由逐项列明；③原审法院名称，原判决、裁定、调解文书案号；④具体的再审请求；⑤申请再审的法定事由及具体实事、理由；⑥受理再审申请的法院名称；⑦申请再审人的签名或者盖章。

(2)按照被申请人及原审其他当事人人数另加4份提交再审申请书副本。

(3)应提交裁判文书的送达回证或其他证明裁判文书实际生效的证明。

(4)申请再审人是自然人的，应提交身份证复印件；申请再审人是法人或其他组织的，应提交营业执照复印件、法定代表人或主要负责人身份证明书。委托他人代为申请的，应提交授权委托书和代理身份证明。

(5)提交裁判文书原件，或者经核对无误的复印件4份；生效裁判系二审、再审判决书的，应同时提交一审、二审裁判文书原件，或者经核对无误的复印件；一二审判决书原件或经核对无误的复印件 4 份。

(6)在原审诉讼过程中提交的主要证据复印件。

(7)支持申请再审事由和再审诉讼请求的证据材料。

(8)提交再审申请书等材料的同时，应提交材料清单一式两份，并可附申请再审材料的电子文本，同时填写送达地址确认书。

当事人申请再审，应当在判决、裁定发生法律效力后 2 年内提出；2 年后据以作出原判决、裁定的法律文书被撤销或者变更，以及发现审判人员在审理该案件时有贪污受贿，徇私舞弊，枉法裁判行为的，自知道或者应当知道之日起 3 个月内提出。

根据《民事诉讼法》第 201 条规定，当事人对已经发生法律效力的调解书，提出证据证明调解违反自愿原则或者调解协议的内容违反法律的，可以申请再审。经人民法院审查属实的，应当再审。

根据《民事诉讼法》第 202 条规定，当事人对已经发生法律效力的解除婚姻关系的判决、调解书，不得申请再审。

根据《民事诉讼法》第 203 条规定，当事人申请再审的，应当提交再审申请书等材料。人民法院应当自收到再审申请书之日起 5 日内将再审申请书副本发送对方当事人。对方当事人应当自收到再审申请书副本之日起 15 日内提交书面意见；不提交书面意见的，不影响人民法院审查。人民法院可以要求申请人和对方当事人补充有关材料，询问有关事项。

根据《民事诉讼法》第 204 条规定，人民法院应当自收到再审申请书之日起 3 个月内审查，符合本法规定的，裁定再审；不符合本法规定的，裁定驳回申请。有特殊情况需要延长的，由本院院长批准。

因当事人申请裁定再审的案件由中级人民法院以上的人民法院审理，但当事人依照本法第 199 条的规定选择向基层人民法院申请再审的除外。最高人民法院、高级人民法院裁定再审的案件，由本院再审或者交其他人民法院再审，也可以交原审人民法院再审。

根据《民事诉讼法》第 205 条规定，当事人申请再审，应当在判决、裁定发生法律效力后 6 个月内提出；有本法第 200 条第 1 项、第 3 项、第 12 项、第 13 项规定情形的，自知道或者应当知道之日起 6 个月内提出。

61. 人民检察院在什么情况下可以提出抗诉?

根据《民事诉讼法》第 208 条的规定，最高人民检察院对地方各级人民法院已经发生法律效力的判决和裁定、调解书，上级人民检察院对下级人民法院已经发生法律效力的判决和裁定、调解书，发现确有本法第 200 条规定情形之一的，或者发现调解书损害国家利益、社会公共利益的，有权按照审判监督程序向同级人民法院提出抗诉。

第 2 款规定，人民检察院抗诉的案件，接受抗诉的人民法院应当组成合议庭重新审理，对于原判决事实不清楚或者证据不足的，可以指令下级人民法院再审。

62. 在哪些情形下，当事人可以向人民检察院申请检察建议或者抗诉?

答：根据《民事诉讼法》第 209 条的规定，有下列情形之一的，当事人可以向人民检察院申请检察建议或者抗诉：

(1)人民法院驳回再审申请的；

(2)人民法院逾期未对再审申请作出裁定的；

(3)再审判决、裁定有明显错误的。

人民检察院对当事人的申请应当在3个月内进行审查，作出提出或者不予提出检察建议或者抗诉的决定。当事人不得再次向人民检察院申请检察建议或者抗诉。

63. 什么情形下，可以中止诉讼？

答：根据《民事诉讼法》第150条有下列情形之一的，中止诉讼：

(1)一方当事人死亡，需要等待继承人表明是否参加诉讼的；

(2)一方当事人丧失诉讼行为能力，尚未确定法定代理人的；

(3)作为一方当事人的法人或者其他组织终止，尚未确定权利义务承受人的；

(4)一方当事人因不可抗拒的事由，不能参加诉讼的；

(5)本案必须以另一案的审理结果为依据，而另一案尚未审结的；

(6)其他应当中止诉讼的情形。

中止诉讼的原因消除后，恢复诉讼。

64. 什么是终结民事诉讼？

答：终结民事诉讼，是指在诉讼进行过程中，由于某种法定事由的出现时，法院依法结束民事案件审理的活动。

根据《民事诉讼法》第151条规定，有下列情形之一的，终结诉讼：

(1)原告死亡，没有继承人，或者继承人放弃诉讼权利的；

(2)被告死亡，没有遗产，也没有应当承担义务的人的；

(3)离婚案件一方当事人死亡的；

(4)追索赡养费、扶养费、抚育费以及解除收养关系案件的一方当事人死亡的。

65. 判决书应包括哪些内容？

答：根据《民事诉讼法》第152条规定，判决书应当写明判决结果和作出该判决的理由。判决书内容包括：

(1)案由、诉讼请求、争议的事实和理由；

(2)判决认定的事实和理由、适用的法律和理由；

(3)判决结果和诉讼费用的负担；

(4)上诉期间和上诉的法院。

判决书由审判人员、书记员署名，加盖人民法院印章。

根据《民事诉讼法》第153条的规定，人民法院审理案件，其中一部分事实已经清楚，可以就该部分先行判决。

66. 裁定适用哪些范围？

答：根据《民事诉讼法》第154条的规定，裁定适用于下列范围：

(1)不予受理；

(2)对管辖权有异议的；

(3)驳回起诉；

(4)保全和先予执行；

(5)准许或者不准许撤诉；

(6)中止或者终结诉讼；

(7)补正判决书中的笔误；

(8)中止或者终结执行；

(9)撤销或者不予执行仲裁裁决；

(10)不予执行公证机关赋予强制执行效力的债权文书；

(11)其他需要裁定解决的事项。

对前款第 1 项至第 3 项裁定，可以上诉。

裁定书应当写明裁定结果和作出该裁定的理由。裁定书由审判人员、书记员署名，加盖人民法院印章。口头裁定的，记入笔录。

根据《民事诉讼法》第 155 条的规定，最高人民法院的判决、裁定，以及依法不准上诉或者超过上诉期没有上诉的判决、裁定，是发生法律效力的判决、裁定。

根据《民事诉讼法》第 156 条的规定，公众可以查阅发生法律效力的判决书、裁定书，但涉及国家秘密、商业秘密和个人隐私的内容除外。

67. 什么是民事判决？

答：民事判决，是指人民法院代表国家行使审判权，依法对审理终结的诉讼案件和非诉讼案件，对当事人民事权利义务的争议或者对具有法律意义的事实作出的权威性判定。民事判决的书面形式，就是民事判决书。

68. 判决的种类有哪些？

答：确认判决，是指针对当事人之间是否存在某种法律关系、法律事实以及存在的状况如何所作出的判决。

全部判决，是指人民法院根据案件事实和法律对整个案件进行处理后作出的判决。

部分判决，是指人民法院就审理的案件中事实清楚的部分所作出的判决。

对席判决，是指人民法院在双方当事人及其诉讼参与人都参加诉讼的情况下所作出的判决。

缺席判决，是指在部分当事人无正当理由拒不到庭或中途退庭的情况下，所作出的判决。

确定判决，是指人民法院作出的已经发生法律效力的判决。

未确定判决，是指第一审人民法院作出的法律规定可以上诉而未超过上诉期的判决。

原始判决，是指人民法院依照《民事诉讼法》的规定，对案件审理终结后制作的判决。

补充判决，是指在原始判决作出后，发现原始判决有遗漏或不明确的，由人民法院对有关实体问题及有遗漏的、不明确的问题所作出的补充性判决。

69. 什么是诉讼案件判决？

答：诉讼案件判决，是指当事人以民生权利义务争议向人民法院起诉，人民法院适用诉讼程序审理后所作出的判决。

70. 什么是非讼案件判决？

答：是指申请人就某种事实状态的存在和不存在，请求人民法院予以确认的，人民法院根据特别程序的规定所作出的判决。

71. 什么是诉讼地位？

答：在我国，法定诉讼代理人是为补充无民事行为能力的人或限制民事行为能力的人在诉讼行为能力上的欠缺而设置的，因此法定诉讼代理是一种全权代理。这就决定了法定诉讼代理人在代理权限和诉讼地位上，与委托诉讼代理人有很大的不同。法定诉讼代理人可以按照自己的意志代理被代理人实施所有诉讼行为，如起诉、应诉、放弃或变更诉讼请求、进行调解、提起反诉等。同时，法定诉讼代理人也应履行当事人所应承担的一切诉讼义务。法定代理人无须被代理人的授权即可自由处分诉讼权利和实体权利。

法定诉讼代理人毕竟不是被代理人本人，在某些情况下也会出现法定诉讼代理人损害被代理人利益的情况。为防止被代理人的权益受到损害，一方面人民法院应对法定诉讼代理人的行为进行必要的监督，另一方面法定诉讼代理人如果损害了被代理人的合法权益，也应承担相应的责任。尽管法定诉讼代理是全权代理，法定诉讼代理人具有类似当事人的诉讼权利，但他们与当事人仍然存在区别：法定诉讼代理人只能以当事人的名义起诉或应诉；裁判所针对的是当事人，而不是法定诉讼代理人；在诉讼中，如果法定诉讼代理人死亡，法院可以另行指定监护人作为法定诉讼代理人继续诉讼，而不必终结诉讼。

72. 什么是委托合同？

答：委托合同，是指受托人为委托人办理委托事务，委托人支付约定报酬或不支付报酬的合同。其特征有：委托合同是典型的劳务合同；受托人以委托人的费用办理委托事务；委托合同具有人身性质，以当事人之间相互信任为前提；委托合同既可以是有偿合同，也可以是无偿合同；委托合同是诺成的、双务的合同。委托合同又称委任合同，是指委托人和受托人约定，由受托人处理委托事务的合同。

73. 什么是抗诉？

答：根据《民事诉讼法》第 208 条的规定，最高人民检察院对各级人民法院已经发生法律效力的判决、裁定，上级人民检察院对下级人民法院已经发生法律效力的判决、裁定，发现有本法第 200 条规定情形之一的，或者发现调解书损害国家利益、社会公共利益的，应当提出抗诉。

地方各级人民检察院对同级人民法院已经发生法律效力的判决、裁定，发现有本法第 200 条规定情形之一的，或者发现调解书损害国家利益、社会公共利益的，可以向同级人民法院提出检察建议，并报上级人民检察院备案，也可以提请上级人民检察院向同级人民法院提出抗诉。

各级人民检察院对审判监督程序以外的其他审判程序中审判人员的违法行为，有权向同级人民法院提出检察建议。

74. 申请抗诉有哪些条件？

答：根据《民事诉讼法》第 209 条的规定，有下列情形之一的，当事人可以向人民检察院申请检察建议或者抗诉：

(1)人民法院驳回再审申请的；

(2)人民法院逾期未对再审申请作出裁定的；

(3)再审判决、裁定有明显错误的。

人民检察院对当事人的申请应当在3个月内进行审查，作出提出或者不予提出检察建议或者抗诉的决定。当事人不得再次向人民检察院申请检察建议或者抗诉。

根据《民事诉讼法》第210条的规定，人民检察院因履行法律监督职责提出检察建议或者抗诉的需要，可以向当事人或者案外人调查核实有关情况。

根据《民事诉讼法》第211条的规定，人民检察院提出抗诉的案件，接受抗诉的人民法院应当自收到抗诉书之日起30日内作出再审的裁定；有本法第200条第1项至第5项规定情形之一的，可以交下一级人民法院再审，但经该下一级人民法院再审的除外。

根据《民事诉讼法》第212条的规定，人民检察院决定对人民法院的判决、裁定、调解书提出抗诉的，应当制作抗诉书。

根据《民事诉讼法》第213条的规定，人民检察院提出抗诉的案件，人民法院再审时，应当通知人民检察院派员出席法庭。

第二十七章　行　政　法

75. 什么是行政法?

答：行政法，是指行政主体在行使行政职权和接受行政监督过程中与行政相对人、行政法制监督主体之间发生的各种关系，以及行政主体内部发生的各种关系的法律规范的总称。它是控制和规范行政权，保护行政相对人的合法权益。

76. 什么是行政行为和行政裁决?

答：行政行为，是指行政主体实施的所有行为。它包括法律行为和事实行为，即只要行为主体是行政主体，其行为即为行政行为。

行政行为具有从属性、单方性、裁量性和强制性的特点。

行政裁决是指行政主体依照法律授权和法定程序，以第三者的身份，对平等主体之间方式的、与行政管理活动密切相关的特定民事、经济纠纷进行裁决的具体行政行为。

77. 什么是复议?

答：有些法律规定，若当事人不服行政裁决，可以申请原裁决机关的上一级行政机关或法律、法规规定的行政机关重新审查和裁决。

78. 什么是行政强制执行?

答：是指在行政法律关系中，作为义务主体的行政相对人不履行其应履行的义务时，行政机关或人民法院依法采取强制措施，迫使其履行义务的活动。

人民法院的强制执行是依行政机关的申请所作的执法行为。并按照法律规定的程序，才能实施强制执行。

79. 什么是行政复议?

答：行政复议，是指公民、法人或其他组织认为行政机关的具体行政行为侵犯其合法权益，按照法定的程序和条件向作出该具体行政行为的上一级行政机关提出申请、受理申请的行政机关对该具体行政行为进行复查并作出复议决定的活动。

80. 什么是复议管辖?

答：复议管辖，是指各行政复议机关受理行政复议案件的权限分工，即某一行政争议发生后，应由哪一个行政机关来行使行政复议权。

第二十八章　行政诉讼法

81. 什么是行政诉讼法?

答：行政诉讼法是为了规范和保障人民法院能够公正、及时地审理行政案件，保护公民、法人和其他组织的合法权益，维护和监督行政机关依法行使行政职权，从而根据宪法的规定制定的一部程序性法律。它是法院审理行政案件和行政诉讼参与人(原告、被告、代理人)进行诉讼活动必须遵守的准则。

82. 什么是行政诉讼?

答：是指人民法院基于公民、法人或其他组织的请求，对行政机关具体行政行为的合法性进行审查并作出裁判，解决行政争议的诉讼活动。它具有以下含义：一是行政诉讼是解决行政争议的活动；二是人民法院运用国家审判权解决行政争议的活动；三是行政诉讼原被告的恒定性是由行政管理中公权力的性质所决定的；四是行政诉讼的核心是对具体行政行为的合法性进行审查；五是其目的是通过司法权对行政权的监督确保行政机关依法行政，保证相对人的合法权益。

83. 人民法院受理公民、法人、其他组织提起的诉讼有哪些?

答：人民法院受理公民、法人、其他组织提起的下列诉讼：

(1)对行政拘留、暂扣或者吊销许可证和执照、责令停产停业、没收违法所得没收非法财物、罚款、警告等行政行为不服的；

(2)对限制人身自由或者对财产的查封、扣押、冻结等行政强制措施和行政强制执行不服的；

(3)申请行政许可，行政机关拒绝或者在法定期限不予答复，或者对行政机关许可的其他决定不服的；

(4)对行政机关作出的关于确认土地、矿藏、水流、森林、山岭、草原、荒地、滩涂、海域等自然资源的所有权的决定不服的；

(5)对征收、征用决定及其补偿决定不服的；

(6)申请行政机关履行保护人身权、财产权等合法权益的法定职责，行政机关拒绝履行或者不予答复的；

(7)认为行政机关侵犯其经营自主权或者农村土地承包经营权、农村土地经营权的；

(8)认为行政机关滥用行政权力排除或者限制竞争的；

(9)认为行政机关违法集资、摊派费用或者违法要求履行其他义务的；

(10)认为行政机关没有依法支付抚恤金、最低生活保障待遇或者社会保险待遇的；

(11)认为行政机关不依法履行、未按照约定履行或者违法变更、解除政府特许经营协议等协议的；

(12)认为行政机关侵犯其他人身权、财产权等合法权益的。

除前款规定外，人民法院受理法律、法规规定可以提起诉讼的其他行政案件。

84. 中级人民法院管辖哪些行政诉讼案件?

答：中级人民法院管辖的行政诉讼案件主要包括：

(1)对国务院部门或者县级以上地方人民政府所作的行政行为提起诉讼的案件；

(2)海关处理的案件；

(3)本辖区内重大复杂的案件；

(4)其他法律规定由中级人民法院管辖的案件。

85. 行政复议由哪个人民法院管辖?

答：经复议的案件，可以由最初作出行政行为的行政机关所在地人民法院管辖，也可以由复议机关所在地人民法院管辖。

对限制人身自由的案件，由被告所在地或者原告所在地人民法院管辖。

86. 有权提起行政诉讼的公民死亡，什么人可以提起诉讼?

答：有权提起诉讼的公民死亡，其近亲属可以提起诉讼。有权提起诉讼的法人或者其他组织终止，承受其权利的法人或者其他组织可以提起诉讼。

87. 经复议的案件，被告是谁?

答：复议机关决定维持原行政行为的，作出原行政行为的行政机关和复议机关是共同被告。复议机关改变原行政行为的，复议机关是被告。

复议机关在法定期限内未作出复议决定，公民、法人，或者其他组织起诉原行政行为的，作出原行政行为的行政机关是被告；起诉复议机关不作为的复议机关是被告。

两个以上行政机关作出同一行政行为的，共同作出行政行为的行政机关是共同被告。

行政机关委托的组织所作的行政行为，委托的行政机关是被告。下列人员可以被委托为诉讼代理人：

(1)律师、基层法律服务工作者；

(2)当事人的近亲属或者管制人员；

(3)当事人所在地社区、单位以及有关社会团体推荐的公民。

88. 什么案件人民法院不予受理?

答：因不动产提起诉讼的案件，自行政行为作出之日起超过20年，其他案件自行政行为作出之日起超过5年提起诉讼的，人民法院不予受理。

89. 提起诉讼应当符合哪些条件?

答：提起诉讼应符合以下条件：

(1)原告是符合《行政诉讼法》第25条规定的公民、法人或者其他组织；

(2)有明确的被告；

(3)有具体的诉讼请求和事实依据；

(4)属于人民法院受案范围和受诉人民法院管辖。

90. 人民法院既不立案也不裁定如何处理?

答：人民法院既不立案，又不作出不予立案裁定的，当事人可以向上一级人民法院起诉。上一级人民法院认为符合起诉条件的，应当立案、审理，也可以指定其他下级人民法院立案、受理。人民法院应当在立案之日起6个月内作出第一审判决。

91. 什么情形人民法院应当再审？

当事人的申请符合下列情形之一的，人民法院应当再审：

(1)不予立案或者驳回起诉确有错误的；

(2)有新的证据，足以推翻原判决、裁定的；

(3)原判决、裁定认定的主要证据不足、未经质证或者系伪造的；

(4)原判决、裁定适用法律、法规确有错误的；

(5)违反法律规定的诉讼程序可能影响公正审判的；

(6)原判决、裁定遗漏诉讼请求的；

(7)据以作出原判决、裁定的法律文书被撤销或者变更的；

(8)审判人员在受理该案件时有贪污受贿、徇私舞弊、枉法裁判行为的。

92. 公民、法人或者其他组织可以依法提起行政诉讼的情形有哪些？

答：根据最高人民法院《关于执行〈中华人民共和国行政诉讼法〉若干问题的解释》第13条的解释，有下列情形之一的，公民、法人或者其他组织可以依法提起行政诉讼：

(1)被诉的具体行政行为涉及其相邻权或者公平竞争权的；

(2)与被诉的行政复议决定有法律上利害关系或者在复议程序中被追加为第三人的；

(3)要求主管行政机关依法追究加害人法律责任的；

(4)与撤销或者变更具体行政行为有法律上利害关系的。

93. 行政判决有哪些类型？

答：行政判决主要有以下类型：

(1)维持判决改为驳回原告诉讼请求；

(2)撤销判决(全部撤销、部分撤销、判决撤销病责令被告重新作出行政行为)；

(3)履行判决；

(4)给付判决；

(5)确认违法判决；

(6)确认无效判决；能够作出确认无效判决的行政行为，必须同时具备重大违法和明显违法两个条件；

(7)责令被告采取补救措施判决与赔偿判决；

(8)变更判决。

94. 什么是财产保全？

答：财产保全，是指人民法院在案件受理前或诉讼过程中对当事人的财产或者争议的标的物所采取的一种强制措施(以保证将来作出的判决能够得到有效执行的制度，简单说就是保护当事人财产在起诉过程中不受侵害的制度，而避免判决书也不会变成“空头支票”)。

95. 什么是保全措施？

答：人民法院对于可能因当事人一方的行为或者其他原因，使判决不能执行或者难以执行的案件，可以根据对方当事人的申请，作出财产保全的裁定；当事人没有提出申请的，人民法院在必要时也可以裁定采取财产保全措施。

保全分为诉前保全和诉中保全。诉前保全是在起诉之前申请保全。保全后 15 日之内应当起诉，否则保全就会被解除。诉中保全是在起诉后审理过程中申请的保全。诉讼保全一般应当提供担保以及被保全的财物的有关信息。

96. 保全措施的种类有哪些？

答：保全措施的种类有：

(1)财产保全，也叫诉讼保全，是指法院审理案件时，在作出判决前为防止当事人(被告)转移、隐匿、变卖财产、依职权对财产作出的保全措施，以保证将来判决生效后能得到顺利执行。具体措施一般有查封、扣押、冻结。财产保全一般由当事人(原告)申请，由人民法院审查决定是否采取财产保全措施。对当事人(原告)没有提出申请的，但争议的财产可能有毁损、灭失或其他危险的，法院可依职权采取保全措施。

(2)行为保全，是指在民事诉讼中，为避免当事人或利害关系人的利益受到不应有的损害或进一步的损害，法院可依他们的申请对相关当事人的侵害或有侵害之虞的行为，采取强制措施。对行为保全的裁定，不可以上诉，但可以申请复议。证据保全，是指法院在起诉前或在对证据进行调查前，依据申请人、当事人的请求或依职权对可能灭失或今后难以取得的证据，予以调查收集和固定保存的行为。

97. 人民法院接受诉前保全申请后，对情况紧急的应当如何处理？

答：人民法院接受诉前保全申请后，必须在 48 小时内作出裁定；裁定采取财产保全措施的，应当立即开始执行。

申请人在人民法院采取保全措施后 15 日内不起诉的，人民法院应当解除财产保全。

98. 财产保全的条件有哪些？

答：财产保全的条件主要有：

(1)必须是情况紧急，不采取财产保全将会使申请人的合法财产权益受到难以弥补的损害；

(2)必须由利害关系人向财产所在地的人民法院提出申请，法院不依职权主动采取财产保全措施；

(3)申请人必须提供担保否则法院将驳回申请。

(4)案件必须有给付内容，属给付之诉；

(5)必须是由当事人一方的行为可能使判决难以执行的；

(6)必须在诉讼过程中提出申请。法院在必要时也可以依职权裁定采取诉讼财产保全措施；

(7)申请人提供担保。法院未责令提供担保的不在此限。

99. 财产保全的范围是什么？

答：人民法院实施财产保全时，必须严格遵循其范围。《民事诉讼法》规定：“财产保全限于请求的范围，或者与本案有关的财物。”

在司法实践中，对“限于请求的范围”和“与本案有关的财物”的理解是五花八门的。笔者认为，对这两个问题应当作以下理解：

“限于请求的范围”，是指被保全的财物的价额，应在利害关系人的权利请求或者诉讼当事人提出的诉讼请求的范围之内，不应超出权利请求或诉讼请求的标的价额，二者在数额上应大致相当。但是我们不能机械地理解这一点，认为可保全的财产价值超过请求价额就一定不能采取保全措施，使本来可以执行的案件变成难案。比如，原告请求被告返还欠款 10 万元，被告有辆车，价值 15 万元，人民法院仍可对该辆车采取保全措施。

100. 财产保全的程序有哪些？

答：财产保全的程序主要有：

(1)申请。诉前财产保全，由利害关系人在起诉之前向受诉法院提出申请。人民法院接受申请并裁定保全的，申请人在 15 日以内不起诉的即解除裁定保全。诉讼财产保全可以在起诉同时申请也可以在起诉以后申请。

(2)担保。人民法院可以责令申请人提供担保，申请人不提供担保的，驳回申请。

(3)裁定。当事人申请诉前保全的，人民法院接受申请后须在 48 小时内，作出裁定，裁定一旦作出即发生法律效力，当事人不服不得上诉，可申请复议一次，复议期间不停止对裁定的执行。

(4)解除。财产保全裁定的效力至生效法律文书执行时止，如果诉讼过程中需要解除保全措施的，法院应及时作出裁定解除保全裁定，如财产保全的原因和条件发生变化，不需要保全的；被申请人提供相应担保的；诉前保全的申请人在 15 日内未提起诉讼的等。

101. 什么是财产保全的解除？

答：最高人民法院《关于适用〈中华人民共和国民事诉讼法〉若干问题的意见》第 108 条规定，人民法院裁定采取财产保全措施后，除作出保全裁定的人民法院自行解除和上级人民法院决定解除外，在财产保全期限内，任何单位都不得解除保全措施。

实践中有如下几种解除保全措施的情况：

(1)被申请人已主动将申请人的标的物提交人民法院保管；

(2)人民法院裁定采取保全措施后，被申请人自行履行了义务；

(3)申请人向人民法院声明放弃请求权。

财产保全因一定条件和原因的出现而发生，也会因一定条件和原因的出现而解除。

实践中人民法院采取财产保全措施之后，出现下列情况之一的，应当解除财产保全：

(1)据以保全的条件和原因不复存在或者情况发生变化，如被申请人已经履行义务或申请人放弃请求权。

(2)在诉前财产保全中，申请人在法定起诉期间内不起诉。人民法院采取诉前财产保全措施后 15 日内，申请人应当尽快起诉。15 日届满，申请人还不起诉的，表明利害关系人不想通过诉讼程序解决分歧，从保护被申请人的合法权益出发，此时，人民法院应当解除财产保全。

(3)被申请人提供担保。如果被申请人向人民法院提供了相应的担保，包括保证人担保、实物担保、现金担保或有价证券担保后，人民法院就有必要重新审视原财产保全裁定继续保持的必要性。

第二十九章 婚 姻 法

关系到千家万户、男女老少社会家庭生活的重要法律。

102. 什么是行政强制执行？

答：行政强制执许是指公民、法人或其他组织拒不履行行政法上的义务，行政机关或人民法院依法采取强制措施，迫使其履行义务的具体行政行为。其具体方式可以分为：

(1)对财产的行政强制执行方式：强制划拨、强制扣缴、强制退还，强行拆除；

(2)对人身的行政强制执行方式：强制拘留、强制传唤、强制履行、遣送出境；

(3)对行为的行政强制执行措施：即强制实施某种行为。

103. 什么是婚姻法？

答：婚姻法是调整人们婚姻、家庭关系的法规，是人们正确处理婚姻家庭关系的行动指南。它确定婚姻的原则、结婚的条件、夫妻之间的权利和义务以及父母子女之间、兄弟姐妹、祖父母、外祖父母、孙子女、外孙子女等亲属之间的关系，以及离婚及离婚后子女抚养等规则。我国婚姻法的基本原则是：实行婚姻自由、一夫一妻、男女权利平等的社会主义婚姻制度，保护妇女、儿童和老人的合法权益，实行计划生育。这是处理婚姻家庭关系的基本准则。婚姻法适用于一切公民，结婚必须是男女双方完全自愿，不许任何一方对对方加以强迫或任何第三者加以干涉。

104. 什么是无效婚姻？

答：有下列情形之一的是无效婚姻：

(1)重婚的；

(2)有禁止结婚的亲属关系的；

(3)婚前患有医学上认为不应当结婚的疾病，婚后尚未治愈的；

(4)未到法定婚龄的。

105. 什么是婚前财产？

答：婚前财产是指结婚前夫妻一方就已经取得的财产。《婚姻法》第18条规定，有下列情形之一的，为夫妻一方的财产：

(1)一方的婚前财产；

(2)一方因身体受到伤害获得的医疗费、残疾人生活补助费等费用；

(3)遗嘱或赠与合同中确定只归夫妻一方的财产；

(4)一方专用的生活用品；

(5)其他应当归一方的财产。

夫妻可以约定婚姻关系存续期间所得的财产以及婚前财产归各自所有。约定应当采用书面形式。

106. 父母、子女各自的义务是什么？

答：父母对子女有抚养教育的义务；子女对父母有赡养扶助的义务。

夫妻有相互继承遗产的权利；父母和子女有相互继承遗产的权利。

107. 什么是离婚？

答：离婚，是指夫妻双方通过协议或诉讼的方式解除婚姻关系，终止夫妻间权利和义务的法律行为。

男女双方自愿离婚的，准予离婚。双方必须到婚姻登记机关申请离婚。

男女一方要求离婚的，可由有关部门进行调解或直接向人民法院提出离婚诉讼。

人民法院审理离婚案件时，应当进行调解，如感情确已破裂，调解无效应准予离婚。

108. 什么情况下可以离婚？

答：《婚姻法》第 32 条规定，如感情确已破裂，调解无效，应准予离婚。因此，法院判决离婚的条件就是：夫妻感情已破裂。根据《婚姻法》第 32 条规定，夫妻感情确已破裂的情形主要有：

(1) 重婚或有配偶者与他人同居的；

(2) 实施家庭暴力或虐待遗弃家庭成员的；

(3) 有赌博、吸毒等恶劣屡教不改的；

(4) 因感情不和分居满二年的；

(5) 因其他导致夫妻感情破裂的情形。

一方宣告失踪，另一方提出离婚诉讼的，应准予离婚。

离婚有协议离婚和诉讼离婚。

109. 什么是协议离婚？

答：协议离婚是指在民政局登记离婚，只要两人自愿离婚且对财产分割和孩子抚养等问题达成一致的协议，民政局就会受理并办理离婚手续。

男女双方自愿离婚的应准予离婚。双方必须到婚姻登记机关申请离婚。婚姻登记机关查明双方确实是自愿并对子女和财产问题有适当处理时，发给离婚证。

110. 什么是诉讼离婚？

答：诉讼离婚是指夫妻双方在是否离婚或者财产的分割、债务的分担、子女的抚养等问题无法达成一致的意见，而向人民法院起诉，人民法院经过审理后，通过调解或判决解除婚姻关系的一种离婚制度。

111. 什么情况下，离婚无过错方有权请求损害赔偿？

答：《婚姻法》第 46 条规定，有下列情形之一的，导致离婚的，无过错方有权请求损害赔偿：

(1) 重婚的；

(2) 有配偶者与他人同居的；

(3) 实施家庭暴力的；

(4) 虐待、遗弃家庭成员的。

112. 哪些情况，人民法院经调解无效的应准予离婚？

对于诉讼离婚，我国法律《婚姻法》及相关司法解释规定，有下列情形之一，人民法院经调解无效的，应准予离婚：

(1)重婚或有配偶者与他人同居的；

(2)实施家庭暴力或虐待、遗弃家庭成员的；

(3)有赌博、吸毒等恶习屡教不改的；

(4)因感情不和分居满二年的；

(5)一方被宣告失踪的；

(6)一方患有法定禁止结婚的疾病的，或一方有生理缺陷或其他原因不能发生性行为，且难以治愈的；

(7)婚前缺乏了解，草率结婚，婚后未建立起夫妻感情，难以共同生活的；

(8)婚前隐瞒精神病，婚后经治不愈，或者婚前知道对方患有精神病而与其结婚，或一方在夫妻共同生活期间患精神病，久治不愈的；

(9)一方欺骗对方，或者在结婚登记时弄虚作假，骗取《结婚证》的；

(10)双方办理结婚登记后，未同居生活，无和好可能的；

(11)包办、买卖婚姻，婚后一方随即提出离婚，或者虽共同生活多年，但确未建立起夫妻感情的；

(12)经人民法院判决不准离婚后分居满 1 年，互不履行夫妻义务的；

(13)一方与他人通奸、同居，经教育仍无悔改表现，无过错一方起诉离婚，或者过错方起诉离婚，对方不同意离婚，经批评教育、处分，或在人民法院判决不准离婚后，过错方又起诉离婚，确无和好可能的；

(14)一方被依法判处长期徒刑，或其违法、犯罪行为严重伤害夫妻感情的。

(15)被诉方经本院依法传唤无故不到庭，且没有提出书面答辩意见，经依法缺席开庭审理，请求方离婚态度坚决，可以判决离婚。

113. 我国法律规定离婚的形式有哪几种?

答：一是夫妻双方如果协议离婚，应到户籍所在地的民政局办理离婚登记，依法解除夫妻关系；二是夫妻一方如果提出离婚，另一方不愿离婚，这时提出离婚的一方可以向有管辖权的法院提起离婚诉讼，由法院判决是否解除双方夫妻关系。

114. 我国法律有关军婚有哪些规定?

(1)现役军人的配偶要求离婚，须得军人同意，但军人一方有重大过错的除外。

(2)如果是现役军人一方向非军人一方提出离婚，或者双方都是现役军人的离婚纠纷，则应按一般规定处理。

115. 不予受理离婚诉讼的情况有哪些?

(1)判决驳回离婚诉讼请求和调解和好以及原告撤诉或者按撤诉处理的离婚案件，没有新情况、新理由，原告在六个月内又起诉的，不予受理。

(2)女方在怀孕期间、分娩后一年内或中止妊娠后六个月内，男方不得提出离婚。

第三十章 继 承 法

116. 什么是继承法？

答：继承法是调整财产继承关系的法律规范的总称。即公民死亡后，依法定程序把死者遗留的个人合法财产转移给继承人所有的法律制度。

根据《继承法》第1条和《中华人民共和国宪法》的规定，为保护公民的私有财产的继承权，制定本法。

《继承法》第2条规定，继承从被继承人死亡时开始。

继承，是指自然人死亡后，其近亲属按照有效遗嘱或法律的具体规定，无偿取得其遗留的个人回复财产的法律规范。

117. 什么是继承？

答：继承是指一个对象直接使用另一对象的属性和方法。也指按照法律或遵照遗嘱接受死者的财产、职务、头衔、地位等。

118. 什么是法定继承？

答：法定继承，是指由法律直接规定继承人的范围、继承顺序、遗产分配的原则的一种继承方式。

119. 哪些情况适用法定继承？

答：继承法规定的三种继承方式：法定继承、遗嘱继承和遗嘱扶养协议，其顺序为遗嘱扶养协议首先适用，其次是遗嘱继承，而法定继承最后适用。被继承人死亡后，留有遗嘱扶养协议的，应当先执行协议；有遗嘱的应执行遗嘱，没有协议或者协议无效的以及没有遗嘱或者遗嘱无效的，才可按照法定继承办理。

根据《继承法》第27条的规定，法定继承具体适用于下述情况：

(1)被继承人生前没有用遗赠扶养协议或者遗嘱的方式，对其财产作出任何处理的。遗嘱扶养协议是遗嘱人生前与扶养人签订的、由扶养人承担遗赠人的生养死葬义务，并于遗赠人死后接受其约定遗产的协议。被继承人用遗嘱方式转移财产，不但包括遗嘱继承，还包括遗嘱。被继承人死后，只有未留下遗赠扶养协议，也没有遗嘱，或者其所签订的遗赠扶养协议或立下的遗嘱被确认为无效的，其遗产才适用法定继承。

(2)遗产继承人放弃继承权或者受遗赠人放弃受遗赠的。遗产分割以前，遗嘱继承人表示放弃继承或者受遗赠人表示放弃受遗赠的，其所放弃的遗产部分适用法定继承。其他遗嘱继承人或者受遗赠人没有表示放弃的，对其按遗嘱应继承的那部分财产不能适用法定继承。遗赠扶养协议的受遗赠人应当履行协议，接受约定的遗产，但如果受遗赠人履行了对死者的生养死葬义务后，却又表示放弃受遗产的，其所放弃受遗赠的遗产部分，也应适用法定继承。

(3)遗嘱继承人丧失继承权的。《继承法》第7条规定了丧失继承权的4种行为，只要继承人实施了丧失继承权的行为之一，不论该继承人是法定继承人还是遗嘱继承人，均丧失继承权。对于遗嘱继承人丧失继承权的，遗嘱中指定由该继承人领受的遗产部分，适用法定继承。

(4)遗嘱继承人、受遗赠人先于遗嘱人死亡的。遗嘱继承人、受遗赠人先于遗嘱人死亡的遗嘱继承人、受遗赠人的继承能力和受遗赠能力消灭，因而就不能继承和接受遗产。《继承法》规定，继承从被继承人死亡时开始，遗嘱继承人、受遗赠人只要在继承开始时生存着，即使在实际分割遗产时已死亡，也应依照遗嘱分给他或其继承人遗嘱指定的遗产。

(5)遗嘱无效部分所涉及的财产，被继承人所立遗嘱必须符合法律的规定，否则就是无效遗嘱。例如：遗嘱没有对缺乏劳动能力又没有生活来源的继承人保留必要的遗产份额，违反了《继承法》的规定，这份遗嘱就属无效。遗嘱的无效可分为全部无效和部分无效两种。全部无效是指整个遗嘱没有法律效力，部分无效是指遗嘱中某个部分没有法律效力，其他部分仍然有效。没有法律效力部分的遗嘱所涉及的财产，适用法定继承。

(6)遗嘱未处分的遗产。被继承人虽然立有遗嘱，但还有部分遗产在其遗嘱中并不作处理，则该部分遗产适用法定继承。

120. 民法中的继承是指什么？

答：民法中的继承是一种法律制度，即指将死者生前的财产和其他合法权益转归有权取得该项财产的人所有的法律制度。

继承人依照法律规定承受被继承人遗产的权利，称为继承权，继承权具有下列法律特征：(1)是一种财产权利，通过继承实现财产的移转。(2)以人身关系为基础。世界各国有关法定继承的规定，都是以继承人和被继承人存在婚姻、血缘等关系为依据而确定的。(3)继承权的实现要有一定的法律事实。法律规定的继承权只是继承人享有的一种期待权；只有被继承人死亡这一法律事实出现以后，继承权才成为既得权，开始遗产继承。在实行遗嘱继承制的国家，还需要有被继承人设立遗嘱的法律事实。

121. 遗产包括哪些内容？

答：根据《继承法》第3条的规定，遗产是公民死亡时遗留的个人合法财产，包括：

(1)公民的收入；

(2)公民的房屋、储蓄和生活用品；

(3)公民的林木、牲畜和家禽；

(4)公民的文物、图书资料；

(5)法律允许公民所有的生产资料；

(6)公民的著作权、专利权中的财产权利；

(7)公民的其他合法财产。

《继承法》第4条规定，个人承包应得的个人收益，依照本法规定继承。个人承包，依照法律允许由继承人继续承包的，按照承包合同办理。

《继承法》第5条规定，继承开始后，按照法定继承办理；有遗嘱的，按照遗嘱继承或者遗赠办理；有遗赠扶养协议的，按照协议办理。

《继承法》第6条规定，无行为能力人的继承权、受遗赠权，由他的法定代理人代为行使。限制行为能力人的继承权、受遗赠权，由他的法定代理人代为行使，或者征得法定代理人同意后行使。

122. 哪些情况下丧失继承权？

答：根据《继承法》第 7 条的规定，继承人有下列行为之一的，丧失继承权：

(1)故意杀害被继承人的；

(2)为争夺遗产而杀害其他继承人的；

(3)遗弃被继承人的，或者虐待被继承人情节严重的；

(4)伪造、篡改或者销毁遗嘱，情节严重的。

123. 什么是继承顺序？

答：继承顺序，是指法律规定的法定继承人继承遗产的先后次序。根据《继承法》第 10 条的规定，遗产按照下列顺序继承：

第一顺序：配偶、子女、父母。

第二顺序：兄弟姐妹、祖父母、外祖父母。

继承开始后，由第一顺序继承人继承，第二顺序继承人不继承。没有第一顺序继承人继承的，由第二顺序继承人继承。

本法所说的子女，包括婚生子女、非婚生子女、养子女和有扶养关系的继子女。

本法所说的父母，包括生父母、养父母和有扶养关系的继父母。

本法所说的兄弟姐妹，包括同父母的兄弟姐妹、同父异母或者同母异父的兄弟姐妹、养兄弟姐妹、有扶养关系的继兄弟姐妹。

124. 什么是遗嘱继承和遗赠？

答：根据《继承法》第 16 条的规定，遗嘱继承，又称指定继承，是指按被继承人所立合法有效的遗嘱而承受其遗产的继承方式。遗嘱继承是设立遗嘱和遗嘱人死亡两个法律事实构成，它分别具有设定效力和执行效力。

公民可以立遗嘱将个人财产指定由法定继承人的一人或者数人继承。

公民可以立遗嘱将个人财产赠给国家、集体或者法定继承人以外的人。

遗赠，是指被继承人通过遗嘱方式，将其遗产的一部分或全部赠予法定继承人以外的人的一种民事法律行为。指被继承人临终前以遗嘱方式转让其部分遗产的行为。

125. 哪些情形应适用法定继承？

答：根据《继承法》第 27 条规定，有下列情形之一的，遗产中的有关部分按照法定继承办理：

(1)遗嘱继承人放弃继承或者受遗赠人放弃受遗赠的；

(2)遗嘱继承人丧失继承权的；

(3)遗嘱继承人、受遗赠人先于遗嘱人死亡的；

(4)遗嘱无效部分所涉及的遗产；

(5)遗嘱未处分的遗产。

126. 什么是继承人？

答：继承人，是指按照法律的具体规定，对其近亲属的遗产享有继承权的自然人。根据我国《继承法》的规定，有权继承死者遗产的人如下：

首先，是法定继承人，包括被继承人的下列亲属；配偶，子女，父母，兄弟姐妹，祖父母，外祖父母，对公婆或岳父母尽了主要赡养义务的丧偶儿媳或丧偶女婿。还有遗嘱继承人。

遗产按照下列顺序继承：

第一顺序：配偶、子女、父母。

第二顺序：兄弟姐妹、祖父母、外祖父母。

继承开始后，由第一顺序继承人继承，第二顺序继承人不继承。没有第一顺序继承人继承的，由第二顺序继承人继承。

同一继承顺序，原则上是均分，如果有需要特殊照顾的，比如说尽了主要赡养义务，或者说身体有残疾需要特殊照顾等，可以适当多分。

127. 儿媳和女婿是否是公婆或岳父母的法定继承人？

儿媳和女婿不是公婆或岳父母的法定继承人，但尽了赡养义务可以作为第一顺序继承人，其子女可以代位继承，一般不享有继承权，但是，根据《继承法》第 12 条和《最高人民法院关于贯彻执行〈中华人民共和国继承法〉若干问题的意见》的有关规定，丧偶儿媳对公婆和丧偶女婿对岳父母生活提供了主要经济来源，或在劳务等方面给予了主要扶助的，应当认定其尽了主要赡养义务或主要抚养义务而作为第一顺序继承人具有继承权，并且，不管他们是否再婚，其子女可以代位继承。

128. 办理继承公证需要提供哪些材料？

答：办理继承公证需要提供的材料主要有：

(1)填写申办公证申请表；

(2)提供被继承人的死亡证明(如医院的死亡通知书、骨灰证、火化证明等)、身份证；

(3)提供被继承人遗留的财产证明。如房地产证、存款凭证、股票等；

(4)继承人的身份证、户口簿、结婚证；

(5)提供申办继承权的亲属关系证明表(可从网站下载，由继承人所在单位人事部门，或居委会和街道办事处，或村委和镇政府盖章并加审查意见)；

(6)继承人放弃继承权的，应由声明人亲自到公证处或居住地公证处办理弃权声明书公证；

(7)继承人因特殊情况不能亲自到公证处办理的，须提供经公证的委托书，委托其他继承人办理；

(8)遗嘱继承人应提供合法、有效的遗嘱。

129. 代位继承需要满足哪些条件？

答：代位继承是指被继承人的子女先于被继承人死亡的，死亡的子女的晚辈直系血亲代位继承被继承人遗产的制度。构成代位继承，需要满足以下条件：

(1)被代位继承人须是被继承人的子女，包括养子女与形成抚养关系的继子女。

(2)被代位继承人必须先于被继承人死亡或宣告死亡。

(3)代位继承人只能是被代位人的晚辈直系血亲，但是对于代位继承人是第几代的晚辈直系血亲，法律并无限制。

(4)被代位人必须没有丧失继承权。

(5)代位继承人只能继承被代位继承人应得的继承份额，代位人为两人以上的则该两个以上的代位人平均分配被代位人应当继承的那份遗产。

(6)代位继承只适用于法定继承，而不适用于遗嘱继承，遗嘱继承中，继承人死亡的法律后果是遗嘱无效而不产生代位继承，此时应当按照法定继承办理继承。

130. 代位继承的办理程序是什么？

答：代位继承是指在法定继承中，被继承人子女先于被继承人死亡，由被继承人的子女的晚辈直系血亲代位继承。代位继承的人一般只能继承他的父亲或母亲有权继承的遗产份额。

代位继承的办理程序如下：

(1)如果在同一地区(市、县)：凭本人户口本、身份证及派出所的户籍证明即可参与继承；

(2)如果不在同一地区(市、县)：凭本人户口本、身份证外，还需要出示经过公证户籍证明方可参与继承；

(3)上述无论哪种情况，如果代位继承人系未成年人，则还必须由继承人的监护人出示监护人证明(派出所出具)，不同地区的提供经过公证的监护人证明方可由监护人行使继承权。

以上是代位继承的办理程序的内容，不论代位继承人的人数多少，代位继承人参加继承时，不能与其他第一顺序的法定继承人一同按人均分得遗产，而只能共同继承被代位继承人有权继承的份额，如果代位继承人缺乏劳动能力又没有生活来源，或者对被继承人尽过主要赡养义务的，分配遗产时，可以多分。

被继承人的孙子女、外孙子女、曾孙子女、外曾孙子女都可以代位继承，代位继承人不受辈数的限制。

被继承人的养子女、已形成扶养关系的继子女的非生子女可代位继承；被继承人亲生子女的养子女可代位继承；被继承人养子女的养子女可代位继承；与被继承人已形成扶养关系的继子女的养子女也可以代位继承。

代位继承人缺乏劳动能力又没有生活来源，或者对被继承人尽过主要赡养义务的，分配遗产时，可以多分。

131. 什么是赠与合同及其特征？

答：赠与合同是赠与人将自己的财产无偿给予受赠人的合同，受赠人表示接受赠与的合同。其中，出赠财产的一方为赠与人，接受赠与的一方为受赠人。

赠与合同具有以下特征：

(1)赠与合同为单务、无偿合同。根据赠与合同，赠与人单方负有将自己拥有所有权的财产交付受赠人的义务，而受赠人并不负担任何义务，亦即受赠人取得赠与物时不须支付对价。虽然《合同法》第190条规定，赠与可以附义务，并且受赠人应当按照约定履行义务，但这不等同于受赠人向赠与人为给付的履行行为。正是因为如此，无民事行为能力人(包括未成年人和精神病人)也可以作为赠与合同的受赠人。未成年人接受亲朋馈赠的压岁钱和生日礼物，精神病人接受社会慈善团体的治病捐款，即属此例。

(2)赠与合同为诺成合同。《最高人民法院关于贯彻执行〈中华人民共和国民法通则〉若干问题的意见(试行)》第128条规定："公民之间赠与关系的成立，以赠与物的交付为准。赠与房屋，如根据书面赠与合同办理了过户手续的，应当认定赠与关系成立；未办理过户手续，但赠与人根据书面赠与合同已将产权证书交与受赠人，受赠人根据赠与合同已占有、使用该房屋的，可以认定赠与有效，但应令其补办过户手续。"这表明，赠与合同应为实践合同。但是为了更好地约束赠与人，许多学者认为赠与合同应为诺成合同，即只要赠与人作出赠与的意思表示、对方也同意接受赠与，赠与合同即成立，而赠与人是否交付了赠与物在所不问。

132. 房屋赠与应符合哪些条件？

答：根据最高人民法院关于贯彻执行《继承法》若干问题的意见规定，房产继承，同其他遗产继承一样，是指依照法定程序把被继承人遗留房屋所有权及其土地使用权转移归继承人所有的法律行为。房屋赠与需要该房屋已经取得房屋产权证，不存在抵押未还清的情况。房屋赠与必须符合以下规定：

(1)赠与人必须是房屋产权的拥有人，同时必须具有完全民事行为能力；

(2)赠与的房屋必须具有合法的权属证件，不存在产权纠纷；

(3)赠与人和受赠人均属自愿，有书面赠与协议(合同)，并办理公证；

(4)房屋赠与必须经房地产管理机关登记、审核，办理产权过户手续；

(5)受赠人必须依照有关规定缴纳税费；

(6)不得为逃避应当履行的法定义务，如债务履行、支付劳动报酬等而设定赠与；也不得为规避法规管理，如缴纳税费等而设立赠与。总之，房屋赠与不得危害公共利益和损害他人的合法权益。

133. 房屋赠与需要办理什么手续？

答：办理房屋赠与手续须经过以下程序：

(1)赠与人与受赠人订立房屋赠与的书面合同，即赠与书。按规定，房屋赠与一定要采用书面形式。

(2)房屋赠与的当事人(受赠人)凭原房屋所有权证、赠与合同，按规定缴纳有关契税。

(3)办理公证。根据司法部、建设部《关于房产登记管理中加强公证的联合通知》的规定，房屋赠与必须办理公证。

(4)办理房屋所有权转移登记手续。房屋赠与当事人到房地产管理机构申请变更登记，应提交下列证件：

①申请书；

②身份证件；

③原房地产产权证；

④赠与书及公证书；

⑤契税收据。

(5)赠与人将房屋交付受赠人，这里的交付以办理房屋产权转移登记为准。

134. 什么是遗产？

答：遗产，是指被继承人死亡时遗留的个人所有财产和法律规定可以继承的其他财产权益，包括积极遗产和消极遗产。积极遗产指死者生前个人享有的财物和可以继承的其他合法权益，如债权和著作权中的财产权益等。消极遗产指死者生前所欠的个人债务。

135. 遗产的范围有哪些?

答：遗产包括以下几项：

(1)公民的合法收入。如，工资、奖金、存款利息、从事合法经营的收入、继承或接受赠与所得的财产。

(2)公民的房屋、储蓄、生活用品。

(3)公民的树木、牲畜和家禽。树木，主要指公民在宅基地上自种的树木和自留山上种的树木。

(4)公民的文物、图书资料。公民的文物一般指公民自己收藏的书画、古玩、艺术品等。如果上述文物之中有特别珍贵的文物，应按《中华人民共和国文物保护法》的有关规定处理。

(5)法律允许公民个人所有的生产资料。如农村承包专业户的汽车、拖拉机、加工机具等。城市个体经营者、华侨和港、澳、台同胞在内地投资所拥有的各类生产资料。

(6)公民的著作权、专利权中的财产权利，即基于公民的著作被出版而获得的稿费、奖金，或者因发明被利用而取得的专利转让费和专利使用费等。

(7)公民的其他合法财产，如公民的国库券、债券、股票等有价证券，复员、转业军人的复员费、转业费，公民的离退休金、养老金等。

136. 遗产必须符合哪些特征?

根据《继承法》的有关规定，遗产必须符合以下三个特征：

(1)必须是公民死亡时遗留的财产；

(2)必须是公民个人所有的财产；

(3)必须是合法财产。

这三个条件必须同时具备，才能成为遗产。

137. 遗产的处理方式有哪些?

答：怎样处理继承积极遗产和消极遗产、清偿死者遗留的债务，现代各国一般有两种做法：一种是完全实行限定继承的原则，偿还死者遗留的债务，一律只以积极遗产的实际价值为限。例如，1964年的《俄罗斯联邦民法典》就规定，接受继承的继承人，在转归他所有的遗产的实际价值限度内，对被继承人的债务承担责任。另一种是可由继承人在法定时间内依法定程序主张实行限定继承，或放弃继承，否则，即实行无限继承。无限继承，或称为包括继承，即无条件地继受被继承人财产上的地位，既继承全部积极遗产，又接受全部消极遗产，无限制地清偿死者遗留的债务。现行的《法国民法典》规定，遗产得被无条件接受或以有限责任继承方式接受，并规定，继承人如欲取得有限责任继承的资格者，应在法定期限内向继承开始地的民事法院提出声明，并提出忠实而确切的遗产清册，始生效力，然后才能按限定继承原则进行继承。但采取这种方法的各国，一般同时规定有限制措施。例如《法国民法典》就规定，继承人如为犯有隐匿遗产、或故意并恶意地不将某些遗产记入遗产清册的过失者，丧失有限责任继承权。中国《继承法》规定为限定继承，但不限制继承人自愿偿还超过遗产实际价值部分的税款和债务。司法实践中一般先偿还死者遗留的债务，然后再就余额协商分割遗产。在按限定继承方式处理遗产时，则应将死者个人债务和家庭共同债务，以及扶养人未尽义务而遗留的债务(如医疗费)区别开，后者自不应列为消极遗产，而应由有关当事人承担。

138. 什么是无人继承的遗产?

答：无人继承的遗产，指没有法定继承人也没有遗嘱继承人，或者全部继承人都放弃继承权或被剥夺继承权的遗产。在没有法定继承人的条件下，虽有遗嘱但遗嘱只处分了部分遗产，或遗嘱只部分有效，其未经处分的遗产或遗嘱无效部分的遗产，一般也属于无人继承的遗产。对于无人继承的遗产，各国民法均规定归国家所有。我国《继承法》规定无人继承又无人受遗赠的遗产归国家所有；死者生前是集体所有制组织成员的，归所在集体所有制组织所有。

139. 遗产包括哪些内容?

答：遗产是公民死亡时遗留的个人合法财产，包括：

(1)公民的收入；

(2)公民的房屋、储蓄和生活用品；

(3)公民的林木、牲畜和家禽；

(4)公民的文物、图书资料；

(5)法律允许公民所有的生产资料；

(6)公民的著作权、专利权中的财产权利；

(7)公民的其他合法财产。

140. 遗产的分配原则有哪些?

答：遗产的分配原则主要包括：

(1)首先应该确定哪些是死者的遗产，这在继承法中有明确的规定。如果死者有与他人共同所有的财产时，应该先将共同财产进行分割，死者所分到的财产才属于遗产，按照法律的规定继承。

(2)其次应该看死者是否有遗嘱，有遗嘱的，应按遗嘱执行。

(3)没有遗嘱的，应该确定哪些人可以作为继承人。继承人分第一顺序(配偶、子女、父母)和第二顺序(兄弟姐妹、祖父母、外祖父母)。继承开始后，由第一顺序继承人继承，第二顺序继承人不继承。没有第一顺序继承人继承的，由第二顺序继承人继承。

(4)最后，才是确定各继承人的份额。按照继承法的规定，同一顺序继承人继承遗产的份额，一般应当均等。对生活有特殊困难的缺乏劳动能力的继承人，分配遗产时，应当予以照顾。对被继承人尽了主要扶养义务或者与被继承人共同生活的继承人，分配遗产时，可以多分。有扶养能力和有扶养条件的继承人，不尽扶养义务的，分配遗产时，应当不分或者少分。继承人协商同意的，也可以不均等。

141. 什么是遗嘱?

答：所谓遗嘱，是指遗嘱人生前在法律允许的范围内，按照法律规定的方式对其遗产或其他事务所作的个人处分，并于遗嘱人死亡时发生效力的法律行为。

142. 遗嘱有哪些特征？

答：遗嘱具有以下几点特征：

(1)遗嘱是单方法律行为，即遗嘱是基于遗嘱人单方面的意思表示即可发生预期法律后果的法律行为。

(2)遗嘱人必须具备完全民事行为能力，限制行为能力人和无民事行为能力人不具有遗嘱能力，不能设立遗嘱。

(3)设立遗嘱不能进行代理。遗嘱的内容必须是遗嘱人的真实意思表示，应由遗嘱人本人亲自作出，不能由他人代理。如是代书遗嘱，也必须由本人在遗嘱上签名，并要有两个以上见证人在场见证。

(4)遗嘱是要式法律行为。一般情况下，遗嘱必须是书面的，只有在遗嘱人生命垂危或者在其他紧急情况下，才能采用口头形式，而且要求有两个以上的见证人在场见证，危急情况解除后，遗嘱人能够以书面形式或录音形式立遗嘱的，所立口头遗嘱因此失效。

(5)遗嘱是遗嘱人死亡时才发生法律效力的行为。因为遗嘱是遗嘱人生前以遗嘱方式对其死亡后的财产归属问题所作的处分，死亡前还可以加以变更、撤销，所以，遗嘱必须以遗嘱人的死亡作为生效的条件。

143. 遗嘱有哪些种类？

答：根据《继承法》第 17 条的规定，遗嘱的形式有如下 5 种：

(1)公证遗嘱。公证遗嘱由遗嘱人经公证机关办理。办理遗嘱公证，需要立遗嘱人亲自到其户籍所在地的公证机关申请办理，不能委托他人代理。如果遗嘱人因病或其他特殊原因不能亲自到公证机关办理遗嘱公证时，可要求公证机关派公证员前往遗嘱人所在地办理。值得注意的是，立遗嘱人如果要变更或撤销原公证遗嘱，也必须由原公证机关办理。

(2)自书遗嘱。自书遗嘱必须由立遗嘱人全文亲笔书写、签名，注明制作的年、月、日。自书遗嘱不需要见证人在场见证即具有法律效力。

(3)代书遗嘱。代书遗嘱，是指因遗嘱人不能书写而委托他人代为书写的遗嘱。《继承法》第 17 条第 3 项规定："代书遗嘱应当有两个以上见证人在场见证，由其中一人代书，注明年、月、日，并由代书人、其他见证人和遗嘱人签名。"

(4)录音遗嘱。录音遗嘱是指遗嘱人用录音的形式制作的自己口述的遗嘱。为防止录音遗嘱被人篡改或录制假遗嘱弊端的发生，《继承法》第 17 条第 4 项明确规定："以录音形式设立的遗嘱，应当有两个以上的见证人在场见证。"见证的方法可以采取书面或录音的形式，录音遗嘱制作完毕后，应当场将录音遗嘱封存，并由见证人签名，注明年、月、日。

(5)口头遗嘱。《继承法》第 17 条第 5 项规定："遗嘱人在危急情况下，可以立口头遗嘱。口头遗嘱应当有两个以上见证人在场见证。危急情况解除后，遗嘱人能够用书面或者录音形式立遗嘱的，所立的口头遗嘱无效。"由于口头遗嘱有易于被篡改和伪造，以及在遗嘱人死后无法查证的缺点，所以《继承法》对口头遗嘱作了以上限制性规定。

《继承法》第 17 条还规定了公证、自书、代书 3 种形式，并规定，在生命垂危或者其他紧急情况下，可以口授遗嘱。口授遗嘱应当有两个以上见证人在场并作证。危机解除后，口头遗嘱无效。

在这五种遗嘱形式中，公证遗嘱的效力最大。

144. 什么是遗赠扶养协议？

答：遗赠扶养协议，是指遗赠人和扶养人之间签订的一种契约，扶养人负责为遗赠人生养死葬，在遗赠人去世后获得协议中约定的遗赠财产。我国《继承法》规定，继承开始后，按照法定继承办理；有遗嘱的，按照遗嘱继承或者遗赠办理；遗赠扶养协议的，按照协议办理。这表明，在财产继承中，如果各种继承方式并存，应首先执行遗赠扶养协议，其次是遗嘱继承和遗赠，最后才是法定继承。遗赠扶养协议的法律效力高于遗嘱继承和法定继承。

第三十一章 合 同 法

145. 什么是合同法？

答：合同法是调整平等主体之间的交易关系的法律，它主要规范合同的订立、合同的效力、合同的履行、变更、转让、终止、违反合同的责任及各类有名合同等问题。合同法并不是一个独立的法律部门，而只是我国民法的重要组成部分。

我国《合同法》第 2 条规定："本法所称合同是平等主体的自然人、法人、其他组织之间设立、变更、终止民事权利义务关系的协议。婚姻、收养、监护等有关身份关系的协议，适用其他法律的规定。"依此说明，我国《合同法》规定的合同是具有财产关系的民事合同，不包括身份关系的合同。

146. 合同具有哪些法律特征？

答：合同具有以下几点法律特征：

(1)合同是平等主体之间的民事法律关系。合同当事人的法律地位平等，一方不得凭借行政权力、经济实力等优势地位将自己的意志强加给另一方。

(2)合同是多方当事人的法律行为。合同的主体必须有两个或两个以上，合同的成立是各方当事人意思表示一致的结果。

(3)合同是从法律上明确当事人之间特定权利与义务关系的文件。合同在当事人之间设立、变更、终止民事权利义务关系，以实现当事人的特定经济目的。

(4)合同是具有相应法律效力的协议。合同依法成立生效之后，对当事人就具有了法律上的拘束力。

147. 合同的形式有哪些？

答：合同的形式，是指合同当事人意思表示一致的外在表现形式。我国《合同法》规定，当事人订立合同可以采用口头形式、书面形式和其他形式。合同的口头形式是指当事人只有口头语言为意思表示订立合同，而不用文字表达协议内容的合同形式。口头形式优点在于方便快捷，缺点在于发生合同纠纷时难以取证，不易分清责任。口头形式适用于能即时清结的合同关系。书面形式是指当事人以合同书或者电报、电传、电子邮件等数据电文形式等各种可以有形地表现所载内容的形式订立合同。书面形式有利于交易的安全，重要的合同应该采用书面形式。

书面形式又可分为下列几种形式：

(1)由当事人双方依法就合同的主要条款协商一致并达成书面协议，并由双方当事人的法定代表人或其授权的人签字盖章。

(2)格式合同。

(3)双方当事来往的信件、电报、电传等也是合同的组成部分。

148. 合同的内容一般应包括哪些条款？

答：合同的内容，即合同的当事人订立合同的各项具体意思表示，具体体现为合同的各项条款。《合同法》第 12 条规定，合同的内容由当事人约定，一般应包括以下条款：

(1)当事人的名称或者姓名和住所；

(2)标的；

(3)数量；

(4)质量；

(5)价款或者报酬；

(6)履行期限、地点和方式；

(7)违约责任；

(8)解决争议的方法。当事人可以参照各类合同的示范文本订立合同。

149. 合同的内容没有约定或约定不明确的应适用哪些规定？

答：合同生效后，当事人就质量、价款或者报酬、履行地点等内容没有约定或者约定不明确的，可以协议补充；不能达成补充协议的，按照合同有关条款或者交易习惯确定。当事人就有关合同内容约定不明确，依照前述规定仍不能确定的，适用下列规定：

(1)质量要求不明确的，按照国家标准、行业标准履行；没有国家标准、行业标准的，按照通常标准或者符合合同目的的特定标准履行。

(2)价款或者报酬不明确的，按照订立合同时履行地的市场价格履行；依法应当执行政府定价或者政府指导价的，按照规定履行。

(3)履行地点不明确，给付货币的，在接受货币一方所在地履行；交付不动产的，在不动产所在地履行；其他标的，在履行义务一方所在地履行。

(4)履行期限不明确的，债务人可以随时履行，债权人也可以随时要求履行，但应当给对方必要的准备时间。

(5)履行方式不明确的，按照有利于实现合同目的的方式履行。

(6)履行费用的负担不明确的，由履行义务一方负担。

150. 哪些情况下合同无效？

答：根据《合同法》第52条的规定，有下列情形之一的，合同无效：

(1)一方以欺诈、胁迫的手段订立合同，损害国家利益；

(2)恶意串通，损害国家、集体或者第三人利益；

(3)以合法形式掩盖非法目的；

(4)损害社会公共利益；

(5)违反法律、行政法规的强制性规定。

151. 什么是租赁合同？

答：根据《合同法》第212条的规定，租赁合同是出租人将租赁物交付承租人使用、收益，承租人支付租金的合同。

152. 技术合同应包括哪些内容？

答：根据《合同法》第324条的规定，技术合同的内容由当事人约定，一般包括以下条款：

(1)项目名称；

(2)标的的内容、范围和要求；

(3)履行的计划、进度、期限、地点、地域和方式；

(4)技术情报和资料的保密；

(5)风险责任的承担；

(6)技术成果的归属收益的分成办法；

(7)验收标准和方法；

(8)价款、报酬或者使用费及其支付方式；

(9)违约金或者损失赔偿的计算方法；

(10)解决争议的方法；

(11)名词和术语的解释。

与履行合同有关的技术背景资料、可行性论证和技术评价报告、项目任务书和计划书、技术标准、技术规范、原始设计和工艺文件，以及其他技术文档，按照当事人的约定可以作为合同的组成部分。

技术合同涉及专利的，应当注明发明创造的名称、专利申请人和专利权人、申请日期、申请号、专利号以及专利权的有效期限。

153. 技术合同有哪些支付方式？

答：根据《合同法》第325条的规定，技术合同价款、报酬或者使用费的支付方式由当事人约定，可以采取一次总算、一次总付或者一次总算、分期支付，也可以采取提成支付或者提成支付附加预付入门费的方式。

约定提成支付的，可以按照产品价格、实施专利和使用技术秘密后新增的产值、利润或者产品销售额的一定比例提成，也可以按照约定的其他方式计算。提成支付的比例可以采取固定比例、逐年递增比例或者逐年递减比例。约定提成支付的，当事人应当在合同中约定查阅有关会计账目的办法。

154. 什么是买卖合同？

答：根据《合同法》第130条的规定，买卖合同是出卖人转移标的物的所有权于买受人，买受人支付价款的合同。

155. 什么是合同的履行？

答：合同履行是指合同签订的双方当事人按照合同的约定全面地、及时地、善意地履行合同，当然是在不违背法律规定的前提下，这是合同的有效履行。

156. 什么是借款合同？

答：根据《合同法》第196、197条的规定，借款合同是借款人向贷款人借款，到期返还借款并支付利息的合同。除了亲戚、朋友、同事相互之间的借款合同之外，大部分借款合同的贷款人(出借人)是银行或信用合作社。

157. 借款合同有哪些特点？

答：借款合同具有以下特点：

(1)借款合同为诺成合同。借款合同的标的物是金钱，属于消费借贷合同。传统民法学说认为，消费借贷合同属于要物合同，即合同的成立，不仅要双方达成合意，还必须以标的物的交付作为合同的成立要件。民法学界通说认为，我国的借款合同应理解为诺成合同。即只要双方当事人就借款合同的主要条款达成合意，借款合同即告成立。

(2)借款合同为双务有偿合同。借款合同的双方当事人互享权利、互负义务。贷款人负有按合同约定拔付款项给借款人的义务，借款人负有按期还本付息的义务。

(3)借款合同大部分为要式合同。除自然人之间借款另有约定外，借款合同应当采用书面形式。借款合同应当包括借款种类、币种、用途、数额、利率、期限和还款方式等条款。另外，借款申请书、借款凭证、协议书及修改借款合同的有关书面材料是借款合同的组成部分。

为了维护贷款人的利益，保证借款人按期还本付息，《合同法》第198条规定，订立借款合同，贷款人可以要求借款人提供担保。担保的形式和内容依照《中华人民共和国担保法》的规定办理。另外，订立借款合同，借款人应当按照贷款人的要求提供与借款有关的业务活动和财务状况的真实情况。

158. 什么是承揽合同？

答：根据《合同法》第251条的规定，承揽合同是承揽人按照定作人的要求完成工作，交付工作成果，定作人给付报酬的合同。完成工作并交付成果的一方称承揽人，接受承揽人的工作成果并给付报酬的一方称为定作人。承揽人完成的工作成果称作定作物。承揽活动是人们生产、生活不可缺少的民事活动，诸如加工、定作、修理、印刷等，均与人们的生产、生活息息相关，故承揽合同是现实社会生活中广泛存在的合同类型。

159. 承揽合同有哪些特点？

答：(1)是承揽人独立地提供劳务的合同。承揽人以自己的设备、技术和劳动独立地为定作人完成一定的工作，并交付成果。在承揽合同关系中，定作人所注重的是承揽人的人力、技术设备等劳动条件，因为这些劳动条件对工作成果起决定作用，而工作成果的质量决定着定作人的特殊物质利益能够得到保障的程度，所以，承揽人独立为定作人完成一定工作是承揽合同的特点之一。定作人所需要的不是承揽人的单纯劳务，而是其劳务的结果，即工作成果，承揽人的劳务体现在其完成的工作成果上，所以说承揽合同是承揽人独立地提供劳务的合同。

(2)承揽合同的标的具有特定性。承揽合同的标的是承揽人完成并交付的工作成果。这一工作成果既可以是体力劳动成果，也可以是脑力劳动成果，但它必须具有特定性，是按照定作人的特定要求，能够满足定作人特殊需要的物或其他财产，同时，它又是承揽人独特的劳动的产物。承揽合同的标的物，是不能通过市场大量供应的，而只能由承揽人依定作人的要求通过自己与众不同的劳动技能来完成。

(3)承揽合同是双务、有偿合同。承揽合同一经成立，当事人双方均负有一定义务，双方的义务具有对应性，一方的义务即为他方的权利，所以是双务合同。在承揽合同关系中，承揽人的义务表现为按照定作人的要求完成工作，交付工作成果；定作人的义务是受领该工作成果支付约定的报酬，双方当事人任何一方从另一方取得利益均应支付对等价款，因此，承揽合同为有偿合同。

(4)承揽合同是诺成、不要式合同。承揽合同当事人双方意思表示一致即可成立生效，而不以当事人一方对标的物的实际交付为合同成立生效要件，所以是诺成合同。当事人的意思表示可以采用口头形式，也可以采用书面形式，实践中大量的承揽合同是口头合同，所以承揽合同多数是不要式合同。对于生产上的承揽合同或者需较长时间才能完成的项目，应当采用书面合同形式。

160. 什么是建筑工程合同？建筑工程合同有哪些种类？

答：根据《合同法》第269条的规定，建设工程合同也称建设工程承发包合同，是指由承包人进行工程建设，发包人支付价款的合同。

按照《合同法》的规定，建设工程合同包括三种：即建设工程勘察合同、建设工程设计合同、建设工程施工合同。

(1)建设工程勘察合同。建设工程勘察合同是承包方进行工程勘察，发包人支付价款的合同。建设工程勘察单位称为承包方，建设单位或者有关单位称为发包方(也称为委托方)。建设工程勘察合同的标的是为建设工程需要而作的勘察成果。工程勘察是工程建设的第一个环节，也是保证建设工程质量的基础环节。为了确保工程勘察的质量，勘察合同的承包方必须是经国家或省级主管机关批准，持有勘察许可证，具有法人资格的勘察单位。建设工程勘察合同必须符合国家规定的基本建设程序，勘察合同由建设单位或有关单位提出委托，经与勘察部门协商，双方取得一致意见，即可签订，任何违反国家规定的建设程序的勘察合同均是无效的。

(2)建设工程设计合同。建设工程设计合同是承包方进行工程设计，委托方支付价款的合同。建设单位或有关单位为委托方，建设工程设计单位为承包方。建设工程设计合同为建设工程需要而作的设计成果。工程设计是工程建设的第二个环节，是保证建设工程质量的重要环节。工程设计合同的承包方必须是经国家或省级主要机关批准，持有设计许可证，具有法人资格的设计单位。只有具备了上级批准的设计任务书，建设工程设计合同才能订立；小型单项工程必须具有上级机关批准的文件方能订立。如果单独委托施工图设计任务，应当同时具有经有关部门批准的初步设计文件方能订立。

(3)建设工程施工合同。建设工程施工合同是工程建设单位与施工单位，也就是发包方与承包方以完成商定的建设工程为目的，明确双方相互权利与义务的协议。建设工程施工合同的发包方可以是法人，也可以是依法成立的其他组织或公民，而承包方必须是法人。

161. 什么是运输合同？

答：根据《合同法》第288条的规定，运输合同运输业完成运输生产的过程，在法律上体现的是运输法律关系，而运输法律关系最重要的是运输合同关系。《合同法》规定，运输合同是承运人将旅客或货物从起运地点运输到约定地点，旅客、托运人或收货人支付票款或运输费用的合同。运输合同包括：客运合同、货运合同、多式联运合同。

162. 运输合同有哪些特征？

答：运输合同具有以下特征：

(1)运输合同主体的复杂性。所谓运输合同的主体就是运输合同权利的享有者和义务的承担者。运输合同的主体与一般合同主体不同，具有其特殊性和复杂性，这是由运输合同的特点所决定的。运输合同的主体包括承运人、旅客、托运人和收货人。承运人是指提供运输服务的当事人。凡是取得运输服务资格的企业和个人都可以。在批准的经营范围内从事运输生产活动。承运人可以是法人、其他组织、运输专业户，也可以是公民个人。承运人提供运输服务，其基本条件是应具备相应的运输工具。旅客是指乘坐交通工具旅行的自然人。旅客作为运输合同的主体，既包括中国人，也包括外国人。未成年人或不具备完全民事行为能力的人也可以作为运输合同的主体，但必须与其法定代理人、监护人一起履行，或者按照规定委托承运人照顾。托运人是指提供行李、包裹和货物运输的人。行李运输的托运人就是旅客，包裹运输的托运人可以是旅客，也可以是其他货主。托运人可以是自然人，也可以是法人或其他组织；可以是货物的所有人，也可以是货物所有人委托的运输代理人或者货物的保管人。运输合同的订立是由托运人向承运人提出，经过承运人确认后成立的。因此，托运人作为合同的主体具有积极主动的地位。收货人是托运人指定的领取货物的人，收货人可以是个人，也可以是法人或其他组织。在运输合同中，托运人有时就是收货人，但是在多数情况下，另有收货人。收货人作为运输合同的收益人，也是运输合同的利害关系人。承运人在目的地点有通知收货人并向其交付货物的义务。收货人有权请求提取货物，同时也负有及时提货的义务。

(2)运输合同标的特殊性。运输合同的客体是承运人运送旅客或者货物的劳务行为而不是旅客和货物。旅客或者托运人与承运人签订运输合同，其目的是要利用承运人的运输工具完成旅客或者货物的位移，承运人的运输劳务行为是双方权利义务共同指向的目标。因此，只有运输劳务的行为才是运输合同的标的。运输合同的履行结果是旅客或货物发生了位移，并没有创造新的使用价值。

(3)运输合同当事人权利义务的法定性。运输合同当事人的权利义务大多数是由法律、法规、规章所规定的，当事人按照有关规定办理相关手续后，合同即告成立。但当事人对合同的内容也可以依法进行修改。对于法律规定的强制性条款，当事人不能协商。选择性的条款和提示性的条款当事人可以协商，当事人协商的补充条款，也具有法律效力。随着市场经济的不断发展，当事人自由协商订立合同的情况越来越多，因此，《合同法》特别强调当事人的约定的作用。

(4)运输合同格式的标准性。运输合同一般采取标准合同形式订立。所谓标准合同，也称格式合同，是指合同一方提供的具有合同全部内容和条件的格式，另一方当事人予以确认后合同即告成立。由于格式条款是由当事人一方提供格式条款文本，对另一方来说，很可能侵害其合法权益，因此，法律对制定标准格式合同的一方规定了很严格的义务，目的是要保护对方的权益。运输合同涉及的范围比较广，为简便手续，各国基本上都采取标准格式合同。旅客运输合同一般通过出售客票来完成合同的订立过程。货物运输合同绝大多数也是格式条款，并且通过规章形式明确各自的权利义务。

(5)运输合同为有偿、双务合同。承运人履行将旅客或者货物从一地运送到另一地的义务，从而给旅客或者托运人带来“位移”的利益，其本人也取得了要求旅客或者托运人(收货人)支付报酬，即运费的权利。承运人以运输为业，以收取运费为营利手段，旅客或者托运人须向承运人支付运费。因此，运输合同只能是有偿合同。运输合同一经成立，当事人双方均负有义务，承运人须将旅客或者货物从一地运到另一地，旅客或者托运人(收货人)须向承运人支付运费，双方的权利义务是相互对应，相互依赖的。因此，运输合同是双务合同。

163. 什么是技术合同？

答：根据《合同法》第322~324条的规定，技术合同，是当事人就技术开发、转让、咨询或者服务订立的确立相互之间权利和义务的合同。技术合同的标的与技术有密切联系，不同类型的技术合同有不同的技术内容。技术合同履行环节多，履行期限长。技术合同的法律调整具有多样性。当事人一方具有特定性，通常应当是具有一定专业知识或技能的技术人员。技术合同是双务、有偿合同。

164. 技术合同具有哪些特点？

答：技术合同主要具有以下特点：

(1)技术合同的标的与技术有密切联系，不同类型的技术合同有不同的技术内容。技术转让合同的标的是特定的技术成果，技术服务与技术咨询合同的标的是特定的技术行为，技术开发合同的标的兼具技术成果与技术行为的内容。

(2)技术合同履行环节多，履行期限长，价款、报酬或使用费的计算较为复杂，一些技术合同的风险性很强。

(3)技术合同的法律调整具有多样性。技术合同标的物是人类智力活动的成果，这些技术成果中许多是知识产权法调整的对象，涉及技术权益的归属、技术风险的承担、技术专利权的获得、技术产品的商业标记、技术的保密、技术的表现形式等，受专利法、商标法、商业秘密法、反不正当竞争法、著作权法等法律的调整。

(4)当事人一方具有特定性，通常应当是具有一定专业知识或技能的技术人员。

(5)技术合同是双务、有偿合同。

165. 什么是委托合同？委托合同有哪些特征？

答：根据《合同法》第396条的规定，委托合同是指受托人为委托人办理委托事务，委托人支付约定报酬或不支付报酬的合同。其特征有：委托合同是典型的劳务合同；受托人以委托人的费用办理委托事务；委托合同具有人身性质，以当事人之间相互信任为前提；委托合同既可以是有偿合同，也可以是无偿合同；委托合同是诺成的、双务的合同。

第三十二章　国家赔偿法

166. 什么是国家赔偿？

答：国家赔偿，是指国家对国家机关及其工作人员因违法行使职权造成的损害给予赔偿的活动。

167. 有哪些侵犯人身权的情形，受害人有取得赔偿的权利？

答：根据《赔偿法》第 3 条的规定，行政机关及其工作人员在行使行政职权时，有下列侵犯人身权情形之一的，受害人有取得赔偿的权利：

(1)违法拘留或者违法采取限制公民人身自由的行政强制措施的；

(2)非法拘禁或者以其他方法非法剥夺公民人身自由的；

(3)以殴打、虐待等行为或者唆使、放纵他人以殴打、虐待等行为造成公民身体伤害或者死亡的；

(4)违法使用武器、警械造成公民身体伤害或者死亡的；

(5)造成公民身体伤害或者死亡的其他违法行为。

168. 国家赔偿的种类有哪些？

答：国家赔偿的种类有三种：一是行政赔偿；二是刑事赔偿；三是民事、行政诉讼中国家侵权损害赔偿。

169. 什么是行政赔偿？

答：行政赔偿，是指行政机关及其工作人员、法律、法规授权的组织、受行政机关委托的组织或个人行使行政职权时，侵犯公民、法人和其他组织合法权益造成的损害，由国家通过侵权的机关或法律、法规授权的组织向受害人所进行的赔偿。

170. 有哪些侵犯财产权的情形，受害人有取得赔偿的权利？

答：行政机关及其工作人员在行使行政职权时，有下列侵犯财产权行为之一的，受害人有取得赔偿的权利：

(1)违法实施罚款、吊销许可证和执照、责令停产停业、没收财物等行政处罚的；

(2)违法对财产采取查封、扣押、冻结等行政强制措施的；

(3)违法征收、征用财产的；

(4)造成财产损害的其他违法行为。

171. 受害公民死亡，哪些人有权提起诉讼？

答：受害的公民死亡，其继承人和其他有抚养关系的亲属有权要求赔偿。受害的法人或者其他组织终止的，其权利承受人有权要求赔偿。

172. 什么是赔偿义务机关？

答：行政机关及其工作人员行使行政职权侵犯公民、法人和其他组织的合法权益造成损害的，该行政机关为赔偿义务机关。

173. 赔偿义务机关在什么情况下应当赔偿？

答：赔偿义务机关有《国家赔偿法》第 3 条、第 4 条规定情形之一的，应当给予赔偿。

174. 赔偿请求人应如何提起诉讼及提请诉讼的申请书应载明哪些事项?

答：赔偿请求人要求赔偿应当先向赔偿义务机关提出，也可以在申请行政复议和提起行政诉讼时一并提出；赔偿请求人可以向共同赔偿义务机关中的任何一个赔偿义务机关要求赔偿，该赔偿义务机关应当先予赔偿。赔偿请求人根据受到的不同损害，可以同时提出数项赔偿要求。要求赔偿应当递交申请书，申请书应当载明下列事项：

(1)受害人的姓名、性别、年龄、工作单位和住所，法人或者其他组织的名称、住所和法定代表人或者主要负责人的姓名、职务。

(2)具体的赔偿要求、赔偿事实根据和赔偿理由。

(3)申请的年、月、日。

赔偿请求人书写申请书确有困难的，可以委托人代书，也可以口头申请，由赔偿义务机关记入笔录。赔偿义务机关应当自收到申请之日起两个月内依照《国家赔偿法》第 4 章的规定给予赔偿。逾期不予赔偿或者赔偿请求人对赔偿数额有异议的，赔偿请求人可以自期间届满之日起三个月内向人民法院提起诉讼。

175. 要求赔偿递交的申请书应当载明哪些事项?

答：要求赔偿应当递交申请书及申请书应当载明下列事项：

(1)受害人的姓名、性别、年龄、工作单位和住所，法人或者其他组织的名称、住所和法定代表人或者主要负责人的姓名、职务；

(2)具体的要求、事实根据和理由；

(3)申请的年、月、日。

176. 什么是刑事赔偿?

答：刑事赔偿，是指公安机关、国家安全机关、检察机关、审判机关、监狱管理机关及其工作人员违法行使职权，侵犯当事人人身、财产权造成损害而给予的赔偿。

177. 刑事赔偿的范围是什么?

答：《国家赔偿法》第 17 条规定，行使侦查、检察、审判职权的机关以及看守所、监狱管理机关及其工作人员在行使职权时有下列侵犯人身权情形之一的，受害人有取得赔偿的权利：

(1)违反刑事诉讼法的规定对公民采取拘留措施的，或者依照刑事诉讼法规定的条件和程序对公民采取拘留措施，但是拘留时间超过刑事诉讼法规定的时限，其后决定撤销案件、不起诉或者判决宣告无罪终止追究刑事责任的；

(2)对公民采取逮捕措施后，决定撤销案件、不起诉或者判决宣告无罪终止追究刑事责任的；

(3)依照审判监督程序再审改判无罪，原判刑罚已经执行的；

(4)刑讯逼供或者以殴打、虐待等行为或者唆使、放纵他人以殴打、虐待等行为造成公民身体伤害或者死亡的；

(5)违法使用武器、警械造成公民身体伤害或者死亡的。

《国家赔偿法》第 18 条规定，行使侦查、检察、审判职权的机关以及看守所、监狱管理机关及其工作人员在行使职权时有下列侵犯财产权情形之一的，受害人有取得赔偿的权利：

(1)违法对财产采取查封、扣押、冻结、追缴等措施的；

(2)依照审判监督程序再审改判无罪，原判罚金、没收财产已经执行的。

178. 什么是刑事赔偿请求人？

答：所谓刑事赔偿请求人，即因行使侦查、检察、审判和监狱管理职权的机关及其工作人员在行使职权时违法侵害人身权和财产权依照国家赔偿法的有关规定有权提起国家赔偿请求的人。包括自然人、法人和其他组织。主要包括：

(1)受害的公民、法人或者其他组织有权请求赔偿；

(2)受害的公民死亡，其继承人和其他有护养关系的亲属有权要求赔偿；

(3)受害的法人或者其他组织终止，承担其权利的法人或者其他组织有权请求赔偿。

179. 承担赔偿的机关及赔偿条件各是什么？

答：行使侦查、检察、审判职权的机关以及看守所、监狱管理机关及其工作人员在行使职权时有下列侵犯人身权情形之一的，受害人有取得赔偿的权利：

(1)违反刑事诉讼法的规定对公民采取拘留措施的，或者依照刑事诉讼法规定的条件和程序对公民采取拘留措施，但是拘留时间超过刑事诉讼法规定的时限，其后决定撤销案件、不起诉或者判决宣告无罪终止追究刑事责任的；

(2)对公民采取逮捕措施后，决定撤销案件、不起诉或者判决宣告无罪终止追究刑事责任的；

(3)依照审判监督程序再审改判无罪，原判刑罚已经执行的；

(4)刑讯逼供或者以殴打、虐待等行为或者唆使、放纵他人以殴打、虐待等行为造成公民身体伤害或者死亡的；

(5)违法使用武器、警械造成公民身体伤害或者死亡的。

180. 刑事赔偿的主体是谁？

答：刑事赔偿的主体包括下列范围：

(1)行使国家侦查权的机关，如公安机关、国家安全机关、检察机关和军队保卫部门；

(2)行使检察权的机关即人民检察院；

(3)行使审判权的机关即人民法院；

(4)行使监狱管理职权的机关即执行刑事判决的监狱管理机关。

先行处理是指赔偿请求人在最终解决刑事损害赔偿争议之前须经赔偿义务机关先行处理。根据赔偿法第 20 条规定赔偿请求人要求赔偿的，应当先向赔偿义务机关提出。在中国，赔偿义务机关主要包括公安机关、安全机关、军队保卫部门、人民检察院、人民法院及监狱管理机关。递交书面申请书，并签名。其目的在于明确请求权人和赔偿义务机关之间的关系。提起刑事损害赔偿的法定前提条件是司法机关依法确认发生了错羁、错判或违法行使职权的法律事实。

181. 赔偿义务机关在收到申请人的赔偿申请书后应当如何处理？

答：赔偿义务机关在收到申请人的赔偿申请书后，应当予以审查，决定是否受理。

182. 赔偿方式和计算标准是什么?

答:国家赔偿以支付赔偿金为主要方式。

能够返还财产或者恢复原状的,予以返还财产或者恢复原状。

侵犯公民人身自由的,每日赔偿金按照国家上年度职工日平均工资计算。

侵犯公民生命健康权的,赔偿金按照下列规定计算:

(1)造成身体伤害的,应当支付医疗费、护理费,以及赔偿因误工减少的收入。减少的收入每日的赔偿金按照国家上年度职工日平均工资计算,最高额为国家上年度职工年平均工资的五倍;

(2)造成部分或者全部丧失劳动能力的,应当支付医疗费、护理费、残疾生活辅助具费、康复费等因残疾而增加的必要支出和继续治疗所必需的费用,以及残疾赔偿金。残疾赔偿金根据丧失劳动能力的程度,按照国家规定的伤残等级确定,最高不超过国家上年度职工年平均工资的 20 倍。造成全部丧失劳动能力的,对其扶养的无劳动能力的人,还应当支付生活费;

(3)造成死亡的,应当支付死亡赔偿金、丧葬费,总额为国家上年度职工年平均工资的 20 倍。对死者生前扶养的无劳动能力的人,还应当支付生活费。

前款第 2 项、第 3 项规定的生活费的发放标准,参照当地最低生活保障标准执行。被扶养的人是未成年人的,生活费给付至 18 周岁止;其他无劳动能力的人,生活费给付至死亡时止。

有《国家赔偿法》第 3 条或者第 17 条规定情形之一,致人精神损害的,应当在侵权行为影响的范围内,为受害人消除影响,恢复名誉,赔礼道歉;造成严重后果的,应当支付相应的精神损害抚慰金。

183. 侵犯公民、法人和其他组织的财产权造成损害的,应怎样处理?

答:侵犯公民、法人和其他组织的财产权造成损害的,按照下列规定处理:

(1)处罚款、罚金、追缴、没收财产或者违法征收、征用财产的,返还财产;

(2)查封、扣押、冻结财产的,解除对财产的查封、扣押、冻结,造成财产损坏或者灭失的,依照本条第 3 项、第 4 项的规定赔偿;

(3)应当返还的财产损坏的,能够恢复原状的恢复原状,不能恢复原状的,按照损害程度给付相应的赔偿金;

(4)应当返还财产损失的,给付相应的赔偿金;

(5)财产已经拍卖或者变卖的,给付拍卖或者变卖所得的价款;变卖的价款明显低于财产价值的,应当支付相应的赔偿金;

(6)吊销许可证和执照、责令停产停业的,赔偿停产停业期间必要的经常性费用开支;

(7)返还执行的罚款或者罚金、追缴或者没收的金钱,解除冻结的存款或者汇款的,应当支付银行同期存款利息;

(8)对财产权造成其他损害的,按照直接损失给予赔偿。

赔偿费用列入各级财政预算。

184. 赔偿请求人凭什么样的法律文书申请支付赔偿金？

赔偿请求人凭生效的判决书、复议决定书、赔偿决定书或者调解书，向赔偿义务机关申请支付赔偿金。

185. 赔偿义务机关自收到支付赔偿金申请之日起多少时间内处理？

赔偿义务机关应当自收到支付赔偿金申请之日起七日内，依照预算管理权限向有关的财政部门提出支付申请。财政部门应当自收到支付申请之日起15日内支付赔偿金。

赔偿费用预算与支付管理的具体办法由国务院规定。

186. 在哪些情形下，国家不承担赔偿责任？

答：根据《国家赔偿法》第19条规定，属于下列情形之一的，国家不承担赔偿责任：

(1)因公民自己故意作虚伪供述，或者伪造其他有罪证据被羁押或者被判处刑罚的；

(2)依照《刑法》第17条、第18条规定不负刑事责任的人被羁押的；

(3)依照《刑事诉讼法》第15条、第142条第2款规定不追究刑事责任的人被羁押的；

(4)行使侦查、检察、审判职权的机关以及看守所、监狱管理机关的工作人员与行使职权无关的个人行为；

(5)因公民自伤、自残等故意行为致使损害发生的；

(6)法律规定的其他情形。

187. 在哪些情形下，人民法院在民事执行中对被执行人的财产不得查封、扣押、冻结？

答：根据《最高人民法院关于人民法院民事执行中查封、扣押、冻结财产的规定》第5条规定，人民法院对被执行人下列的财产不得查封、扣押、冻结：

(1)被执行人及其所扶养家属生活所必需的衣服、家具、炊具、餐具及其他家庭生活必需的物品；

(2)被执行人及其所扶养家属所必需的生活费用。当地有最低生活保障标准的，必需的生活费用依照该标准确定；

(3)被执行人及其所扶养家属完成义务教育所必需的物品；

(4)未公开的发明或者未发表的著作；

(5)被执行人及其所扶养家属用于身体缺陷所必需的辅助工具、医疗物品；

(6)被执行人所得的勋章及其他荣誉表彰的物品；

(7)根据《中华人民共和国缔结条约程序法》，以中华人民共和国、中华人民共和国政府或者中华人民共和国政府部门名义同外国、国际组织缔结的条约、协定和其他具有条约、协定性质的文件中规定免于查封、扣押、冻结的财产；

(8)法律或者司法解释规定的其他不得查封、扣押、冻结的财产。

第三十三章　仲　裁　法

188. 什么是仲裁？

答：仲裁是解决民事争议的方式之一，民事争议通常可以采取向法院起诉和申请仲裁机构审理两种方法。仲裁指争议双方在争议发生前或争议发生后达成协议，自愿将争议交给第三者作出裁决，双方有义务执行的一种解决争议的方法。

189. 申请仲裁应具备哪些条件？

答：根据《仲裁法》第21条的规定，当事人申请仲裁应当符合下列条件：

(1)有仲裁协议；

(2)有具体的仲裁请求和事实；

(3)属于仲裁委员会的受理范围。

190. 撤销仲裁必须符合哪些条件？

答：根据《仲裁法》第58条的规定，当事人提出证据证明裁决有下列情形之一的，可以向仲裁委员会所在地的中级人民法院申请撤销裁决：

(1)没有仲裁协议的；

(2)裁决的事项不属于仲裁协议的范围或者仲裁委员会无权仲裁的；

(3)仲裁庭的组成或者仲裁程序违反法定程序的；

(4)裁决所根据的证据是伪造的；

(5)对当事人隐瞒了足以影响公正裁决的证据的；

(6)仲裁员在仲裁该案时有索贿受贿，徇私舞弊，枉法裁决行为的。

人民法院组成合议庭审查核实裁决有前款规定情形之一的，应裁定撤销。

191. 仲裁申请书应载明哪些内容？

答：仲裁申请书应载明下列事项：

(1)当事人的姓名、性别、年龄、职业、工作单位和住所，法人或者其他组织的名称，住所和法定代表人或者主要负责人的姓名、职务；

(2)仲裁请求和根据的事实和理由；

(3)证据和证据来源，证人姓名和住所。

192. 有效的仲裁协议需具备哪些条件？

答：有效的仲裁协议，通常具备以下几个条件：

(1)当事人应具缔约能力；

(2)意识表示真实；

(3)争议事项具有可仲裁性，不具有可仲裁性，该仲裁协议当然无效。

(4)不违反法律和社会公共利益；

(5)具备法定形式

193. 什么样的仲裁协议是无效的？

答：仲裁协议无效，必须具备三项内容：

(1)约定的仲裁事项超出法律规定的仲裁范围的；
(2)无民事行为能力或限制行为能力订立的仲裁协议；
(3)一方采取胁迫手段，迫使对方订立仲裁协议的。

第三十四章　公　证　法

194. 哪些情况可以办理公证？

答：根据《公证法》第11条的规定，根据自然人、法人或者其他组织的申请，公证机构办理下列公证事项：

(1)合同；

(2)继承；

(3)委托、声明、赠与、遗嘱；

(4)财产分割；

(5)招标投标、拍卖；

(6)婚姻状况、亲属关系、收养关系；

(7)出生、生存、死亡、身份、经历、学历、学位、职务、职称、有无违法犯罪记录；

(8)公司章程；

(9)保全证据；

(10)文书上的签名、印鉴、日期，文书的副本、影印本与原本相符；

(11)自然人、法人或者其他组织自愿申请办理的其他公证事项。

法律、行政法规规定应当公证的事项，有关自然人、法人或者其他组织应当向公证机构申请办理公证。

195. 如何办理婚前财产公证？

答：第一步，当事人要准备好以下几种材料：

(1)个人的身份证明，如身份证、户口簿，已婚的还要带上结婚证。

(2)与约定内容有关的财产所有权证明，如房产证、未拿到产权证的带购房合同和付款发票。

(3)双方已经草拟好的协议书。协议书的内容一般包括：当事人的姓名、性别、职业、住址等个人基本情况；财产的名称、数量、价值、状况、归属；上述婚前财产的使用、维修、处分的原则等。一般双方当事人的签名和订约日期空缺，待公证员对协议进行审查和修改后，再在公证员面前签字。

第二步，准备好上述材料后，双方必须共同亲自到公证处提出公证申请，填写公证的申请表格。委托他人代理或是一个人来办婚前财产公证，是不会被受理的。

第三步，公证申请被接待公证员受理后，公证员就财产协议的内容，审查财产的权利证明；查问当事人的订约是否受到欺骗或误导。当事人应如实回答公证员的提问，公证员会履行必要的法律告知义务，告诉当事人签订财产协议后承担的法律义务和法律后果，当事人配合公证员做完公证接谈笔录，并在笔录上签字确认。

别小看公证员制作谈话笔录这个过程，由于婚前财产约定涉及当事人财产实体权利的转移，公证员在这个过程中，会再三确认当事人划分财产归属的意见，明确双方对财产的分配关系，当事人一旦在笔录上签字，该笔录就成为具有法律效力的书面证据保存于公证卷宗内。这份笔录和公证书不仅可以防止当事人间出现纠纷，而且，对于与当事人发生债权债务关系的第三人，也是一种保护。

第四步，双方当事人在公证员的面前在婚前财产协议书上签名。至此，婚前财产公证的办证程序履行完毕，两周后当事人就可凭收费单据来领取公证书了。当然，如果双方都抽不出时间来领公证书，也可以在预交邮费后享受“邮递送达”服务。

196. 办理公证有哪些程序？

答：公证的一般程序由申请与受理、审查、出证三个基本环节构成。

(1)申请。即当事人向公证机关提出办理公证的要求。当事人申请办理公证，应亲自向公证处提出，并填写公证申请表。如果委托别人代为办理的，必须向公证处提交书面委托书，委托书应当写明代理事项、权限和期限，并由委托人签名盖章。但申请公证证明委托、声明书、收养子女、遗嘱、签名印鉴等，不得委托别人代理。如果当事人因病或其他原因确有困难，不能亲自到公证处申请公证时，公证员可以到当事人所在地办理。国家机关、企业事业单位、人民团体等法人组织申请办理公证，应经其法定代表人或持有法定代表人委托书的代理人代为办理，代表人应当提交有代表权的证件。

(2)受理。即公证人员对当事人的公证申请予以接受并表示给予办理的过程。申请办理公证，应当符合下列条件：

①申请人与申请公证事项有直接利害关系或者其他法律上的联系；②申请公证的事项无争议；③申请公证的事项属于公证处的业务范围；④申请公证的事项属于本公证处管辖。对符合上述条件的申请应予受理；对不符合条件的申请，不予受理，或告知当事人到有关部门及有管辖权的公证处办理。

公证处决定受理后，应立即编号立卷，并可应当事人的请求，帮助当事人审查、修改、起草与申请公证事项有关的法律文书。

(3)审查。即对申请公证的当事人的资格、申请公证的民事关系、民事行为和其他事实材料的真实性、合法性的审定、核实过程。公证申请受理后，公证人员必须认真、细致地审查公证事项，这是公证活动的必经程序，是决定公证行为正确与否的关键。根据法律规定和公证实践；审查的内容一般包括：

①当事人(包括公民、法人或其他组织)的身份及是否具有民事权利能力和相应的民事行为能力。一般情况下，当事人申请办理公证时，必须向公证机关提供足以证明自己身份的证明或证件，如居民身份证、户口簿、工作证、学生证、工会会员证或者工作单位的证明等；法人注册的营业执照、设立时的批准文件、法人代表的证明和授权委托书等也应予以审查；②当事人的意思表示是否真实，其行为是否符合法律和社会公共利益。凡是一方以欺诈、胁迫的手段，或者乘人之危，使对方在违背真实意思的情况下所为的法律行为，公证机关都不予办理公证。凡违背法律或有损社会公共利益的行为，如违反继承法所确立的遗嘱，违反婚姻法所建立的婚姻关系等，也不能予以公证；③对有法律意义的事实和文书的公证事项的审查，应着重审查事实的存在、文件的真伪和文件上的签名、印鉴是否真实无误；④审查公证的文书内容是否完善，文字是否破确，签名、印鉴是否齐全；⑤当事人提供的证明材料是否真实、充分。公证处对当事人提供的

证明，认为不完备或有疑问时，有权通知当事人作必要的补充，或者向有关单位、个人调查，索取有关证件和材料。

(4)出证。即公证机关在当事人提出的公证事项进行审查之后，认为符合法律规定，由公证员签署并出具公证文书的活动，它是公证一般程序的最后环节。对于当事人提出的公证事项进行审查后，公证员应填写审批表，连同卷宗材料报公证处主任或副主任审批。对于事实清楚，证据确实充分，符合法律和法规和规章规定的公证事项，公证处在受理后一个月内(特殊情况下经批准延长后，最长在三个月内)应审批办结公证，出具公证书；对不符合规定的应拒绝公证，同时由公证员向当事人说明理由；如果当事人不服，可以向原公证处或同级司法行政机关、上级司法行政机关提出申诉。

公证处办理公证事务，除按上述程序办理外，对某些特殊的公证项目还有一些特别的程序。如公证处办理招标投标、开奖、拍卖公证等，承办的公证员应亲临现场，并应当场宣读公证词。又如，公证处办理遗嘱公证，一般应由两名公证人员共同办理，由其中一名公证员在公证书上署名。再如，公证处办理提存公证，应以通知书或公告方式通知债权人在确定的期限内领取提存标的物。

第五部分　附　　录

1. 中华人民共和国刑事诉讼法

（根据1996年3月17日第八届全国人民代表大会第四次会议《关于修改〈中华人民共和国刑事诉讼法〉的决定》第一次修正，根据2012年3月14日第十一届全国人民代表大会第五次会议《关于修改〈中华人民共和国刑事诉讼法〉的决定》第二次修正）

目　录

第一编　总则
第一章　任务和基本原则
第二章　管辖
第三章　回避
第四章　辩护与代理
第五章　证据
第六章　强制措施
第七章　附带民事诉讼
第八章　期间、送达
第九章　其他规定
第二编　立案、侦查和提起公诉
第一章　立案
第二章　侦查
第一节　一般规定
第二节　讯问犯罪嫌疑人
第三节　询问证人
第四节　勘验、检查
第五节　搜查
第六节　查封、扣押物证、书证
第七节　鉴定
第八节　技术侦查措施

第九节　通缉
第十节　侦查终结
第十一节　人民检察院对直接受理的案件的侦查
第三章　提起公诉
第三编　审判
第一章　审判组织
第二章　第一审程序
第一节　公诉案件
第二节　自诉案件
第三节　简易程序
第三章　第二审程序
第四章　死刑复核程序
第五章　审判监督程序
第四编　执行
第五编　特别程序
第一章　未成年人刑事案件诉讼程序
第二章　当事人和解的公诉案件诉讼程序
第三章　犯罪嫌疑人、被告人逃匿、死亡案件违法所得的没收程序
第四章　依法不负刑事责任的精神病人的强制医疗程序
附　则

第一编　总　则

第一章　任务和基本原则

第一条　为了保证刑法的正确实施，惩罚犯罪，保护人民，保障国家安全和社会公共安全，维护社会主义社会秩序，根据宪法，制定本法。

第二条　中华人民共和国刑事诉讼法的任务，是保证准确、及时地查明犯罪事实，正确应用法律，惩罚犯罪分子，保障无罪的人不受刑事追究，教育公民自觉遵守法律，积极同犯罪行为作斗争，维护社会主义法制，尊重和保障人权，保护公民的人身权利、财产权利、民主权利和其他权利，保障社会主义建设事业的顺利进行。

第三条　对刑事案件的侦查、拘留、执行逮捕、预审，由公安机关负责。检察、批准逮捕、检察机关直接受理的案件的侦查、提起公诉，由人民检察院负责。审判由人民法院负责。除法律特别规定的以外，其他任何机关、团体和个人都无权行使这些权力。

人民法院、人民检察院和公安机关进行刑事诉讼，必须严格遵守本法和其他法律的有关规定。

第四条　国家安全机关依照法律规定，办理危害国家安全的刑事案件，行使与公安机关相同的职权。

第五条　人民法院依照法律规定独立行使审判权，人民检察院依照法律规定独立行

使检察权，不受行政机关、社会团体和个人的干涉。

第六条 人民法院、人民检察院和公安机关进行刑事诉讼，必须依靠群众，必须以事实为根据，以法律为准绳。对于一切公民，在适用法律上一律平等，在法律面前，不允许有任何特权。

第七条 人民法院、人民检察院和公安机关进行刑事诉讼，应当分工负责，互相配合，互相制约，以保证准确有效地执行法律。

第八条 人民检察院依法对刑事诉讼实行法律监督。

第九条 各民族公民都有用本民族语言文字进行诉讼的权利。人民法院、人民检察院和公安机关对于不通晓当地通用的语言文字的诉讼参与人，应当为他们翻译。

在少数民族聚居或者多民族杂居的地区，应当用当地通用的语言进行审讯，用当地通用的文字发布判决书、布告和其他文件。

第十条 人民法院审判案件，实行两审终审制。

第十一条 人民法院审判案件，除本法另有规定的以外，一律公开进行。被告人有权获得辩护，人民法院有义务保证被告人获得辩护。

第十二条 未经人民法院依法判决，对任何人都不得确定有罪。

第十三条 人民法院审判案件，依照本法实行人民陪审员陪审的制度。

第十四条 人民法院、人民检察院和公安机关应当保障犯罪嫌疑人、被告人和其他诉讼参与人依法享有的辩护权和其他诉讼权利。

诉讼参与人对于审判人员、检察人员和侦查人员侵犯公民诉讼权利和人身侮辱的行为，有权提出控告。

第十五条 有下列情形之一的，不追究刑事责任，已经追究的，应当撤销案件，或者不起诉，或者终止审理，或者宣告无罪：

(一)情节显著轻微、危害不大，不认为是犯罪的；

(二)犯罪已过追诉时效期限的；

(三)经特赦令免除刑罚的；

(四)依照刑法告诉才处理的犯罪，没有告诉或者撤回告诉的；

(五)犯罪嫌疑人、被告人死亡的；

(六)其他法律规定免予追究刑事责任的。

第十六条 对于外国人犯罪应当追究刑事责任的，适用本法的规定。

对于享有外交特权和豁免权的外国人犯罪应当追究刑事责任的，通过外交途径解决。

第十七条 根据中华人民共和国缔结或者参加的国际条约，或者按照互惠原则，我国司法机关和外国司法机关可以相互请求刑事司法协助。

第二章 管 辖

第十八条 刑事案件的侦查由公安机关进行，法律另有规定的除外。贪污贿赂犯罪，国家工作人员的渎职犯罪，国家机关工作人员利用职权实施的非法拘禁、刑讯逼供、报复陷害、非法搜查的侵犯公民人身权利的犯罪以及侵犯公民民主权利的犯罪，由人民检察院立案侦查。对于国家机关工作人员利用职权实施的其他重大的犯罪案件，需要由人民检察院直接受理的时候，经省级以上人民检察院决定，可以由人民检察院立案侦查。

自诉案件，由人民法院直接受理。

第十九条 基层人民法院管辖第一审普通刑事案件，但是依照本法由上级人民法院管辖的除外。

第二十条 中级人民法院管辖下列第一审刑事案件：

（一）危害国家安全、恐怖活动案件；

（二）可能判处无期徒刑、死刑的案件。

第二十一条 高级人民法院管辖的第一审刑事案件，是全省（自治区、直辖市）性的重大刑事案件。

第二十二条 最高人民法院管辖的第一审刑事案件，是全国性的重大刑事案件。

第二十三条 上级人民法院在必要的时候，可以审判下级人民法院管辖的第一审刑事案件；下级人民法院认为案情重大、复杂需要由上级人民法院审判的第一审刑事案件，可以请求移送上一级人民法院审判。

第二十四条 刑事案件由犯罪地的人民法院管辖。如果由被告人居住地的人民法院审判更为适宜的，可以由被告人居住地的人民法院管辖。

第二十五条 几个同级人民法院都有权管辖的案件，由最初受理的人民法院审判。在必要的时候，可以移送主要犯罪地的人民法院审判。

第二十六条 上级人民法院可以指定下级人民法院审判管辖不明的案件，也可以指定下级人民法院将案件移送其他人民法院审判。

第二十七条 专门人民法院案件的管辖另行规定。

第三章　回　　避

第二十八条 审判人员、检察人员、侦查人员有下列情形之一的，应当自行回避，当事人及其法定代理人也有权要求他们回避：

（一）是本案的当事人或者是当事人的近亲属的；

（二）本人或者他的近亲属和本案有利害关系的；

（三）担任过本案的证人、鉴定人、辩护人、诉讼代理人的；

（四）与本案当事人有其他关系，可能影响公正处理案件的。

第二十九条 审判人员、检察人员、侦查人员不得接受当事人及其委托的人的请客送礼，不得违反规定会见当事人及其委托的人。

审判人员、检察人员、侦查人员违反前款规定的，应当依法追究法律责任。当事人及其法定代理人有权要求他们回避。

第三十条 审判人员、检察人员、侦查人员的回避，应当分别由院长、检察长、公安机关负责人决定；院长的回避，由本院审判委员会决定；检察长和公安机关负责人的回避，由同级人民检察院检察委员会决定。

对侦查人员的回避作出决定前，侦查人员不能停止对案件的侦查。

对驳回申请回避的决定，当事人及其法定代理人可以申请复议一次。

第三十一条 本章关于回避的规定适用于书记员、翻译人员和鉴定人。辩护人、诉讼代理人可以依照本章的规定要求回避、申请复议。

第四章 辩护与代理

第三十二条 犯罪嫌疑人、被告人除自己行使辩护权以外，还可以委托一至二人作为辩护人。下列的人可以被委托为辩护人：

(一)律师；

(二)人民团体或者犯罪嫌疑人、被告人所在单位推荐的人；

(三)犯罪嫌疑人、被告人的监护人、亲友。

正在被执行刑罚或者依法被剥夺、限制人身自由的人，不得担任辩护人。

第三十三条 犯罪嫌疑人自被侦查机关第一次讯问或者采取强制措施之日起，有权委托辩护人；在侦查期间，只能委托律师作为辩护人。被告人有权随时委托辩护人。

侦查机关在第一次讯问犯罪嫌疑人或者对犯罪嫌疑人采取强制措施的时候，应当告知犯罪嫌疑人有权委托辩护人。人民检察院自收到移送审查起诉的案件材料之日起三日以内，应当告知犯罪嫌疑人有权委托辩护人。人民法院自受理案件之日起三日以内，应当告知被告人有权委托辩护人。犯罪嫌疑人、被告人在押期间要求委托辩护人的，人民法院、人民检察院和公安机关应当及时转达其要求。

犯罪嫌疑人、被告人在押的，也可以由其监护人、近亲属代为委托辩护人。辩护人接受犯罪嫌疑人、被告人委托后，应当及时告知办理案件的机关。

第三十四条 犯罪嫌疑人、被告人因经济困难或者其他原因没有委托辩护人的，本人及其近亲属可以向法律援助机构提出申请。对符合法律援助条件的，法律援助机构应当指派律师为其提供辩护。犯罪嫌疑人、被告人是盲、聋、哑人，或者是尚未完全丧失辨认或者控制自己行为能力的精神病人，没有委托辩护人的，人民法院、人民检察院和公安机关应当通知法律援助机构指派律师为其提供辩护。犯罪嫌疑人、被告人可能被判处无期徒刑、死刑，没有委托辩护人的人民法院、人民检察院和公安机关应当通知法律援助机构指派律师为其提供辩护。

第三十五条 辩护人的责任是根据事实和法律，提出犯罪嫌疑人、被告人无罪、罪轻或者减轻、免除其刑事责任的材料和意见，维护犯罪嫌疑人、被告人的诉讼权利和其他合法权益。

第三十六条 辩护律师在侦查期间可以为犯罪嫌疑人提供法律帮助；代理申诉、控告；申请变更强制措施；向侦查机关了解犯罪嫌疑人涉嫌的罪名和案件有关情况，提出意见。

第三十七条 辩护律师可以同在押的犯罪嫌疑人、被告人会见和通信。其他辩护人经人民法院、人民检察院许可，也可以同在押的犯罪嫌疑人、被告人会见和通信。

辩护律师持律师执业证书、律师事务所证明和委托书或者法律援助公函要求会见在押的犯罪嫌疑人、被告人的，看守所应当及时安排会见，至迟不得超过四十八小时。

危害国家安全犯罪、恐怖活动犯罪、特别重大贿赂犯罪案件，在侦查期间辩护律师会见在押的犯罪嫌疑人，应当经侦查机关许可。上述案件，侦查机关应当事先通知看守所。

辩护律师会见在押的犯罪嫌疑人、被告人，可以了解案件有关情况，提供法律咨询等；自案件移送审查起诉之日起，可以向犯罪嫌疑人、被告人核实有关证据。辩护律师会见犯罪嫌疑人、被告人时不被监听。辩护律师同被监视居住的犯罪嫌疑人、被告人会见、通信，适用第一款、第三款、第四款的规定。

第三十八条 辩护律师自人民检察院对案件审查起诉之日起，可以查阅、摘抄、复制本案的案卷材料。其他辩护人经人民法院、人民检察院许可，也可以查阅、摘抄、复制上述材料。

第三十九条 辩护人认为在侦查、审查起诉期间公安机关、人民检察院收集的证明犯罪嫌疑人、被告人无罪或者罪轻的证据材料未提交的，有权申请人民检察院、人民法院调取。

第四十条 辩护人收集的有关犯罪嫌疑人不在犯罪现场、未达到刑事责任年龄、属于依法不负刑事责任的精神病人的证据，应当及时告知公安机关、人民检察院。

第四十一条 辩护律师经证人或者其他有关单位和个人同意，可以向他们收集与本案有关的材料，也可以申请人民检察院、人民法院收集、调取证据，或者申请人民法院通知证人出庭作证。辩护律师经人民检察院或者人民法院许可，并且经被害人或者其近亲属、被害人提供的证人同意，可以向他们收集与本案有关的材料。

第四十二条 辩护人或者其他任何人，不得帮助犯罪嫌疑人、被告人隐匿、毁灭、伪造证据或者串供，不得威胁、引诱证人作伪证以及进行其他干扰司法机关诉讼活动的行为。

违反前款规定的，应当依法追究法律责任，辩护人涉嫌犯罪的，应当由办理辩护人所承办案件的侦查机关以外的侦查机关办理。辩护人是律师的，应当及时通知其所在的律师事务所或者所属的律师协会。

第四十三条 在审判过程中，被告人可以拒绝辩护人继续为他辩护，也可以另行委托辩护人辩护。

第四十四条 公诉案件的被害人及其法定代理人或者近亲属，附带民事诉讼的当事人及其法定代理人，自案件移送审查起诉之日起，有权委托诉讼代理人。自诉案件的自诉人及其法定代理人，附带民事诉讼的当事人及其法定代理人，有权随时委托诉讼代理人。

人民检察院自收到移送审查起诉的案件材料之日起三日以内，应当告知被害人及其法定代理人或者其近亲属、附带民事诉讼的当事人及其法定代理人有权委托诉讼代理人。人民法院自受理自诉案件之日起三日以内，应当告知自诉人及其法定代理人、附带民事诉讼的当事人及其法定代理人有权委托诉讼代理人。

第四十五条 委托诉讼代理人，参照本法第三十二条的规定执行。

第四十六条 辩护律师对在执业活动中知悉的委托人的有关情况和信息，有权予以保密。但是，辩护律师在执业活动中知悉委托人或者其他人，准备或者正在实施危害国家安全、公共安全以及严重危害他人人身安全的犯罪的，应当及时告知司法机关。

第四十七条　辩护人、诉讼代理人认为公安机关、人民检察院、人民法院及其工作人员阻碍其依法行使诉讼权利的，有权向同级或者上一级人民检察院申诉或者控告。人民检察院对申诉或者控告应当及时进行审查，情况属实的，通知有关机关予以纠正。

第五章　证　　据

第四十八条　可以用于证明案件事实的材料，都是证据。

证据包括：

(一) 物证；

(二) 书证；

(三) 证人证言；

(四) 被害人陈述；

(五) 犯罪嫌疑人、被告人供述和辩解；

(六) 鉴定意见；

(七) 勘验、检查、辨认、侦查实验等笔录；

(八) 视听资料、电子数据。

证据必须经过查证属实，才能作为定案的根据。

第四十九条　公诉案件中被告人有罪的举证责任由人民检察院承担，自诉案件中被告人有罪的举证责任由自诉人承担。

第五十条　审判人员、检察人员、侦查人员必须依照法定程序，收集能够证实犯罪嫌疑人、被告人有罪或者无罪、犯罪情节轻重的各种证据。严禁刑讯逼供和以威胁、引诱、欺骗以及其他非法方法收集证据，不得强迫任何人证实自己有罪。必须保证一切与案件有关或者了解案情的公民，有客观地充分地提供证据的条件，除特殊情况外，可以吸收他们协助调查。

第五十一条　公安机关提请批准逮捕书、人民检察院起诉书、人民法院判决书，必须忠实于事实真象。故意隐瞒事实真象的，应当追究责任。

第五十二条　人民法院、人民检察院和公安机关有权向有关单位和个人收集、调取证据。有关单位和个人应当如实提供证据。行政机关在行政执法和查办案件过程中收集的物证、书证、视听资料、电子数据等证据材料，在刑事诉讼中可以作为证据使用。对涉及国家秘密、商业秘密、个人隐私的证据，应当保密。凡是伪造证据、隐匿证据或者毁灭证据的，无论属于何方，必须受法律追究。

第五十三条　对一切案件的判处都要重证据，重调查研究，不轻信口供。只有被告人供述，没有其他证据的，不能认定被告人有罪和处以刑罚；没有被告人供述，证据确实、充分的，可以认定被告人有罪和处以刑罚。证据确实、充分，应当符合以下条件：

(一) 定罪量刑的事实都有证据证明；

(二) 据以定案的证据均经法定程序查证属实；

(三) 综合全案证据，对所认定事实已排除合理怀疑。

第五十四条　采用刑讯逼供等非法方法收集的犯罪嫌疑人、被告人供述和采用暴力、威胁等非法方法收集的证人证言、被害人陈述，应当予以排除。收集物证、书证不符合法定程序，可能严重影响司法公正的，应当予以补正或者作出合理解释；不能补正或者作出合理解释的，对该证据应当予以排除。在侦查、审查起诉、审判时发现有应当排除的证据的，应当依法予以排除，不得作为起诉意见、起诉决定和判决的依据。

第五十五条 人民检察院接到报案、控告、举报或者发现侦查人员以非法方法收集证据的，应当进行调查核实。对于确有以非法方法收集证据情形的，应当提出纠正意见；构成犯罪的，依法追究刑事责任。

第五十六条 法庭审理过程中，审判人员认为可能存在本法第五十四条规定的以非法方法收集证据情形的，应当对证据收集的合法性进行法庭调查。

当事人及其辩护人、诉讼代理人有权申请人民法院对以非法方法收集的证据依法予以排除。申请排除以非法方法收集的证据的，应当提供相关线索或者材料。

第五十七条 在对证据收集的合法性进行法庭调查的过程中，人民检察院应当对证据收集的合法性加以证明。现有证据材料不能证明证据收集的合法性的，人民检察院可以提请人民法院通知有关侦查人员或者其他人员出庭说明情况；人民法院可以通知有关侦查人员或者其他人员出庭说明情况。有关侦查人员或者其他人员也可以要求出庭说明情况。经人民法院通知，有关人员应当出庭。

第五十八条 对于经过法庭审理，确认或者不能排除存在本法第五十四条规定的以非法方法收集证据情形的，对有关证据应当予以排除。

第五十九条 证人证言必须在法庭上经过公诉人、被害人和被告人、辩护人双方质证并且查实以后，才能作为定案的根据。法庭查明证人有意作伪证或者隐匿罪证的时候，应当依法处理。

第六十条 凡是知道案件情况的人，都有作证的义务。生理上、精神上有缺陷或者年幼，不能辨别是非、不能正确表达的人，不能作证人。

第六十一条 人民法院、人民检察院和公安机关应当保障证人及其近亲属的安全。对证人及其近亲属进行威胁、侮辱、殴打或者打击报复，构成犯罪的，依法追究刑事责任；尚不够刑事处罚的，依法给予治安管理处罚。

第六十二条 对于危害国家安全犯罪、恐怖活动犯罪、黑社会性质的组织犯罪、毒品犯罪等案件，证人、鉴定人、被害人因在诉讼中作证，本人或者其近亲属的人身安全面临危险的，人民法院、人民检察院和公安机关应当采取以下一项或者多项保护措施：

（一）不公开真实姓名、住址和工作单位等个人信息；

（二）采取不暴露外貌、真实声音等出庭作证措施；

（三）禁止特定的人员接触证人、鉴定人、被害人及其近亲属；

（四）对人身和住宅采取专门性保护措施；

（五）其他必要的保护措施。

证人、鉴定人、被害人认为因在诉讼中作证，本人或者其近亲属的人身安全面临危险的，可以向人民法院、人民检察院、公安机关请求予以保护。人民法院、人民检察院、公安机关依法采取保护措施，有关单位和个人应当配合。

第六十三条 证人因履行作证义务而支出的交通、住宿、就餐等费用，应当给予补助。证人作证的补助列入司法机关业务经费，由同级政府财政予以保障。有工作单位的证人作证，所在单位不得克扣或者变相克扣其工资、奖金及其他福利待遇。

第六章　强制措施

第六十四条　人民法院、人民检察院和公安机关根据案件情况，对犯罪嫌疑人、被告人可以拘传、取保候审或者监视居住。

第六十五条　人民法院、人民检察院和公安机关对有下列情形之一的犯罪嫌疑人、被告人，可以取保候审：

(一)可能判处管制、拘役或者独立适用附加刑的；

(二)可能判处有期徒刑以上刑罚，采取取保候审不致发生社会危险性的；

(三)患有严重疾病、生活不能自理，怀孕或者正在哺乳自己婴儿的妇女，采取取保候审不致发生社会危险性的；

(四)羁押期限届满，案件尚未办结，需要采取取保候审的。取保候审由公安机关执行。

第六十六条　人民法院、人民检察院和公安机关决定对犯罪嫌疑人、被告人取保候审，应当责令犯罪嫌疑人、被告人提出保证人或者交纳保证金。

第六十七条　保证人必须符合下列条件：

(一)与本案无牵连；

(二)有能力履行保证义务；

(三)享有政治权利，人身自由未受到限制；

(四)有固定的住处和收入。

第六十八条　保证人应当履行以下义务：

(一)监督被保证人遵守本法第六十九条的规定；

(二)发现被保证人可能发生或者已经发生违反本法第六十九条规定的行为的，应当及时向执行机关报告。

被保证人有违反本法第六十九条规定的行为，保证人未履行保证义务的，对保证人处以罚款，构成犯罪的，依法追究刑事责任。

第六十九条　被取保候审的犯罪嫌疑人、被告人应当遵守以下规定：

(一)未经执行机关批准不得离开所居住的市、县；

(二)住址、工作单位和联系方式发生变动的，在二十四小时以内向执行机关报告；

(三)在传讯的时候及时到案；

(四)不得以任何形式干扰证人作证；

(五)不得毁灭、伪造证据或者串供。

人民法院、人民检察院和公安机关可以根据案件情况，责令被取保候审的犯罪嫌疑人、被告人遵守以下一项或者多项规定：

(一)不得进入特定的场所；

(二)不得与特定的人员会见或者通信；

(三)不得从事特定的活动；

(四)将护照等出入境证件、驾驶证件交执行机关保存。

被取保候审的犯罪嫌疑人、被告人违反前两款规定，已交纳保证金的，没收部分或者全部保证金，并且区别情形，责令犯罪嫌疑人、被告人具结悔过，重新交纳保证金、提出保证人，或者监视居住、予以逮捕。对违反取保候审规定，需要予以逮捕的，可以对犯罪嫌疑人、被告人先行拘留。

第七十条 取保候审的决定机关应当综合考虑保证诉讼活动正常进行的需要，被取保候审人的社会危险性，案件的性质、情节，可能判处刑罚的轻重，被取保候审人的经济状况等情况，确定保证金的数额。

提供保证金的人应当将保证金存入执行机关指定银行的专门账户。

第七十一条 犯罪嫌疑人、被告人在取保候审期间未违反本法第六十九条规定的，取保候审结束的时候，凭解除取保候审的通知或者有关法律文书到银行领取退还的保证金。

第七十二条 人民法院、人民检察院和公安机关对符合逮捕条件，有下列情形之一的犯罪嫌疑人、被告人，可以监视居住：

（一）患有严重疾病、生活不能自理的；

（二）怀孕或者正在哺乳自己婴儿的妇女；

（三）系生活不能自理的人的唯一扶养人；

（四）因为案件的特殊情况或者办理案件的需要，采取监视居住措施更为适宜的；

（五）羁押期限届满，案件尚未办结，需要采取监视居住措施的。

对符合取保候审条件，但犯罪嫌疑人、被告人不能提出保证人，也不交纳保证金的，可以监视居住。

监视居住由公安机关执行。

第七十三条 监视居住应当在犯罪嫌疑人、被告人的住处执行；无固定住处的，可以在指定的居所执行。对于涉嫌危害国家安全犯罪、恐怖活动犯罪、特别重大贿赂犯罪，在住处执行可能有碍侦查的，经上一级人民检察院或者公安机关批准，也可以在指定的居所执行。但是，不得在羁押场所、专门的办案场所执行。

指定居所监视居住的，除无法通知的以外，应当在执行监视居住后二十四小时以内，通知被监视居住人的家属。

被监视居住的犯罪嫌疑人、被告人委托辩护人，适用本法第三十三条的规定。人民检察院对指定居所监视居住的决定和执行是否合法实行监督。

第七十四条 指定居所监视居住的期限应当折抵刑期。被判处管制的，监视居住一日折抵刑期一日；被判处拘役、有期徒刑的，监视居住二日折抵刑期一日。

第七十五条 被监视居住的犯罪嫌疑人、被告人应当遵守以下规定：

（一）未经执行机关批准不得离开执行监视居住的处所；

（二）未经执行机关批准不得会见他人或者通信；

（三）在传讯的时候及时到案；

（四）不得以任何形式干扰证人作证；

（五）不得毁灭、伪造证据或者串供；

（六）将护照等出入境证件、身份证件、驾驶证件交执行机关保存。

被监视居住的犯罪嫌疑人、被告人违反前款规定，情节严重的，可以予以逮捕；需要予以逮捕的，可以对犯罪嫌疑人、被告人先行拘留。

第七十六条 执行机关对被监视居住的犯罪嫌疑人、被告人，可以采取电子监控、不定期检查等监视方法对其遵守监视居住规定的情况进行监督；在侦查期间，可以对被监视居住的犯罪嫌疑人的通信进行监控。

第七十七条 人民法院、人民检察院和公安机关对犯罪嫌疑人、被告人取保候审最长不得超过十二个月，监视居住最长不得超过六个月。

在取保候审、监视居住期间，不得中断对案件的侦查、起诉和审理。对于发现不应当追究刑事责任或者取保候审、监视居住期限届满的，应当及时解除取保候审、监视居住。解除取保候审、监视居住，应当及时通知被取保候审、监视居住人和有关单位。

第七十八条 逮捕犯罪嫌疑人、被告人，必须经过人民检察院批准或者人民法院决定，由公安机关执行。

第七十九条 对有证据证明有犯罪事实，可能判处徒刑以上刑罚的犯罪嫌疑人、被告人，采取取保候审尚不足以防止发生下列社会危险性的，应当予以逮捕：

（一）可能实施新的犯罪的；

（二）有危害国家安全、公共安全或者社会秩序的现实危险的；

（三）可能毁灭、伪造证据，干扰证人作证或者串供的；

（四）可能对被害人、举报人、控告人实施打击报复的；

（五）企图自杀或者逃跑的。

对有证据证明有犯罪事实，可能判处十年有期徒刑以上刑罚的，或者有证据证明有犯罪事实，可能判处徒刑以上刑罚，曾经故意犯罪或者身份不明的，应当予以逮捕。

被取保候审、监视居住的犯罪嫌疑人、被告人违反取保候审、监视居住规定，情节严重的，可以予以逮捕。

第八十条 公安机关对于现行犯或者重大嫌疑分子，如果有下列情形之一的，可以先行拘留：

（一）正在预备犯罪、实行犯罪或者在犯罪后即时被发觉的；

（二）被害人或者在场亲眼看见的人指认他犯罪的；

（三）在身边或者住处发现有犯罪证据的；

（四）犯罪后企图自杀、逃跑或者在逃的；

（五）有毁灭、伪造证据或者串供可能的；

（六）不讲真实姓名、住址，身份不明的；

（七）有流窜作案、多次作案、结伙作案重大嫌疑的。

第八十一条 公安机关在异地执行拘留、逮捕的时候，应当通知被拘留、逮捕人所在地的公安机关，被拘留、逮捕人所在地的公安机关应当予以配合。

第八十二条 对于有下列情形的人，任何公民都可以立即扭送公安机关、人民检察院或者人民法院处理：

（一）正在实行犯罪或者在犯罪后即时被发觉的；

（二）通缉在案的；

（三）越狱逃跑的；

（四）正在被追捕的。

第八十三条 公安机关拘留人的时候，必须出示拘留证。

拘留后，应当立即将被拘留人送看守所羁押，至迟不得超过二十四小时。除无法通知或者涉嫌危害国家安全犯罪、恐怖活动犯罪通知可能有碍侦查的情形以外，应当在拘留后二十四小时以内，通知被拘留人的家属。有碍侦查的情形消失以后，应当立即通知被拘留人的家属。

第八十四条 公安机关对被拘留的人，应当在拘留后的二十四小时以内进行讯问。在发现不应当拘留的时候，必须立即释放，发给释放证明。

第八十五条 公安机关要求逮捕犯罪嫌疑人的时候，应当写出提请批准逮捕书，连同案卷材料、证据，一并移送同级人民检察院审查批准。必要的时候，人民检察院可以派人参加公安机关对于重大案件的讨论。

第八十六条 人民检察院审查批准逮捕，可以讯问犯罪嫌疑人；有下列情形之一的，应当讯问犯罪嫌疑人：

（一）对是否符合逮捕条件有疑问的；

（二）犯罪嫌疑人要求向检察人员当面陈述的；

（三）侦查活动可能有重大违法行为的。

人民检察院审查批准逮捕，可以询问证人等诉讼参与人，听取辩护律师的意见；辩护律师提出要求的，应当听取辩护律师的意见。

第八十七条 人民检察院审查批准逮捕犯罪嫌疑人由检察长决定。重大案件应当提交检察委员会讨论决定。

第八十八条 人民检察院对于公安机关提请批准逮捕的案件进行审查后，应当根据情况分别作出批准逮捕或者不批准逮捕的决定。对于批准逮捕的决定，公安机关应当立即执行，并且将执行情况及时通知人民检察院。对于不批准逮捕的，人民检察院应当说明理由，需要补充侦查的，应当同时通知公安机关。

第八十九条 公安机关对被拘留的人，认为需要逮捕的，应当在拘留后的三日以内，提请人民检察院审查批准。在特殊情况下，提请审查批准的时间可以延长一日至四日。对于流窜作案、多次作案、结伙作案的重大嫌疑分子，提请审查批准的时间可以延长至三十日。

人民检察院应当自接到公安机关提请批准逮捕书后的七日以内，作出批准逮捕或者不批准逮捕的决定。人民检察院不批准逮捕的，公安机关应当在接到通知后立即释放，并且将执行情况及时通知人民检察院。对于需要继续侦查，并且符合取保候审、监视居住条件的，依法取保候审或者监视居住。

第九十条 公安机关对人民检察院不批准逮捕的决定，认为有错误的时候，可以要求复议，但是必须将被拘留的人立即释放。如果意见不被接受，可以向上一级人民检察院提请复核。上级人民检察院应当立即复核，作出是否变更的决定，通知下级人民检察院和公安机关执行。

第九十一条 公安机关逮捕人的时候，必须出示逮捕证。逮捕后，应当立即将被逮捕人送看守所羁押。除无法通知的以外，应当在逮捕后二十四小时以内，通知被逮捕人的家属。

第九十二条 人民法院、人民检察院对于各自决定逮捕的人，公安机关对于经人民检察院准逮捕的人，都必须在逮捕后的二十四小时以内进行讯问。在发现不应当逮捕的时候，必须立即释放，发给释放证明。

第九十三条 犯罪嫌疑人、被告人被逮捕后，人民检察院仍应当对羁押的必要性进行审查。对不需要继续羁押的，应当建议予以释放或者变更强制措施。有关机关应当在十日以内将处理情况通知人民检察院。

第九十四条 人民法院、人民检察院和公安机关如果发现对犯罪嫌疑人、被告人采取强制措施不当的，应当及时撤销或者变更。公安机关释放被逮捕的人或者变更逮捕措施的，应当通知原批准的人民检察院。

第九十五条 犯罪嫌疑人、被告人及其法定代理人、近亲属或者辩护人有权申请变更强制措施。人民法院、人民检察院和公安机关收到申请后，应当在三日以内作出决定；不同意变更强制措施的，应当告知申请人，并说明不同意的理由。

第九十六条 犯罪嫌疑人、被告人被羁押的案件，不能在本法规定的侦查羁押、审查起诉、一审、二审期限内办结的，对犯罪嫌疑人、被告人应当予以释放；需要继续查证、审理的，对犯罪嫌疑人、被告人可以取保候审或者监视居住。

第九十七条 人民法院、人民检察院或者公安机关对被采取强制措施法定期限届满的犯罪嫌疑人、被告人，应当予以释放、解除取保候审、监视居住或者依法变更强制措施。犯罪嫌疑人、被告人及其法定代理人、近亲属或者辩护人对于人民法院、人民检察院或者公安机关采取强制措施法定期限届满的，有权要求解除强制措施。

第九十八条 人民检察院在审查批准逮捕工作中，如果发现公安机关的侦查活动有违法情况，应当通知公安机关予以纠正，公安机关应当将纠正情况通知人民检察院。

第七章　附带民事诉讼

第九十九条 被害人由于被告人的犯罪行为而遭受物质损失的，在刑事诉讼过程中，有权提起附带民事诉讼。被害人死亡或者丧失行为能力的，被害人的法定代理人、近亲属有权提起附带民事诉讼。如果是国家财产、集体财产遭受损失的，人民检察院在提起公诉的时候，可以提起附带民事诉讼。

第一百条 人民法院在必要的时候，可以采取保全措施，查封、扣押或者冻结被告人的财产。附带民事诉讼原告人或者人民检察院可以申请人民法院采取保全措施。人民法院采取保全措施，适用民事诉讼法的有关规定。

第一百零一条 人民法院审理附带民事诉讼案件，可以进行调解，或者根据物质损失情况作出判决、裁定。

第一百零二条 附带民事诉讼应当同刑事案件一并审判，只有为了防止刑事案件审判的过分迟延，才可以在刑事案件审判后，由同一审判组织继续审理附带民事诉讼。

第八章　期间、送达

第一百零三条　期间以时、日、月计算。

期间开始的时和日不算在期间以内。

法定期间不包括路途上的时间。上诉状或者其他文件在期满前已经交邮的，不算过期。期间的最后一日为节假日的，以节假日后的第一日为期满日期，但犯罪嫌疑人、被告人或者罪犯在押期间，应当至期满之日为止，不得因节假日而延长。

第一百零四条　当事人由于不能抗拒的原因或者有其他正当理由而耽误期限的，在障碍消除后五日以内，可以申请继续进行应当在期满以前完成的诉讼活动。前款申请是否准许，由人民法院裁定。

第一百零五条　送达传票、通知书和其他诉讼文件应当交给收件人本人；如果本人不在，可以交给他的成年家属或者所在单位的负责人员代收。收件人本人或者代收人拒绝接收或者拒绝签名、盖章的时候，送达人可以邀请他的邻居或者其他见证人到场，说明情况，把文件留在他的住处，在送达证上记明拒绝的事由、送达的日期，由送达人签名，即认为已经送达。

第九章　其 他 规 定

第一百零六条　本法下列用语的含意是：

（一）"侦查"是指公安机关、人民检察院在办理案件过程中，依照法律进行的专门调查工作和有关的强制性措施；

（二）"当事人"是指被害人、自诉人、犯罪嫌疑人、被告人、附带民事诉讼的原告人和被告人；

（三）"法定代理人"是指被代理人的父母、养父母、监护人和负有保护责任的机关、团体的代表；

（四）"诉讼参与人"是指当事人、法定代理人、诉讼代理人、辩护人、证人、鉴定人和翻译人员；

（五）"诉讼代理人"是指公诉案件的被害人及其法定代理人或者近亲属、自诉案件的自诉人及其法定代理人委托代为参加诉讼的人和附带民事诉讼的当事人及其法定代理人委托代为参加诉讼的人；

（六）"近亲属"是指夫、妻、父、母、子、女、同胞兄弟姊妹。

第二编　立案、侦查和提起公诉

第一章　立　　案

第一百零七条　公安机关或者人民检察院发现犯罪事实或者犯罪嫌疑人，应当按照管辖范围，立案侦查。

第一百零八条　任何单位和个人发现有犯罪事实或者犯罪嫌疑人，有权利也有义务向公安机关、人民检察院或者人民法院报案或者举报。被害人对侵犯其人身、财产权利的犯罪事实或者犯罪嫌疑人，有权向公安机关、人民检察院或者人民法院报案或者控告。公安机关、人民检察院或者人民法院对于报案、控告、举报，都应当接受。对于不属于自己管辖的，应当移送主管机关处理，并且通知报案人、控告人、举报人；对于不属于自己管辖而又必须采取紧急措施的，应当先采取紧急措施，然后移送主管机关。犯罪人向公安机关、人民检察院或者人民法院自首的，适用第三款规定。

第一百零九条 报案、控告、举报可以用书面或者口头提出。接受口头报案、控告、举报的工作人员，应当写成笔录，经宣读无误后，由报案人、控告人、举报人签名或者盖章。接受控告、举报的工作人员，应当向控告人、举报人说明诬告应负的法律责任。但是，只要不是捏造事实，伪造证据，即使控告、举报的事实有出入，甚至是错告的，也要和诬告严格加以区别。公安机关、人民检察院或者人民法院应当保障报案人、控告人、举报人及其近亲属的安全。报案人、控告人、举报人如果不愿公开自己的姓名和报案、控告、举报的行为，应当为他保守秘密。

第一百一十条 人民法院、人民检察院或者公安机关对于报案、控告、举报和自首的材料，应当按照管辖范围，迅速进行审查，认为有犯罪事实需要追究刑事责任的时候，应当立案；认为没有犯罪事实，或者犯罪事实显著轻微，不需要追究刑事责任的时候，不予立案，并且将不立案的原因通知控告人。控告人如果不服，可以申请复议。

第一百一十一条 人民检察院认为公安机关对应当立案侦查的案件而不立案侦查的，或者被害人认为公安机关对应当立案侦查的案件而不立案侦查，向人民检察院提出的，人民检察院应当要求公安机关说明不立案的理由。人民检察院认为公安机关不立案理由不能成立的，应当通知公安机关立案，公安机关接到通知后应当立案。

第一百一十二条 对于自诉案件，被害人有权向人民法院直接起诉。被害人死亡或者丧失行为能力的，被害人的法定代理人、近亲属有权向人民法院起诉。人民法院应当依法受理。

第二章 侦 查

第一节 一般规定

第一百一十三条 公安机关对已经立案的刑事案件，应当进行侦查，收集、调取犯罪嫌疑人有罪或者无罪、罪轻或者罪重的证据材料。对现行犯或者重大嫌疑分子可以依法先行拘留，对符合逮捕条件的犯罪嫌疑人，应当依法逮捕。

第一百一十四条 公安机关经过侦查，对有证据证明有犯罪事实的案件，应当进行预审，对收集、调取的证据材料予以核实。

第一百一十五条 当事人和辩护人、诉讼代理人、利害关系人对于司法机关及其工作人员有下列行为之一的，有权向该机关申诉或者控告：

（一）采取强制措施法定期限届满，不予以释放、解除或者变更的；

（二）应当退还取保候审保证金不退还的；

（三）对与案件无关的财物采取查封、扣押、冻结措施的；

（四）应当解除查封、扣押、冻结不解除的；

（五）贪污、挪用、私分、调换、违反规定使用查封、扣押、冻结的财物的。

受理申诉或者控告的机关应当及时处理。对处理不服的，可以向同级人民检察院申诉；人民检察院直接受理的案件，可以向上一级人民检察院申诉。人民检察院对申诉应当及时进行审查，情况属实的，通知有关机关予以纠正。

第二节　讯问犯罪嫌疑人

第一百一十六条　讯问犯罪嫌疑人必须由人民检察院或者公安机关的侦查人员负责进行。讯问的时候，侦查人员不得少于二人。

犯罪嫌疑人被送交看守所羁押以后，侦查人员对其进行讯问，应当在看守所内进行。

第一百一十七条　对不需要逮捕、拘留的犯罪嫌疑人，可以传唤到犯罪嫌疑人所在市、县内的指定地点或者到他的住处进行讯问，但是应当出示人民检察院或者公安机关的证明文件。对在现场发现的犯罪嫌疑人，经出示工作证件，可以口头传唤，但应当在讯问笔录中注明。

传唤、拘传持续的时间不得超过十二小时；案情特别重大、复杂，需要采取拘留、逮捕措施的，传唤、拘传持续的时间不得超过二十四小时。不得以连续传唤、拘传的形式变相拘禁犯罪嫌疑人。传唤、拘传犯罪嫌疑人，应当保证犯罪嫌疑人的饮食和必要的休息时间。

第一百一十八条　侦查人员在讯问犯罪嫌疑人的时候，应当首先讯问犯罪嫌疑人是否有犯罪行为，让他陈述有罪的情节或者无罪的辩解，然后向他提出问题。犯罪嫌疑人对侦查人员的提问，应当如实回答。但是对与本案无关的问题，有拒绝回答的权利。侦查人员在讯问犯罪嫌疑人的时候，应当告知犯罪嫌疑人如实供述自己罪行可以从宽处理的法律规定。

第一百一十九条　讯问聋、哑的犯罪嫌疑人，应当有通晓聋、哑手势的人参加，并且将这种情况记明笔录。

第一百二十条　讯问笔录应当交犯罪嫌疑人核对，对于没有阅读能力的，应当向他宣读。如果记载有遗漏或者差错，犯罪嫌疑人可以提出补充或者改正。犯罪嫌疑人承认笔录没有错误后，应当签名或者盖章。侦查人员也应当在笔录上签名。犯罪嫌疑人请求自行书写供述的，应当准许。必要的时候，侦查人员也可以要犯罪嫌疑人亲笔书写供词。

第一百二十一条　侦查人员在讯问犯罪嫌疑人的时候，可以对讯问过程进行录音或者录像；对于可能判处无期徒刑、死刑的案件或者其他重大犯罪案件，应当对讯问过程进行录音或者录像。录音或者录像应当全程进行，保持完整性。

第三节　询 问 证 人

第一百二十二条　侦查人员询问证人，可以在现场进行，也可以到证人所在单位、住处或者证人提出的地点进行，在必要的时候，可以通知证人到人民检察院或者公安机关提供证言。在现场询问证人，应当出示工作证件，到证人所在单位、住处或者证人提出的地点询问证人，应当出示人民检察院或者公安机关的证明文件。询问证人应当个别进行。

第一百二十三条　询问证人，应当告知他应当如实地提供证据、证言和有意作伪证或者隐匿罪证要负的法律责任。

第一百二十四条　本法第一百二十条的规定，也适用于询问证人。

第一百二十五条　询问被害人，适用本节各条规定。

第四节　勘验、检查

第一百二十六条　侦查人员对于与犯罪有关的场所、物品、人身、尸体应当进行勘验或者检查。在必要的时候，可以指派或者聘请具有专门知识的人，在侦查人员的主持下进行勘验、检查。

第一百二十七条　任何单位和个人，都有义务保护犯罪现场，并且立即通知公安机关派员勘验。

第一百二十八条　侦查人员执行勘验、检查，必须持有人民检察院或者公安机关的证明文件。

第一百二十九条　对于死因不明的尸体，公安机关有权决定解剖，并且通知死者家属到场。

第一百三十条　为了确定被害人、犯罪嫌疑人的某些特征、伤害情况或者生理状态，可以对人身进行检查，可以提取指纹信息，采集血液、尿液等生物样本。犯罪嫌疑人如果拒绝检查，侦查人员认为必要的时候，可以强制检查。检查妇女的身体，应当由女工作人员或者医师进行。

第一百三十一条　勘验、检查的情况应当写成笔录，由参加勘验、检查的人和见证人签名或者盖章。

第一百三十二条　人民检察院审查案件的时候，对公安机关的勘验、检查，认为需要复验、复查时，可以要求公安机关复验、复查，并且可以派检察人员参加。

第一百三十三条　为了查明案情，在必要的时候，经公安机关负责人批准，可以进行侦查实验。侦查实验的情况应当写成笔录，由参加实验的人签名或者盖章。侦查实验，禁止一切足以造成危险、侮辱人格或者有伤风化的行为。

第五节　搜　　查

第一百三十四条　为了收集犯罪证据、查获犯罪人，侦查人员可以对犯罪嫌疑人以及可能隐藏罪犯或者犯罪证据的人的身体、物品、住处和其他有关的地方进行搜查。

第一百三十五条　任何单位和个人，有义务按照人民检察院和公安机关的要求，交出可以证明犯罪嫌疑人有罪或者无罪的物证、书证、视听资料等证据。

第一百三十六条　进行搜查，必须向被搜查人出示搜查证。在执行逮捕、拘留的时候，遇有紧急情况，不另用搜查证也可以进行搜查。

第一百三十七条　在搜查的时候，应当有被搜查人或者他的家属，邻居或者其他见证人在场。

搜查妇女的身体，应当由女工作人员进行。

第一百三十八条　搜查的情况应当写成笔录，由侦查人员和被搜查人或者他的家属，邻居或者其他见证人签名或者盖章。如果被搜查人或者他的家属在逃或者拒绝签名、盖章，应当在笔录上注明。

第六节　查封、扣押物证、书证

第一百三十九条　在侦查活动中发现的可用以证明犯罪嫌疑人有罪或者无罪的各种财物、文件，应当查封、扣押；与案件无关的财物、文件，不得查封、扣押。对查封、扣押的财物、文件，要妥善保管或者封存，不得使用、调换或者损毁。

第一百四十条　对查封、扣押的财物、文件，应当会同在场见证人和被查封、扣押财物、文件持有人查点清楚，当场开列清单一式二份，由侦查人员、见证人和持有人签名或者盖章，一份交给持有人，另一份附卷备查。

第一百四十一条　侦查人员认为需要扣押犯罪嫌疑人的邮件、电报的时候，经公安机关或者人民检察院批准，即可通知邮电机关将有关的邮件、电报检交扣押。

不需要继续扣押的时候，应即通知邮电机关。

第一百四十二条　人民检察院、公安机关根据侦查犯罪的需要，可以依照规定查询、冻结犯罪嫌疑人的存款、汇款、债券、股票、基金份额等财产。有关单位和个人应当配合。犯罪嫌疑人的存款、汇款、债券、股票、基金份额等财产已被冻结的，不得重复冻结。

第一百四十三条　对查封、扣押的财物、文件、邮件、电报或者冻结的存款、汇款、债券、股票、基金份额等财产，经查明确实与案件无关的，应当在三日以内解除查封、扣押、冻结，予以退还。

第七节　鉴　　定

第一百四十四条　为了查明案情，需要解决案件中某些专门性问题的时候，应当指派、聘请有专门知识的人进行鉴定。

第一百四十五条　鉴定人进行鉴定后，应当写出鉴定意见，并且签名。鉴定人故意作虚假鉴定的，应当承担法律责任。

第一百四十六条　侦查机关应当将用作证据的鉴定意见告知犯罪嫌疑人、被害人。如果犯罪嫌疑人、被害人提出申请，可以补充鉴定或者重新鉴定。

第一百四十七条　对犯罪嫌疑人作精神病鉴定的期间不计入办案期限。

第八节　技术侦查措施

第一百四十八条　公安机关在立案后，对于危害国家安全犯罪、恐怖活动犯罪、黑社会性质的组织犯罪、重大毒品犯罪或者其他严重危害社会的犯罪案件，根据侦查犯罪的需要，经过严格的批准手续，可以采取技术侦查措施。人民检察院在立案后，对于重大的贪污、贿赂犯罪案件以及利用职权实施的严重侵犯公民人身权利的重大犯罪案件，根据侦查犯罪的需要，经过严格的批准手续，可以采取技术侦查措施，按照规定交有关机关执行。追捕被通缉或者批准、决定逮捕的在逃的犯罪嫌疑人、被告人，经过批准，可以采取追捕所必需的技术侦查措施。

第一百四十九条　批准决定应当根据侦查犯罪的需要，确定采取技术侦查措施的种类和适用对象。批准决定自签发之日起三个月以内有效。对于不需要继续采取技术侦查措施的，应当及时解除；对于复杂、疑难案件，期限届满仍有必要继续采取技术侦查措施的，经过批准，有效期可以延长，每次不得超过三个月。

第一百五十条　采取技术侦查措施，必须严格按照批准的措施种类、适用对象和期限执行。

侦查人员对采取技术侦查措施过程中知悉的国家秘密、商业秘密和个人隐私，应当保密；对采取技术侦查措施获取的与案件无关的材料，必须及时销毁。采取技术侦查措施获取的材料，只能用于对犯罪的侦查、起诉和审判，不得用于其他用途。公安机关依法采取技术侦查措施，有关单位和个人应当配合，并对有关情况予以保密。

第一百五十一条　为了查明案情，在必要的时候，经公安机关负责人决定，可以由有关人员隐匿其身份实施侦查。但是，不得诱使他人犯罪，不得采用可能危害公共安全或者发生重大人身危险的方法。对涉及给付毒品等违禁品或者财物的犯罪活动，公安机关根据侦查犯罪的需要，可以依照规定实施控制下交付。

第一百五十二条　依照本节规定采取侦查措施收集的材料在刑事诉讼中可以作为证据使用。如果使用该证据可能危及有关人员的人身安全，或者可能产生其他严重后果的，应当采取不暴露有关人员身份、技术方法等保护措施，必要的时候，可以由审判人员在庭外对证据进行核实。

第九节　通　缉

第一百五十三条　应当逮捕的犯罪嫌疑人如果在逃，公安机关可以发布通缉令，采取有效措施，追捕归案。

各级公安机关在自己管辖的地区以内，可以直接发布通缉令；超出自己管辖的地区，应当报请有权决定的上级机关发布。

第十节　侦查终结

第一百五十四条　对犯罪嫌疑人逮捕后的侦查羁押期限不得超过二个月。案情复杂、期限届满不能终结的案件，可以经上一级人民检察院批准延长一个月。

第一百五十五条　因为特殊原因，在较长时间内不宜交付审判的特别重大复杂的案件，由最高人民检察院报请全国人民代表大会常务委员会批准延期审理。

第一百五十六条　下列案件在本法第一百五十四条规定的期限届满不能侦查终结的，经省、自治区、直辖市人民检察院批准或者决定，可以延长二个月：

(一)交通十分不便的边远地区的重大复杂案件；

(二)重大的犯罪集团案件；

(三)流窜作案的重大复杂案件；

(四)犯罪涉及面广，取证困难的重大复杂案件。

第一百五十七条　对犯罪嫌疑人可能判处十年有期徒刑以上刑罚，依照本法第一百五十六条规定延长期限届满，仍不能侦查终结的，经省、自治区、直辖市人民检察院批准或者决定，可以再延长二个月。

第一百五十八条　在侦查期间，发现犯罪嫌疑人另有重要罪行的，自发现之日起依照本法第一百五十四条的规定重新计算侦查羁押期限。犯罪嫌疑人不讲真实姓名、住址，身份不明的，应当对其身份进行调查，侦查羁押期限自查清其身份之日起计算，但是不得停止对其犯罪行为的侦查取证。对于犯罪事实清楚，证据确实、充分，确实无法查明其身份的，也可以按其自报的姓名起诉、审判。

第一百五十九条　在案件侦查终结前，辩护律师提出要求的，侦查机关应当听取辩护律师的意见，并记录在案。辩护律师提出书面意见的，应当附卷。

第一百六十条 公安机关侦查终结的案件，应当做到犯罪事实清楚，证据确实、充分，并且写出起诉意见书，连同案卷材料、证据一并移送同级人民检察院审查决定；同时将案件移送情况告知犯罪嫌疑人及其辩护律师。

第一百六十一条 在侦查过程中，发现不应对犯罪嫌疑人追究刑事责任的，应当撤销案件；犯罪嫌疑人已被逮捕的，应当立即释放，发给释放证明，并且通知原批准逮捕的人民检察院。

第十一节 人民检察院对直接受理的案件的侦查

第一百六十二条 人民检察院对直接受理的案件的侦查适用本章规定。

第一百六十三条 人民检察院直接受理的案件中符合本法第七十九条、第八十条第四项、第五项规定情形，需要逮捕、拘留犯罪嫌疑人的，由人民检察院作出决定，由公安机关执行。

第一百六十四条 人民检察院对直接受理的案件中被拘留的人，应当在拘留后的二十四小时以内进行讯问。在发现不应当拘留的时候，必须立即释放，发给释放证明。

第一百六十五条 人民检察院对直接受理的案件中被拘留的人，认为需要逮捕的，应当在十四日以内作出决定。在特殊情况下，决定逮捕的时间可以延长一日至三日。对不需要逮捕的，应当立即释放；对需要继续侦查，并且符合取保候审、监视居住条件的，依法取保候审或者监视居住。

第一百六十六条 人民检察院侦查终结的案件，应当作出提起公诉、不起诉或者撤销案件的决定。

第三章 提起公诉

第一百六十七条 凡需要提起公诉的案件，一律由人民检察院审查决定。

第一百六十八条 人民检察院审查案件的时候，必须查明：

(一)犯罪事实、情节是否清楚，证据是否确实、充分，犯罪性质和罪名的认定是否正确；

(二)有无遗漏罪行和其他应当追究刑事责任的人；

(三)是否属于不应追究刑事责任的；

(四)有无附带民事诉讼；

(五)侦查活动是否合法。

第一百六十九条 人民检察院对于公安机关移送起诉的案件，应当在一个月以内作出决定，重大、复杂的案件，可以延长半个月。

人民检察院审查起诉的案件，改变管辖的，从改变后的人民检察院收到案件之日起计算审查起诉期限。

第一百七十条 人民检察院审查案件，应当讯问犯罪嫌疑人，听取辩护人、被害人及其诉讼代理人的意见，并记录在案。辩护人、被害人及其诉讼代理人提出书面意见的，应当附卷。

第一百七十一条 人民检察院审查案件，可以要求公安机关提供法庭审判所必需的证据材料；认为可能存在本法第五十四条规定的以非法方法收集证据情形的，可以要求其对证据收集的合法性作出说明。

人民检察院审查案件，对于需要补充侦查的，可以退回公安机关补充侦查，也可以自行侦查。

对于补充侦查的案件，应当在一个月以内补充侦查完毕。补充侦查以二次为限。补充侦查完毕移送人民检察院后，人民检察院重新计算审查起诉期限。对于二次补充侦查的案件，人民检察院仍然认为证据不足，不符合起诉条件的，应当作出不起诉的决定。

第一百七十二条　人民检察院认为犯罪嫌疑人的犯罪事实已经查清，证据确实、充分，依法应当追究刑事责任的，应当作出起诉决定，按照审判管辖的规定，向人民法院提起公诉，并将案卷材料、证据移送人民法院。

第一百七十三条　犯罪嫌疑人没有犯罪事实，或者有本法第十五条规定的情形之一的，人民检察院应当作出不起诉决定。

对于犯罪情节轻微，依照刑法规定不需要判处刑罚或者免除刑罚的，人民检察院可以作出不起诉决定。

人民检察院决定不起诉的案件，应当同时对侦查中查封、扣押、冻结的财物解除查封、扣押、冻结。对被不起诉人需要给予行政处罚、行政处分或者需要没收其违法所得的，人民检察院应当提出检察意见，移送有关主管机关处理。有关主管机关应当将处理结果及时通知人民检察院。

第一百七十四条　不起诉的决定，应当公开宣布，并且将不起诉决定书送达被不起诉人和他的所在单位。如果被不起诉人在押，应当立即释放。

第一百七十五条　对于公安机关移送起诉的案件，人民检察院决定不起诉的，应当将不起诉决定书送达公安机关。公安机关认为不起诉的决定有错误的时候，可以要求复议，如果意见不被接受，可以向上一级人民检察院提请复核。

第一百七十六条　对于有被害人的案件，决定不起诉的，人民检察院应当将不起诉决定书送达被害人。被害人如果不服，可以自收到决定书后七日以内向上一级人民检察院申诉，请求提起公诉。人民检察院应当将复查决定告知被害人。对人民检察院维持不起诉决定的，被害人可以向人民法院起诉。被害人也可以不经申诉，直接向人民法院起诉。人民法院受理案件后，人民检察院应当将有关案件材料移送人民法院。

第一百七十七条　对于人民检察院依照本法第一百七十三条第二款规定作出的不起诉决定，被不起诉人如果不服，可以自收到决定书后七日以内向人民检察院申诉。人民检察院应当作出复查决定，通知被不起诉的人，同时抄送公安机关。

第三编　审　　判

第一章　审判组织

第一百七十八条　基层人民法院、中级人民法院审判第一审案件，应当由审判员三人或者由审判员和人民陪审员共三人组成合议庭进行，但是基层人民法院适用简易程序的案件可以由审判员一人独任审判。

高级人民法院、最高人民法院审判第一审案件，应当由审判员三人至七人或者由审判员和人民陪审员共三人至七人组成合议庭进行。

人民陪审员在人民法院执行职务，同审判员有同等的权利。

人民法院审判上诉和抗诉案件，由审判员三人至五人组成合议庭进行。

合议庭的成员人数应当是单数。

合议庭由院长或者庭长指定审判员一人担任审判长。院长或者庭长参加审判案件的时候，自己担任审判长。

第一百七十九条 合议庭进行评议的时候，如果意见分歧，应当按多数人的意见作出决定，但是少数人的意见应当写入笔录。评议笔录由合议庭的组成人员签名。

第一百八十条 合议庭开庭审理并且评议后，应当作出判决。对于疑难、复杂、重大的案件，合议庭认为难以作出决定的，由合议庭提请院长决定提交审判委员会讨论决定。审判委员会的决定，合议庭应当执行。

第二章 第一审程序

第一节 公诉案件

第一百八十一条 人民法院对提起公诉的案件进行审查后，对于起诉书中有明确的指控犯罪事实的，应当决定开庭审判。

第一百八十二条 人民法院决定开庭审判后，应当确定合议庭的组成人员，将人民检察院的起诉书副本至迟在开庭十日以前送达被告人及其辩护人。

在开庭以前，审判人员可以召集公诉人、当事人和辩护人、诉讼代理人，对回避、出庭证人名单、非法证据排除等与审判相关的问题，了解情况，听取意见。

人民法院确定开庭日期后，应当将开庭的时间、地点通知人民检察院，传唤当事人，通知辩护人、诉讼代理人、证人、鉴定人和翻译人员，传票和通知书至迟在开庭三日以前送达。公开审判的案件，应当在开庭三日以前先期公布案由、被告人姓名、开庭时间和地点。上述活动情形应当写入笔录，由审判人员和书记员签名。

第一百八十三条 人民法院审判第一审案件应当公开进行。但是有关国家秘密或者个人隐私的案件，不公开审理；涉及商业秘密的案件，当事人申请不公开审理的，可以不公开审理。

不公开审理的案件，应当当庭宣布不公开审理的理由。

第一百八十四条 人民法院审判公诉案件，人民检察院应当派员出席法庭支持公诉。

第一百八十五条 开庭的时候，审判长查明当事人是否到庭，宣布案由；宣布合议庭的组成人员、书记员、公诉人、辩护人、诉讼代理人、鉴定人和翻译人员的名单；告知当事人有权对合议庭组成人员、书记员、公诉人、鉴定人和翻译人员申请回避；告知被告人享有辩护权利。

第一百八十六条 公诉人在法庭上宣读起诉书后，被告人、被害人可以就起诉书指控的犯罪进行陈述，公诉人可以讯问被告人。

被害人、附带民事诉讼的原告人和辩护人、诉讼代理人，经审判长许可，可以向被告人发问。

审判人员可以讯问被告人。

第一百八十七条　公诉人、当事人或者辩护人、诉讼代理人对证人证言有异议，且该证人证言对案件定罪量刑有重大影响，人民法院认为证人有必要出庭作证的，证人应当出庭作证。

人民警察就其执行职务时目击的犯罪情况作为证人出庭作证，适用前款规定。

公诉人、当事人或者辩护人、诉讼代理人对鉴定意见有异议，人民法院认为鉴定人有必要出庭的，鉴定人应当出庭作证。经人民法院通知，鉴定人拒不出庭作证的，鉴定意见不得作为定案的根据。

第一百八十八条　经人民法院通知，证人没有正当理由不出庭作证的，人民法院可以强制其到庭，但是被告人的配偶、父母、子女除外。证人没有正当理由拒绝出庭或者出庭后拒绝作证的，予以训诫，情节严重的，经院长批准，处以十日以下的拘留。被处罚人对拘留决定不服的，可以向上一级人民法院申请复议。复议期间不停止执行。

第一百八十九条　证人作证，审判人员应当告知他要如实地提供证言和有意作伪证或者隐匿罪证要负的法律责任。公诉人、当事人和辩护人、诉讼代理人经审判长许可，可以对证人、鉴定人发问。审判长认为发问的内容与案件无关的时候，应当制止。审判人员可以询问证人、鉴定人。

第一百九十条　公诉人、辩护人应当向法庭出示物证，让当事人辨认，对未到庭的证人的证言笔录、鉴定人的鉴定意见、勘验笔录和其他作为证据的文书，应当当庭宣读。审判人员应当听取公诉人、当事人和辩护人、诉讼代理人的意见。

第一百九十一条　法庭审理过程中，合议庭对证据有疑问的，可以宣布休庭，对证据进行调查核实。人民法院调查核实证据，可以进行勘验、检查、查封、扣押、鉴定和查询、冻结。

第一百九十二条　法庭审理过程中，当事人和辩护人、诉讼代理人有权申请通知新的证人到庭，调取新的物证，申请重新鉴定或者勘验。

公诉人、当事人和辩护人、诉讼代理人可以申请法庭通知有专门知识的人出庭，就鉴定人作出的鉴定意见提出意见。

法庭对于上述申请，应当作出是否同意的决定。

第二款规定的有专门知识的人出庭，适用鉴定人的有关规定。

第一百九十三条　法庭审理过程中，对与定罪、量刑有关的事实、证据都应当进行调查、辩论。

经审判长许可，公诉人、当事人和辩护人、诉讼代理人可以对证据和案件情况发表意见并且可以互相辩论。审判长在宣布辩论终结后，被告人有最后陈述的权利。

第一百九十四条　在法庭审判过程中，如果诉讼参与人或者旁听人员违反法庭秩序，审判长应当警告制止。对不听制止的，可以强行带出法庭；情节严重的，处以一千元以下的罚款或者十五日以下的拘留。罚款、拘留必须经院长批准。被处罚人对罚款、拘留的决定不服的，可以向上一级人民法院申请复议。复议期间不停止执行。

对聚众哄闹、冲击法庭或者侮辱、诽谤、威胁、殴打司法工作人员或者诉讼参与人，严重扰乱法庭秩序，构成犯罪的，依法追究刑事责任。

第一百九十五条 在被告人最后陈述后，审判长宣布休庭，合议庭进行评议，根据已经查明的事实、证据和有关的法律规定，分别作出以下判决：

（一）案件事实清楚，证据确实、充分，依据法律认定被告人有罪的，应当作出有罪判决；

（二）依据法律认定被告人无罪的，应当作出无罪判决；

（三）证据不足，不能认定被告人有罪的，应当作出证据不足、指控的犯罪不能成立的无罪判决。

第一百九十六条 宣告判决，一律公开进行。

当庭宣告判决的，应当在五日以内将判决书送达当事人和提起公诉的人民检察院；定期宣告判决的，应当在宣告后立即将判决书送达当事人和提起公诉的人民检察院。判决书应当同时送达辩护人、诉讼代理人。

第一百九十七条 判决书应当由审判人员和书记员署名，并且写明上诉的期限和上诉的法院。

第一百九十八条 在法庭审判过程中，遇有下列情形之一，影响审判进行的，可以延期审理：

（一）需要通知新的证人到庭，调取新的物证，重新鉴定或者勘验的；

（二）检察人员发现提起公诉的案件需要补充侦查，提出建议的；

（三）由于申请回避而不能进行审判的。

第一百九十九条 依照本法第一百九十八条第二项的规定延期审理的案件，人民检察院应当在一个月以内补充侦查完毕。

第二百条 在审判过程中，有下列情形之一，致使案件在较长时间内无法继续审理的，可以中止审理：

（一）被告人患有严重疾病，无法出庭的；

（二）被告人脱逃的；

（三）自诉人患有严重疾病，无法出庭，未委托诉讼代理人出庭的；

（四）由于不能抗拒的原因。

中止审理的原因消失后，应当恢复审理。中止审理的期间不计入审理期限。

第二百零一条 法庭审判的全部活动，应当由书记员写成笔录，经审判长审阅后，由审判长和书记员签名。

法庭笔录中的证人证言部分，应当当庭宣读或者交给证人阅读。证人在承认没有错误后，应当签名或者盖章。

法庭笔录应当交给当事人阅读或者向他宣读。当事人认为记载有遗漏或者差错的，可以请求补充或者改正。当事人承认没有错误后，应当签名或者盖章。

第二百零二条 人民法院审理公诉案件，应当在受理后二个月以内宣判，至迟不得超过三个月。对于可能判处死刑的案件或者附带民事诉讼的案件，以及有本法第一百五十六条规定情形之一的，经上一级人民法院批准，可以延长三个月；因特殊情况还需要延长的，报请最高人民法院批准。人民法院改变管辖的案件，从改变后的人民法院收到案件之日起计算审理期限。人民检察院补充侦查的案件，补充侦查完毕移送人民法院后，人民法院重新计算审理期限。

第二百零三条　人民检察院发现人民法院审理案件违反法律规定的诉讼程序，有权向人民法院提出纠正意见。

第二节　自诉案件

第二百零四条　自诉案件包括下列案件：

（一）告诉才处理的案件；

（二）被害人有证据证明的轻微刑事案件；

（三）被害人有证据证明对被告人侵犯自己人身、财产权利的行为应当依法追究刑事责任，而公安机关或者人民检察院不予追究被告人刑事责任的案件。

第二百零五条　人民法院对于自诉案件进行审查后，按照下列情形分别处理：

（一）犯罪事实清楚，有足够证据的案件，应当开庭审判；

（二）缺乏罪证的自诉案件，如果自诉人提不出补充证据，应当说服自诉人撤回自诉，或者裁定驳回。

自诉人经两次依法传唤，无正当理由拒不到庭的，或者未经法庭许可中途退庭的，按撤诉处理。法庭审理过程中，审判人员对证据有疑问，需要调查核实的，适用本法第一百九十一条的规定。

第二百零六条　人民法院对自诉案件，可以进行调解；自诉人在宣告判决前，可以同被告人自行和解或者撤回自诉。本法第二百零四条第三项规定的案件不适用调解。

人民法院审理自诉案件的期限，被告人被羁押的，适用本法第二百零二条第一款、第二款的规定；未被羁押的，应当在受理后六个月以内宣判。

第二百零七条　自诉案件的被告人在诉讼过程中，可以对自诉人提起反诉。反诉适用自诉的规定。

第三节　简易程序

第二百零八条　基层人民法院管辖的案件，符合下列条件的，可以适用简易程序审判：

（一）案件事实清楚、证据充分的；

（二）被告人承认自己所犯罪行，对指控的犯罪事实没有异议的；

（三）被告人对适用简易程序没有异议的。

人民检察院在提起公诉的时候，可以建议人民法院适用简易程序。

第二百零九条　有下列情形之一的，不适用简易程序：

（一）被告人是盲、聋、哑人，或者是尚未完全丧失辨认或者控制自己行为能力的精神病人的；

（二）有重大社会影响的；

（三）共同犯罪案件中部分被告人不认罪或者对适用简易程序有异议的；

（四）其他不宜适用简易程序审理的。

第二百一十条　适用简易程序审理案件，对可能判处三年有期徒刑以下刑罚的，可以组成合议庭进行审判，也可以由审判员一人独任审判；对可能判处的有期徒刑超过三年的，应当组成合议庭进行审判。

适用简易程序审理公诉案件，人民检察院应当派员出席法庭。

第二百一十一条 适用简易程序审理案件，审判人员应当询问被告人对指控的犯罪事实的意见，告知被告人适用简易程序审理的法律规定，确认被告人是否同意适用简易程序审理。

第二百一十二条 适用简易程序审理案件，经审判人员许可，被告人及其辩护人可以同公诉人、自诉人及其诉讼代理人互相辩论。

第二百一十三条 适用简易程序审理案件，不受本章第一节关于送达期限、讯问被告人、询问证人、鉴定人、出示证据、法庭辩论程序规定的限制。但在判决宣告前应当听取被告人的最后陈述意见。

第二百一十四条 适用简易程序审理案件，人民法院应当在受理后二十日以内审结；对可能判处的有期徒刑超过三年的，可以延长至一个半月。

第二百一十五条 人民法院在审理过程中，发现不宜适用简易程序的，应当按照本章第一节或者第二节的规定重新审理。

第三章　第二审程序

第二百一十六条 被告人、自诉人和他们的法定代理人，不服地方各级人民法院第一审的判决、裁定，有权用书状或者口头向上一级人民法院上诉。被告人的辩护人和近亲属，经被告人同意，可以提出上诉。

附带民事诉讼的当事人和他们的法定代理人，可以对地方各级人民法院第一审的判决、裁定中的附带民事诉讼部分，提出上诉。

对被告人的上诉权，不得以任何借口加以剥夺。

第二百一十七条 地方各级人民检察院认为本级人民法院第一审的判决、裁定确有错误的时候，应当向上一级人民法院提出抗诉。

第二百一十八条 被害人及其法定代理人不服地方各级人民法院第一审的判决的，自收到判决书后五日以内，有权请求人民检察院提出抗诉。人民检察院自收到被害人及其法定代理人的请求后五日以内，应当作出是否抗诉的决定并且答复请求人。

第二百一十九条 不服判决的上诉和抗诉的期限为十日，不服裁定的上诉和抗诉的期限为五日，从接到判决书、裁定书的第二日起算。

第二百二十条 被告人、自诉人、附带民事诉讼的原告人和被告人通过原审人民法院提出上诉的，原审人民法院应当在三日以内将上诉状连同案卷、证据移送上一级人民法院，同时将上诉状副本送交同级人民检察院和对方当事人。

被告人、自诉人、附带民事诉讼的原告人和被告人直接向第二审人民法院提出上诉的，第二审人民法院应当在三日以内将上诉状交原审人民法院送交同级人民检察院和对方当事人。

第二百二十一条 地方各级人民检察院对同级人民法院第一审判决、裁定的抗诉，

应当通过原审人民法院提出抗诉书，并且将抗诉书抄送上一级人民检察院。原审人民法院应当将抗诉书连同案卷、证据移送上一级人民法院，并且将抗诉书副本送交当

事人。

上级人民检察院如果认为抗诉不当，可以向同级人民法院撤回抗诉，并且通知下级人民检察院。

第二百二十二条 第二审人民法院应当就第一审判决认定的事实和适用法律进行全面审查，不受上诉或者抗诉范围的限制。

共同犯罪的案件只有部分被告人上诉的，应当对全案进行审查，一并处理。

第二百二十三条 第二审人民法院对于下列案件，应当组成合议庭，开庭审理：

（一）被告人、自诉人及其法定代理人对第一审认定的事实、证据提出异议，可能影响定罪量刑的上诉案件；

（二）被告人被判处死刑的上诉案件；

（三）人民检察院抗诉的案件；

（四）其他应当开庭审理的案件。

第二审人民法院决定不开庭审理的，应当讯问被告人，听取其他当事人、辩护人、诉讼代理人的意见。

第二审人民法院开庭审理上诉、抗诉案件，可以到案件发生地或者原审人民法院所在地进行。

第二百二十四条 人民检察院提出抗诉的案件或者第二审人民法院开庭审理的公诉案件，同级人民检察院都应当派员出席法庭。第二审人民法院应当在决定开庭审理后及时通知人民检察院查阅案卷。人民检察院应当在一个月以内查阅完毕。人民检察院查阅案卷的时间不计入审理期限。

第二百二十五条 第二审人民法院对不服第一审判决的上诉、抗诉案件，经过审理后，应当按照下列情形分别处理：

（一）原判决认定事实和适用法律正确、量刑适当的，应当裁定驳回上诉或者抗诉，维持原判；

（二）原判决认定事实没有错误，但适用法律有错误，或者量刑不当的，应当改判；

（三）原判决事实不清楚或者证据不足的，可以在查清事实后改判；也可以裁定撤销原判，发回原审人民法院重新审判。

原审人民法院对于依照前款第三项规定发回重新审判的案件作出判决后，被告人提出上诉或者人民检察院提出抗诉的，第二审人民法院应当依法作出判决或者裁定，不得再发回原审人民法院重新审判。

第二百二十六条 第二审人民法院审理被告人或者他的法定代理人、辩护人、近亲属上诉的案件，不得加重被告人的刑罚。第二审人民法院发回原审人民法院重新审判的案件，除有新的犯罪事实，人民检察院补充起诉的以外，原审人民法院也不得加重被告人的刑罚。

人民检察院提出抗诉或者自诉人提出上诉的，不受前款规定的限制。

第二百二十七条 第二审人民法院发现第一审人民法院的审理有下列违反法律规定的诉讼程序的情形之一的，应当裁定撤销原判，发回原审人民法院重新审判：

（一）违反本法有关公开审判的规定的；

（二）违反回避制度的；

（三）剥夺或者限制了当事人的法定诉讼权利，可能影响公正审判的；

（四）审判组织的组成不合法的；

（五）其他违反法律规定的诉讼程序，可能影响公正审判的。

第二百二十八条 原审人民法院对于发回重新审判的案件，应当另行组成合议庭，依照第一审程序进行审判。对于重新审判后的判决，依照本法第二百一十六条、

第二百一十七条、第二百一十八条的规定可以上诉、抗诉。

第二百二十九条 第二审人民法院对不服第一审裁定的上诉或者抗诉，经过审查后，应当参照本法第二百二十五条、第二百二十七条和第二百二十八条的规定，分别情形用裁定驳回上诉、抗诉，或者撤销、变更原裁定。

第二百三十条 第二审人民法院发回原审人民法院重新审判的案件，原审人民法院从收到发回的案件之日起，重新计算审理期限。

第二百三十一条 第二审人民法院审判上诉或者抗诉案件的程序，除本章已有规定的以外，参照第一审程序的规定进行。

第二百三十二条 第二审人民法院受理上诉、抗诉案件，应当在二个月以内审结。对于可能判处死刑的案件或者附带民事诉讼的案件，以及有本法第一百五十六条规定情形之一的，经省、自治区、直辖市高级人民法院批准或者决定，可以延长二个月；因特殊情况还需要延长的，报请最高人民法院批准。最高人民法院受理上诉、抗诉案件的审理期限，由最高人民法院决定。

第二百三十三条 第二审的判决、裁定和最高人民法院的判决、裁定，都是终审的判决、裁定。

第二百三十四条 公安机关、人民检察院和人民法院对查封、扣押、冻结的犯罪嫌疑人、被告人的财物及其孳息，应当妥善保管，以供核查，并制作清单，随案移送。任何单位和个人不得挪用或者自行处理。对被害人的合法财产，应当及时返还。对违禁品或者不宜长期保存的物品，应当依照国家有关规定处理。

对作为证据使用的实物应当随案移送，对不宜移送的，应当将其清单、照片或者其他证明文件随案移送。

人民法院作出的判决，应当对查封、扣押、冻结的财物及其孳息作出处理。人民法院作出的判决生效以后，有关机关应当根据判决对查封、扣押、冻结的财物及其孳息进行处理。对查封、扣押、冻结的赃款赃物及其孳息，除依法返还被害人的以外，一律上缴国库。

司法工作人员贪污、挪用或者私自处理查封、扣押、冻结的财物及其孳息的，依法追究刑事责任；不构成犯罪的，给予处分。

第四章　死刑复核程序

第二百三十五条 死刑由最高人民法院核准。

第二百三十六条 中级人民法院判处死刑的第一审案件，被告人不上诉的，应当由高级人民法院复核后，报请最高人民法院核准。高级人民法院不同意判处死刑的，可以

提审或者发回重新审判。

高级人民法院判处死刑的第一审案件被告人不上诉的，和判处死刑的第二审案件，都应当报请最高人民法院核准。

第二百三十七条　中级人民法院判处死刑缓期二年执行的案件，由高级人民法院核准。

第二百三十八条　最高人民法院复核死刑案件，高级人民法院复核死刑缓期执行的案件，应当由审判员三人组成合议庭进行。

第二百三十九条　最高人民法院复核死刑案件，应当作出核准或者不核准死刑的裁定。对于不核准死刑的，最高人民法院可以发回重新审判或者予以改判。

第二百四十条　最高人民法院复核死刑案件，应当讯问被告人，辩护律师提出要求的，应当听取辩护律师的意见。

在复核死刑案件过程中，最高人民检察院可以向最高人民法院提出意见。最高人民法院应当将死刑复核结果通报最高人民检察院。

第五章　审判监督程序

第二百四十一条　当事人及其法定代理人、近亲属，对已经发生法律效力的判决、裁定，可以向人民法院或者人民检察院提出申诉，但是不能停止判决、裁定的执行。

第二百四十二条　当事人及其法定代理人、近亲属的申诉符合下列情形之一的，人民法院应当重新审判：

(一) 有新的证据证明原判决、裁定认定的事实确有错误，可能影响定罪量刑的；

(二) 据以定罪量刑的证据不确实、不充分、依法应当予以排除，或者证明案件事实的主要证据之间存在矛盾的；

(三) 原判决、裁定适用法律确有错误的；

(四) 违反法律规定的诉讼程序，可能影响公正审判的；

(五) 审判人员在审理该案件的时候，有贪污受贿，徇私舞弊，枉法裁判行为的。

第二百四十三条　各级人民法院院长对本院已经发生法律效力的判决和裁定，如果发现在认定事实上或者在适用法律上确有错误，必须提交审判委员会处理。

最高人民法院对各级人民法院已经发生法律效力的判决和裁定，上级人民法院对下级人民法院已经发生法律效力的判决和裁定，如果发现确有错误，有权提审或者指令下级人民法院再审。

最高人民检察院对各级人民法院已经发生法律效力的判决和裁定，上级人民检察院对下级人民法院已经发生法律效力的判决和裁定，如果发现确有错误，有权按照审判监督程序向同级人民法院提出抗诉。

人民检察院抗诉的案件，接受抗诉的人民法院应当组成合议庭重新审理，对于原判决事实不清楚或者证据不足的，可以指令下级人民法院再审。

第二百四十四条　上级人民法院指令下级人民法院再审的，应当指令原审人民法院以外的下级人民法院审理；由原审人民法院审理更为适宜的，也可以指令原审人民法院审理。

第二百四十五条 人民法院按照审判监督程序重新审判的案件，由原审人民法院审理的，应当另行组成合议庭进行。如果原来是第一审案件，应当依照第一审程序

进行审判，所作的判决、裁定，可以上诉、抗诉；如果原来是第二审案件，或者是上级人民法院提审的案件，应当依照第二审程序进行审判，所作的判决、裁定，是终审的判决、裁定。

人民法院开庭审理的再审案件，同级人民检察院应当派员出席法庭。

第二百四十六条 人民法院决定再审的案件，需要对被告人采取强制措施的，由人民法院依法决定；人民检察院提出抗诉的再审案件，需要对被告人采取强制措施的，由人民检察院依法决定。

人民法院按照审判监督程序审判的案件，可以决定中止原判决、裁定的执行。

第二百四十七条 人民法院按照审判监督程序重新审判的案件，应当在作出提审、再审决定之日起三个月以内审结，需要延长期限的，不得超过六个月。

接受抗诉的人民法院按照审判监督程序审判抗诉的案件，审理期限适用前款规定；对需要指令下级人民法院再审的，应当自接受抗诉之日起一个月以内作出决定，下级人民法院审理案件的期限适用前款规定。

第四编 执 行

第二百四十八条 判决和裁定在发生法律效力后执行。下列判决和裁定是发生法律效力的判决和裁定：

(一)已过法定期限没有上诉、抗诉的判决和裁定；

(二)终审的判决和裁定；

(三)最高人民法院核准的死刑的判决和高级人民法院核准的死刑缓期二年执行的判决。

第二百四十九条 第一审人民法院判决被告人无罪、免除刑事处罚的，如果被告人在押，在宣判后应当立即释放。

第二百五十条 最高人民法院判处和核准的死刑立即执行的判决，应当由最高人民法院院长签发执行死刑的命令。

被判处死刑缓期二年执行的罪犯，在死刑缓期执行期间，如果没有故意犯罪，死刑缓期执行期满，应当予以减刑，由执行机关提出书面意见，报请高级人民法院裁定；如果故意犯罪，查证属实，应当执行死刑，由高级人民法院报请最高人民法院核准。

第二百五十一条 下级人民法院接到最高人民法院执行死刑的命令后，应当在七日以内交付执行。但是发现有下列情形之一的，应当停止执行，并且立即报告最高人民法院，由最高人民法院作出裁定：

(一)在执行前发现判决可能有错误的；

(二)在执行前罪犯揭发重大犯罪事实或者有其他重大立功表现，可能需要改判的；

(三)罪犯正在怀孕。

前款第一项、第二项停止执行的原因消失后，必须报请最高人民法院院长再签发执行死刑的命令才能执行；由于前款第三项原因停止执行的，应当报请最高人民法院依法

改判。

第二百五十二条 人民法院在交付执行死刑前，应当通知同级人民检察院派员临场监督。

死刑采用枪决或者注射等方法执行。

死刑可以在刑场或者指定的羁押场所内执行。

指挥执行的审判人员，对罪犯应当验明正身，讯问有无遗言、信札，然后交付执行人员执行死刑。在执行前，如果发现可能有错误，应当暂停执行，报请最高人民法院裁定。执行死刑应当公布，不应示众。

执行死刑后，在场书记员应当写成笔录。交付执行的人民法院应当将执行死刑情况报告最高人民法院。

执行死刑后，交付执行的人民法院应当通知罪犯家属。

第二百五十三条 罪犯被交付执行刑罚的时候，应当由交付执行的人民法院在判决生效后十日以内将有关的法律文书送达公安机关、监狱或者其他执行机关。

对被判处死刑缓期二年执行、无期徒刑、有期徒刑的罪犯，由公安机关依法将该罪犯送交监狱执行刑罚。对被判处有期徒刑的罪犯，在被交付执行刑罚前，剩余刑期在三个月以下的，由看守所代为执行。对被判处拘役的罪犯，由公安机关执行。对未成年犯应当在未成年犯管教所执行刑罚。执行机关应当将罪犯及时收押，并且通知罪犯家属。判处有期徒刑、拘役的罪犯，执行期满，应当由执行机关发给释放证明书。

第二百五十四条 对被判处有期徒刑或者拘役的罪犯，有下列情形之一的，可以暂予监外执行：

(一)有严重疾病需要保外就医的；

(二)怀孕或者正在哺乳自己婴儿的妇女；

(三)生活不能自理，适用暂予监外执行不致危害社会的。

对被判处无期徒刑的罪犯，有前款第二项规定情形的，可以暂予监外执行。对适用保外就医可能有社会危险性的罪犯，或者自伤自残的罪犯，不得保外就医。对罪犯确有严重疾病，必须保外就医的，由省级人民政府指定的医院诊断并开具证明文件。在交付执行前，暂予监外执行由交付执行的人民法院决定；在交付执行后，暂予监外执行由监狱或者看守所提出书面意见，报省级以上监狱管理机关或者设区的市一级以上公安机关批准。

第二百五十五条 监狱、看守所提出暂予监外执行的书面意见的，应当将书面意见的副本抄送人民检察院。人民检察院可以向决定或者批准机关提出书面意见。

第二百五十六条 决定或者批准暂予监外执行的机关应当将暂予监外执行决定抄送人民检察院。人民检察院认为暂予监外执行不当的，应当自接到通知之日起一个月以内将书面意见送交决定或者批准暂予监外执行的机关，决定或者批准暂予监外执行的机关接到人民检察院的书面意见后，应当立即对该决定进行重新核查。

第二百五十七条 对暂予监外执行的罪犯，有下列情形之一的，应当及时收监：

(一)发现不符合暂予监外执行条件的；

(二)严重违反有关暂予监外执行监督管理规定的；

（三）暂予监外执行的情形消失后，罪犯刑期未满的。

对于人民法院决定暂予监外执行的罪犯应当予以收监的，由人民法院作出决定，将有关的法律文书送达公安机关、监狱或者其他执行机关。

不符合暂予监外执行条件的罪犯通过贿赂等非法手段被暂予监外执行的，在监外执行的期间不计入执行刑期。罪犯在暂予监外执行期间脱逃的，脱逃的期间不计入执行刑期。

罪犯在暂予监外执行期间死亡的，执行机关应当及时通知监狱或者看守所。

第二百五十八条 对被判处管制、宣告缓刑、假释或者暂予监外执行的罪犯，依法实行社区矫正，由社区矫正机构负责执行。

第二百五十九条 对被判处剥夺政治权利的罪犯，由公安机关执行。执行期满，应当由执行机关书面通知本人及其所在单位、居住地基层组织。

第二百六十条 被判处罚金的罪犯，期满不缴纳的，人民法院应当强制缴纳；如果由于遭遇不能抗拒的灾祸缴纳确实有困难的，可以裁定减少或者免除。

第二百六十一条 没收财产的判决，无论附加适用或者独立适用，都由人民法院执行；在必要的时候，可以会同公安机关执行。

第二百六十二条 罪犯在服刑期间又犯罪的，或者发现了判决的时候所没有发现的罪行，由执行机关移送人民检察院处理。

被判处管制、拘役、有期徒刑或者无期徒刑的罪犯，在执行期间确有悔改或者立功表现，应当依法予以减刑、假释的时候，由执行机关提出建议书，报请人民法院审核裁定，并将建议书副本抄送人民检察院。人民检察院可以向人民法院提出书面意见。

第二百六十三条 人民检察院认为人民法院减刑、假释的裁定不当，应当在收到裁定书副本后二十日以内，向人民法院提出书面纠正意见。人民法院应当在收到纠正意见后一个月以内重新组成合议庭进行审理，作出最终裁定。

第二百六十四条 监狱和其他执行机关在刑罚执行中，如果认为判决有错误或者罪犯提出申诉，应当转请人民检察院或者原判人民法院处理。

第二百六十五条 人民检察院对执行机关执行刑罚的活动是否合法实行监督。如果发现有违法的情况，应当通知执行机关纠正。

第五编　特别程序

第一章　未成年人刑事案件诉讼程序

第二百六十六条 对犯罪的未成年人实行教育、感化、挽救的方针，坚持教育为主、惩罚为辅的原则。人民法院、人民检察院和公安机关办理未成年人刑事案件，应当保障未成年人行使其诉讼权利，保障未成年人得到法律帮助，并由熟悉未成年人身心特点的审判人员、检察人员、侦查人员承办。

第二百六十七条 未成年犯罪嫌疑人、被告人没有委托辩护人的，人民法院、人民检察院、公安机关应当通知法律援助机构指派律师为其提供辩护。

第二百六十八条 公安机关、人民检察院、人民法院办理未成年人刑事案件，根据情况可以对未成年犯罪嫌疑人、被告人的成长经历、犯罪原因、监护教育等情况进行调查。

第二百六十九条 对未成年犯罪嫌疑人、被告人应当严格限制适用逮捕措施。人民检察院审查批准逮捕和人民法院决定逮捕，应当讯问未成年犯罪嫌疑人、被告人，听取辩护律师的意见。对被拘留、逮捕和执行刑罚的未成年人与成年人应当分别关押、分别管理、分别教育。

第二百七十条 对于未成年人刑事案件，在讯问和审判的时候，应当通知未成年犯罪嫌疑人、被告人的法定代理人到场。无法通知、法定代理人不能到场或者法定代理人是共犯的，也可以通知未成年犯罪嫌疑人、被告人的其他成年亲属，所在学校、单位、居住地基层组织或者未成年人保护组织的代表到场，并将有关情况记录在案。到场的法定代理人可以代为行使未成年犯罪嫌疑人、被告人的诉讼权利。

到场的法定代理人或者其他人员认为办案人员在讯问、审判中侵犯未成年人合法权益的，可以提出意见。讯问笔录、法庭笔录应当交给到场的法定代理人或者其他人员阅读或者向他宣读。

讯问女性未成年犯罪嫌疑人，应当有女工作人员在场。

审判未成年人刑事案件，未成年被告人最后陈述后，其法定代理人可以进行补充陈述。询问未成年被害人、证人，适用第一款、第二款、第三款的规定。

第二百七十一条 对于未成年人涉嫌刑法分则第四章、第五章、第六章规定的犯罪，可能判处一年有期徒刑以下刑罚，符合起诉条件，但有悔罪表现的，人民检察院可以作出附条件不起诉的决定。人民检察院在作出附条件不起诉的决定以前，应当听取公安机关、被害人的意见。

对附条件不起诉的决定，公安机关要求复议、提请复核或者被害人申诉的，适用本法第一百七十五条、第一百七十六条的规定。

未成年犯罪嫌疑人及其法定代理人对人民检察院决定附条件不起诉有异议的，人民检察院应当作出起诉的决定。

第二百七十二条 在附条件不起诉的考验期内，由人民检察院对被附条件不起诉的未成年犯罪嫌疑人进行监督考察。未成年犯罪嫌疑人的监护人，应当对未成年犯罪嫌疑人加强管教，配合人民检察院做好监督考察工作。

附条件不起诉的考验期为六个月以上一年以下，从人民检察院作出附条件不起诉的决定之日起计算。被附条件不起诉的未成年犯罪嫌疑人，应当遵守下列规定：

（一）遵守法律法规，服从监督；

（二）按照考察机关的规定报告自己的活动情况；

（三）离开所居住的市、县或者迁居，应当报经考察机关批准；

（四）按照考察机关的要求接受矫治和教育。

第二百七十三条 被附条件不起诉的未成年犯罪嫌疑人，在考验期内有下列情形之一的，人民检察院应当撤销附条件不起诉的决定，提起公诉：

（一）实施新的犯罪或者发现决定附条件不起诉以前还有其他犯罪需要追诉的；

（二）违反治安管理规定或者考察机关有关附条件不起诉的监督管理规定，情节严重的。被附条件不起诉的未成年犯罪嫌疑人，在考验期内没有上述情形，考验期满的，人民检察院应当作出不起诉的决定。

第二百七十四条 审判的时候被告人不满十八周岁的案件，不公开审理。但是，经未成年被告人及其法定代理人同意，未成年被告人所在学校和未成年人保护组织可以派代表到场。

第二百七十五条 犯罪的时候不满十八周岁，被判处五年有期徒刑以下刑罚的，应当对相关犯罪记录予以封存。犯罪记录被封存的，不得向任何单位和个人提供，但司法机关为办案需要或者有关单位根据国家规定进行查询的除外。依法进行查询的单位，应当对被封存的犯罪记录的情况予以保密。

第二百七十六条 办理未成年人刑事案件，除本章已有规定的以外，按照本法的其他规定进行。

第二章 当事人和解的公诉案件诉讼程序

第二百七十七条 下列公诉案件，犯罪嫌疑人、被告人真诚悔罪，通过向被害人赔偿损失、赔礼道歉等方式获得被害人谅解，被害人自愿和解的，双方当事人可以和解：

(一)因民间纠纷引起，涉嫌刑法分则第四章、第五章规定的犯罪案件，可能判处三年有期徒刑以下刑罚的；

(二)除渎职犯罪以外的可能判处七年有期徒刑以下刑罚的过失犯罪案件。犯罪嫌疑人、被告人在五年以内曾经故意犯罪的，不适用本章规定的程序。

第二百七十八条 双方当事人和解的，公安机关、人民检察院、人民法院应当听取当事人和其他有关人员的意见，对和解的自愿性、合法性进行审查，并主持制作和解协议书。

第二百七十九条 对于达成和解协议的案件，公安机关可以向人民检察院提出从宽处理的建议。人民检察院可以向人民法院提出从宽处罚的建议；对于犯罪情节轻微，不需要判处刑罚的，可以作出不起诉的决定。人民法院可以依法对被告人从宽处罚。

第三章 犯罪嫌疑人、被告人逃匿、死亡案件违法所得的没收程序

第二百八十条 对于贪污贿赂犯罪、恐怖活动犯罪等重大犯罪案件，犯罪嫌疑人、被告人逃匿，在通缉一年后不能到案，或者犯罪嫌疑人、被告人死亡，依照刑法规定应当追缴其违法所得及其他涉案财产的，人民检察院可以向人民法院提出没收违法所得的申请。

公安机关认为有前款规定情形的，应当写出没收违法所得意见书，移送人民检察院。没收违法所得的申请应当提供与犯罪事实、违法所得相关的证据材料，并列明财产的种类、数量、所在地及查封、扣押、冻结的情况。

人民法院在必要的时候，可以查封、扣押、冻结申请没收的财产。

第二百八十一条 没收违法所得的申请，由犯罪地或者犯罪嫌疑人、被告人居住地的中级人民法院组成合议庭进行审理。人民法院受理没收违法所得的申请后，应当发出公告。公告期间为六个月。犯罪嫌疑人、被告人的近亲属和其他利害关系人有权申请参

加诉讼，也可以委托诉讼代理人参加诉讼。

人民法院在公告期满后对没收违法所得的申请进行审理。利害关系人参加诉讼的，人民法院应当开庭审理。

第二百八十二条　人民法院经审理，对经查证属于违法所得及其他涉案财产，除依法返还被害人的以外，应当裁定予以没收；对不属于应当追缴的财产的，应当裁定驳回申请，解除查封、扣押、冻结措施。

对于人民法院依照前款规定作出的裁定，犯罪嫌疑人、被告人的近亲属和其他利害关系人或者人民检察院可以提出上诉、抗诉。

第二百八十三条　在审理过程中，在逃的犯罪嫌疑人、被告人自动投案或者被抓获的，人民法院应当终止审理。

没收犯罪嫌疑人、被告人财产确有错误的，应当予以返还、赔偿。

第四章　依法不负刑事责任的精神病人的强制医疗程序

第二百八十四条　实施暴力行为，危害公共安全或者严重危害公民人身安全，经法定程序鉴定依法不负刑事责任的精神病人，有继续危害社会可能的，可以予以强制医疗。

第二百八十五条　根据本章规定对精神病人强制医疗的，由人民法院决定。

公安机关发现精神病人符合强制医疗条件的，应当写出强制医疗意见书，移送人民检察院。对于公安机关移送的或者在审查起诉过程中发现的精神病人符合强制医疗条件的，人民检察院应当向人民法院提出强制医疗的申请。人民法院在审理案件过程中发现被告人符合强制医疗条件的，可以作出强制医疗的决定。

对实施暴力行为的精神病人，在人民法院决定强制医疗前，公安机关可以采取临时的保护性约束措施。

第二百八十六条　人民法院受理强制医疗的申请后，应当组成合议庭进行审理。人民法院审理强制医疗案件，应当通知被申请人或者被告人的法定代理人到场。

被申请人或者被告人没有委托诉讼代理人的，人民法院应当通知法律援助机构指派律师为其提供法律帮助。

第二百八十七条　人民法院经审理，对于被申请人或者被告人符合强制医疗条件的，应当在一个月以内作出强制医疗的决定。

被决定强制医疗的人、被害人及其法定代理人、近亲属对强制医疗决定不服的，可以向上一级人民法院申请复议。

第二百八十八条　强制医疗机构应当定期对被强制医疗的人进行诊断评估。对于已不具有人身危险性，不需要继续强制医疗的，应当及时提出解除意见，报决定强制医疗的人民法院批准。

被强制医疗的人及其近亲属有权申请解除强制医疗。

第二百八十九条　人民检察院对强制医疗的决定和执行实行监督。

附 则

第二百九十条 军队保卫部门对军队内部发生的刑事案件行使侦查权。对罪犯在监狱内犯罪的案件由监狱进行侦查。

军队保卫部门、监狱办理刑事案件，适用本法的有关规定。

2. 中华人民共和国民事诉讼法

（1991年4月9日第七届全国人民代表大会第四次会议通过根据2007年10月28日第十届全国人民代表大会常务委员会第三十次会议《关于修改〈中华人民共和国民事诉讼法〉的决定》第一次修正根据2012年8月31日第十一届全国人民代表大会常务委员会第二十八次会议《关于修改〈中华人民共和国民事诉讼法〉的决定》第二次修正）

目 录

第一编 总则
第一章 任务、适用范围和基本原则
第二章 管辖
第一节 级别管辖
第二节 地域管辖
第三节 移送管辖和指定管辖
第三章 审判组织
第四章 回避
第五章 诉讼参加人
第一节 当事人
第二节 诉讼代理人
第六章 证据
第七章 期间、送达
第一节 期间
第二节 送达
第八章 调解
第九章 保全和先予执行
第十章 对妨害民事诉讼的强制措施
第十一章 诉讼费用

第二编 审判程序
第十二章 第一审普通程序
第一节 起诉和受理
第二节 审理前的准备
第三节 开庭审理
第四节 诉讼中止和终结
第五节 判决和裁定

第十三章　简易程序
第十四章　第二审程序
第十五章　特别程序
第一节　一般规定
第二节　选民资格案件
第三节　宣告失踪、宣告死亡案件
第四节　认定公民无民事行为能力、限制民事行为能力案件
第五节　认定财产无主案件
第六节　确认调解协议案件
第七节　实现担保物权案件
第十六章　审判监督程序
第十七章　督促程序
第十八章　公示催告程序

第三编　执行程序
第十九章　一般规定
第二十章　执行的申请和移送
第二十一章　执行措施
第二十二章　执行中止和终结

第四编　涉外民事诉讼程序的特别规定
第二十三章　一般原则
第二十四章　管辖
第二十五章　送达、期间
第二十六章　仲裁
第二十七章　司法协助

第一编　总　　则

第一章　任务、适用范围和基本原则

第一条　中华人民共和国民事诉讼法以宪法为根据，结合我国民事审判工作的经验和实际情况制定。

第二条　中华人民共和国民事诉讼法的任务，是保护当事人行使诉讼权利，保证人民法院查明事实，分清是非，正确适用法律，及时审理民事案件，确认民事权利义务关系，制裁民事违法行为，保护当事人的合法权益，教育公民自觉遵守法律，维护社会秩序、经济秩序，保障社会主义建设事业顺利进行。

第三条　人民法院受理公民之间、法人之间、其他组织之间以及他们相互之间因财产关系和人身关系提起的民事诉讼，适用本法的规定。

第四条 凡在中华人民共和国领域内进行民事诉讼，必须遵守本法。

第五条 外国人、无国籍人、外国企业和组织在人民法院起诉、应诉，同中华人民共和国公民、法人和其他组织有同等的诉讼权利义务。

外国法院对中华人民共和国公民、法人和其他组织的民事诉讼权利加以限制的，中华人民共和国人民法院对该国公民、企业和组织的民事诉讼权利，实行对等原则。

第六条 民事案件的审判权由人民法院行使。人民法院依照法律规定对民事案件独立进行审判，不受行政机关、社会团体和个人的干涉。

第七条 人民法院审理民事案件，必须以事实为根据，以法律为准绳。

第八条 民事诉讼当事人有平等的诉讼权利。人民法院审理民事案件，应当保障和便利当事人行使诉讼权利，对当事人在适用法律上一律平等。

第九条 人民法院审理民事案件，应当根据自愿和合法的原则进行调解；调解不成的，应当及时判决。

第十条 人民法院审理民事案件，依照法律规定实行合议、回避、公开审判和两审终审制度。

第十一条 各民族公民都有用本民族语言、文字进行民事诉讼的权利。

在少数民族聚居或者多民族共同居住的地区，人民法院应当用当地民族通用的语言、文字进行审理和发布法律文书。人民法院应当对不通晓当地民族通用的语言、文字的诉讼参与人提供翻译。

第十二条 人民法院审理民事案件时，当事人有权进行辩论。

第十三条 民事诉讼应当遵循诚实信用原则。当事人有权在法律规定的范围内处分自己的民事权利和诉讼权利。

第十四条 人民检察院有权对民事诉讼实行法律监督。

第十五条 机关、社会团体、企业事业单位对损害国家、集体或者个人民事权益的行为，可以支持受损害的单位或者个人向人民法院起诉。

第十六条 民族自治地方的人民代表大会根据宪法和本法的原则，结合当地民族的具体情况，可以制定变通或者补充的规定。自治区的规定，报全国人民代表大会常务委员会批准。自治州、自治县的规定，报省或者自治区的人民代表大会常务委员会批准，并报全国人民代表大会常务委员会备案。

第二章 管 辖

第一节 级别管辖

第十七条 基层人民法院管辖第一审民事案件，但本法另有规定的除外。

第十八条 中级人民法院管辖下列第一审民事案件：

（一）重大涉外案件；

（二）在本辖区有重大影响的案件；

（三）最高人民法院确定由中级人民法院管辖的案件。

第十九条 高级人民法院管辖在本辖区有重大影响的第一审民事案件。

第二十条 最高人民法院管辖下列第一审民事案件：

（一）在全国有重大影响的案件；

（二）认为应当由本院审理的案件。

第二节　地 域 管 辖

第二十一条　对公民提起的民事诉讼，由被告住所地人民法院管辖；被告住所地与经常居住地不一致的，由经常居住地人民法院管辖。

对法人或者其他组织提起的民事诉讼，由被告住所地人民法院管辖。同一诉讼的几个被告住所地、经常居住地在两个以上人民法院辖区的，各该人民法院都有管辖权。

第二十二条　下列民事诉讼，由原告住所地人民法院管辖；原告住所地与经常居住地不一致的，由原告经常居住地人民法院管辖：

（一）对不在中华人民共和国领域内居住的人提起的有关身份关系的诉讼；

（二）对下落不明或者宣告失踪的人提起的有关身份关系的诉讼；

（三）对被采取强制性教育措施的人提起的诉讼；

（四）对被监禁的人提起的诉讼。

第二十三条　因合同纠纷提起的诉讼，由被告住所地或者合同履行地人民法院管辖。

第二十四条　因保险合同纠纷提起的诉讼，由被告住所地或者保险标的物所在地人民法院管辖。

第二十五条　因票据纠纷提起的诉讼，由票据支付地或者被告住所地人民法院管辖。

第二十六条　因公司设立、确认股东资格、分配利润、解散等纠纷提起的诉讼，由公司住所地人民法院管辖。

第二十七条　因铁路、公路、水上、航空运输和联合运输合同纠纷提起的诉讼，由运输始发地、目的地或者被告住所地人民法院管辖。

第二十八条　因侵权行为提起的诉讼，由侵权行为地或者被告住所地人民法院管辖。

第二十九条　因铁路、公路、水上和航空事故请求损害赔偿提起的诉讼，由事故发生地或者车辆、船舶最先到达地、航空器最先降落地或者被告住所地人民法院管辖。

第三十条　因船舶碰撞或者其他海事损害事故请求损害赔偿提起的诉讼，由碰撞发生地、碰撞船舶最先到达地、加害船舶被扣留地或者被告住所地人民法院管辖。

第三十一条　因海难救助费用提起的诉讼，由救助地或者被救助船舶最先到达地人民法院管辖。

第三十二条　因共同海损提起的诉讼，由船舶最先到达地、共同海损理算地或者航程终止地的人民法院管辖。

第三十三条　下列案件，由本条规定的人民法院专属管辖：

（一）因不动产纠纷提起的诉讼，由不动产所在地人民法院管辖；

（二）因港口作业中发生纠纷提起的诉讼，由港口所在地人民法院管辖；

（三）因继承遗产纠纷提起的诉讼，由被继承人死亡时住所地或者主要遗产所在地人民法院管辖。

第三十四条　合同或者其他财产权益纠纷的当事人可以书面协议选择被告住所地、合同履行地、合同签订地、原告住所地、标的物所在地等与争议有实际联系的地点的人民法院管辖，但不得违反本法对级别管辖和专属管辖的规定。

第三十五条　两个以上人民法院都有管辖权的诉讼，原告可以向其中一个人民法院起诉；原告向两个以上有管辖权的人民法院起诉的，由最先立案的人民法院管辖。

第三节　移送管辖和指定管辖

第三十六条　人民法院发现受理的案件不属于本院管辖的，应当移送有管辖权的人民法院，受移送的人民法院应当受理。受移送的人民法院认为受移送的案件依照规定不属于本院管辖的，应当报请上级人民法院指定管辖，不得再自行移送。

第三十七条　有管辖权的人民法院由于特殊原因，不能行使管辖权的，由上级人民法院指定管辖。人民法院之间因管辖权发生争议，由争议双方协商解决；协商解决不了的，报请它们的共同上级人民法院指定管辖。

第三十八条　上级人民法院有权审理下级人民法院管辖的第一审民事案件；确有必要将本院管辖的第一审民事案件交下级人民法院审理的，应当报请其上级人民法院批准。下级人民法院对它所管辖的第一审民事案件，认为需要由上级人民法院审理的，可以报请上级人民法院审理。

第三章　审 判 组 织

第三十九条　人民法院审理第一审民事案件，由审判员、陪审员共同组成合议庭或者由审判员组成合议庭。合议庭的成员人数，必须是单数。适用简易程序审理的民事案件，由审判员一人独任审理。陪审员在执行陪审职务时，与审判员有同等的权利义务。

第四十条　人民法院审理第二审民事案件，由审判员组成合议庭。合议庭的成员人数，必须是单数。发回重审的案件，原审人民法院应当按照第一审程序另行组成合议庭。审理再审案件，原来是第一审的，按照第一审程序另行组成合议庭；原来是第二审的或者是上级人民法院提审的，按照第二审程序另行组成合议庭。

第四十一条　合议庭的审判长由院长或者庭长指定审判员一人担任；院长或者庭长参加审判的，由院长或者庭长担任。

第四十二条　合议庭评议案件，实行少数服从多数的原则。评议应当制作笔录，由合议庭成员签名。评议中的不同意见，必须如实记入笔录。

第四十三条　审判人员应当依法秉公办案。审判人员不得接受当事人及其诉讼代理人请客送礼。审判人员有贪污受贿，徇私舞弊，枉法裁判行为的，应当追究法律责任；构成犯罪的，依法追究刑事责任。

第四章　回　　避

第四十四条　审判人员有下列情形之一的，应当自行回避，当事人有权用口头或者书面方式申请他们回避：

（一）是本案当事人或者当事人、诉讼代理人近亲属的；

（二）与本案有利害关系的；

（三）与本案当事人、诉讼代理人有其他关系，可能影响对案件公正审理的。审判人员接受当事人、诉讼代理人请客送礼，或者违反规定会见当事人、诉讼代理人的，当事人有权要求他们回避。审判人员有前款规定的行为的，应当依法追究法律责任。

前三款规定，适用于书记员、翻译人员、鉴定人、勘验人。

第四十五条 当事人提出回避申请，应当说明理由，在案件开始审理时提出；回避事由在案件开始审理后知道的，也可以在法庭辩论终结前提出。

被申请回避的人员在人民法院作出是否回避的决定前，应当暂停参与本案的工作，但案件需要采取紧急措施的除外。

第四十六条 院长担任审判长时的回避，由审判委员会决定；审判人员的回避，由院长决定；其他人员的回避，由审判长决定。

第四十七条 人民法院对当事人提出的回避申请，应当在申请提出的三日内，以口头或者书面形式作出决定。申请人对决定不服的，可以在接到决定时申请复议一次。复议期间，被申请回避的人员，不停止参与本案的工作。人民法院对复议申请，应当在三日内作出复议决定，并通知复议申请人。

第五章 诉讼参加人

第一节 当 事 人

第四十八条 公民、法人和其他组织可以作为民事诉讼的当事人。法人由其法定代表人进行诉讼。其他组织由其主要负责人进行诉讼。

第四十九条 当事人有权委托代理人，提出回避申请，收集、提供证据，进行辩论，请求调解，提起上诉，申请执行。当事人可以查阅本案有关材料，并可以复制本案有关材料和法律文书。查阅、复制本案有关材料的范围和办法由最高人民法院规定。当事人必须依法行使诉讼权利，遵守诉讼秩序，履行发生法律效力的判决书、裁定书和调解书。

第五十条 双方当事人可以自行和解。

第五十一条 原告可以放弃或者变更诉讼请求。被告可以承认或者反驳诉讼请求，有权提起反诉。

第五十二条 当事人一方或者双方为二人以上，其诉讼标的是共同的，或者诉讼标的是同一种类、人民法院认为可以合并审理并经当事人同意的，为共同诉讼。共同诉讼的一方当事人对诉讼标的有共同权利义务的，其中一人的诉讼行为经其他共同诉讼人承认，对其他共同诉讼人发生效力；对诉讼标的没有共同权利义务的，其中一人的诉讼行为对其他共同诉讼人不发生效力。

第五十三条 当事人一方人数众多的共同诉讼，可以由当事人推选代表人进行诉讼。代表人的诉讼行为对其所代表的当事人发生效力，但代表人变更、放弃诉讼请求或者承认对方当事人的诉讼请求，进行和解，必须经被代表的当事人同意。

第五十四条 诉讼标的是同一种类、当事人一方人数众多在起诉时人数尚未确定的，人民法院可以发出公告，说明案件情况和诉讼请求，通知权利人在一定期间向人民法院登记。向人民法院登记的权利人可以推选代表人进行诉讼；推选不出代表人的，人民法院可以与参加登记的权利人商定代表人。代表人的诉讼行为对其所代表的当事人发生效力，但代表人变更、放弃诉讼请求或者承认对方当事人的诉讼请求，进行和解，必须经被代表的当事人同意。人民法院作出的判决、裁定，对参加登记的全体权利人发生效力。未参加登记的权利人在诉讼时效期间提起诉讼的，适用该判决、裁定。

第五十五条　对污染环境、侵害众多消费者合法权益等损害社会公共利益的行为，法律规定的机关和有关组织可以向人民法院提起诉讼。

第五十六条　对当事人双方的诉讼标的，第三人认为有独立请求权的，有权提起诉讼。

对当事人双方的诉讼标的，第三人虽然没有独立请求权，但案件处理结果同他有法律上的利害关系的，可以申请参加诉讼，或者由人民法院通知他参加诉讼。人民法院判决承担民事责任的第三人，有当事人的诉讼权利义务。

前两款规定的第三人，因不能归责于本人的事由未参加诉讼，但有证据证明发生法律效力的判决、裁定、调解书的部分或者全部内容错误，损害其民事权益的，可以自知道或者应当知道其民事权益受到损害之日起六个月内，向作出该判决、裁定、调解书的人民法院提起诉讼。人民法院经审理，诉讼请求成立的，应当改变或者撤销原判决、裁定、调解书；诉讼请求不成立的，驳回诉讼请求。

第二节　诉讼代理人

第五十七条　无诉讼行为能力人由他的监护人作为法定代理人代为诉讼。法定代理人之间互相推诿代理责任的，由人民法院指定其中一人代为诉讼。

第五十八条　当事人、法定代理人可以委托一至二人作为诉讼代理人。

下列人员可以被委托为诉讼代理人：

（一）律师、基层法律服务工作者；

（二）当事人的近亲属或者工作人员；

（三）当事人所在社区、单位以及有关社会团体推荐的公民。

第五十九条　委托他人代为诉讼，必须向人民法院提交由委托人签名或者盖章的授权委托书。

授权委托书必须记明委托事项和权限。诉讼代理人代为承认、放弃、变更诉讼请求，进行和解，提起反诉或者上诉，必须有委托人的特别授权。侨居在国外的中华人民共和国公民从国外寄交或者托交的授权委托书，必须经中华人民共和国驻该国的使领馆证明；没有使领馆的，由与中华人民共和国有外交关系的第三国驻该国的使领馆证明，再转由中华人民共和国驻该第三国使领馆证明，或者由当地的爱国华侨团体证明。

第六十条　诉讼代理人的权限如果变更或者解除，当事人应当书面告知人民法院，并由人民法院通知对方当事人。

第六十一条　代理诉讼的律师和其他诉讼代理人有权调查收集证据，可以查阅本案有关材料。查阅本案有关材料的范围和办法由最高人民法院规定。

第六十二条　离婚案件有诉讼代理人的，本人除不能表达意思的以外，仍应出庭；确因特殊情况无法出庭的，必须向人民法院提交书面意见。

第六章 证 据

第六十三条 证据包括：

(一)当事人的陈述；

(二)书证；

(三)物证；

(四)视听资料；

(五)电子数据；

(六)证人证言；

(七)鉴定意见；

(八)勘验笔录。

证据必须查证属实，才能作为认定事实的根据。

第六十四条 当事人对自己提出的主张，有责任提供证据。

当事人及其诉讼代理人因客观原因不能自行收集的证据，或者人民法院认为审理案件需要的证据，人民法院应当调查收集。人民法院应当按照法定程序，全面地、客观地审查核实证据。

第六十五条 当事人对自己提出的主张应当及时提供证据。

人民法院根据当事人的主张和案件审理情况，确定当事人应当提供的证据及其期限。当事人在该期限内提供证据确有困难的，可以向人民法院申请延长期限，人民法院根据当事人的申请适当延长。当事人逾期提供证据的，人民法院应当责令其说明理由；拒不说明理由或者理由不成立的，人民法院根据不同情形可以不予采纳该证据，或者采纳该证据但予以训诫、罚款。

第六十六条 人民法院收到当事人提交的证据材料，应当出具收据，写明证据名称、页数、份数、原件或者复印件以及收到时间等，并由经办人员签名或者盖章。

第六十七条 人民法院有权向有关单位和个人调查取证，有关单位和个人不得拒绝。人民法院对有关单位和个人提出的证明文书，应当辨别真伪，审查确定其效力。

第六十八条 证据应当在法庭上出示，并由当事人互相质证。对涉及国家秘密、商业秘密和个人隐私的证据应当保密，需要在法庭出示的，不得在公开开庭时出示。

第六十九条 经过法定程序公证证明的法律事实和文书，人民法院应当作为认定事实的根据，但有相反证据足以推翻公证证明的除外。

第七十条 书证应当提交原件。物证应当提交原物。提交原件或者原物确有困难的，可以提交复制品、照片、副本、节录本。提交外文书证，必须附有中文译本。

第七十一条 人民法院对视听资料，应当辨别真伪，并结合本案的其他证据，审查确定能否作为认定事实的根据。

第七十二条 凡是知道案件情况的单位和个人，都有义务出庭作证。有关单位的负责人应当支持证人作证。不能正确表达意思的人，不能作证。

第七十三条 经人民法院通知，证人应当出庭作证。有下列情形之一的，经人民法院许可，可以通过书面证言、视听传输技术或者视听资料等方式作证：

(一)因健康原因不能出庭的;

(二)因路途遥远，交通不便不能出庭的;

(三)因自然灾害等不可抗力不能出庭的;

(四)其他有正当理由不能出庭的。

第七十四条 证人因履行出庭作证义务而支出的交通、住宿、就餐等必要费用以及误工损失，由败诉一方当事人负担。当事人申请证人作证的，由该当事人先行垫付；当事人没有申请，人民法院通知证人作证的，由人民法院先行垫付。

第七十五条 人民法院对当事人的陈述，应当结合本案的其他证据，审查确定能否作为认定事实的根据。当事人拒绝陈述的，不影响人民法院根据证据认定案件事实。

第七十六条 当事人可以就查明事实的专门性问题向人民法院申请鉴定。当事人申请鉴定的，由双方当事人协商确定具备资格的鉴定人；协商不成的，由人民法院指定。当事人未申请鉴定，人民法院对专门性问题认为需要鉴定的，应当委托具备资格的鉴定人进行鉴定。

第七十七条 鉴定人有权了解进行鉴定所需要的案件材料，必要时可以询问当事人、证人。鉴定人应当提出书面鉴定意见，在鉴定书上签名或者盖章。

第七十八条 当事人对鉴定意见有异议或者人民法院认为鉴定人有必要出庭的，鉴定人应当出庭作证。经人民法院通知，鉴定人拒不出庭作证的，鉴定意见不得作为认定事实的根据；支付鉴定费用的当事人可以要求返还鉴定费用。

第七十九条 当事人可以申请人民法院通知有专门知识的人出庭，就鉴定人作出的鉴定意见或者专业问题提出意见。

第八十条 勘验物证或者现场，勘验人必须出示人民法院的证件，并邀请当地基层组织或者当事人所在单位派人参加。当事人或者当事人的成年家属应当到场，拒不到场的，不影响勘验的进行。有关单位和个人根据人民法院的通知，有义务保护现场，协助勘验工作。勘验人应当将勘验情况和结果制作笔录，由勘验人、当事人和被邀参加人签名或者盖章。

第八十一条 在证据可能灭失或者以后难以取得的情况下，当事人可以在诉讼过程中向人民法院申请保全证据，人民法院也可以主动采取保全措施。因情况紧急，在证据可能灭失或者以后难以取得的情况下，利害关系人可以在提起诉讼或者申请仲裁前向证据所在地、被申请人住所地或者对案件有管辖权的人民法院申请保全证据。证据保全的其他程序，参照适用本法第九章保全的有关规定。

第七章 期间、送达

第一节 期 间

第八十二条 期间包括法定期间和人民法院指定的期间。

期间以时、日、月、年计算。期间开始的时和日，不计算在期间内。

期间届满的最后一日是节假日的，以节假日后的第一日为期间届满的日期。期间不包括在途时间，诉讼文书在期满前交邮的，不算过期。

第八十三条 当事人因不可抗拒的事由或者其他正当理由耽误期限的，在障碍消除后的十日内，可以申请顺延期限，是否准许，由人民法院决定。

第二节　送　　达

第八十四条　送达诉讼文书必须有送达回证，由受送达人在送达回证上记明收到日期，签名或者盖章。受送达人在送达回证上的签收日期为送达日期。

第八十五条　送达诉讼文书，应当直接送交受送达人。受送达人是公民的，本人不在交他的同住成年家属签收；受送达人是法人或者其他组织的，应当由法人的法定代表人、其他组织的主要负责人或者该法人、组织负责收件的人签收；受送达人有诉讼代理人的，可以送交其代理人签收；受送达人已向人民法院指定代收人的，送交代收人签收。受送达人的同住成年家属，法人或者其他组织的负责收件的人，诉讼代理人或者代收人在送达回证上签收的日期为送达日期。

第八十六条　受送达人或者他的同住成年家属拒绝接收诉讼文书的，送达人可以邀请有关基层组织或者所在单位的代表到场，说明情况，在送达回证上记明拒收事由和日期，由送达人、见证人签名或者盖章，把诉讼文书留在受送达人的住所；也可以把诉讼文书留在受送达人的住所，并采用拍照、录像等方式记录送达过程，即视为送达。

第八十七条　经受送达人同意，人民法院可以采用传真、电子邮件等能够确认其收悉的方式送达诉讼文书，但判决书、裁定书、调解书除外。

采用前款方式送达的，以传真、电子邮件等到达受送达人特定系统的日期为送达日期。

第八十八条　直接送达诉讼文书有困难的，可以委托其他人民法院代为送达，或者邮寄送达。邮寄送达的，以回执上注明的收件日期为送达日期。

第八十九条　受送达人是军人的，通过其所在部队团以上单位的政治机关转交。

第九十条　受送达人被监禁的，通过其所在监所转交。受送达人被采取强制性教育措施的，通过其所在强制性教育机构转交。

第九十一条　代为转交的机关、单位收到诉讼文书后，必须立即交受送达人签收，以在送达回证上的签收日期，为送达日期。

第九十二条　受送达人下落不明，或者用本节规定的其他方式无法送达的，公告送达。自发出公告之日起，经过六十日，即视为送达。公告送达，应当在案卷中记明原因和经过。

第八章　调　　解

第九十三条　人民法院审理民事案件，根据当事人自愿的原则，在事实清楚的基础上，分清是非，进行调解。

第九十四条　人民法院进行调解，可以由审判员一人主持，也可以由合议庭主持，并尽可能就地进行。

人民法院进行调解，可以用简便方式通知当事人、证人到庭。

第九十五条　人民法院进行调解，可以邀请有关单位和个人协助。被邀请的单位和个人，应当协助人民法院进行调解。

第九十六条　调解达成协议，必须双方自愿，不得强迫。调解协议的内容不得违反法律规定。

第九十七条 调解达成协议，人民法院应当制作调解书。调解书应当写明诉讼请求、案件的事实和调解结果。

调解书由审判人员、书记员署名，加盖人民法院印章，送达双方当事人。调解书经双方当事人签收后，即具有法律效力。

第九十八条 下列案件调解达成协议，人民法院可以不制作调解书：

(一)调解和好的离婚案件；

(二)调解维持收养关系的案件；

(三)能够即时履行的案件；

(四)其他不需要制作调解书的案件。对不需要制作调解书的协议，应当记入笔录，由双方当事人、审判人员、书记员签名或者盖章后，即具有法律效力。

第九十九条 调解未达成协议或者调解书送达前一方反悔的，人民法院应当及时判决。

第九章 保全和先予执行

第一百条 人民法院对于可能因当事人一方的行为或者其他原因，使判决难以执行或者造成当事人其他损害的案件，根据对方当事人的申请，可以裁定对其财产进行保全、责令其作出一定行为或者禁止其作出一定行为；当事人没有提出申请的，人民法院在必要时也可以裁定采取保全措施。

人民法院采取保全措施，可以责令申请人提供担保，申请人不提供担保的，裁定驳回申请。

人民法院接受申请后，对情况紧急的，必须在四十八小时内作出裁定；裁定采取保全措施的，应当立即开始执行。

第一百零一条 利害关系人因情况紧急，不立即申请保全将会使其合法权益受到难以弥补的损害的，可以在提起诉讼或者申请仲裁前向被保全财产所在地、被申请人住所地或者对案件有管辖权的人民法院申请采取保全措施。申请人应当提供担保，不提供担保的，裁定驳回申请。人民法院接受申请后，必须在四十八小时内作出裁定；裁定采取保全措施的，应当立即开始执行。申请人在人民法院采取保全措施后三十日内不依法提起诉讼或者申请仲裁的，人民法院应当解除保全。

第一百零二条 保全限于请求的范围，或者与本案有关的财物。

第一百零三条 财产保全采取查封、扣押、冻结或者法律规定的其他方法。人民法院保全财产后，应当立即通知被保全财产的人。

财产已被查封、冻结的，不得重复查封、冻结。

第一百零四条 财产纠纷案件，被申请人提供担保的，人民法院应当裁定解除保全。

第一百零五条 申请有错误的，申请人应当赔偿被申请人因保全所遭受的损失。

第一百零六条 人民法院对下列案件，根据当事人的申请，可以裁定先予执行：

(一)追索赡养费、扶养费、抚育费、抚恤金、医疗费用的；

（二）追索劳动报酬的；

（三）因情况紧急需要先予执行的。

第一百零七条 人民法院裁定先予执行的，应当符合下列条件：

（一）当事人之间权利义务关系明确，不先予执行将严重影响申请人的生活或者生产经营的；

（二）被申请人有履行能力。

人民法院可以责令申请人提供担保，申请人不提供担保的，驳回申请。申请人败诉的，应当赔偿被申请人因先予执行遭受的财产损失。

第一百零八条 当事人对保全或者先予执行的裁定不服的，可以申请复议一次。复议期间不停止裁定的执行。

第十章 对妨害民事诉讼的强制措施

第一百零九条 人民法院对必须到庭的被告，经两次传票传唤，无正当理由拒不到庭的，可以拘传。

第一百一十条 诉讼参与人和其他人应当遵守法庭规则。

人民法院对违反法庭规则的人，可以予以训诫，责令退出法庭或者予以罚款、拘留。人民法院对哄闹、冲击法庭，侮辱、诽谤、威胁、殴打审判人员，严重扰乱法庭秩序的人，依法追究刑事责任；情节较轻的，予以罚款、拘留。

第一百一十一条 诉讼参与人或者其他人有下列行为之一的，人民法院可以根据情节轻重予以罚款、拘留；构成犯罪的，依法追究刑事责任：

（一）伪造、毁灭重要证据，妨碍人民法院审理案件的；

（二）以暴力、威胁、贿买方法阻止证人作证或者指使、贿买、胁迫他人作伪证的；

（三）隐藏、转移、变卖、毁损已被查封、扣押的财产，或者已被清点并责令其保管的财产，转移已被冻结的财产的；

（四）对司法工作人员、诉讼参加人、证人、翻译人员、鉴定人、勘验人、协助执行的人，进行侮辱、诽谤、诬陷、殴打或者打击报复的；

（五）以暴力、威胁或者其他方法阻碍司法工作人员执行职务的；

（六）拒不履行人民法院已经发生法律效力的判决、裁定的。人民法院对有前款规定的行为之一的单位，可以对其主要负责人或者直接责任人员予以罚款、拘留；构成犯罪的，依法追究刑事责任。

第一百一十二条 当事人之间恶意串通，企图通过诉讼、调解等方式侵害他人合法权益的，人民法院应当驳回其请求，并根据情节轻重予以罚款、拘留；构成犯罪的，依法追究刑事责任。

第一百一十三条 被执行人与他人恶意串通，通过诉讼、仲裁、调解等方式逃避履行法律文书确定的义务的，人民法院应当根据情节轻重予以罚款、拘留；构成犯罪的，依法追究刑事责任。

第一百一十四条 有义务协助调查、执行的单位有下列行为之一的，人民法院除责令其履行协助义务外，并可以予以罚款：

(一)有关单位拒绝或者妨碍人民法院调查取证的;

(二)有关单位接到人民法院协助执行通知书后，拒不协助查询、扣押、冻结、划拨、变价财产的;

(三)有关单位接到人民法院协助执行通知书后，拒不协助扣留被执行人的收入、办理有关财产权证照转移手续、转交有关票证、证照或者其他财产的;

(四)其他拒绝协助执行的。

人民法院对有前款规定的行为之一的单位，可以对其主要负责人或者直接责任人员予以罚款;对仍不履行协助义务的，可以予以拘留;并可以向监察机关或者有关机关提出予以纪律处分的司法建议。

第一百一十五条　对个人的罚款金额，为人民币十万元以下。对单位的罚款金额，为人民币五万元以上一百万元以下。拘留的期限，为十五日以下。被拘留的人，由人民法院交公安机关看管。在拘留期间，被拘留人承认并改正错误的，人民法院可以决定提前解除拘留。

第一百一十六条　拘传、罚款、拘留必须经院长批准。拘传应当发拘传票。罚款、拘留应当用决定书。对决定不服的，可以向上一级人民法院申请复议一次。复议期间不停止执行。

第一百一十七条　采取对妨害民事诉讼的强制措施必须由人民法院决定。任何单位和个人采取非法拘禁他人或者非法私自扣押他人财产追索债务的，应当依法追究刑事责任，或者予以拘留、罚款。

第十一章　诉讼费用

第一百一十八条　当事人进行民事诉讼，应当按照规定交纳案件受理费。财产案件除交纳案件受理费外，并按照规定交纳其他诉讼费用。当事人交纳诉讼费用确有困难的，可以按照规定向人民法院申请缓交、减交或者免交。收取诉讼费用的办法另行制定。

第二编　审判程序

第十二章　第一审普通程序

第一节　起诉和受理

第一百一十九条　起诉必须符合下列条件:

(一)原告是与本案有直接利害关系的公民、法人和其他组织;

(二)有明确的被告;

(三)有具体的诉讼请求和事实、理由;

(四)属于人民法院受理民事诉讼的范围和受诉人民法院管辖。

第一百二十条　起诉应当向人民法院递交起诉状，并按照被告人数提出副本。书写起诉状确有困难的，可以口头起诉，由人民法院记入笔录，并告知对方当事人。

第一百二十一条　起诉状应当记明下列事项:

（一）原告的姓名、性别、年龄、民族、职业、工作单位、住所、联系方式，法人或者其他组织的名称、住所和法定代表人或者主要负责人的姓名、职务、联系方式；

（二）被告的姓名、性别、工作单位、住所等信息，法人或者其他组织的名称、住所等信息；

（三）诉讼请求和所根据的事实与理由；

（四）证据和证据来源，证人姓名和住所。

第一百二十二条 当事人起诉到人民法院的民事纠纷，适宜调解的，先行调解，但当事人拒绝调解的除外。

第一百二十三条 人民法院应当保障当事人依照法律规定享有的起诉权利。对符合本法第一百一十九条的起诉，必须受理。符合起诉条件的，应当在七日内立案，并通知当事人；不符合起诉条件的，应当在七日内作出裁定书，不予受理；原告对裁定不服的，可以提起上诉。

第一百二十四条 人民法院对下列起诉，分别情形，予以处理：

（一）依照行政诉讼法的规定，属于行政诉讼受案范围的，告知原告提起行政诉讼；

（二）依照法律规定，双方当事人达成书面仲裁协议申请仲裁、不得向人民法院起诉的，告知原告向仲裁机构申请仲裁；

（三）依照法律规定，应当由其他机关处理的争议，告知原告向有关机关申请解决；

（四）对不属于本院管辖的案件，告知原告向有管辖权的人民法院起诉；

（五）对判决、裁定、调解书已经发生法律效力的案件，当事人又起诉的，告知原告申请再审，但人民法院准许撤诉的裁定除外；

（六）依照法律规定，在一定期限内不得起诉的案件，在不得起诉的期限内起诉的，不予受理；

（七）判决不准离婚和调解和好的离婚案件，判决、调解维持收养关系的案件，没有新情况、新理由，原告在六个月内又起诉的，不予受理。

第二节 审理前的准备

第一百二十五条 人民法院应当在立案之日起五日内将起诉状副本发送被告，被告应当在收到之日起十五日内提出答辩状。答辩状应当记明被告的姓名、性别、年龄、民族、职业、工作单位、住所、联系方式；法人或者其他组织的名称、住所和法定代表人或者主要负责人的姓名、职务、联系方式。人民法院应当在收到答辩状之日起五日内将答辩状副本发送原告。被告不提出答辩状的，不影响人民法院审理。

第一百二十六条 人民法院对决定受理的案件，应当在受理案件通知书和应诉通知书中向当事人告知有关的诉讼权利义务，或者口头告知。

第一百二十七条 人民法院受理案件后，当事人对管辖权有异议的，应当在提交答辩状期间提出。人民法院对当事人提出的异议，应当审查。异议成立的，裁定将案件移送有管辖权的人民法院；异议不成立的，裁定驳回。当事人未提出管辖异议，并应诉答辩的，视为受诉人民法院有管辖权，但违反级别管辖和专属管辖规定的除外。

第一百二十八条 合议庭组成人员确定后，应当在三日内告知当事人。

第一百二十九条 审判人员必须认真审核诉讼材料，调查收集必要的证据。

第一百三十条　人民法院派出人员进行调查时，应当向被调查人出示证件。调查笔录经被调查人校阅后，由被调查人、调查人签名或者盖章。

第一百三十一条　人民法院在必要时可以委托外地人民法院调查。委托调查，必须提出明确的项目和要求。受委托人民法院可以主动补充调查。受委托人民法院收到委托书后，应当在三十日内完成调查。因故不能完成的，应当在上述期限内函告委托人民法院。

第一百三十二条　必须共同进行诉讼的当事人没有参加诉讼的，人民法院应当通知其参加诉讼。

第一百三十三条　人民法院对受理的案件，分别情形，予以处理：

(一)当事人没有争议，符合督促程序规定条件的，可以转入督促程序；

(二)开庭前可以调解的，采取调解方式及时解决纠纷；

(三)根据案件情况，确定适用简易程序或者普通程序；

(四)需要开庭审理的，通过要求当事人交换证据等方式，明确争议焦点。

第三节　开庭审理

第一百三十四条　人民法院审理民事案件，除涉及国家秘密、个人隐私或者法律另有规定的以外，应当公开进行。离婚案件，涉及商业秘密的案件，当事人申请不公开审理的，可以不公开审理。

第一百三十五条　人民法院审理民事案件，根据需要进行巡回审理，就地办案。

第一百三十六条　人民法院审理民事案件，应当在开庭三日前通知当事人和其他诉讼参与人。公开审理的，应当公告当事人姓名、案由和开庭的时间、地点。

第一百三十七条　开庭审理前，书记员应当查明当事人和其他诉讼参与人是否到庭，宣布法庭纪律。开庭审理时，由审判长核对当事人，宣布案由，宣布审判人员、书记员名单，告知当事人有关的诉讼权利义务，询问当事人是否提出回避申请。

第一百三十八条　法庭调查按照下列顺序进行：

(一)当事人陈述；

(二)告知证人的权利义务，证人作证，宣读未到庭的证人证言；

(三)出示书证、物证、视听资料和电子数据；

(四)宣读鉴定意见；

(五)宣读勘验笔录。

第一百三十九条　当事人在法庭上可以提出新的证据。

当事人经法庭许可，可以向证人、鉴定人、勘验人发问。

当事人要求重新进行调查、鉴定或者勘验的，是否准许，由人民法院决定。

第一百四十条　原告增加诉讼请求，被告提出反诉，第三人提出与本案有关的诉讼请求，可以合并审理。

第一百四十一条　法庭辩论按照下列顺序进行：

(一)原告及其诉讼代理人发言；

(二)被告及其诉讼代理人答辩；

(三)第三人及其诉讼代理人发言或者答辩；

（四）互相辩论。法庭辩论终结，由审判长按照原告、被告、第三人的先后顺序征询各方最后意见。

第一百四十二条 法庭辩论终结，应当依法作出判决。判决前能够调解的，还可以进行调解，调解不成的，应当及时判决。

第一百四十三条 原告经传票传唤，无正当理由拒不到庭的，或者未经法庭许可中途退庭的，可以按撤诉处理；被告反诉的，可以缺席判决。

第一百四十四条 被告经传票传唤，无正当理由拒不到庭的，或者未经法庭许可中途退庭的，可以缺席判决。

第一百四十五条 宣判前，原告申请撤诉的，是否准许，由人民法院裁定。人民法院裁定不准许撤诉的，原告经传票传唤，无正当理由拒不到庭的，可以缺席判决。

第一百四十六条 有下列情形之一的，可以延期开庭审理：

（一）必须到庭的当事人和其他诉讼参与人有正当理由没有到庭的；

（二）当事人临时提出回避申请的；

（三）需要通知新的证人到庭，调取新的证据，重新鉴定、勘验，或者需要补充调查的；

（四）其他应当延期的情形。

第一百四十七条 书记员应当将法庭审理的全部活动记入笔录，由审判人员和书记员签名。

法庭笔录应当当庭宣读，也可以告知当事人和其他诉讼参与人当庭或者在五日内阅读。当事人和其他诉讼参与人认为对自己的陈述记录有遗漏或者差错的，有权申请补正。如果不予补正，应当将申请记录在案。法庭笔录由当事人和其他诉讼参与人签名或者盖章。拒绝签名盖章的，记明情况附卷。

第一百四十八条 人民法院对公开审理或者不公开审理的案件，一律公开宣告判决。当庭宣判的，应当在十日内发送判决书；定期宣判的，宣判后立即发给判决书。宣告判决时，必须告知当事人上诉权利、上诉期限和上诉的法院。宣告离婚判决，必须告知当事人在判决发生法律效力前不得另行结婚。

第一百四十九条 人民法院适用普通程序审理的案件，应当在立案之日起六个月内审结。有特殊情况需要延长的，由本院院长批准，可以延长六个月；还需要延长的，报请上级人民法院批准。

第四节 诉讼中止和终结

第一百五十条 有下列情形之一的，中止诉讼：

（一）一方当事人死亡，需要等待继承人表明是否参加诉讼的；

（二）一方当事人丧失诉讼行为能力，尚未确定法定代理人的；

（三）作为一方当事人的法人或者其他组织终止，尚未确定权利义务承受人的；

（四）一方当事人因不可抗拒的事由，不能参加诉讼的；

（五）本案必须以另一案的审理结果为依据，而另一案尚未审结的；

（六）其他应当中止诉讼的情形。

中止诉讼的原因消除后，恢复诉讼。

第一百五十一条 有下列情形之一的，终结诉讼：

(一)原告死亡，没有继承人，或者继承人放弃诉讼权利的；

(二)被告死亡，没有遗产，也没有应当承担义务的人的；

(三)离婚案件一方当事人死亡的；

(四)追索赡养费、扶养费、抚育费以及解除收养关系案件的一方当事人死亡的。

第五节 判决和裁定

第一百五十二条 判决书应当写明判决结果和作出该判决的理由。判决书内容包括：

(一)案由、诉讼请求、争议的事实和理由；

(二)判决认定的事实和理由、适用的法律和理由；

(三)判决结果和诉讼费用的负担；

(四)上诉期间和上诉的法院。

判决书由审判人员、书记员署名，加盖人民法院印章。

第一百五十三条 人民法院审理案件，其中一部分事实已经清楚，可以就该部分先行判决。

第一百五十四条 裁定适用于下列范围：

(一)不予受理；

(二)对管辖权有异议的；

(三)驳回起诉；

(四)保全和先予执行；

(五)准许或者不准许撤诉；

(六)中止或者终结诉讼；

(七)补正判决书中的笔误；

(八)中止或者终结执行；

(九)撤销或者不予执行仲裁裁决；

(十)不予执行公证机关赋予强制执行效力的债权文书；

(十一)其他需要裁定解决的事项。

对前款第一项至第三项裁定，可以上诉。

裁定书应当写明裁定结果和作出该裁定的理由。裁定书由审判人员、书记员署名，加盖人民法院印章。口头裁定的，记入笔录。

第一百五十五条 最高人民法院的判决、裁定，以及依法不准上诉或者超过上诉期没有上诉的判决、裁定，是发生法律效力的判决、裁定。

第一百五十六条 公众可以查阅发生法律效力的判决书、裁定书，但涉及国家秘密、商业秘密和个人隐私的内容除外。

第十三章 简易程序

第一百五十七条 基层人民法院和它派出的法庭审理事实清楚、权利义务关系明确、争议不大的简单的民事案件，适用本章规定。

基层人民法院和它派出的法庭审理前款规定以外的民事案件，当事人双方也可以约定适用简易程序。

第一百五十八条 对简单的民事案件，原告可以口头起诉。当事人双方可以同时到基层人民法院或者它派出的法庭，请求解决纠纷。基层人民法院或者它派出的法庭可以当即审理，也可以另定日期审理。

第一百五十九条 基层人民法院和它派出的法庭审理简单的民事案件，可以用简便方式传唤当事人和证人、送达诉讼文书、审理案件，但应当保障当事人陈述意见的权利。

第一百六十条 简单的民事案件由审判员一人独任审理，并不受本法第一百三十六条、第一百三十八条、第一百四十一条规定的限制。

第一百六十一条 人民法院适用简易程序审理案件，应当在立案之日起三个月内审结。

第一百六十二条 基层人民法院和它派出的法庭审理符合本法第一百五十七条第一款规定的简单的民事案件，标的额为各省、自治区、直辖市上年度就业人员年平均工资百分之三十以下的，实行一审终审。

第一百六十三条 人民法院在审理过程中，发现案件不宜适用简易程序的，裁定转为普通程序。

第十四章 第二审程序

第一百六十四条 当事人不服地方人民法院第一审判决的，有权在判决书送达之日起十五日内向上一级人民法院提起上诉。当事人不服地方人民法院第一审裁定的，有权在裁定书送达之日起十日内向上一级人民法院提起上诉。

第一百六十五条 上诉应当递交上诉状。上诉状的内容，应当包括当事人的姓名，法人的名称及其法定代表人的姓名或者其他组织的名称及其主要负责人的姓名；原审人民法院名称、案件的编号和案由；上诉的请求和理由。

第一百六十六条 上诉状应当通过原审人民法院提出，并按照对方当事人或者代表人的人数提出副本。当事人直接向第二审人民法院上诉的，第二审人民法院应当在五日内将上诉状移交原审人民法院。

第一百六十七条 原审人民法院收到上诉状，应当在五日内将上诉状副本送达对方当事人，对方当事人在收到之日起十五日内提出答辩状。人民法院应当在收到答辩状之日起五日内将副本送达上诉人。对方当事人不提出答辩状的，不影响人民法院审理。原审人民法院收到上诉状、答辩状，应当在五日内连同全部案卷和证据，报送第二审人民法院。

第一百六十八条 第二审人民法院应当对上诉请求的有关事实和适用法律进行审查。

第一百六十九条 第二审人民法院对上诉案件，应当组成合议庭，开庭审理。经过阅卷、调查和询问当事人，对没有提出新的事实、证据或者理由，合议庭认为不需要开庭审理的，可以不开庭审理。

第二审人民法院审理上诉案件，可以在本院进行，也可以到案件发生地或者原审人民法院所在地进行。

第一百七十条　第二审人民法院对上诉案件，经过审理，按照下列情形，分别处理：

（一）原判决、裁定认定事实清楚，适用法律正确的，以判决、裁定方式驳回上诉，维持原判决、裁定；

（二）原判决、裁定认定事实错误或者适用法律错误的，以判决、裁定方式依法改判、撤销或者变更；

（三）原判决认定基本事实不清的，裁定撤销原判决，发回原审人民法院重审，或者查清事实后改判；

（四）原判决遗漏当事人或者违法缺席判决等严重违反法定程序的，裁定撤销原判决，发回原审人民法院重审。原审人民法院对发回重审的案件作出判决后，当事人提起上诉的，第二审人民法院不得再次发回重审。

第一百七十一条　第二审人民法院对不服第一审人民法院裁定的上诉案件的处理，一律使用裁定。

第一百七十二条　第二审人民法院审理上诉案件，可以进行调解。调解达成协议，应当制作调解书，由审判人员、书记员署名，加盖人民法院印章。调解书送达后，原审人民法院的判决即视为撤销。

第一百七十三条　第二审人民法院判决宣告前，上诉人申请撤回上诉的，是否准许，由第二审人民法院裁定。

第一百七十四条　第二审人民法院审理上诉案件，除依照本章规定外，适用第一审普通程序。

第一百七十五条　第二审人民法院的判决、裁定，是终审的判决、裁定。

第一百七十六条　人民法院审理对判决的上诉案件，应当在第二审立案之日起三个月内审结。有特殊情况需要延长的，由本院院长批准。人民法院审理对裁定的上诉案件，应当在第二审立案之日起三十日内作出终审裁定。

第十五章　特别程序

第一节　一般规定

第一百七十七条　人民法院审理选民资格案件、宣告失踪或者宣告死亡案件、认定公民无民事行为能力或者限制民事行为能力案件、认定财产无主案件、确认调解协议案件和实现担保物权案件，适用本章规定。本章没有规定的，适用本法和其他法律的有关规定。

第一百七十八条　依照本章程序审理的案件，实行一审终审。选民资格案件或者重大、疑难的案件，由审判员组成合议庭审理；其他案件由审判员一人独任审理。

第一百七十九条　人民法院在依照本章程序审理案件的过程中，发现本案属于民事权益争议的，应当裁定终结特别程序，并告知利害关系人可以另行起诉。

第一百八十条　人民法院适用特别程序审理的案件，应当在立案之日起三十日内或者公告期满后三十日内审结。有特殊情况需要延长的，由本院院长批准。但审理选民资格的案件除外。

第二节 选民资格案件

第一百八十一条 公民不服选举委员会对选民资格的申诉所作的处理决定，可以在选举日的五日以前向选区所在地基层人民法院起诉。

第一百八十二条 人民法院受理选民资格案件后，必须在选举日前审结。审理时，起诉人、选举委员会的代表和有关公民必须参加。

人民法院的判决书，应当在选举日前送达选举委员会和起诉人，并通知有关公民。

第三节 宣告失踪、宣告死亡案件

第一百八十三条 公民下落不明满二年，利害关系人申请宣告其失踪的，向下落不明人住所地基层人民法院提出。

申请书应当写明失踪的事实、时间和请求，并附有公安机关或者其他有关机关关于该公民下落不明的书面证明。

第一百八十四条 公民下落不明满四年，或者因意外事故下落不明满二年，或者因意外事故下落不明，经有关机关证明该公民不可能生存，利害关系人申请宣告其死亡的，向下落不明人住所地基层人民法院提出。申请书应当写明下落不明的事实、时间和请求，并附有公安机关或者其他有关机关关于该公民下落不明的书面证明。

第一百八十五条 人民法院受理宣告失踪、宣告死亡案件后，应当发出寻找下落不明人的公告。宣告失踪的公告期间为三个月，宣告死亡的公告期间为一年。因意外事故下落不明，经有关机关证明该公民不可能生存的，宣告死亡的公告期间为三个月。公告期间届满，人民法院应当根据被宣告失踪、宣告死亡的事实是否得到确认，作出宣告失踪、宣告死亡的判决或者驳回申请的判决。

第一百八十六条 被宣告失踪、宣告死亡的公民重新出现，经本人或者利害关系人申请，人民法院应当作出新判决，撤销原判决。

第四节 认定公民无民事行为能力、限制民事行为能力案件

第一百八十七条 申请认定公民无民事行为能力或者限制民事行为能力，由其近亲属或者其他利害关系人向该公民住所地基层人民法院提出。

申请书应当写明该公民无民事行为能力或者限制民事行为能力的事实和根据。

第一百八十八条 人民法院受理申请后，必要时应当对被请求认定为无民事行为能力或者限制民事行为能力的公民进行鉴定。申请人已提供鉴定意见的，应当对鉴定意见进行审查。

第一百八十九条 人民法院审理认定公民无民事行为能力或者限制民事行为能力的案件，应当由该公民的近亲属为代理人，但申请人除外。近亲属互相推诿的，由人民法院指定其中一人为代理人。该公民健康情况许可的，还应当询问本人的意见。人民法院经审理认定申请有事实根据的，判决该公民为无民事行为能力或者限制民事行为能力人；认定申请没有事实根据的，应当判决予以驳回。

第一百九十条 人民法院根据被认定为无民事行为能力人、限制民事行为能力人或者他的监护人的申请，证实该公民无民事行为能力或者限制民事行为能力的原因已经消

除的，应当作出新判决，撤销原判决。

第五节　认定财产无主案件

第一百九十一条　申请认定财产无主，由公民、法人或者其他组织向财产所在地基层人民法院提出。

申请书应当写明财产的种类、数量以及要求认定财产无主的根据。

第一百九十二条　人民法院受理申请后，经审查核实，应当发出财产认领公告。公告满一年无人认领的，判决认定财产无主，收归国家或者集体所有。

第一百九十三条　判决认定财产无主后，原财产所有人或者继承人出现，在民法通则规定的诉讼时效期间可以对财产提出请求，人民法院审查属实后，应当作出新判决，撤销原判决。

第六节　确认调解协议案件

第一百九十四条　申请司法确认调解协议，由双方当事人依照人民调解法等法律，自调解协议生效之日起三十日内，共同向调解组织所在地基层人民法院提出。

第一百九十五条　人民法院受理申请后，经审查，符合法律规定的，裁定调解协议有效，一方当事人拒绝履行或者未全部履行的，对方当事人可以向人民法院申请执行；不符合法律规定的，裁定驳回申请，当事人可以通过调解方式变更原调解协议或者达成新的调解协议，也可以向人民法院提起诉讼。

第七节　实现担保物权案件

第一百九十六条　申请实现担保物权，由担保物权人以及其他有权请求实现担保物权的人依照物权法等法律，向担保财产所在地或者担保物权登记地基层人民法院提出。

第一百九十七条　人民法院受理申请后，经审查，符合法律规定的，裁定拍卖、变卖担保财产，当事人依据该裁定可以向人民法院申请执行；不符合法律规定的，裁定驳回申请，当事人可以向人民法院提起诉讼。

第十六章　审判监督程序

第一百九十八条　各级人民法院院长对本院已经发生法律效力的判决、裁定、调解书，发现确有错误，认为需要再审的，应当提交审判委员会讨论决定。最高人民法院对地方各级人民法院已经发生法律效力的判决、裁定、调解书，上级人民法院对下级人民法院已经发生法律效力的判决、裁定、调解书，发现确有错误的，有权提审或者指令下级人民法院再审。

第一百九十九条　当事人对已经发生法律效力的判决、裁定，认为有错误的，可以向上一级人民法院申请再审；当事人一方人数众多或者当事人双方为公民的案件，也可以向原审人民法院申请再审。当事人申请再审的，不停止判决、裁定的执行。

第二百条　当事人的申请符合下列情形之一的，人民法院应当再审：

(一)有新的证据，足以推翻原判决、裁定的；

(二)原判决、裁定认定的基本事实缺乏证据证明的；

(三)原判决、裁定认定事实的主要证据是伪造的；

(四)原判决、裁定认定事实的主要证据未经质证的；

（五）对审理案件需要的主要证据，当事人因客观原因不能自行收集，书面申请人民法院调查收集，人民法院未调查收集的；

（六）原判决、裁定适用法律确有错误的；

（七）审判组织的组成不合法或者依法应当回避的审判人员没有回避的；

（八）无诉讼行为能力人未经法定代理人代为诉讼或者应当参加诉讼的当事人，因不能归责于本人或者其诉讼代理人的事由，未参加诉讼的；

（九）违反法律规定，剥夺当事人辩论权利的；

（十）未经传票传唤，缺席判决的；

（十一）原判决、裁定遗漏或者超出诉讼请求的；

（十二）据以作出原判决、裁定的法律文书被撤销或者变更的；

（十三）审判人员审理该案件时有贪污受贿，徇私舞弊，枉法裁判行为的。

第二百零一条 当事人对已经发生法律效力的调解书，提出证据证明调解违反自愿原则或者调解协议的内容违反法律的，可以申请再审。经人民法院审查属实的，应当再审。

第二百零二条 当事人对已经发生法律效力的解除婚姻关系的判决、调解书，不得申请再审。

第二百零三条 当事人申请再审的，应当提交再审申请书等材料。人民法院应当自收到再审申请书之日起五日内将再审申请书副本发送对方当事人。对方当事人应当自收到再审申请书副本之日起十五日内提交书面意见；不提交书面意见的，不影响人民法院审查。人民法院可以要求申请人和对方当事人补充有关材料，询问有关事项。

第二百零四条 人民法院应当自收到再审申请书之日起三个月内审查，符合本法规定的，裁定再审；不符合本法规定的，裁定驳回申请。有特殊情况需要延长的，由本院院长批准。

因当事人申请裁定再审的案件由中级人民法院以上的人民法院审理，但当事人依照本法第一百九十九条的规定选择向基层人民法院申请再审的除外。最高人民法院、高级人民法院裁定再审的案件，由本院再审或者交其他人民法院再审，也可以交原审人民法院再审。

第二百零五条 当事人申请再审，应当在判决、裁定发生法律效力后六个月内提出；有本法第二百条第一项、第三项、第十二项、第十三项规定情形的，自知道或者应当知道之日起六个月内提出。

第二百零六条 按照审判监督程序决定再审的案件，裁定中止原判决、裁定、调解书的执行，但追索赡养费、扶养费、抚育费、抚恤金、医疗费用、劳动报酬等案件，可以不中止执行。

第二百零七条 人民法院按照审判监督程序再审的案件，发生法律效力的判决、裁定是由第一审法院作出的，按照第一审程序审理，所作的判决、裁定，当事人可以上诉；发生法律效力的判决、裁定是由第二审法院作出的，按照第二审程序审理，所作的判决、裁定，是发生法律效力的判决、裁定；上级人民法院按照审判监督程序提审的，按照第二审程序审理，所作的判决、裁定是发生法律效力的判决、裁定。人民法院审理再审案件，应当另行组成合议庭。

第二百零八条 最高人民检察院对各级人民法院已经发生法律效力的判决、裁定，上级人民检察院对下级人民法院已经发生法律效力的判决、裁定，发现有本法第二百条规定情形之一的，或者发现调解书损害国家利益、社会公共利益的，应当提出抗诉。地方各级人民检察院对同级人民法院已经发生法律效力的判决、裁定，发现有本法第二百条规定情形之一的，或者发现调解书损害国家利益、社会公共利益的，可以向同级人民法院提出检察建议，并报上级人民检察院备案；也可以提请上级人民检察院向同级人民法院提出抗诉。各级人民检察院对审判监督程序以外的其他审判程序中审判人员的违法行为，有权向同级人民法院提出检察建议。

第二百零九条 有下列情形之一的，当事人可以向人民检察院申请检察建议或者抗诉：

（一）人民法院驳回再审申请的；

（二）人民法院逾期未对再审申请作出裁定的；

（三）再审判决、裁定有明显错误的。

人民检察院对当事人的申请应当在三个月内进行审查，作出提出或者不予提出检察建议或者抗诉的决定。当事人不得再次向人民检察院申请检察建议或者抗诉。

第二百一十条 人民检察院因履行法律监督职责提出检察建议或者抗诉的需要，可以向当事人或者案外人调查核实有关情况。

第二百一十一条 人民检察院提出抗诉的案件，接受抗诉的人民法院应当自收到抗诉书之日起三十日内作出再审的裁定；有本法第二百条第一项至第五项规定情形之一的，可以交下一级人民法院再审，但经该下一级人民法院再审的除外。

第二百一十二条 人民检察院决定对人民法院的判决、裁定、调解书提出抗诉的，应当制作抗诉书。

第二百一十三条 人民检察院提出抗诉的案件，人民法院再审时，应当通知人民检察院派员出席法庭。

第十七章 督促程序

第二百一十四条 债权人请求债务人给付金钱、有价证券，符合下列条件的，可以向有管辖权的基层人民法院申请支付令：

（一）债权人与债务人没有其他债务纠纷的；

（二）支付令能够送达债务人的。申请书应当写明请求给付金钱或者有价证券的数量和所根据的事实、证据。

第二百一十五条 债权人提出申请后，人民法院应当在五日内通知债权人是否受理。

第二百一十六条 人民法院受理申请后，经审查债权人提供的事实、证据，对债权债务关系明确、合法的，应当在受理之日起十五日内向债务人发出支付令；申请不成立的，裁定予以驳回。债务人应当自收到支付令之日起十五日内清偿债务，或者向人民法院提出书面异议。

债务人在前款规定的期间不提出异议又不履行支付令的，债权人可以向人民法院申请执行。

第二百一十七条 人民法院收到债务人提出的书面异议后，经审查，异议成立的，应当裁定终结督促程序，支付令自行失效。支付令失效的，转入诉讼程序，但申请支付令的一方当事人不同意提起诉讼的除外。

第十八章 公示催告程序

第二百一十八条 按照规定可以背书转让的票据持有人，因票据被盗、遗失或者灭失，可以向票据支付地的基层人民法院申请公示催告。依照法律规定可以申请公示催告的其他事项，适用本章规定。申请人应当向人民法院递交申请书，写明票面金额、发票人、持票人、背书人等票据主要内容和申请的理由、事实。

第二百一十九条 人民法院决定受理申请，应当同时通知支付人停止支付，并在三日内发出公告，催促利害关系人申报权利。公示催告的期间，由人民法院根据情况决定，但不得少于六十日。

第二百二十条 支付人收到人民法院停止支付的通知，应当停止支付，至公示催告程序终结。公示催告期间，转让票据权利的行为无效。

第二百二十一条 利害关系人应当在公示催告期间向人民法院申报。人民法院收到利害关系人的申报后，应当裁定终结公示催告程序，并通知申请人和支付人。申请人或者申报人可以向人民法院起诉。

第二百二十二条 没有人申报的，人民法院应当根据申请人的申请，作出判决，宣告票据无效。判决应当公告，并通知支付人。自判决公告之日起，申请人有权向支付人请求支付。

第二百二十三条 利害关系人因正当理由不能在判决前向人民法院申报的，自知道或者应当知道判决公告之日起一年内，可以向作出判决的人民法院起诉。

第三编 执行程序

第十九章 一般规定

第二百二十四条 发生法律效力的民事判决、裁定，以及刑事判决、裁定中的财产部分，由第一审人民法院或者与第一审人民法院同级的被执行的财产所在地人民法院执行。法律规定由人民法院执行的其他法律文书，由被执行人住所地或者被执行的财产所在地人民法院执行。

第二百二十五条 当事人、利害关系人认为执行行为违反法律规定的，可以向负责执行的人民法院提出书面异议。当事人、利害关系人提出书面异议的，人民法院应当自收到书面异议之日起十五日内审查，理由成立的，裁定撤销或者改正；理由不成立的，裁定驳回。当事人、利害关系人对裁定不服的，可以自裁定送达之日起十日内向上一级人民法院申请复议。

第二百二十六条 人民法院自收到申请执行书之日起超过六个月未执行的，申请执行人可以向上一级人民法院申请执行。上一级人民法院经审查，可以责令原人民法院在一定期限内执行，也可以决定由本院执行或者指令其他人民法院执行。

第二百二十七条 执行过程中，案外人对执行标的提出书面异议的，人民法院应当自收到书面异议之日起十五日内审查，理由成立的，裁定中止对该标的的执行；理由不成立的，裁定驳回。案外人、当事人对裁定不服，认为原判决、裁定错误的，依照审判监督程序办理；与原判决、裁定无关的，可以自裁定送达之日起十五日内向人民法院提起诉讼。

第二百二十八条 执行工作由执行员进行。

采取强制执行措施时，执行员应当出示证件。执行完毕后，应当将执行情况制作笔录，由在场的有关人员签名或者盖章。人民法院根据需要可以设立执行机构。

第二百二十九条 被执行人或者被执行的财产在外地的，可以委托当地人民法院代为执行。受委托人民法院收到委托函件后，必须在十五日内开始执行，不得拒绝。执行完毕后，应当将执行结果及时函复委托人民法院；在三十日内如果还未执行完毕，也应当将执行情况函告委托人民法院。受委托人民法院自收到委托函件之日起十五日内不执行的，委托人民法院可以请求受委托人民法院的上级人民法院指令受委托人民法院执行。

第二百三十条 在执行中，双方当事人自行和解达成协议的，执行员应当将协议内容记入笔录，由双方当事人签名或者盖章。申请执行人因受欺诈、胁迫与被执行人达成和解协议，或者当事人不履行和解协议的，人民法院可以根据当事人的申请，恢复对原生效法律文书的执行。

第二百三十一条 在执行中，被执行人向人民法院提供担保，并经申请执行人同意的，人民法院可以决定暂缓执行及暂缓执行的期限。被执行人逾期仍不履行的，人民法院有权执行被执行人的担保财产或者担保人的财产。

第二百三十二条 作为被执行人的公民死亡的，以其遗产偿还债务。作为被执行人的法人或者其他组织终止的，由其权利义务承受人履行义务。

第二百三十三条 执行完毕后，据以执行的判决、裁定和其他法律文书确有错误，被人民法院撤销的，对已被执行的财产，人民法院应当作出裁定，责令取得财产的人返还；拒不返还的，强制执行。

第二百三十四条 人民法院制作的调解书的执行，适用本编的规定。

第二百三十五条 人民检察院有权对民事执行活动实行法律监督。

第二十章 执行的申请和移送

第二百三十六条 发生法律效力的民事判决、裁定，当事人必须履行。一方拒绝履行的，对方当事人可以向人民法院申请执行，也可以由审判员移送执行员执行。调解书和其他应当由人民法院执行的法律文书，当事人必须履行。一方拒绝履行的，对方当事人可以向人民法院申请执行。

第二百三十七条 对依法设立的仲裁机构的裁决，一方当事人不履行的，对方当事人可以向有管辖权的人民法院申请执行。受申请的人民法院应当执行。被申请人提出证据证明仲裁裁决有下列情形之一的，经人民法院组成合议庭审查核实，裁定不予执行：

（一）当事人在合同中没有订有仲裁条款或者事后没有达成书面仲裁协议的；

（二）裁决的事项不属于仲裁协议的范围或者仲裁机构无权仲裁的；

（三）仲裁庭的组成或者仲裁的程序违反法定程序的；

（四）裁决所根据的证据是伪造的；

（五）对方当事人向仲裁机构隐瞒了足以影响公正裁决的证据的；

（六）仲裁员在仲裁该案时有贪污受贿，徇私舞弊，枉法裁决行为的。人民法院认定执行该裁决违背社会公共利益的，裁定不予执行。裁定书应当送达双方当事人和仲裁机构。

仲裁裁决被人民法院裁定不予执行的，当事人可以根据双方达成的书面仲裁协议重新申请仲裁，也可以向人民法院起诉。

第二百三十八条 对公证机关依法赋予强制执行效力的债权文书，一方当事人不履行的，对方当事人可以向有管辖权的人民法院申请执行，受申请的人民法院应当执行。

公证债权文书确有错误的，人民法院裁定不予执行，并将裁定书送达双方当事人和公证机关。

第二百三十九条 申请执行的期间为二年。申请执行时效的中止、中断，适用法律有关诉讼时效中止、中断的规定。

前款规定的期间，从法律文书规定履行期间的最后一日起计算；法律文书规定分期履行的，从规定的每次履行期间的最后一日起计算；法律文书未规定履行期间的，从法律文书生效之日起计算。

第二百四十条 执行员接到申请执行书或者移交执行书，应当向被执行人发出执行通知，并可以立即采取强制执行措施。

第二十一章 执行措施

第二百四十一条 被执行人未按执行通知履行法律文书确定的义务，应当报告当前以及收到执行通知之日前一年的财产情况。被执行人拒绝报告或者虚假报告的，人民法院可以根据情节轻重对被执行人或者其法定代理人、有关单位的主要负责人或者直接责任人员予以罚款、拘留。

第二百四十二条 被执行人未按执行通知履行法律文书确定的义务，人民法院有权向有关单位查询被执行人的存款、债券、股票、基金份额等财产情况。人民法院有权根据不同情形扣押、冻结、划拨、变价被执行人的财产。人民法院查询、扣押、冻结、划拨、变价的财产不得超出被执行人应当履行义务的范围。人民法院决定扣押、冻结、划拨、变价财产，应当作出裁定，并发出协助执行通知书，有关单位必须办理。

第二百四十三条 被执行人未按执行通知履行法律文书确定的义务，人民法院有权扣留、提取被执行人应当履行义务部分的收入。但应当保留被执行人及其所扶养家属的生活必需费用。

人民法院扣留、提取收入时，应当作出裁定，并发出协助执行通知书，被执行人所在单位、银行、信用合作社和其他有储蓄业务的单位必须办理。

第二百四十四条　被执行人未按执行通知履行法律文书确定的义务，人民法院有权查封、扣押、冻结、拍卖、变卖被执行人应当履行义务部分的财产。但应当保留被执行人及其所扶养家属的生活必需品。采取前款措施，人民法院应当作出裁定。

第二百四十五条　人民法院查封、扣押财产时，被执行人是公民的，应当通知被执行人或者他的成年家属到场；被执行人是法人或者其他组织的，应当通知其法定代表人或者主要负责人到场。拒不到场的，不影响执行。被执行人是公民的，其工作单位或者财产所在地的基层组织应当派人参加。对被查封、扣押的财产，执行员必须造具清单，由在场人签名或者盖章后，交被执行人一份。被执行人是公民的，也可以交他的成年家属一份。

第二百四十六条　被查封的财产，执行员可以指定被执行人负责保管。因被执行人的过错造成的损失，由被执行人承担。

第二百四十七条　财产被查封、扣押后，执行员应当责令被执行人在指定期间履行法律文书确定的义务。被执行人逾期不履行的，人民法院应当拍卖被查封、扣押的财产；不适于拍卖或者当事人双方同意不进行拍卖的，人民法院可以委托有关单位变卖或者自行变卖。国家禁止自由买卖的物品，交有关单位按照国家规定的价格收购。

第二百四十八条　被执行人不履行法律文书确定的义务，并隐匿财产的，人民法院有权发出搜查令，对被执行人及其住所或者财产隐匿地进行搜查。采取前款措施，由院长签发搜查令。

第二百四十九条　法律文书指定交付的财物或者票证，由执行员传唤双方当事人当面交付，或者由执行员转交，并由被交付人签收。有关单位持有该项财物或者票证的，应当根据人民法院的协助执行通知书转交，并由被交付人签收。有关公民持有该项财物或者票证的，人民法院通知其交出。拒不交出的，强制执行。

第二百五十条　强制迁出房屋或者强制退出土地，由院长签发公告，责令被执行人在指定期间履行。被执行人逾期不履行的，由执行员强制执行。强制执行时，被执行人是公民的，应当通知被执行人或者他的成年家属到场；被执行人是法人或者其他组织的，应当通知其法定代表人或者主要负责人到场。拒不到场的，不影响执行。被执行人是公民的，其工作单位或者房屋、土地所在地的基层组织应当派人参加。执行员应当将强制执行情况记入笔录，由在场人签名或者盖章。强制迁出房屋被搬出的财物，由人民法院派人运至指定处所，交给被执行人。被执行人是公民的，也可以交给他的成年家属。因拒绝接收而造成的损失，由被执行人承担。

第二百五十一条　在执行中，需要办理有关财产权证照转移手续的，人民法院可以向有关单位发出协助执行通知书，有关单位必须办理。

第二百五十二条　对判决、裁定和其他法律文书指定的行为，被执行人未按执行通知履行的，人民法院可以强制执行或者委托有关单位或者其他人完成，费用由被执行人承担。

第二百五十三条　被执行人未按判决、裁定和其他法律文书指定的期间履行给付金钱义务的，应当加倍支付迟延履行期间的债务利息。被执行人未按判决、裁定和其他法律文书指定的期间履行其他义务的，应当支付迟延履行金。

第二百五十四条 人民法院采取本法第二百四十二条、第二百四十三条、第二百四十四条规定的执行措施后，被执行人仍不能偿还债务的，应当继续履行义务。债权人发现被执行人有其他财产的，可以随时请求人民法院执行。

第二百五十五条 被执行人不履行法律文书确定的义务的，人民法院可以对其采取或者通知有关单位协助采取限制出境，在征信系统记录、通过媒体公布不履行义务信息以及法律规定的其他措施。

第二十二章 执行中止和终结

第二百五十六条 有下列情形之一的，人民法院应当裁定中止执行：

（一）申请人表示可以延期执行的；

（二）案外人对执行标的提出确有理由的异议的；

（三）作为一方当事人的公民死亡，需要等待继承人继承权利或者承担义务的；

（四）作为一方当事人的法人或者其他组织终止，尚未确定权利义务承受人的；

（五）人民法院认为应当中止执行的其他情形。中止的情形消失后，恢复执行。

第二百五十七条 有下列情形之一的，人民法院裁定终结执行：

（一）申请人撤销申请的；

（二）据以执行的法律文书被撤销的；

（三）作为被执行人的公民死亡，无遗产可供执行，又无义务承担人的；

（四）追索赡养费、扶养费、抚育费案件的权利人死亡的；

（五）作为被执行人的公民因生活困难无力偿还借款，无收入来源，又丧失劳动能力的；

（六）人民法院认为应当终结执行的其他情形。

第二百五十八条 中止和终结执行的裁定，送达当事人后立即生效。

第四编 涉外民事诉讼程序的特别规定

第二十三章 一般原则

第二百五十九条 在中华人民共和国领域内进行涉外民事诉讼，适用本编规定。本编没有规定的，适用本法其他有关规定。

第二百六十条 中华人民共和国缔结或者参加的国际条约同本法有不同规定的，适用该国际条约的规定，但中华人民共和国声明保留的条款除外。

第二百六十一条 对享有外交特权与豁免的外国人、外国组织或者国际组织提起的民事诉讼，应当依照中华人民共和国有关法律和中华人民共和国缔结或者参加的国际条约的规定办理。

第二百六十二条 人民法院审理涉外民事案件，应当使用中华人民共和国通用的语言、文字。当事人要求提供翻译的，可以提供，费用由当事人承担。

第二百六十三条 外国人、无国籍人、外国企业和组织在人民法院起诉、应诉，需要委托律师代理诉讼的，必须委托中华人民共和国的律师。

第二百六十四条 在中华人民共和国领域内没有住所的外国人、无国籍人、外国企业和组织委托中华人民共和国律师或者其他人代理诉讼，从中华人民共和国领域外寄交或者托交的授权委托书，应当经所在国公证机关证明，并经中华人民共和国驻该国使领馆认证，或者履行中华人民共和国与该所在国订立的有关条约中规定的证明手续后，才具有效力。

第二十四章 管 辖

第二百六十五条 因合同纠纷或者其他财产权益纠纷，对在中华人民共和国领域内没有住所的被告提起的诉讼，如果合同在中华人民共和国领域内签订或者履行，或者诉讼标的物在中华人民共和国领域内，或者被告在中华人民共和国领域内有可供扣押的财产，或者被告在中华人民共和国领域内设有代表机构，可以由合同签订地、合同履行地、诉讼标的物所在地、可供扣押财产所在地、侵权行为地或者代表机构住所地人民法院管辖。

第二百六十六条 因在中华人民共和国履行中外合资经营企业合同、中外合作经营企业合同、中外合作勘探开发自然资源合同发生纠纷提起的诉讼，由中华人民共和国人民法院管辖。

第二十五章 送达、期间

第二百六十七条 人民法院对在中华人民共和国领域内没有住所的当事人送达诉讼文书，可以采用下列方式：

（一）依照受送达人所在国与中华人民共和国缔结或者共同参加的国际条约中规定的方式送达；

（二）通过外交途径送达；

（三）对具有中华人民共和国国籍的受送达人，可以委托中华人民共和国驻受送达人所在国的使领馆代为送达；

（四）向受送达人委托的有权代其接受送达的诉讼代理人送达；

（五）向受送达人在中华人民共和国领域内设立的代表机构或者有权接受送达的分支机构、业务代办人送达；

（六）受送达人所在国的法律允许邮寄送达的，可以邮寄送达，自邮寄之日起满三个月，送达回证没有退回，但根据各种情况足以认定已经送达的，期间届满之日视为送达；

（七）采用传真、电子邮件等能够确认受送达人收悉的方式送达；

（八）不能用上述方式送达的，公告送达，自公告之日起满三个月，即视为送达。

第二百六十八条 被告在中华人民共和国领域内没有住所的，人民法院应当将起诉状副本送达被告，并通知被告在收到起诉状副本后三十日内提出答辩状。被告申请延期的，是否准许，由人民法院决定。

第二百六十九条 在中华人民共和国领域内没有住所的当事人，不服第一审人民法院判决、裁定的，有权在判决书、裁定书送达之日起三十日内提起上诉。被上诉人在收到上诉状副本后，应当在三十日内提出答辩状。当事人不能在法定期间提起上诉或者提出答辩状，申请延期的，是否准许，由人民法院决定。

第二百七十条 人民法院审理涉外民事案件的期间，不受本法第一百四十九条、第一百七十六条规定的限制。

第二十六章 仲 裁

第二百七十一条 涉外经济贸易、运输和海事中发生的纠纷，当事人在合同中订有仲裁条款或者事后达成书面仲裁协议，提交中华人民共和国涉外仲裁机构或者其他仲裁机构仲裁的，当事人不得向人民法院起诉。当事人在合同中没有订有仲裁条款或者事后没有达成书面仲裁协议的，可以向人民法院起诉。

第二百七十二条 当事人申请采取保全的，中华人民共和国的涉外仲裁机构应当将当事人的申请，提交被申请人住所地或者财产所在地的中级人民法院裁定。

第二百七十三条 经中华人民共和国涉外仲裁机构裁决的，当事人不得向人民法院起诉。一方当事人不履行仲裁裁决的，对方当事人可以向被申请人住所地或者财产所在地的中级人民法院申请执行。

第二百七十四条 对中华人民共和国涉外仲裁机构作出的裁决，被申请人提出证据证明仲裁裁决有下列情形之一的，经人民法院组成合议庭审查核实，裁定不予执行：

（一）当事人在合同中没有订有仲裁条款或者事后没有达成书面仲裁协议的；

（二）被申请人没有得到指定仲裁员或者进行仲裁程序的通知，或者由于其他不属于被申请人负责的原因未能陈述意见的；

（三）仲裁庭的组成或者仲裁的程序与仲裁规则不符的；

（四）裁决的事项不属于仲裁协议的范围或者仲裁机构无权仲裁的。人民法院认定执行该裁决违背社会公共利益的，裁定不予执行。

第二百七十五条 仲裁裁决被人民法院裁定不予执行的，当事人可以根据双方达成的书面仲裁协议重新申请仲裁，也可以向人民法院起诉。

第二十七章 司法协助

第二百七十六条 根据中华人民共和国缔结或者参加的国际条约，或者按照互惠原则，人民法院和外国法院可以相互请求，代为送达文书、调查取证以及进行其他诉讼行为。

外国法院请求协助的事项有损于中华人民共和国的主权、安全或者社会公共利益的，人民法院不予执行。

第二百七十七条 请求和提供司法协助，应当依照中华人民共和国缔结或者参加的国际条约所规定的途径进行；没有条约关系的，通过外交途径进行。

外国驻中华人民共和国的使领馆可以向该国公民送达文书和调查取证，但不得违反中华人民共和国的法律，并不得采取强制措施。

除前款规定的情况外，未经中华人民共和国主管机关准许，任何外国机关或者个人不得在中华人民共和国领域内送达文书、调查取证。

第二百七十八条　外国法院请求人民法院提供司法协助的请求书及其所附文件，应当附有中文译本或者国际条约规定的其他文字文本。人民法院请求外国法院提供司法协助的请求书及其所附文件，应当附有该国文字译本或者国际条约规定的其他文字文本。

第二百七十九条　人民法院提供司法协助，依照中华人民共和国法律规定的程序进行。外国法院请求采用特殊方式的，也可以按照其请求的特殊方式进行，但请求采用的特殊方式不得违反中华人民共和国法律。

第二百八十条　人民法院作出的发生法律效力的判决、裁定，如果被执行人或者其财产不在中华人民共和国领域内，当事人请求执行的，可以由当事人直接向有管辖权的外国法院申请承认和执行，也可以由人民法院依照中华人民共和国缔结或者参加的国际条约的规定，或者按照互惠原则，请求外国法院承认和执行。

中华人民共和国涉外仲裁机构作出的发生法律效力的仲裁裁决，当事人请求执行的，如果被执行人或者其财产不在中华人民共和国领域内，应当由当事人直接向有管辖权的外国法院申请承认和执行。

第二百八十一条　外国法院作出的发生法律效力的判决、裁定，需要中华人民共和国人民法院承认和执行的，可以由当事人直接向中华人民共和国有管辖权的中级人民法院申请承认和执行，也可以由外国法院依照该国与中华人民共和国缔结或者参加的国际条约的规定，或者按照互惠原则，请求人民法院承认和执行。

第二百八十二条　人民法院对申请或者请求承认和执行的外国法院作出的发生法律效力的判决、裁定，依照中华人民共和国缔结或者参加的国际条约，或者按照互惠原则进行审查后，认为不违反中华人民共和国法律的基本原则或者国家主权、安全、社会公共利益的，裁定承认其效力，需要执行的，发出执行令，依照本法的有关规定执行。违反中华人民共和国法律的基本原则或者国家主权、安全、社会公共利益的，不予承认和执行。

第二百八十三条　国外仲裁机构的裁决，需要中华人民共和国人民法院承认和执行的，应当由当事人直接向被执行人住所地或者其财产所在地的中级人民法院申请，人民法院应当依照中华人民共和国缔结或者参加的国际条约，或者按照互惠原则办理。

第二百八十四条　本法自公布之日起施行，《中华人民共和国民事诉讼法（试行）》同时废止。

中华人民共和国第十一届全国人民代表大会常务委员会第二十八次会议于 2012 年 8 月 31 日通过，现予公布，自 2013 年 1 月 1 日起施行。

3.《刑法》修正案一至九

1997年新《刑法》生效后，短短14年时间，我国已对其进行了八次修正。分别是：1999年的刑法修正案(一)、2001年的刑法修正案(二)(三)、2002年的刑法修正案(四)、2005年的刑法修正案(五)、2006年的刑法修正案(六)、2009年的刑法修正案(七)以及2011年的刑法修正案(八)、2015年的刑法修正案(九)。

《刑法修正案(一)》

(1999年12月25日第九届全国人民代表大会常务委员会第十三次会议通过 1999年12月25日 中华人民共和国主席令第二十七号公布施行)

为了惩治破坏社会主义市经济秩序的犯罪，保障社会主义现代化建设的顺利进行，对刑法作如下修改：

一、第一百六十二条后增加一条，作为第一百六十二条之一："隐匿或者故意销毁依法应当保存的会计凭证、会计账簿、财务会计报告，情节严重的，处五年以下有期徒刑或者拘役，并处或者单处二万元以上二十万元以下罚金。

"单位犯前款罪的，对单位判处罚金，并对其直接负责的主管人员和其他直接责任人员，依照前款的规定处罚。"

二、将《刑法》第一百六十八条修改为："国有公司、企业的工作人员，由于严重不负责任或者滥用职权，造成国有公司、企业破产或者严重损失，致使国家利益遭受重大损失的，处三年以下有期徒刑或者拘役；致使国家利益遭受特别重大损失的，处三年以上七年以下有期徒刑。

"国有事业单位的工作人员有前款行为，致使国家利益遭受重大损失的，依照前款的规定处罚。

"国有公司、企业、事业单位的工作人员，徇私舞弊，犯前两款罪的，依照第一款的规定从重处罚。"

三、将《刑法》第一百七十四条修改为："未经国家有关主管部门批准，擅自设立商业银行、证券交易所、期货交易所、证券公司、期货经纪公司、保险公司或者其他金融机构的，处三年以下有期徒刑或者拘役，并处或者单处二万元以上二十万元以下罚金；情节严重的，处三年以上十年以下有期徒刑，并处五万元以上五十万元以下罚金。

"伪造、变造、转让商业银行、证券交易所、期货交易所、证券公司、期货经纪公司、保险公司或者其他金融机构的经营许可证或者批准文件的，依照前款的规定处罚。

"单位犯前两款罪的，对单位判处罚金，并对其直接负责的主管人员和其他直接责任人员，依照第一款的规定处罚。"

四、将《刑法》第一百八十条修改为："证券、期货交易内幕信息的知情人员或者非法获取证券、期货交易内幕信息的人员，在涉及证券的发行，证券、期货交易或者其他对证券、期货交易价格有重大影响的信息尚未公开前，买入或者卖出该证券，或者从事与该内幕信息有关的期货交易，或者泄露该信息，情节严重的，处五年以下有期徒刑或者拘役，并处或者单处违法所得一倍以上五倍以下罚金；情节特别严重的，处五年以上十年以下有期徒刑，并处违法所得一倍以上五倍以下罚金。

“单位犯前款罪的，对单位判处罚金，并对其直接负责的主管人员和其他直接责任人员，处五年以下有期徒刑或者拘役。

“内幕信息、知情人员的范围，依照法律、行政法规的规定确定。”

五、将《刑法》第一百八十一条修改为：“编造并且传播影响证券、期货交易的虚假信息，扰乱证券、期货交易市场，造成严重后果的，处五年以下有期徒刑或者拘役，并处或者单处一万元以上十万元以下罚金。

“证券交易所、期货交易所、证券公司、期货经纪公司的从业人员，证券业协会、期货业协会或者证券期货监督管理部门的工作人员，故意提供虚假信息或者伪造、变造、销毁交易记录，诱骗投资者买卖证券、期货合约，造成严重后果的，处五年以下有期徒刑或者拘役，并处或者单处一万元以上十万元以下罚金；情节特别恶劣的，处五年以上十年以下有期徒刑，并处二万元以上二十万元以下罚金。

“单位犯前两款罪的，对单位判处罚金，并对其直接负责的主管人员和其他直接责任人员，处五年以下有期徒刑或者拘役。”

六、将《刑法》第一百八十二条修改为：“有下列情形之一，操纵证券、期货交易价格，获取不正当利益或者转嫁风险，情节严重的，处五年以下有期徒刑或者拘役，并处或者单处违法所得一倍以上五倍以下罚金：

(一)单独或者合谋，集中资金优势、持股或者持仓优势或者利用信息优势联合或者连续买卖，操纵证券、期货交易价格的；

(二)与他人串通，以事先约定的时间、价格和方式相互进行证券、期货交易，或者相互买卖并不持有的证券，影响证券、期货交易价格或者证券、期货交易量的；

(三)以自己为交易对象，进行不转移证券所有权的自买自卖，或者以自己为交易对象，自买自卖期货合约，影响证券、期货交易价格或者证券、期货交易量的；

(四)以其他方法操纵证券、期货交易价格的。

“单位犯前款罪的，对单位判处罚金，并对其直接负责的主管人员和其他直接责任人员，处五年以下有期徒刑或者拘役。”

七、将《刑法》第一百八十五条修改为：“商业银行、证券交易所、期货交易所、证券公司、期货经纪公司、保险公司或者其他金融机构的工作人员利用职务上的便利，挪用本单位或者客户资金的，依照本法第二百七十二条的规定定罪处罚。

“国有商业银行、证券交易所、期货交易所、证券公司、期货经纪公司、保险公司或者其他国有金融机构的工作人员和国有商业银行、证券交易所、期货交易所、证券公司、期货经纪公司、保险公司或者其他国有金融机构委派到前款规定中的非国有机构从事公务的人员有前款行为的，依照本法第三百八十四条的规定定罪处罚。”

八、《刑法》第二百二十五条增加一项，作为第三项：“未经国家有关主管部门批准，非法经营证券、期货或者保险业务的；”原第三项改为第四项。

九、本修正案自公布之日起施行。

《刑法修正案(二)》

(2001年8月31日第九届全国人民代表大会常务委员会第二十三次会议通过)

为了惩治毁林开垦和乱占滥用林地的犯罪，切实保护森林资源，将《刑法》第三百四十二条修改为：

“违反土地管理法规，非法占用耕地、林地等农用地，改变被占用土地用途，数量较大，造成耕地、林地等农用地大量毁坏的，处五年以下有期徒刑或者拘役，并处或者单处罚金。”

本修正案自公布之日起施行。

《刑法修正案(三)》

(2001年12月29日第九届全国人民代表大会常务委员会第二十五次会议通过)

为了惩治恐怖活动犯罪，保障国家和人民生命、财产安全，维护社会秩序，对刑法作如下补充修改：

一、将《刑法》第一百一十四条修改为：“放火、决水、爆炸以及投放毒害性、放射性、传染病病原体等物质或者以其他危险方法危害公共安全，尚未造成严重后果的，处三年以上十年以下有期徒刑。”

二、将《刑法》第一百一十五条第一款修改为：“放火、决水、爆炸以及投放毒害性、放射性、传染病病原体等物质或者以其他危险方法致人重伤、死亡或者使公私财产遭受重大损失的，处十年以上有期徒刑、无期徒刑或者死刑。”

三、将《刑法》第一百二十条第一款修改为：“组织、领导恐怖活动组织的，处十年以上有期徒刑或者无期徒刑；积极参加的，处三年以上十年以下有期徒刑；其他参加的，处三年以下有期徒刑、拘役、管制或者剥夺政治权利。”

四、《刑法》第一百二十条后增加一条，作为第一百二十条之一：“资助恐怖活动组织或者实施恐怖活动的个人的，处五年以下有期徒刑、拘役、管制或者剥夺政治权利，并处罚金；情节严重的，处五年以上有期徒刑，并处罚金或者没收财产。

“单位犯前款罪的，对单位判处罚金，并对其直接负责的主管人员和其他直接责任人员，依照前款的规定处罚。”

五、将《刑法》第一百二十五条第二款修改为：“非法制造、买卖、运输、储存毒害性、放射性、传染病病原体等物质，危害公共安全的，依照前款的规定处罚。”

六、将《刑法》第一百二十七条修改为：“盗窃、抢夺枪支、弹药、爆炸物的，或者盗窃、抢夺毒害性、放射性、传染病病原体等物质，危害公共安全的，处三年以上十年以下有期徒刑；情节严重的，处十年以上有期徒刑、无期徒刑或者死刑。

“抢劫枪支、弹药、爆炸物的，或者抢劫毒害性、放射性、传染病病原体等物质，危害公共安全的，或者盗窃、抢夺国家机关、军警人员、民兵的枪支、弹药、爆炸物的，处十年以上有期徒刑、无期徒刑或者死刑。”

七、将《刑法》第一百九十一条修改为：“明知是毒品犯罪、黑社会性质的组织犯罪、恐怖活动犯罪、走私犯罪的违法所得及其产生的收益，为掩饰、隐瞒其来源和性质，有下列行为之一的，没收实施以上犯罪的违法所得及其产生的收益，处五年以下有期徒刑或者拘役，并处或者单处洗钱数额百分之五以上百分之二十以下罚金；情节严重的，处五年以上十年以下有期徒刑，并处洗钱数额百分之五以上百分之二十以下罚金：(一)提供资金账户的；(二)协助将财产转换为现金或者金融票据的；(三)通过转账或者其他结算方式协助资金转移的；(四)协助将资金汇往境外的；(五)以其他方法掩饰、隐瞒犯罪的违法所得及其收益的来源和性质的。

"单位犯前款罪的，对单位判处罚金，并对其直接负责的主管人员和其他直接责任人员，处五年以下有期徒刑或者拘役；情节严重的，处五年以上十年以下有期徒刑。"

八、《刑法》第二百九十一条后增加一条，作为第二百九十一条之一："投放虚假的爆炸性、毒害性、放射性、传染病病原体等物质，或者编造爆炸威胁、生化威胁、放射威胁等恐怖信息，或者明知是编造的恐怖信息而故意传播，严重扰乱社会秩序的，处五年以下有期徒刑、拘役或者管制；造成严重后果的，处五年以上有期徒刑。"

九、本修正案自公布之日起施行。

《刑法修正案(四)》

(2002年12月28日第九届全国人民代表大会常务委员会第三十一次会议通过)

为了惩治破坏社会主义市场经济秩序、妨害社会管理秩序和国家机关工作人员的渎职犯罪行为，保障社会主义现代化建设的顺利进行，保障公民的人身安全，对刑法作如下修改和补充：

一、将《刑法》第一百四十五条修改为："生产不符合保障人体健康的国家标准、行业标准的医疗器械、医用卫生材料，或者销售明知是不符合保障人体健康的国家标准、行业标准的医疗器械、医用卫生材料，足以严重危害人体健康的，处三年以下有期徒刑或者拘役，并处销售金额百分之五十以上二倍以下罚金；对人体健康造成严重危害的，处三年以上十年以下有期徒刑，并处销售金额百分之五十以上二倍以下罚金；后果特别严重的，处十年以上有期徒刑或者无期徒刑，并处销售金额百分之五十以上二倍以下罚金或者没收财产。"

二、在第一百五十二条中增加一款作为第二款："逃避海关监管将境外固体废物、液态废物和气态废物运输进境，情节严重的，处五年以下有期徒刑，并处或者单处罚金；情节特别严重的，处五年以上有期徒刑，并处罚金。"

原第二款作为第三款，修改为："单位犯前两款罪的，对单位判处罚金，并对其直接负责的主管人员和其他直接责任人员，依照前两款的规定处罚。"

三、将《刑法》第一百五十五条修改为："下列行为，以走私罪论处，依照本节的有关规定处罚：(一)直接向走私人非法收购国家禁止进口物品的，或者直接向走私人非法收购走私进口的其他货物、物品，数额较大的；(二)在内海、领海、界河、界湖运输、收购、贩卖国家禁止进出口物品的，或者运输、收购、贩卖国家限制进出口货物、物品，数额较大，没有合法证明的。"

四、《刑法》第二百四十四条后增加一条，作为第二百四十四条之一："违反劳动管理法规，雇用未满十六周岁的未成年人从事超强度体力劳动的，或者从事高空、井下作业的，或者在爆炸性、易燃性、放射性、毒害性等危险环境下从事劳动，情节严重的，对直接责任人员，处三年以下有期徒刑或者拘役，并处罚金；情节特别严重的，处三年以上七年以下有期徒刑，并处罚金。

“有前款行为，造成事故，又构成其他犯罪的，依照数罪并罚的规定处罚。”

五、将《刑法》第三百三十九条第三款修改为：“以原料利用为名，进口不能用作原料的固体废物、液态废物和气态废物的，依照本法第一百五十二条第二款、第三款的规定定罪处罚。”

六、将《刑法》第三百四十四条修改为：“违反国家规定，非法采伐、毁坏珍贵树木或者国家重点保护的其他植物的，或者非法收购、运输、加工、出售珍贵树木或者国家重点保护的其他植物及其制品的，处三年以下有期徒刑、拘役或者管制，并处罚金；情节严重的，处三年以上七年以下有期徒刑，并处罚金。”

七、将《刑法》第三百四十五条修改为：“盗伐森林或者其他林木，数量较大的，处三年以下有期徒刑、拘役或者管制，并处或者单处罚金；数量巨大的，处三年以上七年以下有期徒刑，并处罚金；数量特别巨大的，处七年以上有期徒刑，并处罚金。

“违反森林法的规定，滥伐森林或者其他林木，数量较大的，处三年以下有期徒刑、拘役或者管制，并处或者单处罚金；数量巨大的，处三年以上七年以下有期徒刑，并处罚金。

“非法收购、运输明知是盗伐、滥伐的林木，情节严重的，处三年以下有期徒刑、拘役或者管制，并处或者单处罚金；情节特别严重的，处三年以上七年以下有期徒刑，并处罚金。

“盗伐、滥伐国家级自然保护区内的森林或者其他林木的，从重处罚。”

八、将《刑法》第三百九十九条修改为：“司法工作人员徇私枉法、徇情枉法，对明知是无罪的人而使他受追诉、对明知是有罪的人而故意包庇不使他受追诉，或者在刑事审判活动中故意违背事实和法律作枉法裁判的，处五年以下有期徒刑或者拘役；情节严重的，处五年以上十年以下有期徒刑；情节特别严重的，处十年以上有期徒刑。

“在民事、行政审判活动中故意违背事实和法律作枉法裁判，情节严重的，处五年以下有期徒刑或者拘役；情节特别严重的，处五年以上十年以下有期徒刑。

“在执行判决、裁定活动中，严重不负责任或者滥用职权，不依法采取诉讼保全措施、不履行法定执行职责，或者违法采取诉讼保全措施、强制执行措施，致使当事人或者其他人的利益遭受重大损失的，处五年以下有期徒刑或者拘役；致使当事人或者其他人的利益遭受特别重大损失的，处五年以上十年以下有期徒刑。

“司法工作人员收受贿赂，有前三款行为的，同时又构成本法第三百八十五条规定之罪的，依照处罚较重的规定定罪处罚。”

九、本修正案自公布之日起施行。

《刑法修正案(五)》

(2005 年 2 月 28 日第十届全国人民代表大会常务委员会第十四次会议通过)

一、在《刑法》第一百七十七条后增加一条，作为第一百七十七条之一：“有下列情形之一，妨害信用卡管理的，处三年以下有期徒刑或者拘役，并处或者单处一万元以上十万元以下罚金；数量巨大或者有其他严重情节的，处三年以上十年以下有期徒刑，并处二万元以上二十万元以下罚金：

（一）明知是伪造的信用卡而持有、运输的，或者明知是伪造的空白信用卡而持有、运输，数量较大的；

（二）非法持有他人信用卡，数量较大的；信用卡

（三）使用虚假的身份证明骗领信用卡的；

（四）出售、购买、为他人提供伪造的信用卡或者以虚假的身份证明骗领的信用卡的。

窃取、收买或者非法提供他人信用卡信息资料的，依照前款规定处罚。

“银行或者其他金融机构的工作人员利用职务上的便利，犯第二款罪的，从重处罚。”

二、将《刑法》第一百九十六条修改为：“有下列情形之一，进行信用卡诈骗活动，数额较大的，处五年以下有期徒刑或者拘役，并处二万元以上二十万元以下罚金；数额巨大或者有其他严重情节的，处五年以上十年以下有期徒刑，并处五万元以上五十万元以下罚金；数额特别巨大或者有其他特别严重情节的，处十年以上有期徒刑或者无期徒刑，并处五万元以上五十万元以下罚金或者没收财产：

（一）使用伪造的信用卡，或者使用以虚假的身份证明骗领的信用卡的；

（二）使用作废的信用卡的；

（三）冒用他人信用卡的；

（四）恶意透支的。

“前款所称恶意透支，是指持卡人以非法占有为目的，超过规定限额或者规定期限透支，并且经发卡银行催收后仍不归还的行为。

“盗窃信用卡并使用的，依照本法第二百六十四条的规定定罪处罚。”

三、在《刑法》第三百六十九条中增加一款作为第二款，将该条修改为：“破坏武器装备、军事设施、军事通信的，处三年以下有期徒刑、拘役或者管制；破坏重要武器装备、军事设施、军事通信的，处三年以上十年以下有期徒刑；情节特别严重的，处十年以上有期徒刑、无期徒刑或者死刑。

“过失犯前款罪，造成严重后果的，处三年以下有期徒刑或者拘役；造成特别严重后果的，处三年以上七年以下有期徒刑。”

“战时犯前两款罪的，从重处罚。”

四、本修正案自公布之日起施行。

《刑法修正案（六）》

《中华人民共和国刑法修正案（六）》已由中华人民共和国第十届全国人民代表大会常务委员会第二十二次会议于2006年6月29日通过，现予公布，自公布之日起施行。

中华人民共和国主席　2006年6月29日

中华人民共和国刑法修正案（六）（2006年6月29日第十届全国人民代表大会常务

委员会第二十二次会议通过)

一、将《刑法》第一百三十四条修改为:“在生产、作业中违反有关安全管理的规定,因而发生重大伤亡事故或者造成其他严重后果的,处三年以下有期徒刑或者拘役;情节特别恶劣的,处三年以上七年以下有期徒刑。

“强令他人违章冒险作业,因而发生重大伤亡事故或者造成其他严重后果的,处五年以下有期徒刑或者拘役;情节特别恶劣的,处五年以上有期徒刑。”

二、将《刑法》第一百三十五条修改为:“安全生产设施或者安全生产条件不符合国家规定,因而发生重大伤亡事故或者造成其他严重后果的,对直接负责的主管人员和其他直接责任人员,处三年以下有期徒刑或者拘役;情节特别恶劣的,处三年以上七年以下有期徒刑。”

三、在《刑法》第一百三十五条后增加一条,作为第一百三十五条之一:“举办大型群众性活动违反安全管理规定,因而发生重大伤亡事故或者造成其他严重后果的,对直接负责的主管人员和其他直接责任人员,处三年以下有期徒刑或者拘役;情节特别恶劣的,处三年以上七年以下有期徒刑。”

四、在《刑法》第一百三十九条后增加一条,作为第一百三十九条之一:“在安全事故发生后,负有报告职责的人员不报或者谎报事故情况,贻误事故抢救,情节严重的,处三年以下有期徒刑或者拘役;情节特别严重的,处三年以上七年以下有期徒刑。”

五、将《刑法》第一百六十一条修改为:“依法负有信息披露义务的公司、企业向股东和社会公众提供虚假的或者隐瞒重要事实的财务会计报告,或者对依法应当披露的其他重要信息不按照规定披露,严重损害股东或者其他人利益,或者有其他严重情节的,对其直接负责的主管人员和其他直接责任人员,处三年以下有期徒刑或者拘役,并处或者单处二万元以上二十万元以下罚金。”

六、在《刑法》第一百六十二条之一后增加一条,作为第一百六十二条之二:“公司、企业通过隐匿财产、承担虚构的债务或者以其他方法转移、处分财产,实施虚假破产,严重损害债权人或者其他人利益的,对其直接负责的主管人员和其他直接责任人员,处五年以下有期徒刑或者拘役,并处或者单处二万元以上二十万元以下罚金。”

七、将《刑法》第一百六十三条修改为:“公司、企业或者其他单位的工作人员利用职务上的便利,索取他人财物或者非法收受他人财物,为他人谋取利益,数额较大的,处五年以下有期徒刑或者拘役;数额巨大的,处五年以上有期徒刑,可以并处没收财产。

“公司、企业或者其他单位的工作人员在经济往来中,利用职务上的便利,违反国家规定,收受各种名义的回扣、手续费,归个人所有的,依照前款的规定处罚。

“国有公司、企业或者其他国有单位中从事公务的人员和国有公司、企业或者其他国有单位委派到非国有公司、企业以及其他单位从事公务的人员有前两款行为的,依照本法第三百八十五条、第三百八十六条的规定定罪处罚。”

八、将《刑法》第一百六十四条第一款修改为:“为谋取不正当利益,给予公司、企业或者其他单位的工作人员以财物,数额较大的,处三年以下有期徒刑或者拘役;数额巨大的,处三年以上十年以下有期徒刑,并处罚金。”

九、在《刑法》第一百六十九条后增加一条，作为第一百六十九条之一："上市公司的董事、监事、高级管理人员违背对公司的忠实义务，利用职务便利，操纵上市公司从事下列行为之一，致使上市公司利益遭受重大损失的，处三年以下有期徒刑或者拘役，并处或者单处罚金；致使上市公司利益遭受特别重大损失的，处三年以上七年以下有期徒刑，并处罚金：

"(一)无偿向其他单位或者个人提供资金、商品、服务或者其他资产的；

"(二)以明显不公平的条件，提供或者接受资金、商品、服务或者其他资产的；

"(三)向明显不具有清偿能力的单位或者个人提供资金、商品、服务或者其他资产的；

"(四)为明显不具有清偿能力的单位或者个人提供担保，或者无正当理由为其他单位或者个人提供担保的；

"(五)无正当理由放弃债权、承担债务的；

"(六)采用其他方式损害上市公司利益的。

"上市公司的控股股东或者实际控制人，指使上市公司董事、监事、高级管理人员实施前款行为的，依照前款的规定处罚。

"犯前款罪的上市公司的控股股东或者实际控制人是单位的，对单位判处罚金，并对其直接负责的主管人员和其他直接责任人员，依照第一款的规定处罚。"

十、在《刑法》第一百七十五条后增加一条，作为第一百七十五条之一："以欺骗手段取得银行或者其他金融机构贷款、票据承兑、信用证、保函等，给银行或者其他金融机构造成重大损失或者有其他严重情节的，处三年以下有期徒刑或者拘役，并处或者单处罚金；给银行或者其他金融机构造成特别重大损失或者有其他特别严重情节的，处三年以上七年以下有期徒刑，并处罚金。

"单位犯前款罪的，对单位判处罚金，并对其直接负责的主管人员和其他直接责任人员，依照前款的规定处罚。"

十一、将《刑法》第一百八十二条修改为："有下列情形之一，操纵证券、期货市场，情节严重的，处五年以下有期徒刑或者拘役，并处或者单处罚金；情节特别严重的，处五年以上十年以下有期徒刑，并处罚金：

"(一)单独或者合谋，集中资金优势、持股或者持仓优势或者利用信息优势联合或者连续买卖，操纵证券、期货交易价格或者证券、期货交易量的；

"(二)与他人串通，以事先约定的时间、价格和方式相互进行证券、期货交易，影响证券、期货交易价格或者证券、期货交易量的；

"(三)在自己实际控制的账户之间进行证券交易，或者以自己为交易对象，自买自卖期货合约，影响证券、期货交易价格或者证券、期货交易量的；

"(四)以其他方法操纵证券、期货市场的。

"单位犯前款罪的，对单位判处罚金，并对其直接负责的主管人员和其他直接责任人员，依照前款的规定处罚。"

十二、在《刑法》第一百八十五条后增加一条，作为第一百八十五条之一："商业银行、证券交易所、期货交易所、证券公司、期货经纪公司、保险公司或者其他金融机构，违背受托义务，擅自运用客户资金或者其他委托、信托的财产，情节严重的，对单位判处罚金，并对其直接负责的主管人员和其他直接责任人员，处三年以下有期徒刑或者拘役，并处三万元以上三十万元以下罚金；情节特别严重的，处三年以上十年以下有期徒刑，并处五万元以上五十万元以下罚金。

"社会保障基金管理机构、住房公积金管理机构等公众资金管理机构，以及保险公司、保险资产管理公司、证券投资基金管理公司，违反国家规定运用资金的，对其直接负责的主管人员和其他直接责任人员，依照前款的规定处罚。"

十三、将《刑法》第一百八十六条第一款、第二款修改为："银行或者其他金融机构的工作人员违反国家规定发放贷款，数额巨大或者造成重大损失的，处五年以下有期徒刑或者拘役，并处一万元以上十万元以下罚金；数额特别巨大或者造成特别重大损失的，处五年以上有期徒刑，并处二万元以上二十万元以下罚金。

"银行或者其他金融机构的工作人员违反国家规定，向关系人发放贷款的，依照前款的规定从重处罚。"

十四、将《刑法》第一百八十七条第一款修改为："银行或者其他金融机构的工作人员吸收客户资金不入账，数额巨大或者造成重大损失的，处五年以下有期徒刑或者拘役，并处二万元以上二十万元以下罚金；数额特别巨大或者造成特别重大损失的，处五年以上有期徒刑，并处五万元以上五十万元以下罚金。"

十五、将《刑法》第一百八十八条第一款修改为："银行或者其他金融机构的工作人员违反规定，为他人出具信用证或者其他保函、票据、存单、资信证明，情节严重的，处五年以下有期徒刑或者拘役；情节特别严重的，处五年以上有期徒刑。"

十六、将《刑法》第一百九十一条第一款修改为："明知是毒品犯罪、黑社会性质的组织犯罪、恐怖活动犯罪、走私犯罪、贪污贿赂犯罪、破坏金融管理秩序犯罪、金融诈骗犯罪的所得及其产生的收益，为掩饰、隐瞒其来源和性质，有下列行为之一的，没收实施以上犯罪的所得及其产生的收益，处五年以下有期徒刑或者拘役，并处或者单处洗钱数额百分之五以上百分之二十以下罚金；情节严重的，处五年以上十年以下有期徒刑，并处洗钱数额百分之五以上百分之二十以下罚金：

"(一)提供资金账户的；

"(二)协助将财产转换为现金、金融票据、有价证券的；

"(三)通过转账或者其他结算方式协助资金转移的；

"(四)协助将资金汇往境外的；

"(五)以其他方法掩饰、隐瞒犯罪所得及其收益的来源和性质的。"

十七、在《刑法》第二百六十二条后增加一条，作为第二百六十二条之一："以暴力、胁迫手段组织残疾人或者不满十四周岁的未成年人乞讨的，处三年以下有期徒刑或者拘役，并处罚金；情节严重的，处三年以上七年以下有期徒刑，并处罚金。"

十八、将《刑法》第三百零三条修改为："以营利为目的，聚众赌博或者以赌博为业的，处三年以下有期徒刑、拘役或者管制，并处罚金。

"开设赌场的，处三年以下有期徒刑、拘役或者管制，并处罚金；情节严重的，处三年以上十年以下有期徒刑，并处罚金。"

十九、将《刑法》第三百一十二条修改为："明知是犯罪所得及其产生的收益而予以窝藏、转移、收购、代为销售或者以其他方法掩饰、隐瞒的，处三年以下有期徒刑、拘役或者管制，并处或者单处罚金；情节严重的，处三年以上七年以下有期徒刑，并处罚金。"

二十、在《刑法》第三百九十九条后增加一条，作为第三百九十九条之一："依法承担仲裁职责的人员，在仲裁活动中故意违背事实和法律作枉法裁决，情节严重的，处三年以下有期徒刑或者拘役；情节特别严重的，处三年以上七年以下有期徒刑。"

二十一、本修正案自公布之日起施行。

《刑法修正案(七)》

(2009年2月28日第十一届全国人民代表大会常务委员会第七次会议通过　2009年2月28日中华人民共和国主席令(十一届)第十号公布自公布之日起施行)

一、将《刑法》第一百五十一条第三款修改为："走私珍稀植物及其制品等国家禁止进出口的其他货物、物品的，处五年以下有期徒刑或者拘役，并处或者单处罚金；情节严重的，处五年以上有期徒刑，并处罚金。"

二、将《刑法》第一百八十条第一款修改为："证券、期货交易内幕信息的知情人员或者非法获取证券、期货交易内幕信息的人员，在涉及证券的发行，证券、期货交易或者其他对证券、期货交易价格有重大影响的信息尚未公开前，买入或者卖出该证券，或者从事与该内幕信息有关的期货交易，或者泄露该信息，或者明示、暗示他人从事上述交易活动，情节严重的，处五年以下有期徒刑或者拘役，并处或者单处违法所得一倍以上五倍以下罚金；情节特别严重的，处五年以上十年以下有期徒刑，并处违法所得一倍以上五倍以下罚金。"

增加一款作为第四款："证券交易所、期货交易所、证券公司、期货经纪公司、基金管理公司、商业银行、保险公司等金融机构的从业人员以及有关监管部门或者行业协会的工作人员，利用因职务便利获取的内幕信息以外的其他未公开的信息，违反规定，从事与该信息相关的证券、期货交易活动，或者明示、暗示他人从事相关交易活动，情节严重的，依照第一款的规定处罚。"

三、将《刑法》第二百零一条修改为："纳税人采取欺骗、隐瞒手段进行虚假纳税申报或者不申报，逃避缴纳税款数额较大并且占应纳税额百分之十以上的，处三年以下有期徒刑或者拘役，并处罚金；数额巨大并且占应纳税额百分之三十以上的，处三年以上七年以下有期徒刑，并处罚金。

"扣缴义务人采取前款所列手段，不缴或者少缴已扣、已收税款，数额较大的，依照前款的规定处罚。

"对多次实施前两款行为，未经处理的，按照累计数额计算。

"有第一款行为，经税务机关依法下达追缴通知后，补缴应纳税款，缴纳滞纳金，已受行政处罚的，不予追究刑事责任；但是，五年内因逃避缴纳税款受过刑事处罚或者被税务机关给予二次以上行政处罚的除外。"

四、在《刑法》第二百二十四条后增加一条，作为第二百二十四条之一："组织、领导以推销商品、提供服务等经营活动为名，要求参加者以缴纳费用或者购买商品、服务等方式获得加入资格，并按照一定顺序组成层级，直接或者间接以发展人员的数量作为计酬或者返利依据，引诱、胁迫参加者继续发展他人参加，骗取财物，扰乱经济社会秩序的传销活动的，处五年以下有期徒刑或者拘役，并处罚金；情节严重的，处五年以上有期徒刑，并处罚金。"

五、将《刑法》第二百二十五条第三项修改为："未经国家有关主管部门批准非法经营证券、期货、保险业务的，或者非法从事资金支付结算业务的；"

六、将《刑法》第二百三十九条修改为："以勒索财物为目的绑架他人的，或者绑架他人作为人质的，处十年以上有期徒刑或者无期徒刑，并处罚金或者没收财产；情节较轻的，处五年以上十年以下有期徒刑，并处罚金。

"犯前款罪，致使被绑架人死亡或者杀害被绑架人的，处死刑，并处没收财产。

"以勒索财物为目的偷盗婴幼儿的，依照前两款的规定处罚。"

七、在《刑法》第二百五十三条后增加一条，作为第二百五十三条之一："国家机关或者金融、电信、交通、教育、医疗等单位的工作人员，违反国家规定，将本单位在履行职责或者提供服务过程中获得的公民个人信息，出售或者非法提供给他人，情节严重的，处三年以下有期徒刑或者拘役，并处或者单处罚金。

"窃取或者以其他方法非法获取上述信息，情节严重的，依照前款的规定处罚。

"单位犯前两款罪的，对单位判处罚金，并对其直接负责的主管人员和其他直接责任人员，依照各该款的规定处罚。"

八、在《刑法》第二百六十二条之一后增加一条，作为第二百六十二条之二："组织未成年人进行盗窃、诈骗、抢夺、敲诈勒索等违反治安管理活动的，处三年以下有期徒刑或者拘役，并处罚金；情节严重的，处三年以上七年以下有期徒刑，并处罚金。"

九、在《刑法》第二百八十五条中增加两款作为第二款、第三款："违反国家规定，侵入前款规定以外的计算机信息系统或者采用其他技术手段，获取该计算机信息系统中存储、处理或者传输的数据，或者对该计算机信息系统实施非法控制，情节严重的，处三年以下有期徒刑或者拘役，并处或者单处罚金；情节特别严重的，处三年以上七年以下有期徒刑，并处罚金。

"提供专门用于侵入、非法控制计算机信息系统的程序、工具，或者明知他人实施侵入、非法控制计算机信息系统的违法犯罪行为而为其提供程序、工具，情节严重的，依照前款的规定处罚。"

十、在《刑法》第三百一十二条中增加一款作为第二款："单位犯前款罪的，对单位判处罚金，并对其直接负责的主管人员和其他直接责任人员，依照前款的规定处罚。"

十一、将《刑法》第三百三十七条第一款修改为："违反有关动植物防疫、检疫的国家规定，引起重大动植物疫情的，或者有引起重大动植物疫情危险，情节严重的，处三年以下有期徒刑或者拘役，并处或者单处罚金。"

十二、将《刑法》第三百七十五条第二款修改为："非法生产、买卖武装部队制式服装，情节严重的，处三年以下有期徒刑、拘役或者管制，并处或者单处罚金。"

增加一款作为第三款："伪造、盗窃、买卖或者非法提供、使用武装部队车辆号牌等专用标志，情节严重的，处三年以下有期徒刑、拘役或者管制，并处或者单处罚金；情节特别严重的，处三年以上七年以下有期徒刑，并处罚金。”

原第三款作为第四款，修改为：“单位犯第二款、第三款罪的，对单位判处罚金，并对其直接负责的主管人员和其他直接责任人员，依照各该款的规定处罚。”

十三、在《刑法》第三百八十八条后增加一条作为第三百八十八条之一：“国家工作人员的近亲属或者其他与该国家工作人员关系密切的人，通过该国家工作人员职务上的行为，或者利用该国家工作人员职权或者地位形成的便利条件，通过其他国家工作人员职务上的行为，为请托人谋取不正当利益，索取请托人财物或者收受请托人财物，数额较大或者有其他较重情节的，处三年以下有期徒刑或者拘役，并处罚金；数额巨大或者有其他严重情节的，处三年以上七年以下有期徒刑，并处罚金；数额特别巨大或者有其他特别严重情节的，处七年以上有期徒刑，并处罚金或者没收财产。

“离职的国家工作人员或者其近亲属以及其他与其关系密切的人，利用该离职的国家工作人员原职权或者地位形成的便利条件实施前款行为的，依照前款的规定定罪处罚。”

十四、将《刑法》第三百九十五条第一款修改为：“国家工作人员的财产、支出明显超过合法收入，差额巨大的，可以责令该国家工作人员说明来源，不能说明来源的，差额部分以非法所得论，处五年以下有期徒刑或者拘役；差额特别巨大的，处五年以上十年以下有期徒刑。财产的差额部分予以追缴。”

十五、本修正案自公布之日起施行。

《刑法修正案(八)》

我国刑法中现有68个死刑罪名，2011年5月1日《中华人民共和国刑法修正案(八)》施行后，我国的死刑罪名将减至55个。

通过的刑法修正案(八)取消了13个经济性非暴力犯罪的死刑，具体包括：走私文物罪，走私贵重金属罪，走私珍贵动物、珍贵动物制品罪，走私普通货物、物品罪，票据诈骗罪，金融凭证诈骗罪，信用证诈骗罪，虚开增值税专用发票、用于骗取出口退税、抵扣税款发票罪，伪造、出售伪造的增值税专用发票罪，盗窃罪，传授犯罪方法罪，盗掘古文化遗址、古墓葬罪，盗掘古人类化石、古脊椎动物化石罪。

刑法修正案(八)还着力调整了死刑与无期徒刑、有期徒刑之间的结构关系，严格限制缓刑，严格限制对累犯以及故意杀人等暴力性犯罪的减刑；适当延长有期徒刑数罪并罚的刑期，最高刑期从20年升至25年。

(2011年2月25日第十一届全国人民代表大会常务委员会第十九次会议通过 2011年2月25日中华人民共和国主席令第四十一号公布 自2011年5月1日起施行)

一、在《刑法》第十七条后增加一条，作为第十七条之一：“已满七十五周岁的人故意犯罪的，可以从轻或者减轻处罚；过失犯罪的，应当从轻或者减轻处罚。”

二、在《刑法》第三十八条中增加一款作为第二款：“判处管制，可以根据犯罪情况，同时禁止犯罪分子在执行期间从事特定活动，进入特定区域、场所，接触特定的人。”

原第二款作为第三款，修改为：“对判处管制的犯罪分子，依法实行社区矫正。”

增加一款作为第四款：“违反第二款规定的禁止令的，由公安机关依照《中华人民共和国治安管理处罚法》的规定处罚。”

三、在《刑法》第四十九条中增加一款作为第二款：“审判的时候已满七十五周岁的人，不适用死刑，但以特别残忍手段致人死亡的除外。”

四、将《刑法》第五十条修改为：“判处死刑缓期执行的，在死刑缓期执行期间，如果没有故意犯罪，二年期满以后，减为无期徒刑；如果确有重大立功表现，二年期满以后，减为二十五年有期徒刑；如果故意犯罪，查证属实的，由最高人民法院核准，执行死刑。

“对被判处死刑缓期执行的累犯以及因故意杀人、强奸、抢劫、绑架、放火、爆炸、投放危险物质或者有组织的暴力性犯罪被判处死刑缓期执行的犯罪分子，人民法院根据犯罪情节等情况可以同时决定对其限制减刑。”

五、将《刑法》第六十三条第一款修改为：“犯罪分子具有本法规定的减轻处罚情节的，应当在法定刑以下判处刑罚；本法规定有数个量刑幅度的，应当在法定量刑幅度的下一个量刑幅度内判处刑罚。”

六、将《刑法》第六十五条第一款修改为：“被判处有期徒刑以上刑罚的犯罪分子，刑罚执行完毕或者赦免以后，在五年以内再犯应当判处有期徒刑以上刑罚之罪的，是累犯，应当从重处罚，但是过失犯罪和不满十八周岁的人犯罪的除外。”

七、将《刑法》第六十六条修改为：“危害国家安全犯罪、恐怖活动犯罪、黑社会性质的组织犯罪的犯罪分子，在刑罚执行完毕或者赦免以后，在任何时候再犯上述任一类罪的，都以累犯论处。”

八、在《刑法》第六十七条中增加一款作为第三款：“犯罪嫌疑人虽不具有前两款规定的自首情节，但是如实供述自己罪行的，可以从轻处罚；因其如实供述自己罪行，避免特别严重后果发生的，可以减轻处罚。”

九、删去《刑法》第六十八条第二款。

十、将《刑法》第六十九条修改为：“判决宣告以前一人犯数罪的，除判处死刑和无期徒刑的以外，应当在总和刑期以下、数刑中最高刑期以上，酌情决定执行的刑期，但是管制最高不能超过三年，拘役最高不能超过一年，有期徒刑总和刑期不满三十五年的，最高不能超过二十年，总和刑期在三十五年以上的，最高不能超过二十五年。

“数罪中有判处附加刑的，附加刑仍须执行，其中附加刑种类相同的，合并执行，种类不同的，分别执行。”

十一、将《刑法》第七十二条修改为：“对于被判处拘役、三年以下有期徒刑的犯罪分子，同时符合下列条件的，可以宣告缓刑，对其中不满十八周岁的人、怀孕的妇女和已满七十五周岁的人，应当宣告缓刑：

“（一）犯罪情节较轻；

“（二）有悔罪表现；

“（三）没有再犯罪的危险；

“（四）宣告缓刑对所居住社区没有重大不良影响。

“宣告缓刑，可以根据犯罪情况，同时禁止犯罪分子在缓刑考验期限内从事特定活动，进入特定区域、场所，接触特定的人。

“被宣告缓刑的犯罪分子，如果被判处附加刑，附加刑仍须执行。”

十二、将《刑法》第七十四条修改为：“对于累犯和犯罪集团的首要分子，不适用缓刑。”

十三、将《刑法》第七十六条修改为：“对宣告缓刑的犯罪分子，在缓刑考验期限内，依法实行社区矫正，如果没有本法第七十七条规定的情形，缓刑考验期满，原判的刑罚就不再执行，并公开予以宣告。”

十四、将《刑法》第七十七条第二款修改为：“被宣告缓刑的犯罪分子，在缓刑考验期限内，违反法律、行政法规或者国务院有关部门关于缓刑的监督管理规定，或者违反人民法院判决中的禁止令，情节严重的，应当撤销缓刑，执行原判刑罚。”

十五、将《刑法》第七十八条第二款修改为：“减刑以后实际执行的刑期不能少于下列期限：

“（一）判处管制、拘役、有期徒刑的，不能少于原判刑期的二分之一；

“（二）判处无期徒刑的，不能少于十三年；

“（三）人民法院依照本法第五十条第二款规定限制减刑的死刑缓期执行的犯罪分子，缓期执行期满后依法减为无期徒刑的，不能少于二十五年，缓期执行期满后依法减为二十五年有期徒刑的，不能少于二十年。”

十六、将《刑法》第八十一条修改为：“被判处有期徒刑的犯罪分子，执行原判刑期二分之一以上，被判处无期徒刑的犯罪分子，实际执行十三年以上，如果认真遵守监规，接受教育改造，确有悔改表现，没有再犯罪的危险的，可以假释。如果有特殊情况，经最高人民法院核准，可以不受上述执行刑期的限制。

“对累犯以及因故意杀人、强奸、抢劫、绑架、放火、爆炸、投放危险物质或者有组织的暴力性犯罪被判处十年以上有期徒刑、无期徒刑的犯罪分子，不得假释。

“对犯罪分子决定假释时，应当考虑其假释后对所居住社区的影响。”

十七、将《刑法》第八十五条修改为：“对假释的犯罪分子，在假释考验期限内，依法实行社区矫正，如果没有本法第八十六条规定的情形，假释考验期满，就认为原判刑罚已经执行完毕，并公开予以宣告。”

十八、将《刑法》第八十六条第三款修改为：“被假释的犯罪分子，在假释考验期限内，有违反法律、行政法规或者国务院有关部门关于假释的监督管理规定的行为，尚未构成新的犯罪的，应当依照法定程序撤销假释，收监执行未执行完毕的刑罚。”

十九、在《刑法》第一百条中增加一款作为第二款：“犯罪的时候不满十八周岁被判处五年有期徒刑以下刑罚的人，免除前款规定的报告义务。”

二十、将《刑法》第一百零七条修改为：“境内外机构、组织或者个人资助实施本章第一百零二条、第一百零三条、第一百零四条、第一百零五条规定之罪的，对直接责任人员，处五年以下有期徒刑、拘役、管制或者剥夺政治权利；情节严重的，处五年以上有期徒刑。”

二十一、将《刑法》第一百零九条修改为：“国家机关工作人员在履行公务期间，擅离岗位，叛逃境外或者在境外叛逃的，处五年以下有期徒刑、拘役、管制或者剥夺政治权利；情节严重的，处五年以上十年以下有期徒刑。

“掌握国家秘密的国家工作人员叛逃境外或者在境外叛逃的，依照前款的规定从重处罚。”

二十二、在《刑法》第一百三十三条后增加一条，作为第一百三十三条之一：“在道路上驾驶机动车追逐竞驶，情节恶劣的，或者在道路上醉酒驾驶机动车的，处拘役，并处罚金。

“有前款行为，同时构成其他犯罪的，依照处罚较重的规定定罪处罚。”

二十三、将《刑法》第一百四十一条第一款修改为：“生产、销售假药的，处三年以下有期徒刑或者拘役，并处罚金；对人体健康造成严重危害或者有其他严重情节的，处三年以上十年以下有期徒刑，并处罚金；致人死亡或者有其他特别严重情节的，处十年以上有期徒刑、无期徒刑或者死刑，并处罚金或者没收财产。”

二十四、将《刑法》第一百四十三条修改为：“生产、销售不符合食品安全标准的食品，足以造成严重食物中毒事故或者其他严重食源性疾病的，处三年以下有期徒刑或者拘役，并处罚金；对人体健康造成严重危害或者有其他严重情节的，处三年以上七年以下有期徒刑，并处罚金；后果特别严重的，处七年以上有期徒刑或者无期徒刑，并处罚金或者没收财产。”

二十五、将《刑法》第一百四十四条修改为：“在生产、销售的食品中掺入有毒、有害的非食品原料的，或者销售明知掺有有毒、有害的非食品原料的食品的，处五年以下有期徒刑，并处罚金；对人体健康造成严重危害或者有其他严重情节的，处五年以上十年以下有期徒刑，并处罚金；致人死亡或者有其他特别严重情节的，依照本法第一百四十一条的规定处罚。”

二十六、将《刑法》第一百五十一条修改为：“走私武器、弹药、核材料或者伪造的货币的，处七年以上有期徒刑，并处罚金或者没收财产；情节特别严重的，处无期徒刑或者死刑，并处没收财产；情节较轻的，处三年以上七年以下有期徒刑，并处罚金。

“走私国家禁止出口的文物、黄金、白银和其他贵重金属或者国家禁止进出口的珍贵动物及其制品的，处五年以上十年以下有期徒刑，并处罚金；情节特别严重的，处十年以上有期徒刑或者无期徒刑，并处没收财产；情节较轻的，处五年以下有期徒刑，并处罚金。

“走私珍稀植物及其制品等国家禁止进出口的其他货物、物品的，处五年以下有期徒刑或者拘役，并处或者单处罚金；情节严重的，处五年以上有期徒刑，并处罚金。

“单位犯本条规定之罪的，对单位判处罚金，并对其直接负责的主管人员和其他直接责任人员，依照本条各款的规定处罚。”

二十七、将《刑法》第一百五十三条第一款修改为：“走私本法第一百五十一条、第一百五十二条、第三百四十七条规定以外的货物、物品的，根据情节轻重，分别依照下列规定处罚：

“（一）走私货物、物品偷逃应缴税额较大或者一年内曾因走私被给予二次行政处罚后又走私的，处三年以下有期徒刑或者拘役，并处偷逃应缴税额一倍以上五倍以下罚金。

“(二)走私货物、物品偷逃应缴税额巨大或者有其他严重情节的，处三年以上十年以下有期徒刑，并处偷逃应缴税额一倍以上五倍以下罚金。

“(三)走私货物、物品偷逃应缴税额特别巨大或者有其他特别严重情节的，处十年以上有期徒刑或者无期徒刑，并处偷逃应缴税额一倍以上五倍以下罚金或者没收财产。”

二十八、将《刑法》第一百五十七条第一款修改为：“武装掩护走私的，依照本法第一百五十一条第一款的规定从重处罚。”

二十九、将《刑法》第一百六十四条修改为：“为谋取不正当利益，给予公司、企业或者其他单位的工作人员以财物，数额较大的，处三年以下有期徒刑或者拘役；数额巨大的，处三年以上十年以下有期徒刑，并处罚金。

“为谋取不正当商业利益，给予外国公职人员或者国际公共组织官员以财物的，依照前款的规定处罚。

“单位犯前两款罪的，对单位判处罚金，并对其直接负责的主管人员和其他直接责任人员，依照第一款的规定处罚。

“行贿人在被追诉前主动交待行贿行为的，可以减轻处罚或者免除处罚。”

三十、将《刑法》第一百九十九条修改为：“犯本节第一百九十二条规定之罪，数额特别巨大并且给国家和人民利益造成特别重大损失的，处无期徒刑或者死刑，并处没收财产。”

三十一、将《刑法》第二百条修改为：“单位犯本节第一百九十二条、第一百九十四条、第一百九十五条规定之罪的，对单位判处罚金，并对其直接负责的主管人员和其他直接责任人员，处五年以下有期徒刑或者拘役，可以并处罚金；数额巨大或者有其他严重情节的，处五年以上十年以下有期徒刑，并处罚金；数额特别巨大或者有其他特别严重情节的，处十年以上有期徒刑或者无期徒刑，并处罚金。”

三十二、删去《刑法》第二百零五条第二款。

三十三、在《刑法》第二百零五条后增加一条，作为第二百零五条之一：“虚开本法第二百零五条规定以外的其他发票，情节严重的，处二年以下有期徒刑、拘役或者管制，并处罚金；情节特别严重的，处二年以上七年以下有期徒刑，并处罚金。

“单位犯前款罪的，对单位判处罚金，并对其直接负责的主管人员和其他直接责任人员，依照前款的规定处罚。”

《刑法修正案(九)》

(2015 年 8 月 29 日第十二届全国人民代表大会常务委员会第十六次会议通过)

一、在《刑法》第三十七条后增加一条，作为第三十七条之一：“因利用职业便利实施犯罪，或者实施违背职业要求的特定义务的犯罪被判处刑罚的，人民法院可以根据犯罪情况和预防再犯罪的需要，禁止其自刑罚执行完毕之日或者假释之日起从事相关职业，期限为三年至五年。

“被禁止从事相关职业的人违反人民法院依照前款规定作出的决定的，由公安机关依法给予处罚；情节严重的，依照本法第三百一十三条的规定定罪处罚。

“其他法律、行政法规对其从事相关职业另有禁止或者限制性规定的，从其规定。”

二、将《刑法》第五十条第一款修改为：“判处死刑缓期执行的，在死刑缓期执行期间，如果没有故意犯罪，二年期满以后，减为无期徒刑；如果确有重大立功表现，二年期满以后，减为二十五年有期徒刑；如果故意犯罪，情节恶劣的，报请最高人民法院核准后执行死刑；对于故意犯罪未执行死刑的，死刑缓期执行的期间重新计算，并报最高人民法院备案。”

三、将《刑法》第五十三条修改为：“罚金在判决指定的期限内一次或者分期缴纳。期满不缴纳的，强制缴纳。对于不能全部缴纳罚金的，人民法院在任何时候发现被执行人有可以执行的财产，应当随时追缴。

“由于遭遇不能抗拒的灾祸等原因缴纳确实有困难的，经人民法院裁定，可以延期缴纳、酌情减少或者免除。”

四、在《刑法》第六十九条中增加一款作为第二款：“数罪中有判处有期徒刑和拘役的，执行有期徒刑。数罪中有判处有期徒刑和管制，或者拘役和管制的，有期徒刑、拘役执行完毕后，管制仍须执行。”

原第二款作为第三款。

五、将《刑法》第一百二十条修改为：“组织、领导恐怖活动组织的，处十年以上有期徒刑或者无期徒刑，并处没收财产；积极参加的，处三年以上十年以下有期徒刑，并处罚金；其他参加的，处三年以下有期徒刑、拘役、管制或者剥夺政治权利，可以并处罚金。

“犯前款罪并实施杀人、爆炸、绑架等犯罪的，依照数罪并罚的规定处罚。”

六、将《刑法》第一百二十条之一修改为：“资助恐怖活动组织、实施恐怖活动的个人的，或者资助恐怖活动培训的，处五年以下有期徒刑、拘役、管制或者剥夺政治权利，并处罚金；情节严重的，处五年以上有期徒刑，并处罚金或者没收财产。

“为恐怖活动组织、实施恐怖活动或者恐怖活动培训招募、运送人员的，依照前款的规定处罚。

“单位犯前两款罪的，对单位判处罚金，并对其直接负责的主管人员和其他直接责任人员，依照第一款的规定处罚。”

七、在《刑法》第一百二十条之一后增加五条，作为第一百二十条之二、第一百二十条之三、第一百二十条之四、第一百二十条之五、第一百二十条之六：

“第一百二十条之二　有下列情形之一的，处五年以下有期徒刑、拘役、管制或者剥夺政治权利，并处罚金；情节严重的，处五年以上有期徒刑，并处罚金或者没收财产：

“（一）为实施恐怖活动准备凶器、危险物品或者其他工具的；

“（二）组织恐怖活动培训或者积极参加恐怖活动培训的；

“（三）为实施恐怖活动与境外恐怖活动组织或者人员联络的；

“（四）为实施恐怖活动进行策划或者其他准备的。“有前款行为，同时构成其他犯罪的，依照处罚较重的规定定罪处罚。

“第一百二十条之三以制作、散发宣扬恐怖主义、极端主义的图书、音频视频资料或者其他物品，或者通过讲授、发布信息等方式宣扬恐怖主义、极端主义的，或者煽动实施恐怖活动的，处五年以下有期徒刑、拘役、管制或者剥政治权利，并处罚金；情节严重的，处五年以上有期徒刑，并处罚金或者没收财产。

“第一百二十条之四利用极端主义煽动、胁迫群众破坏国家法律确立的婚姻、司法、教育、社会管理等制度实施的，处三年以下有期徒刑、拘役或者管制，并处罚金；情节严重的，处三年以上七年以下有期徒刑，并处罚金；情节特别严重的，处七年以上有期徒刑，并处罚金或者没收财产。

“第一百二十条之五以暴力、胁迫等方式强制他人在公共场所穿着、佩戴宣扬恐怖主义、极端主义服饰、标志的，处三年以下有期徒刑、拘役或者管制，并处罚金。

“第一百二十条之六　明知是宣扬恐怖主义、极端主义的图书、音频视频资料或者其他物品而非法持有，情节严重的，处三年以下有期徒刑、拘役或者管制，并处或者单处罚金。”

八、将《刑法》第一百三十三条之一修改为：“在道路上驾驶机动车，有下列情形之一的，处拘役，并处罚金：

“(一)追逐竞驶，情节恶劣的；

“(二)醉酒驾驶机动车的；

“(三)从事校车业务或者旅客运输，严重超过额定乘员载客，或者严重超过规定时速行驶的；

“(四)违反危险化学品安全管理规定运输危险化学品，危及公共安全的。

“机动车所有人、管理人对前款第三项、第四项行为负有直接责任的，依照前款的规定处罚。

“有前两款行为，同时构成其他犯罪的，依照处罚较重的规定定罪处罚。”

九、将《刑法》第一百五十一条第一款修改为：“走私武器、弹药、核材料或者伪造的货币的，处七年以上有期徒刑，并处罚金或者没收财产；情节特别严重的，处无期徒刑，并处没收财产；情节较轻的，处三年以上七年以下有期徒刑，并处罚金。”

十、将《刑法》第一百六十四条第一款修改为：“为谋取不正当利益，给予公司、企业或者其他单位的工作人员以财物，数额较大的，处三年以下有期徒刑或者拘役，并处罚金；数额巨大的，处三年以上十年以下有期徒刑，并处罚金。”

十一、将《刑法》第一百七十条修改为：“伪造货币的，处三年以上十年以下有期徒刑，并处罚金；有下列情形之一的，处十年以上有期徒刑或者无期徒刑，并处罚金或者没收财产：

“(一)伪造货币集团的首要分子；

“(二)伪造货币数额特别巨大的；

“(三)有其他特别严重情节的。”

十二、删去《刑法》第一百九十九条。

十三、将《刑法》第二百三十七条修改为：“以暴力、胁迫或者其他方法强制猥亵他人或者侮辱妇女的，处五年以下有期徒刑或者拘役。

“聚众或者在公共场所当众犯前款罪的，或者有其他恶劣情节的，处五年以上有期徒刑。

“猥亵儿童的，依照前两款的规定从重处罚。”

十四、将《刑法》第二百三十九条第二款修改为：“犯前款罪，杀害被绑架人的，或者故意伤害被绑架人，致人重伤、死亡的，处无期徒刑或者死刑，并处没收财产。”

十五、将《刑法》第二百四十一条第六款修改为：“收买被拐卖的妇女、儿童，对被买儿童没有虐待行为，不阻碍对其进行解救的，可以从轻处罚；按照被买妇女的意愿，不阻碍其返回原居住地的，可以从轻或者减轻处罚。”

十六、在《刑法》第二百四十六条中增加一款作为第三款：“通过信息网络实施第一款规定的行为，被害人向人民法院告诉，但提供证据确有困难的，人民法院可以要求公安机关提供协助。”

十七、将《刑法》第二百五十三条之一修改为：“违反国家有关规定，向他人出售或者提供公民个人信息，情节严重的，处三年以下有期徒刑或者拘役，并处或者单处罚金；情节特别严重的，处三年以上七年以下有期徒刑，并处罚金。

“违反国家有关规定，将在履行职责或者提供服务过程中获得的公民个人信息，出售或者提供给他人的，依照前款的规定从重处罚。

“窃取或者以其他方法非法获取公民个人信息的，依照第一款的规定处罚。

“单位犯前三款罪的，对单位判处罚金，并对其直接负责的主管人员和其他直接责任人员，依照各该款的规定处罚。”

十八、将《刑法》第二百六十条第三款修改为：“第一款罪，告诉的才处理，但被害人没有能力告诉，或者因受到强制、威吓无法告诉的除外。”

十九、在《刑法》第二百六十条后增加一条，作为第二百六十条之一：“对未成年人、老年人、患病的人、残疾人等负有监护、看护职责的人虐待被监护、看护的人，情节恶劣的，处三年以下有期徒刑或者拘役。

“单位犯前款罪的，对单位判处罚金，并对其直接负责的主管人员和其他直接责任人员，依照前款的规定处罚。

“有第一款行为，同时构成其他犯罪的，依照处罚较重的规定定罪处罚。”

二十、将《刑法》第二百六十七条第一款修改为：“抢夺公私财物，数额较大的，或者多次抢夺的，处三年以下有期徒刑、拘役或者管制，并处或者单处罚金；数额巨大或者有其他严重情节的，处三年以上十年以下有期徒刑，并处罚金；数额特别巨大或者有其他特别严重情节的，处十年以上有期徒刑或者无期徒刑，并处罚金或者没收财产。”

二十一、在《刑法》第二百七十七条中增加一款作为第五款：“暴力袭击正在依法执行职务的人民警察的，依照第一款的规定从重处罚。”

二十二、将《刑法》第二百八十条修改为：“伪造、变造、买卖或者盗窃、抢夺、毁灭国家机关的公文、证件、印章的，处三年以下有期徒刑、拘役、管制或者剥夺政治权利，并处罚金；情节严重的，处三年以上十年以下有期徒刑，并处罚金。

“伪造公司、企业、事业单位、人民团体的印章的，处三年以下有期徒刑、拘役、管制或者剥夺政治权利，并处罚金。

“伪造、变造、买卖居民身份证、护照、社会保障卡、驾驶证等依法可以用于证明身份的证件的，处三年以下有期徒刑、拘役、管制或者剥夺政治权利，并处罚金；情节严重的，处三年以上七年以下有期徒刑，并处罚金。”

二十三、在《刑法》第二百八十条后增加一条作为第二百八十条之一：“在依照国家规定应当提供身份证明的活动中，使用伪造、变造的或者盗用他人的居民身份证、护照、社会保障卡、驾驶证等依法可以用于证明身份的证件，情节严重的，处拘役或者管制，并处或者单处罚金。

“有前款行为，同时构成其他犯罪的，依照处罚较重的规定定罪处罚。

二十四、将《刑法》第二百八十三条修改为：“非法生产、销售专用间谍器材或者窃听、窃照专用器材的，处三年以下有期徒刑、拘役或者管制，并处或者单处罚金；情节严重的，处三年以上七年以下有期徒刑，并处罚金。

“单位犯前款罪的，对单位判处罚金，并对其直接负责的主管人员和其他直接责任人员，依照前款的规定处罚。”

二十五、在《刑法》第二百八十四条后增加一条，作为第二百八十四条之一：“在法律规定的国家考试中，组织作弊的，处三年以下有期徒刑或者拘役，并处或者单处罚金；情节严重的，处三年以上七年以下有期徒刑，并处罚金。

“为他人实施前款犯罪提供作弊器材或者其他帮助的，依照前款的规定处罚。

“为实施考试作弊行为，向他人非法出售或者提供第一款规定的考试的试题、答案的，依照第一款的规定处罚。

“代替他人或者让他人代替自己参加第一款规定的考试的，处拘役或者管制，并处或者单处罚金。”

二十六、在《刑法》第二百八十五条中增加一款作为第四款：“单位犯前三款罪的，对单位判处罚金，并对其直接负责的主管人员和其他直接责任人员，依照各该款的规定处罚。”

二十七、在《刑法》第二百八十六条中增加一款作为第四款：“单位犯前三款罪的，对单位判处罚金，并对其直接负责的主管人员和其他直接责任人员，依照第一款的规定处罚。”

二十八、在《刑法》第二百八十六条后增加一条，作为第二百八十六条之一：“网络服务提供者不履行法律、行政法规规定的信息网络安全管理义务，经监管部门责令采取改正措施而拒不改正，有下列情形之一的，处三年以下有期徒刑、拘役或者管制，并处或者单处罚金：

“(一)致使违法信息大量传播的；

“(二)致使用户信息泄露，造成严重后果的；

“(三)致使刑事案件证据灭失，情节严重的；

“(四)有其他严重情节的。

“单位犯前款罪的，对单位判处罚金，并对其直接负责的主管人员和其他直接责任人员，依照前款的规定处罚。

“有前两款行为，同时构成其他犯罪的，依照处罚较重的规定定罪处罚。”

二十九、在《刑法》第二百八十七条后增加二条，作为第二百八十七条之一、第二百八十七条之二：

“第二百八十七条之一　利用信息网络实施下列行为之一，情节严重的，处三年以下有期徒刑或者拘役，并处或者单处罚金：

“(一)设立用于实施诈骗、传授犯罪方法、制作或者销售违禁物品、管制物品等违法犯罪活动的网站、通讯群组的；

(二)发布有关制作或者销售毒品、枪支、淫秽物品等违禁物品、管制物品或者其他违法犯罪信息的；

“(三)为实施诈骗等违法犯罪活动发布信息的。

“单位犯前款罪的，对单位判处罚金，并对其直接负责的主管人员和其他直接责任人员，依照第一款的规定处罚。

“有前两款行为，同时构成其他犯罪的，依照处罚较重的规定定罪处罚。

“第二百八十七条之二明知他人利用信息网络实施犯罪，为其犯罪提供互联网接入、服务器托管、网络存储、通讯传输等技术支持，或者提供广告推广、支付结算等帮助，情节严重的，处三年以下有期徒刑或者拘役，并处或者单处罚金。

“单位犯前款罪的，对单位判处罚金，并对其直接负责的主管人员和其他直接责任人员，依照第一款的规定处罚。

“有前两款行为，同时构成其他犯罪的，依照处罚较重的规定定罪处罚。”

三十、将《刑法》第二百八十八条第一款修改为：“违反国家规定，擅自设置、使用无线电台(站)，或者擅自使用无线电频率，干扰无线电通讯秩序，情节严重的，处三年以下有期徒刑、拘役或者管制，并处或者单处罚金；情节特别严重的，处三年以上七年以下有期徒刑，并处罚金。”

三十一、将《刑法》第二百九十条第一款修改为：“聚众扰乱社会秩序，情节严重，致使工作、生产、营业和教学、科研、医疗无法进行，造成严重损失的，对首要分子，处三年以上七年以下有期徒刑；对其他积极参加的，处三年以下有期徒刑、拘役、管制或者剥夺政治权利。”

增加二款作为第三款、第四款：“多次扰乱国家机关工作秩序，经行政处罚后仍不改正，造成严重后果的，处三年以下有期徒刑、拘役或者管制。“多次组织、资助他人非法聚集，扰乱社会秩序，情节严重的，依照前款的规定处罚。”

三十二、在《刑法》第二百九十一条之一中增加一款作为第二款：“编造虚假的险情、疫情、灾情、警情，在信息网络或者其他媒体上传播，或者明知是上述虚假信息，故意在信息网络或者其他媒体上传播，严重扰乱社会秩序的，处三年以下有期徒刑、拘役或者管制；造成严重后果的，处三年以上七年以下有期徒刑。”

三十三、将《刑法》第三百条修改为：“组织、利用会道门、邪教组织或者利用迷信破坏国家法律、行政法规实施的，处三年以上七年以下有期徒刑，并处罚金；情节特别严重的，处七年以上有期徒刑或者无期徒刑，并处罚金或者没收财产；情节较轻的，处三年以下有期徒刑、拘役、管制或者剥夺政治权利，并处或者单处罚金。

“组织、利用会道门、邪教组织或者利用迷信蒙骗他人，致人重伤、死亡的，依照前款的规定处罚。

“犯第一款罪又有奸淫妇女、诈骗财物等犯罪行为的，依照数罪并罚的规定处罚。”

三十四、将《刑法》第三百零二条修改为：“盗窃、侮辱、故意毁坏尸体、尸骨、骨灰的，处三年以下有期徒刑、拘役或者管制。”

三十五、在《刑法》第三百零七条后增加一条，作为第三百零七条之一：“以捏造的事实提起民事诉讼，妨害司法秩序或者严重侵害他人合法权益的，处三年以下有期徒刑、拘役或者管制，并处或者单处罚金；情节严重的，处三年以上七年以下有期徒刑，并处罚金。

“单位犯前款罪的，对单位判处罚金，并对其直接负责的主管人员和其他直接责任人员，依照前款的规定处罚。

“有第一款行为，非法占有他人财产或者逃避合法债务，又构成其他犯罪的，依照处罚较重的规定定罪从重处罚。

“司法工作人员利用职权，与他人共同实施前三款行为的，从重处罚；同时构成其他犯罪的，依照处罚较重的规定定罪从重处罚。”

三十六、在《刑法》第三百零八条后增加一条，作为第三百零八条之一：“司法工作人员、辩护人、诉讼代理人或者其他诉讼参与人，泄露依法不公开审理的案件中不应当公开的信息，造成信息公开传播或者其他严重后果的，处三年以下有期徒刑、拘役或者管制，并处或者单处罚金。

“有前款行为，泄露国家秘密的，依照本法第三百九十八条的规定定罪处罚。

“公开披露、报道第一款规定的案件信息，情节严重的，依照第一款的规定处罚。

“单位犯前款罪的，对单位判处罚金，并对其直接负责的主管人员和其他直接责任人员，依照第一款的规定处罚”。

三十七、将《刑法》第三百零九条修改为：“有下列扰乱法庭秩序情形之一的，处三年以下有期徒刑、拘役、管制或者罚金：

“(一)聚众哄闹、冲击法庭的；

“(二)殴打司法工作人员或者诉讼参与人的；

“(三)侮辱、诽谤、威胁司法工作人员或者诉讼参与人，不听法庭制止，严重扰乱法庭秩序的；

“(四)有毁坏法庭设施，抢夺、损毁诉讼文书、证据等扰乱法庭秩序行为，情节严重的。”

三十八、将《刑法》第三百一十一条修改为：“明知他人有间谍犯罪或者恐怖主义、极端主义犯罪行为，在司法机关向其调查有关情况、收集有关证据时，拒绝提供，情节严重的，处三年以下有期徒刑、拘役或者管制。”

四十九、将《刑法》第三百九十三条修改为：“单位为谋取不正当利益而行贿，或者违反国家规定，给予国家工作人员以回扣、手续费，情节严重的，对单位判处罚金，并对其直接负责的主管人员和其他直接责任人员，处五年以下有期徒刑或者拘役，并处罚金。因行贿取得的违法所得归个人所有的，依照本法第三百八十九条、第三百九十条的规定定罪处罚。”

五十、将《刑法》第四百二十六条修改为："以暴力、威胁方法，阻碍指挥人员或者值班、值勤人员执行职务的，处五年以下有期徒刑或者拘役；情节严重的，处五年以上十年以下有期徒刑；情节特别严重的，处十年以上有期徒刑或者无期徒刑。战时从重处罚。"

五十一、将《刑法》第四百三十三条修改为："战时造谣惑众，动摇军心的，处三年以下有期徒刑；情节严重的，处三年以上十年以下有期徒刑；情节特别严重的，处十年以上有期徒刑或者无期徒刑。"

参考文献

1. 曹建明主编：《最高法院民事案件案由规定理解与适用》，人民法院出版社，2008 年 2 月版。

2. 曾斌主编：《立案定罪量刑标准与适用》，法律出版社，2003 年 3 月版。

3. 最高人民检案院、公安部《关于公安机关管辖的刑事案件追诉标准的规定》

4. 最高人民检察院《关于人民检察院直接受理立案侦查案件立案标准的规定》

5. 最高人民检察院《关于渎职侵权犯罪案件立案标准的规定》

6.《刑法》、《刑事诉讼法》、《民法》、《民事诉讼法》，两高相关司法解释等。

7.《中华人民共和国国家监察法》释义，方正出版社，2018 年 3 月版。

8. 中央纪委法规室主任马森述做客在线访谈。中央纪委国家监委网站《在线访谈》。